Außenpolitik in der Emigration

Studien zur Geschichte des neunzehnten Jahrhunderts

Abhandlung der Forschungsabteilung des
Historischen Seminars der Universität Köln

Band 10

»Neunzehntes Jahrhundert«
Forschungsunternehmen der Fritz Thyssen Stiftung

Außenpolitik in der Emigration

Die Exildiplomatie Adam Jerzy Czartoryskis 1830–1840

Hans Henning Hahn

R. OLDENBOURG VERLAG MÜNCHEN WIEN 1978

Das Buch ist die leicht gekürzte Fassung einer von der Philosophischen Fakultät der Universität Köln angenommenen Dissertation.
Gedankt sei dem DAAD für die Gewährung eines Reisestipendiums, der Universität Köln für die Unterstützung durch ein Graduiertenstipendium und der Fritz-Thyssen-Stiftung, welche durch eine großzügige Beihilfe die Drucklegung ermöglichte.

Ich widme dieses Buch meiner Frau Waleria

CIP-Kurztitelaufnahme der Deutschen Bibliothek

Hahn, Hans Henning:
Außenpolitik in der Emigration : d. Exildiplomatie Adam Jerzy Czartoryskis 1830–1840. – 1. Aufl. – München, Wien : Oldenbourg, 1978.
(Studien zur Geschichte des neunzehnten Jahrhunderts ; Bd. 10)
ISBN 3-486-48451-6

Gesamtherstellung: Druckerei Rieder, 8898 Schrobenhausen
ISBN 3-486-48451-6

Inhaltsverzeichnis

Vorbemerkung

In der Arbeit wurden alle französisch- und englischsprachigen Texte in der ursprünglichen Sprache belassen. Polnische Texte wurden übersetzt.

Bei den Originaltexten der Quellen wurde versucht, grundsätzlich die ursprüngliche sprachliche und orthographische Form beizubehalten. Nur ganz offensichtliche Flüchtigkeitsfehler wurden gelegentlich korrigiert.

Die Hervorhebungen stammen, wenn nicht ausdrücklich anders erwähnt, aus dem Original.

Bei den Literaturangaben und-hinweisen ist in den Anmerkungen jeweils nur ein Kurztitel angegeben. Die genaueren und ausführlicheren bibliographischen Angaben befinden sich im Literaturverzeichnis. Wenn die Kurztitel nicht mit den ersten Worten der Originaltitel identisch sind oder aus anderen Gründen Mißverständnisse und Unklarheiten auftreten könnten, sind die verwendeten Kurztitel im Literaturverzeichnis nach der jeweiligen Angabe in Klammern aufgeführt worden. Um das Suchen nach den genaueren Angaben zu erleichtern, wurde auch davon abgesehen, das Literaturverzeichnis in ‚Gedruckte Quellen' und ‚Sekundärliteratur' zu unterteilen.

Abkürzungen wie ‚a. a. O.' und ähnliche wurden in den Anmerkungen nicht benutzt. Die Bezeichnung ‚Ebd.' bezieht sich grundsätzlich nur auf die zuletzt (in derselben oder in der vorhergehenden Anmerkung) zitierte Position.

Eine Auflösung der Abkürzungen betr. die Fundorte der ungedruckten Quellen befindet sich zu Beginn des Literaturverzeichnisses bei der Liste der benutzten Archivalien.

I. Einleitung: Fragestellungen und Problematik

Der Begriff »Internationale Beziehungen« wird heute durchweg als Terminus technicus benutzt in der Bedeutung »zwischenstaatliche Beziehungen«; – es ist dies die Konsequenz des neuzeitlichen Souveränitätsbegriffs und der nationalstaatlichen Vorstellungen aus dem 19. und dem 20. Jahrhundert.

Der Arbeitstitel dieser Studie hieß ursprünglich: Die Präsenz Polens im internationalen Mächtesystem nach 1815. Dieser Titel wirft damit die Frage auf, wo in den internationalen Beziehungen Platz bleibt für eine Nation, die keinen eigenen Staat hat, und dies angesichts einer Staatenwelt, die zwar das Postulat des Nationalstaats kennt, aber (noch) nicht verwirklicht, ja sich partiell mehr oder weniger offen dagegen sträubt. Die sich theoretisch anbietenden zwei Möglichkeiten einer Antwort auf dieses Postulat – entweder Angleichung der (als nicht stabil erachteten) nationalen Gegebenheiten an das Staatensystem, oder umgekehrt des Staatensystems an die (als unveränderbar angenommenen) Nationalitätenverhältnisse – ist angesichts des farbenprächtigen und differenzierten Bildes, das die zahlreichen europäischen Nationalbewegungen mit ihren Vorstellungen und Forderungen bieten, und angesichts der Entwicklung der internationalen Beziehungen in Europa zu global und unscharf, um als Gedankenmodell fruchtbar angewandt werden zu können.

Die Petersburger Konvention vom 15/26. Januar 1797, welche die vollständige Teilung Polens vertragsmäßig besiegelte, sprach von einem »démembrement général définitif et irrévocable« Polens[1].

Damit verschwand Polen aus der europäischen Staatenwelt, oder sollte es zumindest nach den Intentionen der Teilungsmächte.

Nun besteht ein Staat nicht nur und auch nicht in erster Linie dadurch, daß er anerkannter Partner anderer Staaten ist, sondern unter anderem durch die Tatsache, daß er auf mehr oder weniger repräsentative, in jedem Fall aber möglichst effektive Weise von einer sich als Gemeinschaft verstehenden Gesellschaft bzw. der in ihr politisch ausschlaggebenden und mündigen Schichten getragen wird.

Bedingt durch die polnische Besonderheit einer sehr breiten, staatsrechtlich in sich gleichberechtigten Adelsschicht, gab es in Polen eine gemessen an den vorrevolutionären Verhältnissen Europas ungewöhnlich große Anzahl mündiger (zumindest in ihrem subjektiven Verständnis) Staatsbürger, die damit gleichzeitig die Träger eines zunächst noch ständisch begründeten, sich aber mit der Zeit modifizierenden und damit modernisierenden Nationalbewußtseins waren. Gleichzeitig hatte die den Teilungen

[1] F. Martens, Recueil des Traités, II, S. 291.

vorangehende Reformzeit in Polen politische Energien freigesetzt, die jetzt, nach den Teilungen, sich nicht mehr im Rahmen eines existierenden Nationalstaats entfalten konnten. Die Politik der Teilungsmächte, das Nationalbewußtsein der Polen und die europäische Situation angesichts der Folgen der Französischen Revolution verhinderten fast gänzlich, daß diese Energien den Teilungsmächten nutzbar werden konnten.

Durch die Teilungen verschwand ein Staat von der politischen Landkarte Europas, dessen politisch bewußte Bevölkerungsteile sich selbst in einem quantitativen und qualitativen Ausmaße wie wenig andere im Europa dieser Zeit als Nation empfanden – und dies an der Schwelle eines Jahrhunderts, das in zunehmendem Maße die Nation als die naturgegebene soziale und politische Großgemeinschaft erachtete.

Nach Lage der Dinge war Polen vor allem ein innerstaatliches Problem der einzelnen Teilungsmächte. Aber – sehr zu deren Leidwesen – beschränkte sich seine Rolle nicht darauf, und das keineswegs nur deswegen, weil es durch gelegentliche Aufstände die Aufmerksamkeit Europas auf sich lenkte.

Die Teilungen wurden fast durchweg von der Mit- und Nachwelt als Unrecht empfunden, und auch bei den Rechtfertigern der Teilungen, was für Gründe sie auch immer anführten, ist das schlechte Gewissen spürbar.

Polen war und blieb ein internationales Problem nicht nur durch die Tatsache, daß die Teilungen als moralische Last empfunden wurden, daß es zwischen 3 Großmächten aufgeteilt war, die damit beträchtlichen Machtzuwachs erhalten hatten, und daß generell das Verschwinden eines Staates zunächst im Staatensystem einc spürbare Lücke hinterläßt, der wohl oder übel Rechnung getragen werden muß. Die Präsenz Polens als internationales Problem wurde vor allem begründet, dauerhaft gemacht und eventuell so in einem höheren Sinn legitimiert dadurch, daß von polnischer Seite auf verschiedenen Wegen alle möglichen Anstrengungen unternommen wurden, um das Ergebnis der Teilungen zu revidieren und Polen als unabhängigen Staat wiederherzustellen, daß also die oben erwähnten politischen Energien eindeutig auch nach dem Verlust der nationalen Eigenstaatlichkeit in einem dezidiert nationalen Sinn aktiv blieben.

In dem so eng verzahnten und schon embryonal als Staatengemeinschaft funktionierenden europäischen Mächtesystem ist die Konstituierung eines Staates bzw. die Rekonstituierung eines untergegangenen Staates nur denkbar mit einer wie auch immer gearteten Mitwirkung – und wenn nur in Form der Anerkennung – der übrigen Staaten. Eine Wiederherstellung Polens war daher nur möglich als internationale Lösung, d. h. sich einordnend in das bestehende internationale System und/oder in Verbindung mit einer mehr oder weniger radikalen Veränderung des internationalen Status quo. Die Bemühungen der polnischen Politiker mußten dieser Prämisse Rechnung tragen.

Man kann also von einer Präsenz Polens im europäischen Staatensystem zu der Zeit, als Polen kein Mitglied dieses Systems war, sowohl im Sinne eines Postulats als auch eines unbestreitbaren Faktums sprechen, nämlich:

1. die sog. »polnische Frage« wurde als innerstaatliches Problem der Teilungsmächte nicht gelöst, und wurde im internationalen Rahmen fast ständig als nur unbefriedigend gelöst empfunden, d. h. Polen blieb ein Unruheherd;
2. die polnischen Bestrebungen gegen den Status quo wurden nicht nur allein (und konnten es auch nicht werden) im innerstaatlichen Bereich der einzelnen Teilungsmächte wirksam, sondern umfaßten den gesamtnationalen Bereich und über-

schritten damit die von den Teilungsverträgen gezogenen Grenzen, wurden also international[2];

3. die polnischen Politiker trugen ihre Forderungen bewußt auf eine internationale, gesamteuropäische Ebene, erhofften sich von internationalen Ereignissen (Krieg, Kongresse, gesamteuropäische Revolutionen) Hilfe und Lösung und versuchten auf verschiedenste Art und Weise, aktiv die internationalen Beziehungen zu beeinflussen.

Die vorliegende Arbeit befaßt sich mit den Vorstellungen und der Politik eines polnischen Staatsmanns, der wie wenige andere Vertreter seiner Nation die internationale Bedingtheit der polnischen Frage erkannte und nach dieser Erkenntnis handelte, und der wie kein anderer dazu in der Lage war, auf internationalem Parkett aktiv zu werden. Fürst Adam Jerzy Czartoryski kann wohl mit vollem Recht als der einzige hervorragende Diplomat von europäischem Format gelten, den die polnische Nation im 19. Jahrhundert hervorgebracht hat. Sein Lebensweg ist damit der eines Diplomaten, dem die natürlichste Voraussetzung jedes Diplomaten, nämlich die Existenz des Staates, den er vertritt, fehlte. Wie es möglich war, eine staatenlose Nation auf internationalem Parkett diplomatisch zu vertreten – das zu beschreiben soll das Hauptbestreben dieser Arbeit sein.

Allerdings wird hier nur ein kleiner Ausschnitt, d. h. ein Jahrzehnt aus dem politischen Leben Czartoryskis behandelt werden. Dies bedarf einer kurzen Erläuterung:

Die Tätigkeit Czartoryskis vor 1815 hat in der bisherigen nichtpolnischen Geschichtsschreibung weitaus größeres Interesse gefunden als die spätere Zeit. Die auf herkömmliche Staatengeschichte fixierte Geschichtschreibung sah in ihm vor allem den russischen Außenminister und Hauptbaumeister der 3. antinapoleonischen Koalition und veranschlagte das Gewicht seiner späteren Aktivitäten meist als äußerst gering.

Eine Beschreibung der Versuche Czartoryskis, Einfluß auf die Polenbestimmungen des Wiener Vertrags von 1815 zu nehmen, sowie seine Politik in Wien und seine tatsächlichen, wenn auch beschränkten und sich als nicht dauerhaft erweisenden Erfolge zu behandeln, hätte den Rahmen dieser Arbeit gesprengt. Eine umfassende Detailuntersuchung aller polnischen Aspekte des Wiener Kongresses, gestützt auf umfangreiches Archivstudium, würde sicherlich zu interessanten Ergebnissen führen, erfordert aber eine eigene Monographie. Trotz der unübersehbaren Flut an Literatur über den Wiener Kongreß ist die polnische Problematik doch recht stiefmütterlich behandelt worden – d. h. nur in ihren territorialen Aspekten und als Verhandlungsobjekt. Kaum berücksichtigt blieben die polnischen Aktivitäten um den Kongreß[3], ebenso die Verfassungsproblematik und die Gleichgewichtsfunktion.

In der vorliegenden Arbeit konnte diese Problematik und auch die bisher noch nicht genügend aufgearbeitete Rolle Czartoryskis im Königreich Polen (1815–1830)

[2] Dieses sich einander bedingende Verhältnis von gesamtnational und damit grenzüberschreitend = international klingt zwar wie ein Paradox, kennzeichnet aber gerade dadurch die Situation und die Rolle einer geteilten Nation innerhalb der internationalen Beziehungen.

[3] Das betrifft nicht nur Czartoryski, der allerdings als einziger eine beschränkte Wirkung erzielte, sondern z. B. auch Antoni Radziwiłł und eine Gruppe galizischer Aristokraten. Eine in Oxford verfaßte und noch nicht publizierte Dissertation von W. H. Zawadzki zu diesem Thema lag mir leider noch nicht vor.

nicht behandelt werden. Sie beschränkt sich deshalb in einer kurzen Einführung auf die notwendigen biographischen Angaben und auf solche Sachverhalte, die für die spätere Emigrationspolitik von Bedeutung sind.

Der Hauptteil der Arbeit befaßt sich mit den diplomatischen Aktivitäten Czartoryskis nach 1831 in der Emigration, d. h. vor allem mit der Frage, wie er als Emigrant überhaupt auf internationalem Parkett aktiv werden konnte, welche Konzeptionen er verfolgte, welche Voraussetzungen seine Tätigkeit hatte, in welchen Formen sie sich vollzog und schließlich, was man als Leistungen – denn von einem direkten Erfolg kann kaum die Rede sein – seiner Diplomatie erachten kann. Eine kurze Schilderung der Organisationsformen und ideologischen Strömungen der gesamten polnischen Emigration zeigt die Faktoren auf, welche die Rolle der Emigration und damit auch die Czartoryskis in der Geschichte der polnischen Nationalbewegung bedingten. Die Rolle Czartoryskis und seines Lagers im Rahmen der Emigration wird in einem gesonderten Kapitel behandelt, wo neben den Organisationen des monarchistischen Lagers und dessen Ideologie auch die Haltung Czartoryskis zum Grundproblem der Emigration in der Anfangszeit skizziert wird, der Frage einer organisatorischen Erfassung der Gesamtemigration und deren Repräsentation und damit auch der Legalitätskontinuität (Frage des Sejm in der Emigration). Die übrigen Kapitel sind der außenpolitischen Tätigkeit Czartoryskis gewidmet.

Gemeinhin wird die Politik des Hôtel Lambert – unter diesem Titel, der sich von dem Wohnsitz Czartoryskis in Paris herleitet, wird allgemein die Außenpolitik Czartoryskis und nach seinem Tod 1861 die seines Sohnes verstanden – in zwei Phasen eingeteilt: die erste von 1831 bis 1849/50 mit einer Zäsur 1846 durch den galizischen Aufstand oder 1848 mit der europäischen Revolution, die zweite von 1850 bis zum Ende der 1860er Jahre mit Zäsuren 1856 (Ende des Krimkrieges), 1861 (Tod A. Czartoryskis) und 1863 (Januaraufstand). Diese Gliederung geht von den Ereignissen der internationalen bzw. polnischen Geschichte aus, die unabhängig von den Bemühungen des Hôtel Lambert eintraten und auf die es notgedrungen und manchmal (wie 1846 und 1848) reichlich unvorbereitet reagieren mußte.

In dieser Arbeit soll versucht werden, von einem anderen Einteilungsprinzip auszugehen, das mehr die imanenten Probleme einer Exilaußenpolitik berücksichtigt. Danach liegt die Hauptzäsur um das Jahr 1840/41 – bis dahin glaubte man an einen nahe bevorstehenden Krieg und wollte dessen Kommen durch eine Politik der »faits accomplis« beschleunigen. Gleichzeitig wurden die Grundlagen gelegt dafür, daß überhaupt Außenpolitik betrieben werden konnte. In den folgenden 2 Jahrzehnten arbeitete man eigenständiger als vorher, die außenpolitischen Aktivitäten erhielten mehr Kontinuität in den langfristigen Konzeptionen und der praktischen Verwirklichung. Äußeres Zeichen dafür war, daß man einen Apparat ständiger Agenten aufbaute. Während des Januaraufstands 1863 ordnete sich das Hôtel Lambert der Aufstandsregierung in der Heimat unter und übernahm deren Auslandsvertretung. Die letzten Jahre schließlich charakterisieren Resignation und langsame Auflösung.

Angesichts der umfangreichen Literatur zur sog. »Großen Emigration« der Polen nach 1831 und zahlreicher, wenn auch noch keineswegs erschöpfender Arbeiten zur Geschichte des Hôtel Lambert ist nicht eine lückenlose faktographische Aufarbeitung und minutiöse Darstellung die Aufgabe dieser Arbeit. Vielmehr sollen bestimmte Handlungsstrukturen politischen Verhaltens aufgezeigt werden, die einerseits durch die Situation der Nation ohne Staat, andererseits durch die Situation des Politikers im

Exil bedingt waren – und dies unter dem Blickwinkel der internationalen Beziehungen. Dies soll mit der exemplarischen Behandlung einiger Beispiele geschehen.

Die Arbeit endet mit dem Jahr 1840, behandelt also die erste Phase der Exilpolitik Czartoryskis. Ein zeitliches Weiterausdehnen war im Rahmen dieser Arbeit nicht möglich – die zweite Phase ab 1840 erfordert an Hand des großen Materials an Fakten, Konzeptionen und Aktionen eine eigene Monographie. Im Schlußkapitel werden die Hauptcharakteristika der Politik Czartoryskis in den 1840er Jahren kurz skizziert.

Die Arbeit soll ein Beitrag sein zu einigen Problemkreisen, die alle nicht voll ausgeschöpft, für die aber vielleicht einige neue Aspekte gezeigt werden können:

1. zur allgemeinen Geschichte der internationalen Beziehungen in Europa und der Rolle Polens in ihnen;
2. zu bestimmten Aspekten der polnischen Nationalbewegung; und
3. – dies war zugestandenermaßen der Ausgangspunkt für das Interesse an der Geschichte des Hôtel Lambert – zur generellen Problematik des politischen Verhaltens politischer Emigrationen.

Die Geschichte politischer Emigrationen – meist noch ein Stiefkind der Historiographie – wird bisher fast immer im Rahmen der jeweiligen Nationalgeschichte behandelt, manchmal auch im Hinblick auf ihre ideologiegeschichtliche Bedeutung. Kaum wurde bisher versucht, bei der Problematik der Exilpolitik Strukturen aufzuzeigen oder gar Typologien politischen Verhaltens, der Organisationsformen u. ä. aufzustellen[4].

Die Klischeeurteile über Illusionismus, Realitätsferne, Selbstüberschätzung, Streitsucht, Rechthaberei, mangelnde Kompromißbereitschaft, Unbeständigkeit, Eitelkeit u. ä. bei politischen Emigranten vernimmt man so häufig, daß es oft schwer fällt, sich davon zu befreien: sie sind zu sehr aus der sicheren Position des ›Normalen‹ heraus gefällt, schmecken zu sehr nach der sicheren, geordneten sozialen Lage des Urteilenden, um über eine – besonders psychisch und sozial – so schwierige und komplizierte Extremsituation[5] wie die des politischen Exils etwas aussagen zu können, was echten Erkenntniswert besäße.

Stattdessen sollte man sich zur Erforschung des Wesens und der Rolle politischer Emigrationen einige im Grunde einfache Fragen stellen: ein Politiker bzw. ein politisch handelnder Mensch muß gezwungenermaßen seine Heimat verlassen und will weiter politisch aktiv bleiben, d. h. er will zurückkehren – wie handelt er? welche Möglichkeiten bieten sich ihm? inwiefern und durch was ist bedingt, wie er agiert? welche Formen der Organisation und des politischen Agierens sind am häufigsten anzutreffen, welche sind überhaupt möglich, welche sind die effektivsten? welchen Stellenwert hat das Verhältnis zu den verschiedenen Kontrahenten: das Verhältnis zu anderen, eventuell gegnerischen Emigrantengruppen, das Verhältnis der Emigration zur Heimat, zum Gastgeberland, zu Emigranten anderer Nationalität, schließlich das Verhältnis des einzelnen Emigranten zum Emigrationskollektiv (falls ein solches im

[4] Einen wenn auch letztlich noch kaum befriedigenden und leider offensichtlich folgenlos gebliebenen Ansatz machte R. C. Williams in seiner kurzen Skizze »European Political Emigrations, a Lost Subject«.

[5] Wenn Hilde Spiel ihre tiefe Einsichten vermittelnde »Psychologie des Exils« mit den Worten »Das Exil ist eine Krankheit. Eine Gemütskrankheit, eine Geisteskrankheit, ja zuweilen eine körperliche Krankheit« beginnt, so zielt das im Grunde in eine ähnliche Richtung (H. Spiel, Psychologie des Exils, S. 424).

Bewußtsein existiert)? Es geht nicht an, das häufig vielleicht vom normalen Erscheinungsbild politischen Verhaltens abweichende Benehmen von Emigranten nur aus sozialer Entwurzelung und der daraus resultierenden psychischen Situation zu erklären – man macht es sich damit zu einfach und wird dem recht farbenprächtigen und differenzierten Bild, das die politischen Emigrationen im neuzeitlichen Europa bieten, wohl kaum gerecht.

Eine derartige Erforschung der Geschichte politischer Emigrationen, komparativ und mit Hilfe von einzelnen Strukturanalysen durchgeführt, wäre wohl eher geeignet, die damit zusammenhängenden Probleme zu erfassen, zu deuten und damit angemessen darzustellen. Eine Geschichtswissenschaft, die sich – zumindest partiell – als historisch-politische Verhaltenswissenschaft versteht, sollte sich bemühen, von dieser Seite her das zwar schwierige, aber keineswegs seltene Phänomen zu behandeln.

Auch diese Arbeit kann dazu kaum etwas Wesentliches leisten. Ihre Absicht ist es jedoch – und darin mag sie zur Vorbereitung einer Betrachtung von Emigrationen im oben skizzierten Sinne dienen –, an der Gestalt A. J. Czartoryskis die Möglichkeiten außenpolitischen Handelns in der Emigration, natürlich im historischen Kontext, abzutasten und seine Beschränkungen, Schwierigkeiten und Bedingungen aufzuzeigen.

Die Arbeit stützt sich vor allem auf Quellen aus dem Familienarchiv der Czartoryskis, das sich heute in der Czartoryski-Bibliothek in Krakau befindet. Als weiteres wichtigstes Archiv zur Geschichte der polnischen Emigration nach 1831 – besonders nach dem Verlust der sog. Rapperswiler Bibliothek im 2. Weltkrieg – gilt die Polnische Bibliothek in Paris, eine Gründung der damaligen Emigration. Den Archivaren beider Institutionen sei hier gedankt, vor allem auch, daß ich in Krakau die Möglichkeit erhielt, die noch nicht katalogisierte sog. »Ewidencja« einzusehen. Einige Quellen aus anderen Archiven ergänzen die benutzten Materialien. Weder bei den konsultierten Archiven noch bei den benutzten Quellen konnte eine hundertprozentige Vollständigkeit erstrebt werden – allein der Bestand der Czartoryski-Bibliothek ist derart groß, daß hier noch einige Generationen von Historikern ein Betätigungsfeld finden können.

Die Literatur zur Gestalt und Politik A. J. Czartoryskis ist relativ zahlreich, aber noch lange nicht erschöpfend. Die beiden wissenschaftlichen Biographien von M. Handelsman und M. Kukiel[6] bleiben zwar stets lesenswert, tragen aber die Nachteile ihrer Entstehungsumstände: die imponierende Arbeit des 1945 im Konzentrationslager Nordhausen umgekommenen Marceli Handelsman wurde während des Krieges unter schwierigsten Umständen geschrieben und später posthum herausgegeben – sie entbehrt gerade in den hier interessierenden Teilen des wissenschaftlichen Apparats; die kürzere Biographie Czartoryskis von Marian Kukiel, dem früheren Direktor der Czartoryski-Bibliothek, entstand in der Emigration in England, als der Autor keinen Zugang zu den Quellen in Krakau besaß.

Nach einer Pause in den 1950er Jahren hat eine Reihe jüngerer polnischer Historiker von neuem begonnen, die Geschichte des Hôtel Lambert, d. h. der Exilpolitik Czartoryskis im Detail aufzuarbeiten. Besonders die Publikationen von Jan Wszołek, Jerzy Skowronek, Barbara Konarska, Jerzy Zdrada, Aleksandra H. Kasznik und die leider noch nicht erschienene Arbeit von Hanna Lutzowa seien hier

[6] M. Handelsman, Adam Czartoryski; M. Kukiel, Czartoryski and European Unity.

genannt. Alle diese Autoren behandeln – durchaus legitim – die Politik Czartoryskis ausschließlich als Teil der polnischen Nationalgeschichte[7].

Allen meinen polnischen Kollegen und Freunden sei an dieser Stelle herzlich gedankt für ihre stete Bereitwilligkeit, mich in meiner Arbeit zu unterstützen, die Probleme meiner Arbeit zu diskutieren und mir bei der Beschaffung von Quellen und Literatur behilflich zu sein. Herrn Mgr. Zbigniew Wojnar von der Czartoryski-Bibliothek in Krakau gilt in diesem Sinne mein besonderer Dank. Herrn Prof. Th. Schieder danke ich für die jahrelange geduldige Betreuung dieser Arbeit.

[7] Für die Arbeiten J. Skowroneks und J. Zdradas gilt das nur mit Einschränkungen. Zu den einzelnen Titeln siehe das Literaturverzeichnis.

II. Polnischer Patriot und russischer Staatsmann – Czartoryski in Rußland

Fürst Adam Jerzy Czartoryski, geboren in Warschau am 14. Jan. 1770, entstammte einem ursprünglich kleinrussisch-litauischen Magnatengeschlecht, das, zu Beginn des 17. Jahrhunderts zum Katholizismus übergetreten und vollkommen polonisiert, im 18. Jahrhundert zu den mächtigsten, wohlhabendsten und einflußreichsten Familien Polens gehörte. Die »Familia« war im letzten Jahrhundert der Existenz der polnischen Rzeczpospolita zum politischen Begriff geworden; der wechselvolle Gang ihrer Politik spiegelte die unruhige, von ausländischer Einmischung, innerer Zwietracht und Reformbemühungen gekennzeichnete Geschichte Polens dieser Zeit wider.

Seine Eltern, Adam Kazimierz Czartoryski und Izabella, geb. Fleming, ließen ihrem ältesten Sohn[1] eine sorgfältige Erziehung zukommen, wobei die Hauptakzente auf fremden Sprachen, antiker Geschichte und modernen politischen Einrichtungen lagen; die normalen, von jedem jungen Aristokraten erwarteten Fähigkeiten (wie Reiten, Fechten, Tanzen) wurden ebensowenig wie die literarische Seite[2] vernächlässigt. Ökonomische Kenntnisse blieben wohl etwas oberflächlich, jedenfalls sagte man ihm später ein Desinteresse und mangelndes Verständnis für ökonomische Vorgänge und Zusammenhänge nach[3].

Seine Erziehung geschah ganz im Sinne eines aristokratischen Liberalismus der Aufklärung, mit starken kosmopolitischen Akzenten, wie sie in der europäischen Aristokratie des 18. Jahrhunderts üblich waren, gemildert und eingeschränkt durch die starke patriotische Stimmung in Polen während der Reformzeit und den dahingehenden Einfluß seiner politisch sehr ambitionierten Mutter. Die spätere Doppelgleisigkeit seines politischen Denkens und der ständige Versuch, Nationalstaatsprinzip und Gleichgewichtsprinzip in Einklang zu bringen, haben hier ihre Wurzeln. Eine Reihe von Auslandsreisen nach Westeuropa vervollständigten seine Ausbildung; seit einem längeren Englandaufenthalt 1789–91 blieb er »angloman« – die britische Verfassung erschien ihm als das non plus ultra einer gemäßigten, konstituionellen Staats- und Gesellschaftsordnung.

[1] Über die Jugendzeit und Erziehung Czartoryskis siehe vor allem seine Memoiren und B. Zaleski, Żywot Czartoryskiego; J. Bieliński, Żywot Czartoryskiego, I, S. 1–49; M. Handelsman, Książę, Adam; Ders., Książę Adam Czartoryski, I, S. 48–50; Ders., Adam Czartoryski, I, S. 3–29; M. Kukuel, Czartoryski and European Unity, S. 3–16.

[2] Eine Bibliographie der literarischen Werke Czartoryskis siehe Nowy Korbut, 4, S. 385–394.

[3] M. Handelsman, Adam Czartoryski, I, S. 223.

Nach einem kurzen militärischen Intermezzo 1792[4] befand sich der junge Aristokrat mit seinem Bruder Konstanty ab 1795 in Petersburg, quasi als Geisel für das politische Wohlverhalten der Familie[5]. Nach einer schwierigen und offensichtlich für die psychische Entwicklung folgenreichen Übergangszeit[6] führte die Begegnung mit dem Großfürsten und späteren Zaren Alexander zu einer Wende. In der bekannten Unterredung im Taurischen Garten eröffnete ihm der Lieblingsenkel Katharinas seine liberalen Ansichten, seinen Abscheu vor der imperialistischen Politik seiner Großmutter und seine Sympathien für Polen[7]. Dies wurde der Beginn einer im Grunde ungleichen, für beide Seiten folgenreichen Freundschaft[8]. Der junge, unerfahrene und partiell desorientierte Alexander war von dem älteren und reiferen Czartoryski, der über bedeutend mehr Wissen als er und vor allem über Auslandserfahrung verfügte, angezogen und glaubte, in ihm den Mann gefunden zu haben, mit dessen Hilfe er seine noch unklaren Ideen konkretisieren und Rußland reformieren könne. Czartoryski seinerseits hoffte, mit Alexanders Hilfe eine Wiederherstellung Polens, in welcher Form auch immer, bewirken zu können. Die trotz dieser beiderseitigen »Funktionalisierung« persönlich starke und sehr gefühlsgeladene Freundschaft wurde gestört von Alexanders Vater Paul, der Czartoryski zu einer diplomatischen Mission nach Italien schickte[9]. Mit der Thronbesteigung Alexanders 1801 begann für den 31jährigen Polen seine Karriere als russischer Politiker.

Was die psychische Entwicklung des jungen Czartoryski angeht, so hat M. Handelsman eindrucksvoll die ausschlaggebende Bindung an die Mutter Izabella belegt[10].

[4] In dem kurzen Krieg, welcher der zweiten polnischen Teilung vorausging, erhielt Czartoryski im Gefecht bei Granny die Auszeichnung »Virtuti Militari«. Während des Kościuszko-Aufstands 1794 befand er sich im Ausland. M. Handelsman, Adam Czartoryski, I, S. 28, meint, dieses von ihm ungewollte Fernbleiben vom Aufstand habe in ihm ein »unauslöschliches Trauma« hinterlassen; ähnliches meint M. Kukiel, Czartoryski and European Unity, S. 14f.

[5] Während die bisherige Literatur (z. B. M. Handelsman, Adam Czartoryski, I, S. 29; B. Zaleski, Żywot Czartoryskiego, S. 288) ebenso wie Czartoryski selbst (A. J. Czartoryski, Mémoires, I, S. 38) es so darstellen, als seien die beiden Brüder auf eine ausdrückliche Initiative Katharinas II. nach Petersburg gekommen, meint J. Skowronek, es handle sich um eine präventive taktische Maßnahme der Eltern Czartoryski, um ihr Vermögen zu retten, in Zusammenarbeit mit Repnin, dem früheren russischen Botschafter in Warschau und Freund der Familie (J. Skowronek, Antynapoleońskie koncepcje Czartoryskiego, S. 26f.).

[6] M. Kukiel, Czartoryski and European Unity, S. 17, spricht von einer Atmosphäre »laden with potential tragedies«. J. Skowronek, Antynapoleońskie koncepcje Czartoryskiego, S. 28, bezweifelt wohl zu Unrecht, daß das erste Jahr des Petersburger Aufenthalts Czartoryskis von ernstzunehmenden Depressionen begleitet war – vgl. dagegen seine eigene Schilderung (A. J. Czartoryski, Mémoires, I, S. 37–93) und M. Handelsman, Adam Czartoryski, I, S. 31f.; vgl. weiter unten.

[7] A. J. Czartoryski, Mémoires, I, S. 95–99.

[8] Kompliziert wurde diese Freundschaft noch durch das offensichtlich von Alexander geduldete Liebesverhältnis seiner Frau, der Großfürstin Elisabeth, mit Czartoryski. Sowohl Kukiel als auch Handelsman behaupten, die Großfürstin und spätere Zarin Elisabeth sei die erste und einzige große Liebe seines Lebens gewesen. Über diese Liebesbeziehung siehe auch S. Askenazy, Nauka wielkoksiążęca.

[9] Hauptursache dieses offensichtlichen Zeichens der Ungnade des Zaren war der – wahrscheinlich begründete – Verdacht, Czartoryski sei der wirkliche Vater der Tochter, von der die Großfürstin Elisabeth entbunden worden war.

[10] M. Handelsman, Książę Adam; Ders., Adam Czartoryski, I, S. 20–51. M. Kukiel bezweifelt dies, ohne einleuchtende Argumentation, und betont stärker die Erbmasse des Vaters (M. Kukiel, Czartoryski and European Unity, S. 8f. und 11).

Daraus entsprang wohl ein in seinem ganzen späteren Leben deutlich feststellbares starkes Bedürfnis nach echter persönlicher Bindung, die dann mit fast unbedingter Loyalität aufrechterhalten wird[11]. Damit hängt zusammen ein starkes Verantwortungsgefühl, das sich in einem überaus beharrlichen Festhalten an einmal übernommenen Verpflichtungen und für richtig erachteten Grundsätzen dokumentiert.

Psychoanalytisch gesehen läßt sich in Czartoryskis Entwicklung ein atypischer ödipaler Konflikt konstatieren[12] (oder zumindest mit einem hohen Wahrscheinlichkeitsgrad vermuten), der wiederum auf eine atypische Identitätsfindung schließen läßt.

Nach außen wirkte Czartoryski damals sehr verschlossen und beherrscht, und der Mangel an äußerer Impulsivität und oberflächlicher Liebenswürdigkeit machte ihn nicht gerade beliebt[13]. Der psychische Schutzmantel, der ein leicht verletzbares Inneres abschirmen sollte, wurde schnell zu einem integralen Bestandteil seines Charakters. Er war – seine Briefe und Tagebuchnotizen bezeugen dies – sehr empfindsam, mit einem subtilen Pflicht- und Ehrgefühl, das sich unter der belastenden Komplexität einer doppelten, sich im Grunde widersprechenden oder zumindest schwierig zu ver-

[11] So z. B. zu seiner Mutter bis zu seiner Heirat 1817 (belegt bei Handelsman, siehe Anm. 10); ebenfalls zur Großfürstin und späteren Zarin Elisabeth: obwohl das Liebesverhältnis nach seiner Rückkehr aus Italien 1801 nicht mehr bestand, fühlte er sich offensichtlich weiter gebunden und hat es als seine persönliche Tragödie bis 1815 durchlebt (seine Tagebuchnotizen aus den Jahren 1814/15 geben darüber deutlich Auskunft – siehe S. Askenazy, Polska a Europa, passim, besonders III, S. 56–66; vgl. ebenfalls seinen Brief an seine Schwester Maria von Württemberg anläßlich des Todes der Zarin bei M. Kukiel, Czartoryski and European Unity, S. 143). Bei seinen engen Freundschaften zu Männern ist Czartoryski selbst zumindest zu Beginn der dominierende Teil gewesen – dieses Verhältnis verkehrte sich gewissermaßen im Laufe der Zeit: durch seine eigene Loyalität zur Person des Freundes wurde er gefühlsmäßig in gewissem Sinne abhängig – so gegenüber Alexander, und im Alter in seinem Verhältnis zu Władysław Zamoyski, hier zwar in anderen Formen, aber mit einem analogen Mechanismus. Bezeichnend ist, daß Czartoryski trotz der späteren Enttäuschungen und des schließlichen Bruchs mit Rußland die Freundschaft mit Alexander nie desavouierte, und daß er auch in seinen in der Emigration geschriebenen Memoiren stets die guten Intentionen Alexanders betont hat.

[12] Hier gemeint vor allem in Hinblick auf seine Beziehungen zu seiner Mutter und zur Großfürstin/Zarin Elisabeth. M. Handelsman, Książę Adam, S. 6, spricht zu Recht von einem »Mutterkomplex«. Folgende Assoziationskette mag zur Verdeutlichung dienen: Czartoryski – als Pole = Patriot, dabei starker Einfluß der Mutter; als Patriot = Kind (im Sinne eines stark perspektivischen Weltverständnisses); als Kind – in der frühkindlichen Phase Erfahren der Eltern als namenlos, gewalttätig, übermächtig; Eltern = Rußland (sowohl im politischen Sinn wie auch in der Situation, in der er sich in Petersburg bis zum Zusammentreffen mit Alexander und Elisabeth befand) – und damit schließt sich die Kette wieder. In der Analogie wird damit das Mutter-Kind-Verhältnis voll wiederholt durch das Verhältnis mit Elisabeth und kann voll ausgelebt werden in Form einer altersentsprechenden Realitätsbeziehung. Infolgedessen kann man von einer vollen (und damit atypischen) Verwirklichung eines ödipalen Konflikts sprechen. Das Gerücht, daß der quasi-Vormund Czartoryskis in Petersburg, Repnin, den er bezeichnenderweise in seinen Memoiren gänzlich übergeht, sein leiblicher Vater sein sollte (vgl. M. Handelsman, Adam Czartoryski, I, S. 32), paßt sich hier lückenlos ein. Der Prozeß der Identitätsfindung läuft also auf zwei Ebenen ab: einmal in einem normalen, altersentsprechenden Realitätsbezug, auf der anderen Seite in einer Wiederholung der frühkindlichen Phase mit einer ungewöhnlichen Prägnanz.

[13] Siehe z. B. J. de Maistre, Mémoires politiques, S. 268. Czartoryski selbst führte das auf seine prekäre Lage in Petersburg zurück, vgl. A. J. Czartoryski, Mémoires, I, S. 65f.

einbarenden Loyalität noch verfeinerte, aber auch derart komplizierte, daß sich psychische ›Ausfallerscheinungen‹ depressiver Art ergaben. Er selbst führte derartige »Anfälle von Spleen«[14] auf seine psycho-existentielle Krise zu Beginn seines Petersburger Aufenthalts zurück[15].

In der Literatur wird diese Neigung zum Spleen und zur Melancholie meist für den bei einem Politiker etwas verwunderlichen Mangel an persönlichem Ehrgeiz bzw. Machtstreben, dazu auch für eine gewisse Unentschlossenheit, seinen sog. »Hamletismus«, verantwortlich gemacht. Kukiel begründet dies mit dem väterlichen Erbteil, während Handelsman sich auf die psychische Dominanz der Mutter beruft. Beides, dazu der Schock, den bei einem jungen Patrioten der Untergang seines Vaterlands hervorruft, mögen wichtige Faktoren sein. Dabei darf aber nicht vergessen werden, in welchen Situationen er sich als aktiver Politiker befand, ob in Petersburg oder später in Wien, Warschau, und schließlich in Paris und London. Immer war seine Lage sehr prekär, basierte seine Stellung nicht auf staatlicher Institution, sondern auf seiner Persönlichkeit, seinen Beziehungen und Fähigkeiten und war dementsprechend labil. Ständig war er gezwungen zu taktieren, um überhaupt im Spiel zu bleiben. Aus seiner Unentschlossenheit machte er selbst keinen Hehl[16]. Von seiner Mit- und Nachwelt ist ihm dieser »Hamletismus« auch oft genug vorgeworfen worden. Aber es läßt sich durchaus behaupten, daß in den meisten Fällen diese unentschlossene Haltung weniger charakter- als vielmehr situationsbedingt war. Seine ständig labile Stellung hat auf die Dauer eine Scheu vor vorzeitigem Handeln erzeugt, aber die Vorsicht hatte gute Gründe und war in vielen Fällen bei Abwägung aller Faktoren auch die richtige Politik. Die Vorwürfe wegen seines ›hamletischen‹ Charakterzugs basieren im Grunde auf der besonders in der ›Großen Emigration‹ vorherrschenden Atmosphäre einer maximalistischen Politik des »Alles oder Nichts«. Diese Maxime, welche die polnischen Emigrationspolitiker letztlich als Kinder des napoleonischen Zeitalters ausweist, lag Czartoryski allerdings vollkommen fern. Andererseits hat er in manchen Situationen durchaus eine Politik durchgeführt oder es zumindest, trotz innerer Zweifel, konsequent versucht[17]. Ihr Scheitern, ja sein ständiges Scheitern während seines ganzen politischen Lebens dokumentiert eindrucksvoll die wohl unüberwindlichen Schwierigkeiten polnischer Politik im 19. Jahrhundert.

Die politische Tätigkeit und Karriere Czartoryskis in Petersburg können hier nicht weiter behandelt werden. Er arbeitete aktiv in dem »Neglasnyj Komitet« (Geheimes Komitee) des Zaren an Reformplänen mit[18], konzentrierte sich aber schon bald auf außenpolitische Probleme, 1802 als »Gehilfe« des Außenministers Voroncov, ab Februar 1804 als »Verwalter« und tatsächlicher Chef des Außenministeriums.

[14] So in einem Brief an seine Mutter vom 19. Okt. 1804, also als er auf der Höhe seiner Laufbahn in Petersburg stand (zit. nach M. Handelsman, Adam Czartoryski, I, S. 41).

[15] A. J. Czartoryski, Mémoires, I, S. 42f.

[16] Ebd., S. 65f.

[17] Z. B. die Schaffung der 3. antinapoleonischen Koalition – für ihr Scheitern in Austerlitz ist er nicht verantwortlich zu machen; oder sein Eintreten für ein offensives militärisches Vorgehen im Aufstand von 1830/31.

[18] Siehe darüber J. Skowronek, Udział Czartoryskiego. Vgl. auch Kap IV/3, S. 127f.

Diese seine Tätigkeit ist in der Literatur schon erschöpfend behandelt worden[19]. Das Gleiche gilt für seine grundsätzlichen Vorstellungen und Ideen in dieser Zeit über die internationalen Beziehungen, die ihre unzweifelhafte Bedeutung nicht nur für die Ausbildung eines politischen Programms des antinapoleonischen Lagers[20], sondern auch als ›liberaler‹ Vorläufer der Konzeption der Heiligen Allianz[21], und allgemein für die Geschichte des Gedankens der Internationalen Organisationen haben[22]. Als Hauptbaumeister der dritten antinapoleonischen Koalition mußte er bald nach der Katastrophe von Austerlitz[23] demissionieren – dies bedeutete gleichzeitig das Ende der ersten, ›liberalen‹ Epoche Alexanders und des Einflusses der ›Jungen Freunde‹ des »Geheimen Komitees«.

In der polnischen Frage wurde Czartoryski als russischer Außenminister – von einigen tastenden Versuchen und dem bekannten sog. »Plan von Puławy« 1805 abgesehen[24] – kaum aktiv; es bot sich auch kaum die Gelegenheit dazu[25]. Zu dieser Zeit und auch noch lange Jahre später galt er als der wichtigste Vertreter einer prorussischen Lösung der polnischen Frage: zunächst gedacht als russische Sekundogenitur[26], später dann als autonomes, mit Rußland durch Personalunion verbundenes konstitutionelles Königreich Polen[27]. Deshalb engagierte er sich trotz stärkster Pressionen auch

[19] Gerade in den letzten Jahren ist sie wiederum einer intensiven Neuinterpretation auf bedeutend verbreiterter Quellenbasis unterzogen worden: sehr detailliert und stellenweise sehr kritisch – J. Skowronek, Antynapoleońskie koncepcje Czartoryskiego (hier S. 333–342 ein kritischer Überblick über die bisherige Literatur); nicht so ausführlich, aber sehr eindrucksvoll – P. K. Grimsted, The Foreign Ministers, S. 104–150. Frau Grimsted bezeichnet Czartoryski als den talentiertesten, kreativsten und relativ unabhängigsten Außenminister des selbst auf diesem Gebiet ambitionierten Alexander; siehe auch zuletzt W. H. Zawadzki, Czartoryski and Napoleonic France.

[20] Darauf legt vor allem J. Skowronek den Hauptakzent in seinen Arbeiten »Le programme européen«, »Antynapoleońskie koncepcje Czartoryskiego« und »Uwagi«.

[21] Diese Kontinuität wurde überzeugend dargestellt von H. Schaeder, Autokratie und Heilige Allianz.

[22] Das wohl wichtigste Memorandum Czartoryskis »Sur le système politique que devrait suivre la Russie«, – dessen Autor lange nicht feststand (H. Schaeder, Autokratie und Heilige Allianz, S. 16–25, schrieb es z. B. fälschlich dem Italiener Scipione Piattoli zu) – wurde publiziert von P. K. Grimsted, Czartoryski's System – dort auch S. 22–25 der Nachweis der Autorenschaft Czartoryskis, ebenso bei J. Skowronek, Le programme européen, und bei M. Kukiel, Plan polityczny und Ders., Czartoryski and European Unity, S. 30–35.
Auf den Aspekt der Geschichte der Internationalen Organisationen legen besonderen Wert u. a. M. Kukiel, Czartoryski and European Unity, S. 41–60; Ders., Ligue des Nations; C. Dupuis, Les Antécédants; C. Morley, Czartoryski's Attempt; B. Mirkine-Guetzévitch, Un projet de fédération européenne.

[23] Czartoryski selbst warnte ständig vor einer leichtsinnigen Entscheidungsschlacht.

[24] Über den polnischen Aspekt der Politik Czartoryskis in Petersburg siehe außer den schon erwähnten Arbeiten von Handelsman, Kukiel und Skowronek speziell C. Morley, Alexander and Czartoryski, und die zu oberflächliche Arbeit von S. Mendelsohn, Die Polenfrage.

[25] Daß er sie bei allen Konzeptionen mit einbezog, auch ohne sie zu erwähnen, ist jedoch nicht zu bezweifeln; er selbst schrieb durchaus glaubhaft: ». . . je me flattait de voir inauguré un système de politique qui, basé sur des principes d'équité, aurait, avec le temps, influé heureusement sur les destinées de la Pologne« (A. J. Czartoryski, Mémoires, I, S. 361).

[26] P. K. Grimsted, Czartoryski's System, S. 63–67.

[27] Wie Czartoryski in einem Brief an P. Stroganov ausführte, blieb zwar seine Grundüberzeugung, daß eine Nation ihren eigenen Staat haben müsse, – wenn aber dies nicht verwirklicht werden könne, so solle eine Zwischenlösung als assoziierter Staat, mit eigener Verfassung und eigenen Gesetzen, angestrebt werden (Czartoryski an P. Stroganov, 2. 4. 1811, zit. nach P. K. Grimsted, The Foreign Ministers, S. 120f.).

nicht an der Seite des napoleonischen Herzogtums Warschau. Einerseits glaubte er an eine baldige Niederlage Frankreichs; andererseits sah er in solchen polnischen Teilstaaten, die nicht das ganze ehemalige polnische Territorium umfaßten, die Gefahr einer Spaltung der Nation[28]. Bei der Alternative: Unabhängigkeit oder Einheit der Nation – gab er Letzterem eindeutig den Vorzug.

Jedoch war Czartoryski zu dieser Zeit sehr isoliert, sowohl in Petersburg als auch in der polnischen Gesellschaft. Trotzdem blieb er eine beachtete und geachtete Figur der Politik. Die Niederlage Napoleons ließ ihn – notgedrungen – wieder aktiv werden. Allerdings vertraute er jetzt nicht mehr vollständig den (noch immer vorhandenen) liberalen polnischen Plänen seines kaiserlichen Freundes, sondern er versuchte, jetzt als polnischer Politiker direkt auch mit anderen Mächten, in erster Linie England, in Kontakt zu kommen[29]. Dieser bedeutsame Schritt, der ihn, unbeschadet seiner prorussischen Konzeption, über die reine, unterordnende russische Orientierung hinausgehen ließ, bedeutete, daß er seine Konzeption auf eine europäische Ebene heben wollte, d. h. aber auch selbst auf europäischem Parkett als (natürlich inoffizieller) Vertreter der polnischen Nation zu agieren beabsichtigte.

Aus dem Marquis Posa[30] Rußlands drohte, angesichts seiner äußerst schwachen Position, ein Don Quichotte der polnischen Diplomatie zu werden.

[28] Deshalb lehnte er auch die von Alexander geförderte und mit einigen polnischen Aristokraten beratene Konzeption, ein autonomes Großfürstentum Litauen zu bilden, ab.

[29] Die britische Regierung winkte ab – sie war zunächst nur an dem Zusammenhalt der Koalition interessiert und sah in Polen einen unangenehmen Störfaktor. Die Polenpläne Alexanders interpretierte man in London (und diesem Urteil hat sich fast die gesamte Historiographie angeschlossen) allein als russische Westexpansion und als neue Gefahr für das europäische Gleichgewicht. Zu den Kontakten Czartoryskis nach England und der britischen Haltung zur Polenfrage siehe ausführlich E. Wawrzkowicz, Anglia a sprawa polska 1813–1815.

[30] So hat Hildegard Schaeder (in ihrem Buch Autokratie und Heilige Allianz, S. 23) Czartoryski – im Grunde recht zutreffend – bezeichnet.

III. Polnische Präsenz als autonomes Königreich – Polen im System von 1815

1. *Die Lösung in Wien 1815 – »Essai sur la diplomatie«*

A.

Die polnische Problematik war einer der wichtigsten Streitpunkte des Wiener Kongresses; durch die Verquickung mit der sächsischen Frage und durch die unnachgiebige Haltung Alexanders führte sie zu den hinreichend bekannten und wohl ernsthaftesten Auseinandersetzugen zwischen den Großmächten während des Kongresses.

Zur Disposition stand zunächst offiziell nur das Territorium des Herzogtums Warschau – tatsächlich jedoch wurde die gesamte polnische Frage behandelt und der völkerrechtliche Status des gesamten Gebiets des ehemaligen polnischen Staates auf eine neue völkerrechtliche Grundlage gestellt; und dies, obwohl im Grunde alle Mächte nur über die territoriale Aufteilung verhandeln wollten.

Im Rahmen des hier zu behandelnden Themas, nämlich der Präsenz Polens in Europa, ist weniger das territoriale Ergebnis interessant als vielmehr die Bestimmungen, die den Status der polnischen Nation allgemein und den Status des neuen Königreichs Polen betreffen, d. h. nationale Rechte, Verfassung und Ausdehnung des Königreichs sowie der Stellenwert der Polenbestimmungen im Vertragsbündel.

Im Grunde wurde mit der Wiener Lösung die schon früher propagierte Konzeption Czartoryskis und auch Alexanders verwirklicht. Jedoch muß man hier differenzieren: einerseits gab es einige wichtige Unterschiede zwischen den Plänen Alexanders und den Wünschen Czartoryskis, und andererseits war das endgültige Ergebnis ein Kompromiß, da doch angesichts des energischen Widerstands der übrigen Großmächte einige Zugeständnisse gemacht werden mußten.

Alexander verhehlte von Anfang an nicht seine Absicht, aus dem von ihm beanspruchten Herzogtum Warschau ein konstitutionelles Königreich zu machen. Er betonte stets, daß dies in möglichst liberalen Formen geschehen solle und seinen eigenen moralischen Verpflichtungen gegenüber der polnischen Nation entspreche. Zudem deutete er an, daß die sog. polnischen Ostprovinzen, d. h. die russische Beute aus den 3 Teilungen, dem neuen Königreich angegliedert würden. Verhandeln wollte er allerdings nur über territoriale Fragen – seine »wohlmeinenden« Absichten sollten keineswegs Gegenstand der Kongreßdebatten werden[1].

[1] F. Martens, Recueil des Traités, III, S. 213, nach den Instruktionen Alexanders für Nesselrode. Siehe auch M. Handelsman, Adam Czartoryski, I, S. 105f.

Czartoryski dagegen wollte gerade hier eine internationale Behandlung und Sanktionierung des zukünftigen Status' Polens. Seine Bemühungen gingen dahin, daß Fragen wie nationale Rechte, Autonomie, Verfassung und Angliederung der Ostprovinzen Verhandlungs- und Vertragsgegenstand würden. Damit konnte völkerrechtlich eine neue internationale Präsenz Polens geschaffen werden; der Status des neuen Königreichs und der polnischen Nation sollte durch die europäische Sanktion aller Polen betreffenden Vertragsabschlüsse abgesichert werden.

Es ist hier nicht der Platz, auf die einzelnen Verhandlungen einzugehen. In ihnen standen territoriale Fragen weitgehend im Vordergrund. Allerdings spielten, meist unausgesprochen, manchmal mündlich und nur selten schriftlich vorgebracht, die Verfassung und die östliche Ausdehnung des Königreichs doch eine wichtige Rolle[2].

Vom Ergebnis her gesehen kann man feststellen, daß relativ viel von den Vorstellungen Czartoryskis in die endgültigen Vertragsbestimmungen einfloß, vor allem, wenn man die schwierige Situation Czartoryskis in Wien berücksichtigt[3]. Die wichtigsten Bestimmungen über Polen bildeten den Anfang der von allen Großmächten unterschriebenen Schlußakte, und auch die drei Polen betreffenden Einzelverträge[4] waren nach Art. CXVIII der Schlußakte

> »... considérés comme parties intégrantes des arrangements du Congrès, et auront partout la même force et valeur que s'ils étaient insérés mot à mot dans le Traité général«.

Damit war die polnische Frage bzw. ihre Lösung auf eine europäische Ebene gehoben; sie wurde von einem innerstaatlichen bzw. einem zwischen den 3 Teilungsmächten allein auszuhandelnden Gegenstand zu einer internationalen Frage, d. h. dementsprechend von einem staatsrechtlichen zu einem völkerrechtlichen Problem.

Was den Status des Königreichs Polen anging, so hatte Alexander einige Zugeständnisse machen müssen: das neue Königreich wurde expressis verbis im Vertragstext als »état« bezeichnet, und seine Autonomie wurde mehrfach hervorgehoben; es war »réuni à l'Empire de Russie« und »... jouissant d'une administration distincte«; sogar die Verfassung wurde Vertragsbestandteil, also positives Völkerrecht, indem sie als das eigentliche Bindeglied zwischen Polen und Rußland bezeichnet wurde:

> »il y sera lié irrévocablement par sa Constitution, pour être possédé par S. M. l'Empereur de toutes les Russies...«.

In der Frage der östlichen Ausdehnung des neuen Königreichs ließ sich Alexander jedoch nicht binden – hier wurde lediglich erklärt:

> »Sa Majesté Impériale se réserve de donner à cet état ... l'extension intérieure qu'Elle jugera convenable«.

[2] vor allem dadurch, daß mit Hinweis auf den defensiven Charakter der von Alexander beabsichtigten Lösung auf dem Boden des Gleichgewichtsprinzips argumentiert wurde.

[3] Czartoryski mußte dem Zaren den Rücken stärken sowohl gegen die eigene russische Delegation, welche die Polenpläne Alexanders erbittert bekämpfte, als auch gegen die Opposition der übrigen Mächte, und das, obwohl er ansonsten weitgehend isoliert war und auch erhebliche Meinungsverschiedenheiten mit Alexander (abgesehen von einem jetzt latenten gegenseitigen Mißtrauen) hatte.

[4] D. i. der russisch-österreichische, der russisch-preußische und der sog. Additional-Vertrag über Krakau zwischen Österreich, Rußland und Preußen, alle drei mit dem Datum des 21. April/3. Mai 1815.

Die Bestimmungen über Schutz und Rechte der polnischen Nationalität[5] betrafen alle Polen, die außerhalb des Königreichs lebten:

»Les Polonais, sujets respectifs de la Russie, de l'Autriche et de la Prusse, obtiendront une représentation et des institutions nationales, réglées d'après le mode d'existence politique que chacun des Gouvernemens auxquels ils appartiennent jugera utile et convenable de leur accorder«[6],

– eine Kautschuk-Bestimmung insofern, als sie den Regierungen zwar den Grundsatz, nach dem sie ihre polnischen Untertanen behandeln sollten, völkerrechtlich vorschrieb, nämlich mit Repräsentationsorganen und nationalen Institutionen, jedoch die praktische und institutionelle Ausführung ganz dem Belieben der Regierungen überließ.

Auch in den Einzelverträgen wurde der verpflichtende Charakter der Polenbestimmungen betont[7]. Dazu kam eine recht liberale Regelung des Optionsrechts und die Anerkennung der Existenz und Bewegungsfreiheit von »sujets mixtes quant à la propriété«, die zwar für eine Staatsbürgerschaft optieren mußten, dadurch aber keineswegs ihren Besitz in anderen Teilgebieten verlieren sollten – ein Geschenk vor allem an die polnischen Magnaten, die man wohl als die politisch gewichtigste Schicht der polnischen Nation dadurch für die Wiener Lösung zu gewinnen suchte.

Am konkretesten und vielversprechendsten aus polnischer Sicht waren die Bestimmungen über die ungehinderte Flußschiffahrt, freien Warenaustausch und erleichterten Transithandel innerhalb des Gebietes des ehemaligen Polen nach dem Stand von 1772. Nach der hochinteressanten, leider aber nie verwirklichten Konzeption, die eindeutig hinter den Vertragstexten zu erkennen ist, sollte das Territorium des alten Polen in den Grenzen von 1772 einen einheitlichen Wirtschaftsraum bilden, was eine nicht zu unterschätzende Bedeutung für die nationale Entwicklung und den Zusammenhalt der Nation gehabt hätte.

In den Wiener Verträgen läßt sich eine ständige zweigleisige Behandlung des Problems Polen feststellen:

1. man ging von zwei ehemaligen polnischen Staaten aus (Polen in den Grenzen von 1772 und das Herzogtum Warschau);

2. es wurden auf der einen Seite zwei polnische Staatsgebilde (das neue Königreich und die Freie Stadt Krakau) gebildet und andererseits Bestimmungen (bloß territorialer und politischer Art) über die übrigen polnischen Gebiete in die Verträge aufgenommen;

3. einerseits wurde der Status des neuen Königreichs relativ exakt umrissen, d. h. sein Abhängigkeitsverhältnis von Rußland, man ging also hier von einem »staatlichen Prinzip« aus; andererseits war von der polnischen Nation in ihrer Gesamtheit die Rede, deren Rechte innerhalb des neuen Königreichs durch dessen Status und Verfassung geregelt wurden, – für die Bewohner der übrigen Teilgebiete (außer Krakau)

[5] Aus einer Bemerkung W. v. Humboldts, er habe mit Mühe einen zu weit gehenden Artikel über die Rechte der polnischen Nationalität verhindern können, läßt sich vermuten, daß noch viel konkretere und weiter gehende Forderungen auf dem Tisch lagen (Wilhelm und Caroline v. Humboldt in ihren Briefen, IV, S. 550 – 15. 5. 1815).

[6] Alle Zitate aus Art. I der Schlußakte.

[7] In der Präambel des russisch-österreichischen Vertrages wurden die Regelungen als »obligations générales communes aux trois Puissances« und »stipulations qui Leur sont particulières« bezeichnet.

wurden gesonderte Bestimmungen formuliert, deren erklärtes Ziel der Schutz einer nationalen Existenz der Polen war (Versprechen von repräsentativen und nationalen Institutionen, Schiffahrt, Handelsverkehr, einheitliches Zollgebiet).

In dieser Doppelgleisigkeit liegt begründet, weswegen später die Polenbestimmungen oft als unklar bezeichnet wurden. Das Nebeneinander von »staatlichem Prinzip« – in gewisser Weise ein Axiom des Völkerrechts, denn nur Staaten konnten damals als Völkerrechtssubjekte gelten – und »nationalem Prinzip« in einem Vertrag, wobei derselbe Vertrag ja festschrieb, daß diese Nation als solche in ihrer Gesamtheit keinen eigenen Staat bildet, stellte wohl doch eine Überforderung des damaligen Völkerrechts bzw. der internationalen Rechtswirklichkeit dar, und würde sie wahrscheinlich auch heute noch darstellen.

Es ist hier nicht der Platz, die Realisierung bzw. Nichtrealisierung der in der Wiener Schlußakte samt ihren Nebenverträgen festgelegten Polenbestimmungen darzustellen. Es genüge die Feststellung, daß die Bestimmungen gar nicht, verfälscht (vom polnischen Standpunkt aus) oder nur zeitweise und halbherzig eingehalten wurden. Die Verfassung, die zu geben Alexander sich verpflichtet hatte, wurde von ihm am 27. Nov. 1815 unterzeichnet. Jedoch hielt sich der Monarch von Anfang an nicht allzusehr an ihre Bestimmungen, und in den folgenden 15 Jahren mehrten sich die Verfassungsbrüche seitens des »Königs von Polen« beträchtlich.

Die oftmals in Aussicht gestellte Angliederung der polnischen Ostprovinzen an das Königreich Polen deutete Alexander zwar nochmals in der Eröffnungsrede beim Zusammentreten des Sejm im April 1818 an[8], ebenfalls in zahlreichen privaten Äußerungen[9], jedoch löste er sein Versprechen nie ein. Was das Versprechen von Repräsentativorganen und nationalen Institutionen in den außerhalb des (neuen) Königreichs Polen gelegenen Provinzen betrifft, so legten die Regierungen erwartungsgemäß diese Bestimmungen in ihrem eigenen Interesse aus; die Realisierung wurde nur sehr schleppend und halbherzig vorangetrieben, etwaige Zugeständnisse wurden meist bei der ersten sich bietenden Gelegenheit wieder zurückgenommen, sodaß sich in der polnischen Gesellschaft bzw. in ihren politisch relevanten Schichten bald Enttäuschungen und Unzufriedenheit zeigten. Den zurückschauenden Historiker mögen angesichts der gesamteuropäischen Restaurationspolitik die Hoffnungen, die in Polen z. B. anfangs Czartoryski, aber auch breite Kreise des Adels mit den Bestimmungen von 1815 verbanden, sehr illustionistisch anmuten – es darf jedoch nicht übersehen werden, daß angesichts der Vertragstexte und zahlreicher offizieller Verlautbarungen der Jahre 1813–1815 zu derartigen Hoffnungen durchaus Veranlassung bestand.

B.

Des Kompromißcharakters der Wiener Lösung war sich Czartoryski von Anfang an bewußt[10]. Vor allem war er sehr unzufrieden über die territorialen Zugeständnisse, die Alexander den beiden übrigen Teilungsmächten gemacht hatte – nach seinem Plan

[8] D'Angeberg, Recueil, S. 734–737.
[9] Siehe z. B. W. M. Kozłowski, Autonomia, S. 151.
[10] Vgl. z. B. den Brief Czartoryskis an Horodyski vom 14. 3. 1815: ». . . Was du voraussahst, kommt heute zustande, und wie es sich bei menschlichen Angelegenheiten zu verhalten

sollte zumindest das ganze Herzogtum Warschau mitsamt den Ostprovinzen den neuen polnischen Staat bilden. In seinen Vorstellungen sollten möglichst wenig polnische Gebiete in preußischem und österreichischem Besitz übrigbleiben. Darüberhinaus befürchtete er, daß ein zu kleines Königreich Polen einen schweren Stand haben werde, sich neben dem Zarenreich und angesichts der voraussehbaren Obstruktion der beiden übrigen Teilungsmächte zu behaupten[11].

Diese labile Lage wollte Czartoryski durch eine europäische Garantie korrigieren. Seine Bemühungen in Wien, die britische Diplomatie zu einem stärkeren Engagement in Sachen Polen zu bewegen, als es die zwar wohltönende, aber zu nichts verpflichtende Zirkularnote Castlereaghs vom 12. 1. 1815 beinhaltete[12], waren allerdings erfolglos. Wellington lehnte höflich, aber bestimmt jegliche weiteren Schritte zugunsten Polens ab[13].

Andererseits hatte Czartoryski erreicht, daß in Wien doch von der Gesamtheit der polnischen Nation ausgegangen worden war[14], und dazu, daß alle Polen betreffenden Bestimmungen Bestandteil der Wiener Schlußakte geworden waren. Diese Schlußakte und alle darin getroffenen Einzelregelungen standen nach Czartoryskis Ansicht unter der Garantie der Signatarmächte. In einem die Lage nach 1815 resümierenden

pflegt, mit einer weniger zufriedenstellenden Wirklichkeit, als die Imagination sie sich ausmalte. Der Grundsatz jedoch bleibt derselbe. Überall wird die Nationalität aufrechterhalten, und überall öffnet sich den Polen Gelegenheit, sich gesellschaftlich auszubilden und den Grundstein für eine gute Meinung des Auslands über sich zu legen. Die schmerzliche Seite unserer zukünftigen Existenz muß dem Schicksal und der Notwendigkeit zugeschrieben werden. . .« – B. Cz. 3945, S. 95–97, hier zitiert nach M. Handelsman, Z papierów ks. Adama Czartoryskiego (Aus den Papieren Fürst Adam Czartoryskis), in: Ders., Pomiędzy Prusami i Rosją, S. 151–166, hier S. 159.

11 Dazu kam noch als schwere Hypothek für das kleine liberale Staatswesen die Anwesenheit und faktische Machtfülle des Großfürsten Konstantin, dessen Rolle in der Verfassung mit keinem Wort vorgesehen war.

12 C. Webster, British Diplomacy, S. 287f.; J. L. Klüber, Acten des Wiener Kongresses, 9, S. 38ff. (auf französisch) mit den Antworten der Mächte und dem Protokoll vom 21. 2. 1815; französ. Text auch bei d'Angeberg, Congrès de Vienne, S. 794–801, ebenso Ders., Recueil, S. 644–649. Siehe auch die Interpretation der englischen Note bei M. Milovanowitch, Des traités de garantie, S. 115ff.

13 S. Askenazy, Polska a Europa, III, S. 65; M. Kukiel, Czartoryski and European Unity, S. 132; A. Wellington, Supplementary Despatches, IX, S. 571f. und 579.

14 In dem weiter unten (Anm. 15) erwähnten Memorandum von 1817 faßte er dieses Ergebnis folgendermaßen zusammen:
»Pour prix de ce démembrement, les cours ont stipulé de conserver sur toute l'étendu de l'ancienne Pologne la nationalité, des lois, des institutions, de manière que quoique partagé l'unité morale du pays et les rapports ne soyent pas troublés, et que la Pologne comme l'Allemagne quoique morale fasse un même corps« (B. Cz. 5239, S. 197).
Bei diesem Vergleich der Lösung für Deutschland mit der für Polen übersah Czartoryski hier den ausschlaggebenden Unterschied: erstere beinhaltete eine – wenn auch sehr mangelhafte – politische Institutionalisierung der ›moralischen Einheit‹ der Nation in Form des Deutschen Bundes, wenn dieser auch teilweise eher die Züge einer völkerrechtlichen als einer staatsrechtlichen Institution trug; für Polen war nichts dergleichen vorgesehen, war auch offensichtlich nicht diskutiert worden – und im Fehlen einer irgendwie gearteten gesamtpolnischen Institution muß einer der Hauptmängel der polnischen Lösung des Wiener Kongresses gesehen werden.

Memorandum[15], angesichts der schon voll ersichtlichen Halbherzigkeit, mit der die Vertragsbestimmungen durchgeführt wurden, formulierte er zum ersten Mal seine Auffassung vom Garantiecharakter der Schlußakte:

»L'Europe devrait exiger et veiller que les stipulations du Congrès soyent executées; au fait les stipulations relatives à l'Allemagne et à la Pologne sont les seules qui ont un caractère et une tendance semblable à celle que la guerre et les proclamations des Puissances alliées annoncaient. Ces stipulations sont loins de ce qu'on avait droit d'attendre, mais enfin on y voit une velléité du bien. Si elles venaient à ne pas être exécutées qu'aurait donc fait le Congrès, pour l'équilibre, et pour le bonheur de l'Europe [?].

L'Angleterre a l'obligation et la charge[16] de veiller à ce que les choses marchent dans l'esprit du traité, et si elles ne vont pas en mieux, qu'elles n'empirent pas, l'obligation parceque rien ne s'est fait sans l'assentiment de l'Angle(terre) et que Lord Cast(lereagh) a donné des notes dans lesquelles il déclare les sentiments de sa Cour en faveur de la Pologne. Si les ministres oublient leur charge à ce sujet, le Parlement doit les en faire[17] souvenir; d'ailleurs la seule mention est suffisante pour opérer du bien en Europe«[18].

Zur praktischen Lösung der Frage, wie Europa für Polen interessiert werden könne, skizzierte Czartoryski schon jetzt die Möglichkeiten, auf die er 14 Jahre später als Emigrant zurückgreifen sollte:

»Ces différens éffèts (!) peuvent être produits soit d'action du cabinet soit par des discussions dans les chambres, soit enfin par des brochures, et des artîcles (!) dans les gazettes lesquels paraîtront de tems à autres, pour ne jamais laisser entièrement tomber la matière, et pour ne pas permettre qu'on puisse jamais plaider prescription«[19].

Zugleich unterschob er den europäischen Politikern die edelsten und gerechtesten Motive, aus denen heraus sie die polnische Frage in Wien geregelt hätten[20]. Daß die in Wien versammelten Staatsmänner sich sicherlich nicht als irdische Werkzeuge einer höheren Gerechtigkeit angesehen und ihre Entscheidungen nach völlig anderen Gesichtspunkten getroffen hatten, dessen mußte sich Czartoryski wohl bewußt sein. Wenn man aber die oder zumindest einige der offiziellen Verlautbarungen nahm, wie

[15] B. Cz. 5239, S. 193–204: »Sur le rétablissement de la Pologne« 1817, handschriftlicher Entwurf Czartoryskis; der letzte Teil dieser Denkschrift wurde veröffentlicht von M. Handelsman, Pomiędzy Prusami i Rosją, S. 163–166; zu welchem unmittelbaren Zweck das Schriftstück verfaßt wurde, ist unbekannt. Möglicherweise hat Czartoryski es polnischen Politikern, vielleicht auch Westeuropäern gezeigt.

[16] Hervorhebung von mir – HHH

[17] Hier Lesefehler bei M. Handelsman, Pomiędzy Prusami i Rosją, S. 164.

[18] Ebd.; B. Cz. 5239, S. 200f.

[19] B. Cz. 5239, S. 203 (Hervorhebung original); M. Handelsman, Pomiędzy Prusami i Rosją, S. 165.

[20] B. Cz. 5239, S. 196: »c'est faire une acte de justice, ou plus tôt rendre hommage à l'éternelle justice, et effacer autant que possible une grande iniquité qui en a produit une série toute entière et qui a été la première source d'en [!] celles ont découlé avec les malheurs dont elles sont toujours accompagnés«; »...c'est pour faire une [!] acte de justice que l'Empereur Alexandre a demandé et obtenu le titre de R[oi] de P[ologne] et trois millions d'habitans; c'est dans ce but que les autres puissances et particulièrement l'Angleterre y ont consenti. Tous les papiers et les notes échangées au Congrès de Vienne le prouvent suffisemment. On n'a qu'à les parcourir pour s'en convaincre; cela serait-il déjà oublié?«

z. B. die schon erwähnte britische Note vom 12. 1. 1815 und die Antworten der drei Teilungsmächte darauf, so konnte man eine hohe Meinung von den Beweggründen der Verfasser erhalten. Und gerade darauf kam es Czartoryski an. Als Politiker, dem jegliche Machtbasis fehlte, als Repräsentant einer Nation, die keinen eigenen unabhängigen Staat hatte und von der nur ein Teil sich einer noch nicht genügend verwirklichten und schon in den Augen Czartoryskis ernstlich bedrohten Autonomie erfreute – wobei diese Autonomie wiederum gänzlich vom Wohlwollen des Zaren abhing –, pochte er auf den Buchstaben der Verträge, auf den Wortlaut der Vertragstexte und der offiziellen Verlautbarungen. Er negierte die deutlich dekorative Funktion der Sprache und des Inhalts derartiger diplomatischer Texte und unterschob den Protagonisten der europäischen Diplomatie Motive, von denen er selbst wußte, daß sie nie vorhanden gewesen waren. Mit anderen Worten – Czartoryski baute hier ganz bewußt eine Fiktion auf.

Indirekt kam das fiktive Moment auch zum Tragen, wenn Czartoryski in dem gleichen Memorandum bezeichnenderweise nicht von der Wiederherstellung Polens, sondern von der Wiederherstellung des Namens Polen sprach[21]. Später sprach er davon, daß ein veränderter Sprachgebrauch, wie er in Wien festzustellen sei, einen gewissen Fortschritt für die europäische Diplomatie darstelle:

> »La locution du bien général (Hervorhebung im Original) resta dans les echos des cabinets, et c'est un progrès: car les paroles amènent les choses« (Hervorhebung von mir – HHH)[22].

Die politische Position Czartoryskis im liberalen Königreich 1815–1830 war recht schwierig. Alexander ernannte nicht ihn, wie allgemein erwartet, zum Vice-König (also zu seinem Stellvertreter), sondern den farblosen, leicht lenkbaren General Józef Zajączek[23]. Außer der Mitgliedschaft im Senat hatte Czartoryski keine offizielle Funktion im Königreich[24]. Er war zwar keineswegs politisch einflußlos; aber seine ständigen Versuche, die Autonomie auszuweiten und vor allem Verfassungsbrüche

[21] Dies läßt sich in Zusammenhang bringen mit einem anderen Satz aus der Zeit: »L'illusion d'une Pologne véritable est presque aussi importante que le fait«. Diese in Verbindung mit einer politischen Psychologie durchaus interessante Ansicht läßt sich mit der später zu behandelnden Politik des »fait accompli« (Kap. IV/4) vergleichen, zumindest liegt eine ähnliche Auffassung von einer gewissen mechanischen Motorik politischer Abläufe vor, bei denen das Hauptgewicht auf das Auslösungsmoment gelegt wird. Es ließe sich hier auch der von einigen Essayisten der polnischen Sprache und Literatur nachgesagte inhärente Nominalismus bemühen, vgl. z. B. W. Wirpsza, Pole, wer bist Du?, S. 16–23.
Gerade der ›nominalistische‹ Charakter der Wiener Lösung veranlaßte den polnischen Nationalhelden Tadeusz Kościuszko, sie abzulehnen, obwohl er von Alexander I. sehr umworben wurde. Am 13. Juni 1815 schrieb Kościuszko an Czartoryski: »Wir danken und wir schulden dem Zaren Dank für die Wiedererweckung des schon verlorenen polnischen Namens; aber der Name allein bildet noch nicht die Nation, sondern die Größe des Gebiets mit seinen Bürgern« – zit. nach W. M. Kozłowski, Autonomia, S. 83.

[22] A. J. Czartoryski, Essai sur la diplomatie, S. 222f.

[23] Über Zajączek siehe die Biographie von J. Nadzieja, Gen. J. Zajączek; dort S. 477–480 über die Nominierung des Generals – die hier angegebenen Gründe, weswegen Czartoryskis übergangen wurde, können nicht hundertprozentig überzeugen.

[24] Die Universität Wilna, deren Kurator Czartoryski bis 1823 war, lag in den sog. Ostprovinzen; über diese Tätigkeit siehe zuletzt D. Beauvois, Czartoryski jako kurator.

seitens des Petersburger Kabinetts und des in Warschau residierenden Großfürsten Konstantin anzuklagen und zu unterbinden, blieben fruchtlos[25].

C.

Während der Jahre 1824–1827 befand sich Czartoryski meist auf Reisen im Ausland – in der Schweiz, in Italien und Frankreich[26]. In dieser Zeit schrieb er, als ›privatisierender elder statesman‹, eine Art politisches Glaubensbekenntnis, den »Essai sur la diplomatie«[27]. Hier legte er seine grundsätzlichen Ideen zu den internationalen Beziehungen seiner Zeit dar und versuchte, Wege einer Reform zu einem gerechteren Staatensystem aufzuzeigen.

Vom Standpunkt einer aufklärerischen Naturrechtslehre aus argumentierend, fiel sein Urteil über die Diplomatie der Vergangenheit und Gegenwart sehr negativ aus. Dem dynastisch-restaurativen Legitimismus stellte er einen Legitimismus der Nationalität entgegen. Die Nation sei, nach der Familie, die primäre und zugleich höchste Form des Gemeinwesens; jede Nation sei ein ursprünglicher Teil der Menschheit und wie jedes Individuum den universellen Gesetzen des Rechts und der Moral unterworfen[28]. Daraus ergab sich für Czartoryski das Recht auf nationale Identität (»les droits

[25] Hierhin gehört auch seine wichtige Rolle in dem Prozeß gegen die Mitglieder polnischer Geheimgesellschaften, einem der jurisdiktionellen Nachspiele des Dekabristenaufstands. Der Prozeß wurde gemäß der Verfassung vom Senat als Richterkollegium 1827 durchgeführt. Er endete, zum Unwillen des Zaren Nikolaus, mit einem recht milden Urteil; siehe darüber zuletzt H. Dylągowa, Tow. Patriotyczne i Sąd Sejmowy.

[26] In Frankreich wurde er – nach einem Polizeibericht angeblich wegen seiner Beziehungen zur Mutter Napoleons III., der Duchesse de St. Leu – genau überwacht – ANP F^7 6862 dos 4770.

[27] 1830 in Marseille anonym mit einem eher irreführenden Vorwort des Herausgebers Toulouzan (Präsident des lokalen Philhellenenvereins) erschienen als: Essai sur la diplomatie, Manuscrit d'un Philhellène, publié par M. Toulouzan, Marseille-Paris 1830; posthume Ausgabe: Prince Adam Czartoryski, Essai sur la diplomatie, Paris 1864, mit einigen z. T. nicht unerheblichen Änderungen, die sich allerdings nur teilweise aus einer veränderten Sichtweise ergaben (über die partiell fehlerhafte erste Ausgabe siehe Czartoryskis Brief an die Pariser Legation, Soissons 13. 12. 1831, in: A. J. Czartoryski, Korrespondencye, S. 138f.).
Der »Essai sur la diplomatie« Czartoryskis blieb sowohl von den Zeitgenossen wie auch von der Nachwelt weitgehend unbeachtet; Ter Meulen z. B. erwähnt ihn nicht einmal. Bisherige Interpretationen: M. Kukiel, Czartoryski and European Unity, S. 151–158; P. S. Wandycz, The Polish Precursors of Federalism; M. K. Dziewanowski, »La Vertu de la Politique«; Ders., Czartoryski: European Federalist; Ders., Czartoryski and His Essai sur la diplomatie.

[28] A. J. Czartoryski, Essai sur la diplomatie, S. 155: »Les nations sont donc les sections nécessaires, naturelles et primitives de la grande association du genre humain... elles constituent seules la société du genre humain«.
Ebd., S. 161: »Les Nations sont les fractions naturelles, les membres légitimes du genre humain«.
Czartoryski verstand den Begriff Nation nicht im westeuropäischen Sinn, sondern eher in der Nachfolge der Herder'schen Auffassung: »L'existence comme nation, et l'existence comme société, quoique toujours réunies, ne doivent cependant pas être confondues. En les comparant, l'on trouvera que la première tient de plus près à la nature de l'homme, qu'elle est une condition plus essentielle du but et du mode de vie sur la terre, et qu'elle doit toujours être considérée comme plus fondamentale et antérieure à l'existence civile. Ce sont les nations qui eurent recours au pacte civil, ce pacte ne les a pas créées; il fut adopté pour confirmer et assurer leur existence. Le partage en nation est, pour ainsi dire, d'institution divine, car il aurait lieu sous le régime pur et spontané de la loi naturelle« (ebd., S. 156f.).

d'une nation d'être une nation«)[29], auf Unabhängigkeit und besondere politische Existenz. Nur als Nationalstaat sei ein Staat legitimiert.

Bei der Frage, wie ein solches Nationalitätenprinzip verwirklicht und mit dem Gleichgewichtsprinzip in Einklang gebracht werden solle, entwickelte Czartoryski seine Lieblingsidee[30], die Konzeption von föderativ aufgebauten Staaten. Danach waren zwei Arten von Föderationen möglich: einmal der Fall, daß ein Land bzw. eine Nation in mehrere Staaten zerfalle; diese Staaten, in einer Föderation vereint, behielten ihre »lokale Souveränität«, führten aber eine gemeinsame, d. h. einzige Außenpolitik. Verbindungsglied sei die gemeinsame Nationalität und die Notwendigkeit des Schutzes nach außen[31]. Auf der anderen Seite sah er Föderationen, wo zwei oder mehrere Nationen von einem Monarchen beherrscht werden. Er betonte den Kompromiß- und Übergangscharakter einer solchen Lösung[32], setzte den Hauptakzent aber auf die Eindämmung der großen Staaten von Natur aus innewohnenden Tendenz, offensiv und absolutistisch zu sein,

> »le système fédératif, au contraire, en contentant les justes droits des nations, donne une plus grande stabilité, une plus grande force défensive, tandisqu'il diminue les troubles et les éléments de la force arbitraire et offensive«[33].

Dazu gehöre natürlich eine Trennung der Außenpolitik. Eine derartige Föderation habe de facto zwei Funktionen: Berücksichtigung des Nationalitätenprinzips auf einer ›vorläufigen‹ Ebene, und Neutralisierung zu großer Macht im Sinne eines internationalen Gleichgewichts.

Europa solle – quasi als funktionierende Völkerrechtsgemeinschaft – Tauglichkeit und Erfolg solcher Föderationen gewährleisten, und über die Aufrechterhaltung eines föderativen Status wachen, d. h. mit anderen Worten, derartige Föderationen sollten unter einer internationalen Garantie stehen. Was Czartoryski hier allgemein formulierte, war in allen Einzelheiten mit dem identisch, was er für Polen in Wien erstrebt hatte und in der Folgezeit immer wieder forderte:

> »D'ailleurs, l'Europe est en droit de veiller à ce que le caractère fondamental du pacte fédéral ne soit pas effacé. Car il ne s'agit point ici d'intervenir dans le gouvernement intérieur d'un pays, mais de conserver aux nations leur existence distincte. C'est la condition à laquelle Europe a attaché la faculté de laisser gouverner deux nations par un seul monarque: condition qui, par sa nature, est du ressort des traités, et qui, si même elle y avait été omise, n'en resterait pas moins de la compétence du droit des gens: car elle appartient aux droits relatifs des nations et aux intérêts de leur association général«[34].

[29] Ebd., S. 169.

[30] Vgl. Kap. V, S. 248f.

[31] Als Beispiele führte er hier Nordamerika und die Niederlande an; für Deutschland und Italien hielt er eine solche Lösung für möglich.

[32] »Convenablement reglée, elle [= la seconde espèce de fédération] serait quelquefois un terme moyen très-propre à satisfaire les justes droits des nations lèsées, sansqu'il fût nécessaire de bouleverser la composition des monarchies existantes« (ebd., S. 244). »Un lien fédéral de ce genre, s'il est fidèlement observé, peut donc, sous la garantie de l'Europe, être employé comme terme moyen pour concilier les prétentions des souverains avec le droit des nations, et servir, pendant des siècles, de pierre d'attente aux peuples dans leur tendance vers le mieux, sans que, pour avancer, ils soient obligés de repasser par de nouvelles commotions« (ebd., S. 247). Eindeutig stand die Wiener Lösung der polnischen Frage hier Pate. Als Beispiele führte er noch Schweden – Norwegen und Großbritannien – Hannover an.

[33] Ebd., S. 245.

[34] Ebd., S. 247.

Gesamteuropa solle – das war die logische Schlußfolgerung – ebenfalls einen entsprechenden organisatorischen Rahmen erhalten: ausgehend von dem berühmten »Grand Dessein« Heinrichs IV., wie es Sully in seinen Memoiren als angeblich gemeinsame Konzeption Heinrichs IV. und Elisabeths I. überlieferte[35], entwarf Czartoryski die Konzeption eines europäischen Senats, der mit hier nur ungenau umrissenen, aber offensichtlich sehr weitgehenden Kompetenzen über den europäischen Frieden, über die Vorherrschaft der Prinzipien der Gerechtigkeit und der Moral in den internationalen Beziehungen wachen solle.

Der britischen Politik maß Czartoryski die Hauptrolle bei der Verwirklichung solcher Prinzipien zu – oder zumindest bei der Verhinderung der schlimmsten Auswüchse des gegenwärtigen Systems mit seiner Interventionspraxis. Die »passive Gerechtigkeit« der britischen Politik sei jedoch nicht gutzuheißen, denn eine Großmacht wie England dürfe das Unrecht nicht tolerieren, sie müsse ein energisches Veto einlegen[36]. Czartoryskis spätere Bemühungen, Großbritannien zu einer aktiveren Polenpolitik zu bewegen, lagen genau auf dieser Linie.

Das Buch Czartoryskis, dessen Inhalt hier nur stark verkürzt referiert wurde, enthält somit einen klaren Gegenentwurf zum System der Heiligen Allianz. Die Anfänge der Konzeption finden sich schon in den Plänen des russischen Außenministers Czartoryski. Es handelt sich um eine für die Generation Czartoryskis charakteristische Verbindung aufklärerischen und romantischen Gedankenguts[37].

Der Ausbruch des Novemberaufstands 1830 gab Czartoryski wieder die Möglichkeit, sich aktiv in die Politik an führender Stelle einzusetzen. Wie er versuchte, auch nach dem Zusammenbruch des »Wiener Systems« einer polnischen Präsenz als autonomes Königreich während des Aufstands und danach im Exil polnische Präsenz in Europa zu erhalten, soll in den weiteren Kapiteln untersucht werden.

[35] Schon 20 Jahre früher beschäftigten sich Czartoryski und seine russischen Freunde in der Umgebung Alexanders mit der »république de Sully«, siehe Paul Stroganov an seine Frau, London 6./18. 2. 1806, in: Nicolas Mikhailovitch, P. Stroganov, III, S. 127–129; M. Kukiel, Ligue des Nations, S. 127f.

[36] »L'Angleterre se trouve en quelque sorte obligée de se prononcer sur des choses qui sont encore en question pour les autres cabinets, et de se prononcer dans le sens de la justice et de la morale«. ». . . la justice passive n'est pas le dernier mot des devoirs des Etats dans leur association universelle, non plus que des devoirs d'un individu dans la société civile. La vraie diplomatie est obligée de s'abstenir de toute injustice, et de plus de ne pas la laisser consommer, et ce devoir devient plus évident et plus obligatoire pour une puissance de premier ordre, puisqu'elle a plus de moyens de le remplir et une plus grande responsabilité« (A. J. Czartoryski, Essai sur la diplomatie, S. 237). In der ersten Ausgabe wurde diese »passive Gerechtigkeit« der Diplomaten nur allgemein abgehandelt, während in der 2. Ausgabe von 1864 das Verhalten der britischen Diplomatie während der Novemberinsurrektion von 1830/31 als negatives Beispiel angeführt wurde.

[37] M. Król, Pośrednia droga, S. 640, beschreibt diese Verbindung zutreffend: »Reste der aufklärerischen Naturrechtslehre sowie die Überzeugung, daß sich eine rationale Ordnung realisieren läßt, wenn nur Menschen guten Willens der Stimme der Vernunft gehorchen wollen, wurden ergänzt durch die romantische Idee nationaler Identität und der ideellen Natur nationaler Existenz«.

2. Das Ende der Autonomie – Czartoryski im Novemberaufstand 1830/31

Als die zunächst nur als putschistischer Handstreich, kaum aber als breiter nationaler Aufstand organisierte Novemberinsurrektion am 29. Nov. 1830 ausbrach[1], befand sich die politische Führungsschicht Polens, so differenziert sie auch untereinander war, in einer recht paradoxen Situation. Die aufständischen Offiziere und Intellektuellen begnügten sich damit, die Initialzündung zu geben, ja sie glaubten, im geheimen Einverständnis mit politisch maßgebenden Persönlichkeiten zu handeln[2]. Die Sympathien, die die Aufständischen z. B. dem General Józef Chłopicki und Czartoryski (mit unterschiedlicher Intensität) entgegenbrachten, waren jedoch höchst einseitig – ja zunächst versuchte die Regierung des Königreichs, um gerade die oppositionellen Senatoren erweitert, auf welche sich die Hoffnungen der Aufständischen richteten, den Aufstand abzubiegen, abzuschwächen und vor allem – hier waren sie sich mit dem Großfürsten Konstantin einig – als rein innenpolitische, innerpolnische Angelegenheit anzusehen.

Unbestreitbar waren Czartoryski und mit ihm ein nicht unbeträchtlicher Teil der politisch maßgebenden polnischen Gesellschaft gegen den Aufstand und betrachteten ihn als ein nationales Unglück[3]. Ob er jedoch weitergeführt oder nur als mißglücktes Attentatsversuch in die Geschichte eingehen werde, darüber entschieden weder Konstantin mit seinen (im ganzen recht spärlichen) russischen Truppen noch der eilig zusammengerufene »Administrative Rat« in Warschau, sondern die Haltung der Warschauer Bevölkerung und vor allem die der außerhalb Warschaus stationierten polnischen Truppen. Als diese sich dem Aufstand anschlossen, war praktisch auch die Entscheidung gegen die Wiener Lösung, gegen das Königreich Polen in der Form der letzten 15 Jahre gefallen.

Über die Tragweite der Entscheidung waren sich jedoch die auf Ausgleich bedachten Politiker noch nicht bewußt. Zunächst glaubten sie noch, man könne sich darauf beschränken, von Zar Nikolaus I. eine weitere Ausdehnung und Garantierung der Verfassung und die Einlösung des Versprechens Alexanders betreffs der Angliederung der Ostprovinzen einzuhandeln. Spätestens im Januar 1831 war klar, daß dies unmöglich war, nachdem einerseits die Verhandlungen, die Fürst Franciszek Xawery Drucki-Lubecki in Petersburg anzuknüpfen versuchte, scheiterten und Nikolaus von

1 Bei der Planung des Unternehmens vom 29. 11. 1830 spielte zweifellos die internationale Situation eine ausschlaggebende Rolle, d. h. vor allem die Revolutionen in Westeuropa und die russischen Interventionsabsichten. Inwieweit jedoch direkte Einflüsse der westeuropäischen Revolutionäre bestimmend waren, also z. B. konkrete Anweisungen des Zentrums der Carboneria in Paris, darüber sind die Meinungen in der Literatur kontrovers; siehe W. Bortnowski, Walka o cele powstania listopadowego, S. 44–46 mit weiterführenden Literaturangaben. Zu Bortnowskis minutiöser Darstellung der entscheidenden Anfangsmonate des Novemberaufstands siehe die ausführliche Rezension von W. Zajewski, Uwagi o celach, vor allem auch seine Kritik (S. 343f.) an der etwas einseitigen Darstellung der Rolle Czartoryskis bei Bortnowski.

2 Es handelte sich vor allem um Politiker, die mehr oder weniger offen in Opposition zum Großfürsten Konstantin und der Politik Drucki-Lubeckis standen, wie General Józef Chłopicki, der Dichter Julian Ursyn Niemcewicz – und eben Czartoryski.

3 Allgemein über die Konzeption der Aufstände im 19. Jahrhundert in Polen und ihre Rolle in der polnischen Nationalgeschichte siehe den Aufsatz von H. Wereszycki, Polish Insurrections as a Controversial Problem.

seinen polnischen Untertanen eine bedingungslose Unterwerfung forderte, andererseits der eilig zusammengerufene Sejm den Aufstand als national erklärte[4].

Auch Czartoryski setzte zunächst auf Verhandlungen mit dem Zaren. Mit Drucki-Lubecki zusammen mußte er seine bisherige politische Konzeption, die russische »Orientierung«, als gescheitert ansehen. Während jedoch Drucki-Lubecki[5] nach Petersburg fuhr und nicht wieder nach Polen zurückkehrte, als seine Verhandlungsbemühungen scheiterten, blieb Czartoryski in Warschau – und ergriff damit offen Partei, ohne daß er Verhandlungen mit dem Zaren ausschließen wollte. Deshalb widersetzte er sich auch der Absetzung Nikolaus' durch den Sejm und unterschrieb den Akt der Dethronisierung der Romanows vom 25. Jan. 1831 nur notgedrungen, um sich nicht auszuschließen. Er soll dabei gesagt haben: »Zgubiliście Polskę« – »Ihr habt Polen zugrunde gerichtet«[6]. Diese Worte waren so gemeint, daß damit alle Brücken abgebrochen seien und der Handlungsspielraum – im Sinne der Diplomatie – sehr verengt worden sei. Auf sein Betreiben hin[7] wurde der Text möglichst vage formuliert:

> ». . .le peuple polonais, représenté par sa Diète, déclare: qu'il est indépendant et qu'il a le droit de disposer de la couronne en faveur de celui qu'il jugera digne de la porter, et qui lui présentera les garanties les plus solennelles et les plus réligieuses pour le maintien de la foi et du pacte juré«[8].

Die konstitutuionelle Monarchie als Staatsform wurde also beibehalten, und – trotz der Überschrift – stand nichts von einem irreparablen Bruch mit Rußland in der Erklärung. Nichtsdestoweniger wurde hier – offensichtlich – der Boden der Wiener Verträge verlassen, und gerade das versuchte Czartoryski immer wieder zu verhindern bzw. in der Folgezeit zu verschleiern. Den innenpolitischen Effekt als entschiedenen revolutionären Akt konnte er, von seinem ganzen politischen Selbstverständnis her, nicht einschätzen und erst recht nicht bejahen[9].

[4] Manifeste du peuple polonais, écrit et sanctionné par la Diète de Pologne, exposant les abus commis par la Russie, de 1815 à 1830, et déclarant le soulèvement du 29 novembre 1830 pour légal et national, in: d'Angeberg, Recueil, S. 770–776.

[5] Über Drucki-Lubeckis Politik zu Beginn des Aufstands siehe S. Smolka, Z życia ministra Lubeckiego, und Ders., W drodze do Petersburga.

[6] L. Gadon, Czartoryski podczas powstania, S. 12; andere Quellen, die dieselben Worte überliefern, führt auf W. Zajewski, Zabiegi »Nowej Polski« o detronizację, S. 110f., Anm. 197 – danach soll auch Lelewel, der wichtigste politische Opponent Czartoryskis während des Aufstands, der gleichen Ansicht gewesen sein.

[7] W. Bortnowski, Walka o cele powstania listopadowego, S. 150; W. Zajewski, Zabiegi »Nowej Polski« o detronizację, S. 102.

[8] Acte de déchéance de l'Empereur Nicolas Ier comme roi de Pologne. . . Varsovie 25 janvier 1831, in: d'Angeberg, Recueil, S. 790–794.

[9] Ohne die Bedeutung des Dethronisierungsakts für den Verlauf des Aufstands und besonders seiner ideologischen Entwicklung verkleinern zu wollen, ist es jedoch grundsätzlich falsch, wenn J. Łojek, Szanse powstania listopadowego, S. 88, schreibt: »Jedoch vom völkerrechtlichen Standpunkt muß der Akt vom 25. Januar die Bedeutung eines Wendepunkts haben. Infolge dieser Erklärung des souveränen polnischen Sejm wurden die staatsrechtlichen Bindungen des Königreichs Polen mit dem russischen Kaiserreich zerrissen«.
Völkerrechtlich gesehen war nicht der Sejm des Königreichs Polen der Souverän, sondern der König, also Nikolaus. Konstituierend für die Herrschaft des russischen Zaren über das Königreich Polen als polnischer König war nicht die Anerkennung durch die Nation bzw. deren Vertretung, den Sejm, sondern ein internationaler Vertrag. Die einseitige Erklärung des Sejm hatte deshalb für das damals geltende Völkerrecht keine Bedeutung. Ein internationaler Vertrag kann rechtlich nur von den Vertragspartnern geändert werden – ob durch neue Setzung

Die gesamte Außenpolitik der Aufstandsregierung wurde faktisch von Czartoryski als ihrem Präsidenten geleitet. Sie ist in allen ihren Bemühungen gescheitert. Es kann hier nicht der Platz sein, ausführlich alle diplomatischen Anstrengungen darzustellen[10]; es sollen nur kurz einige Anmerkungen zu den Gründen des Mißerfolgs gemacht werden.

Es ist Czartoryski von den Zeitgenossen und späteren Interpreten häufig zum Vorwurf gemacht worden, er habe zu sehr auf die Wiener Verträge gepocht und damit die gesamte Außenpolitik der Aufstandsregierung in eine falsche Richtung gelenkt. Czartoryskis Beurteilung der internationalen Beziehungen in Europa war sehr, ja zu sehr von Wien her geprägt. Dort war 1814/15 die polnische Frage ein sehr wichtiger Teil des ganzen internationalen Arrangements gewesen, und er verstand offensichtlich zunächst nicht ganz, warum nicht 1830/31, in einer neuen Krise, dieser Raum wieder im Mittelpunkt des Interesses der europäischen Staatsmänner stand. Er versuchte deshalb, den Aufstand zu legitimieren, indem er sich gerade darauf berief, daß der für Polen gültige internationale Vertrag, die Wiener Schlußakte, von Nikolaus und Konstantin nicht eingehalten worden war. Dazu betonte er, es gebe in Polen keinen »Jakobinismus«, es handle sich um einen nationalen Aufstand, nicht um eine soziale Revolution. Seit dem Wiener Vertrag waren alle anstehenden europäischen Probleme von den Großmächten gemeinsam gelöst worden, und auch für die zur Zeit aktuelle belgische Frage suchte man auf der Londoner Konferenz nach einer international sanktionierten Lösung. Polen war 1815 Objekt eines Kongresses gewesen, warum sollte es dies nicht 1830/31, in einer scheinbar für Polen viel günstigeren Situation, wieder sein?[11] Die polnische Lösung von 1815 hatte für Czartoryski, wie oben dargestellt wurde, eindeutig internationalen Charakter, und dies sollte 1830/31 ebenso der Fall sein. In seiner gedanklichen Konstruktion handelte es sich beim polnisch-russischen Krieg um eine Auseinandersetzung zwischen dem konstitutionellen König Polens und dem autokratischen Zaren Rußlands, der Einmarsch der russischen Armee erfüllte den Tatbestand der Intervention einer fremden Macht. Dagegen stand die Interpretation aus Petersburg, die daraus eine rein innerrussische Angelegenheit machte. Die folgenden Sätze aus dem Regierungsprogramm vom 30. Jan. 1831 machen deutlich, wie Czartoryski den Aufstand und was er als seine Aufgabe sah:

> »In der Waffe und der Tapferkeit und im erbitterten Kampf, in der siegreichen Abwehr der Feinde liegt jetzt unsere Hoffnung. *Europa wird später sprechen* (Hervorhebung von mir – HHH). Inzwischen sollen freundschaftliche Beziehun-

oder durch Anerkennung inzwischen erfolgter faktischer Veränderungen, ist dabei sekundär. Polen war aber kein Vertragspartner in Wien, oder wenn, dann höchstens in der Person seines Souveräns Alexander I. Zudem gehörte zu den Rechten des polnischen Sejm nicht die Ratifizierung von Verträgen, nach der Verfassung des Königreichs Polen besaß allein der König das Recht, internationale Verträge abzuschließen (Art. 40, siehe M. Handelsman, Konstytucje polskie, S. 86). Außerdem ist im Text der Absetzungserklärung keineswegs von einem endgültigen Bruch mit Rußland die Rede. Siehe auch W. M. Kozłowski, Autonomia, S. 184f.

10 Siehe dazu vor allem: S. Askenazy, Zabiegi dyplomatyczne polskie (unvollständig); T. Jungfer, Die Beziehungen der Julimonarchie zum Königreich Polen; J. Dutkiewicz, Austria wobec powstania listopadowego; Ders., Francja a Polska; Ders., Anglia a sprawa polska; Ders., Charakterystyka dyplomacji powstania listopadowego.

11 Auch Guizot und Gentz (wohl vor allem unter dem Eindruck der anfänglichen militärischen Erfolge der polnischen Armee) dachten an eine Konferenz über die polnische Frage (siehe J. Dutkiewicz, Francja a Polska, S. 121); man kann wohl die Hypothese wagen, daß es auch dazu gekommen wäre, wenn sich die polnische Armee auf dem Schlachtfeld behauptet hätte.

gen zu den benachbarten deutschen Höfen gewahrt und diese überzeugt werden, daß wir sie keineswegs beunruhigen wollen.

Den übrigen uns wohlwollenden Ländern soll zugesichert werden, daß wir immer bereit sein werden, ihren Rat anzuhören und zu tun, was sich für Europa als vorteilhaft erweisen wird; sie sollen schließlich überzeugt werden, daß unsere Revolution eine wirklich polnische ist, d. h. daß sie die Existenz und Unabhängigkeit unseres Vaterlands zum Ziel hat, nicht jedoch, jegliche gesellschaftliche Grundlagen umzustürzen und die schrecklichen Keime der Anarchie zu verbreiten, von denen sich zu befreien sowohl die Moral wie die Politik und die Stimme Europas gebieten.

In der Waffe, in der Rüstung liegt unsere jetzige Hoffnung; alle rechtschaffenen und echten Polen sollten allein dieses Ziel anstreben«[12].

Nach Czartoryskis Ansicht sollte der Aufstand, da er ja nun einmal – gegen seinen Willen – ausgebrochen war, folgendermaßen verlaufen: die polnische Armee mußte unbedingt erfolgreich sein, möglichst offensiv vorgehen und den Krieg in die Ostprovinzen tragen; die polnische Regierung und der Sejm sollten dabei in ihren Verlautbarungen gemäßigt bleiben und nicht mehr fordern, als bei Lage der Dinge zu erreichen war, also z. B. die Frage der preußischen und österreichischen Teilgebiete nicht berühren. Als Störer der internationalen Ordnung und Vertragsbrecher sollte in der europäischen Öffentlichkeit der Zar dastehen. Eine dann auf dem Verhandlungsweg zu erreichende Lösung sollte nicht bilateral erfolgen, sondern auf gesamteuropäischem Parkett stattfinden. Je siegreicher die Polen, je schwächer Rußland auf militärischem Gebiet waren, desto besser waren die Ausgangsmöglichkeiten für Verhandlungen. Inzwischen konnte versucht werden, schon eine Quasi-Anerkennung des grundsätzlichen Existenzrechts zu erreichen und die europäische öffentliche Meinung in propolnischem Sinne zu beeinflussen.

Während des Aufstands bemühte sich die polnische Diplomatie darum, daß die beiden übrigen Teilungsmächte Preußen und Österreich neutral blieben und die Westmächte England und Frankreich sich zumindest diplomatisch für Polen einsetzten. Aus den in Warschau erbeuteten Papieren des Großfürsten Konstantin glaubte man entnehmen zu können, daß ein ernstzunehmender Interessenkonflikt zwischen Wien und Petersburg bestehe; deswegen wurden erhebliche Anstrengungen unternommen, Österreich zu einem propolnischen Auftreten zu veranlassen. Eine möglichst materielle, günstigenfalls militärische, zumindest aber diplomatische Unterstützung der Westmächte hielt man für unbedingt nötig, da man nicht glaubte, dem russischen Machtpotential auf die Dauer widerstehen zu können. Der Ausdruck »Glaube an die Intervention« trifft jedoch nicht den eigentlichen Sachverhalt: Czartoryski glaubte nicht, daß die Westmächte auf jeden Fall intervenieren würden, sondern er hielt eine Intervention für notwendig oder zumindest erwünscht im polnischen Interesse, und er arbeitete darauf hin. Diese Politik ist von einigen Autoren als mangelndes Vertrauen in die Kräfte der eigenen Nation und als konterrevolutionär interpretiert worden – zu Unrecht, denn das hieße, eine realistische Einschätzung der Situation und der Beschränktheit der eigenen Möglichkeiten sei an sich schon konterrevolutionär (das soll nicht heißen, Czartoryski sei Revolutionär gewesen – aber auch ein revolutionärer Außenpolitiker hätte unter den gegebenen Umständen kaum eine andere Diplomatie treiben können).

[12] M. Rostworowski, Dyaryusz Sejmu, I, S. 388: Sitzung vom 30. 1. 1831.

Die Bemühungen der polnischen Außenpolitik sind in fast allen Bereichen gescheitert. Die beiden deutschen Großmächte griffen zwar nicht militärisch ein, erklärten aber, sie seien nicht neutral, sondern nur passiv. Der Versuch, Österreich zu gewinnen, schlug fehl – Metternich war zwar daran interessiert, daß die russische Armee möglichst lange in Polen gebunden bliebe, aber ein polnischer Sieg, und in der Folge ein konstitutionelles Königreich Polen, auch mit einem Habsburger auf dem Thron, konnte nicht in seinem Interesse liegen. Es gelang zwar, in der englischen und französischen Gesellschaft einige Sympathien für Polen zu wecken, die Kabinette jedoch benutzten den Aufstand vor allem als Druckmittel in den Verhandlungen über Belgien[13]; solange Rußland nicht seines Sieges in Polen sicher war[14] (und das heißt bis zum Fall Warschaus), mußte es sich in der Londoner Konferenz zurückhaltend und nachgiebig verhalten, um nicht ein propolnisches Auftreten der Westmächte zu provozieren. Angesichts der erheblichen Meinungsverschiedenheiten zwischen London und Paris über Belgien war auch eine gemeinsame Aktion beider Mächte für Polen kaum möglich. Schließlich bewegten Palmerston und Talleyrand sogar die polnischen Auslandsvertreter, sich aktiv in die belgische Frage einzuschalten, mit dem Hinweis, erst nach deren Lösung werde man die Hände frei haben, um sich für Polen einzusetzen (woran sie ernsthaft wohl kaum glaubten)[15].

Daneben trugen einige innerpolnische Faktoren erheblich zum Scheitern der Außenpolitik Czartoryskis bei. Voraussetzung für seine außenpolitische Konzeption waren militärische Erfolge der polnischen Armee. Angesichts der Mißerfolge auf diesem Gebiet, die größtenteils nur durch das strategische Unvermögen der militärischen Führung zu erklären sind, waren alle diplomatischen Bemühungen sinnlos. Czartoryski wandte sich oftmals an die Oberbefehlshaber der Armee mit sehr sachkundigen Vorschlägen, wie der Krieg offensiv zu führen sei, ohne daß er sich dort durchsetzen konnte[16]. Dabei ist nicht zu übersehen, daß seine Machtposition beschränkt war. Sein Kabinett bestand aus einer Koalition von drei Parteien, den sog. »Konservativen« oder »Diplomaten«, den sog. »Liberalen«, d. h. den »Kaliszanie« als der ehemaligen konstitutionellen Opposition im Königreich, und den Demokraten, deren Vertreter der Historiker Joachim Lelewel war, der eine keineswegs konsequente Politik verfolgte. Alle drei Richtungen bewachten sich gegenseitig mit äußerstem Mißtrauen. Der Oberbefehlshaber des Heeres fühlte sich nur dem Sejm gegenüber verantwortlich

[13] Über den Zusammenhang zwischen der Londoner Konferenz über die belgische Frage und dem polnisch-russischen Krieg siehe vor allem J. A. Betley, Belgium and Poland, und die ausführliche Rezension dazu von W. Zajewski, »Polski margines« londyńskiej konferencji.

[14] Über die möglichen Erfolgschancen und die verpaßten Gelegenheiten des Novemberaufstands siehe J. Łojek, Szanse powstania listopadowego – diese sehr polemische, schon wegen ihres hypothetischen Charakters und des Fehlens eines Apparats kaum als wissenschaftlich zu bezeichnende Arbeit steht als politische Publizistik deutlich in der Tradition Maurycy Mochnackis.

[15] Bei der Annahme der 18 Artikel, die die Konferenz in London für Belgien ausgearbeitet hatte, durch den belgischen Kongreß am 9. 7. 1831 spielte der polnische ›Agent‹ Graf Roman Załuski eine nicht unwichtige Rolle – siehe F. Perelman-Liwer, La Belgique et la Révolution Polonaise, S. 31–41; J. Dutkiewicz, Francja a Polska, S. 121–126; Ders., Anglia i sprawa polska, S. 54f.

[16] Die Ansicht, Czartoryski selbst wäre wohl der fähigste militärische Führer gewesen, geht wohl doch etwas zu weit – W. Łopaciński, Strategiczne pomysły Czartoryskiego, passim; W. Nagórska-Rudzka, Czartoryski w dobie powstania listopadowego, S. 269–290.

und wies eine Einmischung der Regierung zurück; vom Sejm selbst, der sich als der Souverän fühlte, konnte keine echte Exekutivgewalt ausgehen[17]. Man hat später Czartoryski einen Mangel an Energie vorgeworfen, und tatsächlich hat er nie ernstlich versucht, seine Machtbasis auszuweiten und das Heft in die Hand zu nehmen. Im Gegenteil, er unterstützte oft Personen, deren Unvermögen er schon erkannt hatte. Dahinter stand häufig wohl die Furcht, wenn er diese zwar unfähigen, aber konservativen Leute (wie z. B. J. Skrzynecki oder vorher J. Chłopicki) fallen lasse, gerate die Revolution in ein radikales Fahrwasser – und dies wollte er unter allen Umständen verhindern.

Zwar spielten die Westmächte keineswegs ein offenes Spiel mit den polnischen Diplomaten, die unter z. T. abenteuerlichen Umständen zu ihnen gelangten, verantwortlich zu machen für das Scheitern des Aufstands und die militärische Niederlage ist aber neben dem ungleichen Kräfteverhältnis die militärische und politische Führung der polnischen Nation, letztere wegen mangelnden Durchsetzungsvermögens, erstere wegen eklatanter strategischer und taktischer Fehler.

[17] Über die Probleme der Exekutivgewalt im Novemberaufstand siehe Z. Gołba, Rozwój władz; ebenso W. Rostocki, Władza wodzów naczelnych.

IV. Die Bemühungen um polnische Präsenz in Europa nach 1831

Die Niederlage des Novemberaufstands bedeutete gleichzeitig den Verlust der Autonomierechte, die dem Königreich Polen 1815 zugestanden worden waren. Das Ergebnis war nicht eine Ausdehnung und Sicherung der Autonomie, wie die Minimalforderungen Czartoryskis während des Aufstands lauteten, sondern die nur sehr mangelhaft verschleierte Liquidierung der faktischen Selbständigkeit des Königreichs Polen. Die Präsenz als Staat und als Nation in Europa war damit nicht nur ernstlich bedroht, sondern sie schien endgültig verschwunden. Die kleine selbständige Republik Krakau konnte nicht die Rolle des Königreichs übernehmen – ohne Armee, ohne das Recht zu Auslandsvertretungen und dem unkontrollierbar sich ständig zuschnürenden »Schutz« der drei Schutzmächte ausgeliefert, führte sie eine Scheinexistenz am Rande des europäischen Interesses, war sie nicht im Stande, eine nationale Politik in einem wie auch immer gemeinten Sinne und Ausmaß zu treiben.

Polen schien endgültig zu einem bloßen innenpolitischen Problem der 3 Teilungsmächte zu werden, das mit polizeistaatlichen, administrativen, wirtschaftspolitischen und eventuell auch sozialpolitischen Maßnahmen kontrolliert und gelöst werden konnte.

Daß der Anschein trog und Polen auch weiterhin ein europäisches Problem blieb, hatte vor allem drei Gründe:

1. Allgemein gesprochen zeigte der politische Lebenswille der polnischen Nation, oder genauer ihrer politisch bewußten Gesellschaftsschichten, d. h. vor allem des in sich ungemein differenzierten Adels, eine unerwartet hartnäckige Beständigkeit. Die polnischen Provinzen der drei Teilungsmächte blieben Unruhefaktoren und Fremdkörper. Die sich langsam emanzipierenden Gesellschaftsschichten integrierten sich (mit Unterschieden in Verlauf, Intensität und Ergebnis) in die bestehende polnische Gesellschaft, nicht aber in die ohnehin sehr heterogenen Gesellschaftskörper der drei Großreiche; auch das national noch relativ homogene Preußen konnte hier, auf lange Sicht gesehen und wahrscheinlich ebendeswegen, keine nennenswerten Erfolge erzielen. Die sozialen Konflikte in Polen wurden größtenteils innerhalb der polnischen Gesellschaft ausgetragen und nahmen deswegen meist auch einen spezifisch nationalen Verlauf. Es wäre zwar übertrieben, von einer bloßen Statistenrolle der Regierungen zu sprechen; gemessen jedoch an ihren Möglichkeiten und Machtmitteln kann man nur den schließlichen Mißerfolg konstatieren. Das liegt wahrscheinlich zu einem großen Teil an der Unbeweglichkeit und Konzeptlosigkeit staatlicher Gesellschaftspolitik in den drei konservativen Großstaaten. Die preußische Polenpolitik in der Bismarck'schen und Wilhelminischen Ära konnte da nur wenig ändern. Auch die verschiedentlichen Versuche von Regierungsseite, die Antagonismen in der polnischen

Gesellschaft auszunutzen und die einzelnen Gesellschaftsschichten gegeneinander auszuspielen (z. B. 1846 in Galizien), haben im Grunde nur Episoden-Charakter und offenbaren das Fehlen einer echten Konzeption auf diesem Gebiet.

2. Das europäische Mächtesystem des 19. Jahrhunderts fußte auf den Ergebnissen von 1815. Die polnische Frage hatte bei den Verhandlungen in Wien eine unbestreitbare Hauptrolle gespielt. Jetzt, nach 1831, sollte dasselbe Staatensystem mit im Grunde nur minimalen Modifikationen weiterfunktionieren, aber ohne den polnischen Faktor. Dies war die erklärte Absicht der drei Teilungsmächte, und sie glaubten, dabei am längeren Hebel zu sitzen als die beiden übrigen Großmächte. Zudem richtete sich die Aufmerksamkeit der europäischen Politik immer mehr auf die in Wien nicht behandelte, weniger übersehene als vielmehr ausgeklammerte Orientfrage.

Die Frage war nur: konnte man wirklich ohne Polen im europäischen System weiteragieren, als ob nichts geschehen wäre? – wohl nur, wenn sich die »Pentarchie« wirklich und grundsätzlich darüber einig war. Die Ausschaltung des Königreichs Polen bedeutete eine nicht geringe Gleichgewichtsverschiebung, ließ in dem in Wien ausgeklügelten System eine Lücke entstehen. War dieses Staatensystem flexibel genug, darüber stillschweigend zur Tagesordnung überzugehen? Wenn nein, welches war die Rolle der polnischen Frage in Europa?

1815–1830 war Polen nur Objekt gewesen, allerdings mit einer unübersehbaren Funktion im europäischen Gleichgewichtssystem. Die Konzeption, aus dieser funktional wichtigen Objektrolle langsam in eine aktive Subjektrolle hineinzuwachsen, war durch die Niederlage des Novemberaufstands zunichte gemacht worden. Genügte es, wenn Polen nach 1831 weiterhin Objekt der internationalen Politik blieb, jedoch ohne das funktionale Gewicht für das europäische Gleichgewicht, das es vorher besessen hatte? Im polnischen Sinn mußte diese Frage negativ beantwortet werden. Daraus ergaben sich zwei Schlußfolgerungen: einerseits mußte man von polnischer Seite versuchen, Polen als Objekt von möglichst großer Wichtigkeit den Protagonisten der internationalen Politik darzustellen, d. h. die polnische Frage als allgemeineuropäisches Problem weiterhin zu erhalten und unter den Großmächten Bundesgenossen zu finden – also den Subjekten des Staatensystems das Gewicht des Objekts Polen einsichtig zu machen; andererseits schien es angebracht, selbst eine im Rahmen der Möglichkeiten realisierbare Subjektrolle innerhalb der internationalen Beziehungen einzunehmen. Beide Konzepte zielten auf eine Fortsetzung der polnischen Präsenz in Europa, und zwar eine aktive und passive Präsenz.

3. Der russische Sieg im Novemberaufstand hatte zur Folge, daß die politische, militärische und intellektuelle Elite des Königreichs Polen in die Emigration ging, – und da sich nationales politisches Leben in den Jahren vor 1830 in nennenswertem Maße nur im Königreich abgespielt hatte, es nur dort eine Armee gegeben hatte und zudem Warschau und Wilna die unbestrittenen Zentren des polnischen Kulturlebens gewesen waren, kann man ohne Vorbehalt von einer Elite der Nation sprechen, die zur Emigration gezwungen wurde bzw. sich dazu entschloß. Daß die Emigration politisch aktiv bleiben werde, wurde weder von den Emigranten noch von ihren Freunden und auch nicht von ihren Gegnern bezweifelt. Über Form, Intensität und Dauer dieser Emigrationspolitik war man jedoch in allen Lagern unterschiedlicher Ansicht.

Zwar ist eine Emigration per definitionem (neben der innenpolitischen Rolle im Ausreise- und im Gastgeberland) ein Phänomen, daß den internationalen Bereich berührt. Diese Feststellung allein genügt aber nicht, um eine nennenswerte Relevanz für die internationalen Beziehungen festzustellen. Die Frage ist, ob die polnische sog. »Große Emigration« dazu in der Lage war, die oben in Punkt 2 genannten zwei Schlußfolgerungen zu verfolgen und somit eine polnische Präszenz im europäischen Mächtesystem zu realisieren.

Diese Aufgabe bedeutete die Fortsetzung der Politik Czartorykis unter gänzlich veränderten Vorzeichen. Die Versuche, Möglichkeiten und Grenzen seiner Bemühungen, auch in der Emigration das Postulat polnischer Präsenz in Europa zu erfüllen, sollen im Folgenden untersucht werden.

1. Die legalistische Argumentation und der Versuch einer juristischen Präsenz – der Beginn der Emigrationsdiplomatie Czartoryskis.

A.

Czartoryski[1] verließ Warschau am 15. Aug. 1831, verjagt von Straßenunruhen und einem staatsstreichähnlichen Vorgehen linker Intellektueller und Offiziere. Er schloß sich zunächst dem Korps Ramorino an, und als dieses am 17. Sept. 1831 auf österreichisches Gebiet übertrat, dem Kops Różycki. Am 26. Sept. 1831 erreichte er die Republik Krakau; als diese jedoch am Abend des 27. Sept. 1831 von russischen Truppen besetzt wurde[2], floh er in Verkleidung in das österreichische Podgórze am gegenüberliegenden Weichselufer. Von dort reiste er, mit einem österreichischen Paß[3] auf den Namen Georg Hoffmann versehen, in Begleitung seines Sekretärs Karol Sienkiewicz und des österreichischen Polizeikommissars Noe weiter durch Mähren, betrat am 16. Okt. 1831 in Neustadt sächsisches Gebiet und erreichte einige Tage später Leipzig. Dort wartete er knapp 2 Wochen auf seine Familie und reiste dann weiter, ohne von ihr Nachricht erhalten zu haben. Am 14. Nov. 1831 befand er sich in Straßburg, wohin ein Mitglied der polnischen Legation in Paris[4], Graf Ludwik Plater, zu einer Unterredung gekommen war. Anfang Dezember traf er sich mit seiner Familie in Mannheim. Über Metz (11. Dez.) und Châlons ging die Reise weiter nach Soissons, wo ein weiteres Treffen mit der Pariser Legation, diesmal neben L. Plater auch mit Gen. Karol Kniaziewicz, stattfand. Während die Familie mit diesen nach Paris zurückkehrte, setzte Czartoryski seine Reise nach London fort, wo er am 22. Dez. 1831 eintraf.

Es ist nur von sekundärem Interesse, wann genau man den zeitlichen Beginn der Emigrationsdiplomatie Czartoryskis ansetzt. Es ergeben sich mehrere Möglichkeiten: entweder noch während der Zeit, als er zwar nicht mehr Präsident der Nationalregierung war, aber sich noch auf dem Territorium des Königreichs Polen befand; am 21. Sept. 1831 schrieb er, zwar als Privatmann, aber auf Bitten des amtierenden Außenministers Teodor Morawski, der selbst mit der gesamten Nationalregierung von Modlin bzw. Zakroczym aus keinen Kontakt mehr zum übrigen Europa hatte, an die westlichen Kabinette eine Denkschrift, die über Krakau nach Westeuropa geschickt wurde[5]; oder, als zweite Möglichkeit, der Zeitpunkt, als er das Königreich Polen verließ, also sich in Krakau und einen Tag später in Galizien aufhielt; als dritten, spätesten

[1] Das Folgende nach B. Pawłowski, Przeprawa Czartoryskiego, nach Quellen aus Wiener Archiven.

[2] Nachdem der Krakauer Senat einem auf 48 Stunden befristeten Ultimatum, welches die Auslieferung aller Flüchtlinge forderte, nicht nachgekommen war (B. Pawłowski, Przeprawa Czartoryskiego, S. 164).

[3] Es ist bezeichnend für die österreichische Haltung und das Ansehen Czartoryskis, daß Metternich schon im April 1831 die österreichischen Behörden in Galizien anwies, im Falle einer Flucht Czartoryskis vor den Russen ihn möglichst schnell und incognito weiter nach Westen zu befördern. Seit April 1831 lag in Podgórze ein Paß für Czartoryski bereit (B. Pawłowski, Przeprawa Czartoryskiego, S. 165).

[4] Die diplomatische Vertretung der polnischen Aufstandsregierung in Paris wird meist als die Pariser Legation bezeichnet.

[5] L. Gadon, Czartoryski podczas powstania, S. 159f.

Ansatzpunkt bietet sich der Moment an, als er wirklich polnisches Gebiet verlassen hatte und in Leipzig begann, mit London und Paris zu korrespondieren.

Fürst Adam Jerzy Czartoryski war 61 Jahre alt, als er im Oktober 1831 endgültig polnisches Gebiet verließ. In den nächsten 30 Jahren, bis zu seinem Tode 1861, befand er sich in der Emigration. Ausgangspunkt einer auch nur partiellen Beschreibung dieses seines letzten Lebensabschnitts muß sein Entschluß sein, weiterhin politisch aktiv zu bleiben.

Bei einem Emigranten ist nicht allein wichtig, ob es sich um eine »politische« oder »unpolitische« (z. B. ökonomisch motivierte) Emigration handelt. Dieses im konkreten Fall oft gar nicht so lupenrein zu treffende Unterscheidungsmerkmal, von dem zahlreiche Historiker, die sich mit Emigrationen befassen, ausgehen, bewertet die Ursache der Emigration als wesensbestimmend. Die Bedeutung dieses konstituierenden Elements einer Emigration soll auch gar nicht geleugnet werden, jedoch wäre zu überlegen, ob es nicht zu einer Klassifizierung oder besser typologisierenden Einteilung notwendig wäre, neben den Ursachen des Phänomens auf das Phänomen selbst einzugehen. Gegen die bloße Einteilung in politische und unpolitische Emigrationen spricht schon die häufig anzutreffende Tatsache, daß ein Emigrant, der z. B. aus primär ökonomischen Gründen seine Heimat verließ, sehr wohl politisch zu mobilisieren ist. Andererseits muß nicht jeder politische Emigrant in der Emigration politisch aktiv bleiben. Innerhalb der Gruppe der politischen Emigranten wäre also zu unterscheiden zwischen Emigranten, die zwar aus primär politischen Gründen ihre Heimat verlassen, dann aber nicht weiter politisch agieren, und Emigrationspolitikern. Jedoch auch hier muß man vorsichtig sein – nicht jeder politisch aktive Emigrant ist ein Emigrationspolitiker: Karl Schurz in den USA und Alexander Walewski in Frankreich seien als prominente Gegenbeispiele angeführt.

Für Czartoryski und mit ihm eigentlich für die meisten polnischen Emigranten von 1831 stellte sich die Frage, ob man weiterhin politisch aktiv bleiben solle, kaum. Schon aus dem bisherigen Lebensweg Czartoryskis als eines Politikers, für den neben anderen wichtigen Bindungen und Verpflichtungen (wie z. B. seine Freundschaft zu Alexander I.) die Loyalität zur polnischen Nation als primäres Movens galt, ist verständlich, daß gar nicht zur Diskussion stand, etwa seine politische Aktivität nicht fortzusetzen. Dagegen sprechen auch nicht die häufigen resignierenden Bemerkungen in seinen Briefen – diese waren oft eher dazu bestimmt, die übertriebenen Erwartungen seiner Mitarbeiter zu dämpfen und die für Emigranten nicht immer selbstverständliche klare Bindung an die politischen Realität nicht zu verlieren, als daß sie als Zeugnis eines inneren Konflikts oder einer tiefen grundsätzlichen Entscheidung angesehen werden können. Ungeachtet der möglichen Erfolgsaussichten galt es als die selbstverständliche moralische und nationale Pflicht, weiterhin tätig zu bleiben für das, was er für das zu erstrebende Ziel seiner Nation hielt, nämlich die Errichtung eines polnischen Nationalstaats. Daß dieser Nationalstaat ohne gewaltsame gesellschaftliche Veränderungen entstehen sollte und dabei möglichst eine ganz bestimmte politische Form, nämlich die einer konstitutionellen Monarchie, haben sollte, läßt sich z. T. aus Czartoryskis sozialer Herkunft erklären, aber auch daher, daß er sich an dem, was er nicht nur für wünschbar, sondern auch für machbar hielt, orientierte.

Daß er seine Politik möglichst breit anlegte und umfassend gestaltete, kaum einen Aspekt möglichen politischen Handelns ausließ und somit, wenn auch nicht immer erfolgreich, so zumindest in der Konzeption und im Ansatz Innenpolitik, Sozialpolitik, Kulturpolitik, Militärpolitik und Propaganda trieb, ständig jedoch mit einem deutlichen Primat der Außenpolitik, dies hebt ihn nicht nur aus der Reihe der übrigen polnischen Exilpolitiker heraus, sondern stellt unter den Emigrationen der neueren Geschichte einen Sonderfall dar, der sich kaum mit anderen bekannten Fällen von Exilpolitik vergleichen läßt, sieht man vielleicht von den Exilregierungen des 2. Weltkriegs ab, die aber nur aus der besonderen Situation des Kriegs zu erklären sind.

Es ließe sich zweifellos mit einiger Berechtigung sagen, Czartoryski sei zunächst unter den polnischen Politikern der prominenteste Vertreter einer prorussischen Lösung gewesen und habe ab 1831 seine Auffassung um 180 Grad gewendet und auf die Westmächte gesetzt. Auch sein zögerndes, nicht sehr entschiedenes Verhalten während des Novemberaufstands findet so eine Erklärung als Übergangsphase. Diese Interpretation stimmt zwar, bleibt aber als Deutung seiner Politik an der Oberfläche und sagt nichts über die eigentliche Motivation aus.

Wichtiger erscheint es da, auf die weitere gedankliche Kontinuität hinzuweisen, nämlich auf die Überzeugung, eine Lösung der polnischen Frage sei nur zu erreichen als internationales Arrangement. Seine Tätigkeit als russischer Außenminister, seine Bemühungen auf dem Wiener Kongreß, sein »Essai sur la diplomatie« und auch seine Versuche während des Aufstands, mit dem Zaren, den Westmächten und Österreich zu verhandeln, dokumentieren diese Ansicht sehr deutlich.

Internationale Arrangements dokumentieren sich bzw. erhalten verbale Gestalt und damit auch juristischen Verpflichtungscharakter durch internationale Verträge. Als immer noch gültiger internationaler Vertrag galt die Wiener Schlußakte. Hinter dieser positiven Manifestation des Völkerrechts stand für Czartoryski jedoch noch mehr, nämlich anerkannte (oder zumindest nach seinem Willen anzuerkennende) völkerrechtliche und allgemeine Rechtsgrundsätze, die ja das Thema seines Buches gewesen waren. Daher führte er, wie dort, weiterhin das Recht der Nation auf eigene politische Existenz und ein verfassungsgemäßes Leben an, wobei er sowohl naturrechtlich als auch historisch argumentierte.

Veränderungen im europäischen Staatengefüge waren in der letzten Zeit bewerkstelligt worden durch große Kongresse bzw. Konferenzen der Großmächte. Schon während des Aufstands wurde eine Konferenz zur Regeleung der polnischen Frage mehrmals von der polnischen Diplomatie vorgeschlagen[6] – ohne Erfolg, vor allem wegen der gleichzeitig aktuellen belgischen Frage. Nach dem Aufstand fehlte die Hauptvoraussetzung der damaligen polnischen Vorschläge, nämlich eine tatsächliche d. h. militärische Machtposition, von der aus die polnische Seite aktiv erfolgreiche Verhandlungen hätte durchführen können.

Der Aktionsradius der Diplomatie Czartoryskis war also jetzt sehr verengt; als politischen Ausgangspunkt konnte er deswegen nicht eine bestimmte aktuelle Lage der Kräfte nehmen, denn gerade diese aktuelle Situation wollte er verändern. Daher mußte er sich auf die Rechtslage zurückziehen: für Polen sprach eine bestimmte Interpretation des europäischen Rechts, de facto stand jedoch dieses Recht nur auf dem Papier, de facto herrschte eine für Polen ungünstige Interpretation der Wiener Verträge; er mußte also versuchen, die Rechtswirklichkeit als Unrechtstatbestand darzustel-

[6] So z. B. von Niemcewicz in seiner ersten Unterredung mit Palmerston am 26. 8. 1831 (J. U. Niemcewicz, Dziennik, I, S. 26; Niemcewicz an Czartoryski, London 25./26. 8. 1831, in: A. J. Czartoryski, Żywot Niemcewicza, S. 361–365, hier S. 363).

len und viele einflußreiche Politiker von der eigenen Interpretation überzeugen, um damit auf völkerrechtlichem Gebiet einen möglichst sicheren Ausgangspunkt zu haben. Er bemühte sich, dies durch theoretische Argumentation zu erreichen, war sich jedoch von Anfang an darüber im Klaren, daß er sich damit nicht begnügen könne. Er versuchte gleichzeitig darzulegen, daß eine Lösung der polnischen Frage für Europa notwendig und gut, ja eine unbedingte Voraussetzung eines haltbaren, stabilen internationalen Arrangements sei. Zudem tat er alles, um die Politiker der Westmächte zu überzeugen, ein Eintreten für Polen läge auch in deren Interesse. Wohl vertraut mit den politischen Entscheidungsprozessen und Einflußfaktoren in konstitutionellen Staaten, versuchte er, die öffentliche Meinung und die Parlamente für sich zu gewinnen und dadurch einen Druck auf die Regierungen auszuüben.

Die internationale Situation, der Czartoryski in der Emigration gegenüberstand, war jedoch die denkbar ungünstigste. Ein Arrangement über Polen auf friedlichem Wege war nach 1831 nicht mehr möglich, wenn ein für polnische Politiker akzeptables Ergebnis herauskommen sollte. Die Lösung von 1815 hatte ja nicht nur einen Kompromiß zwischen den europäischen Großmächten dargestellt, sondern ausschlaggebend waren die Absichten Alexanders I. gewesen, der dazu noch die Forderungen der politisch einflußreichen Schichten Rußlands zu berücksichtigen hatte; die Wünsche der polnischen Nation bzw. ihrer politisch führenden Gesellschaftsklassen waren dabei fast gänzlich unter den Tisch gefallen. Trotzdem hatte man in Polen das Ergebnis von 1815 schließlich akzeptiert. Jetzt jedoch hatte Nikolaus I. die Gelegenheit, die ihn störenden Bestimmungen von Wien umzustoßen, der polnischen Nation und auch ganz Europa seine Interpretation der Polenbestimmungen zu oktroyieren – und es war kaum anzunehmen, daß er, als Sieger, freiwillig zurückweichen würde. Zudem hatte aber auch die polnische Nation die Labilität einer Lösung wie der von Wien erkannt, und es war vorauszusehen, daß sich weite Kreise nicht mehr mit Derartigem zufrieden geben würden.

Die beiden anderen Teilungsmächte wollten ihren polnischen Besitz behalten, sie waren vor allem an Ruhe interessiert. Da der polnische Aufstand die Fragwürdigkeit der Wiener Lösung aufgezeigt hatte, konnte ihnen die russische Polenpolitik nach 1831 nur recht sein. Außerdem wurden sie den konstitutionellen ›Schwarzen Peter‹ los – die Attraktivität des konstitutionellen Königreichs Polen war schon 1815 als gefährlich angesehen worden. Die Anlehnung Berlins und Wiens an Rußland interpretierte Czartoryski weitgehend richtig aus ihrer Revolutionsfurcht heraus; es war kein originäres Bedürfnis, sondern das kleinere Übel. Czartoryski versuchte darzulegen, daß dies nicht das kleinere, sondern das größere Übel sei, daß die Interessen der deutschen Höfe woanders liegen müßten; jedoch ließ deren Haltung zunächst eine derartige Argumentation illusorisch erscheinen.

Abgesehen von dem praktischen Gesichtspunkt, daß man die Regierung des Landes, in dem man die Exilzeit verlebt, für sich zu gewinnen sucht, lag es also auch aus grundsätzlichen Erwägungen nahe, sich auf die Westmächte zu stützen und bei ihnen eine Basis diplomatischer Aktivität zu finden.

B.

Den ersten Anknüpfungspunkt, der gleichzeitig zu einem bestimmenden Faktor seiner Diplomatie wurde, fand Czartoryski, wie schon erwähnt, in der legalistischen Argumentation mit den Bestimmungen des Wiener Vertrags. Auf seiner Flucht, wahrscheinlich in Soissons, erhielt er einen Brief der Nichte Talleyrands, der Duchesse de Dino, in dem sie ihm im Auftrag ihres Onkels schrieb:

> »Einzig Deine Anwesenheit hier vermag die Wirkung zu parieren, welche Petersburg, Wien und Berlin durch eine falsche Interpretation der Artikel des Wiener Kongresses hier zu erreichen sich bemühen. Nur Du selbst, Fürst, gestützt auf die Autorität Deines Charakters und Deiner Eigenschaft als Teilnehmer an diesem Kongress, kannst sagen, daß jene Artikel keiner anderen Interpretation unterliegen als der, welche Dich dazu bewog, dem Aufstand beizutreten«[7].

Noch während des Aufstands, am 26. Aug. 1831, hatte Palmerston zu dem polnischen Unterhändler, dem Dichter Julian Ursyn Niemcewicz, gesagt:

> »Niemals werden wir erlauben, daß ein Haar am Wiener Vertrag gekrümmt wird, und wir werden uns freilich [dann] kräftig für euch einsetzen«[8],

und damit die Untätigkeit der britischen Regierung angesichts des Aufstands rechtfertigen wollen. Jetzt, nach der vollständigen Niederlage der Polen, schrieb Czartoryski aus Leipzig an Niemcewicz:

> »Da sie sich an den Wiener Vertrag halten wollen so, daß nicht ein Haar aus seinen Bedingungen fällt, so mögen sie jetzt die genaue Erfüllung [dieses Vertrags] verlangen. Darauf zu bestehen ist das einzige, was uns jetzt bleibt«[9],

was sich zunächst als einfache verbale Retourkutsche anhört, jedoch durchaus ernsthaft gemeint war.

Noch in Leipzig verfaßte Czartoryski ein »Mémoire sur les affaires de la Pologne«, das später in überarbeiteter Form dem britischen und französischen Kabinett übergeben wurde[10]. In ihm bat er um diplomatische Interzession aus humanitären Gründen, um Polen vor der Rache des Zaren zu bewahren. Gleichzeitig legte er großes Gewicht auf die Bestimmungen des Wiener Kongresses. An seine Vertrauten in Paris, General Kniaziewicz und Graf Ludwik Plater, und in London, J. U. Niemcewicz, denen er das »Mémoire« übersandte, schrieb er, daß die einzige Möglichkeit, jetzt offiziell aufzutreten, der Hinweis auf den Wiener Vertrag sei, und wie dieses Argument taktisch zu benutzen sei:

> »Es scheint mir, daß man für jetzt nicht mehr tun kann als den guten Willen der Höfe zu benutzen, damit der Wiener Vertrag vollständig erhalten wird, sie in diesem Willen so fest wie möglich zu bestärken und zu zeigen, wie sie dies anfangen sollen, damit der größtmögliche Erfolg herauskommt«[11].

[7] L. Gadon, Wielka Emigracja, S. 142.

[8] Niemcewicz an Czartoryski, London 25./26. 8. 1831, in: A. J. Czartoryski, Żywot Niemcewicza, S. 361–365, hier S. 364; ein Bericht über die ganze Unterredung in diesem Brief und in: J. U. Niemcewicz, Dziennik, I, S. 25–27; siehe auch: J. Dutkiewicz, Anglia a sprawa polska, S. 70.

[9] Czartoryski an Niemcewicz, Leipzig 23. 10. 1831, in: A. J. Czartoryski, Korrespondencye, S. 132; zitiert ebenfalls bei L. Gadon, Wielka Emigracja, S. 140.

[10] Ebd., S. 141f.; weiter über dieses Memorandum hier S. 55f. Text in Anhang I.

[11] Czartoryski an die Legation in Paris, Leipzig 23. 10. 1831, in: A. J. Czartoryski, Korrespon-

Es galt jetzt, die Interpretation der Vertragsbestimmungen möglichst gut, wenn auch notgedrungen nur verbal, zu ›verkaufen‹, der jeweiligen Situation anzupassen und Gegenargumente zu entkräften.

Als J. U. Niemcewicz im August 1831 in London eingetroffen war, brachte er einen Brief Czartoryskis als des polnischen Regierungschefs an den englischen König mit. Palmerston meinte, die Annahme dieses Schreibens bedeute die völkerrechtliche Anerkennung der Aufstandsregierung, und ließ am 25. August darüber im Kabinett abstimmen. Die Meinung der Minister war sehr unterschiedlich, fiel aber schließlich negativ aus[12].

Der britische Botschafter in Petersburg, Lord Heytesbury, hatte bisher von seinem Minister Palmerston nur die Instruktion erhalten, bezüglich Polen halte sich die britische Regierung an die Bestimmungen des Wiener Vertrages[13]. Jetzt, angesichts der polnischen Niederlage, fragte er in London an, was das konkret zu bedeuten habe, d. h. wie die Interpretation dieser Bestimmungen auszusehen habe; und er umriß gleichzeitig den russischen Standpunkt, wobei er durchblicken ließ, daß dieser auch cum grano salis sein eigener sei. Die Bestimmungen von Wien seien zu unbestimmt, eine getrennte Administration werde zwar ausdrücklich verlangt, es sei aber von keiner bestimmten Verfassung die Rede, sondern nur von irgendeiner, diese könne also vom Zaren geändert werden. Zudem falle sie nicht unter die Garantie der Signatarmächte. Eine gesonderte polnische Armee werde es sicherlich nicht mehr geben. Die russischen Maßnahmen verletzten nicht die Wiener Vertragsbestimmungen, wenn sie auch dem Geist des Vertrags widersprächen[14].

Von diesem Schreiben Lord Heytesburys erfuhren Niemcewicz und Alexander Walewski[15] in einer Unterredung mit Palmerston am 29. Okt. 1831[16]. Palmerston versicherte, er hole ein Gutachten des Generalstaatsanwalts ein, um die Verfassungsfrage zu klären. Am nächsten Tag schickte Walewski eine polnische Interpretation ins Foreign Office, und einige Tage später erklärten beide polnischen Unterhändler nochmals persönlich ihre Ansicht über Konstitution und Vertrag[17].

Palmerston jedoch ließ sich Zeit. Am 15. Okt. 1831 hatten sich die Vertreter der Großmächte bei der Londoner Konferenz in der belgischen Frage auf die 24 Artikel geeinigt. Während Belgien akzeptierte, wußte der britische Botschafter in Den Haag am 7. Nov. 1831 endgültig, daß der holländische König ablehnen werde[18]. Angesichts

dencye, S. 130. Das Gleiche schrieb Czartoryski an Niemcewicz: siehe oben (S. 46) und auch im Brief vom 23. 10. 1831, in: A. J. Czartoryski, Korrespondencye, S. 134: »Ich kann jetzt nicht genug darauf bestehen, daß wir jetzt mit Nachdruck die Höfe daran erinnern müssen, eine genaue Erfüllung des Vertrags zu verlangen; wozu sie, scheint es, gewillt sind, wenn sie nur wüßten, wie und worum es uns am meisten geht«.

12 C. Webster, Foreign Policy of Palmerston, I, S. 187; J. A. Betley, Belgium and Poland, S. 216 f. und S. 282; J. Ridley, Lord Palmerston, S. 142 f. (etwas unterschiedliche Darstellungen des Vorgangs).

13 Siehe z. B. E. Ashley, Palmerston, I, S. 273; J. Dutkiewicz, Anglia i sprawa polska, passim.

14 Heytesbury an Palmerston, St. Petersburg 1. 10. 1831, auf französich in: d'Angeberg, Recueil, S. 870 f.

15 Der illegitime Sohn Napoleons I. und spätere Außenminister Napoleons III. befand sich seit März 1831 im Auftrag der polnischen Regierung in England.

16 J. U. Niemcewicz, Dziennik, I, S. 109.

17 Niemcewicz an Czartoryski, London 4./5. 11. 1831, in: A. J. Czartoryski, Żywot Niemcewicza, S. 366–368.

18 J. A. Betley, Belgium and Poland, S. 233.

der Tatsache, daß der Zar eindeutig (und in viel stärkerem Maß als seine Unterhändler in London) Holland unterstützte, wollte Palmerston das russische Kabinett nicht verärgern. Ebenfalls wollte er die belgische Frage möglichst schnell zu Ende bringen – die Lage des französischen Kabinetts wurde allgemein als labil erachtet, und die drei Ostmächte waren seit dem Fall Warschaus ganz anders aktionsfähig als vorher. Palmerston brachte die Konferenzteilnehmer dazu, am 15. Nov. 1831 die 24 Punkte als Vertrag zwischen den 5 Mächten und Belgien zu unterzeichnen.

Fürst Lieven, der russische Botschafter in London, zeigte eine Polen betreffende Depesche seines Außenministers Nesselrode, die der polnischen Verfassung keine Chancen gab, nicht Palmerston, sondern dem Premier Lord Grey, zu dem er durch seine Frau beste Beziehungen hatte. Lord Grey teilte zwar nicht den russischen Standpunkt, war aber der Meinung, die Angelegenheit nicht weiter zu behandeln. Es gelang ihm aber nur, Palmerstons Entwurf der Antwort auf die Anfrage Heytesburys abzumildern, in der Sache selbst brachte Palmerston einen Kabinettsbeschluß zustande[19]. Als Motiv Palmerstons für dieses Vorgehen darf man ein gewisses Interesse an der globalen Interpretation eines so wichtigen Vertrags wie desjenigen von 1815 vermuten – ein britisches Stillschweigen hätte die Anerkennung des russischen Standpunkts bedeutet; vielleicht wollte Palmerston auch die polnische Frage, die ihm 1830/31 durch die Fesselung des russischen Machtpotentials hilfreich gewesen war, als potentielle Waffe (wenn auch voraussichtlich nur verbaler Art) nicht aufgeben.

Die Depesche an Heytesbury ging am 23. Nov. 1831 von London ab[20]. Angesichts der Tatsache, daß Nikolaus noch den 24-Punkte-Vertrag vom 15. Nov. 1831 ratifizieren sollte (neben dem Drängen Lord Greys), war sie sehr verbindlich gehalten – die freundschaftlichen Beziehungen wurden hervorgehoben, im Namen der Humanität und besorgt um die Ehre Rußlands bat Palmerston höflich um ein milderes Vorgehen im besiegten Polen und um eine umfassende Generalamnestie. In der eigentlichen juristischen Streitfrage jedoch, nämlich was den Wiener Vertrag anging, stellte sich Palmerston auf eine der russischen Interpretation ganz entgegengesetzte Position. Die Konstitution des Königreichs Polen könne zwar nicht mit dem Wiener Vertragswerk identifiziert werden, jedoch heiße es im Vertrag:

> »Poland should be attached to Russia by its constitution. A constitution the Emperor of Russia accordingly gave; and it is no forced construction of the meaning of that treaty to consider the constitution so given as existing thenceforth under the sanction of the treaty«[21].

Nach dem Vertragstext sei die Konstitution das Bindeglied zwischen Polen und Rußland, höbe man sie auf, so zerstöre man auch die rechtliche Grundlage der Verbindung. Auch nach dem Text der Konstitution könne sie nicht einseitig vom polnischen König (= Zar) aufgehoben oder modifiziert werden. Die Behauptung, Provinzial-

[19] C. Webster, Foreign Policy of Palmerston, I, S. 189 und II, S. 825: Lord Grey an Palmerston, East Sheen 8. 11. 1831. Bells Ansicht, Grey und Palmerston »seem to have perfectly agreed« in dieser Angelegenheit, muß wohl modifiziert werden (H. C. F. Bell, Lord Palmerston, I, S. 168). Vgl. auch L. G. Robinson, Letters of Princess Lieven, S. 317.

[20] Palmerston an Heytesbury, London 23. 11. 1831, in: d'Angeberg, Recueil, S. 890–894 (französisch); siehe auch M. Kukiel, Czartoryski and European Unity, S. 196; Notizen Palmerstons dazu bei H. L. Bulwer, Palmerston, II, S. 108f., und bei E. Ashley, Palmerston, I, S. 273f.

[21] Ebd. (Bulwer und Ashley).

stände nach dem Vorbild der österreichischen oder preußischen Teilgebiete täten Buchstaben und Geist der Verträge Genüge, wies Palmerston für das Königreich Polen entschieden zurück. Der Unterschied im staatsrechtlichen und völkerrechtlichen Bereich zwischen dem Königreich und den anderen polnischen Teilgebieten gehe aus dem Vertragstext eindeutig hervor. Das Verhalten der Polen, d. h. ihr Aufstand und die Trennung von Rußland durch die Absetzungserklärung vom 25. Jan. 1831 durch den Sejm entbinde den Zaren nicht von seinen Verpflichtungen, da diese gegenüber den übrigen Mächten beständen und völkerrechtlicher Natur seien.

Niemcewicz, der vorher von seinen englischen Gesprächspartnern mehrmals ein entschiedenes Engagement gefordert hatte, zeigte sich hocherfreut über diese Depesche, protestierte gegen die russische Absicht, anstatt eines Sejm Provinzialstände in Polen einzuführen (wovon Heytesbury berichtet hatte) und umriß die derzeitigen polnischen Wünsche:

> »Heute verlangen wir von euch nicht mehr eine bewaffnete Intervention, sondern eine Intervention aus Menschlichkeit und die Bewahrung des Wiener Vertrags«[22].

Palmerston erklärte, daß Czartoryski in England willkommen sei; auch Lord Grey war der gleichen Meinung, blieb jedoch in seiner Beurteilung des Wiener Vertrags auf der russischen Linie: die Aussage über die Konstitution im Vertrag sei unklar, diese selbst ein freiwilliger Akt Alexanders – dies sei auch die Ansicht Metternichs und des Berliner Kabinetts[23].

Über die Kontakte Niemcewicz' zu englischen Politikern und besonders seine Anfragen wegen Czartoryski war Talleyrand nicht sehr erfreut[24] – er hatte Czartoryski nach London eingeladen, um ihn offensichtlich zu benutzen im Taktieren mit der britischen Regierung und um dieser Ungelegenheiten zu bereiten[25], allzuviel polnische Selbstinitiative auf diplomatischem Feld konnte ihm aber nicht recht sein.

C.

In seinen ersten Gesprächen in London versuchte Czartoryski zunächst, seinen Bewegungsspielraum abzutasten, zu sehen, wie weit er gehen könne, und seinen Informationsstand über die allgemeine Lage und die Haltung der Politiker zu verbessern. Talleyrand[26] versuchte sofort, ihn ausschließlich auf den Wiener Vertrag festzulegen. Dazu sei er der richtige Mann, als Teilnehmer des Wiener Kongresses, als Vermittler zwischen Alexander und der polnischen Nation, dessen Ehre bei Nichteinhaltung der Versprechen Alexanders auf dem Spiel stände, und auf Grund seiner sozialen Her-

[22] J. U. Niemcewicz, Dziennik, I, S. 122f. – 25. 11. 1831.

[23] Ebd., S. 125f. – 29. 11. 1831.

[24] Ebd., S. 126 – 30. 11. 1831; Niemcewicz an Czartoryski, London 2. 12. und 9. 12. 1831, in: A. J. Czartoryski, Żywot Niemcewicza, S. 368–371.

[25] Ebd.: »Ich sehe jedoch ein, daß eure Anwesenheit hier nützlich sein wird, und der alte hinkende Fuchs [= Talleyrand] versichert dies, indem er hinzufügt: wenn auch nur deswegen, um sie hier in Verlegenheit zu bringen«.

[26] Die Unterredung mit Talleyrand vom 24. 12. 1831 beschrieb Czartoryski ausführlich in einem Brief an die Pariser Legation, London 25. 12. 1831, in: B. Cz. 5274, S. 1–4 (Kopie), ebenfalls in: A. J. Czartoryski, Korrespondencye, S. 139–142.

kunft[27]. Dies sei der einzige Standpunkt, von dem aus man Polen helfen könne; so seien die Polen den Regierungen nicht unbequem, wenn sie darauf beständen, was nach geltendem Recht sein müsse. Denn das Hauptanliegen der Regierungen sei die Erhaltung des Friedens. Talleyrand beabsichtigte damit, den Aktionsradius Czartoryskis von vorneherein zu beschränken und damit auch mittelbar zumindest partiell das Revolutionspotential, das nach Frankreich in Gestalt der Emigration strömte, zu neutralisieren[28]. In der Absicht, die polnische Emigration und damit die Propagierung der polnischen Anliegen nicht dem »Lager der Revolution« zu überlassen, traf sich Czartoryski mit ihm zweifellos, jedoch war er keineswegs gewillt, nur Talleyrand zu folgen. Er verwahrte sich deshalb sofort gegen eine bloße Vertragserfüllung. Die polnische Nation habe zuviel Lehrgeld gezahlt, als daß sie nochmals unter einem Monarchen Nikolaus zufrieden leben könne, dessen Vorgehen habe eine neue Bindung in diese Richtung unmöglich gemacht, und Polen werde solange kämpfen, bis es von der Zarenherrschaft befreit sei. Die Wiener Verträge müßten eher das Anliegen der Kabinette sein (als rechtliche Grundlage des europäischen Besitzstandes) als das der Polen. Jedoch, trotz seiner Verwahrungen gegen eine bloße Wiederherstellung des Status quo ante revolutionem, sei er bereit, zunächst mit dem Wiener Vertrag zu argumentieren. Es stelle sich dabei die Frage, ob die Kabinette am Wiener Vertrag festhalten wollen, was Talleyrand uneingeschränkt bejahte, und ob zweitens seine (d. h. Czartoryskis) Auslegung auf den eigentlichen Adressaten, nämlich Nikolaus, Eindruck machen werde, anders ausgedrückt, ob bei einem solchen Vorgehen ein direkter Erfolg zu erwarten sei. Damit klopfte Czartoryski auf den Busch, welche Entwicklung eigentlich die Westmächte in der polnischen Frage erwarteten. Talleyrand machte erwartungsgemäß einen Rückzieher und meinte, es sei schon genug, das britische Kabinett zu gewinnen, Paris schlösse sich ihm dann an und vielleicht könne man Österreich und Preußen mitziehen. Letztere hätten sich allerdings gerade für die russische Linie entschieden und in einer Denkschrift gefordert, die Garantien für Polen im Vertrag für ungültig zu erklären. Talleyrand legte dar, daß zur Zeit offensichtlich keine der Mächte exakte Vorstellungen darüber habe, was mit der polnischen Frage geschehen solle. Angesichts dieser Konzeptionslosigkeit sollten die Polen in diese »Stille« mit ihrer Interpretation des Wiener Vertrags stoßen. Dieses Konzept eines taktischen Glasperlenspiels befriedigte Czartoryski keineswegs, aber angesichts des Friedenswillens der Mächte gab es zunächst keine Alternative. Er erfuhr näheres über den Stand der belgischen Frage, über die russische Haltung und daß niemand sich für Polen direkt zu engagieren gedenke.

[27] Zu Niemcewicz hatte Talleyrand schon vorher gesagt: »Il faut que vous sachiez, que tout se fait ici dans la haute société et par la haute noblesse; on vous respecte, mais vous n'êtes pas P[rince] Czartoryski qui a influé dans le traité de Vienne, qui est connu dans la diplomatie: la haute aristocratie fait tout ici« – eine Meinung, die man angesichts der Auseinandersetzungen um die Reform Bill zu dieser Zeit und in dieser Ausschließlichkeit wohl etwas bezweifeln muß (Niemcewicz an Czartoryski, London 2. 12. 1831, in: A. J. Czartoryski, Żywot Niemcewicza, S. 368–370).

[28] Schon vorher hatte sich Talleyrand ärgerlich und besorgt über die polnischen »Jakobiner« geäußert, siehe: J. U. Niemcewicz, Dziennik, I, S. 69f. – 25. 9. 1831.

Gegenüber Palmerston[29] befand sich Czartoryski in einer anderen Situation; beide Politiker sahen sich zum ersten Mal. Palmerston erklärte sofort, als Privatmann sei er propolnisch eingestellt, als Politiker müsse er sich aber an die Umstände und die internationalen Verträge halten. Czartoryski nahm das Stichwort sofort auf und wies darauf hin, wenn sich die Mächte während der Kampfhandlungen an den Wiener Vertrag gebunden glaubten, so seien sie es wohl jetzt auch, und sie sollten dementsprechend auftreten. Sofort ging er aber einen Schritt weiter und verwahrte sich, wie in dem Gespräch mit Talleyrand, dagegen, daß die Polen eine Neuauflage des Zustandes vor 1830 wünschten; man trete mit dem Wiener Vertrag nur zur Beruhigung des Gewissens darüber auf, daß man die Leiden der polnischen Nation durch unnötige Kompromißlosigkeit nicht zu mildern versucht habe. Die Verträge aber seien Angelegenheit der Signatarstaaten. Palmerston ging darauf nicht näher ein, sondern brachte bezüglich der Verfassungsfrage im Wiener Vertrag die gleichen Argumente an, die er selbst in seiner Depesche vom 23. 11. 1831 nach Petersburg zurückgewiesen hatte. Er ging vom Nichtinterventionsprinzip aus, das nur bei wichtigen Interessen oder bei Berechtigung durch einen Vertrag außer Acht gelassen werden könne. Im Ganzen seien die Wiener Polenbestimmungen sehr unklar, vor allem, was die Verfassungsfrage angehe. Letzteres gestand Czartoryski zu; er wies auf die Umstände der Entstehung, besonders der Redaktion des Textes während der 100 Tage und auf die Widerstände in Wien hin. Die Verfassung des Königreichs Polen sei jedoch eindeutig die im Vertragstext gemeinte. Zudem kam er auf den für ihn wichtigsten Punkt zurück: der Kongreß habe sich ganz offen bemüht, die polnische Nationalität zu erhalten. Alles, was diese Erhaltung der Nationalität abschwäche, sei gegen den Geist des Vertrags. Die Liquidierung der polnischen Autonomie (samt Verfassung, eigener Verwaltung, eigener Armee, eigenen Farben) sei damit ein eklatanter Bruch des Vertrags, den die Mächte nicht dulden dürften.

Der Austausch der Argumente beschränkte sich nicht nur auf das rechtliche Gebiet, sondern ging auch auf die internationale Funktion der polnischen Autonomie im europäischen Gleichgewicht ein. Palmerston wies darauf hin, daß das Argument der Gleichgewichtsfunktion der Autonomie Polens offiziell nur sehr schwer effektiv eingesetzt werden könne, zudem die direkt betroffenen Nachbarstaaten Rußlands gegen die Autonomie seien:

> ». . . que l'Autriche et la Prusse qui étaient les plus intéressées à règler les affaires de Pologne pour le mieux, étaient de la même opinion« [bezüglich des Wiener Vertrags, wie Rußland]; »que le motif de ne pas augmenter la puissance russe qui le (!) touchait de plus près ne les rendait pas plus portées à conserver les concessions faites au Royaume, car elles trouvaient que ce pays soit comme état séparé ou comme province, du moment qu'il appartenait à la Russie augmentait également sa puissance, à moins qu'on n'établit que les Polonais constitués en état séparés (!) se-

[29] Über das Gespräch Palmerston – Czartoryski – Niemcewicz am 29. 12. 1831 liegt ein Bericht Niemcewicz' vor in seinem Tagebuch, der aber wahrscheinlich später geschrieben wurde (J. U. Niemcewicz, Dziennik, I, S. 143–146 – 29. 12. 1831). Ausführlicher schilderte Czartoryski die Unterhaltung in einem Brief (auf französisch) an die Pariser Legation, London 29. 12. 1831 (B. Cz. 5274, S. 6, Kopie); von diesem Brief existieren zwei unterschiedliche polnische Übersetzungen in: A. J. Czartoryski, Korrespondencye, S. 143–146, und L. Gadon, Wielka Emigracja, S. 153f., sowie ein ungenauer englischsprachiger Auszug in: A. J. Czartoryski, Memoirs, II, S. 323f.

raient moins fidèles à leur souverains que lorsqu'ils seraient devenus habitans d'une province de l'empire ce qui était une supposition que les cabinets ne sauraient admettre comme motif de leur détermination«[30].

Czartoryski stellte dagegen gerade diesen Gedanken als den eigentlichen Hintergrund der Wiener Polenbestimmungen hin:

»...qu'on ne saurait assez s'étonner sur la manière dont l'Autriche envisageait notre question, elle, qui au congrès de Vienne s'est si fortement prononcée en faveur d'une Pologne indépendante; que puisqu'on ne pouvait avoir une Pologne indépendante, l'on avait établi une espèce de surrogat pour en tenir lieu; qu'il était contraire à l'évidence de soutenir maintenant qu'on ne gagnait rien en ayant un état séparé quoique sous le même sceptre; qu'un empire partout homogène était bien plus menaçant; que l'Emp[ereur] Alex[andre] l'avait considéré aussi; qu'il avait senti qu'en rendant la Pologne heureuse et satisfaite, il augmentait la force defensive de ses états; mais qu'il savait qu'une Pologne constitutionelle pourrait le gêner s'il avait des projets d'agrandissement ultérieur et diminuerait sa puissance offensive; mais, que, comme il avait sincèrement mis de côté toute vue ambitieuse (à quoi l'on n'avait pas voulu croire), cette considération ne l'avait arrêté, et il insistait d'établir un royaume de Pologne, avec une constitution sous son sceptre«.

Bei diesem Argumentationsaustausch wird der Pferdefuß von Gleichgewichtskonzeptionen innerhalb einer legalistisch und legitimistisch operierenden Völkerrechtsgemeinschaft deutlich, die zudem an ihrem Gemeinschaftscharakter seit 1815 Beträchtliches eingebüßt hatte. Außerdem hatte die fortschreitende ›Ideologisierung‹[31] der Außenpolitik eine Veränderung der Interessenlage mit sich gebracht; bei der Polenpolitik Österreichs und Preußens dieser Zeit kann man sogar von einem eindeutigen Primat der Innen- vor der Außenpolitik sprechen.

Die Doppelpoligkeit der Argumentation Czartoryskis mit dem Wiener Vertrag kam in diesem Gespräch klar zum Vorschein: einerseits eine positiv-völkerrechtliche, am Buchstaben der Verträge sich orientierende propolnische Interpretation mit der Betonung des Garantiecharakters, andererseits eine Akzentuierung der Gleichgewichtsfunktion Polens im Mächtesystem, damals (1815) von den Mächten intendiert und nur unvollkommen verwirklicht, jetzt aber, so Czartoryski, nach dem Wegfall der Autonomie um so aktueller.

Die Unterredung endete mit der Versicherung Palmerstons, Czartoryski werde immer Zutritt zu ihm haben – dies war für einen politischen Emigranten ein sehr wichtiges Versprechen.

Das Gespräch mit Lord Grey[32] am 30. Dez. 1831 verlief ähnlich, wenn auch etwas oberflächlicher. Lord Grey verhielt sich Czartoryski gegenüber, mit dem er 1814/15 schon zusammengearbeitet hatte, anders als gegenüber Niemcewicz: er bedauerte,

[30] B. Cz. 5274, S. 7 – man erkennt an der Gedankenführung die Metternich'sche Quelle.

[31] Das muß natürlich in der historischen Relation gesehen werden und ist kaum mit dem 20. Jahrh. vergleichbar.

[32] Bericht darüber in: B. Cz. 5274, S. 10 (Kopie): Czartoryski an Legation, London 30. 12. 1831, veröffentlicht in: A. J. Czartoryski, Korrespondencye, S. 149f. (hier Datum 31. 12.); ebenso A. J. Czartoryski, Memoirs, II, S. 325f., und L. Gadon, Wielka Emigracja, S. 154f., der sich auf diesen Bericht stützt. J. U. Niemcewicz, Dziennik, I, S. 142, berichtet in seinem Tagebuch, Czartoryski habe Lord Grey schon am 28. 12. 1831 gesehen – offensichtlich ein Irrtum, denn Czartoryski selbst nennt den 30. 12. als Datum (Czartoryski an Legation, London 2. 1. 1832, in: A. J. Czartoryski, Korrespondencye, S. 152).

England könne sich leider mit seiner Interpretation der Wiener Bestimmungen, die mit der Czartoryskis weitgehend übereinstimme, nicht durchsetzen angesichts der Tatsache, daß Preußen und Österreich ganz auf die russische Linie eingeschwenkt seien. Czartoryski entgegnete, anscheinend ziemlich erregt, wieso denn Europa immer den Teilungsmächten allein überlassen wolle, über das Schicksal Polens zu entscheiden. Gerade dies hatte er ja in Wien verhindern wollen. Polen wolle, daß die Westmächte sich für es einsetzten, und dazu, darin stimmten Grey und Czartoryski überein, sei eine weitere Stabilisierung der innerfranzösischen Lage sowie ein enges englisch-französisches Bündnis nötig.

Lord Grey, der ansonsten schon wegen seiner Beziehungen zur Fürstin Lieven als sehr Rußland-freundlich galt, schrieb unter dem Eindruck dieser Unterredung am nächsten Tag in seinem Neujahrsbrief an den Lordkanzler Lord Brougham:

> »... I wish you a happy new year. A person dined here yersterday who unfortunately has no such prospect – poor Czartoryski. It is really heartbreaking to see him; and now these d – d Russians are doing all they can to throw the whole Belgian affair into confusion. It is to be regretted that we had no power of sending a fleet into the Baltic last summer to settle the matter in Poland«[33].

Diese Worte sind wohl teilweise auf den persönlichen Eindruck zurückzuführen, den Czartoryski zu machen vermochte, teilweise auch darauf, daß die britischen Politiker verärgert waren über die russische Politik: der Zar machte ernsthafte Schwierigkeiten bei der Ratifizierung des 24-Punkte-Vertrags vom 15. Nov. 1831, außerdem erhob Rußland ab Anfang Dezember einen neuen Einfuhrzoll ($12^1/_2$% höher) für englische Textilwaren[34]. Palmerston drückte das gleiche wie Lord Grey aus, wenn er, im Hinblick auf die anstehende Ratifizierung, an den britischen Botschafter in Berlin schrieb:

> »Tell M. Ancillon that we are beginning to regret that we did not take a more decided part in Polish affairs before the capture of Warsaw, we might have done some good in Poland, and have had less trouble with this treaty«[35].

Das Resumé, das Czartoryski nach diesen 3 Gesprächen machte, war recht hoffnungslos. Das britische Kabinett erschien ihm als schwach und wenig tatkräftig[36]. Diese Beurteilung klingt sehr einseitig, vom Standpunkt Czartoryskis aus, der Unterstützung für sein Anliegen suchte, jedoch einleuchtend – sie wäre wohl dahin zu modifizieren, daß Czartoryski das britische Auftreten während seiner Zeit als russischer Außenminister und während des Wiener Kongresses vor Augen hatte, daß aber Palmerston zunächst keineswegs gewillt war, sich derart auf dem Kontinent zu engagieren, wie es noch Castlereagh (teilweise sehr zum Unwillen seiner Kabinettskollegen) getan hatte.

Beide britischen Politiker wiesen auf die Haltung Österreichs und Preußens hin, die sich ganz Rußland angeschlossen hätten, und wogegen die beiden Westmächte nichts

[33] H. Brougham, Life and Times, III, S. 164: Lord Grey an Lord Brougham, East Sheen 1. 1. 1832.

[34] J. U. Niemcewicz, Dziennik, I, S. 136–138 – 19. und 21. 12. 1831; offensichtlich war es eine rein taktische Maßnahme, sie wurde kurz darauf wieder rückgängig gemacht (ebd., S. 153 – 10. 1. 1832).

[35] Palmerston an Chad, Foreign Office 30. 12. 1831, in: J. A. Betley, Belgium and Poland, S. 286–288.

[36] B. Cz. 5274, S. 11: Czartoryski an Legation, London 30. 12. 1831, ebenfalls in: A. J. Czartoryski, Korrespondencye, S. 150 unter dem Datum 31. 12. 1831.

ausrichten könnten. Czartoryskis Hinweis, daß man sie, vor allem Österreich, gewinnen müsse, basierte auch auf der Ansicht, daß es nicht im britischen (und noch weniger im französischen) Interesse liegen könne, die deutschen Staaten noch mehr unter russischen Einfluß geraten zu lassen. Die Passivität der britischen Außenpolitik, was deren Mittel- und Osteuropapolitik betraf, konnte Czartoryski nur als Schwäche auslegen.

Die Gespräche Czartoryskis mit Lord Grey und Palmerston hatten ein diplomatisches Nachspiel: der russische Botschafter, Fürst Lieven, beschwerte sich offiziell bei Palmerston, daß der englische Premier einen »State criminal, convicted of high treason against his Sovereign – a Sovereign, who is the friend and ally of England«, bei sich zu Hause empfangen habe. Die ansonsten recht vertrauliche Korrespondenz der Fürstin Lieven mit Lord Grey erhielt durch diesen Vorfall eine bittere Note. Besonders aufgebracht war die »russische Botschafterin«, als Lord Grey betonte, er betrachte Czartoryski als

> »an unfortunate refugee, deprived of all he had without having done anything to lower his moral character in my estimation, and entitled, both as a person I had long known and on account of his misfortunes to my personal kindness and attention«[37].

Die anfängliche Haltung der britischen Politiker gegenüber Czartoryski bzw. deren psychologischer Hintergrund läßt sich aus diesen Worten entnehmen: eine Mischung von sozialer Solidarität, ehrlichem Mitgefühl, Respekt vor Namen, Vergangenheit und jetziger Haltung des Emigranten Czartoryski und einer Spur schlechten Gewissens wegen der eigenen Untätigkeit in der polnischen Frage. Dies, verbunden mit der Ahnung, daß man Czartoryski möglicherweise noch als politische Karte benötigen werde, und der Verärgerung bzw. verletztem Ehrgefühl über das russische Auftreten schuf die Atmosphäre, welche die Voraussetzung für ein weiteres Wirken Czartoryskis in England bildete.

D.

In den folgenden Monaten seines Englandaufenthalts erneuerte Czartoryski seine Bekanntschaften in der englischen Aristokratie und traf sich häufig mit englischen Politikern[38]. Seine Anwesenheit in London fand einiges publizistisches Interesse, vor allem dank Niemcewicz' und einiger bürgerlicher Polenfreunde in der englischen Hauptstadt. Dies geschah sehr zum Unwillen Talleyrands, der den Aktionsradius Czartoryskis am liebsten auf die englische Hocharistokratie, die französische Botschaft und das britische Foreign Office beschränken wollte[39]. Jedoch ließ sich Czartoryski von Talleyrand nicht als bloßes Werkzeug benutzen.

[37] Lieven-Grey Correspondence, S. 310–322, Zitate S. 311 und 313f. Vgl. ebenso L. G. Robinson, Letters of Princess Lieven, S. 321.

[38] Siehe J. U. Niemcewicz, Dziennik, I, S. 147–240.

[39] Ebd., S. 141, 147f., 152; Niemcewicz notierte mit erstaunter Verärgerung, daß er immer mehr von Talleyrand und der englischen Hocharistokratie geschnitten wurde – im Gegensatz zu Czartoryski, was er von seinem polnischen Adelsverständnis her nicht verstand.

Allerdings ist Czartoryski zu Beginn anscheinend etwas unsicher gewesen. Als der Dichter Thomas Campbell, ein engagierter Polenfreund, Czartoryski und Niemcewicz im Namen der »Literary Union« zu einem feierlichen Abendessen am 2. Jan. 1832 einlud, riet ihm Talleyrand, der selbst eingeladen war und absagte, er solle nicht an »political dinners at a London club« teilnehmen. Czartoryski nahm die Einladung erst an, als er sich über den privaten Charakter der Veranstaltung vergewissert hatte[40]. Er hatte offensichtlich anfangs Schwierigkeiten, sich in dem neuen politischen und sozialen Beziehungsfeld, in dem er fortan leben sollte, zurechtzufinden. Er befreite sich sehr schnell von der Vormundschaft Talleyrands, jedoch offenbar auf taktvolle und geschickte Weise, so daß er sich mit dem französischen Diplomaten nicht verfeindete.

Während die publizistische Arbeit nur langsam anlief und zunächst in der Hauptsache von Niemcewicz durchgeführt wurde, konzentrierte sich Czartoryski auf die Diplomatie. Er erreichte, daß die englische Regierung sich, zumindest nach außen hin, die polnische Interpretation der Wiener Bestimmungen zu eigen machte. Palmerston erklärte ihm zwar, durch die Entthronung Nikolaus' I. und die Angliederung der Ostprovinzen durch den Sejm habe Polen das Recht verloren, sich auf den Wiener Vertrag zu berufen, meinte aber gleichzeitig, »de bonne foi« könne man den Vertragstext nicht anders interpretieren als auf die Weise, wie es Czartoryski tue[41].

> »Wir erkennen an, daß Rußland diesen Vertrag nicht erfüllt hat; denn in den [östlichen] Provinzen tat es nichts, und durch das, was es im Königreich tat, vergewaltigte es selbst das eigene Werk. An dieser Auffassung halten wir fest, obwohl Österreich und Preußen diese Angelegenheit anders beurteilen. Wir bleiben dabei, daß die von Alexander gegebene Konstitution aufrecht erhalten werden muß und nicht geändert werden darf, es sei denn durch den Sejm. Die [östlichen] Provinzen müssen eine Provinzialadministration und -repräsentation erhalten«[42].

In einer Reihe von Memoranden gab Czartoryski der englischen (und dann auch der französischen) Diplomatie Argumentationshilfen; der Zweck dieser Denkschriften war fast immer mehrfach: einmal Rechtfertigung des eigenen Standpunkts, des Aufstands und der Emigration, sodann Darlegung der Relevanz Polens für die internationalen Beziehungen und für das Eigeninteresse der westeuropäischen Staaten, schließlich Anregungen für Aktionen, Argumentationshilfen und konkrete Bitten und Forderungen; daneben Informationssammlungen über die Lage und das Unterdrükkungssystem in der Heimat.

Das erste dieser Memoranden, das umfangreiche »Mémoire sur les affaires de la Pologne« wurde am 16. Jan. 1831 Palmerston übergeben, dann erhielt es auch Lord Grey, nur ganz geringfügig geändert wurde es später auch der französischen Regierung überreicht. Das Memorandum war schon während der Reise nach London in Deutschland entstanden. Die Argumente, die Czartoryski hier zusammenstellte, waren in gewissem Sinn der noch unsichere Ausgangspunkt seiner Exildiplomatie. Noch stand die apologetische Intention, was seine frühere Politik und die Berechtigung des

[40] T. Campbell, Life and Letters, III, S. 167; J. U. Niemcewicz, Dziennik, I, S. 147f.; über das Abendessen auch L. Gadon, Wielka Emigracja, S. 156.

[41] B. Cz. 5274, S. 17f.: Czartoryski an L. Plater, London 9. 1. 1832 (Kopie), ebenfalls in: A. J. Czartoryski, Korrespondencye, S. 153–155.

[42] B. Cz. 5274, S. 26: Czartoryski an Legation, London 16. 1. 1832 (Kopie), ebenfalls in: A. J. Czartoryski, Korrespondencye, S. 160f.; vgl. auch A. J. Czartoryski, Memoirs, II, S. 328, und L. Gadon, Wielka Emigracja, S. 160.

Aufstands betraf, stark im Vordergrund: der Novemberaufstand war danach keine »jakobinische« Revolution, sondern verursacht durch die russische Repressionspolitik, durch die Nichteinhaltung der Wiener Polenbestimmungen und durch die Enttäuschung der Polen, daß die östlichen Provinzen nicht, wie von Alexander und auch im Vertrag in Aussicht gestellt, an das Königreich angeschlossen worden waren. Besonders den letzten Punkt machte er zum Hauptaspekt: eine für die Zukunft Frieden bringende Lösung der polnischen Frage müsse hier ansetzen. Für die Niederlage des Aufstands machte er die Gleichgültigkeit Europas gegenüber den nationalen Rechten und Wünschen der Polen sowie eine falsche Interpretation des Nichtinterventionsprinzips verantwortlich. In dieser Denkschrift wollte Czartoryski den Westmächten die Argumente liefern, mit denen sie in Petersburg intervenieren sollten. Bei einer Reihe von Argumenten war die Fruchtlosigkeit offensichtlich, was die Möglichkeiten betraf, auf den eigentlichen Adressaten, nämlich Nikolaus, Eindruck zu machen. Sie kennzeichnen daher stark die mit einigen Illusionen belastete Ausgangsposition: der Aspekt der möglichen, für eine vernünftige Lösung notwendigen Zugeständnisse des Zaren – ständig wurde auf dessen »magnanimité« verwiesen – sollte sich daher später schnell verlieren. Der Übergangscharakter der Situation, in der das Memorandum entstand, wird deutlich an der Unsicherheit, mit der hier einige Argumente gebraucht wurden, die später sehr viel eindeutiger und klarer formuliert wurden, wohingegen andere Aspekte weit ausgeführt wurden, deren Nutzlosigkeit bald auf der Hand lag. Das Arsenal an Argumenten wurde später geordnet, gesäubert und effektiver einsetzbar gemacht. Aber gerade wegen dieser gewissen Unsicherheit, ja Unausgeglichenheit – Czartoryski zog alle Register, ohne noch zu wissen, wie man in London und Paris im Detail über Polen dachte – und auch wegen aller Kennzeichen des Übergangsprozesses, die in diesem Memorandum zu finden sind, ist es ein wertvolles Dokument für den Beginn der Exildiplomatie Czartoryskis [43].

Ende Januar 1832 traf in London die offizielle russische Antwort auf die oben erwähnte Depesche Palmerstons vom 23. Nov. 1831 ein[44]. In höflichen Worten verbat sich die russische Regierung jegliche fremde Einmischung in Sachen Polenpolitik. Auf die Argumentation Palmerstons mit den Bestimmungen von Wien ging man zwar kurz ein, aber auf eine denkbar unlogische Weise. Über die Worte »lié par sa constitution« des Vertragstextes wurde einfach hinweggegangen. In Wien sei nur über die bedingungslose Union Rußlands mit Polen geredet worden; die Konstitution sei aus freien Stücken von Alexander gewährt worden, durch die Rebellion und Entthronung hinfällig geworden, und Nikolaus sei jetzt in der gleichen Situation wie Alexander, bevor er die Konstitution gab. Er werde aber nicht den Fehler seines Bruders wiederholen und den Polen trauen. Rußland habe den Wiener Vertrag also nicht gebrochen, denn von einer internationalen Garantie der Verfassung könne keine Rede sein. Die

[43] Siehe Anhang I. Vgl. auch S. 42f. und 46.

[44] Dépêche diplomatique du comte Charles de Nesselrode... au prince de Lieven, ambassadeur russe à Londres... St. Petersbourg, le 22 déc. 1831 = 3 janvier 1832, in: d'Angeberg, Recueil, S. 904–907.
Eine Note ähnlichen Inhalts wurde nach Paris geschickt – siehe: AMAE Mem + Doc Pologne 31, S. 20ff.: Note Russe. Nationalité Polonaise. Institutions du Royaume de Pologne. Dieses Schriftstück ist nicht datiert, muß aber seinem Inhalt nach in der Zeit zwischen der Einnahme Warschaus und der Proklamierung des Organischen Statuts entstanden sein.

beiden anderen Teilungsmächte seien übrigens der gleichen Ansicht und somit sei diese die der Mehrheit (innerhalb der Pentarchie).

Palmerston bezeichnete diese Note, deren Inhalt er schon vorher durch Lord Heytesbury erfahren hatte[45], als höflich, aber unlogisch[46]. Er wies Czartoryski gegenüber nochmals darauf hin, daß England keine Möglichkeiten habe, Rußland zur Änderung seiner Haltung zu zwingen: man habe keine Landstreitkräfte, und die Verbrennung der russischen Flotte hätte ebensoviel Erfolg wie der Brand Moskaus. Im übrigen versuchte Palmerston offensichtlich, den unzufriedenen Czartoryski zu beschwichtigen: er erzählte, nach den Berichten Lord Heytesburys plane die russische Regierung nur, einen Teil der Verfassung zu ändern und unter Beibehaltung des Autonomie-Status Provinzialstände wie im Großherzogtum Posen einzuführen, und ließ die Möglichkeit durchblicken, daß die Ostprovinzen dann wohl angegliedert würden. Auch die Berichte von Truppenkonzentrationen in Polen erklärte er als Fehlinformationen, im Gegenteil, größere russische Truppenteile seien aus innenpolitischen Gründen wieder ins russische Landesinnere verlegt worden[47]. Drei Tage später erfuhr Niemcewicz durch Palmerstons Sekretär Backhouse, mit dem er ausgezeichnete Beziehungen unterhielt, daß der englische Außenminister den Passus der russischen Note verschwiegen hatte, in dem davon die Rede war, man lasse sich nicht nochmals von den Polen täuschen, hier seien nur Härte und Repressionen, aber keine Zugeständnisse am Platz – denn eine russisch-polnische Versöhnung bleibe nur Illusion[48].

Der Erfolg, die britische Regierung für seine Interpretation gewonnen zu haben, war doch etwas zweifelhaft, solange dies nur in persönlichen Gesprächen oder unschädlichen diplomatischen Depeschen ausgedrückt wurde[49]. Daher machte Czartoryski auch in den Gesprächen tastende Versuche, die Meinung der britischen Regierung über eine eventuelle vollständige Unabhängigkeit Polens zu erfahren – jedoch deren Haltung war eindeutig: da dies ohne Krieg nicht durchzuführen sei, war man dagegen[50].

In dieser aussichtslosen Lage, gleichzeitig aber noch angesichts der allgemeinen Spannungen und Unruhe innerer und äußerer Natur in Europa war eine noch unreflektierte Hoffnung, »daß ein völlig unerwarteter Ausbruch (eines Krieges) jegliche

[45] B. Cz. 5274, S. 26–29: Gespräch mit Palmerston 16. 1. 1832, auch in: A. J. Czartoryski, Korrespondencye, S. 159–161, als Brief Czartoryskis an die Legation, London 16. 1. 1832.

[46] BPP 361, S. 21–23: Gespräch mit Palmerston 28. 1. 1832 (Kopie in: B. Cz. 5274, S. 32–35); J. U. Niemcewicz, Dziennik, I, S. 161.

[47] BPP 361, S. 21–23 – siehe Anm. 46: ». . . damit die von ihnen [Russen] mit der Cholera Angesteckten [Polen] sie nicht mit der Freiheit ansteckten«; siehe auch ebd., S. 37f.: Gespräch mit Palmerston 2. 2. 1832 (Kopie in: B. Cz. 5274, S. 36f.).

[48] J. U. Niemcewicz, Dziennik, I, S. 164 – 31. 1. 1832.

[49] M. Handelsman spricht von einem »papiernen Standpunkt« der britischen Regierung (M. Handelsman, Anglia-Polska, S. 69).

[50] Gespräch Czartoryski – Palmerston am 16. 1. 1832 (Fundstellen siehe Anm. 42 und 45): »Czartoryski: Unsere Angelegenheit könnte die Angelegenheit Englands werden, wenn sich England für eine völlige Unabhängigkeit erklärte, indem es sich auf ein gerechteres Prinzip stützt als den Wiener Vertrag.
Palmerston: Das kann ohne Krieg keinen Erfolg haben. . .«

Vorausberechnung als Fehleinschätzung entlarven wird«[51], nur zu verständlich. Czartoryski mußte anerkennen, daß die englische Regierung alles tue, um einen Krieg zu vermeiden[52]. Lordkanzler Lord Brougham erklärte ihm auch deutlich, man hege zwar für das Schicksal Polens ehrliche Sympathien,

»aber ... das Unglück will, daß das Anliegen Polens dem Anliegen aller übrigen Mächte entgegengesetzt ist. Alle wünschen den Frieden, Polen ruft Krieg und Unruhen hervor«[53].

Darauf antwortete Czartoryski mit dem bei ihm selten so offen zu findenden Bekenntnis, daß auch seiner Ansicht nach Krieg das einzige Mittel sei, Polen wiederherzustellen:

»Heute, da das unterdrückte Polen weder Gerechtigkeit noch Hilfe findet, wünscht es natürlich Veränderungen, denn in Veränderungen liegt seine Hoffnung, seine Existenz, seine Versöhnung mit dem von allen Mächten gewünschten Friedenssystem. Aber ist dieser ersehnte Friede denn ein aufrichtiger Wunsch, ist er wahrscheinlich? In ganz Europa herrschen Unsicherheit, Unzufriedenheit, Mißtrauen. Die Regierungen wollen Frieden, aber der Zustand Europas kündigt ihn nicht an, außerdem hat Moskau einen Instinkt, der es zum Krieg aufhetzt. ... Kriegsfurcht, wenn sie auch tatsächlich vorhanden wäre, müßte das größte Staatsgeheimnis sein, denn nur dann kann man auf dem Verhandlungsweg etwas durchsetzten. Der Krieg hat nicht immer dem englischen Handel geschadet, die heutige Unsicherheit und Unruhe jedoch wird den Handel sehr dämpfen. Aus diesem kränklichen Zustand ist anscheinend der einzige Ausweg eine Erschütterung, ein Krieg. Ein mit Frankreich verbundenes England kann eines guten Endes gewiß sein«[54].

Derartige Vorhaltungen jedoch waren nutzlos – auch die engagiertesten britischen Polenfreunde waren gegen einen Krieg. Als Czartoryski gegenüber Lord Grey auf die propolnische öffentliche Meinung in England hinwies, entgegnete der englische Premier, das Interesse für innere Probleme (sprich Reform Bill) und für die Erhaltung des Friedens sei viel stärker. Auch die Vermutung, hinter der Friedenspolitik ständen finanzielle Probleme, wies Lord Grey zurück:

»Wenn sich die öffentliche Meinung für Krieg ausspräche, fänden sich auch Einkommensquellen«[55].

[51] Dies hier gesagt in Bezug auf Belgien – B. Cz. 5274, S. 11: Czartoryski an die Legation, London 31. 12. 1831, auch in: A. J. Czartoryski, Korrespondencye, S. 151, mit Datum 2. 1. 1832.
Diese in privaten Briefen häufig ausgedrückte Hoffnung Czartoryskis läßt sich in Beziehung setzen zu einer Äußerung Nikolaus' I. vom November 1831:
»Ich teile... nicht die Ansicht Wilhelms [holländ. König], daß es opportun wäre, einen allgemeinen Krieg heraufzubeschwören, bin aber wie er völlig davon überzeugt, daß er unvermeidlich ist, und daß der Verlauf der Ereignisse bald dazu führen wird. Ich wiederhole aber, daß dann die Aussichten auf Erfolg geringer sein werden als vor 14 Monaten«, zit. nach T. Schiemann, Nikolaus I., III, S. 177.

[52] B. Cz. 5274, S. 15: Czartoryski an Legation, London 6. 1. 1832, ebenfalls in: A. J. Czartoryski, Korrespondencye, S. 153.

[53] B. Cz. 5274, S. 24–26: Gespräch mit dem Lordkanzler 15. 1. 1832, ebenso in: A. J. Czartoryski, Korrespondencye, S. 156–158, als Brief an die Legation; darüber auch in: A. J. Czartoryski, Memoirs, II, S. 327f., und L. Gadon, Wielka Emigracja, S. 158f.

[54] Siehe Anm. 53.

[55] B. Cz. 5274, S. 62–64: Gespräch mit Lord Grey 8. 3. 1832; A. J. Czartoryski, Memoirs, II, S. 330f.

In dieser hoffnungslosen Lage blieb Czartoryski nichts weiter übrig als zu versuchen, die polnische Frage in der Schwebe zu lassen und ein Festschreiben des augenblicklichen Zustands zu verhindern:

»... von ihnen [den westlichen Kabinetten] erreichen, daß sie unser Anliegen nicht aufgeben (wenn man es als solches und gemäß ihrer erklärten Ansicht nicht beenden kann) und besser diesen Schwebezustand in die Länge ziehen, als daß sie sich mit unserem Unglück einverstanden erklären sollten, – und im übrigen erwirken, daß sie immer die Zukunft mit im Auge haben und die Rolle, die wir in dieser Zukunft spielen können – das ist das Ziel, das wir hier jetzt erreichen können«[56].

Auch Palmerston bat er bei mehreren Gelegenheiten, angesichts der Fruchtlosigkeit der britischen Vorstellungen zugunsten Polens nicht abzulassen oder sogar einzulenken – was er immer befürchtete –, sondern

»... besser die polnische Frage in der Schwebe zu lassen als schlecht zu Ende zu führen und das Schlechte zu sanktionieren«[57],

und Lord Grey gegenüber betonte er, die Opposition Englands und Frankreichs gegenüber der russischen Vertragsauslegung habe zumindest zur Folge, daß

»der jetzige Stand Polens nicht als endgültige Lösung und legal erachtet werde«[58].

Sowohl von Talleyrand als auch von den britischen Politikern erhielt er die Versicherung, daß man sich daran halten werde[59].

Der postulierte »Schwebezustand« bezüglich der völkerrechtlichen Lage Polens war zwar unbefriedigend, jedoch zur Zeit das einzig Erreichbare, und zudem eine Plattform für weiteres Handeln. Czartoryski erreichte damit zumindest, daß für England und Frankreich die Polenbestimmungen von 1815 weiterhin in Kraft blieben und alle Veränderungen nach 1830 (auch 1846, 1848 und 1863) nie völkerrechtlich legalisiert wurden.

Das einzige echte sich auf die Wiener Verträge beziehende Argument der russischen Note vom 23. Dez. 1831/2. Jan. 1832 war der Hinweis auf die Eintracht der drei Teilungsmächte in dieser Frage, die damit als Mehrheit innerhalb der Pentarchie das Problem entschieden. Abgesehen davon, daß streng genommen nicht nur die Mächte der Pentarchie Signatarstaaten von Wien waren, war wohl die Einführung des Mehrheitsprinzips zur Lösung kontroverser Fragen in der Auslegung multilateraler Verträge zu jener Zeit (und nicht nur damals) kaum akzeptabel. Czartoryski empörte sich über diese Argumentation: Rußland sei interessierte Partei und könne nicht gleichzeitig Partei und Richter sein; das gleiche gelte auch für die beiden übrigen Teilungsmächte, die zudem gegen ihre wirklichen Interessen handelten[60] – eine Auffassung, die zwar in gewisser Weise der heutigen Vorstellung von schiedsgerichtlicher Beilegung internationaler Streitigkeiten, vor allem in völkerrechtlichen Fragen, entspricht, jedoch an der politischen Wirklichkeit der Pentarchie vorbeiging.

[56] BPP 361, S. 5: Czartoryski an L. Plater 27. 1. 1832 (Kopie in: B. Cz. 5274, S. 31f.).

[57] Gespräch Czartoryski – Palmerston am 16. 1. 1832 (Fundstellen siehe Anm. 42 und 45). Ähnliches sagte Czartoryski zu Palmerston am 28. 1. 1832 (siehe Anm. 46) und am 2. 2. 1832 (siehe Anm. 47).

[58] Gespräch mit Lord Grey am 8. 3. 1832 (siehe Anm. 55).

[59] B. Cz. 5274, S. 41f.: Czartoryski an L. Plater, London 7. 2. 1832.

[60] Gespräch Czartoryski – Palmerston (siehe Anm. 42 und 45); vgl. auch die oben (S. 53) geschilderte Argumentation Czartoryskis im Gespräch mit Lord Grey am 30. 12. 1831.

Der nächste mögliche Ansatzpunkt war für Czartoryski die Haltung der beiden deutschen Teilungsmächte. Die Bekämpfung der russischen Interpretation des Wiener Vertrags konnte nur einen Sinn haben, wenn dadurch Rußland in eine Isolation geriet. Die Möglichkeiten Czartoryskis, direkt auf die Regierungen in Wien und Berlin einzuwirken, waren gering. Auch hier benutzte er die britische Diplomatie. In einem Brief vom 14. Jan. 1832 an Tadeusz Mostowski, den früheren Innenminister des Königreichs Polen und inoffiziellen Repräsentanten der Aufstandsregierung in Berlin, der in der preußischen Hauptstadt geblieben war, beschrieb Czartoryski Vorgehen und Argumente:

»L'Angleterre désirerait, à ce qu'il paraît que les deux cours copartageantes, ou l'une d'elles au moins soit de la même opinion [über den Wiener Vertrag] et veuille la soutenir. Il parait que le contraire a eu lieu. L'Autriche a donné un mémoire[61], dans lequel elle prétend prouver qu'il faut laisser à la Russie le pouvoir de règler le sort de la Pologne qu'elle tient sous sa dépendance comme bon lui semblera; et qu'il n'y a rien dans le traité de Vienne qui puisse l'en empêcher. La Prusse parait – [Lücke] dans ce sens. Ces puissances devraient sentir que leur propre intérêt demande qu'elle ne laissent pas ainsi pleine l'attitude (!) à la Russie; que la justice aussi bien que leur sécurité exigent qu'elle (!) maintiennent le sens du Traité de Vienne comme elles l'ont signé, que les motifs qui ont engagé alors le congrès de règler de la sorte le sort de la Pologne n'ont rien perdu de leur valeur et qu'elles ne devraient pas borner leur politique au moment présent, mais penser aussi à l'avenir, et ne pas se déclarer des ennemies acharnés d'une nation valeureuse qui peut avoir son poid dans de futures – [Lücke]. Cette manière d'agir envers elle n'est pas le moyen d'assurer la tranquilité de (!) trois puissances«[62].

Ähnliches schrieb Czartoryski an seinen Bruder Konstanty[63] nach Wien:

»Es ist unmöglich, daß Österreich und Preußen nicht fühlen, daß die Vergewaltigung des Wiener Vertrags in den Augen Englands und Frankreichs sowie ihre dahingehenden Verlautbarungen seine [des Wiener Vertrags] gesamte Gültigkeit untergraben, folglich also auch ihre Rechte auf verschiedene Gebiete. Außerdem sollte Österreich auf seine Zukunft Rücksicht nehmen; und auf die unablässige Furcht [= Bedrohung], in der es vor Rußland bleibt, wenn es dessen Politik schon jetzt gehorsam sein muß, was seinen eigentlichen Interessen kaum entspricht«[64].

Palmerston, dem Czartoryski dieses Argument vortrug, daß

»die Vergewaltigung dieses Vertrags ihre [der deutschen Mächte] eigenen Rechte schwächen könnte«[65],

[61] Dieses Memorandum erwähnte schon Lord Grey gegenüber Niemcewicz am 29. 11. 1831 (J. U. Niemcewicz, Dziennik, I, S. 125); vgl. S. 49.

[62] B. Cz. 5274, S. 20–23: Czartoryski an T. Mostowski in Berlin, London 14. 1. 1832.

[63] Konstanty Czartoryski, der jüngere Bruder Adam Jerzys, lebte seit 1828 in Wien und wirkte dort vor allem als Musik- und Kunstmäzen – siehe R. Taborski, Wśród wiedeńskich Poloników, S. 26–35.

[64] B. Cz. 5274, S. 38f. (Kopie): A. J. Czartoryski an Konstanty Czartoryski, London 3. 2. 1832.

[65] Gespräch mit Palmerston am 2. 2. 1832 (siehe Anm. 47).
Nach J. U. Niemcewicz, Dziennik, I, S. 166f., »bestand der Fürst« Czartoryski in dieser Unterhaltung »darauf, daß man sich an den Wiener Vertrag halten solle, daß man Österreich und Preußen vorhalten solle, daß, wenn dieser Vertrag gegenüber Polen vergewaltigt werde, dies einen guten Grund geben könne, ihn gegenüber ihnen selbst zu vergewaltigen, daß dies die ihnen durch diesen Vertrag gegebenen Provinzen einer Gefahr aussetzen könne«.

nahm es bereitwillig auf und versicherte, er werde es benutzen – 14 Jahre später anläßlich der Annexion Krakaus brachten beide Westmächte dieses Argument wieder auf den Tisch[66].

Zunächst jedoch erklärte Palmerston, er glaube nicht an den direkten Erfolg derartiger Bemühungen, und Czartoryski konnte sich wohl vorstellen, daß eine in solchem Geiste vorgetragene Fürsprache für Polen nicht genügen könne. In der Tat war allen vorsichtigen Versuchen in dieser Richtung kein Erfolg beschieden – die französische Diplomatie handelte sich dabei eine harte Abfuhr in Berlin ein, wobei Ancillon das russische Vorgehen guthieß und erklärte, nur so könne man die polnische Frage ein für alle Mal aus der Welt schaffen. Czartoryski blieb nur übrig, dies bitter-ironisch als »hübsche und moralische Politik« zu qualifizieren[67].

Angesichts dieser Mißerfolge erschien es wohl zunächst nötig, die eigene Ausgangsbasis zu verbreitern und sich auf eine Politik mit »langem Atem« einzustellen – im Hintergrund jedoch immer mit der Hoffnung, unvorhergesehene Ereignisse könnten schnell die Szene zugunsten Polens verändern[68].

Eine der Voraussetzungen für weitere Aktivität war die Stabilität der britischen Whig-Regierung; von den Tories erwartete sich Czartoryski trotz einiger guter persönlicher Beziehungen nur eine Verschlechterung[69]. Deshalb setzte er auch auf einen Erfolg der Reform Bill – danach erhielt seiner Ansicht nach die britische Regierung wieder ihre Aktionsfähigkeit zurück, auch werde sich das Interesse der öffentlichen Meinung, jetzt ganz durch innenpolitische Probleme absorbiert, wieder verstärkt den Anliegen der Polen zuwenden[70].

Eine weiter unabdingbare Voraussetzung für seine Bemühungen war in den Augen Czartoryskis ein festes britisch-französisches Bündnis. Das von den 3 Ostmächten mißtrauisch beäugte und diplomatisch befehdete neue Regime Frankreichs hatte, vor

[66] Drei Monate vor der Annexion Krakaus durch Österreich warnte Palmerston die Teilungsmächte in einer damals Aufsehen erregenden Parlamentsrede vom 17. 8. 1846: ». . .I am quite sure that those Governments must be sufficiently sagacious to have seen of their own accord the force of the reasoning. . ., that the Treaty of Vienna must be taken as a whole – that it cannot be permitted to any Powers to pick out from it articles which they choose on the one hand to have observed, or on the other hand articles which they are to be allowed to violate. And, Sir, I must say that if there are any Powers parties to that Treaty, who have the strongest interest that the settlement of Europe which was effected by the Treaty of Vienna should be maintained, those Powers undoubtedly are the Powers of Germany; and it cannot have escaped, I am sure, the sagacity of those who govern those countries, that if the Treaty of Vienna be not good on the Vistula, it may be equally bad on the Rhine, and on the Po« (Hansard, Parl. Deb., 3rd Ser., LXXXVIII, S. 830).

[67] A. J. Czartoryski, Memoirs, II, S. 329; Czartoryskis Brief an seinen Bruder vom 3. 2. 1832 (siehe Anm. 64); B. Cz. 5274, S. 41: Czartoryski an L. Plater, London 2. 2. 1832 (Kopie). Eine ähnliche Abfuhr erhielt offensichtlich der britische Botschafter in Berlin – B. Cz. 5274, S. 29: Czartoryski an L. Plater, London 24. 1. 1832, ebenfalls in: A. J. Czartoryski, Korrespondencye, S. 161 f.

[68] Im Brief an seinen Bruder vom 3. 2. 1832 (siehe Anm. 64) schrieb er: »Man muß sich mit Festigkeit wappnen und das böse Schicksal überstehen, ohne die Hoffnung zu verlieren, daß es einmal vorbeigeht – vielleicht schneller, als wir es voraussehen; denn jetzt schreitet alles schneller voran«.

[69] B. Cz. 5274, S. 31: Czartoryski an L. Plater, London 31. 1. 1832 (Kopie); BPP 361, S. 25 f.: Niemcewicz an die Legation, London 30. 1. 1832.

[70] B. Cz. 5274, S. 56 f.: Czartoryski an T. Mostowski, London 10. 3. 1832; ebd., S. 65 f.: Gespräch mit Lord Durham am 11. 3. 1832.

allem durch das Verhandlungsgeschick Talleyrands, die zunächst drohende Isolation durchbrochen und sich bei der Londoner Konferenz vor allem an Großbritannien wenn nicht angelehnt, so doch mit ihm zusammengearbeitet. Für Czartoryski waren hier vor allem zwei Gründe wichtig:

1. solange England und Frankreich gegeneinander isoliert blieben, bestand dauernd die Gefahr, daß einer der beiden sich mit den Teilungsmächten arrangiere gegen den anderen – und diese Gefahr lag während der Verhandlungen über Belgien mehrmals in der Luft. Um der Heiligen Allianz etwas Gleichwertiges an politischem Gewicht und notfalls militärischem Potential entgegenzusetzen, war ein Bündnis der konstitutionellen Monarchien Westeuropas nötig. Zudem hieß das nur, die diplomatischen Fronten an den ideologischen Fronten Europas zu orientieren;

2. das Wohl Frankreichs als des Gastlands der meisten polnischen Emigranten und des traditionellen Bündnispartners polnischer Politik mußte einem polnischen Politiker notwendigerweise am Herzen liegen. Schon daraus ergab sich eine, wenn auch manchmal nur bedingte, Unterstützung der französischen Politik.

Hier ist jedoch auf die paradoxe Situation der polnischen Politik hinzuweisen: sowohl 1830/31 während des Aufstands als auch in den ersten Jahren der Emigration war man einhellig der Auffassung, daß Polen nur durch einen großen europäischen Krieg bzw. als seine Folge wiedererstehen könne. Jedoch – gerade durch den polnischen Novemberaufstand wurde Rußland, die einzige Macht, die zeitweise ernsthaft eine militärische Intervention in Westeuropa beabsichtigte und dadurch kriegsauslösend gewirkt hätte, für eine beträchtliche Zeit gebunden. Zudem darf wohl angenommen werden, ohne sich dem Vorwurf eines allzu hypothetischen Vorgehens auszusetzen, daß die Verhinderung einer außenpolitischen Isolierung Frankreichs einen großen europäischen Krieg verhütet hat – und dies sowohl aus außen- wie aus innenpolitischen Gründen. Angesichts einer schon kriegslüstern zu nennenden Opposition hing der Bestand der Regierung Périer (und Nachfolger) in großem Maße vom außenpolitischen Erfolg ab. Somit wirkte die Unterstützung des britisch-französischen Zweckbündnisses indirekt auf die Sicherung des Friedens hin, und war damit eigentlich nicht in polnischem Interesse.

Es ist nicht sicher, ob Czartoryski diesen inneren Widerspruch seiner Politik so deutlich gesehen hat. Während englische Politiker ihm gegenüber ständig auf die Unsicherheit französischer Politik und die Instabilität der französischen Regierung hinwiesen, betonte er dauernd die Notwendigkeit eines britisch-französischen Zusammengehens. Der Austausch der Ratifikationsurkunden des 24-Punkte-Vertrags vom 15. Nov. 1831 über Belgien durch die beiden Westmächte und Belgien am 31. Jan. 1832 wurde von Czartoryski, in Übereinstimmung mit Talleyrand und Palmerston, als Baustein eines englisch-französischen Bündnisses und des Friedens angesehen[71]. Einen Krieg konnte er sich angesichts der erklärten Friedensabsichten Talleyrands und der englischen Politiker nur als Initiative der Ostmächte vorstellen. Deren Bemühungen, Frankreich zu isolieren und England auf ihre Seite zu ziehen, erkannte er deutlich, und er wies die englischen Politiker ständig auf diese Gefahr hin[72]. Seine Versuche, zusammen mit Talleyrand England zu einem gemeinsamen britisch-

[71] Siehe den Brief an L. Plater vom 7. 2. 1832 (siehe Anm. 59) und das Gespräch mit Palmerston am 2. 2. 1832 (Anm. 47).

[72] Ebd.

französischen Auftreten zugunsten Polens in Petersburg, Wien und Berlin zu bewegen, schlugen fehl; das lag einerseits daran, daß sich Palmerston und Lord Grey in den Augen der übrigen Mächte nicht so vollständig auf das (formell nicht existierende) französische Bündnis festgelegt gesehen werden wollten, andererseits in der unterschiedlichen Behandlung, welche den diplomatischen Interzessionen in Petersburg zuteil wurde: während die britischen Vorstellungen höflich und entschieden beantwortet wurden, reagierte man auf das ähnliche französiche Auftreten mit einer brüsken, unfreundlichen Abfuhr, die man nicht unterließ sofort den britischen Diplomaten mitzuteilen. Auf diesem Weg erfuhr auch Czartoryski davon, dem Palmerston überdies mitteilte, Frankreich habe verlauten lassen, es betrachte die polnische Angelegenheit als beendet[73]. Talleyrand wiedersprach dem zwar[74], aber die Erklärungen von Périer und Thiers in der Deputierkenkammer machten deutlich, daß die polnische Frage für die französiche Diplomatie nicht mehr aktuell war.

Die Erfolglosigkeit der britischen Vorstellungen bezüglich Polens in den Hauptstädten der 3 Teilungsmächte führte Czartoryski unter anderem auf die Lustlosigkeit zurück, mit der sie von den dortigen britischen Repräsentanten vorgetragen wurden. Besonders über Lord Heytesbury in Petersburg, einen bekannten Tory, beschwerte er sich ohne Umschweife, und sowohl Lord Grey wie auch dessen Schwiegersohn, Lord Durham, gestanden zu, daß dieser Diplomat nie die Politik des Whig-Ministeriums so vertreten hätte, wie man es in London hätte verlangen können[75]. Als Ende Januar der neuernannte britische Botschafter in Wien, Sir Frederic Lamb, nach seinem Bestimmungsort abreiste, schickte ihm Palmerston den Auftrag nach, mit dem Bruder Czartoryskis Konstanty in Wien Kontakt aufzunehmen[76]. Zugleich nahm der britische Diplomat einen Brief Czartoryskis an seinen Bruder mit, in dem der polnische Emigrant dem Wiener Kunstmäzen Verhaltensweisen auftrug:

> »Du mußt Dich ihm vorstellen, ihn öfter aufsuchen, nur unter dem Vorwand gewöhnlicher Höflichkeit und auf eine Art und Weise, die keiner Rechtfertigung bedarf und keine Verdächtigungen hervorruft. Du wirst die Gelegenheit haben, ihm Ratschläge und Auskünfte mitzuteilen, was polnische Fragen betrifft, und durch deine Bekanntschaft mit ihm mitunter mir durch seinen Kurier zu schreiben. Ich kenne ihn nicht privat, aber er gilt als ein zuverlässiger Charakter, mit außergewöhnlichem Verstand, sein Bruder ist der Innenminister«[77].

Hier wurde zum ersten Mal nicht nur versucht, Einfluß auf die Politik einer Regierung zu nehmen, sondern auch den Kontakt zu den ausführenden Beamten der Außenpolitik aufzunehmen. In den folgenden Jahren wurde es gerade durch die Beziehungen zu Diplomaten und ständigen Beamten der Außenministerien möglich, als Emigrant auf

[73] Siehe die Gespräche mit Palmerston am 28. 1. und 2. 2. 1832 (siehe Anm. 46 und 47) – Palmerston sprach in diesem Zusammenhang von französischer »fanfaronada – Großsprecherei«; BPP 361, S. 277: Czartoryski an L. Plater, London 21. 2. 1832 (Kopie in: B. Cz. 5274, S. 46f.) – hiernach gab Palmerston zu, daß er vermute, Rußland versuche durch die unterschiedliche Reaktion auf die beiden Interzessionen, die Westmächte zu entzweien und eine gemeinsame Aktion zu vereiteln. Über die Reaktion in Berlin siehe oben S.61 und Anm. 67; vgl. auch J. U. Niemcewicz, Dziennik, I, S. 161 und 167.

[74] Siehe Czartoryski an Plater 7. 2. 1832 (Anm. 59).

[75] Gespräche mit Lord Grey am 8. 3. und Lord Durham am 11. 3., siehe Anm. 55 und 70.

[76] Siehe Gespräch mit Palmerston am 2. 2. 1832 (Anm. 47).

[77] Siehe Anm. 64. Bei dem Bruder F. Lambs handelt es sich um Melbourne.

diplomatischem Parkett wirksam zu werden – Beziehungen, die meist für die zuständigen Minister nicht kontrollierbar waren. Als erfahrener Diplomat wußte Czartoryski, daß nicht zuletzt der Informationsstand über die täglichen Schritte einer äußeren Politik entscheidet, und gerade hier glaubte er eingreifen und Einfluß ausüben zu können.

E.

Trotz seiner Bemühungen und nur gelegentlich offenbarten Kriegshoffnungen mußte Czartoryski zugeben, daß es immer mehr nach einer friedlichen Regelung auf der Basis des Status quo aussah. Die Nachricht von der Mission des russischen Sonderbotschafters Graf Alexej Orlov nach Holland und London im Febr./April 1832[78] beunruhigte und verunsicherte ihn daher beträchtlich: zum ersten Mal fragte er seine Pariser Mitarbeiter Kniaziewicz und L. Plater offen um Rat, ohne ihnen eine Konzeption zu suggerieren, während vorher seine Briefe mit höflich formulierten Anweisungen gefüllt waren[79]. Die Kardinalfrage war: was können wir von den Engländern verlangen, ohne den von ihnen so sehr gewünschten Frieden zu stören und als ewige Unruhestifter abgestempelt zu werden? Der Inhalt der Orlov'schen Mission war bekannt: den holländischen König zum Einlenken zu bewegen und, wenn das erfolglos bleiben sollte, ihm die russische Unterstützung aufzukündigen und den 24-Punkte-Vertrag zu ratifizieren. Das bedeutete eine Entschärfung des internationalen Sprengstoffs Belgien und damit ein Schwinden der Aussichten auf einen Krieg.

Czartoryski bestürmte die britischen Politiker, auch vor Orlov nicht die britische Einstellung zur Polenfrage zu verhehlen, gleichzeitig aber seinen Beschwichtigungen keinen Glauben zu schenken. Lord Palmerston und Lord Durham sagten dies zu. Letzterer meinte auch, sehr zur Zufriedenheit Czartoryskis, man müsse auch dahin kommen, daß dem russischen Sondergesandten in den Salons ein propolnischer Wind entgegenwehe[80]. Czartoryski konnte sich ausrechnen, daß vor einer russischen Ratifikation des 24-Punkte-Vertrags Palmerston kaum mit Orlov über Polen sprechen werde. Da also die Regierung als Fürsprecher Polens wahrscheinlich ausfiel, wich man auf zwei andere Ebenen aus, nämlich das Parlament und die gesellschaftlichen Salons. Während Czartoryski und Niemcewicz sich bisher meist in den Salons der Whig-Aristokratie bewegt hatten, suchten sie nun auch den Kontakt mit den Tories und erhielten auch von dieser Seite (z. B. von Lord Aberdeen) ermutigende Zeichen des Interesses und Mitgefühls[81]. Das konnte jedoch nicht den gesellschaftlichen Erfolg Orlovs in London verhindern.

Propolnische Motionen im britischen Unterhaus galten in den ersten Monaten des

[78] Siehe T. Schiemann, Nikolaus I., III, S. 177f.; C. Webster, Foreign Policy of Palmerston, I, S. 150f.; A. Stern, Geschichte Europas, IV, S. 255.

[79] BPP 361, S. 205: Czartoryski an L. Plater, London 17. 2. 1832 (Entwurf in: B. Cz. 5511, S. 637f.; Kopie in: B. Cz. 5274, S. 44f.).

[80] B. Cz. 5274, S. 64–66: Gespräche mit Palmerston und Lord Durham am 10. und 11. 3. 1832; Niemcewicz an Czartoryski, London 21. 3. 1832, in: A. J. Czartoryski, Żywot Niemcewicza, S. 372f.

[81] B. Cz. 5274, S. 59–61: Czartoryski an Gen. Kniaziewicz, London 14. 3. 1832; J. U. Niemcewicz, Dziennik, I, S. 211.

Jahres 1832 wegen der Diskussion um die Reform Bill als inopportun. Während Niemcewicz den Kontakt zu einigen Abgeordneten aufrechterhielt[82], erkundigte sich Czartoryski beim Lordkanzler Lord Brougham und bei Palmerston, wie sich die Regierung zu propolnischen Anfragen im Parlament verhalten werde. Während Brougham und der Generalstaatsanwalt rieten, Aktionen im Parlament bis zur Erledigung der Reform Bill zu verschieben[83], wies Palmerston darauf hin, daß weder die Regierungsseite noch die Opposition Ursache hätten, die polnische Frage in das Parlament zu bringen, und daß infolgedessen nur einzelne, nicht gebundene Abgeordnete in dieser Richtung aktiv werden könnten[84]. Die Aussicht, nur von einzelnen, meist radikalen »losen Figuren« unterstützt zu werden, erschien nicht gerade verlockend.

Anfang März jedoch glaubten Czartoryski und Niemcewicz, trotz des sich immer mehr zuspitzenden Streites um die Reform Bill, der von ihnen als Bedrohung empfundenen Mission Orlovs nur durch eine parlamentarische Aktion begegnen zu können. Niemcewicz[85] verhandelte darüber mit dem unabhängigen Abgeordneten Robert Cutlar Fergusson[86], der sich sehr interessiert zeigte und sich mit anderen Abgeordneten und Palmerston absprach[87]. Er war sich mit Czartoryski und Niemcewicz einig, daß die Motion nicht gegen die Regierung, sondern im Einvernehmen mit ihr stattfinden müsse. Er bereitete sich mit von Czartoryski, Plater und Niemcewicz verfaßten Denkschriften vor und kündigte seine Motion an als die Absicht

> »to call the attention of the house to the present political state and condition of Poland, in reference particularly to the provisions of the first article of the treaty of 1815«[88].

Die Motion war zunächst auf den 30. März angesetzt, dann wurde sie aus verschiedenen Gründen mehrmals verschoben. Palmerston lag vor allem daran, erst einmal den belgischen Vertrag unter Dach und Fach zu bringen bzw. die diesbezüglichen Ratifikationsurkunden der Ostmächte zu erhalten[89]. Er wollte unbedingt eine Störung von polnischer Seite vermeiden, und die Gespräche Czartoryskis mit ihm verliefen sehr unergiebig[90]. Inzwischen bearbeiteten die beiden Polen weiterhin zahlreiche Abgeordnete und verzweifelten wegen des Mangels geographischer und historischer Kenntnisse über Polen[91].

[82] J. U. Niemcewicz, Dziennik, I, S. 156, 180, 188, 191, 193 – vor allem mit Sir Francis Burdett, dem Iren Sheil, Colonel Evans de Lacy und Sir W. Beaumont.

[83] Gespräch mit dem Lordkanzler am 15. 1. 1832 – siehe Anm. 53.

[84] Gespräch mit Palmerston am 16. 1. 1832 – siehe Anm. 45.

[85] Czartoryski unternahm vom 15. bis 29. März eine Erholungsreise nach Südengland.

[86] Niemcewicz suchte sich Fergusson aus, da dieser als der wichtigste der sogenannten unabhängigen Abgeordneten galt – er meinte über ihn: »es heißt, er sei ein unabhängiges Parlamentsmitglied; da er aber Direktor der indischen Kompanie ist, zweifle ich etwas an dieser Unabhängigkeit« (J. U. Niemcewicz, Dziennik, I, S. 206).

[87] Ebd., I, S. 206, 209, 211, 214; Niemcewicz an Czartoryski, London 21. 3., 22. 3., 26. 3. 1832, in: A. J. Czartoryski, Żywot Niemcewicza, S. 372–376; B. Cz. 5274, S. 70f.: Czartoryski an Niemcewicz, Clifton 25. 3. 1832 (Kopie).

[88] B. Cz. 5274, S. 74: Czartoryski an L. Plater, London 2. 4. 1832, ebenfalls in: A. J. Czartoryski, Korrespondencye, S. 162f.

[89] Ebd.; J. U. Niemcewicz, Dziennik, I, S. 217, 222f.

[90] Ebd, I, S. 224: Notiz vom 6. 4. 1832: ». . . die Leiden und die Unterjochung Polens schienen ihn ebenso stark zu berühren wie schönes oder schlechtes Wetter in Kalifornien«.

[91] Ebd., I, S. 215f.; ebenso Brief Czartoryskis an Plater vom 2. 4. 1832 (Anm. 88).

Anfang April 1832 erreichte England die Nachricht vom sogenannten »Organischen Statut« vom 26. Febr. 1832, mit dem Nikolaus I. den künftigen staatsrechtlichen (nicht völkerrechtlichen!) Status regeln wollte. W. Tokarz nennt es »den wohl originellsten gesetzgebenden Akt in der Verfassungsgeschichte Europas, denn fürwahr findet man schwerlich ein Gesetz (ustawa), das so deutlich – sogar in seinem formellen Wortlaut – ankündigt, es werde nur auf dem Papier bleiben«[92]. Diese neue »Verfassung« ließ formal einen minimalen Sonderstatus des Königreichs Polen im russischen Reich bestehen, liquidierte aber seine wichtigsten Attribute, nämlich Sejm, eigene Armee, rein polnische Verwaltung und gesonderte Krönung. Ein ernannter, mit Polen und Russen zu besetzender Verwaltungsrat (Rada administracyjna) übernahm die Funktion der Regierung, war aber in seinen Entscheidungen vom Einverständnis des Statthalters (namiestnik) und von Petersburg abhängig. Einige Aufgaben des Sejm (Vorbereitung von Gesetzesvorlagen) erfüllte ein ernannter Staatsrat (Rada stanu – 1841 abgeschafft). Der wichtigste Punkt des Statuts, das einen Grundrechtskatalog enthielt und die Bildung von Provinzialständen versprach, war die vollständige politische Integrierung Polens in das Russische Reich – mit dem Zugeständnis einer provinziellen Autonomie[93]. Faktisch jedoch trat es nie in Kraft: schon ein Jahr später wurde in Polen der Belagerungszustand erklärt, der erst 1856 von Alexander II. aufgehoben wurde. Die Literatur ist sich darüber einig[94], daß das Organische Statut nur als formales Zugeständnis an die auf die Wiener Bestimmungen pochenden Westmächte gedacht, partiell recht nachlässig, widersprüchlich und unpräzise formuliert und ein reguläres In-Kraft-Treten gar nicht beabsichtigt war.

Diese Absicht (d. h. das scheinbare Zugeständnis an die Westmächte) wurde auch von Palmerston als solche erkannt, bzw. ihm möglicherweise von der russischen Diplomatie suggeriert[95]. Czartoryski gegenüber betonte er zwar, die britische Vertragsinterpretation unterscheide sich weiterhin grundlegend von der russischen, seine private Meinung sei allerdings, daß die neue Regelung recht positiv und nach Lage der Dinge nichts Besseres zu erwarten sei. »Ich ärgerte mich sehr über dieses Geschwätz«, kommentierte Czartoryski diese Unterhaltung[96]. Palmerston ging sogar so weit, Fergusson dazu zu bewegen, das Organische Statut als guten, wenn auch verbesserungsbedürftigen Anfang zu bezeichnen – in letzter Minute gelang es Czartoryski noch, den britischen Abgeordneten vom Gegenteil zu überzeugen und damit ein Unterlaufen seiner Propagandabemühungen zu verhindern[97]. Czartoryski hegte mit Recht die Hoffnung, daß auch das Organische Statut von den Regierungen nur als Provisorium angesehen und nicht durch Anerkennung völkerrechtlich sanktioniert werde. Indes-

[92] W. Tokarz, Dwie karty, S. 540.

[93] Das Ziel des Statuts sollte sein, »daß das Königreich Polen, mit einer eigenen, seinen Bedürfnissen entsprechenden Regierung, nicht aufhört, einen integralen Teil unseres Reiches darzustellen, damit schließlich die Bewohner dieses Landes von nun an mit den Russen eine durch einträchtliche brüderliche Gefühle verbundene Nation bilden« – von einem Recht auf eigene Existenz einer polnischen Nation, wie in Wien, war nicht mehr die Rede (aus dem Manifest des Zaren vom 26. 2. 1832, zitiert nach: S. Kutrzeba, Historya ustroju, III, S. 142).

[94] W. Tokarz, Dwie karty, S. 540; T. Schiemann, Nikolaus I., III, S. 195, und fast alle allgemeinen Geschichten Polens (Kukiel, Kieniewicz, Rhode).

[95] Vgl. oben S. 57.

[96] B. Cz. 5274, S. 76f.: Czartoryski an L. Plater, London 6. 4. 1832 (Kopie), ebenfalls in: A. J. Czartoryski, Korrespondencye, S. 163f.

[97] B. Cz. 5274, S. 87: Notiz vom 18. 4. 1832.

sen erkannte er die von Rußland intendierte Beruhigungsfunktion und deutete entsprechende Folgen für die eigene Lage und das künftige Verhalten an:

»Wenn das Manifest und der Statuten-Ukas als unveränderlich zugestanden werden sollen, ändert das die Sachlage. Mehr als sonst müssen sich unsere Hoffnungen auf Veränderungen und künftige Kriege gründen, in der gegenwärtigen Lage müssen wir mehr als sonst darauf vorbereitet sein, daß wir überall vermehrter Gleichgültigkeit und Saumseligkeit begegnen werden. Schon jetzt erfahren wir das, aber man muß der Bitterkeit die Stirn bieten und nicht den Mut verlieren«[98].

Palmerston gegenüber bestand Czartoryski weiterhin darauf, man begehe einen Grundfehler, wenn man jetzt eine allmähliche Verbesserung des Organischen Statuts verlange; Rußland habe sich durch das Statut selbst ins Unrecht gesetzt, indem es eindeutig in einem staatsrechlich verbindlichen Akt den Boden der Wiener Verträge verlasse. Für Polen sei der jetzige Zustand vorteilhafter als irgendwelche Schönheitskorrekturen am Organischen Statut,

»denn je mehr Rußland sein Recht verliert, desto mehr gewinnt Polen«[99].

Palmerston erklärte sich damit einverstanden, und die erneute Gefahr einer Anerkennung des russischen Vorgehens durch die Westmächte war gebannt.

Fergusson brachte die polnische Frage erst am 18. April vor das Unterhaus, am letzten Tag vor der Osterpause, spät in der Nacht. Vor dem nur halb gefüllten Parlament führte Fergusson[100] in einer anderthalbstündigen Rede alle Ansichten Czartoryskis aus: die Entstehung der Polenbestimmungen in Wien und deren völkerrechtliche Bedeutung, das traurige Schicksal der polnischen Konstitution und der deshalb gerechtfertigte Aufstand, die allgemeine Gefahr der expansiven und aggressiven russischen Politik, eine Schilderung des derzeitigen Terrorregimes und die rechtlose Augenwischerei durch das Organische Statut. Mit Hilfe zahlreicher Quellentexte, die er ausführlich zitierte, malte er das Bild einer von allen Seiten im Stich gelassenen, sich tapfer wehrenden, unterliegenden und willkürlich gequälten Nation; mit Zitaten aus diplomatischen Dokumenten legte er die Relevanz in politischer und völkerrechtlicher

[98] Ebd., S. 80f.: Czartoryski an Plater, London 12. 4. 1832 (Kopie), ebenfalls in: A. J. Czartoryski, Korrespondencye, S. 166f.

[99] B. Cz. 5274, S. 86: Notiz vom 18. 4. 1832. Detailliert führte Czartoryski seine Haltung zum Organischen Statut in einem Brief an die Pariser Legation vom 20. 5. 1832 aus (in: A. J. Czartoryski, Korrespondencye, S. 175 – ein Kurzschrift-Entwurf befindet sich in B. Cz. 5511, S. 639, allerdings trägt er das Datum 20. 4. 1832):
»Ich freue mich, daß ihr das Manifest und das Statut einer strengen Kritik unterzogen habt; aus diesem schönen Akt läßt sich nichts Gutes herauspressen. Anscheinend wollen die Moskowiter glauben machen, daß Polen eine separate Verwaltung haben wird und materielles Glück genießt. Die erste Behauptung fällt mit der Lektüre des Statuts, denn alles konzentriert sich in Petersburg, und Moskowiter werden auf alle Posten berufen. Was das materielle Glück betrifft, so war dieser Ausdruck einmal aus dem Mund Lord Palmerstons zu hören, offensichtlich verirrte er sich dorthin aus Petersburg. Jedoch nach dem Manifest hörte ich ihn nicht mehr. Von der Verfassung kein Wort, und wir kennen das Ziel des Ganzen, die Vernichtung der [polnischen] Nationalität. . . Wir müssen uns immer bemühen, daß man auf solch häßlichem Hintergrund nicht Verbesserungen einzuführen sucht, die doch nur ein Betrug wären. Besser täte es meines Erachtens, etwas länger zu leiden, und nicht die Vorteile zu verlieren, die Moskau uns lieferte, indem es jeglichen Anstand und Recht mit Füßen trat. Mag ihr Besitz im Widerspruch zu den Verträgen und jeglicher Legalität bleiben«.

[100] Zur Polendebatte vom 18. 4. 1832 siehe: Hansard, Parl. Deb., 3rd Ser., XII, S. 636–646; J. U. Niemcewicz, Dziennik, I, S. 238f.; S. Koźmian, Anglia i Polska, I, S. 64–67; L. Gadon, Wielka Emigracja, S. 172–174; J. H. Gleason, Genesis of Russophobia, S. 122–124; L. Zieliński, Emigracja w Anglii, S. 14–16.

Hinsicht dar und unterließ auch nicht, das Schicksal Polens mit dem Irlands und Schottlands zu vergleichen. Großbritannien hatte nach Fergusson nicht nur das Recht, für Polen einzutreten, sondern es sei sogar

> »the bounden duty of Great Britain, in respect of her honour and her plighted faith, to do whatever might depend on her to prevent the threatened extinction of the nationality of Poland«.

Dieser offensichtlich von Czartoryski suggerierte Passus stellte den eindeutigen Versuch dar, aus der Unterschrift unter den Wiener Vertrag eine Garantieverpflichtung herzuleiten. Palmerston brauchte zunächst nicht darauf zu antworten, denn er hatte einen guten Vorwand für seine Abwesenheit: am selben Abend erfolgte der Austausch der preußischen, österreichischen und belgischen Ratifikation des 24-Punkte-Vertrags auf der Londoner Konferenz. Schatzkanzler Lord Althorp entschuldigte den Außenminister und schützte einen Mangel an Informationen vor, weswegen die britische Regierung keine offizielle Erklärung in der polnischen Angelegenheit abgeben könne. Der eigentliche Grund war wohl, daß man die russische Ratifikation noch nicht in der Tasche hatte.

Eine Reihe von Abgeordneten verschiedener Parteien meldete sich noch zu Wort; die meisten von ihnen waren vorher von Czartoryski und Niemcewicz instruiert worden, und infolgedessen wurde aus der ganzen Debatte eine einmütige Demonstration propolnischer Sympathien. Das Recht und manchmal auch die Verpflichtung Englands, sich für Polen einzusetzen, wurde durchweg anerkannt und ein entsprechendes Vorgehen der Regierung gefordert. Zugleich waren sich jedoch alle einig, daß man deswegen keinen Krieg beginnen wolle. Nur der Abgeordnete Courtenay erklärte, er habe von Canning gelernt

> «never to put forth a threat which he was not prepared to carry into execution«.

Deshalb warne er davor, bei den Polen trügerische Hoffnungen zu nähren. Er bestritt, daß Castlereagh in Wien auch die Verfassung Polens garantiert hätte, und forderte die Regierung auf, zu erklären

> »not only what they have done, but also what they intended to do, with regard to Poland«.

Während der Abgeordnete Ewart das Argument Courtenays aufnahm, in gewisser Weise umkehrte, einen Krieg nicht ausschloß und dazu aufrief, sich mit Frankreich und der deutschen Bevölkerung zusammen für die Freiheit in Europa einzusetzen, bemühte sich Joseph Hume, den schablonenhaften Gegensatz Stillhalten oder Krieg zu differenzieren:

> ». . . he [Hume] thought that the time was now at length come in which the country must have a statement from those Ministers, explaining whether they had fulfilled their duty in a manner worthy of the character of this country as an European power. He thought that we should have no occasion to proceed to hostilities in vindication of the nationality of Poland. There was a great difference between making a remonstrance and entering into hostilities – and he was decidedly convinced that the expression of a strong opinion by the Powers of Europe would preclude the necessity of going to war.«

Die Debatte endete ohne formalen Antrag und Abstimmung. Während Orlov und die Fürstin Lieven sich sehr verärgert zeigten[101], konnte Czartoryski ein Gefühl des Triumphs nicht unterdrücken:

[101] B. Cz. 5274, S. 87: Czartoryski an L. Plater, London 20. 4. 1832 (Kopie), ebenfalls in: A. J. Czartoryski, Korrespondencye, S. 169f. (Information durch Talleyrand).

»Die Debatte war ohne Meinungsverschiedenheiten; alle Schattierungen von den Tories bis zu den Radikalen sprachen sich einstimmig für uns aus; einige [Parlaments-] Mitglieder sprachen im Namen ihrer Wähler; und obwohl alle gegen Krieg sind, näherten sie sich doch diesem Gedanken mehr als bei irgendeiner anderen Gelegenheit«[102].

F.

Fergusson setzte seine nächste Polen-Motion auf den 5. Juni fest. Inzwischen trieb die innenpolitische Krise Englands ihrem Höhepunkt zu – die russische Ratifikation des belgischen Vertrags am 4. Mai 1832 wurde von der Öffentlichkeit kaum noch registriert. Czartoryski verließ England für 2 Wochen und reiste nach Paris – zum expliziten Mißvergnügen Talleyrands[103], der den polnischen Politiker offensichtlich von Paris fernhalten wollte. Höchstwahrscheinlich befürchtete er, daß die französische Außenpolitik, die ständig versuchte, mit den Mächten der sog. Heiligen Allianz zu einem weniger durch Mißtrauen belastetes Verhältnis zu kommen, dadurch gestört würde.

Niemcewicz unternahm unterdessen eine Agitationsreise in die englische Provinz, der jedoch angesichts der erregten Auseinandersetzungen um die Reform Bill nur ein beschränkter Erfolg beschieden war[104]. Der 74-jährige Dichter, durch Zufall, Patriotismus und Anhänglichkeit an die Familie Czartoryski in die Politik geraten, fühlte sich immer nutzloser; trotz einiger sehr ehrenvoller Empfänge erschien ihm der Kampf mit dem wachsenden englischen Desinteresse wohl wie ein anstrengendes Schattenboxen. Schließlich rettete er sich, wie ein großer Teil der Emigration, in die Hoffnung auf den nahe bevorstehenden Augenblick der großen Veränderung in Europa:

> Ein noch nicht gebrochener Fluch hängt über uns, alles kommt zusammen, um uns zu schaden. Alle sind mit sich beschäftigt oder mit dem, was ihnen am nächsten ist, anstatt an uns zu denken, die wir so fern. Die Verhältnisse Europas verwickeln sich immer mehr, vergeblich flicken die Kabinette, wie sie können, wissend, daß mit einem Krieg die Völker aufständen; der jetzige Zustand auf der Welt kann nicht lange andauern, 58 Protokolle werden da nichts nützen«[105].

Czartoryski, der kränkelnd aus Paris zurückkehrte[106], rief Ende Mai Niemcewicz nach London zurück, um die neue Motion vorzubereiten. Wiederum erklärten die Abgeordneten, die man um Unterstützung anging, man wolle nur im Einverständnis mit der Regierung handeln. Deshalb nahm man Abstand von dem Vorhaben, eine Adresse an den König zugunsten Polens im Parlament einzubringen. Man wollte nur

[102] B. Cz. 5274, S. 82f.: Czartoryski an L. Plater, London 20. 4. 1832, ebenfalls in: A. J. Czartoryski, Korrespondencye, S. 170f. (hier falsch datiert).

[103] Siehe Brief Czartoryskis an L. Plater vom 20. 4. 1832 (Anm. 101); J. U. Niemcewicz, Dziennik, I, S. 240.

[104] J. U. Niemcewicz, Dziennik, I, S. 245–297.

[105] Ebd., I, S. 269

[106] Von seiner Verdrossenheit und seinem Mißmut zeugt deutlich der Verlauf einer Unterredung mit dem aus Paris herbeigeeilten Antoni Ostrowski (BPP 554, S. 31–38: Antoni Ostrowski an Franciszek Wołowski und gleichzeitig an alle in Paris versammelten Sejmabgeordneten, London 4. 6. 1832; Kopie in: BPP 555, S. 307–312). Über die Unterredung vgl. dieses Kap. S. 83f., S. 91 Anm. 185 und Kap. IV/3, S. 118.

von der Regierung fordern, die entsprechenden Notenwechsel zu publizieren[107]. Einerseits konnte das Einverständnis mit der Regierung Czartoryski nur recht sein: einen Affront der britischen Regierung, und besonders ihres Außenministers konnte er sich als Exilpolitiker nicht leisten. Außerdem hätte das dazu geführt, daß er nur noch auf die Unterstützung einiger unabhängiger radikaler Abgeordneter hätte rechnen können. Andererseits aber wußte er, daß eine derartig kraftlose Motion nichts am Lauf der Dinge ändern werde.

Wegen der Reform Bill mußte Fergusson seine Motion auf den 28. Juni verschieben. Inzwischen erschienen in England die Familie Czartorykis und vor allem sein Neffe, Graf Władysław Zamoyski. Letzteren hatte Czartoryski aus Galizien zu sich gerufen. Zamoyski[108] war Adjutant des Großfürsten Konstantin gewesen, hatte im Aufstand eine nicht unbedeutende Rolle gespielt und war schnell zum Oberst aufgerückt, während sein Vater in Petersburg geblieben war und dort später als zarentreuer Pole wichtige Funktionen ausfüllte. Der Sohn sollte bald der wichtigste Mitarbeiter Czartoryskis in der Emigration werden, vor allem auf englischem Boden.

Die Polendebatte vom 28. Juni 1832[109] lief an wie ein minutiös vorbereitetes Schauspiel. Zunächst brachte Lord Ebrington einige Petitionen zugunsten Polens ein; eine dieser Petitionen, die von polnischen Emigranten stammte[110], mußte vom Speaker des Hauses zurückgewiesen werden, da sie nach englischem Verfassungsrecht unzulässig war. Fergusson ging sodann in einer langen Rede auf die polnische Frage ein. Er betonte, im Wiener Vertrag sei der Status Polens eindeutig geregelt, von Unklarheit könne nicht die Rede sein; England sei daher verpflichtet, für die Garantie der nationalen Rechte Polens einzustehen[111]. Das Hauptthema seiner Ausführungen war das Organische Statut und die russische Repressionspolitik in Polen. Dieser von Zamoyski[112] größtenteils vorformulierte Passus seiner Rede ging sehr ins Detail, berichtete von der Verschleppung tausender polnischer Waisen ins Innere Rußlands und dem Bruch des Amnestieversprechens, und schilderte das Schicksal Roman Sanguszkos, den Nikolaus dazu verurteilte, zu Fuß nach Sibirien in die Verbannung zu gehen.

107 J. U. Niemcewicz, Dziennik, I, S. 307f., 324 und 327 – anläßlich einer Konferenz mit Fergusson am 19. 6. 1832 überlegte Niemcewicz:
»Welcher Nutzen daraus? Sie [die Minister] werden zeigen, was sie wollen, die Redner, die sich vorher mit uns verabredet haben, werden ihren Eifer loben, zu Weiterem ermuntern, einige Hitzigere werden sie vielleicht tadeln, aber da die Tories vollkommen unsere Gegner sind, die Whigs es mit den Ministern halten, welche auf keinen Fall mit Rußland brechen wollen, und sehen, daß eine Motion über eine Adresse an den König verloren und damit auch ihr Kredit geschwächt wäre, gewinnt unser Interesse durch eine Motion um Papiere nicht viel, nur so viel doch, daß es Aufsehen für uns erregt und ein Bild der moskowitischen Barbarei, wie sie in Polen herrscht, gibt, das Schaudern und den Haß gegen Nikolaus vergrößert«.

108 Zu Władysław Zamoyski siehe dessen Papiere und Erinnerungen (Jen.Zam., I–VI) und B. Konarska, W kręgu Hotelu Lambert.

109 Hansard, Parl.Deb., 3rd Ser., XIII, S. 1115–1152; S. Koźmian, Anglia i Polska, I, S. 68–77; L. Gadon, Wielka Emigracja, S. 237–241; M. Kukiel, Czartoryski and European Unity, S. 200f.; L. Zieliński, Emigracja w Anglii, S. 19–21.

110 Vgl. weiter unten S. 82.

111 Hansard, Parl.Deb., 3rd Ser., XIII, S. 1116f.: ». . . that national rights, which were secured to them by a solemn treaty, had been violated by the emperor of Russia; and that those rights having been guaranteed to the Poles by a treaty, to which Great Britain was a party, she was bound, in good faith and in honour, to see to the maintenance of that treaty, and of the provisions that it contained in favor of Poland«.

112 Jen.Zam., III, S. 30–33.

Seine eigentliche Motion nahm sich dagegen sehr bescheiden aus: Fergusson betonte, er habe volles Vertrauen in die Politik der Regierung und verlange nicht die Enthüllung aller Polen betreffenden Verhandlungen, die wohl noch andauerten, sondern er begnüge sich mit der Publizierung des Organischen Statuts.

Lord Sandon sekundierte den Ausführungen Fergussons, brachte eine propolnische Petition aus Bristol ein und meinte ebenfalls, Großbritannien habe auf Grund der Verträge in Wien das Recht, für Polen aufzutreten. Er ging jedoch weiter und sprach sich für ein vollkommen unabhängiges Polen aus. Sein Argument trug die unverwechselbare Handschrift Czartoryskis:

> »There was one important consideration to which he wished particularly to call the attention of the House; it was, that the conduct of Russia had completely put an end to the arrangement made at the Congress of Vienna; and it was open to the Powers of Europe to make what settlement of the pending question the present circumstances might demand. He hoped that the time was not distant when the Crown of Poland would be declared independent, and when that country would be placed in such a situation as to enable her to fulfil her duties amongst the great family of the States of Europe«[113].

Palmerston ging in seiner recht knappen Erwiderung auf diese Argumentation nicht ein. Er versprach, die geforderten Papiere vorzulegen. In seiner Sicht verhielt es sich mit dem Wiener Vertrag folgendermaßen:

> »No man could entertain a doubt that Great Britain possessed a full right to express a decided opinion upon the performance or the non-performance of the stipulations contained in that treaty. Nevertheless, it could not be denied that England lay under no peculiar obligation, individually, and independently of the other contracting parties, to adopt measures of direct interference by force«[114].

Die Tatsache, daß Fergusson so scharf die russische Polenpolitik an den Pranger der Weltmoral gestellt hatte, veranlaßte den Bankier Baring dazu, festzustellen:

> »The question of Poland . . . was more a matter of feeling than of interest to this country [England]; as a matter of feeling it was of great importance, but as a matter of national interest, he did not regard it of any great consequence«[115].

Beredter Ausdruck der emotionsgeladenen Stimmung war die erregte Debatte um die Schimpfwörter, die der irische Abgeordnete Daniel O'Connell für Nikolaus I. benutzte; in einer Rede, in der er die Relevanz der Wiener Verträge radikal leugnete[116] und ein Polen in den Grenzen von 1772 forderte, seine Hoffnungen auf die allgemein-europäische demokratische Bewegung setzte und von Louis Philippe als einem Verräter und vom »stock-jobbing government« Frankreichs sprach, bezeichnete er den Zaren als »a miscreant conqueror« und »barbarian«[117]. Der Tory-Abgeordnete Sir Robert Inglis erklärte eine solche Sprache als kriegstreiberisch und unwürdig des englischen Parlaments und zwang Palmerston dazu, diese Ausdrücke ebenfalls zu bedauern. Dies rief bei den Polenfreunden nur noch stärkere Entrüstung hervor. Die Abgeordneten Beaumont und Maurice O'Connell wiederholten jene Bezeichnung,

[113] Hansard, Parl.Deb., 3rd Ser., XIII, S. 1131.
[114] Ebd., S. 1132.
[115] Ebd., S. 1145f.
[116] Über den Kontakt O'Connels mit dem TDP siehe weiter unten S. 81.
[117] Hansard, Parl.Deb., 3rd Ser., XIII, S. 1136–1138.

Hume sprach von »a monster in human form«, Sheil erklärte alle derartigen Epitheta als zu schwach und rief pathetisch:

»Oh, thou art worse than words can give thee out«.

Der Abgeordnete Wyse bekundete schließlich, die Funktion solcher Debatten sei,

»that . . . they were raising a moral barrier against the inroads of Russian despotism«[118].

Der direkte Erfolg dieser Motion muß zweifelhaft erscheinen. Unbestreitbar war seine Funktion für die propolnische Propaganda. Andererseits ergaben sich keine unmittelbaren positiven Folgen. Czartoryski hatte zwar recht, wenn er meinte, Palmerston sei im Grunde recht zufrieden mit dem Verlauf der Debatte[119], aber sie gab ihm nicht nur die innenpolitische Rückendeckung für ein entschiedeneres Auftreten gegenüber Rußland, sondern auch die Möglichkeit, sich in russischen Augen wohltuend von der öffentlichen Meinung Englands zu unterscheiden und damit die bevorstehenden Verhandlungen, vor allem über die Ausführung des belgischen Vertrags, zu beeinflussen.

Der russische Botschafter Lieven und einige prorussisch eingestellte Tories waren erwartungsgemäß recht erbost über die Ausdrücke, mit denen Nikolaus I. belegt worden war. Lord Grey fühlte sich verpflichtet, am 3. Juli im Oberhaus nochmals die Vorgänge im Unterhaus zu verurteilen[120]; vor allem war er daran interessiert, die bevorstehende Mission seines Schwiegersohns Lord Durham nach Petersburg nicht zu gefährden.

Am 21./22. Juni 1832 hatten sich Lord Grey und Palmerston darauf geeinigt, Lord Durham in einer Spezialmission nach Petersburg zu schicken[121]. Der dortige Botschafter, der Tory Lord Heytesbury, hatte seinen Abschied genommen, sehr zum Bedauern des Zaren. Die Wahl des »radikalen« Lord Durham als Sonderbotschafter, einer der wichtigen Protagonisten der Reform-Bill-Bewegung auf dem linken Flügel der Whig-Partei, dem man Ambitionen auf den Außenministerposten, wohl zu Recht, nachsagte, erregte einige Verwunderung; der Verdacht, neben persönlicher Rücksichtnahme auf Lord Grey sei der Wunsch, den unbequemen und ehrgeizigen Lord Privy Seal Durham für einige Zeit loszuwerden, das Hauptmotiv Palmerstons für diese Ernennung gewesen, ist seitdem häufig geäußert worden. Der Stellenwert, den Palmerston einem Arrangement mit Rußland zu dieser Zeit noch gab, widerspricht allerdings dieser Vermutung. Die Prinzessin Lieven wurde für Durham gewonnen und bereitete durch ihre Korrespondenz mit ihrem Bruder Graf Alexander Benckendorff, dem Organisator der berüchtigten 3. Abteilung, den Empfang Lord Durhams in Petersburg vor, indem sie auf die schwachen Seiten in dessen Persönlichkeitsstruktur hinwies, auf seine bekannte Eitelkeit und Geltungssucht[122].

[118] Ebd., S. 1143f., 1147.

[119] B. Cz. 5274, S. 99: Czartoryski an L. Plater, London 30. 6. 1832, ebenfalls in: A. J. Czartoryski, Korrespondencye, S. 178f.

[120] Hansard, Parl.Deb., 3rd Ser., XIII, S. 1264–1268; vgl. auch: Lieven-Grey Correspondence, II, S. 358–361; L. G. Robinson, Letters of Princess Lieven, S. 329; J. U. Niemcewicz, Dziennik, I, S. 347; C. Webster, Foreign Policy of Palmerston, I, S. 191.

[121] Zur Mission Lord Durhams siehe: C. Webster, Foreign Policy of Palmerston, I, S. 191–196; H. C. F. Bell, Lord Palmerston, I, S. 172–174; S. J. Reid, Durham, I, S. 298–316; C. W. New, Lord Durham, S. 200–221; T. Schiemann, Nikolaus I., III, S. 180–182; T. Grzebieniowski, Lord Durham; Lieven-Grey Correspondence, II, S. 357–412.

[122] L. G. Robinson, Letters of Princess Lieven, S. 328f.

Die Hauptaufgabe Lord Durhams sollte, neben der Ausräumung der Vorurteile des Zaren gegen die britische Wahlrechtsreform, eine Abstimmung der Politik beider Länder im weiteren Vorgehen bei der belgischen Frage sein. Angesichts der unnachgiebigen Haltung des holländischen Königs stand eine voraussichtlich bewaffnete Exekution des 24-Punkte-Vertrags ins Haus, und in London war man sich in dieser Frage über die russische Haltung im Unklaren, vor allem angesichts der Tatsache, daß der Zar seine Ratifikation an zahlreiche Bedingungen geknüpft hatte.

Diese Aufgabe Durhams wurde jedoch geheimgehalten. Die britische Öffentlichkeit, in Parlament und Publizistik[123], glaubte allgemein, das Hauptthema der Durham'schen Mission sei die polnische Frage. Die Regierung widersprach dem keineswegs, denn damit erhielt sie einen Vorwand, keine offiziellen Verlautbarungen zur polnischen Frage abgeben zu müssen. Die Instruktionen Palmerstons für Durham in diesem Punkt wiesen keine Veränderung der britischen Haltung auf: nochmals klare Darlegung der britischen Ansicht, was die Auslegung der Verträge von 1815 und die polnische Verfassung anging, freundliche Interzession in Richtung auf ein milderes Vorgehen der russischen Behörden in Polen, jedoch:

»Great Britain must not insist too strongly on points which she cannot enforce«[124].

Czartoryski war zunächst hocherfreut, als er von der Mission Durhams durch Lady Grey benachrichtigt wurde. In einem ausführlichen Gespräch mit dem designierten Sonderbotschafter[125] gab er seiner Hoffnung Ausdruck, daß die Mission seines Gesprächspartners die Epoche einer bestimmteren und (in seinem Sinne) »positiveren« britischen Außenpolitik einleiten werde. Der sichtlich geschmeichelte Lord Durham versprach ein energisches Auftreten in Petersburg, bat um Memoranden und Broschüren und versicherte, er ließe sich weder durch Drohungen einschüchtern noch durch Höflichkeit und Schmeichelei beschwichtigen.

Das Gegenteil war der Fall. Schon vorher war Lord Durham von verschiedenen Seiten geraten worden, die polnische Frage nicht zu berühren, wenn er nicht einen Mißerfolg seiner Mission riskieren wolle[126]. Czartoryski war sehr unangenehm berührt, als er von verschiedenen Seiten vernahm, daß Lord Durham, den er in den zwanziger Jahren in Italien kennengelernt und der ihm noch einige Monate vorher in der ihm eigenen emotionalen Weise versichert hatte:

». . . ich kann keinen Russen ansehen, ohne daß mein Blut in Aufruhr gerät«[127],

jetzt mehreren Personen erklärt habe, es sei unmöglich, etwas für Polen zu tun, die Angelegenheit sei aussichtslos und er könne sie nur nebenbei in der Unterhaltung anschneiden[128].

Entsprechend den Ratschlägen der Prinzessin Lieven wurde Lord Durham in Petersburg förmlich ›eingewickelt‹ durch die warmherzige Höflichkeit des Zaren,

[123] Vor allem die ›Times‹.

[124] C. W. New, Lord Durham, S. 210.

[125] B. Cz. 5281, S. 193–200: Sur la mission de Lord Durham – Gesprächsprotokoll; das Gespräch muß zwischen dem 28. 6. (Datum der Polendebatte im Unterhaus) und dem 2. 7. 1832 (Abreise Durhams) stattgefunden haben.

[126] C. W. New, Lord Durham, S. 210 – vor allem von der Fürstin Lieven und dem belgischen König Leopold I.

[127] Gespräch mit Lord Durham am 11. 3. 1832 (Anm. 70).

[128] Siehe Anm. 125.

schmeichelhafte Vertraulichkeit, Ordensverleihung und besondere persönliche Hervorhebung, die der Eitelkeit des angeblich radikalen Lords Genüge tat. Was die Hauptaufgabe seiner Mission anging, so war er, mit Einschränkung, erfolgreich: Rußland ließ sich zwar nicht dazu bewegen, an einer militärischen Zwangsexekution des 24-Punkte-Vertrags gegen Holland teilzunehmen, versprach aber, in einem solchen Fall eine neutrale Haltung anzunehmen. Durhams nur gelegentlich und sehr vorsichtig geäußerte Bitten, in Polen einen milderen Kurs einzuschlagen, hörte man mit höflicher Ablehnung an. Durham schrieb seinem Einfluß einem mildernden Ukas des Zaren zu[129], aber das kann kaum als Erfolg bewertet werden; H.C.F.Bell bemerkt dazu lakonisch:

»... if this be so, one shudders to think of the punishement which would otherwise have been inflicted on them«[130].

Bei der Beurteilung der Mission Lord Durhams, besonders was ihren polnischen Teil betrifft, ist zwar die Diskrepanz zwischen Anspruch und Ergebnis unübersehbar – Nesselrode charakterisierte die Angelegenheit spöttisch als »la montagne accouche d'un souris«[131] jedoch handelte Durham hier nur entsprechend seinen Instruktionen, und für die Unzugänglichkeit Nikolaus' I. in allem, was eine Änderung seiner Polenpolitik betraf, war er kaum verantwortlich zu machen. Allerdings hat er seinen Einfluß und den Erfolg seines übervorsichtigen Eintretens für die Polen weit überschätzt[132].

Czartoryski maß zu Beginn der Mission Durhams einige Bedeutung zu, täuschte sich wohl auch zunächst in Charakter und diplomatischen Fähigkeiten des Sonderbotschafters. Bald jedoch gewann seine Skepsis wieder Oberhand, d. h. die Einsicht, daß nur eine kriegerische Auseinandersetzung eine Änderung der englischen Politik und damit Erfolgsaussichten für seine nationalpolitischen Ziele herbeiführen könnte[133].

[129] C. W. New, Lord Durham, S. 212; vgl. auch den kurzen Bericht an seinen Schwiegervater Lord Grey in einem Brief vom 30. 8. 1832, in: S. Reid, Durham, I, S. 310–313 (siehe Anm. 132).

[130] H. C. F. Bell, Lord Palmerston, I, S. 170.

[131] C. Webster, Foreign Policy of Palmerston, S. 194.

[132] Z. B.: Lord Durham an Lord Grey, 30. 8. 1832, in: S. Reid, Durham, I, S. 312: »You will see that I have already received some explanations from Nesselrode on Polish matters, and more are promised me – indeed, on all the Polish points named in my instructions. By the mode in which I have managed the discussion of this delicate and difficult question with him, I am enabled to talk upon it without reserve, and he answers me in the same spirit (I remember Mme Lieven told me I should not be able to open my lips on the subject). It was the one that weighed most heavily on my mind of all the topics I had to encounter. I think I have done all that could be expected. Our feelings have been expressed as strongly as possible, without a declaration of war; they have not been expressed as to give to Russia an excuse for pleading dictatorial interference as a reason for not noticing my representations at all, but, on the contrary, in a way that cannot but incite the Emperor to acts of clemency and moderation, in order to gain our good opinion and justify us in proclaiming it publicly«.

[133] Nach seiner Rückkehr ging Lord Durham merklich sowohl Czartoryski als auch Zamoyski aus dem Wege. Erst im April 1833 hatte Czartoryski eine Unterredung mit ihm, die – von Czartoryskis Standpunkt aus – negativ verlief (B. Cz. 5294, S. 55–57; französ. Übersetzung in: A. G. Benis, Une mission polonaise, I, S. 106–111).

G.

In der Polendebatte vom 28. Juni hatte der Abgeordnete Pigott erklärt:

»... he hoped this Government would not pledge itself to pay any money on the Russian loan, until the Treaty of Vienna was fully carried into effect«[134].

Damit wurde auf die sog. »Russo-Dutch-loan« angespielt, die das Parlament im Juli und August 1832 beschäftigte. In der holländisch-britisch-russischen Konvention vom 7./19. Mai 1815[135] hatten Großbritannien und die Niederlande je 25 Mill. Florin der russischen Staatsschulden übernommen, die z. T. aus Anleihen während der napoleonischen Kriege bestanden, z. T. auch noch zum Erbe der alten Rzeczpospolita Polska gehörten. Die Modalitäten, wie Schuldenlast und Zinsen zu tilgen seien, wurden detailliert geregelt. Beweggründe für den Abschluß dieser Konvention waren gewesen, daß Rußland Entschädigung für seine Kriegskosten verlangt hatte, Holland (begrenzt) zu zahlen bereit war als »Dank« für die Wiederherstellung und territoriale Vergrößerung seines Staates und Großbritannien die von Holland übernommenen Kolonien auf diesem Weg finanziell abgalt. Die Zahlungsverpflichtung sollte jedoch gegenstandslos werden

»... dans le cas, où (ce qu'à Dieu ne plaise) la possession et la souveraineté des Provinces Belgiques seraient à une époque quelconque soustraites à la domination de S.M.le Roi des Pays Bas avant l'entière liquidation de la dite dette« (Art.V).

Aus einem Geheimartikel und aus den Umständen der Vertragsabschließung ging ziemlich eindeutig hervor, daß dabei vor allem an eine eventuelle neuerliche Expansion Frankreichs gedacht war.

Dem Wortlaut nach war jetzt, 1832, England zu keinen weiteren Zahlungen verpflichtet. Palmerston war jedoch der Ansicht, da man gerade mit viel Mühe verhindert habe, daß sich Rußland noch intensiver und möglicherweise mit Waffengewalt für den in Wien festgelegten Bestand der Niederlande einsetze, da ebenfalls seit spätestens 1831 erklärte britische Politik die Stabilisierung des neuen belgischen Staates sei, wäre es unbillig und unehrenhaft, daraus auch noch finanzielle Vorteile zu erzielen. Zudem hätte man mit einer Zahlungsverweigerung wohl kaum den Zaren zur Ratifikation der belgischen Verträge bewegen können[136].

Dementsprechend handelten Palmerston und Fürst Lieven in aller Stille die neue, den veränderten Umständen angepaßte Konvention vom 4./16. November 1831 aus[137]. Es zeigte sich jedoch, daß die Durchsetzung dieser Regelung im Parlament nicht problemlos war – vor allem aus verfassungsrechtlichen Gründen, denn das Parlament fühlte sich übergangen, da Palmerston, als Geste des guten Willens, schon für 1831/32 eine vertraglich nicht mehr bzw. noch nicht abgesicherte Zahlung gemacht hatte.

Die Konvention vom 7./19. Mai 1815 gehörte natürlich in den Gesamtkomplex der

[134] Hansard, Parl.Deb., 3rd Ser., XIII, S. 1142; auch die Abgeordneten Ruthven (S. 1142) und Bowring (S. 1146) spielten in ihren Äußerungen auf die »Russo-Dutch-loan« an.

[135] Text der Konvention bei F. Martens, Recueil des Traités, XI, S. 231–237 – über die Verhandlungen dazu ebd., S. 218–222.

[136] Die sofortige Bereitschaft der britischen Regierung, weiterhin zu zahlen und auch sofort eine neue Konvention abzuschließen, soll auf den Zaren beträchtlichen Eindruck gemacht haben (C. Webster, Foreign Policy of Palmerston, I, S. 150f.).

[137] F. Martens, Recueil des Traités, XI, S. 484–487.

internationalen Regelung von 1814/15. Da nun Rußland schwerste Vertragsbrüche in Bezug auf Polen vorgeworfen wurden, war es nicht von der Hand zu weisen, daß damit auch eine für Rußland günstige Regelung der Anleihenfrage verbunden werden könne. Andererseits gehörte aber die Konvention nicht in das in die Wiener Schlußakte aufgenommene Vertragspaket, und damit war eine juristische Verknüpfung der Polenbestimmungen mit der Anleihenfrage wohl doch auch von der Vertragslogik her, abgesehen von den politischen Gründen, erschwert[138].

Die Erwähnung der Anleihe während der Polendebatte beunruhigte Palmerston indessen offensichtlich. Am folgenden Tag bat er die führenden Parlamentarier der Whigs zu sich und setzte ihnen auseinander, daß eine Ablehnung der neuen Konvention über die Anleihe die britische Außenpolitik empfindlich stören und vor allem den Erfolg der Mission Durham gefährden würde, daß weitere allzu lebhafte Sympathiekundgebungen für Polen im Parlament die Beziehungen zu Rußland über Gebühr belasten würden[139].

Währenddessen arbeiteten Niemcewicz und vor allem Zamoyski daran, die Anleihenfrage für ihr Anliegen zu nutzen, indem sie Abgeordnete bearbeiteten und publizistisch die öffentliche Meinung zu beeinflussen suchten[140]. Am 11. Juli 1832 kündigte der Abgeordnete Evans de Lacy eine Motion an, in der er forderte, England solle die weitere Erfüllung der aus der »Russo-Dutch-loan« erwachsenden Zahlungsverpflichtungen von der Einhaltung der Wiener Verträge und besonders deren Polenbestimmungen durch Rußland abhängig machen[141]. In den drei ausgedehnten Unterhausdebatten über die »Russo-Dutch-loan« am 12., 16. und 20. Juli 1832[142] kam der polnische Aspekt kaum zur Sprache: lediglich die beiden radikalen Abgeordneten Hume und Sheil[143] wiesen auf Polen hin, sprachen sich aber dann für die Regierungsvorlage aus – Hume aus offen erklärten Gründen der Opportunität, da er das Whig-Ministerium wegen seiner Innenpolitik unterstützte[144], Sheil, da er meinte, es widerspräche der Ehre Englands, aus dem Mitgefühl für das Schicksal der polnischen Nation noch finanzielle Vorteile herauszuschlagen. In derselben Debatte erklärte der Jurist John Campbell, es stehe nun mal leider in keinem Vertrag, daß die Zahlungen an die Respektierung der polnischen Nationalität gebunden seien; die sonstige »Kriminalität« eines Vertragspartners enthebe nicht der vertraglichen Verpflichtungen, die nicht verletzt worden seien[145].

Auf polnischer Seite war in dieser Sache vor allem Władysław Zamoyski aktiv, der damit praktisch sein Debut auf internationalem Parkett gab[146].

138. Zu den Debatten über die Anleihe meint J. H. Gleason, Genesis of Russophobia, S. 123: »These debates are significant for their inclusion of the quite irrevelant question of Poland, a procedure which was becoming conventional whenever Russia was considered«.

139 J. U. Niemcewicz, Dziennik, I, S. 346.

140 Ebd., I, S. 351, 353, 355, 357, 362f.; Jen.Zam., III, S. 37f.; B. Konarska, W kręgu Hotelu Lambert, S. 85.

141 J. U. Niemcewicz, Dziennik, I, S. 355.

142 Hansard, Parl.Deb., 3rd Ser., XIV, S. 260–350, 427–495, 561–621.

143 Ebd., S. 438 und 457f. (am 16. 7. 1832).

144 Diese als »charakterlos« bezeichnete Haltung rief die erbitterte Empörung der Tories hervor.

145 Hansard, Parl.Deb., 3rd Ser., XIV, S. 445.

146 Jen.Zam., III, S. 36–40; Czartoryski an L. Plater, London 16. 8. 1832, in: A. J. Czartoryski, Korrespondencye, S. 185: »Die letzte Debatte ist zum größten Teil die Folge seiner [Zamoyskis] Bemühungen«.

Czartoryski selbst hielt sich zurück, glaubte nicht an einen Erfolg, hielt die Motion Evans' für ungeschickt und eine mögliche Koalition der Tories mit den Radikalen gegen die Regierung für unerwünscht, denn von einer Tory-Regierung versprach er sich gar nichts[147].

Die Debatte[148] über die Motion Evans' fand am Abend des 7. August statt. Evans begründete seinen Resolutionsantrag[149] mit einem historischen Abriß russischer Aggressionspolitik in den letzten 17 Jahren. Palmerston ging in seiner Antwort nicht auf die Rechtsfrage ein; er leugnete kategorisch die russische Aggressivität (vor allem in der Persien- und Türkei-Politik) und betonte, auch in der letzten polnisch-russischen Auseinandersetzung sei Polen der Aggressor gewesen, denn es habe den Kampf begonnen. Einige weiter Redner sprachen sich für (Hume, Sir Charles Forbes) und gegen (Sir Charles Wetherell, Lord Robert Grosvenor) die Motion aus; Lord Sandons Rede war sehr propolnisch gehalten, er riet aber Evans, die Motion zurückzuziehen.

Der Hauptredner der Polenfreunde, Sir Francis Burdett, ging zunächst auf die verabscheuungswürdige russische Polenpolitik, dann generell auf die russische Außenpolitik ein; Europa sei vor Rußlands Ansprüchen zu demütig, ja erniedrigt (humbled); er sprach von

> ». . . the Powers of Europe, which had guaranteed to Poland the possession of a constitution such as it was and which was far short of what it ought to have been«,

und kritisierte daraufhin sehr scharf die britische Außenpolitik des Jahres 1831: ein entschiedeneres Auftreten hätte nicht unbedingt zum Krieg führen müssen, und selbst wenn, so hätte England nie einen gerechteren und erfolgreicheren Kampf geführt, denn Rußlands Macht habe keine echte Basis und sei vor allem in der Schwäche und Nachgiebigkeit der übrigen Mächte begründet. Er berief sich auf die Tradition britischer Europapolitik, die Schwachen gegen die Starken zu unterstützen; England sei zwar während des polnischen Aufstands mit Belgien beschäftigt gewesen,

> »but the independence of Poland was infinitely more essential to the welfare of Europe than the state of Belgium, about which we had been so long and deeply engaged«.
>
> ». . . In his opinion it was absolutely necessary that Russia should be called upon to fulfil her part of the agreement concluded in 1815. Poland had an undoubted right to call on the other Powers of Europe to maintain her in that state of independence, such as it was, although not such as it ought to have been, which was assured to her by the Treaty of 1815«[150].

[147] Czartoryski an die Legation in Paris, London 14. 7. 1832, in: A. J. Czartoryski, Korrespondencye, S. 181.

[148] Hansard, Parl.Deb., 3rd Ser., XIV, S. 1209–1230; S. Koźmian, Anglia i Polska, I, S. 77–80.

[149] Der Resolutionsantrag lautete: ». . . that it is the opinion of this House, that, in conformity to the spirit, though contrary to the letter of a treaty, dated 19th May, 1815, His Majesty has agreed to renew certain obligations to the Emperor of Russia; that the said treaty and obligations were connected with, or arose out of, the general treaties between the Allied Powers of 1814 and 1815; that, therefore, in the opinion of this House, the Convention to the above effect affords His Majesty a special claim on the Power profiting by it, for a faithful interpretation of other engagements to which both Powers may have been contracting parties, and especially with regard to that concerning Poland« (Hansard, Parl.Deb., 3rd Ser., XIV, S. 1214).

[150] Zitate: ebd., XIV, S. 1221 und 1223.

Die Gegner der Motion (Lord John Russel, Sir Robert Inglis, Cresset Pelham) nahmen den kriegerischen Ton Burdetts zum Vorwand, um die Motion in ihrer Substanz als eine versteckte Kriegserklärung an Rußland umzuinterpretieren, und auch gegenteilige Äußerungen (Ewart, Evans, Sir Francis Vincent) brachten sie nicht davon ab. Die Kritik an der Regierungspolitik 1831 wies das Kabinettsmitglied Lord John Russel zurück:

»Ministers had pursued a wise and temperate course. They abstained from interference where the risk was great, and the chance of successful intervention doubtful; they interposed their good offices, when they found that the result would be highly advantageous, and the cost insignificant«[151],

eine Erklärung, die zwar recht grunsätzlich und dabei auch einleuchtend klingt, aber doch zu sehr nach einem Allgemeinplatz schmeckt, um als Interpretation und eigentliche Motivation der britischen Außenpolitik akzeptiert werden zu können.

Evans zog schließlich seine Motion zurück, da ihre Durchsetzung aussichtslos geworden war.

In einem Brief an Czartoryski, der sich in Hastings befand, schilderte Zamoyski die Debatte. Diese Darstellung ist nicht nur deshalb interessant, weil sie die polnische Sicht über Verlauf und Bedeutung wiedergibt, sondern weil sie von dem eigentlichen Hauptinitiator hinter den Kulissen stammt und seine Rolle auch während der Debatte verdeutlicht:

London, 7. auf 8. August
morgens, 1832.

»ich komme aus dem Unterhaus; wir hatten, was die Engländer ›a good debate‹ nennen, d. h., es wurde einige Stunden mannigfaltig geredet; es gab einige bedeutende Reden, nämlich die ausgezeichnete [Rede] von Lord Sandon und die von Sir Francis Burdett, der, nachdem er sich für eine gemäßigte Redeweise ausgesprochen hatte, eine der feurigsten Reden abschoß, die ich hier gehört habe, zum großen Erstaunen der Minister, die von einem Anhänger solche Donnerschläge nicht erwarteten. Bitte stell Dir meine Unruhe vor, als Evans seinen Antrag einbrachte in das fast leere Haus, in dem ich außer Hume keinen unserer Freunde erblicken konnte. Nach Evans erfüllte Palmerston die schwierige [Aufgabe der] Verteidigung des Bundesgenossen [= Moskaus], nach ihm widersprach Sir Charles Wetherell allen Schritten, die Mißhelligkeiten mit Moskau nach sich ziehen könnten, und leugnete eine Vergewaltigung der Verträge, und noch war keiner unserer Freunde zu sehen. Erst während der Rede Humes kamen sie langsam an. Lord Palmerston verteidigte Moskau mit der Behauptung, daß wie im persischen und türkischen Krieg auch in Polen der Angriff von den Feinden Rußlands ausgegangen war, nicht aber von ihm! Sir Francis Burdett war schon vorher gekommen, aber er schlummerte fast, sodaß ich mich schließlich erdreistete, ihm wiederholt jüngere [Parlaments-] Mitglieder zu schicken, die ihn fühlen ließen, daß sein Schweigen die Anerkennung solcher Schmähungen wäre. Am aktivsten dabei, ihn zu wecken, war Labouchère, denn er bedauerte, daß er selbst nicht sprechen konnte, und später wohl bedauerte er nicht wenig, daß er diesen mächtigen Gegner aufs Feld gerufen habe. Den Ministern wurde es heiß, auf wie gewöhnlich ungeschickte und unwürdige Weise suchten sie ihre Rechtfertigung in der Verteidigung des Vorgehens Moskaus. Was neu an der Diskussion war – daß die alten Tories, Sir Charles [Wetherell] und Inglis, lauter und kühner als bisher sich für Moskau aus-

[151] Ebd., S. 1228.

sprachen. Mit einem Wort, man näherte sich etwas und lenkte darauf zu, man überschritt etwas den Bereich unbestimmten und allgemeinen Wohlwollens. Die alten Tories können Moskau nicht verlassen, sie können nicht Frankreich zuneigen, und ich halte es für gut, daß sich das offenbart. Der erste Erfolg kam sofort in der heftigen Rede Burdetts, deren Beginn prächtig und überaus glatt war dafür, daß er nicht vorbereitet war, das Ende war etwas weitschweifig, aber immer schärfer.

Schließlich zog Evans die Motion zurück, denn dies war auch die allgemeine Auffassung, aber mit vielen anderen erklärte er, daß die Meinung des Hauses ohne Zweifel ist. Burdett sagte, ›no honest man‹ könne die Frage anders beurteilen, er sprach viel von der Notwendigkeit eines Kriegs. Im Allgemeinen werden diese Debatten sehr nützlich sein, und sie sind wirklich unerwartet gut gelungen. Natürlich vergrößert sich das Interesse für uns. Ich sah das an den Bemühungen der Jungen [Abgeordneten], Redner aufzusuchen und sie in Stimmung zu bringen. Es gab einen Augenblick, daß sie mich derart umringten, daß ich sie derart nach rechts und links schickte, daß ich mich irgendwie schämte und begann, sie um Entschuldigung zu bitten. Sie protestierten lebhaft, daß eher das Haus sich bei mir entschuldigen müsse dafür, daß es unser Anliegen angeblich vernachlässige. Burdett wiederholte einige Male, daß er, wenn er nicht die Hoffnung habe, daß die Minister entschiedene Schritte unternehmen werden, die Scham nicht ertragen könne, die ihn quält wegen des früheren Vorgehens Englands und der Minister in dieser Angelegenheit«[152].

Czartoryski reiste von London ab ohne größere Illusionen. In einer Unterredung mit Palmerston am 29. Juli 1832 erfuhr er

»nichts Erfreuliches. Die Regierung hat keine andere Politik, als nur auf jede Weise und mit allen Opfern den Frieden zu erhalten«.

Palmerston erklärte ihm,

»daß er hoffe, daß sogar die jetzige Krise ohne Krieg vorübergehe«,

und machte den Polen unbestimmte Hoffnungen,

»dies sei eine moralische Krise, ihre Folgen könnten sogar für uns [= Polen] segensreich sein, aber zu einer physischen Krise, d. h. zu einem Krieg werde es nicht kommen«.

Czartoryski antwortete darauf etwas sarkastisch:

»daß sich die moralische Krise noch nicht dem Zaren Nikolaus begreiflich gemacht habe, und daß er ohne physischen Zwang seinem entschiedenen Unternehmen, die polnische Nation auszurotten, nicht entsage«.

Schließlich kam er zu dem mehrmals schon geäußerten, aber notwendigerweise unbestimmten Schluß:

». . . ein Kriegsausbruch könnte allem [= allen internationalen Schwierigkeiten] abhelfen . . . in Ereignissen, nicht in den Menschen liegt [unsere] Hoffnung«[153].

[152] Jen.Zam., III, S. 38–40.
[153] Czartoryski an Kniaziewicz, London 31. 7. 1832, in: A. J. Czartoryski, Korrespondencye, S. 183.

H.

Eine Beurteilung der Politik Czartoryskis in dem ersten Halbjahr seines Exils, und d. h. vor allem seiner Argumentation mit den Wiener Verträgen erweist sich als problematischer, als man zunächst erwarten dürfte. Die Schwierigkeit ergibt sich aus dem Fehlen eines eindeutigen Maßstabs für die Wertung einer unter derart ungünstigen Voraussetzungen unternommenen Diplomatie. Einige Aufschlüsse können die Konzeption und die Motivation Czartoryskis geben, und soweit sie nicht schon bei den einzelnen diplomatischen Schritten dargestellt wurden, sollen sie weiter unten noch erläutert werden. Eine bloße Beurteilung von den Ergebnissen her, d. h. eine Messung der Politik an ihrem Erfolg erscheint im vorliegenden Fall als wenig angemessen; selbst die eventuell zu vertretende These, in der Konzeption Czartoryskis und der Berufung auf die Verträge von 1815 sei der Mißerfolg quasi schon ›vorprogrammiert‹ gewesen, hat zwar einiges für sich, erscheint jedoch unzureichend, da auch hier letzten Endes der Erfolg der Politik als Bewertungskriterium angenommen wird.

Aufschlußreicher als die Messung an dem endgültigen Erfolg ist da die differenzierende Frage nach den Leistungen der Politik Czartoryskis, die ja keineswegs mit dem ursprünglich erstrebten Ziel und Ergebnis identisch sein müssen. Dazu wäre zu erwägen, ob es überhaupt eine vernünftige und nach Lage der Dinge erfolgversprechende Alternative zur Politik Czartoryskis gab. Eine derartige Beurteilung muß nach Möglichkeit vermeiden, sich schließlich nur auf eine rein deterministische Position zurückzuziehen und für Czartoryski quasi eine Situation ohne Ausweg zu konstruieren. Vielmehr muß, immer unter Einbeziehung der schwierigen Ausgangslage und des möglichen Informationsstandes, die Handlungsweise Czartoryskis als eines Diplomaten, der sich ständig möglichst zahlreiche Wege offenzuhalten sucht, berücksichtigt werden. Der jeweils nur bedingte Charakter jeglicher politischen ›Option‹ in der politischen Haltung Czartoryskis seit spätestens dem Tode Alexanders I. ist unverkennbar – zumindest in der Intention: inwieweit durch bestimmte ›Optionen‹ auch Zwänge entstehen, die den Handlungsspielraum, zusätzlich zu den durch die Emigrationssituation gesetzten Grenzen, einengen, ja vielleicht möglicherweise zu einer weitgehenden ›Fremdbestimmung‹ der Politik führen, bleibt noch zu untersuchen.

Ein Teil der bisherigen Literatur hat sich eine Beurteilung der Politik Czartoryskis insofern leicht gemacht, indem sie die Argumente seiner politischen Gegner in der Emigration aufnimmt und praktisch wiederholt. Deswegen muß hier kurz auf die Rezeption der Czartoryski'schen Politik in der Emigration eingegangen werden.

Die ersten dipomatischen Schritte Czartoryskis im Exil wurden im Halbdunkel einer privaten Geheimdiplomatie getan. Sieht man von dem zu dieser Zeit noch recht engen Kreis von Vertrauten ab, so drang nach außen, d. h. hier vornehmlich zu den übrigen polnischen Emigranten, nur die Nachricht, Czartoryski ginge bei englischen Ministern aus und ein und pflege den Kontakt zu Diplomaten und Abgeordneten. Erst die erste Polendebatte vom 18. April 1832 im britischen Unterhaus schien der polnischen Emigrationsöffentlichkeit Auskunft über den politischen Inhalt der Bemühungen Czartoryskis zu geben. Jedoch – vor allem die eindrucksvolle Rede Fergussons und auch die übrigen Beiträge zu dieser Debatte gingen vom Königreich Polen und den Verträgen von 1815 aus. Dies forderte einen vehementen Widerspruch der Emigration heraus.

Der prominente Sejm-Abgeordnete Jan Ledóchowski soll spontan ausgerufen haben:

»Das ist doch offensichtlicher Verrat, nicht ganz Polen zu wollen, [sondern] sich mit Kongreßpolen zu begnügen und die anderen Teile den Okkupanten zu schenken«[154].

Der Vorwurf des nationalen Verrats sollte in den folgenden Jahren noch häufig wiederholt werden.

Am schnellsten reagierte das gerade (16. März 1832) in Paris gegründete radikaldemokratische »Towarzystwo Demokratyczne Polskie« (Polnische Demokratische Gesellschaft). Unter dem Datum des 8. Mai 1832 gab es eine Protesterklärung heraus mit dem Titel »Protestacja przeciw traktatom od 1772 do 1815 roku Polskę rozszarpującym« (Protest gegen die Verträge, welche Polen von 1772 bis 1815 zerrissen haben)[155]. Die Verträge von 1815 wurden hier als für die polnische Nation nie bindend dargestellt, sie seien nur eine neue Teilung, eine neue Unterdrückung gewesen. Polen müsse, um seine freiheitliche Mission in Osteuropa zu erfüllen, in den Grenzen von 1772 wiederhergestellt werden. Man ging noch einen Schritt weiter:

»Kein Pole kann sich auf den Wiener Vertrag berufen, denn dadurch verriete er die Sache seines Landes; denn er bewiese, daß er die Bestrebungen Europas nicht versteht«[156].

Alle Teilungsverträge einschließlich der von 1815 seien rechtlos, und der Aufstand von 1830 sei nicht mit der russischen Unterdrückung oder den Verletzungen der Verfassung von 1815 zu rechtfertigen, sondern als elementarer Akt des polnischen Volkes, das sein Recht vor Europa verlange, um seine historische Mission, die Verteidigung und Ausbreitung der Freiheit in Osteuropa, in einem allgemeinen, noch undifferenzierten Sinne, zu erfüllen.

Im Auftrag des TDP reiste einer der wichtigsten Gründungsmitglieder, Graf Adam Gurowski, nach London. Trotz einiger Empfehlungsschreiben französischer Radikaler gelang es ihm nicht, in London Interesse für sein Anliegen zu erwecken. Die Protesterklärung konnte er nur als bezahlte Anzeige im »Morning Herald« einrücken. Lediglich mit dem irischen Abgeordneten D.O'Connell trat er in näheren Kontakt und erreichte, daß dieser in der Polendebatte vom 28. Juni 1832 ganz im Sinne der Protesterklärung des TDP die Relevanz der Verträge von 1815 im allgemeinen für alle Völker Europas und für Polen insbesondere leugnete[157].

Eine größere Breitenwirkung in der Emigration fand eine Initiative des von dem Historiker Joachim Lelewel in Paris gegründeten »Komitet Narodowy Polski« (Polnisches Nationalkomitee). Unter eine »Adres tułaczów polskich we Francyi będących do Izby Niższej Wielkiej Brytanii i Irlandii« (Adresse der polnischen Flüchtlinge in Frankreich an das Unterhaus Großbritanniens und Irlands)[158] setzten 1622 polnische Emigranten ihre Unterschrift. Auch hier sprachen sich die Unterzeichner gegen eine Berufung auf die Wiener Verträge aus:

154 L. Gadon, Wielka Emigracja, S. 228.

155 Der Text wurde zuerst auf englisch veröffentlicht im ›Morning Herald‹ vom 6. 6. 1832 (siehe weiter unten); auf polnisch erst in der Zeitschrift ›T. D. P.‹ vom 19. 8. 1832, S. 3–8; Text auch in: Heltman/Janowski, Demokracja polska, S. 318–321; eine (ungenaue) deutsche Übersetzung in E. Knorr, Die polnischen Aufstände, S. 255–257.

156 Zitiert nach: Heltman/Janowski, Demokracja polska, S. 319.

157 S. Kalembka, TDP, S. 22; F. Stasik, A. Gurowski, S. 121–123; L. Zieliński, Emigracja w Anglii, S. 18f.

158 L. Gadon, Wielka Emigracja, S. 228–232; L. Zieliński, Emigracja w Anglii, S. 19 und 123; B. Cygler, Joachim Lelewel, S. 62–64.

»Der Wiener Kongreß kann nicht erniedrigte Völker binden, er bindet in nichts die verfolgte polnische Nation; er bindet nicht Großbritannien, das für die Völker zu sprechen hat... Das ganze Polen, frei und unabhängig. Die Worte Shakespeares ›Sein oder Nichtsein‹ weisen auf den starken und unerschütterlichen Entschluß hin, das Ziel vollständig zu erreichen«[159].

Der Abgesandte des »Komitet Narodowy Polski« in London, Karol Edward Wodziński, versuchte, diese Adresse durch Lord Ebrington im Unterhaus einzubringen – jedoch ohne Erfolg[160].

Angeregt durch die erste Polendebatte, reisten eine Reihe prominenter polnischer Emigranten im Juni 1832 nach England, um eine ihrer Meinung nach unrichtige Beschränkung der Debatten auf das sog. Kongreßpolen zu verhindern[161], unter ihnen der letzte Oberbefehlshaber der polnischen Armee, General Maciej Rybinński[162], der junge einflußreiche Abgeordnete Graf Władysław Plater, der bald darauf einen recht erfolgreichen Propagandafeldzug in mittelenglischen Städten unternahm, und der Kommandeur der Warschauer Nationalgarde und Senator Graf Antoni Ostrowski, jetzt eifriger Verfechter einer Neukonstituierung des Sejm in der Emigration.

Mit Ausnahme des TDP-Abgesandten Gurowski sahen sie alle bald ein, daß man in England nur über den Wiener Vertrag Interesse für Polen erwecken könne. Selbst K. E. Wodziński[163] mußte bald nach Paris melden,

»einzig die Vorstellung von Kongreßpolen hat in England Wurzeln geschlagen«[164].

Diese Einsicht blieb jedoch ohne Folgen. Ein großer Teil der Emigranten stand weiterhin auf der Grundlage des maximalistischen Programms: Polen in den Grenzen von 1772, souverän und unabhängig, als ostmitteleuropäische Großmacht. Hier zeigte sich die grundlegende Unterschiedlichkeit zwischen dem politischen Denken Czartoryskis und dem der Mehrheit der Emigration, zwischen einer sich an realen Möglichkeiten orientierenden Politik und der romantischen Maxime

»miß die Kraft an den Absichten,
nicht die Absichten an den Kräften«[165].

B. Cygler führt in seiner Interpretation der obenerwähnten Adresse des Lelewel'schen Komitees aus:

»Man verwarf die Möglichkeit irgendwelcher Zugeständnisse, Kompromisse, Mittelwege, indem man nur das maximalistische Postulat erhob: die Wiedererrichtung des unabhängigen Polen in seinen alten historischen Grenzen. Man berief sich jedoch auf die Stipulationen des Wiener Vertrags dann, als es darum ging, ge-

159 Zitiert nach B. Cygler, Joachim Lelewel, S. 63.

160 Bei der Polendebatte vom 28. 6. 1832 – siehe S. 70.

161 Siehe J. U. Niemcewicz, Dziennik, I, S. 309ff. – mit meist sehr boshaften Bemerkungen.

162 S. Przewalski, Gen. M. Rybiński, S. 204f.

163 Seltsamerweise erhielt Wodziński von Lelewel sogar den Auftrag, sich in London mit Czartoryski in Verbindung zu setzen, was angesichts der grundsätzlichen politischen Gegnerschaft voller persönlicher Animositäten zwischen Lelewel und Czartoryski erstaunt (Lelewel an K. E. Wodziński, Paris 31. 5. 1832, in: J. Lelewel, Listy emigracyjne, I, S. 53–56).

164 L. Gadon, Wielka Emigracja, S. 230.

165 Dieser Vers stammt aus der »Pieśń Filaretów« (»Lied der Philareten«, entstanden 1819) von Adam Mickiewicz.
(»Mierz siłę na zamiary, nie zamiar podług sił«!).
Vgl. auch die Ausführungen bei S. Kalembka, Wielka Emigracja, S. 437f.

gen das vom Zaren gegebene Organische Statut zu protestieren. Noch einmal wurde die Romantik in der Politik der damaligen Emigration sichtbar. Man stand vor den Regierungen Westeuropas nicht wie vor einer Welt politischer Interessen, sondern wie vor einem Gericht, in dessen Angesicht man Anklage erhob über die Schädigung Polens. Unterdessen stand die Sache Polens gegen die Interessen aller Mächte, die damals Frieden wünschten, während die Polen auf einen Krieg oder eine europäische Revolution zählten«[166].

Der Vorwurf, nur die Wiederherstellung des Status quo ante 1830 zu verlangen und damit die Belange der Gesamtnation zu vernachlässigen, ja zu negieren, blieb an Czartoryski und der von ihm vertretenen politischen Richtung noch lange haften und findet sich manchmal noch heute in der Historiographie. Das liegt wohl teilweise daran, daß es Czartoryski kaum für nötig fand, sich vor der Emigrationsöffentlichkeit zu rechtfertigen. Mit manchen Kritikern seines Vorgehens hat er sich anscheinend mündlich auseinandergesetzt, wenn er ihre Argumente bzw. Personen überhaupt einer solchen Beachtung für würdig empfand. Generell stäßt man jedoch hier auf die Schwierigkeit, daß Czartoryskis schriftliche Aussagen immer ad hominem gerichtet sind und sich daher oft nur auf Umwegen die Umrisse seiner eigentlichen Beweggründe erkennen lassen.

Das Vorurteil, Czartoryski habe nur das sog. »Polen der 8 Wojewodschaften«, also nur Kongreßpolen mit einer liberalen Verfassung erstrebt, ist wohl schon durch die obige Schilderung seiner Verhandlungen in London als unzutreffend widerlegt worden. Der Senator Antoni Ostrowski, der Czartoryski längere Zeit ergebnislos dazu drängte, seine Zustimmung zu einer Konstituierung des Sejm in der Emigration zu geben, verlangte von ihm mehrmals eine Aufklärung in diesem Punkt. Von dem Ergebnis einer Unterredung mit ihm in London Anfang Juni 1832 berichtete er an Joachim Lelewel:

»... Der Fürst [Czartoryski] lebt seit der Kindheit in der Atmosphäre der Diplomatie; diese Methode allein ist ihm bekannt. Er vertraut wenig auf die Bewegungen und Aktivitäten der Völker. Was Wunder, daß es ihm scheint, daß wir von nichts mehr als nur von Verstößen gegen das Wiener Traktat reden dürfen. In seiner Seele dagegen, vielleicht ohne Hoffnung, aber davon bin ich fest überzeugt, daß er, wie wir, das ganze Polen ersehnt, denn er ist ein guter Pole. Was mich jedoch betrifft, selbst auf die Gefahr hin, den Fürsten zu verärgern, erklärte ich ihm meine persönliche Ansicht, daß es uns Polen nicht ziemt, nicht die Gesamtheit [Polens] zu erwähnen. Aber der Fürst [Czartoryski] antwortete darauf: daß sofort auf diese Art fordern heißt das [engl.] Kabinett davon abschrecken, überhaupt etwas zu tun; sondern daß man auf dem Wiener Vertrag bestehen muß, und in dieser Situation werden die Kabinette für uns sprechen; Nikolaus aber wird darauf sicherlich nicht eingehen, und sie können sich daher entzweien; und daraus folgert der Fürst einen möglichen Krieg, vielleicht jedoch nicht so schnell, und für irgendwann sagt er die Rückkehr Polens voraus«[167].

166 B. Cygler, Joachim Lelewel, S. 64.

167 A. Ostrowski an J. Lelewel, London 6.6.1832, in: Kronika Emigracyi Polskiej, I/16 vom 9. 8. 1834, S. 253.
In einem anderen Brief, der diese Unterredung noch detaillierter wiedergibt, schrieb A. Ostrowski (an F. Wołowski 4. 6. 1832 – siehe Anm. 106): »Weiterhin erklärte ich [Ostrowski] dem Fürsten [Czartoryski], daß wir kein Recht haben, in unseren politischen Verlautbarungen nur von der Wiederherstellung des durch den Wiener Vertrag beschränkten Königreichs Polen zu reden, sondern daß wir im Gegenteil das *ganze Polen* fordern müs-

In einem Brief an Czartoryski selbst versuchte A. Ostrowski dann zusammenzufassen, wie er die Strategie Czartoryskis verstand:

»Ihre Eingaben, Fürst, an die englische Regierung in unserer Angelegenheit können nicht anders sein als nur so, wie Ihre Überzeugung über die Möglichkeit, einen günstigen Eindruck zu machen, die Begleitumstände und die Erfahrung, wie derartige Anträge gestellt werden, es vorschreiben. Sicherlich präjudizieren Sie, Fürst, dort nichts im Widerspruch zu den Zielen, die im Manifest des Nationalen Sejm erklärt wurden, die Erringung der Unabhängigkeit des Landes und eine breite Grenzbestimmung; aber daß Ihnen die Vergewaltigung des Wiener Traktats durch Nikolaus ein großes Argument gibt, *daß in den Kabinetten von dem Stand geredet werden kann, wie es hinsichtlich uns auf dem Wiener Kongreß vor Abschluß des Vertrags stand,* darüber müssen sich alle freuen, que Vous ayez une arme de plus en main«[168].

Unklar bleibt hier, ob Ostrowski, dem von Zeitgenossen weder politischer Scharfblick noch überragende Intelligenz attestiert wurden[169], wirklich den Stand der polnischen Frage in Wien etwa vom Okt. 1814 bis Feb./März 1815 meinte, ob die Gleichgewichtsfunktion der polnischen Lösung in Wien oder ob die – wie heute bekannt, meist bloß taktischen und nie ernstgemeinten – Vorschläge einer Wiederherstellung Polens. Letztere hatte Czartoryski weder in Wien ernstgenommen, noch hielt er sie jetzt (1832) ernsthaft den westeuropäischen Staatsmännern vor, baute sie indessen gelegentlich als zugkräftiges Element in Propaganda- und Denkschriften ein.

Fast anderhalb Jahre später hielt es Czartoryski für nötig, dem von seiner eigenen Wichtigkeit so sehr überzeugten Senator und Wojewoden Ostrowski in diesem Punkt nochmals eine Aufklärung zu geben:

»Auf Grund einer Bemerkung in Ihrem Brief, Wojewod, über die Vernichtung verschiedener Stipulationen des Wiener Traktats, und daher über die Unmöglichkeit und Unangebrachtheit, sie wiederzubeleben – bin ich gezwungen, hier einige Anmerkungen zu machen, die ich ohne eine solche Bemerkung für entbehrlich gehalten hätte.

Daß auf unser Bemühen hin die französischen und englischen Kammern, oft ohne Opposition der Regierungen und mit einer Verschmelzung der ansonsten gegensätzlichen Meinungen, jedes Jahr jedesmal stärker die polnische Angelegenheit wiederaufnehmend, sich auf das Wiener Traktat stützen, können wir ihnen [ohne Verblendung und][170] ohne Undankbarkeit nicht übelnehmen. Nicht wir setzen uns ein für die so begrenzten Resultate, die die Folgen der damaligen Machtverhältnisse und Notwendigkeiten waren, sondern uns wohlwollende und rechtmäßige Organe freier Nationen, die doch untereinander die Rechtskraft von Verträgen anerkennen; – übrigens, die Empörung über einen gebrochenen Vertrag hat nicht unbedingt zum Ziel, die alten Bedingungen wiederherzustellen, sondern oft

sen, entsprechend dem Manifest unserer keinerlei Verjährung unterliegenden Rechte. – Darauf äußerte sich der Fürst wie folgt: ›Jeder soll handeln, wie er es am besten versteht. Das steht ihm frei. Aber den Engländern vom ganzen Polen zu sprechen, das wäre, als ob ihnen jemand von irgendeinem Traum fabelte‹. Er setzte hinzu: ›Sie hören höflich zu, sie werden die Hände drücken, ein gutes Essen geben, in ihre Gesellschaft einladen, und damit Ende‹.«

168 B. Cz. 5655, S. 449–452: A. Ostrowski an A. Czartoryski, Paris 28. 6. 1832 (Hervorhebung im Original).

169 Niemcewicz charakterisierte ihn als gutmütigen aufgeblasenen Wichtigtuer (J. U. Niemcewicz, Dziennik, I, S. 310), K. B. A. Hoffman als lächerliche eitle Figur (K. B. Hoffman, Pamiętnik, S. 253 f.).

170 Fehlt in BPP 555 und B. Cz. 5275.

beabsichtigt sie eine Befreiung von ihnen. Auf diese Weise wird unsere Angelegenheit jährlich *gerade eben als von den Fesseln des Wiener Traktats befreit verkündet* – als nicht entschieden und auf eine gerechte Entscheidung mit Feder oder Schwert durch ganz Europa wartend; die Gewaltherrschaft Rußlands über uns wird weder durch ein Urteil, noch sogar durch das Schweigen der Nationen und Regierungen sanktioniert. Die Besorgtheit und Sympathie aufgeklärter Völker für uns, ihre Entrüstung über die Barbarei unserer Feinde, erhalten sich in voller Blüte, und unser Fall, diese Wunde Europas, bleibt in segensreicher, wenn auch schmerzhafter Weise offen. Dies ist der einzige offizielle Weg, der uns offensteht, in der Erwartung günstiger Ereignisse, die wir täglich vorbereiten. – Dies sind vorläufige Gewinne, aber sie werden zu endgültigen führen, und sie stehen anderen Bemühungen nicht im Wege. Daß wir auf diesem offiziellen Weg nicht vergeblich handeln, davon bin ich in meinem Gewissen überzeugt, und ich ließe es an der Hochachtung fehlen, die ich Ihrem Amt und Ihrer Person, Wojewod, schuldig bin, wenn ich nicht den sich aufdrängenden Gedanken abwiese, daß Sie in dieser Hinsicht die lauteren oder erdichteten Zweifel einiger kindischer (und Gott gebe nicht schlimmer als nur kindische) Schriften und Diskurse unserer Emigration teilen sollten«[171].

Die Berufung auf die Wiener Verträge mit dem Fernziel, deren Bestimmungen als nicht mehr gültig aufzuweisen – diese zunächst paradoxe, im Grunde jedoch einfache Formel trifft noch nicht den vollen Sachverhalt der Czartoryski'schen Politik, sie ist vielmehr in gewisser Weise a posteriori gefunden.

Zu Beginn stand die schlichte Notwendigkeit, daß angesichts der Unlust der westeuropäischen Politiker, sich über Polen mit den Mächten der sog. »Heiligen Allianz« ernsthaft anzulegen, nur über die Wiener Verträge, d. h. über das geltende positive Völkerrecht zu argumentieren war. Dahinter verbirgt sich indessen das Grundaxiom allen nationalpolitischen Handelns bei Czartoryski: Polen ist ein europäisches Problem, »die offene Wunde Europas«, und daher nur von Gesamteuropa zu lösen.

Mit dieser Auffassung stand Czartoryski keineswegs allein – die gesamte polnische Emigration und die propolnische europäische Öffentlichkeit (vor allem in Frankreich und den deutschen Mittelstaaten) waren sich der europäischen Bedeutung der polnischen Frage wohl bewußt; nur gingen die meisten das Problem von einer ganz anderen Seite an, und dementsprechend waren die Folgerungen verschieden. Der angeblichen »Hoffnung auf die Regierungen« Czartoryskis setzte die Mehrzahl der Emigranten einen fast enthusiastischen »Glauben an die Völker«[172] entgegen. Konstituierend für diesen Glauben waren zunächst die nach der Niederlage im Aufstand verständlichen Zweifel daran, daß die eigenen Kräfte ausreichten, sodann der überschwengliche Empfang der Emigranten in Mittel- und Westeuropa durch die Bevölkerung und die Versicherungen dortiger Radikaler, man verstehe den polnischen Kampf als seinen eigenen und unterstütze ihn, denn alle Freiheitsbewegungen säßen in einem Boot. Der

171 BPP 554, S. 701–704: A. J. Czartoryski an A. Ostrowski, Paris 30. 11. 1833 (Kopien in: BPP 555, S. 336–339, und B. Cz. 5275, S. 135–140; gedruckt in: Kronika Emigracyi Polskiej, I/14 vom 20. 7. 1834) (Hervorhebung im Original).

172 Nicht zufällig trägt in W. Feldmans Standardwerk »Geschichte der politischen Ideen in Polen« das Kapitel über den Zeitraum 1831 bis 1848 den Titel »Der Glaube an die Völker« (S. 91–156). Siehe auch Z. Ziątek, Za wolność waszą i naszą. Auch liberale Aristokraten wie der Senator A. Ostrowski huldigten diesem ›Glauben an die Völker‹; in der schon erwähnten Unterredung Anfang Juni 1832 (Quelle siehe Anm. 106) ließ er sich dem skeptischen Czartoryski gegenüber zu emphatischen Bekenntnissen in diesem Sinne hinreißen.

offenkundigen Interessengemeinschaft der herrschenden Gewalten versuchte man eine ideologische und zeitweise auch organisatorische (Charbonnerie Démocratique Universelle, das Junge Europa) Vereinigung der Unterdrückten entgegenzusetzen. Die Frage des Bündnispartners war hier keineswegs ein bloß taktisches Problem, sondern die Wahl einer der beiden Möglichkeiten – Bündnis mit den (konstitutionellen) Regierungen oder Bündnis mit den Völkern unter der Losung »Für eure und unsere Freiheit« – war von Anfang an eine eindeutig ideologische Option, ja wurde primär auch vorwiegend als eine solche verstanden. Schon in der damaligen Emigrationspublizistik sprach man von den »zwei Diplomatien«, die sich der Emigration als Möglichkeit bieten[173].

Zwar finden sich bei den Anhängern Czartoryskis schon früh zahlreiche Bemerkungen, die ein Bündnis der polnischen Nation mit anderen Völkern nicht ausschließen, sondern sogar begrüßen[174]. Czartoryski selbst zeigte sich hier äußerst skeptisch: für ihn liefen internationale Beziehungen immer in staatlichen Bahnen, bei einem Bündnis mit Völkern blieb für ihn unklar, wer eigentlich präzis und konkret der anzusprechende Partner war. Das Argument, ein revolutioniertes Europa – hier dachte man vor allem an Frankreich und eventuell an Italien und Deutschland – werde sich tatkräftig d. h. mit militärischer Unterstützung für die Wiederherstellung Polens einsetzen, entkräftete er mit dem Hinweis auf die Politik des revolutionären Frankreichs gegenüber Polen in den 1790er Jahren[175] – Revolutionäre führten, einmal an die Macht gekommen, eine ebenso egoistische Außenpolitik wie die traditionellen Kabinettspolitiker.

Eine europäische Lösung »mit Feder oder Schwert«, das hieß für Czartoryski entweder durch einen europäischen Kongreß oder durch einen großen europäischen Krieg. Ersteres, das fand Czartoryski sehr schnell heraus, war zur Zeit nicht zu ver-

[173] Z. B. in dem Artikel »Dyplomacia Emigracii« (»Diplomatie der Emigration«) von K. Sienkiewicz, in: Kronika Emigracyi Polskiej, V/1 vom 8. 8. 1836 (ebenfalls in: Pisma Karola Sienkiewicza. Prace historyczne i polityczne, S. 303–307):
»In der Mannigfaltigkeit unserer diplomatischen Systeme zur Erlösung Polens konnte man doch nur zwei äußere Mittel in Betracht ziehen: entweder eine vulkanische Erschütterung ganz Europas, vor der auch die Macht Rußland stürzen muß; oder das entweder einzelne oder kollektive Handeln der Mächte mit dem Ziel, das Übergewicht Rußlands zu verringern, wozu die sicherste Gewähr die Wiederherstellung Polens gäbe«.

[174] Vor allem der häufig sehr emotional reagierende Niemcewicz sprach sich angesichts seiner Enttäuschung über die britische Politik häufig in diesem Sinne aus, so z. B. J. U. Niemcewicz, Dziennik, I, S. 179 und 305, und in: Niemcewicz an Czartoryski, Highdear 11. 8. 1832, in: A. J. Czartoryski, Żywot Niemcewicza, S. 383–385:
»Auf Kabinette, Könige, Regierungen zu bauen ist für uns schwierig, vergebens: in einem allgemeinen Aufstand der Völker liegt unsere Hoffnung; ich bewundere sie nicht, aber ein Ertrinkender greift auch nach einem Strohhalm«.

[175] In der schon erwähnten Unterredung mit A. Ostrowski Anfang Juni 1832 (siehe S.83 sowie die Anm. 106 und 172) »entgegnete der Fürst [Czartoryski]: Und was hat Polen und seinen Interessen früher die Französische Republik geholfen, was die Herrschaft des Robespierre'schen Konvents? man erlaubte noch nicht einmal dem damaligen Polnischen Sejm, sich in Italien oder Frankreich zu versammeln. – Offensichtlich sagt der Fürst voraus, daß uns das gleiche Schicksal auch heute beschieden ist und daß Dieselben, die jetzt die Polen zur Kooperation mit den Völkern anreizen, sich zurückziehen werden, sobald sie an der Macht sind, und daß sich die alte Geschichte unserer Emigration wiederholen wird usw.« Vgl. auch S. Szpotański, Sejm w Emigracyi, S. 100.

wirklichen[176]. Was einen Krieg anbelangt, so war Czartoryski zwar der festen Überzeugung, daß bei der derzeitigen Situation der internationalen Beziehungen ein solcher über kurz oder lang nicht zu vermeiden sei, ja daß sich die internationalen Spannungen fast zwangsläufig in einem großen Krieg entladen müßten, andererseits konnte er hier selbst wenig dazutun.

Was jedoch die Wiener Vertragsbestimmungen betrifft, – ihre Propagierung bzw. der Hinweis auf ihre Verletzung durch die Teilungsmächte hatte für Czartoryski mehrere Funktionen:

1. Ein wichtiges Ziel Czartoryskis war, daß England und Frankreich den territorialen und politischen (im weitesten Sinne) Status quo in Ostmitteleuropa völkerrechtlich nicht sanktionierten. Dies war einzig und allein möglich, indem man sich auf den Boden des geltenden positiven Völkerrechts sprich des Wiener Vertragswerks stellte. Was die drei Teilungsmächte versuchten, war de facto eine Änderung der Wiener Polenbestimmungen, die sie aber in die Form einer Interpretation der Vertragsbestimmungen kleideten. Dem setzte Czartoryski seine Interpretation entgegen, und er konnte den Erfolg für sich verbuchen, daß die Westmächte weitgehend seiner Interpretation folgten.

2. England konnte sich zur Zeit noch nicht offiziell auf den Standpunkt stellen, die polnische Frage sei nur durch eine Revidierung der Teilungen zu lösen. Da zur Zeit

[176] Aus seinem ersten Memorandum für Palmerston im Januar 1832 strich Czartoryski, wohl auf Anraten Talleyrands, einen Abschnitt wieder heraus, in dem ein Kongreß über die polnische Frage angeregt wurde – siehe B. Cz. 5274, S. 28f.: Czartoryski an L. Plater, London 23. 1. 1832, ebenfalls in: A. J. Czartoryski, Korrespondencye, S. 160f. (unter dem Datum 16. 1. 1832), und den Text des Memorandums in Anhang I.
In einer anderen Note aus demselben Jahr heißt es zu diesem Thema:
»Un congrès ou une conférence est sans aucun doute de tous les modes de procéder en Diplomatie celui qui présente le plus de probabilité qu'on parviendra à sortir des difficultés d'une affaire avec autant d'équité que les circonstances le permettent – en n'oubliant aucune considération grave et en s'exposant le moins que possible aux chances de la guerre.
La réunion quelquepart des plénipotentiaires des puissances, qui en qualité de co-signataire du traité de Vienne, sont appelé[s] à décider sur une affaire qui doit être resolu[e] selon ce traité, serait infiniment désirable. Malgré tout ce qu'on dit contre les conférences, il n'est pas douteux que ce mode de procéder quoique lent fait avancer les affaires, applanit les difficultés, exposant le moins que possible aux chances de la guerre. La Pologne aurait aussi besoin d'une conférence de celle de Londres, ou si cela n'était pas possible d'une conférence quelconque dans telle autre place où elle pourrait se réunir.
L'on ne saurait ne pas être frappé de l'injustice extraordinaire dont la Pologne est l'objet quand on pense à tout ce que les Puissances ont fait et font encore pour la Grèce et la Belgique, deux pays, qui comme nations, n'ont pas des droits aussi légitimes que la Pologne, et en faveur desquels, aucun traité préalable ne pouvait être cité. – Les Puissances, y compris la Russie, ne sauraient donc en justice, refuser à la Pologne la sollicitude qu'elles ont accordée à la Grèce et à la Belgique«. – B. Cz. 5280, S. 183–202, 203–249, 251–288 (Entwürfe und Kopie mit Verbesserungen): 1832. Note pour le Gouvernement Anglais sur les affaires de Pologne (daneben Titel: Mémoire presenté au Gouvernement Anglais). Inwiefern dieses Schriftstück nur eine Vorarbeit zu dem in Anhang I publizierten Memorandum ist oder ob es tatsächlich auch überreicht wurde, kann nicht entschieden werden.
Ein Kongreß über Polen wurde auch später noch gefordert – siehe B. Cz. 5281, S. 255–275: Czartoryski, Droits de la Pologne, presenté aux Ministères Anglais et Français, Mois Juillet 1833, hier S. 273f.; – zu dieser ursprünglich von Gustaw Małachowski ausgehenden Initiative vgl. B. Cz. Ew. 1508: Czartoryski an Zamoyski, 16. 7. 1833; B. Cz. 5460, S. 153–155: G. Małachowski an Czartoryski, Paris, April 1832.

ein Widerspruch zwischen dem Status quo und den einschlägigen Bestimmungen des positiven Völkerrechts bestand, hätte ein Verlassen des völkerrechtlichen Bodens (ohne die notfalls gewaltsame Durchsetzung eines neuen, von den Polen geforderten Zustands) logischerweise über kurz oder lang eine Anerkennung des Status quo nach sich gezogen, was Czartoryski wiederum unter allen Umständen zu vermeiden suchte.

3. Wie in den vorherigen Kapiteln schon erwähnt wurde, kreiste das politische Denken Czartoryskis ständig um die Frage, in den internationalen Beziehungen das Gleichgewichtsprinzip und das Nationalitätenprinzip zu vereinbaren und zu versöhnen. Eine zwar im ganzen nicht zufriedenstellende, zunächst in seinen Augen aber ausbaufähige Lösung hatte dieses Problem in den Wiener Polenbestimmungen durch die Autonomie Polens und das dort erwähnte Recht der polnischen Nation auf nationale Existenz gefunden. Diese vertraglich verbriefte Existenzberechtigung der polnischen Nationalität aufzugeben, indem man den Wiener Vertrag öffentlich in Bausch und Bogen verdammte, erschien ihm als unsinnig, da man dafür nichts Äquivalentes sich einhandeln konnte außer der Möglichkeit, große Worte zu machen über die ewigen Rechte Polens und die Ungerechtigkeit des herrschenden Staatensystems.

4. Die meist sehr klarsichtige, manchmal jedoch von Selbsttäuschungen nicht freie politische Einsicht Czartoryskis in internationale Beziehungen hinderte ihn nicht, manchmal insgeheim zu hoffen, daß Nikolaus sich doch noch von den völkerrechtlichen und politischen Argumenten dazu überreden lasse, auf den Status quo ante revolutionem zurückzukehren und diesen noch zu erweitern, d. h. die Ostprovinzen anzugliedern. Das Wunschbild war irreal, und dessen war sich Czartoryski wohl bewußt. Daß dieses Moment trotzdem manchmal in Unterhaltungen und Briefen auftaucht, ist wohl vor allem der schwierigen psychischen Situation zuzuschreiben, die das Exil mit sich brachte. Zudem konnte er eine Politik der zumindest ›kurzfristigen Hoffnungslosigkeit‹ seinen Mitarbeitern wohl nur bedingt zumuten – und auch den britischen Politikern, deren Unterstützung er ständig verlangte, konnte er schlecht zugestehen, daß ihr bedingter eventueller Einsatz für Polen in Form von Interzessionen von vorneherein zum Scheitern verurteilt sei.

5. Nicht zu vergessen ist, daß noch ein Teil der Wiener Polenbestimmungen in Kraft geblieben war, wenn auch nur deformiert – vor allem, was die Freie Stadt Krakau betraf. Anläßlich der ständigen Übergriffe der drei »Schutzmächte« bis zur schließlichen Annexion Krakaus 1846 wurde von den westeuropäischen Staaten immer auf der Grundlage der Wiener Bestimmungen protestiert. Ähnlich reagierten die Westmächte 1848/49 bei der projektierten partiellen Einverleibung des Großherzogtums Posen in den Deutschen Bund. Die Verteidigung der letzten Reste der Wiener Lösung – für Czartoryski die Verteidigung der in Wien international »garantierten« polnischen Nationalität – , wenn auch schließlich ohne dauerhaften Erfolg, wäre so nicht möglich gewesen ohne die vorherige Festlegung der Westmächte auf die Wiener Bestimmungen in allen Polen betreffenden Fragen.

6. Ein weiterer, mehr in den emotionalen Bereich gehörender Grund für das offizielle Sich-Versteifen auf die Wiener Bestimmungen liegt wohl darin, daß Czartoryski, wie oben dargestellt, die Wiener Lösung der polnischen Frage als sein persönliches Werk bzw. seinen Erfolg ansehen konnte – und kein Politiker gibt gern offen zu, daß er bzw. seine Konzeption gescheitert ist. Wenn er sich sein Scheitern auch eingestehen mußte, so versuchte er doch, quasi mit den übriggebliebenen Versatzstücken

seiner früheren Konzeption weiterzuarbeiten und sie in eine neue Konzeption einzubeziehen.

7. Wie sah es jetzt aber mit der Überwindung der Wiener Bestimmungen aus? das heißt, mit dem eigentlichen, langfristigen Ziel seiner Konzeption? Zwei mögliche Wege konnten dahin führen:

a) Der Widerspruch zwischen vertraglichem Anspruch (durch die Westmächte) und der politischen Wirklichkeit machte deutlich, daß die polnische Frage wiederum zur europäischen Disposition stand und neu gelöst werden mußte[177]. Hier erfüllte die völkerrechtliche Argumentation eine doppelte Funktion, nämlich einerseits die Aufdeckung des Widerspruchs und andererseits, weitaus wichtiger, das vertraglich verbriefte Mitspracherecht der westlichen Signatarmächte. Polen war keineswegs nur zur Disposition der drei Teilungsmächte gegeben, sondern – auf Grund der Wiener Bestimmungen – nur von allen Mächten gemeinsam zu befrieden.

b) Von Czartoryski wurde mehrmals darauf hingewiesen, und die von ihm angesprochenen Politiker nahmen das Argument bei verschiedenen Gelegenheiten auf, daß ein Bruch des Vertrags an der Weichsel zwangsläufig nach sich ziehe, daß der Vertrag auch woanders und von einer anderen Seite in Frage gestellt werden könne. Damit stand (theoretisch) der gesamte in Wien sanktionierte territorialpolitische Bestand Europas erneut zur Disposition. Dieses Argument bzw. seine Folgerungen wurden nur als Drohung benutzt[178], keiner der Politiker der Großmächte, noch nicht einmal Lamartine 1848, wollte auf die positivrechtliche Grundlage des europäischen Mächtesystems wirklich verzichten, so löcherig sie auch werden sollte, quasi das Netz, über dem die Akrobaten der europäischen Politik in mehr oder weniger gewagten, neuen oder traditionellen Sprüngen turnten. Diese Grundlage wegzuziehen, hieße das gesamte System in Frage zu stellen; das aber war nach Lage der Interessen nur als Folge eines großen europäischen Krieges zu erwarten (und ist ja auch tatsächlich erst dann geschehen).

Inwieweit die Folgerungen Czartoryskis in diese Richtung gegangen sind, läßt sich nicht eindeutig feststellen. Daß seine gesamte (auch spätere) Politik auf einen großen Krieg als Voraussetzung der Wiederherstellung Polens hinzielte, steht außer Zweifel. Daß die ungelöste polnische Frage für die Westmächte nie ein Kriegsgrund sein werde, das hatten ihm Palmerston und Lord Grey mit einer für ihn brutalen Offenheit zu verstehen gegeben. Seine Hoffnungen gingen in der Folgezeit dahin, daß bei einem auf Grund anderer Konflikte (Belgien, Orientfrage) entstehenden Krieg die polnische

[177] Siehe die Argumente Lord Sandons in der Unterhausdebatte vom 28. 6. 1832, oben S. 71.

[178] Vgl. oben S. 61 Anm. 66.
Nach J. H. Gleason, Genesis of Russophobia, S. 132f., war der Tenor der politischen Broschüren in London 1831/33 die Behauptung, »that the violations of that charter [d. i. Konstitution] prior to the revolution, were an infringement of the Treaty, which recovered for the other signatories their freedom of action and enabled them, by intervention, rightfully to establish an independent Polish state«.
Bezeichnenderweise benutzte Leopold I. von Belgien die gleiche Argumentation: »Je vois que la Russie a incorporé la Pologne: c'est un grand événement dont on peut tirer grand parti en faveur de la conclusion de l'affaire belge. Cet acte de la Russie est contraire à toutes les stipulations; la Prusse et l'Autriche doivent en être blessées. Si les puissances y consentent, elles devraient exiger de la Russie une franche adhésion aux vingt-quatre articles« – Leopold an Le Hon, belg. Gesandter in Paris, Brüssel 4. 4. 1832, in: T. Juste, Léopold I., I, S. 251f.

Frage rechtlich offengeblieben war und damit in einem solchen Fall einer propolnischen Option nichts im Wege stand.

I.

Fragt man nun nach den Leistungen der Politik Czartoryskis im Jahr 1832, so ist als Vorfrage kurz zu klären, ob überhaupt und wo ein britisches Interesse an Polen vorhanden war. Sicherlich war dieses Interesse auf Regierungsseite, abgesehen von einigen privaten Sympathiekundgebungen, nicht sehr groß, und die Hoffnungen Niemcewicz' und Czartoryskis, England werde energisch für Polen eintreten, entsprangen einer Selbsttäuschung. Auch die daraus abgeleitete Folgerung Czartoryskis von der Schwäche der englischen Regierung ist zwar subjektiv verständlich, aber – abgesehen von dem Handicap der Reform-Bill-Auseinandersetzungen – kann Palmerston für die Jahre 1831/32 keineswegs als schwacher Außenminister bezeichnet werden. War jedoch wirklich die polnische Frage für die britische Regierung nur eine »exotische« Erscheinung, wie J. Dutkiewicz meint?[179] Lag Polen für die englischen Politiker, wie J. Feldman in Wiederaufnahme eines Ausspruchs von E. Burke feststellt, tatsächlich »auf dem Mond«?[180]

Polen hat während des ganzen 19. Jahrhunderts nie eine hervorragende Rolle in der britischen Außenpolitik gespielt, und weder war sie bereit, jemals mehr als nur vorsichtige verbale Ausführungen für die Belange der polnischen Nation zu leisten, noch glaubte man, die Wiederherstellung eines starken Polens liege wirklich im britischen Interesse[181]. Im Jahre 1832 lagen die Hauptinteressen der britischen Europapolitik in Belgien und auf der Pyrenäischen Halbinsel, sowie, allgemein, in einer Restabilisierung des europäischen Mächtesystems. Dazu gehörte als wichtiger Punkt der Versuch, mit Petersburg ein ›entspanntes‹ Verhältnis zu entwickeln – gespeist von dem ständigen britischen Mißtrauen gegenüber einem neuen Expansionismus Frankreichs. Der britisch-russische Interessenkonflikt im Orient sollte etwaige Ergebnisse dieser Politik bald wieder zunichte machen. Indessen fielen die ersten diplomatischen Schritte Czartoryskis auf englischem Boden zeitlich mit dem Bemühen Palmerstons und Lord Greys zusammen, trotz der Meinungsverschiedenheiten über Belgien zu guten Beziehungen mit dem Zarenreich zu kommen[182]. Es fehlt nicht an späteren Stimmen des Bedauerns, daß man 1831/32 die polnische Frage in viel stärkerem Maße dazu hätte benutzen sollen, der russischen Machtausbreitung Schach zu bieten[183]. M. Handelsman meint, Großbritannien habe mit seiner halbherzigen Haltung 1830–32

[179] J. Dutkiewicz, Anglia i sprawa polska, S. 83.

[180] J. Feldman, U podstaw, II, S. 44.

[181] Ebd., passim.

[182] Den Unterschied in der Haltung der Whigs und der Palmerstons gegenüber Rußland und Polen, bisher im Verlaufe der Schilderung schon mehrmals offenkundig, brachte C. W. Crawley, Anglo-Russian Relations, S. 49, auf die formelhafte Feststellung: »If Russia had freed Greece in 1829, she enslaved Poland in 1830; this was the turning point for Whig principle. The dividing line for Palmerstonian Policy was rather the Treaty of Unkiar Skelessi; for in these matters Palmerston was no Whig but a true Canningite«.

[183] Jen. Zam., III, S. 359; H. L. Zamoyska, Czartoryski and Dudley, S. 21; J. Feldman, U podstaw, I, S. 40f.

nur einen Autoritätsverlust davongetragen, Polen sei nicht gerettet und Nikolaus nicht für England gewonnen worden[184]. Dem muß entgegengehalten werden, daß 1831/32 die Gewichte für die britische Politik anders verteilt waren. Im Licht der späteren langdauernden britisch-russischen Konfrontation jedoch gehört zu den Negativposten der britischen Politik, daß Palmerston 1831/32 (ebensowenig wie Castlereagh 1814/15) die tatsächliche, partielle und ausbaufähige Rolle der polnischen Autonomie für das europäische Gleichgewicht nicht erkannt und in ihrem Wert nicht richtig eingeschätzt hat.

Eine ernsthafte Rolle spielte Polen in der britischen Politik nur als Faktor bei den Auseinandersetzungen um die belgische Frage. Spätestens ab Frühjahr 1832, als über das schließliche Einlenken des Zaren kein Zweifel mehr bestand, wollten die englischen Politiker den ganzen polnischen Fragenkomplex am liebsten abschließen und zu den Akten legen[185]. Charakteristisch ist ebenfalls, daß Talleyrand, sobald er nicht mehr England und Rußland diplomatisch gegeneinander ausspielen zu müssen glaubte, seine Unterstützung für Czartoryski stark einschränkte – Polen hatte seine Rolle als »embarras« ausgespielt[186], und Ende 1832 erklärte er endgültig: »La Pologne n'est plus une affaire«[187].

Inzwischen hatte auch das französische Außenministerium erklärt, es bleibe wie zuvor bei seiner, d. h. der für Polen günstigen Auslegung der Vertragstexte, und de Broglie bat Czartoryski,

> »ihm schriftlich die Punkte zu geben, auf Grund derer man sich jetzt für uns legal einsetzen und sich Moskau widersetzen könne ...«[188]

Daß die »polnische Affaire« nicht ganz abgeschlossen wurde, erreichte Czartoryski auf zwei Wegen: einmal durch die Mobilisierung der öffentlichen Meinung für Polen, soweit dies mitten in der Reform-Bill-Auseinandersetzung überhaupt möglich war; zum anderen hatte Czartoryski erkannt, daß die Verträge von Wien wichtig für England waren, da darauf das britische Mitspracherecht auf dem Kontinent beruhte (zumindest juristisch). Wenn er sich nicht auf Wien berufen hätte, hätte er überhaupt

[184] M. Handelsman, Anglia – Polska, S. 69.

[185] Seine Sicht der britischen Haltung zur Polenfrage umriß Czartoryski (nicht ganz vollständig) in der erwähnten Unterredung mit A. Ostrowski (Quelle Anm. 106): »... er [Czartoryski] stellt fest, daß das hiesige Kabinett bei dem Grundsatz bleibt, den Frieden auf dem Kontinent zu erhalten, umso mehr, da Österreich und Preußen zweifellos in engem Bündnis mit Rußland bleiben, sich verständigen und gegenseitig unterstützen werden, und England hingegen, trotz der Tatsache, daß es sich [ein unabhängiges] Polen wünscht, für dessen Wiederherstellung die eigene politische Ruhe nicht kompromittieren wird. Gleichwohl verfehlt das englische Ministerium nicht, sich auf das Recht, für uns zu sprechen, zu stützen, welches ihm, wie es richtig meint, die Nichteinhaltung des *Status quo* des Wiener Kongresses durch Nikolaus gibt; mit dem diesbezüglichen Hinweis, daß dieser Vertrag, da er von Rußland vergewaltigt wurde, zum ursprünglichen Zustand zurückgeführt werden muß. Aber auch neben dieser Überzeugung will es nicht den europäischen, d. h. eher seinen [eigenen] *seligen Frieden* stören. Wenn also nicht irgendein unerwartetes Ereignis drängen oder nähere Gründe geben wird, die Sache des Wiener Vertrags zu vertreten, wird es bei diplomatischen Deklamationen bleiben«.

[186] Im Nov. 1831 meinte Talleyrand: »Il faut leur donner des embarras ici« – Niemcewicz an Czartoryski, London 2. 12. 1831, in: A. J. Czartoryski, Żywot Niemcewicza, S. 368–370.

[187] Niemcewicz an Czartoryski, 12. 12. 1832, in: ebd., S. 394f.; J. U. Niemcewicz, Dziennik, I, S. 579.

[188] B. Cz. Ew. 1508: Czartoryski an Zamoyski, Paris 23. 10. 1832 (ebenfalls in Jen. Zam., III, S. 58–60).

keine Einwirkungsmöglichkeit erhalten. Es gelang ihm, die beiden Westmächte auf seine Vertragsinterpretation festzulegen. Dieser Erfolg war nicht nur momentan, denn er lieferte den Westmächten den Grund bzw. Vorwand, sich ständig in polnische Fragen einzumischen, sobald es ihnen opportun erschien.

Zu diesem Teilerfolg gesellten sich eine Reihe von ›Leistungen‹, ohne welche die späteren Aktivitäten Czartoryskis gar nicht möglich gewesen wären. Gemeint sind hier eine Reihe pragmatischer Voraussetzungen für die diplomatische Tätigkeit des sog. »Hôtel Lambert«. Die politischen und gesellschaftlichen Beziehungen, die Czartoryski in London und Paris anknüpfte, waren für ihn, dem als Emigranten die offiziellen administrativen Kanäle staatlicher Außenpolitik weitgehend verschlossen waren, die Basis jeglichen politischen Handelns nach außen, d. h. im Kontakt mit Nicht-Polen. Die Achtung, die man ihm auf Grund seiner sozialen Stellung, seiner Vergangenheit und seiner Persönlichkeit schlechthin entgegenbrachte, wußte er politisch umzumünzen. Er blieb keine vorübergehende Modeerscheinung der Pariser und Londoner Salons, sondern war ein wenn nicht immer beliebter, so doch respektierter Gast, und das in einer Zeit, als die Salons eine nicht zu unterschätzende politische Funktion hatten.

Seine gesellschaftliche Stellung sicherte auch letztlich die Kontinuität des ständigen Kontakts mit den Ministerien. Dies war insofern unabdingbar, als eine Emigrantendiplomatie, mit einem Mangel an eigenen staatlichen Behörden, fremde Ministerien als eine Art Ersatzministerium, als ›Exekutivexpositur‹ benötigt. Daß das gegenseitige Verhältnis dabei oft problematisch sein konnte, ist schon in dem bisher Geschilderten deutlich geworden.

Die direkten Vorteile für Czartoryski aus dem Kontakt mit den Ministerien sind ziemlich schnell und offensichtlich ohne größere Anstrengung gewonnen worden. Das betrifft vor allem die Benutzung der diplomatischen Post[189]. Sodann befand sich hier für Czartoryski die beste Informationsquelle über den Stand der internationalen Beziehungen, so daß er sich nicht nur mit den Nachrichten in der Presse und der Gerüchteküche der Salons begnügen mußte; und eine möglichst aktive Beteiligung an den internationalen Beziehungen hatte einen zuverlässigen Informationsstand zur Voraussetzung.

Die ständigen Beziehungen zu den Ministerien der Westmächte gaben die Einstiegmöglichkeit, selbst in der internationalen Politik aktiv zu werden bzw. zu bleiben: zunächst noch als Informationspolitik d. h. Aufklärung über den nach polnischer Ansicht wahren Stand der polnischen Frage und Lieferung von Nachrichten aus dem besetzten Polen, dann auch, um eigene Initiativen auf diesem Weg wirksam werden zu lassen.

[189] Anfangs ging die polnische Korrespondenz zwischen London und Paris über die Gräfin Maria Tereza Tyszkiewiczowa, die Schwester Fürst Józef Poniatowskis und eine Freundin Talleyrands (L. Gadon, Wielka Emigracja, S. 119f.), aber schon im Januar 1832 findet sich auf den Briefen die Notiz: »Durch den französischen Kurier« (z. B.: B. Cz. 5274, S. 18 und 19). Vgl. ebenfalls die oben (S. 63) zitierte Korrespondenz mit Czartoryskis Bruder Konstanty durch den britischen Botschafter in Wien. Bisweilen benutzte man auch andere Gelegenheiten und Personen, so z. B. den später sehr bekannten Journalisten Henry Reeve (BPP 361, S. 25f.: Niemcewicz an die Legation, London 30. 1. 1832, und ebd., S. 59–62: Kniaziewicz an Czartoryski, Paris 9. 2. 1832).

Eine weitere Leistung der Politik in den ersten Monaten war die Beeinflussung der öffentlichen Meinung durch Parlament und Presse und der Gewinn einiger ständiger und treuer Polenfreunde unter den Journalisten und Parlamentariern[190].

Auf dem Hintergrund des britischen Desinteresses, sich in einem ernstzunehmenden Ausmaß für Polen zu engagieren, nehmen sich die Leistungen der Politik Czartoryskis in dieser relativ kurzen Zeit doch als recht beachtlich aus. Er schuf damit die ersten grundlegenden Voraussetzungen seiner späteren Diplomatie. Sein wichtigster Erfolg, auch in seinen eigenen Augen, war jedoch, daß durch die Gewinnung der Westmächte für seine Interpretation der Wiener Verträge weiterhin Polen als völkerrechtliches Problem in Europa angesehen wurde, daß der Rechtsstatus Polens offen blieb, nicht aber auf eine bloß staatsrechtliche Ebene ›herabsank‹. Insofern ist es wohl legitim, das Ergebnis dieser Politik als eine fortan ständige »völkerrechtliche Präsenz Polens in Europa« zu definieren.

[190] Siehe dazu Kap. IV/6.

2. Die nationale Präsenz: die Emigration als Repräsentant der Nation

Die Rolle der sog. »Großen Emigration« der Polen nach 1830 in der polnischen Nationalgeschichte einigermaßen exakt zu umschreiben, ist ein schwieriges und komplexes Unterfangen und kann innerhalb dieser Untersuchung wohl kaum zufriedenstellend geleistet werden. Trotzdem wird hier kurz auf die Gesamtemigration eingegangen; die Hauptcharakteristika ihrer Erscheinungsformen, ihr Selbstverständnis und ihre Bedeutung sollen kurz umrissen werden. Dies erscheint aus zwei Gründen notwendig, nämlich einerseits als Hintergrund der Politik Czartoryskis, der oft genug gezwungen war, selbst oder durch vorgeschobene Anhänger in die Streitigkeiten innerhalb der Emigration einzugreifen; andererseits ist eine Emigration ein von der Natur der Sache her nationale Grenzen überschreitendes und somit internationales Phänomen und gehört damit in den weiteren Umkreis des gestellten Themas.

Daß sich von den rund 50000[1] auf preußisches bzw. österreichisches Territorium übergetretenen polnischen Soldaten, Offizieren und Zivilisten knapp 10000 zur weiteren Emigration entschieden, war nur zum kleinen Teil als Flucht vor dem Schaffott oder Gefängnis motiviert. Die unvollkommene und im Wortlaut später nicht eingehaltene Amnestie des Zaren schloß die Mitglieder der Fähnrichsverschwörung vom November 1830 aus, weiterhin die Urheber des Umsturzes und der Unruhen vom 15. August 1831, die Regierungsmitglieder, die Abgeordneten in Sejm und Senat, die am 25. Jan. 1831 für die Absetzung der Romanows gestimmt hatten und schließlich, als zahlreichste Gruppe, alle Aufständischen aus Litauen, Wolhynien und Podolien, also aus den nach 1815 nicht zum Königreich Polen gehörenden ostpolnischen Gebieten. Bestimmend für den Entschluß zur Emigration war vor allem die Auffassung, mit der Niederlage des Novemberaufstands sei lediglich eine Schlacht, aber noch nicht der Krieg verloren. Eine unübersehbare Rolle spielte dabei der Glaube daran, ein großer europäischer Krieg bzw. eine elementare revolutionäre Entladung werde die 1815 geschaffene Ordnung in Kürze endgültig hinwegfegen. Diese heute im nachhinein als Illusion anmutende Hoffnung darf nicht verwundern, denn erstens herrschte diese Kriegs- oder Revolutionshoffnung bzw. die Furcht davor allgemein in Europa, und zweitens mußte eine wie immer auch zu bewerkstelligende Beseitigung des Systems von 1815 das Hauptziel jeglicher nationalen polnischen Politik sein, die einen eigenen Nationalstaat erstrebte[2]. Wie oben gezeigt wurde, setzte ja auch Czartoryski letztlich auf eine grundsätzliche politische Umgestaltung Europas. Ein großer Teil der Emigration glaubte in den ersten Jahren fest daran, man werde binnen kurzem mit der Waffe in der Hand als Avantgarde der französischen Armee und/oder unterstützt von einem revolutionären Deutschland in die Heimat zurückkehren.

Es emigrierte die tatsächliche politische, militärische und intellektuelle Elite des Königreichs Polen. Etwa 75% der Emigranten gehörten ihrer Herkunft nach zur

[1] Die Zahlen mit weiterer Aufschlüsselung siehe L. Gadon, Wielka Emigracja, S. 1–13, und S. Kalembka, Wielka Emigracja, S. 1–24.

[2] Daraus erklärt sich auch das Ausmaß der Empörung in der Emigration, als man argwöhnte, Czartoryski plädiere nur für eine Einhaltung der Wiener Bestimmungen.

Schlachta; ebenso kamen auf etwa 3 Offiziere der emigrierten Armeeangehörigen[3] ein gemeiner Soldat oder Unteroffizier. Die Gründe dafür waren, daß zum einen der Novemberaufstand noch weitgehend von der Schlachta als politischer und militärischer Führungsschicht getragen war und daß zum anderen der Entschluß zur Emigration eine rein aus politischen Motiven gefaßte Entscheidung war – bei Offizieren aber kann man einen höheren Grad politischer Bewußtheit voraussetzen. Dazu kam noch die Praxis der preußischen und österreichischen Regierung, die den Offizieren die Wahl zwischen Annahme der russischen Amnestie und Emigration nach Westen freistellten, die Unteroffiziere und gemeinen Soldaten aber mit manchmal auch gewaltsamen Mitteln wieder ins russische Teilgebiet zurückschickten.

Rein numerisch war die sog. Große Emigration gar nicht so groß, wie man angesichts der zahlreichen Aktivitäten, der Vielzahl der Organisationen und der Wirkung vermuten dürfte. Für den Zeitraum von 1831 bis 1847 nimmt S. Kalembka etwa 11 000 Emigranten an[4]. Als Mittelwert kann man wohl von etwa 8000 Polen ausgehen, die gleichzeitig sich aus politischen Gründen ständig im Ausland aufhielten.[5] Davon befanden sich etwa 5000 in Frankreich. Der Rest verteilte sich auf Großbritannien (ab 1834 etwa 500), Belgien (etwa 100, möglicherweise mehr), die Schweiz (1833/34 über 500, später etwa 100) und die Vereinigten Staaten von Amerika (etwa 400)[6]. Vereinzelte Emigranten fanden sich auch in anderen europäischen Staaten (vor allem in Italien, im Osmanischen Reich und auf der Iberischen Halbinsel), in Südamerika und den Kolonien der europäischen Staaten in Asien.

Die meisten Emigranten gingen als Junggesellen in die Fremde; man nimmt etwa 200–250 Emigrantinnen an, wozu noch einige hundert (höchstens!) Ehen mit Frauen des Gastlandes dazukommen. Der Junggesellenstand erlaubte eine größere Mobilität und ermöglichte es, die materielle Armut zu ertragen. Man glaubte zudem, sich ständig für die Rückkehr in die Heimat bereithalten zu müssen. Mangelnde soziale Stabilität erleichterte eine überdurchschnittliche Politisierung und schnelle Radikalisierung.

In Frankreich unterstanden die politischen Emigranten zunächst dem Kriegsministerium und sollten Unterstützung entsprechend den Ruhestandsgehältern französischer Offiziere erhalten. Diese von den Polen weiterhin als »Sold« bezeichneten individuell ausgezahlten Hilfsgelder wurden auch in allerdings beträchtlich verminderter

[3] Die meisten Emigranten hatten in der Aufstandsarmee gekämpft. Dabei gehörte allerdings nur ein Teil zur regulären polnischen Armee vor 1830; viele waren als Freiwillige 1830/31 in die Armee eingetreten und dementsprechend nicht so stark von militärischer Lebensform und Mentalität geprägt.

[4] S. Kalembka, Wielka Emigracja, S. 58f.

[5] Es existieren zwar z. T. sehr detaillierte statistische Angaben über die Emigration, jedoch müssen hier Ungenauigkeiten in Kauf genommen werden. Quellen zu solchen Statistiken waren entweder Angaben der Regierungen der Gastländer (vor allem Frankreichs), die meist von den Unterstützungsgeldern, welche die Emigranten erhielten, ausgingen und daher nicht alle Emigranten erfassen konnten, oder Erhebungen der Emigration selbst, die angesichts der Ausbreitung der Emigration und der erschwerten Kommunikation unter den Emigranten nicht immer exakt sein konnten. Daher müssen viele Zahlen oft nach oben abgerundet werden.

[6] Die Polen in Amerika spielten, mit ganz wenigen Ausnahmen, in der weiteren ideologischen Entwicklung und den politischen Auseinandersetzungen der Emigration keine Rolle mehr.

Höhe gegeben, als die Emigration mit der sog. »loi Orloff«[7] vom 21. April 1832 dem Innenministerium zunächst partiell, ab 1. April 1833 vollständig unterstellt wurde. Die französischen Behörden wurden durch dieses Ausnahmegesetz ermächtigt, den Emigranten bestimmte Aufenthaltsorte zuzuweisen und unliebsame oder widerspenstige Emigranten, die z. B. ihren Wohnort ohne Erlaubnis auch für nur kurze Zeit verließen, auf administrativem Wege ins Ausland abzuschieben, ohne daß gegen den Ausweisungsbefehl vor Gericht Berufung eingelegt werden konnte.

Erst als sich das Juste Milieu außen- wie innenpolitisch immer sicherer fühlte, gestaltete sich die Behandlung der Emigranten liberaler. Die Einschränkung der Bewegungsfreiheit fiel 1839 fort – mit Ausnahme eines Aufenthalts in Paris, wofür man eine schwer zu erhaltende Spezialgenehmigung benötigte. Das galt indessen hauptsächlich für den ›Durchschnittsemigranten‹. Viele Emigrationspolitiker befanden sich schon in Paris, bevor diese Regelung gültig wurde. Außerdem wurde durch Beziehungen eine Reihe von Spezialgenehmigungen erreicht. Viele Emigranten bezahlten allerdings den ersehnten Aufenthalt in der französischen Hauptstadt mit dem Verlust des »Soldes«.

Da fast jegliche Ausländergesetzgebung den Exekutivorganen weitgehend freie Hand läßt, war auch das Verhalten der französischen, belgischen und schweizerischen Behörden zu den politischen und publizistischen Aktivitäten der polnischen Emigration meist von Opportunitätsgesichtspunkten bestimmt. In Frankreich gab sehr oft die Behandlung der polnischen Emigration seismographisch Aufschluß über das jeweilige Verhältnis Frankreichs zu den Ostmächten, vor allem zu Rußland. Lediglich in England, wo der rechtliche Status politischer Emigranten kaum geregelt war, fehlte es außer einer Registrierung bei der Landung an jeglicher Form von Überwachung oder auch nur administrativer Erfassung der Emigranten. Die britische Regierung zeigte lediglich Interesse daran, die Zahl der Unterstützungsempfänger (meist zwischen 500 und 600) möglichst klein zu halten. Für Emigranten, die aus dem übrigen Europa ausgewiesen wurden, galt England deshalb im 19. Jahrhundert generell als das Zufluchtsland, wo ihre politische Tätigkeit kaum überwacht oder gar behördlich kontrolliert wurde.

Auf Anordnung der französischen Behörden sammelten sich die in Frankreich eintreffenden Polen in großen, Dépôts (Zakłady) genannten Lagern. Nur die aktivsten Politiker und Intellektuellen eilten sofort nach Paris, das sie mit Recht als das Zentrum weiterer politischer Aktivitäten betrachteten. Der Hintergedanke bei der Einrichtung der Dépôts war in Wiederaufnahme napoleonischer Tradition der Plan, polnische Militärverbände in französischen Diensten in Gestalt von Legionen aufzustellen. Während sich die französische Regierung dazu offiziell kaum äußerte und sich eine solche Möglichkeit offenhielt, wenn auch angesichts der sich zusehends entspannenden internationalen Lage immer weniger in Betracht zog, glaubten die polnischen Emigranten und auch ein Teil der oppositionell eingestellten französischen Öffentlichkeit ernsthaft daran, daß die erhofften Legionen bald organisatorische Gestalt annehmen würden. Ein mißlungener Versuch Lafayettes, im November 1831 eine sofortige Na-

[7] Als während der Kammerdebatte vom 9. 4. 1832 Graf Montalivet darauf hinwies, man müsse Rücksicht auf die »befreundeten« Höfe nehmen, mit denen man in Frieden leben wolle, rief der Abgeordnete de Corcelle: »Ah, c'est la loi Orloff!« – in Anspielung auf den schon erwähnten (S. 64) russischen Sonderbotschafter Graf Alexej Orlov, der zur Regelung der belgischen Frage nach Westeuropa gekommen war (L. Gadon, Wielka Emigracja, S. 116).

turalisierung aller polnischen Flüchtlinge durchzusetzen, entstand in Verbindung mit dieser Konzeption, die von der Erwartung eines bald ausbrechenden großen Krieges ausging[8].

Infolgedessen gab es von polnischer Seite auch keinerlei Widerspruch gegen die Einweisung in die unter Aufsicht und Verwaltung der französischen Militärbehörden stehenden Dépôts. Die Erwartungen wurden jedoch enttäuscht, und die angebotene Lösung, ein Eintritt in die in Algerien einzusetzende Fremdenlegion, stieß auf fast einhellige Entrüstung. Mitte 1833 bis Anfang 1834 wurden die großen Dépôts aufgelöst und die Emigranten in kleinen Gruppen über ganz Frankreich verstreut. Der Grund für diese Maßnahme seitens der französischen Behörden ist in der prekären innenpolitischen Situation zu suchen; die in ihren Hoffnungen enttäuschten beschäftigungslosen Emigranten gerieten schnell in ein radikales Fahrwasser, die sympathisierende französische Opposition pflegte engen Kontakt mit ihnen und die republikanischen Geheimgesellschaften sahen in den »Sturmvögeln der Revolution« die ersten, erfahrenen und bereitwillig zur Verfügung stehenden Kader einer neuen Revolutionsarmee. Die Existenz derart großer (in Bourges waren es fast 1500 Personen), sich radikalisierender Ansammlungen polnischer Emigranten, denen mit Mitteln militärischer Disziplinierung offensichtlich nicht mehr beizukommen war, erschien zu gefährlich und ihre Verstreuung über ganz Frankreich in Verbindung mit einer rigorosen Anwendung der oben erwähnten »loi Orloff« angebracht.

Innerhalb der Organisierungsgeschichte der polnischen Emigration stellen die Dépôts den schließlich mißlungenen Versuch dar, die Gesamtemigration in Form sich selbst verwaltender Militärgemeinden zu organisieren. Die sich intensiv entwickelnde Selbstverwaltung (Lagerräte, Ehrengerichte, Vollversammlungen) brachte eine wachsende Demokratisierung mit sich: z. B. standen die einfachen Soldaten und Unteroffiziere – ohnehin eine Minderheit – zu Beginn außerhalb des politischen Lebens der Dépôts; später jedoch erhielten sie ebenfalls Stimmrecht und nahmen aktiv an der Arbeit der Selbstverwaltungsorgane teil[9]. Durch diese Entwicklung gerieten die Dépôts fast zwangsläufig in einen kaum lösbaren Widerspruch: auf der einen Seite starke militärische Traditionen (weitgehende politische Enthaltsamkeit, militärisches Ordnungsverständnis) und auf der anderen Seite die vor allem von den zahlreichen jüngeren Offizieren und von den als Freiwillige in der Aufstandsarmee dienenden Intellektuellen artikulierten demokratischen und politischen Ambitionen. Ein einziges Mal gelang es, diesen Widerspruch kurzfristig in einer fast harmonisch zu nennenden Weise aufzulösen, nämlich im sogenannten »Hufiec Święty« (Heilige Schar)[10] – hier allerdings nur erklärbar durch das starke, fast messianistische Sendungsbewußtsein. Die Folge der ungemein raschen Rezeption radikaldemokratischen Gedankenguts

[8] A. Lewak, Czasy Wielkiej Emigracji, S. 198f.; T. Piotrowski, Documents, S. 52.

[9] Für das Dépôt Besançon hat das nachgewiesen S. Sokołowska, Młoda Polska, S. 14 und 18; für das Dépôt Avignon vgl. M. Sokolnicki, Les origines, S. 175f.

[10] »Hufiec Święty« nannte sich eine Gruppe von über 400 Emigranten aus dem Dépôt Besançon, die im April 1833 zur Unterstützung des Frankfurter Wachensturms abmarschierten, jedoch in der Schweiz aufgehalten wurden. Viele ihrer Mitglieder gehörten wahrscheinlich der Carboneria an. Während die meisten von ihnen die Schweiz bald wieder verlassen mußten, nahm der Rest an dem Mazzini'schen Unternehmen nach Savoyen im Februar 1834 teil und gründete nach dessen Fehlschlag die »Młoda Polska« (Junges Polen). Über Aufbau des »Hufiec Święty« und die Entwicklung zur »Młoda Polska« siehe A. Lewak, Od związków węglarskich; S. Sokołowska, Młoda Polska; W. Prechner, Savoyer-Zug.

und der wachsenden Politisierung war eine oft ebenso stürmisch verlaufende Auflösung der ursprünglichen militärischen Organisationsformen und Unterordnungsverhältnisse. Die Polarisierung zwischen den einzelnen politischen Richtungen zeigte sich zunächst im Kampf um den Einfluß in den Selbstverwaltungsorganen der Dépôts; dies führte jedoch bald zur Lähmung des politischen Lebens innerhalb der Dépôts. Ein wachsendes Desinteresse an den Lagerinstitutionen zeigte im Laufe des Jahres 1833, daß sie zur Verwirklichung der Interessen der Emigranten als nicht mehr ausreichend betrachtet wurden.

Bestimmend wurden geheime und offene Organisationen, die außerhalb der Dépôts gegründet waren und diese als bloßes Rekrutierungsfeld für neue Mitglieder ansahen. Die Auflösung der Dépôts setzte schließlich der Möglichkeit ein Ende, die Organisationsform demokratischer Militärkolonien weiter auszubilden. Mit Recht wird in der Literatur die Zeit der großen Dépôts meist als das Durchgangsstadium betrachtet, in der sich die Große Emigration von einer militärischen zu einer politischen Emigration verwandelte, d. h. ihren vorherrschend militärischen Charakter verlor.

Die polnischen Emigranten lebten nach der Auflösung der großen Dépôts über ganz Frankreich verstreut in kleinen Emigrantengemeinden, die weiterhin meist als Dépôt oder Zakład bezeichnet wurden. Diese kleinen Dépôts bildeten praktisch die unterste organisatorische Ebene der Emigration. Organisierungsgrad und Intensität des gesellschaftlichen oder gar politischen Lebens innerhalb der kleinen Emigrantengemeinden waren höchst unterschiedlich, ihre wichtige soziale Funktion (z. B. weitgehende Verzögerung oder gar Verhinderung der Assimilation an die Gesellschaft des Gastlandes) darf aber nicht unterschätzt werden.

Das politische Zentrum der Emigration war von Anfang an Paris. Dorthin strebten die meisten Politiker, Generäle und Intellektuellen. In der Ogół Paryski, der allgemeinen Versammlung der Polen in Paris, fanden die wichtigsten und richtungsweisenden ideologischen Auseinandersetzungen statt. Von hier kamen auch die ersten Versuche, die Emigration zu einigen und in ihrem Namen zu sprechen. Eine zeitgenössische Quelle nennt 31 Versuche, die Emigration als Gesamtheit zu organisieren und ein sie vertretendes Organ zu schaffen; von diesen Bemühungen kamen sechs bis zu einem Realisierungsversuch, 17 blieben im Projektstadium stecken und 8 wurden schon vor einer genaueren Formulierung ad acta gelegt[11].

Das wichtigste und aktivste Komitee war das schon am 8. Dezember 1831 in Paris von 87 Emigranten gewählte »Komitet Narodowy Polski« (Polnisches Nationalkomitee) unter der Leitung von Joachim Lelewel. Es arbeitete eng mit der französischen Opposition zusammen, organisierte und finanzierte zum Teil, vor allem mit Hilfe des »Comité Central Franco-Polonais« unter der Leitung des Marquis de Lafayette, den Zug der Emigranten nach Frankreich und trat als Repräsentant der Emigration, ja der gesamten Nation auf. Getragen wurde es vorwiegend von Intellektuellen aus dem Warschauer »Towarzystwo Patriotyczne« (Partriotische Gesellschaft); dementsprechend war sein politischer Anstrich demokratisch, seine Aufrufe waren geprägt von dem Gedanken der Solidarität aller Nationen (gegen ihre Regierungen, also auch die französische) und dem Glauben an eine baldige europäische Revolution. Diese politische Tendenz, in vielem noch undeutlich formuliert, und vor allem der Anspruch auf die administrative und politische Führung der gesamten Emigration riefen jedoch bald

[11] Noworocznik Demokratyczny, 1/1842, S. 129–131.

den Widerstand radikaldemokratischer Kräfte in Paris, konservativ eingestellter Militärs und vor allem der Dépôts hervor. Nachdem der Versuch, neben dem Komitee eine »Delegacja Generałów« (Delegation der Generäle) zu installieren – ein deutliches Zeichen für den noch vorherrschenden militärischen Charakter der Emigration – scheiterte, einigten sich die Dépôts, nach erfolglosen Verhandlungen mit J. Lelewel über eine Reorganisation des alten Komitees, bis zum Herbst 1833 auf ein neues Komitee unter der Führung des Generals Józef Dwernicki. Dieses »Komitet Narodowy Emigracji Polskiej« (Nationalkomitee der polnischen Emigration) war sehr viel weniger aktiv als sein Vorgänger und versuchte, zwischen den verschiedenen ideologischen Richtungen zu lavieren, es mit keiner zu verderben und eine zu diesem Zeitpunkt nicht mehr realisierbare gemeinsame politische Plattform aller Emigranten aufzubauen. Als es mit der Auflösung der großen Dépôts seine Basis verlor, mußte es seine Tätigkeit einstellen.

Die offensichtliche Absicht der französischen Behörden, durch die Auflösung der Dépôts eine Vereinigung und politische Geschlossenheit der Gesamtemigration zu verhindern, erfüllte sich. Als 1836 General Dwernicki einen neuen Versuch in die Wege leitete, indem er das alte polnische Verfassungsinstitut der Konföderation wiederbelebte und die »Konfederacja Narodu Polskiego« (Konföderation der Polnischen Nation)[12] ausrief, wurden die Protagonisten dieser Initiative kurzerhand ausgewiesen.

Die Ausbildung und Ausbreitung von Geheimbundformen in der polnischen Emigration wurden durch mehrere Faktoren begünstigt. Zum einen waren sie die Fortsetzung einer reichen eigenen, nationalen Tradition konspirativer politischer Tätigkeit, die besonders in den 1820er Jahren sehr an Bedeutung gewonnen hatte; zum anderen erschienen bei realistischer Beurteilung der Lage nur konspirative Wege politischen Handelns noch übrig zu bleiben, wenn man wirksam in der Emigration und in der Heimat arbeiten wollte. Schließlich herrschte zu dieser Zeit gewissermaßen eine internationale Hochkonjunktur geheimbündlerischer Organisationsformen und Unternehmungen – das Angebot schon existierender geheimer Verbindungen anderer Nationen (Franzosen, Italiener, Deutsche) wurde von polnischer Seite bereitwillig aufgenommen. Die westeuropäischen Revolutionsplaner sahen in den polnischen Emigranten eine willkommene militärisch-politische Unterstützung.

Während die in der Emigration gegründeten polnischen Freimaurerlogen keine größere politische Bedeutung hatten[13], wurde die organisatorische Hauptarbeit auf dem Feld internationaler revolutionärer Zusammenarbeit von der Carboneria geleistet. Was den zweifellos nicht unbedeutenden aktiven Beitrag der Polen zu den international angelegten Bestrebungen und Aktivitäten der Carboneria angeht, so ist die Quellenlage, wie allgemein bei geheimen Verbindungen, so schlecht, daß man häufig nur auf indirekte Angaben, Andeutungen und Vermutungen angewiesen ist[14]. Offensichtlich gehörte es u. a. zur Taktik der Carbonari, schon bestehende offene Organi-

[12] Siehe darüber sehr detailliert L. Rac, Konfederacja.

[13] Ebenso, soweit feststellbar, wahrscheinlich die Mitgliedschaft von Polen in fremden Logen – mit Ausnahme der »Trinité Indivisible« in Paris, hinter der sich die »Haute Vente Suprême« der Carboneria verbarg.

[14] Als Beispiel einer relativ ausführlichen Darstellung der polnischen Carboneria, die ohne Quellenangaben nur unsicher Tradiertes und Vermutungen als gesicherte Tatsachen ausgibt, muß gelten W. Łukaszewicz, Wpływ masonerii.

sationen zu unterwandern bzw. wichtige Schaltstellen zu besetzen oder gewissermaßen Exposituren zu gründen, hinter deren offener Tätigkeit sich die Carboneria verbarg.

Bei der Carboneria und noch mehr bei der als Widerstand gegen deren zentralistische Organisationsstruktur gegründeten »Młoda Polska« (Junges Polen), die im Verband des Mazzini'schen »Jungen Europa« ein selbständiges Dasein führte, wurden bald einige strukturbedingte Schwächen dieses Organisationstyps deutlich. Unvereinbar war das Postulat innerer Demokratie mit dem Charakter des Geheimbundes. Wie sollte ein Vorstand gewählt werden, wenn der Mitgliederbestand strengster Geheimhaltung unterlag? Ebenso waren offene Mitgliederwerbung und effektive Propaganda ausgeschlossen. Es erwies sich die Unmöglichkeit, eine wirkliche Massenorganisation (in den numerischen Relationen der Emigration) als Geheimbund zu entwikkeln. Währenddessen wurden, oft als autonom agierender Ableger größerer Geheimbünde, kleinere konspirative Zirkel gebildet, die die Verschwörungsarbeit in der Heimat auf sich nahmen[15].

Die eigentliche organisatorische Leistung der Großen Emigration ist die Ausbildung großer politischer Parteien. Nachdem und während die beiden oben geschilderten Organisationsprinzipien (Emigrantengemeinde = Dépôt und Geheimbund) gescheitert waren, bildeten die verschiedenen ideologischen Richtungen große Mitgliedervereinigungen, die auf verschiedenen Wegen versuchten, möglichst effektive organisatorische Formen zu finden. Die drei hier zu nennenden Organisationen sind das TDP, das ZEP und der Dritte Mai; alle drei entstanden aus vollkommen verschiedenen Wurzeln.

Das TDP (Towarzystwo Demokratyczne Polskie – Polnische Demokratische Gesellschaft) wurde zunächst als radikaldemokratischer hauptstädtischer politischer Klub jakobinischer Tradition gegründet. Es hatte in den ersten Jahren einen unerwartet zahlreichen Zulauf in der Provinz, begünstigt durch den Zerfall der Dépôtorganisation und die Mißerfolge der Geheimbünde. Zwischen Carboneria und TDP gab es zahlreiche Personalunionen, wobei jedoch das TDP ersterer die Möglichkeit offener Propaganda und Mitgliederwerbung voraushatte. Der zunächst rein numerischen Entwicklung vom politischen Klub zur Massenorganisation trug man in den Jahren 1834–1836 durch eine organisatorische und ideologische Reform Rechnung. Als die Carboneria versuchte, die allmächtige Pariser Zentralsektion des TDP zu unterwandern, rebellierte die Provinz – für 5 Jahre wurde Poitiers der Sitz des Zentralorgans des TDP. Die Reform fand statt einerseits als ideologische Neubesinnung und Durchsetzung einer manchmal schon doktrinär zu nennenden Disziplin, was nicht ohne Flügelkämpfe und zahlreiche Ausschlüsse von ›Häretikern‹, d. h. Rechts- und Linksabweichlern vonstatten ging, andererseits durch den Aufbau einer straffen Organisation. Deren Kennzeichen war das geglückte Miteinander eines recht intensiven politischen Lebens und der Arbeit innerhalb der Organisation, d. h. an der Basis in den einzelnen Sektionen, und der fast unbeschränkten Möglichkeiten einer effektiv arbeitenden Exekutive, der »Centralizacja«, die sowohl die Arbeit innerhalb des TDP leitete als auch die alleinige Vertreterin der Organisation nach außen war. Es fand sich hier

[15] So die »Zemsta Ludu« (Rache des Volkes), vorwiegend von Carbonari gebildet, und der Lelewel'sche »Związek Dzieci Ludu Polskiego« (Bund der Kinder des polnischen Volkes) als Nebenorganisation der »Młoda Polska«.

ein begabtes Führungsteam, welches, durch demokratische Wahlen jährlich bestätigt, seinen personellen Bestand während der nächsten 12 Jahre nur geringfügig änderte. Das TDP war die wichtigste politische Kraft auf der linken Seite der Emigration und wohl die aktionsfähigste Organisation überhaupt. In den 1840er Jahren beherrschte es in der Heimatarbeit das Feld völlig und ist für die Initiierung des Aufstandsversuchs von 1846 verantwortlich zu machen. Es vertrat einen rigorosen demokratischen Zentralismus und kann – als zentralistisch organisierte Kaderpartei – als die erste moderne politische Partei der Polen bezeichnet werden[16].

Das ZEP (Zjednoczenie Emigracji Polskiej – Vereinigung der Polnischen Emigration) entwickelte sich aus den oben geschilderten Vereinigungsversuchen. Während diese bisher darauf beruht hatten, daß auf der Grundlage der Dépôts (d. h. nach 1833 der nur noch lose organisierten Emigrantengemeinden) entsprechende Komitees durch Wahl berufen werden sollten, bildeten sich 1837 als beachtliche Basisbewegung eigenständige Gminy (Gemeinden), die sich im ZEP zusammenfanden und versuchten, sich eine eigene Dachorganisation zu geben, welche die Führung der Gesamtemigration beanspruchen sollte. Ideologisch stand das ZEP in vielem dem TDP nahe, wies jedoch keineswegs dessen Geschlossenheit auf und setzte sich aus recht heterogenen Elementen zusammen, die von Bekennern frühsozialistischen Ideengutes bis zu versteckten Monarchisten reichten.

Der Vereinigungsbewegung der Basis fehlte es jedoch an ›langem Atem‹. Verantwortlich zu machen ist dafür vor allem, daß sich kein Führungsteam fand, das der Bewegung einen entsprechenden organisatorischen Rahmen zu geben und die Arbeit innerhalb der Organisation und der Gminy zu aktivieren vermochte. Nicht wenig trug das politische und organisatorische Unvermögen des ansonsten für die ideologische Entwicklung der Emigration bedeutenden Historikers Joachim Lelewel zum Scheitern des ZEP bei. Nach einigen Jahren gab es in dieser zeitweilig rein numerisch stärksten Emigrantenvereinigung zu viele bloße Unterschriftenmitglieder; ein wirkliches inneres Parteileben fand kaum statt; bei Wahlen fand sich selten das vorgeschriebene Quorum, und die Führungsspitze war oft genug untereinander zerstritten. Die Diversion von Seiten des TDP und der Monarchisten tat ihr Übriges. Schließlich zerfiel diese aus einer ernstzunehmenden Bewegung an der Basis entstandene, aber organisatorisch nie wirklich zustande gekommene ›Partei‹ im Anschluß an den Aufstand von 1846; ihre Reste schlossen sich zum kleineren Teil den Monarchisten, zum größeren dem TDP an[17].

Die dritte große Partei, der sogenannte »Dritte Mai«, d. h. die Monarchisten um Czartoryski, soll ebenso wie die konservative Geheimorganisation in einem anderen Zusammenhang behandelt werden.

Die Entwicklung moderner Parteien bzw. zumindest von Vorformen dazu gehört zu den großen und folgenreichsten Ergebnissen und Leistungen der Großen Emigration. Es muß als in gewisser Weise paradox vermerkt werden, daß die Nation, welche in Europa wohl über die reichste, bis zum staatlichen Untergang nie abgerissene, ja ständig weiterentwickelte Tradition ständischer Repräsentativkörperschaften verfügte, die ersten Parteien im modernen Sinne ohne ein Parlament oder auch nur die realisierbare Möglichkeit dazu hervorbrachte. Die beiden einigermaßen erfolgreich agie-

[16] S. Kalembka, TDP, S. 261 und passim.
[17] Zum ZEP siehe B. Cygler, Joachim Lelewel, S. 158–214, und Ders., ZEP, passim.

renden Parteien in der Emigration, der Dritte Mai und das TDP, waren beide Gegner einer Wiederbelebung parlamentarischen Lebens in der Emigration, verschoben die Konstituierung eines Sejm bis zur Wiedergewinnung nationalstaatlicher Unabhängigkeit und arbeiteten als kadermäßig organisierte Miglieder- und Weltanschauungsparteien. Daß die ersten modernen polnischen Parteien somit keine Wahlparteien waren noch überhaupt sein konnten, sondern sich als schlagkräftig organisierte Aktionsparteien in der Emigration bildeten, ist für die spätere polnische Parteiengeschichte von großer Bedeutung.

Der Überblick über die Emigration und ihre Organisationen wäre unvollständig, wenn nicht noch kurz auf das reiche kulturelle Leben im Exil eingegangen würde. Die Blüte der polnischen Romantik, von der man ohne Vorbehalt sprechen kann, fand vor allem in der Emigration statt. Damit ist nicht nur gemeint, daß die wichtigsten und produktivsten Künstler und Gelehrten (das literarische Dreigestirn der polnischen Romantik: Mickiewicz, Słowacki, Krasiński, dazu die Dichter Goszczyński und C. Norwid, Chopin, die Historiker J. Lelewel und K.B.A. Hoffman, die Philosophen Hoene-Wroński und B. Trentowski) in der Emigration lebten und arbeiteten. Durch zahlreiche Institutionen und Organisationen, die zur Schaffung eines wirklichen national-kulturellen Leben notwendig sind, wurden die Voraussetzungen für Produktion und Rezeption bedeutender künstlerischer und wissenschaftlicher Werke geschaffen. Diese sind nicht nur deshalb Emigrationswerke, weil ihre Autoren Emigranten waren, sondern auch, weil das erste Publikum die Emigration war, trotz des ständigen Anspruchs, für die gesamte Nation und somit auch für die Heimat zu schreiben. Das Spektrum kultureller Organisationen und Institutionen reichte von eigenen Buchhandlungen und Druckereien über literarische Salons bis zu Bibliotheken, Grund- und Oberschulen und wissenschaftlichen Vereinigungen.

Eine wichtige Rolle spielte die Emigrationspresse[18], die, meist einer politischen Organisation oder zumindest einer ideologischen Richtung verpflichtet, das Ineinandergreifen von politischen und kulturellen Aktivitäten am besten verdeutlicht. Eine wichtige Aufgabe hatten alle kulturpolitisch tätigen Organe der Emigration in der Tätigkeit nach außen – Kulturpropaganda war eine der wichtigsten Formen polnischer Propaganda in der französischen und englischen Gesellschaft.

Sozialfürsorgende, charitativ tätige Institutionen und Stipendienvereine runden das Bild der polnischen Emigrantenorganisationen ab. Besonders in Frankreich versuchte die Emigration, durch zahlreiche aus privater Initiative entstandene Organisationen staatliche Institutionen zu ersetzen und so einen nationalen Gesellschaftskörper im Exil über längere Zeit hin lebensfähig zu erhalten.

Das politische Denken der polnischen Emigranten beschäftigte sich im Grunde mit einem einzigen Thema: der Unabhängigkeit. Infolgedessen gingen alle ideologischen Programme und Auseinandersetzungen um die Frage, wie die nationalstaatliche Unabhängigkeit zu erreichen sei, mit welchen Mitteln, auf welchen taktischen und strategischen Wegen, mit wessen Hilfe, mit welchem Ziel und wie das zukünftige Polen auszusehen habe.

Chronologisch zuerst entzündete sich ein ideologischer Konflikt an der Frage, mit wessen Hilfe man die Unabhängigkeit erringen könne.

[18] Einen guten Überblick über die Geschichte der Emigrationspresse liefert S. Kalembka, Czasopiśmiennictwo emigracji.

Wie schon oben[19] kurz dargestellt, setzte der »Hoffnung auf die Kabinette« Czartoryskis der überwiegende Teil der Emigration einen fast enthusiastischen »Glauben an die Völker« entgegen. Der Glaube an den baldigen Ausbruch einer europäischen Revolution, und daß die europäischen Völker dann Polen freikämpfen werden, fand seinen Ausdruck in zahlreichen Aufrufen des Komitet Narodowy Polski, in der Mitarbeit der Polen in der Carboneria und den Kontakten mit zahlreichen Oppositionellen und Radikalen in Frankreich, Deutschland, Belgien, der Schweiz und Italien. Die Frage des Bündnispartners war keineswegs ein bloß taktisches Problem, sondern die Wahl einer der beiden Möglichkeiten – Bündnis mit den (konstitutionellen) Regierungen oder Bündnis mit den Völkern – war von Anfang an eine eindeutige ideologische Option.

Das Ausbleiben der erhofften Revolution und der Mißerfolg aller mit diesem Ziel angestrengten Bemühungen zog jedoch bald die zu erwartende Enttäuschung nach sich und bereitete der Auffassung den Boden, Polen könne und solle sich jetzt nur auf die eigenen Kräfte verlassen. Während Joachim Lelewel Anfang 1834 einem seiner Mitarbeiter schrieb:

> »Meine Meinung ist, daß die polnische Nation sich nur zu Hause und mit eigenen Kräften wiederaufrichten kann, ... ohne auf irgendwelche Hilfe zu zählen«[20],

proklamierte der wohl begabteste polnische politische Publizist seiner Zeit, Maurycy Mochnacki, der vorher einen internationalen »Absolutismus der Revolution« verkündet hatte[21], in einem an alle Emigrationsdépôts gerichteten Manifest seine neue politische These von der ausreichenden Kraft der polnischen Nation, den Kampf um die Unabhängigkeit allein und ohne Hilfe durchzuführen, indem das gesamte nationale Leben nur unter dieses Ziel gestellt und alle darüber hinausgehenden Bestrebungen, Ideen und Probleme zurückgestellt werden:

> »Niemandes Hilfe lehnen wir ab, aber an niemandes Hilfe glauben wir ... Versuchen wir, von grausamer Erfahrung belehrt, auf niemanden zu zählen, weder auf die Völker noch auf die Regierungen ... die Zeit ist gekommen, wo endlich den Träumereien ein Ende gemacht werden muß. Träumerei ist jedoch jedwede fremde Hilfe, angesichts der Mittel, deren sich die Heilige Allianz gegen die polnische Nation bedient; deshalb ist nicht nur die Diplomatie eine Träumerei; Träumerei ist ebenfalls die allgemeine Revolution. Weitaus klüger und sicherer wird es sein, uns endlich zum ersten Mal seit 100 Jahren zu sagen: rechnen wir mit allem, was sich ereignen kann, aber verlassen wir uns auf nichts und glauben wir an nichts als an uns selbst. Eine Nation, die noch nicht aufgehört hat, Nation zu sein, die noch Nation sein will, in welcher Lage sie sich auch befinde, kann sich nur allein retten«[22].

Der Ruf nach der dazu notwendigen Einigkeit verhallte jedoch ohne Folgen. Die ideologische Polarisierung war zu groß, als daß sich noch eine gemeinsame organisatorische Basis hätte finden oder man sich auf ein gemeinsames Aktionsprogramm

[19] Vgl. Kap. IV/1, S. 85f.
[20] J. Lelewel an N. N. (wahrscheinlich Józef Zaleski), Brüssel, um den 21. 1. 1834, in: J. Lelewel, Listy emigracyjne, I, S. 240.
[21] In seiner Artikelserie »Über die Revolution in Deutschland«.
[22] Pismo okólne oficerów, podoficerów i żołnierzy z Zakładu Auxerre do rodaków w emigracji (Rundschreiben der Offiziere, Unteroffiziere und Soldaten des Dépôt Auxerre an die Landsleute in der Emigration) 23. 10. 1834, zit. nach W. Łukaszewicz, Post. Publ. Em., S. 187–192, hier S. 189.

hätte einigen können. Als die großen Antipoden galten Demokraten und Aristokraten. Unter letzteren verstand man vor allem die Anhänger Czartoryskis – ihre Ansichten sollen in einem anderen Kapitel behandelt werden[23].

Auf der demokratischen Seite gab es das ideologisch wie organisatorisch sehr einheitlich auftretende TDP. Daneben agierten die als »Półśrodkowcy«[24] bezeichneten gemäßigten Demokraten, die sich organisatorisch teilweise im ZEP fanden, nie geschlossen auftraten und auch kein derart stringentes ideologisches Programm aufstellen konnten wie das TDP. Dazu gab es noch einige frühsozialistische Gruppen; hier ist vor allem das ideologisch sehr bedeutsame, wenn auch numerisch sehr kleine »Lud Polski« (Polnisches Volk) in Portsmouth und Umgebung zu nennen, das sich vom TDP wegen der Frage des Kollektiveigentums trennte.

Das drängendste Problem aller ideologischen Diskussionen war die Frage, von wem bzw. von welchen Gesellschaftsschichten der vorzubereitende Aufstand getragen werden sollte, und damit auch für wen er gemacht werden sollte. Damit war man bei der Gretchenfrage jeglicher polnischen Gesellschaftspolitik, dem Problem einer Agrarreform. Eine politische und weigehend materielle, d. h. in Form von Landbesitzverleihung erfolgende Emanzipation der Bauern und damit ein Abbau der Stellung der bisherigen politischen und gesellschaftlichen Führungsschicht, der Schlachta, wurde von deren radikal eingestellten Mitgliedern in der Emigration gefordert. Während das TDP die entschädigungslose Umwandlung des Pachtlandes in Bauernbesitz forderte, die eigentlichen Gutsbesitze aber unangetastet lassen wollte und das Problem des Landproletariats meist vernachlässigte, forderte z. B. das »Lud Polski« eine totale Expropriierung und kollektive Eigentumsverhältnisse, mit nur leihweiser Überlassung von Land und Produktionsmitteln (bis zu Handwerksbetrieben) durch die Gemeinschaft zur Nutzung an einzelne. Gemäßigte Demokraten dachten manchmal an Entschädigung des Adels durch den Staat, liberale Adlige und Konservative scheuten es meist, hier verbindliche Aussagen zu machen. Das notwendige Junktim von nationalem Aufstand und sozialer Veränderung, von den Demokraten als Lehre aus der Niederlage des Novemberaufstands in der Emigration quasi zum Glaubenssatz erhoben, von den Konservativen mit der Losung »Pierwej być, a potem radzić jak być« – »zuerst sein, und dann darüber beraten, wie« als der nationalen Geschlossenheit schädlich bekämpft, wurde spätestens ab Ende der 1830er Jahre von kaum einem Emigrationspolitiker ernsthaft mehr in Frage gestellt; strittig blieben nur weiterhin Zeitpunkt, Form und Ziel der Veränderung.

Wichtig als Hintergrund aller Varianten demokratischer Ideologien zu dieser Zeit in Polen ist die Lelewel'sche Synthese der polnischen Geschichte[25], die eine charakteristisch polnische Mischung aufklärerischer und romantischer Vorstellungen darstellte. Geschichtsbewegende Elemente waren für Lelewel Ideen. Nationen sind Individualitäten, die jede ihren »nationalen Geist« (duch narodowy) besitzen. Dieser, mit unveränderlichen und ursprünglichen Attributen versehen, gestaltet Mentalität, Sprache, Sitte, Kultur usw., mit einem Wort verwirklicht die nationale Mission. Grundtat-

[23] Siehe nächstes Kapitel.

[24] Eigentlich »diejenigen, die halbe Maßnahmen vertreten« – eine polnische Übersetzung des Begriffs »juste milieu«.

[25] Das Folgende vor allem nach: M. H. Serejski, J. Lelewel, S. 56–108; Ders., Koncepcja Lelewela, S. 311ff.; W. Łukaszewicz, Post. Publ. Em., S. LI–LIV; E. Kostołowski, Kwestia włościańska, S. 254–257; F. Bronowski, Lelewel a idea narodu.

sache der polnischen Geschichte ist der ständige Gegensatz zwischen dem Volk und dem Adel (»lud« und »szlachta«). Die Ursache dieser Auseinandersetzung liegt jedoch keineswegs in einem ursprünglich ethnischen oder gar rassischen Antagonismus[26], sondern nationale Herkunft und Charakter des polnischen Adels werden betont. Durch den inner-nationalen Gegensatz und das inhärente Postulat der nationalen Mission erhielt der Begriff der Nation einen dynamischen Charakter[27].

Ursprünglich bestand nach Lelewel bei den Slawen, und vor allem in Polen, eine demokratisch-republikanische Verfassung, die sogenannte »gminowładztwo«, also eine agrarische Gesellschaft mit Gemeinschaftseigentum, in der die Ideale der Gleichheit, Brüderlichkeit und Freiheit voll verwirklicht waren. Eine klassenmäßige Differenzierung ergab sich mit der Zeit aus kriegerischen Bedürfnissen. Die eigentlich negativen Elemente kamen aus dem Westen, insbesondere die katholische Kirche und ein Bürgertum mit fremdem Recht. Die urpolnischen Ideen jedoch wurden vom kleinen und mittleren Adel (gmina szlachecka) zwar in ihrer sozialen Geltung eingeengt, aber doch weitergetragen. Für Lelewel gab es in Polen (und in einigen anderen Ländern) keinen Feudalismus, sondern ein ursprünglicheres Allodialsystem[28]. Die innerhalb ihres ständischen Rahmens freiheitliche und tolerante Adelsdemokratie wurde korrumpiert durch Magnaten, Monarchismus und vor allem die katholische Kirche (Jesuiten).

Jetzt müsse man zu den alten Grundsätzen des »gminowładztwo«[29] zurückkehren. Das »lud«, das Volk, womit meist die bäuerlichen Schichten gemeint waren, sei im Laufe der Geschichte immer der eigentliche Träger der Nationalität gewesen, d. h. der nationalen Mission – diese Mission bestehe aber in der Verwirklichung der ursprünglichen demokratischen Verhältnisse.

Dazu war – nach Lelewel – keineswegs ein starker dritter Stand nötig; ganz im Gegenteil – städtische Gesellschaften spielten für ihn in der polnischen Geschichte nur eine negative Rolle: sie widersprachen dem »slawischen Geist« und seien auch heute nur schädlich. Der antibourgeoise Affekt, durch die Begegnung mit der sozialen Wirklichkeit der Julimonarchie nur verstärkt, ist ein unübersehbarer Faktor in der Entwicklung des Lelewel'schen Ideals einer slawischen Agrargesellschaft und hatte seinen Einfluß auch auf spätere Slawophile.

Tatsächlich ›nationalisierte‹ Lelewel praktisch die Ideen der Aufklärung und der französischen Revolution, indem er sie auf die ganz anderen gesellschaftlichen Verhältnisse Polens übertrug und in der eigenen nationalen Geschichte die Legitimation dazu fand. Die These von der Bodenständigkeit demokratisch-republikanischer

[26] Hier setzte sich Lelewel bewußt von zeitgenössischen Ideen über die Entstehung des Adels als Eroberungsvolk ab, z. B. von Thierry oder Guizot. Während einige Dichter (zeitweise Mickiewicz, Słowacki) und Historiker (Szajnocha, Lewestam) die Eroberungstheorie vertraten, ging fast die gesamte Emigration von einem einheitlichen Ursprung der polnischen Nation aus, vgl. S. Pigoń, Problem ludu-narodu, S. 35–38.

[27] F. Bronowski, Lelewel a idea narodu, S. 95: »Die Nation ist für Lelewel kein Gebilde der Stagnation oder der inneren Harmonie, . . . sondern eine Ganzheit aus brodelnden Konflikten und Gegensätzen, die schöpferisch auf ihre Entwicklung einwirken«.

[28] Siehe darüber ausführlich M. H. Serejski, Koncepcja Lelewela, S. 313ff.

[29] Während mit »gminowładztwo« ursprüngliche demokratische Verhältnisse bezeichnet wurden, benutzte man für die moderne Zeit in der damaligen Publizistik auch häufig den Ausdruck »wszechwładztwo ludu«, womit der französische Ausdruck »souveraineté du peuple« übersetzt wurde.

Grundsätze brauchte nicht mehr nur auf die Adelsrepublik als Argument zurückzugreifen, sondern ging – gesellschaftlich und ideologisch – viel weiter, fand daher aber auch einen fast nahtlosen Anschluß an die radikaldemokratischen bzw. frühsozialistischen Ideologien Westeuropas.

Bei allen erbitterten ideologischen Streitigkeiten gab es jedoch einige Grundeinstellungen und neu auftretende Tendenzen, die allen Gruppierungen gemeinsam waren, wenn sie sich auch verschieden auswirkten. Das betraf vor allem die in Herder'scher Tradition stehende Vorstellung von einer nationalen polnischen Mission. Hatte man sich nach 1815 noch einer Art aufklärerischem Kulturimperialismus[30] verschrieben, so erhielt der Missionsgedanke spätestens mit der Novemberinsurrektion zusehens romantische Züge. Der Einfluß der Mazzini'schen Ideen tat in der Emigration sein Übriges. Die in Westeuropa als »Sturmvögel der Revolution« und »Winkelried Europas« apostrophierten Emigranten glaubten unbedingt an eine polnische Mission der Freiheit; nach Lelewel sollte Polen die urslawische Freiheit wiederherstellen; das TDP sah es als die Aufgabe der polnischen Nation an, die Losungen der französischen Revolution in Osteuropa zu verbreiten und zu schützen[31]. Diese Sendung Polens als »antemurale libertatis« stellte eine Weiterentwicklung der traditionellen Vorstellung von Polen als »antemurale christianitatis« dar. Auch Letzteres wurde häufig in der Emigration vertreten.

In übersteigerter Form fand der Missionsgedanke Ausdruck in den Theoremen und messianistischen Prophezeiungen der Dichter (Mickiewicz, Słowacki, Krasiński, Zaleski) und der spekulativen Geschichtsphilosophie (Trentowski, Hoene-Wroński, Cieszkowski) sowie bei den Adepten der frühsozialistischen Lehren Saint-Simons (Bohdan Jański), Fouriers (Jan Czyński), Cabets (Królikowski), Buchez' (J. Ordęga), dem »Lud Polski« und anderen. Mickiewicz erreichte nicht nur bei seinen polnischen Lesern eine nachhaltige Wirkung mit seinen »Büchern der polnischen Nation und der polnischen Pilgerschaft« (1832), wo er in biblischem Stil die Freiheitsmission Polens verkündete: überall, wo man in Europa um Freiheit kämpft, kämpft man um Polen; Polen und sein staatlicher Untergang erhalten eine religiöse Weihe – als Christus Europas; Polen als der Erlöser Europas, Polen muß leiden um Europas willen und kann erst mit Europa zusammen frei werden, – ein vielleicht exotisch anmutender, aber für die Zeitgenossen sehr wirkungsvoller Beitrag zum Problem: die Rolle Polens in Europa.

Mickiewicz schloß sich in den 1840er Jahren dem »Propheten« Andrzej Towiański an, der mit einem unklaren Konglomerat mystisch-chiliastischer Vorstellungen (u. a. auf Swedenborg basierend) nationale und menschheitliche Erlösungsideen propagierte und für einige Zeit in der Emigration viel Aufsehen erregte.

[30] M. Handelsman beschrieb ihn als »impérialisme moral d'une nation vaincue, qui n'a rien abdiqué. Elle se prépare à de nouvelles conquêtes, mais dans la domaine de la culture« – M. Handelsman, La politique slave, S. 440.

[31] Im »Wielki Manifest« (Großes Manifest) des TDP von 1836 heißt es: »Nur ein unabhängiges und demokratisches Polen ist dazu fähig, seine große Mission zu erfüllen, die Allianz des Absolutismus zu zerreißen, ihren verderblichen Einfluß auf die Zivilisation des Westens zu zerstören, die demokratische Idee unter den Slawen zu verbreiten, welche heute als Werkzeuge der Unterjochung dienen, mit dieser Idee sie zu vereinen und durch seine Tugenden, durch die Reinheit und Stärke seiner Seele sogar der allgemeinen Emanzipation der europäischen Völker einen Anfang zu geben« – zit. nach W. Łukaszewicz, Post. Publ. Em., S. 445.

Eng mit dem Missionsgedanken zusammen hing die Ausbreitung slawophiler Ideen. Dabei distanzierte man sich ausdrücklich von jeglicher Art prorussischen Panslawismus', sondern sprach, meist in der Nachfolge Lelewels, von den den Slawen eingeborenen demokratischen Ideen. Der Kampf gegen das zaristische Rußland erhielt damit welthistorische und auch transzendentale Qualität, denn die Slawen sollten von dem »moskowitischen« Irrweg erlöst und ihrer wahren, demokratischen Bestimmung zugeführt werden. Die Vorreiterrolle Polens wurde hier meist stillschweigend vorausgesetzt.

Während die Haltung der Emigration, besonders ihres demokratischen Teils, zur katholischen Kirche zu Beginn indifferent oder sogar feindlich war, vor allem wegen der politischen Anlehnung der Kurie an Österreich und der Verurteilung des Aufstands von 1830 durch den Papst, ist trotzdem in den 1830er Jahren eine deutliche religiöse Renaissance festzustellen. Sie fand ihren Ausdruck in einer zunächst ursprünglichen Religiosität, die sich als Form und infolge einer romantischen Reaktion gegen den Rationalismus und die vor 1830 in Polen das intellektuelle Leben noch weithin bestimmenden aufklärerischen Traditionen ausbildete (in zeitlicher Phasenverschiebung zum übrigen Europa). Diese Bewegung fand zahlreiche Vertreter in kleinen literarischen und politischen Gruppen und Gestalten und hatte indirekt Einfluß auf die Ideologien aller Richtungen. Man ist versucht, ab etwa 1833 von einer zunehmenden ›Romantisierung‹ der politischen Ideologien in der Emigration zu sprechen.

Eine der wichtigsten Leistungen der Großen Emigration im Rahmen der polnischen Nationalgeschichte besteht ohne Zweifel in der ungemein raschen und grundlegenden ideologischen Weiterentwicklung. Adam Lewak charakterisiert diese Rolle folgendermaßen:

> »Das Fehlen einer Freiheit des Wortes in der Heimat, die Anzahl und vor allem das hohe Niveau der Emigration bewirkten, daß sie die Funktion der ganzen Gesellschaft auf sich nahm und ein Laboratorium wurde, in dem in einer Atmosphäre wissenschaftlicher Arbeit, in der Kritik der letzten Revolution, im Kampf und Streit um Programme sich die leitenden Ideen bildeten und die geistigen Elemente künftiger Generationen formten«[32].

Bei dieser Entwicklung wurden oft Positionen erreicht und vertreten, die dem sozialen und ökonomischen Entwicklungsstand der Heimat kaum entsprachen[33]. Dieses Phänomen ist bei politischen Emigrationen wohl nichts Seltenes. Die schnelle Radikalisierung der Emigration – auf ideologischen Grundlagen, die oft schon vor 1830 angelegt waren – ist wohl zum Teil darauf zurückzuführen, daß den emigrierten adligen Revolutionären und demokratischen Ideologen die soziale und wirtschaftliche Basis

[32] A. Lewak, Przemiany ideowe, S. 520.

[33] Ein demokratischer Publizist beschrieb dies 1834 folgendermaßen: »Die jetzige Emigration bietet einen besonderen Anblick. Sie umfaßt alle Elemente, aus der sich die verlassene Heimat zusammensetzt. Im Vertrauen auf die Wiedergeburt des Vaterlands entwickelt sie in der Fremde den Streit um die Grundsätze, die zur Erkämpfung der Unabhängigkeit und zur Einrichtung des befreiten Landes dienen sollen. Dieser Streit, den Dummköpfe und Schurken schädliche Zwietracht nennen, ist der Beweis einer höheren geistigen Einstellung, was der jetzigen Emigration eine unendliche Überlegenheit über frühere Emigrationen gibt. Dieser Streit ist schon wichtig für die Sache des Vaterlands, sie macht sich auch um die allgemeinen [= allgemein europäischen und menschlichen] Angelegenheiten verdient« – aus der Zeitschrift »Postęp« (Fortschritt), Paris 1834, S. 117, hier zitiert nach W. Łukaszewicz, Post. Publ. Em., S. 230.

als ständig in der Heimat vor Augen stehende Realität fehlte. Der Wegfall dieses ›Bremsfaktors‹ gab den ideologischen Anstrengungen der Emigration manchmal die von Lewak beschriebene Atmosphäre eines politischen Versuchslabors. Die Rezeption der Emigrationsideologien und -konzepte in der Heimat konnte daher nicht ohne Konflikt vor sich gehen und brachte dort, wo sie forciert durchgesetzt wurden, recht unerwartete Ergebnisse[34]. Trotzdem ist die langfristige Wirkung unübersehbar.

Eng damit zusammen hängt das Selbstverständnis der Großen Emigration. »Die Emigration wurde« – nicht nur – »ein Miniaturpolen, ein Mikrokosmos der Angelegenheiten, mit und von denen die ganze Nation lebte«[35], sondern sie fühlte sich auch durch das Faktum, aus politischen, patriotischen Gründen das Schicksal des Exils gewählt zu haben, dazu legitimiert, die polnische Nation zu vertreten[36]. Wenn das Lelewel'sche Komitet Narodowy Polski verkündete:

> »Nie ma ojczyzny, gdzie nie ma wolności – Es gibt dort kein Vaterland, wo es keine Freiheit gibt«[37],

so hieß das: da Polen in Unfreiheit lebt, muß die Emigration, die eine relative Freiheit genießt, die Nation vertreten, ja die Emigration stellt die Nation dar, zumindest ihren wichtigsten Teil. Maurycy Mochnacki beschrieb die Funktion der Emigration mit folgendem Bild:

> »Die polnische Emigration muß verglichen werden mit dem Wipfel eines Baumes, der seine Wurzeln im Innern der vaterländischen Erde hat. Jede Erschütterung dieser Krone in der Luft läßt sich, wie durch eine elektrische Kraft, am Fuß verspüren. In dieser Gestalt werden die Beziehungen zur heimatlichen Erde nicht aufhören, sie in ständiger Bewegung zu halten, und die Trauer wird kein Ende nehmen«[38].

Die Charakterisierung der Emigration als Repräsentanten der Nation findet sich in zahlreichen publizistischen Erzeugnissen der Emigration. So sprach A. Mickiewicz davon, die Blicke der Nation seien auf die Emigration gerichtet,

> »auf diese riesige Gesandtschaft, die vor das Angesicht der Völker Europas geschickt wurde«[39].

[34] So z. B. der Bauernaufstand in Galizien im Anschluß an den nationalen Aufstandsversuch in Krakau 1846. Das ungemein komplizierte Problem des Verhältnisses Große Emigration – Heimat ist bisher umfassend noch nicht behandelt worden. Einen interessanten Versuch in diese Richtung machte Marceli Handelsmann in seiner Biographie Czartoryskis, I, S. 205–217.

[35] A. Zieliński, Emigracyjny Dziennik Narodowy, S. 124.

[36] Im Aufruf zur Bildung des ZEP heißt es z. B.: »Die Emigration gewann allein durch die Tat, die Heimat zu verlassen und die dort herrschende Ordnung nicht anzuerkennen, den Charakter des Repräsentanten des revolutionären Polens«, in: Do Ogółu Emigracji Polskiej Komisja Korespondencyjna w Poitiers (Die Korrespondenzkommission in Poitiers an die Allgemeinheit der polnischen Emigration), Poitiers 27. 11. 1837, hier zitiert nach W. Łukaszewicz, Post. Publ. Em., S. 315.

[37] Komitet Narodowy Polski w Paryżu do Wojowników Polskich (Das Polnische Nationalkomitee in Paris an die polnischen Krieger), Paris 25. 12. 1831, hier zitiert nach W. Łukaszewicz, Post. Publ. Em., S. 9.

[38] M. Mochnacki, O charakterze polskiej emigracji (Über den Charakter der polnischen Emigration), zuerst erschienen in der Zeitschrift »Pamiętnik Emigracyi Polskiej«, Paris 1. 7. 1832, hier zitiert nach M. Mochnacki, Pisma rozmaite, I, S. 109.

[39] In der Zeitschrift »Pielgrzym Polski« (Der polnische Pilger) vom 20. 3. 1833, hier zitiert nach W. Łukaszewicz, Post. Publ. Em., S. 111.

Für den General Dwernicki sah »die Heimat in uns ihre Hoffnung, und Europa die Repräsentanten Polens in Frankreich«[40]; Ähnliches findet sich in den Verlautbarungen des von Mochnacki beeinflußten Dépôts Auxerre[41], der »Konfederacja Narodu Polskiego«[42], des »Ogół Emigracji Polskiej w Londynie« (Allgemeine Versammlung der polnischen Emigration in London)[43], des ZEP und bei anderen.

Der Titel »Repräsentation« beinhaltete jedoch mehr als nur Botschafter einer unterdrückten Nation zu sein. Die emigrierte Elite der polnischen Nation sah in ihrem Exil eine Fortsetzung des Aufstands und beanspruchte angesichts der Friedhofstille in der Heimat die Führungsrolle in der Vorbereitung des weiteren Befreiungskampfes. M. Handelsman spricht deshalb von einer »grundsätzlich monopolistischen Einstellung der gesamten Emigration in ihrer Haltung zur Heimat«[44].

Die Satzungen sowohl des Lelewel'schen Komitet Narodowy Polski als auch des Dwernicki'schen Komitet Narodowy Emigracji Polskiej bestimmten in diesem Sinne als ihre wichtigste Aufgabe, »über die nationalen Interessen Polens zu wachen«[45] – also nicht etwa nur eine administrative Verwaltung von Belangen der Emigration. Für letzteres Komitee war die Emigration »ein unschätzbarer nationaler Schatz«, ja schlechthin «. . . die Fortsetzung unseres nationalen Lebens«[46]. Das Leben in der Emigration ist das einzige, »das der Nation in uns blieb«, und »solange wir daher nicht den Charakter von Repräsentanten des Anliegens eines 20-Millionen-Volkes in uns selbst vertilgen werden, solange wird die Emigration nicht aufhören, das erste Interesse Polens zu sein«[47].

Die Satzung der Konfederacja Narodu Polskiego sah die Wahl eines Konföderiertenrats und eines Marschalls vor, sobald die Mehrheit der Emigration beigetreten sei (was übrigens nie eintraf), und beschrieb die Vollmacht dieses Rats folgendermaßen:

> »Beim Konföderiertenrat liegt die höchste Gewalt der polnischen Nation bis zu dem Moment, in dem infolge des erklärten Willens der Mehrheit der gesamten Nation eine Regierung des Landes eingesetzt wird. Der Rat ist betraut mit der Aufgabe, sich um die Wiederherstellung der Unabhängigkeit ganz Polens zu bemühen, er ist daher dazu bevollmächtigt, den Kontakt mit allen Landsleuten, wo immer sie auch wohnen, zu pflegen, Beziehungen zu den Nationen, die das polnische Anlie-

40 Józef Dwernicki do Szanownych Rodaków emigracją polską składających (J. Dwernicki an die verehrten Landsleute, welche die polnische Emigration bilden), Versailles 1835 (Flugschrift), hier zitiert nach W. Łukaszewicz, Post. Publ. Em., S. 186.

41 Siehe dessen »Pismo okólne . . .« (zit. mit Fundstelle in Anm. 22).

42 Akt Konfederacji Narodu Polskiego (Akt der Konföderation der Polnischen Nation), Versailles 1836, hier zitiert nach W. Łukaszewicz, Post. Publ. Em., S. 268.

43 Ogół Emigracji Polskiej w Londynie do całej emigracji (Die Allgemeine Versammlung der polnischen Emigration in London an die ganze Emigration), London 16. 5. 1836, zuerst in der Zeitung »Tygodnik Emigracji Polskiej« (Wochenblatt der polnischen Emigration), Paris IX/1836, S. 45f., hier zitiert nach W. Łukaszewicz, Post. Publ. Em., S. 278.

44 M. Handelsmann, Adam Czartoryski, I, S. 210.

45 Für das Komitet Narodowy Polski (»czuwać nad interesem narodowym«) siehe W. Łukaszewicz, Post. Publ. Em., S. 7, für das Komitet Narodowy Emigracji Polskiej (gleichlautend) ebd., S. 137.

46 Komitet Narodowy Emigracji Polskiej (Nationalkomitee der Polnischen Emigration), Paris 30. 10. 1832 (Flugschrift), hier zit. nach W. Łukaszewicz, Post. Publ. Em., S. 139.

47 J. Dwernicki do . . . (siehe Anm. 40), hier zit. nach W. Łukaszewicz, Post. Publ. Em., S. 184.

gen unterstützen, anzuknüpfen, Gelder aus allen möglichen Quellen beizutreiben und darüber zu verfügen«[48].

Das ZEP drückte das Selbstverständnis der Emigration noch klarer aus, indem es in der Präambel seiner Satzung erklärte:

> »Wir, polnische Emigranten, eingedenk, daß, solange die polnische Nation nicht befreit sein wird, ihre rechtmäßige und einzige Repräsentation die Emigration ist als der freie, die Novemberrevolution fortsetzende Teil der Nation, . . . eingedenk, daß zur Verwirklichung dieser Ziele« (nationale, politische und soziale Emanzipation) »die nationalen Kräfte ausreichen, daß es zur Mission der Emigration gehört, diese hervorzurufen und zu nutzen . . . «,

in Art. 51 der Satzung lapidar bestimmte:

> » . . . das Komitee« (des ZEP) »übernimmt die Führung und Leitung des nationalen Aufstands«[49],

und in den folgenden Artikeln dieser zukünftigen Regierung bis zur endgültigen Befreiung der Heimat praktisch diktatorische Gewalt zubilligte.

Gegen den Repräsentationsanspruch der Emigration trat als wichtige Stimme nur das TDP in seiner Anfangszeit auf:

> »Die Demokratische Gesellschaft verbietet niemandem, politisch für Polen aktiv zu sein, solange er nur im eigenen Namen handelt, und nicht im Namen der Nation, von der er keine Vollmacht besitzt«[50].

Auch später betonte das TDP häufig, die Emigration (hier = TDP) wolle sich nicht der Heimat aufdrängen, sondern mit ihr zusammenarbeiten[51]. Andererseits war in zahlreichen Verlautbarungen von der demokratischen Mission der Emigration die Rede, die offensichtlich nur vom TDP erfüllt werden könne[52]. De facto setzte das TDP, bei gelegentlichem Widerstand vor allem der Posener Verschwörer, seinen Führungsanspruch in der Heimat durch, vor allem durch seine Propagandamöglichkeiten und den unanfechtbaren Vorsprung, was die programmatische Geschlossenheit, ideologische Arbeit, die militärischen Kenntnisse seiner Mitglieder und die praktische Erfahrung in konspirativer Tätigkeit anging. Wenn M. Handelsman behauptet, die Centralizacja des TDP habe die Heimat »soldatisch (po żołniersku)« behandelt und nur blinden Gehorsam gefordert[53], so mag das etwas übertrieben klingen und in dieser krassen Form nur für die Tätigkeit Ludwik Mierosławskis in Posen am Vorabend des

[48] Akt Konfederacji . . . (siehe Anm. 42), hier zitiert nach W. Łukaszewicz, Post. Publ. Em., S. 269.

[49] Akt Zjednoczenia Emigracji Polskiej (Vereinigungsakt der Polnischen Emigration), Poitiers 29. 11. 1838, hier zitiert nach W. Łukaszewicz, Post. Publ. Em., S. 321 und 327.

[50] Deklaracja względem stosunków Towarzystwa Demokratycznego Polskiego i jego członków z obecną emigracją polską (Deklaration über die Beziehungen der Polnischen Demokratischen Gesellschaft und ihrer Mitglieder zur jetzigen polnischen Emigration), Paris 17. 11. 1832, hier zit. nach W. Łukaszewicz, Post. Publ. Em., S. 207.

[51] Z. B.: S. Kalembka, TDP, S. 231; Heltman/Janowski, Demokracja polska, S. 80. Ausführlich behandelte Wiktor Heltman, einer der führenden Ideologen des TDP, diese Problematik in zwei Artikeln in der Zeitschrift »Demokrata Polski« in den Jahren 1841 und 1843, nachgedruckt in: Heltman/Janowski, Demokracja polska, S. 133–139, 140–145.

[52] Vgl. die oben zitierte (Anm. 50) Deklaracja, wo das TDP sein Mandat »aus der ewigen Quelle der natürlichen und unverjährbaren Menschenrechte« herleitete, oder in den Reden W. Heltmans (Heltman/Janowski, Demokracja polska, S. 53–92 und passim).

[53] M. Handelsman, Emigracja i kraj, II, S. 47.

1846er Aufstands stimmen. Trotzdem muß auch beim TDP von dem gleichen, wenn auch nicht immer so formulierten Selbstverständnis ausgegangen werden wie bei der übrigen Emigration.

In gleicher Weise, wenn auch unter einem anderen Blickwinkel, beurteilte der Pariser Polizeipräfekt Gisquet die verschiedenen Emigrationen, die er zu überwachen hatte, und zeigte damit die Schwierigkeiten auf, die sich aus dem Anspruch der Emigranten für die Gastländer ergab:

> »En outre, les exilés italiens, allemands, polanais s'embarassaient fort peu de nous compromettre avec nos voisins: ils croyaient former chez nous une petite nation indépendante, ayant ses chefs, ses lois, sa politique, auxquelles nos autorités, nos lois, notre politique, leur semblaient devoir accorder la préséance«[54]

Das intellektuelle und gleichzeitig politische Selbstverständnis der Emigration und damit auch ihr Rollenverständnis im nationalen Kampf charakterisierte M. Handelsman folgendermaßen:

> »Trotz ihrer heterogenen Zusammensetzung ist oder wird unsere Emigration im Ausland im Ganzen ›die Intelligenz‹, anders in ihrem Charakter und Wesen als die Intelligenz zu Ende des 19. Jahrhunderts, aber die eigentliche intellektuell-geistige Schicht der Nation, ausgestattet mit dem Anspruch, diese in ihrer weiteren Entwicklung anzuführen und tief durchdrungen von der Überzeugung, sie sei die einzige ›Intelligenz‹ Polens, sowohl in der Heimat als in der Emigration, und außer ihr existiere nirgends eine echte polnische Intelligenz.
>
> Davon leitet sich auch das Recht oder der Anspruch der Emigration her, das ›echte‹ Polen allein zu repräsentieren. Außerhalb der Emigration gibt es kein und kann es kein Polentum geben: nicht nur das politische, sondern auch das ganze kulturelle Polentum dieser Zeit konzentriert sich, ihrer Meinung nach, monopolistisch in der Emigration. Bewußte Fortsetzung polnischen Schaffens und die Hervorbringung großer polnischer Werke sind umso mehr die Verpflichtung der Emigration, als sie im Glauben an den Sieg und die baldige Rückkehr ins Vaterland lebt«[55].

[54] H. Gisquet, Mémoires, IV, S. 10f.
[55] M. Handelsman, Adam Czartoryski, I, S. 206f.

3. Das Hôtel Lambert, sein nationales Programm und seine Organisationsstruktur

A.

Neben den verschiedenen demokratischen Organisationen und Strömungen bzw. im Gegensatz und in der Auseinandersetzung mit ihnen bildete sich ein meist als »konservativ« oder »aristokratisch« bezeichnetes Lager in der Großen Emigration heraus. Das Gemeinsame der sich hier zusammenfindenden oder zumindest nur schwach befehdenden Politiker – und in einem weiteren Sinne verstand sich fast jeder polnische Emigrant als Politiker – war eine mehr oder weniger prononcierte Anerkennung des Führungsanspruchs Czartoryskis sowie die Auffassung, das künftige Polen solle eine monarchische Staatsform erhalten. Dieses Lager war die Hausmacht Czartoryskis, die Basis in der Emigration, von der aus er seine eigentlichen Ziele und seine Fähigkeiten, nämlich diplomatisches, außenpolitisches Agieren auf internationalem Parkett, zu verwirklichen versuchen konnte. In diesem Sinne ist es legitim, bei den mit dieser Basis zusammenhängenden Problemen und Vorgängen von »Emigrationsinnenpolitik« zu sprechen.

In der Literatur hat sich bisher eingebürgert, in Verbindung mit der politischen Aktivität Czartoryskis in der Emigration vom Hôtel Lambert zu sprechen, wobei man letzteres meist stillschweigend als das Zentrum polnischer Außenpolitik nach 1831 versteht. In der Emigration wurde diese Bezeichnung erst ab der zweiten Hälfte der vierziger Jahre gebräuchlich. Sie leitet sich her von dem alten Palais auf der Ile St. Louis im Zentrum von Paris. Czartoryski kaufte 1843 den etwas verwahrlosten, aus dem 17. Jahrhundert stammenden Palast und machte daraus »ein Königsschloß en miniature«[1], mit zahlreichen nützlichen charitativen und pädagogischen Einrichtungen, aber auch mit vielen von den Demokraten verspotteten Anachronismen des Ancien régime.

In den letzten Jahren ist vorgeschlagen worden[2], die Bezeichnung »Hôtel Lambert« nur in Verbindung mit den außenpolitischen Aktivitäten Czartoryskis und seiner Anhänger zu benutzen, ansonsten aber für diese Emigrantengruppe den Namen »Lager des 3. Mai« (Obóz Trzeciego Maja) zu gebrauchen, in Anlehnung an die wichtigste monarchistische Organisation, das »Towarzystwo Monarchiczne Fundatorów i Przyjaciół Trzeciego Maja« (Monarchistische Gesellschaft der Gründer und Förderer des Dritten Mai) und an das wichtigste ideologische Fundament der polnischen Monarchisten, die alte Verfassung vom 3. Mai 1791. Für die Zeit bis 1843 und das Lager Czartoryskis im Zusammenhang mit den inneren Auseinandersetzungen der Emigration ist diese Bezeichnung sicherlich zutreffend; trotzdem soll in dieser Arbeit weitgehend die Bezeichnung Hôtel Lambert benutzt werden, und zwar erstens, weil damit auch die Dominanz der Außenpolitik bei Czartoryski deutlich wird, und zweitens, weil die Tätigkeit Czartoryskis nach 1831 auch in der nichtpolnischen Historiographie fast nur unter dem Namen Hôtel Lambert bekannt ist. Für ein und dieselbe

[1] M. Handelsman, Adam Czartoryski, I, S. 224.

[2] Vor allem von Hanna Lutzowa in ihrer leider noch nicht gedruckt vorliegenden Dissertation »Obóz 3go Maja«.

Gruppe zwei Bezeichnungen zu benutzen, je nachdem, ob Außenpolitik oder Emigrationsinnenpolitik betrieben wurde, ist zwar zugestandenermaßen präziser, führt aber schließlich nur zu einer unnötigen Begriffsverwirrung.

Die Gründe für die Ausbildung eines politischen Lagers um die Person Czartoryskis geben gleichzeitig Aufschluß über einige Wesensmerkmale dieser Gruppe. Da war zunächst die Tatsache, daß Czartoryski als erfahrenster Diplomat seiner Nation in den Augen vieler seiner Freunde dazu prädestiniert schien, Polen im ›klassischen‹ Sinne, d. h. in den üblichen, wenn auch durch die Emigrationssituation modifizierten Formen der internationalen Diplomatie zu repräsentieren. Das Vertrauen in einen möglichen Erfolg seiner Bemühungen war für viele Emigranten, die oft von den vergeblichen Anstrengungen der Demokraten enttäuscht waren, einer der wichtigsten Gründe, sich der Richtung Czartoryskis anzuschließen.

Wichtiger aber noch war die ›soziale‹ oder besser ›traditionelle‹ Komponente: der allererste Kern, um den herum in Paris sich die Anhänger Czartoryskis sammelten, war die Legation der Aufstandsregierung in Frankreich. Hier fanden sich vor allem zahlreiche Würdenträger des ehemaligen Königreichs, Zivilisten, hohe Offiziere und Aristokraten. Der gemeinsame Gegensatz zu den Demokraten und deren ziemlich agressives Auftreten beschleunigten die Entwicklung des zunächst recht heterogenen liberal-konservativen Lagers um Czartoryski. Die wichtigsten Personen waren hier die Generäle Karol Kniaziewicz, Józef Bem, Wojciech Chrzanowski und Henryk Dembiński, unter den Zivilisten Ludwik, Cezary und Władysław Plater, Gustaw Małachowski, Ludwik Orpiszewski, der liberale Aristokrat Teodor Morawski, Julian Ursyn Niemcewicz und der Historiker Karol Boromeusz Hoffman, Stanisław Barzykowski und Narcyz Olizar, Ludwik Pac und der Bankier Ludwik Jelski. Diese Aufzählung ließe sich noch beliebig fortsetzen – neben dem Gegensatz zu den Demokraten war die gemeinsame soziale Herkunft zunächst ein verbindendes Element; dieser ›soziale‹ Aspekt hatte jedoch auch einen Pferdefuß, denn das traditionell oft ›individualistisch‹ und innerhalb der Standesgenossen auch ›egalitär‹ ausgeprägte soziale und politische Selbstverständnis des polnischen Adels stand einer kategorischen Durchsetzung des Führungsanspruchs Czartoryskis nur allzu oft entgegen.

Letzterer wurde vor allem von den sog. »Jüngeren« oder »Elektoren« vertreten, die als ›konsequentere‹ Monarchisten die Idee vom Königtum Czartoryskis propagierten. Sie sammelten sich um den Neffen Czartoryskis, den Grafen Władysław Zamoyski, unterstellten sich Czartoryski z. T. erst relativ spät, im Laufe der dreißiger Jahre, gewannen aber durch ihr energisches Vorgehen bald bestimmenden Einfluß auf die laufenden Geschäfte; die wichtigsten von ihnen waren Ludwik Bystrzonowski, Janusz Woronicz, Antoni Walewski, Felix Breański, Stanisław Leonard Gajewski und Michał Czajkowski.

Einen nicht unmaßgeblichen Einfluß hatte auch die eigentliche Kanzlei Czartoryskis, bei der neben einigen fluktuierenden Mitgliedern[3] besonders der Publizist und Historiker Karol Sienkiewicz und der persönliche Sekretär Czartoryskis, Hipolit Błotnicki, zu nennen sind.

Dieser engere Kreis der Mitarbeiter stellte nur den Kern der Anhängerschaft Czartoryskis dar. Letztere war über die ganze Emigration verteilt; sie konnte zwar zah-

[3] Z. T. aus den schon genannten Personenkreisen.

lenmäßig nie mit den demokratischen Strömungen konkurrieren[4], war aber ein ernstzunehmender Faktor innerhalb der Emigration. Über die gesellschaftliche Herkunft dieser Anhänger läßt sich kaum eine Aussage machen – nichts jedoch berechtigt zu der Annahme, daß grundlegende Unterschiede zur allgemeinen sozialen Struktur der Emigration existierten. Die von einigen orthodox-marxistischen Autoren vertretene Annahme, es handle sich hier um eine rein aristokratische Gruppe, läßt sich keinesfalls aufrechterhalten. S. Kalembka bemerkt dazu:

»Die polnische Geschichtswissenschaft hat in der Wende der vierziger und fünfziger Jahre des 20. Jahrhunderts die Einteilung der Emigrationsgruppierungen in Lager eingeführt: konservativ-aristokratisch (Hôtel Lambert), revolutionär-demokratisch (Gromada Ludu Polskiego) und bürgerlich-demokratisch (TDP). Diese Einteilung ist sehr instruktiv, um die klassenmäßige Bedingtheit der einzelnen ideologischen Systeme darzustellen, welche von den politischen Parteien nach 1831 vertreten werden, sie hat aber ebenso ihre Fehler, vor allem, wenn es darum geht, die klassen- bzw. schichtenmäßige Zusammensetzung der einzelnen Gruppierungen aufzuzeigen«[5].

Jedenfalls befanden sich unter den Anhängern des Hôtel Lambert auch zahlreiche Emigranten kleinadliger, bürgerlicher und bäuerlicher Herkunft, besonders wenn es sich um soziale Aufsteiger handelte.

Den engsten Kreis um Czartoryski bildete seine Familie. Seine Frau, Anna Czartoryska geb. Sapieha, leitete die charitativen und auch einige kulturelle Unternehmungen des Hôtel Lambert. Von den beiden Söhnen Witold und Władysław wuchs der jüngere Władysław in den fünfziger Jahren in die Position des Nachfolgers hinein. Die politisch bedeutendsten Familienmitglieder waren der schon erwähnte Neffe Graf W. Zamoyski und die Schwiegermutter Czartoryskis, Anna Sapieżyna. Letztere war der »Finanzminister« des Hôtel Lambert; sie verwaltete das durch russische Konfiskationen zunächst beträchtlich angeschlagene Vermögen mit erstaunlicher Sachkenntnis und konnte durch kluges und einfallsreiches Wirtschaften lange Jahre hindurch der Politik ihres Schwiegersohns eine halbwegs solide finanzielle Grundlage geben.

Zamoyski besaß wohl den größten Einfluß auf Czartoryski; er galt zu Recht als das eigentliche (nicht offizielle) Haupt der monarchistischen Partei; mit einiger Vorsicht kann man ihn als den Vorläufer des Typs des radikal-konservativen Parteiführers bezeichnen.

M. Handelsman hat diese beiden Verwandten Czartoryskis als den »guten« (Anna Saphieżyna) und »bösen Geist« (Zamoyksi) des Hôtel Lambert beschrieben[6]. Diese antithetische Gegenüberstellung läßt sich sicherlich nicht aufrechterhalten. Zamoyski war der aktivste Politiker des Hôtel Lambert auf allen Gebieten, sehr energisch und konsequent, jedoch oft intolerant und manchmal taktlos, mit einem Zug zum Doktrinär. Er hatte zwar nicht den ihm manchmal nachgesagten Ehrgeiz, der Nachfolger Czartoryskis zu werden, aber er versuchte, seinen Einfluß auf möglichst

[4] Die höchste feststellbare Mitgliederzahl des »Dritten Mai« betrug 658 Personen – die Zahl der Ergebenheitsadressen an Czartoryski jedoch lag weit über Tausend. Zur Problematik der Organisierung des monarchistischen Lagers siehe weiter unten.

[5] S. Kalembka, Wielka Emigracja, S. 225.

[6] M. Handelsman, Adam Czartoryski, I, S. 224–227.

alle Tätigkeitsbereiche des Hôtel Lambert auszudehnen und alle wichtigen Stellen mit ihm ergebenen Leuten zu besetzen. Die »unglückliche Hand«, die er, wie ihm nachgesagt wird, bei allen Unternehmungen hatte, lag wohl weniger an seinem Charakter als vielmehr an der allgemein ungünstigen Ausgangslage polnischer Politik zu dieser Zeit und daran, daß er in jeder Situation und auch bei ungünstigsten Aussichten initiativ wurde[7].

Zu Beginn der Emigration gab es auf der Seite des Hôtel Lambert kaum eine auch nur in Ansätzen formulierte monarchistische oder konservative Ideologie. Zwar war die Wahrung oder nur schrittweise Veränderung der bestehenden gesellschaftlichen Verhältnisse durch Reformen (abgesehen von der nationalen Frage) Grundüberzeugung der (jetzt) ehemaligen Führungsschicht Polens. Man wußte aber eher, was man nicht wollte, als das, was man wollte. Die zunächst ausgegebene Losung »Pierwey być, a potem radzić jak być« – »Erst sein, und dann darüber beraten, wie« – war zwar als pragmatische Formel durchaus akzeptabel, solange man nur in kurzen Zeitabschnitten dachte und den Ausbruch des Aufstands in den nächsten 6 Monaten voraussah. Auf die Dauer erwies sich diese Haltung jedoch als bloßer Attentismus, als eine im Grunde defensive Haltung. An dem von den Demokraten klar erkannten und vehement propagierten Junktim zwischen nationalem Aufstand und sozialer Veränderung war nicht vorbeizukommen. Das ideologische Defizit der traditionellen Führungsschicht, gepaart mit beträchtlichen Schwierigkeiten, sich in die Situation der Emigration einzugewöhnen und entsprechende Formen politischen Handelns zu finden, brachte mit sich, daß zunächst der Gegensatz zu den Demokraten das wichtigste Bindeglied war.

Czartoryski kam Ende August 1832 zum ersten Mal für längere Zeit nach Paris und traf auch zum ersten Mal auf die Problematik der Auseinandersetzungen innerhalb der Emigration – womit er sich vorher nur beiläufig und per Korrespondenz beschäftigt hatte. Nach seinem zweiten längeren Englandaufenthalt von Januar bis Juni 1833 ließ er sich endgültig in Paris nieder. Als offizieller Grund dafür galt, daß seine Frau das englische Klima nicht vertrage[8]; das mag wohl auch zutreffen, der Hauptgrund aber war wohl, daß hier eine notgedrungene Option für die Emigrationsinnenpolitik getroffen wurde: ein ständiges Verbleiben in London wäre zwar aus außenpolitischen Gründen gerechtfertigt gewesen, denn England hatte ein größeres Gewicht als Frankreich und schien auch in seinem Vorgehen kalkulierbarer; abgesehen davon, daß ein standesgemäßes Leben in London unverhältnismäßig teuer (im Vergleich zu Paris) war – ein Gesichtspunkt, der für Emigranten eine maßgebliche Rolle spielte –, hätte er damit die Emigration sich selbst überlassen. Ohne die Emigration, von der er sich zwar jedes (ihn verpflichtende) Mandat verbat, die er aber vor Fremden manchmal als Legitimation seiner Politik benutzte und für die er schon aus Solidarität eine natürliche Fürsorgeverpflichtung empfand, hätte sein Auftreten zu sehr (oder, wenn man will, noch mehr) dem eines einsamen Don Quichotte der Diplomatie geglichen.

[7] Eine maßvolle, aber nicht immer zufriedenstellende Revision der Beurteilung Zamoyskis versucht B. Konarska in ihrem Buch »W kręgu Hotelu Lambert«.

[8] M. Handelsman, Adam Czartoryski, I, S. 218.

B.

Als Czartoryski Ende August 1832 nach Paris kam, beschäftigten die polnische Emigration drei eng miteinander zusammenhängende Fragen in erster Linie: die Vorgänge in den Dépôts, die Versuche, ein neues Emigrationskomitee zu bilden und die Bemühungen, den Sejm in der Emigration zu rekonstituieren.

Während des Aufstands hatte der Sejm beschlossen, im Falle der Niederlage und Emigration könne er sich jeder Zeit und überall wieder versammeln, mit allen Rechten einer Nationalrepräsentation tagen und Beschlüsse fassen. Als Quorum wurde die Zahl von 33 Mitgliedern aus beiden Häusern festgesetzt[9]. In der Emigration versuchten einige Abgeordnete, diesen Beschluß zu verwirklichen[10]. Vom 18. Jan. 1832 an versammelten sich die in Paris anwesenden Sejmmitglieder in regelmäßigen »vertraulichen« (familijne) Sitzungen und versuchten, die zu einer legalen Rekonstituierung des Sejm nötige Zahl von Abgeordneten in der französischen Hauptstadt zusammenzubekommen. Die aktivsten Gestalten waren hier Antoni Ostrowski und Walenty Zwierkowski. J. Lelewel, dem man vorwarf, sein Komitet Narodowy Polski maße sich Attribute des Sejm an, indem es vorgebe, im Namen der Nation zu sprechen, erklärte sofort, daß sich das Komitet Narodowy Polski dem Sejm unterstellen werde, sobald das vorgeschriebene Quorum zusammengekommen sei und der Sejm sich rechtmäßig konstituiert habe. Dwernicki erklärte später im Namen des Komitet Narodowy Emigracji Polskiej das gleiche. Auch von der französischen Opposition, vor allem von Lafayette, wurden die Bemühungen um den polnischen Sejm im Exil begrüßt und unterstützt[11].

Einer Verwirklichung dieser Absichten standen zunächst zahlreiche materielle Schwierigkeiten entgegen. Gleichzeitig entwickelte sich eine lautstarke publizistische Auseinandersetzung um Rechte, Nutzen und Opportunität des Sejm in der Emigration. Die Idee des Sejm als Repräsentant und höchstes Sprachrohr der Emigration und damit der Nation war bei der Mehrheit der Emigration sehr populär. Davon zeugen zahlreiche Aufrufe und Briefe aus den Dépôts an die Abgeordneten. Dies lag zum einen in der hohen moralischen Autorität begründet, deren sich diese Institution erfreute. Zudem sollte der Sejm die legale Kontinuität des politischen Lebens der Nation verkörpern, quasi als Krönung des Anspruchs, im Exil die gesamte Nation zu repräsentieren. Zum anderen hofften viele, durch den Sejm die sich abzeichnende Auseinanderentwicklung der verschiedenen poltischen und ideologischen Richtungen aufhalten und so die organisatorische Aufsplitterung der Emigration verhindern zu können[12]. Adam Mickiewicz weitete die postulierten Funktionen des polnischen Sejm in der Emigration noch aus, wenn er Anfang 1833 schrieb:

[9] M. Rostworowski, Dyaryusz Sejmu, II, S. 118–131, 134–139, 141–143, 148–159 – Beschlüsse vom 19. und 26. 2. 1831.

[10] Siehe darüber: S. Szpotański, Sejm w emigracyi; B.Cygler, Lelewel i problem Sejmu; L. Gadon, Wielka Emigracja, S. 314–338; M. Handelsman, Adam Czartoryski, I, S. 257–259; W. Zwierkowski, O Sejmie w Emigracyi.

[11] Vgl. Lafayette an James Fenimore Cooper, Paris 8. 5. 1832, in: A. Lewak, La Fayette o Polsce, S. 106.

[12] Vgl. A. Jełowicki, Moje wspomnienia, S. 293f.

»Der polnische Sejm trägt einen zweifachen Charakter, zunächst als rechtmäßiges Organ der polnischen Nation, sodann als moralisches Organ Europas, und er muß in diesem zweifachen Charakter sprechen«[13].

Als Czartoryski Anfang April 1832 von A. Ostrowski aufgefordert wurde, an einem möglichst baldigen Zusammentreten des Sejm im Exil mitzuwirken, äußerte er sich zunächst nur skeptisch und meinte, später könne das wohl nützlich sein, aber nicht jetzt[14]. A. Ostrowski teilte die Ansicht Czartoryskis von der Inopportunität offizieller Sejmberatungen zu diesem Zeitpunkt den Sejmmitgliedern mit[15], ohne daß diese jedoch ihre Anstrengungen verminderten.

Während seines kurzen Besuchs in Paris Anfang Mai 1832 von Ostrowski wiederum auf das Sejmprojekt angesprochen, legte Czartoryski kurz darauf ausführlich die Gründe für seine negative Haltung dar[16]; diese betrafen einmal die Aufgabe eines Sejm für die nationale Frage, zum anderen seine (postulierte) Ordnungsfunktion für die Emigration. Der Sejm könne jetzt nur kraftlose Deklarationen und Manifeste herausgeben, die ohne praktischen Nutzen seien. Die hohe moralische Autorität dieser wichtigsten nationalen Institution werde entwertet, wenn sie jetzt auftrete, ohne das Enscheidendes geschehe oder getan werden könne. Erst in einer entscheidenden Situation solle der Sejm sein ganzes Gewicht in die Waagschale werfen. In einem Manifest dürfe sich der Sejm nicht auf die Wiener Verträge berufen, sondern müsse von einem ganzen und unabhängigen Polen ausgehen – dies sei aber in der augenblicklichen Lage nicht opportun. Zudem würden die Regierungen der Gastländer kaum eine offiziell und alle Rechte beanspruchend tagende polnische Nationalrepräsentation auf ihrem Gebiet dulden. Was die Ordnungs- bzw. Fürsorgefunktion des Sejm für die Emigration angehe, so sei zu befürchten, daß sich die jetzigen Zwistigkeiten in der Emigration nur im Sejm fortsetzen würden, und er daher das (unerwünschte) Komitee Lelewels bzw. ähnliche Institutionen nicht ausschalten und eine Einheitlichkeit der Emigration nicht gewährleisten könne. Dazu seien, angesichts des vorherrschend militärischen Charakters der Emigration, vor allem die militärische Führung, also die Generäle berufen[17]. Wenn die Sejmmitglieder trotz allem tagen wollten, dann sollten die Versammlungen in aller Stille stattfinden und nur privaten Charakter (vor allem vor der nichtpolnischen Öffentlichkeit) haben; ihr einziges Ziel solle sein, allen Parteiungen und der Zwietracht ein Ende zu bereiten und

»wenn diese innere Ordnung und Fürsorge für die Emigranten eingerichtet sind, muß sich der Sejm sofort vertagen, indem er das Recht, ihn wieder zu berufen, Personen überträgt, denen er die Obhut über die Interessen der Nation anvertraut«[18].

Ein wichtiger Grund für Czartoryskis Haltung war die Rücksicht auf die Meinung der

[13] Zit. nach S. Szpotański, Sejm w emigracyi, S. 102f.

[14] B. Cz. 5274, S. 77f.: Czartoryski an L. Plater, London 9. 4. 1832, ebenfalls in: A. J. Czartoryski, Korrespondencye, S. 165.

[15] BPP 551, S. 20: Protokoll der Sitzung vom 3. Mai 1832.

[16] B. Cz. 5275, S. 213–220 (Kopie): Czartoryski an A. Ostrowski, 1832 (ebenfalls Kopie in: B. Cz. 5320, S. 1–13 unter dem irreführenden Titel »Brief an die Heimat 1832«) – es handelt sich hier offensichtlich um das Schreiben an Ostrowski, das Czartoryski in seinem Brief an L. Plater vom 21. 5. 1832 erwähnt (B. Cz. 5274, S. 95, und A. J. Czartoryski, Korrespondencye, S. 175f.).

[17] Zu den gleichzeitigen Bemühungen, eine »Delegacja Generałów« (Delegation der Generäle) zu berufen, siehe weiter unten (S. 120f.).

[18] Ebd. (Anm. 16).

französischen Regierung. Am 2. Mai 1832 fragte er den französischen Außenminister Sébastiani, wie sich die Regierung zu den polnischen Sejmplänen stelle. Sébastiani mißbilligte das Unternehmen und riet Czartoryski eindeutig: »Tenez-vous à l'écart«[19].

Czartoryski riet seinen Mitarbeitern in Paris, an den Beratungen teilzunehmen und mäßigend vor allem darauf hinzuwirken, daß sie vertraulich und privat blieben und keinen offiziellen Charakter erhielten.

> »Was die Vollzähligkeit des Sejm[20] betrifft, so meine ich, daß das aufgeschoben werden muß . . . Die Erlaubnis der Regierung ist unbedingt notwendig, bevor die Aktivitäten des Sejm öffentlich, wenn auch nur partiell, werden können. Sie sollen daran denken, daß Lächerlichkeit jegliche Sympathie zunichte macht; daß der Unglückliche aufhört, interessant zu sein, wenn er sich lächerlich macht. Es gibt nichts Lächerlicheres als unzeitig und sinnlos sich aufblasende Kraftlosigkeit. Hüten wir uns vor der Lächerlichkeit; der Sejm wird jetzt nichts für unsere Sache ausrichten; in auswärtigen Angelegenheiten[21] wird der Sejm notwendig, wird gesucht sein, er soll nicht sein zukünftiges Gewicht und den zukünftigen Erfolg zunichte machen, indem er zu früh, unzeitig und ohne Notwendigkeit sich vordrängt«[22].

Dazu kam noch der für Czartoryski wichtige Gesichtspunkt, daß er durch eine Teilnahme an dieser »Lächerlichkeit« seine eigene Autorität und damit seine Möglichkeiten auf diplomatischem Parkett verminderе[23]. Auch in einem persönlichen Gespräch konnte A. Ostrowski Czartoryski nicht zu einer Änderung seines Standpunkts bewegen[24].

Als Czartoryski Anfang September 1832 nach Paris kam, empfing er die Sejmmitglieder bei sich[25] und berichtete von seiner Tätigkeit in London, wobei er, wohl zur Vermeidung etwaiger Kompetenzdiskussionen, betonte, er habe nur im eigenen Namen und als Privatmann gehandelt. Als die Sprache auf die Aktivitäten der Sejmmitglieder in Paris kam, blieb er bei seiner Ansicht, eine offizielle Konstituierung des Sejm sei zu früh und nicht opportun. Nachdem er in einer zweiten Sitzung, diesmal in weitaus schärferer Form, vergeblich die übrigen Abgeordneten von seiner Meinung zu überzeugen versucht hatte[26], blieb er allen weiteren Sitzungen des noch immer

[19] B. Cz. 5294, S. 39ff.: Conférence du Prince Czartoryski avec le Cte Sébastiani à Paris le 2 mai 1832.

[20] Gemeint ist das vorgeschriebene Quorum von 33 und die damit aktuell werdende Konstituierung.

[21] Gemeint ist: im Falle eines internationalen Krieges.

[22] Czartoryski an die Legation, London 15. 5. 1832, in: A. J. Czartoryski, Korrespondencye, S. 172–174.

[23] B. Cz. 5274, S. 95 (Stenogramm): Czartoryski an L. Plater, London 21. 5. 1832, ebenfalls in: A. J. Czartoryski, Korrespondencye, S. 175f.

[24] Anfang Juni 1832 – detaillierte Schilderung in einem Brief an F. Wołowski (siehe Kap. IV/1, Anm. 106, 167 u. 185); eine Inhaltsangabe bei W. Zwierkowski, O Sejmie w Emigracyi, S. 11.

[25] BPP 551, S. 69–76: Protokoll der Sejmsitzung bei Czartoryski am 4. 9. 1832 – aus einer Notiz geht hervor, daß auf Verlangen Czartoryskis diese Sitzung nicht protokolliert wurde; ein Protokoll wurde jedoch (offensichtlich etwas später) auf Grund der Notizen des Abgeordneten Wołowski angefertigt. Ebenfalls bei W. Zwierkowski, O Sejmie w Emigracyi, S. 13.

[26] Ebd., S. 13, und BPP 551, S. 79–81: Sitzung vom 6. 9. 1832. Einen Tag später beschwor Czartoryski zwei seiner Mitarbeiter, in den Sejmberatungen, die ja leider nicht zu verhindern seien, allen ihren Einfluß aufzubieten, damit eine formelle Konstituierung nicht zustande käme – B. Cz. 5450, S. 479f.: Czartoryski an S. Barzykowski und G. Małachowski, Paris 7. 9. 1832 (Kopie).

ohne das vorgeschriebene Quorum nur vertraulich tagenden Sejm fern. Auch ein weiterer Briefwechsel änderte nichts: als die Sejmmitglieder Czartoryski erklärten,

> »... schließlich ist es unser Ansicht, daß, wenn eine so bedeutende Anzahl von Sejmmitgliedern es für notwendig hält, sich im richtigen Quorum zu versammeln, es nicht erlaubt ist, sich individuell davon auszuschließen«[27],

antwortete er, keine Briefe, sondern nur Ereignisse könnten seine Ansicht ändern[28].

Anfang Januar 1833 kam schließlich das vorgeschriebene Quorum zusammen. Als jedoch der Sejm sich konstituieren wollte, verlangte eine Czartoryski unterstützende Minderheit eine vorherige Debatte über die Opportunität eines solchen Schrittes. Sie erklärte, die oben erwähnten Sejmbeschlüsse vom 19. und 26. Februar 1831 seien eine Kann-, aber keine Muß-Vorschrift; als sie überstimmt wurden, nahmen sie kurzerhand an den weiteren Beratungen nicht mehr teil und verhinderten so, daß sich das Quorum von 33 Abgeordneten und Senatoren fand. In der sog. »Erklärung der 11«[29] legten sie nochmals, diesmal öffentlich, ihre Gründe dafür dar. Feierliche Gegenerklärungen und weitere jahrzehntelange Versuche, den Sejm doch noch zu berufen, halfen nicht mehr: der entschiedene Widerstand des Hôtel Lambert[30] und bald darauf auch des TDP vereitelten alle derartigen Versuche.

Czartoryski blieb bei seiner Haltung, obwohl er die allgemeine Popularität der Sejmidee in der Emigration kannte[31]. Er setzte durch sein Vorgehen viel aufs Spiel, denn das Scheitern der Bemühungen um einen Sejm wurde in der Emigration allgemein ihm zur Last gelegt. Tatsächlich ist auch gerade 1833 und in den folgenden Jahren festzustellen, daß er als Person und das von ihm vertretene Programm immer unbeliebter wurden. Das gipfelte schließlich nach einem mit allen Waffen geführten publizistischen und politischen Kampf in dem »Akt gegen Adam Czartoryski, den Repräsentanten der polnischen Aristokratie« vom 29. Juli 1834[32]. Zwar ist die Tatsache, daß Czartoryski den Sejm praktisch ›platzen‹ ließ, sicherlich nicht die einzige und

[27] BPP 554, S. 119f.: Sejmmitglieder an Czartoryski, Paris 21. 11. 1832 (Kopie in: BPP 555, S. 39–41, ebenfalls in: W. Zwierkowski, O Sejmie w Emigracyi, S. 16, und L. Gadon, Wielka Emigracja, S. 325f.).

[28] BPP 555, S. 41–43: Czartoryski an A. Ostrowski, Paris 4. 12. 1832 (Kopie, ebenfalls in: B. Cz. 5275, S. 69, und in: L. Gadon, Wielka Emigracja, S. 326). Siehe auch W. Zwierkowski, O Sejmie w Emigracyi, S. 19.

[29] »Akt jedenastu« – BPP 555, S. 77–79, ebenfalls in: L. Gadon, Wielka Emigracja, S. 333, und bei W. Zwierkowski, O Sejmie w Emigracyi, S. 22.

[30] Auch als 1840 versucht wurde, im Zusammenhang mit der Hoffnung auf eine kriegerische Entladung der Orientkrise den Sejm zu konstituieren, war Czartoryski dagegen, wiederum mit dem Hinweis auf die Inopportunität (Rede vom 29. 11. 1840, in: A. J. Czartoryski, Reden, S. 58–70). Erst 1846 und 1848 versuchte Czartoryski, den Gedanken eines Sejm im Exil wiederzubeleben und für seine Ziele nutzbar zu machen, aber ohne nennenswerte Resonanz.

[31] B. Cygler, Lelewel a problem sejmu, S. 110.

[32] »Akt przeciw Adamowi Czartoryskiemu, wyobrazicielowi polskiej arystokracji«, – Text bei W. Łukaszewicz, Post. Publ. Em., S. 165–177. Die Erklärung wurde herausgegeben von der Komisja Korespondencyjna (Korrespondenzkommission) in Poitiers, deren eigentliche Aufgabe die Ausarbeitung einer Satzung für ein neues allgemeines Emigrationskomitee sein sollte, die in Wirklichkeit aber nur mangelhaft verschleiert Initiativen des TDP ausführte; bis Ende 1834 fanden sich immerhin 2840 Unterschriften unter der Erklärung – siehe S. Kalembka, TDP, S. 52f.; L. Gadon, Wielka Emigracja, S. 441–446; inwiefern die Aktion gegen Czartoryski von der internationalen Carboneria gesteuert und inszeniert wurde, wie C. Chowaniec in seinen interessanten Ausführungen nachzuweisen versucht (C. Chowaniec, Druga banicja), kann hier nicht entschieden werden.

noch nicht einmal die wichtigste Ursache für seine wachsende Unpopularität, bestimmt aber einer der ersten Anlässe dazu. Daß er dieses Risiko bewußt einging, zeugt davon, daß er hierfür gewichtige Gründe haben mußte. Darunter haben die schon aufgeführten offen deklarierten Begründungen zweifellos eine große Bedeutung, sind aber keineswegs erschöpfend. Czartoryski mußte befürchten, daß ein zustandegekommener Sejm, dessen Autorität dann schwerlich offiziell zu negieren war, seine politische Bewegungsfreiheit hemmen werde; er wußte gleichzeitig, daß er die Mehrheit des Sejm wohl nicht für seine außenpolitische Linie gewinnen werde. Er sah voraus, daß der Sejm, ähnlich wie während des Novemberaufstands, Exekutivbefugnisse beanspruchen werde. Als den Hauptgegner in der Emigration sah er die demokratische Richtung um Lelewel an[33] – diese konnte entweder den Sejm ablehnen, desavouieren und damit kraftlos machen, oder im Sejm die Übermacht gewinnen und ihn beherrschen; beide Möglichkeiten waren für ihn nicht akzeptabel. Er selbst sah wohl kaum eine Chance, im Sejm eine Mehrheit für sich zu gewinnen und ihn somit als Instrument benutzen zu können. Die beiden wichtigsten Punkte aber waren die Mandatsfrage und die Organisierung der Emigration.

Bei dem Problem, wie die Emigration zu organisieren sei, setzte Czartoryski zunächst auf die Durchsetzung militärischer Ordnungsprinzipien. Diese Lösung bot sich für ihn deswegen an, weil damit seiner Meinung nach am besten der Tatsache Rechnung getragen wurde, daß die Mehrzahl der Emigranten in der Aufstandsarmee gedient hatten. Die ursprüngliche Hoffnung, daß man polnische Legionen in französischen Diensten aufstellen könne, stand bei diesem Gedanken Pate. Er wurde auch von einigen Generälen, vor allem von Karol Kniaziewicz und Józef Bem, dem sog. »Vater der Emigration«[34], vertreten, fand aber bei der französischen Regierung, die zunächst eine solche Lösung nicht ausgeschlossen hatte, immer weniger Gegenliebe[35]. Durch die strenge Aufrechterhaltung militärischer Ordnungsprinzipien glaubte man, den Demokratisierungsbestrebungen Einhalt gebieten und dem wachsenden Einfluß der »Lelewelisten« entgegenwirken zu können.

Die Idee, ein Komitee der Generäle zu bilden, entstand schon relativ früh[36], wurde aber offensichtlich zunächst nicht weiterverfolgt. Im Frühjahr 1832 übernahmen die beiden Dépôts Avignon und Besançon die Initiative in dieser Richtung: unzufrieden mit der Usurpation der Repräsentation Polens durch das Lelewel'sche Komitee, versuchten sie, eine »Rada Centralna« (Zentralrat), etwas später eine »Delegacja Generałów« (Delegation der Generäle) in Paris zu berufen, die entweder neben dem Nationalkomitee stehen oder an dessen Stelle treten sollte[37]. Die dafür vorgesehenen hohen Offiziere versammelten sich zwar kurz darauf, von Gen. Kniaziewicz zusammenge-

[33] Das TDP spielte zu dieser Zeit noch keine wichtige Rolle.

[34] Diesen Ehrentitel erhielt Bem, da er als einer der Hauptorganisatoren des Durchzugs der Polen durch Deutschland galt und sich unermüdlich darum bemühte, die in Preußen internierten Offiziere und Soldaten zur Emigration zu bewegen.

[35] Vgl. die Unterhaltung des General K. Kniaziewicz mit französischen Ministern 1831/32 bei M. Sokolnicki, Les origines, S. 215–219, 228–232.

[36] Czartoryski an die Legation, Soissons 13. 12. 1831, in: A. J. Czartoryski, Korrespondencye, S. 138f.; Kniaziewicz an Czartoryski, Paris 24. 12. 1831, in: M. Sokolnicki, Les origines, S. 225–227.

[37] Die diesbezüglichen Projekte und Äußerungen sind z. T. in sich widersprüchlich; siehe dazu L. Gadon, Wielka Emigracja, S. 214–226; etwas schiefe Darstellung bei M. Sokolnicki, Les origines, S. 176–184.

rufen, am 9. Mai 1832 in Paris, erklärten jedoch sofort, dies aus eigenem Antrieb und Kraft ihres Ranges zu tun, nicht jedoch, weil sie von Rangniedrigeren berufen worden seien. Diese kategorische Absage an die sich ausbildenden demokratischen Organisationsformen in den Dépôts stieß auf großen Unwillen. Eine Adresse an den französischen König, in der dieser gebeten wurde, die »Delegacja Generałów«[38] als einzige Repräsentation des polnischen Militärs in Frankreich zu bestätigen, kam inoffiziell mit der Aufforderung zu geringfügigen Textveränderungen zurück. Die Mehrzahl der um ihre Popularität besorgten Generäle nahmen dies zum Vorwand, sich von dem Projekt zurückzuziehen, und die Hauptprotagonisten Bem und Kniaziewicz mußten schließlich das Scheitern konstatieren. Eine problemlose Weiterführung militärischer Ordnung war in der Emigration offensichtlich nicht mehr möglich, wenn schon die traditionelle militärische Rangelite, die Generäle, ihre Führungsrolle, die von unten her angezweifelt wurde, jetzt selbst nicht mehr wahrnehmen konnte noch wollte.

Czartoryski unterstützte die Bemühungen um die Delegacja Generałów, denn er sah darin ein Gegenmittel sowohl gegen die Aspirationen der Sejmmitglieder als auch gegen den Führungsanspruch des Lelewel'schen Nationalkomitees und die Demokratisierungstendenzen in den Dépôts[39]. Außerdem lag ihm an einer möglichst wenig politisierten oder besser politisch weniger aktiven Emigrationsführung, die damit (und dadurch auch die Emigration selbst) zum bloßen Instrument für ihn funktionalisiert werden konnte. In seinen Aufrufen und Schreiben an die Dépôts betonte er deswegen in erster Linie soldatische Tugenden, Vaterlandsliebe und würdiges, ruhiges Verhalten[40]. Nach seiner Ankuft in Paris im September 1832 setzte er seine vorher über Talleyrand gelaufenen[41] Versuche fort, die französische Regierung für die Einrichtung einer rein militärischen Führung der polnischen Emigration zu interessieren. Gleichzeitig, während die Sejmbemühungen ihren Höhepunkt fanden, unternahm es Czartoryski in Memoranden und persönlichen Vorsprachen, der französischen Regierung die Opportunität einer von ihr eingesetzten oder zumindest offiziell als einzigen Gesprächspartner anerkannten Führung der Emigration und der Aufrechterhaltung mi-

[38] Kniaziewicz zog offensichtlich die Bezeichnung »Rada Wojenna« (Kriegsrat, Militärrat) vor, um den Delegationscharakter zu verhüllen.

[39] B. Cz. 5274, S. 77–79, 89, 95: Czartoryski an L. Plater, London 9. 4., 15. und 21. 5. 1832, ebenfalls in: A. J. Czartoryski, Korrespondencye, S. 165f., 172–174, 175f.; ebd., S. 177: Czartoryski an General Ramorino, o. O. 2. 6. 1832; B. Cz. 5275, S. 213–220: Czartoryski an A. Ostrowski, 1832.

[40] So z. B. im Schreiben an die Dépôts vom 17. 12. 1832, in: B. Cz. 5275, S. 49–53 (Kopie), französischer Entwurf und Kopie in: B. Cz. 5322, S. 102–108, 119–126. Nach A. Ostrowski (Quelle Kap. IV/1 Anm. 106) »rät er [Czartoryski] *Geduld, Ausdauer,* die *Sympathien der Völker* für uns durch würdiges und ruhiges Auftreten zu nähren, aber es fehlt dabei nicht viel, daß er rät zu schweigen. Er beklagt sich, daß die Polen in niemanden ihr Vertrauen zu setzen vermögen, und er gibt jedoch gleichzeitig zu erkennen, daß er, obschon mißmutig und gewissermaßen degoutiert, selbst allein mit seinen Beziehungen imstande wäre, dem – wie er sich ausdrückt – schon im Grabe liegenden Vaterland (da, wie er sagt, alle hier unsere Lage nicht anders beurteilen) Dienste zu erweisen«.

[41] B. Cz. 5274, S. 77–79: Czartoryski an L. Plater, London 9. 4. 1832, auch in: A. J. Czartoryski, Korrespondencye, S. 165f.

litärischer Zucht und Ordnung zu suggerieren[42]. Jedoch scheinen diese Vorschläge auf wenig Gegenliebe gestoßen zu sein: der französischen Regierung lag wenig daran, das mit der Opposition zusammenarbeitende Nationalkomitee durch eine ihr genehme und folgsame, aber immer noch polnische Führung zu ersetzen und so die unruhigen exilierten Militärs zu zähmen, sondern sie wollte eine geschlossene Organisation der Emigration verhindern, ihren militärischen Charakter möglichst nicht aufrechterhalten[43] und daher auch keine übergeordnete Institution der Emigration anerkennen. Der Übergang der Aufsicht über sie vom Kriegs- zum Innenministerium, die zwangsweise Auflösung der großen Dépôts und die Haltung gegenüber den Bemühungen prominenter polnischer Politiker aller Richtungen geben darüber ein eindeutiges Zeugnis.

Von noch grundsätzlicherer Natur war die Mandatsfrage. Der im vorangehenden Kapitel behandelte Repräsentationsanspruch lief auf die Usurpation eines nationalen und politischen Mandats der Emigration und besonders ihrer Institutionen hinaus. Eine Instanz, die sich als Sprachrohr der Emigration verstand, beanspruchte eo ipso auch, für die polnische Nation zu sprechen und zu handeln. Dabei tauchte zwangsläufig die Frage der Legitimation auf, auf die zwei Antworten möglich waren: einmal eine ›alte‹ Legitimation, die vor der Emigration datierte, also aus dem Aufstand oder noch aus dem Königreich, oder eine ›neue‹ Legitimation, die erst in der Emigration auf mehr oder weniger demokratische Weise entstand. Zu ersterer gehörte der Sejm, der in alter Zusammensetzung im Exil tagen sollte, ebenfalls der Führungsanspruch des letzten Oberbefehlshabers, des Generals M. Rybiński[44], der allerdings von kaum jemandem ernst genommen wurde; auch die Versuche der alten militärischen Führungsspitze, d. h. der alten und höheren Offiziere in den Dépôts sowie der Generäle in Paris, unter Aufrechterhaltung der traditionellen militärischen Ordnung die Geschicke der Emigration zu lenken, müssen hierhin gerechnet werden, ebenso das (allerdings so nie exakt artikulierte) Selbstverständnis einiger Aristokraten, als gesellschaftliche Elite auch weiterhin den politischen Willen der Gesamtnation zu verkörpern.

Zur zweiten Gruppe gehören die Komitees, Institutionen und Organisationen, die in der Emigration entstanden mit dem Ziel, diese als Einheit zusammenzufassen und für sie zu sprechen. Zu nennen sind hier das Komitet Narodowy Polski Lelewels, gewählt von den im Dezember 1831 in Paris anwesenden Polen, dann das Komitet Narodowy Emigracji Polskiej, das seine Legitimation aus der Berufung durch alle Dépôts in Frankreich bezog, wobei allerdings die Zusammensetzung das Ergebnis eines mühsam ausgehandelten Kompromisses war, der sich bald als zu labil herausstellte. Später kamen dann noch die »Konfederacja Narodu Polskiego« (1836) und das ZEP (1837–1846) hinzu. Auch das Projekt Lelewels aus dem Jahr 1840, in der Emigration einen neuen Sejm mit umfangreichen Vollmachten zu wählen[45], kennzeichnet das Be-

[42] B. Cz. 5322, S. 321–331: Note pour la réorganisation à donner aux Dépôts des Polonais, 1832; ebd., S. 231–246: Mémoire présenté au Roi des Français sur la Pologne et les Polonais, 1832 – hier besonders der 2. Teil, dieser auch in: B. Cz. 5280, S. 11–16; ähnlich, mit teilweise identischem Wortlaut: ebd., S. 17–28: Memorandum sur les Emigrés Polonais (mit Notiz: présenté au Ministère des Affaires Etrangères le 29 8bre 1832 à Paris).

[43] Es sei denn in Gestalt einer Legion in Algerien.

[44] Siehe dazu S. Przewalski, Gen. M. Rybiński, S. 215–243.

[45] B. Cygler, Joachim Lelewel, S. 182f.

streben, gesamtnationale Insitutionen zu bilden, die ihre (völlig ausreichende) demokratische Legitimation in der Wahl durch die Emigration erhielten.

Im Laufe des Jahres 1832 wurde angesichts der immer zahlreicher nach Frankreich strömenden Emigranten die demokratische Legitimation des Lelewel'schen Nationalkomitees immer zweifelhafter. Den Unwillen der Dépôts über die Usurpierung des Vertretungsanspruchs der Nation durch die sogenannten »Klubisten«[46] benutzte Czartoryski geschickt, um das ihm unliebsame Nationalkomitee zu stürzen oder zumindest seinen Einfluß zu untergraben. Absicht der Dépôts war es, selbst eine Körperschaft zu schaffen, die Emigration und Nation vertreten sollte. Czartoryski wurde eingeladen, den Vorsitz in der geplanten Institution einzunehmen[47]. Er lehnte jedoch ab unter dem Vorwand, er reise sofort wieder nach England[48]. Bei den Verhandlungen zwischen den Dépôts im August und September 1832 in Besançon und Bourges, die zur Bildung des Dwernicki'schen Komitees führten, wurde mehrmals eine Berufung Czartoryskis diskutiert, jedoch schließlich verworfen; in einer Adresse an ihn sprach man ihm Anerkennung und Vertrauen aus und erklärte, er sei auf seinem diplomatischen Posten unersetzbar, solle dort (d. h. vor allem in London) für Polen eintreten; deswegen, und keineswegs aus Mißtrauen, habe man ihn nicht in das Komitee gewählt[49]. Die Adresse konnte jedoch auch so verstanden werden, daß Czartoryski auf das Abstellgleis der Diplomatie abgeschoben werden und dort Erfolge, an denen die Mehrzahl der Emigranten (und er selbst) zweifelte, zu erzielen versuchen sollte, daß er sich aber nicht mit inneren Angelegenheiten der Emigration befassen sollte. Die Gegner Czartoryskis hofften wohl, da sie die Adresse nicht verhindern konnten, ihn damit mittelbar ausgeschaltet zu haben, um so mehr, da sie sowieso eine baldige Erhebung der Völker erwarteten.

Diese ambivalente Adresse beantwortete Czartoryski mit einem ebenso ambivalenten Schreiben[50]. Er wehrte die Gefahr ab, ohne sie beim Namen zu nennen, wenn er schrieb:

> »Il est vrai que l'action diplomatique, c.a.d. celle qui constitue les rapports des nations entr'elles, doit exercer sur l'avenir de la Pologne une influence majeure. Cependant, croyez, mes chers Compatriotes, que quelle que soit l'importance des sentiments et de la sympathie des Peuples et des Gouvernements de l'Europe pour notre cause et pour nos droits, cette importance saurait (!) être que secondaire dans les intérêts de notre avenir.
> Les nations ne meurent qu'autant qu'elles preparent elles mêmes leur propre ruine. C'est par les grandes vertus qu'elles rendent leur prospérité durable; à plus forte raison, dans les tems de désastre, ce sont les mêmes vertus qui sauvent les Etats. –

46 Gemeint sind die Mitglieder des wichtigsten politischen Klubs in Warschau, des Towarzystwo Patriotyczne (Patriotische Gesellschaft).

47 Rat der Polen in Besançon an Czartoryski, Besançon 29. 4. 1832, in: L. Gadon, Wielka Emigracja, S. 217f.; B. Cz. 5330, S. 14f.: Adresse des Dépôt Avignon an Czartoryski, Avignon 13. 5. 1832.

48 L. Gadon, Wielka Emigracja, S. 222; J. A. Potrykowski, Tułactwo Polaków, I, S. 127, 132f.

49 L. Gadon, Wielka Emigracja, S. 265, 287f.; Text der Adresse in BPP 555, S. 43–45 (Kopie), veröffentlicht in: Noworocznik Demokratyczny I/1842, S. 95, und in: L. Gadon, Emigracya polska, III, S. 299f.; auf französisch in: B. Cz. 5322, S. 97–101.

50 B. Cz. 5275, S. 49–53: Czartoryski an die Dépôts, 17. 12. 1832 (polnisch); B. Cz. 5322, S. 102–108, 119–126 (französisch).

Plus une nation est accablée, plus des calamités sont profondes, plus il faut aux hommes qui la composent de hautes qualités et un mérite néminent.

J'ai foi dans les vertus et les sentimens inébranlables de ce peuple polonais . . ."

Ohne seine bisherige Tätigkeit zu desavouieren, ließ er sich jedoch nicht auf sie allein festlegen, sondern meldete indirekt seinen Anspruch auf ein weit größeres Betätigungsfeld an. Sein Postulat der nationalen »vertu«, die er im Sinne der römischen virtus durchaus als politische Tugend verstand, mußte bei den Empfängern nur als unbefriedigend, hinhaltend, zu politischer Enthaltsamkeit auffordernd verstanden werden, vor allem, wenn er nichts als ruhiges und würdiges Verhalten forderte.

Gegen die Adresse an Czartoryski wurden schon bald Bedenken angemeldet. Den Grund der Befürchtungen beschrieb der Rat des Lagers Besançon folgendermaßen: man habe kein Vertrauen in die Diplomatie der Kabinette; Czartoryski habe keine Vollmacht von der Emigration verlangt, keine Rechenschaft über sein Tun abgelegt und die Adresse beinhalte auch kein Mandat für ihn –

». . . nous ne pouvions vous donner plein pouvoir pour agir dans ce sens. En un mot, nous avons voulu vous donner un témoignage de notre haute estime, et vous laisser le champ libre d'agir individuellement à votre gré pour la cause de notre Patrie, sans vous autoriser à le faire en notre nom, dans la voie diplomatique, à laquelle nous n'avons aucune foi«[51].

Fast gleichzeitig schrieben auch die Sejmabgeordneten an Czartoryski:

»Die Adresse, die Dir, Fürst, von den Delegierten der Dépôts überreicht wurde, . . ., kannst Du nicht als Vollmacht zum Handeln auffassen, sondern als höfliches Kompliment . . . Nur der Sejm allein kann Vollmachten zum Handeln erteilen, und jeder andere Akt darf nur als Ausfluß privater Meinungen gelten. Nur der Sejm kann den Weg zeigen, auf dem Polen befreit werden soll; nur der Sejm kann es einer oder mehreren Personen übertragen, über das Schicksal des Vaterlands zu wachen«[52].

Damit gab es de facto 4 Körperschaften, die ein Mandat der polnischen Nation für sich beanspruchten und damit auch das Recht, weitere Mandate zu erteilen: das schon in Auflösung begriffene Nationalkomitee Lelewels, das von den Dépôts gebildete Komitee Dwernickis, die Dépôts selbst und der Sejm, wobei alle bereit schienen, sich letzterem, käme er wirklich zustande, unterzuordnen. Wurde dieser Anspruch durchgesetzt, so wäre die politische Bewegungsfreiheit Czartoryskis bedeutend eingeschränkt worden. Ein einmal anerkanntes Mandat machte ihn abhängig. Sein Neffe Zamoyski charakterisierte die Gefahr folgendermaßen:

»Dein Handeln soll das bleiben, was es durch sich selbst ist, gestützt auf moralischen Einfluß; Wahlen, Mandate, angebliche Ämter beraubten es seiner wesentlichen Kraft, ohne etwas zu geben. Auch ohne Mandat hast Du, Onkel, niemanden Deinesgleichen; wenn Du hingegen ein Mandat annähmst, sähe Dich jeder Journalist als seinen Mandatar, der nicht nur der Nation und den Wählern, sondern unmittelbar ihm selbst verantwortlich wäre«[53].

[51] B. Cz. 5322, S. 109–111: Rat der Polen in Besançon an Czartoryski, Besançon 23. 11. 1832 (französ. Übers.); L. Gadon, Wielka Emigracja, S. 291, 308.

[52] BPP 554, S. 205f., und BPP 555, S. 39–41: A. Ostrowski an Czartoryski, Paris 21. 11. 1832 (ebenfalls in: W. Zwierkowski, O Sejmie w Emigracyi, S. 16, und L. Gadon, Wielka Emigracja, S. 325f.).

[53] Jen. Zam., III, S. 53 – Brief vom Herbst 1832.

Anstatt sich an einen der ›Prätendenten‹ anzuhängen und zu versuchen, über ihn eine (allerdings recht labile) Führungsposition zu erlangen, oder unter Berufung auf seine Eigenschaft als Chef der Aufstandsregierung sich ein eigenes nationales Mandat zusammenzubasteln, entschloß sich Czartoryski zu einem sehr unpopulären Schritt – indem er nämlich jegliches Mandat, dessen Existenz, Rechtmäßigkeit und Opportunität ablehnte. Den Sejmabgeordneten antwortete er, er habe die Adresse lediglich als Höflichkeitsbeweis empfunden, denn

»... meiner Meinung nach ist in den jetzigen Zeiten Mandat und Vollmacht eines jeden von uns zu individuellen (denn andere können nicht stattfinden) Schritten und Bemühungen für das Vaterland seine polnische Seele und ein festes Gewissen, daß uns nicht Geltungsbedürfnis, Herrschsucht oder Popularitätsdrang lenken, sondern der reine heiße Wille, dem Land immer und überall zu dienen im Rahmen der offenen Überzeugungen und Möglichkeiten«[54].

Etwas ausführlicher erklärte er dem Dépôt Besançon:

»Pour vous tranquilliser à cet égard je m'empresse de vous observer qu'il ne dépand (!) pas de ma volonté d'entreprendre aucune action qui pût, à proprement parler, être appelée action diplomatique – car ce genre de relations internationales n'existe qu'entre des Gouvernemens établis et qui reconnaissent réciproquement leur existence politique.

Je dois ajouter que, quoique j'attache un grand prix à l'adresse en question que je considère comme un *souvenir* précieux et flatteux de vos sentimens, il ne m'est jamais venu à l'idée de donner aux expressions qu'elle contient le sens d'un mandat, ou d'une autorisation quelconque, que personne parmi nous ne peut donner, et qui, si même elle était délivrée, ne servirait à rien et n'ouvrirait aucunement la voie de ces transactions diplomatiques, pour lesquelles vous témoignez non sans raison, tant d'éloignent (!) et de défiance«[55].

Die Gründe Czartoryskis, ein Mandat für seine Person, übertragen durch die Emigration bzw. eine ihrer Institutionen, sowie überhaupt die Berechtigung, ein solches Mandat auszugeben, abzulehnen, lassen sich folgendermaßen zusammenfassen:

1. durch die Ablehnung war er in seiner politischen Aktivität keiner Beschränkung und Kontrolle unterworfen, er war niemandem verantwortlich als seinem Gewissen und das hieß für ihn der gesamten Nation eines einst wiederhergestellten Polen;
2. er hätte in einer organisatorisch geeinten Emigration wahrscheinlich keine Mehrheit gefunden; eine zustandegekommene Einigung aber und, daraus resultierend, die Durchsetzung des Prinzips, daß politische Aktivität in der Emigration der Legitimierung in Form von Mandatsübertragung bedürfe, hätte ihn wahrscheinlich über kurz oder lang zur Untätigkeit verurteilt;
3. jegliche Institution, die derartige Mandate hätte erteilen können, also quasi eine Art Exilregierung, wäre angesichts der heterogenen ideologischen Zusammensetzung der Emigration immer zu labil gewesen, da sie nur durch einen mühsamen Kompromiß zwischen den verschiedenen Richtungen und einer Vielzahl

[54] B. Cz. 5275, S. 69f., und BPP 555, S. 41–43 (beides Kopien): Czartoryski an A. Ostrowski, Paris 4. 12. 1832, ebenfalls in: W. Zwierkowski, O Sejmie w Emigracyi, S. 19, und L. Gadon, Wielka Emigracja, S. 32.

[55] B. Cz. 5322, S. 112–117 (franz. Übers.): Czartoryski an den Rat der Polen in Besançon, Paris 10. 1. 1833 – polnische Version in B. Cz. 5275, S. 57f., und ein Fragment bei L. Gadon, Wielka Emigracja, S. 308; auf das hier zitierte Fragment folgt wörtlich die oben (Anm. 54) zitierte Passage aus dem Brief an A. Ostrowski vom 4. 12. 1832.

sehr ehrgeiziger Personen zustande gekommen wäre (was sowieso sehr unwahrscheinlich ist);

4. eine offiziell sich konstitutierende nationale Repräsentation (oder auch Exilregierung, unter welcher Form auch immer) wäre ständig zu maximalistischen Aussagen gezwungen gewesen, um zu vermeiden, etwaige Zugeständnisse schon vorher zu präjudizieren[56]. Derartige Aussagen aber hielt Czartoryski im augenblicklichen Zeitpunkt für äußerst inopportun, sie widerstrebten auch seinem ganzen politischen Habitus.

Es geht jedoch, trotz des äußeren Anscheins, nicht an, Czartoryski damit die Spaltung und Uneinigkeit der Emigration in die Schuhe zu schieben. Dafür sind tiefer liegende Ursachen verantwortlich zu machen, die in der heterogenen Struktur der Emigration und ihrer Lage begründet liegen. Außerdem vertrat das TDP in dieser Frage den gleichen Standpunkt wie Czartoryski, wenn auch aus anderen Gründen[57]. Das TDP vertrat ständig und konsequent das Prinzip des »odrębne działanie«, des separaten Handelns, motiviert vor allem aus ideologischen Gründen. Eine Analogie zu den Gedankengängen Czartoryskis ist aber keineswegs auszuschließen.

Die Bedeutung der Entscheidung, die damit um die Jahreswende 1832/33 fiel, für die weitere Geschichte der polnischen Emigration wird deutlich, wenn man sich vor Augen hält, daß das Hôtel Lambert und das TDP bald die beiden potentesten politischen Parteien der Emigration wurden. Mit dieser Entscheidung wurde der Weg offen für die weitere organisatorische Entwicklung der Emigration, für die Ausbildung aktionsfähiger großer Parteien. Das politische Engagement des einzelnen Emigranten, das mit der Zeit zwangsläufig erlahmte (die Geschichte des ZEP ist später ein deutliches Beispiel dafür), wurde durch diesen Prozeß reaktiviert, und die langdauernde Politisierung breiter Kreise der Emigration ist ohne die Parteien der Emigration nicht denkbar. Der ständige Prozeß der Spaltung schwächte zwar die Emigration zunächst, setzte aber gleichzeitig Kräfte und politische Energien frei, die bestimmend für den weiteren Verlauf der polnischen Geschichte wurden.

Damit wurde jedoch der generelle Anspruch der Emigration, in Stellvertretung der geknebelten Heimat zu handeln, keineswegs hinfällig. Die organisatorische Entwicklung der Emigration und das Mißlingen aller Versuche, alle Emigranten in einer Organisation zusammenzufassen, kann nicht über die einheitliche Haltung der Emigration zu nationalen Grundfragen hinwegtäuschen. Auch die vehementen Auseinandersetzungen dürfen nicht vergessen lassen, daß eine weitgehende opinio communis über die führende Rolle der Emigration im nationalen Kampf bestand, daß die Emigration auch weiterhin ein moralisches Mandat der Nation hatte und sie deswegen repräsentierte.

C.

Als organisatorische Alternative bot sich zunächst fast zwangsläufig die Form des Geheimbunds an. Dabei sei hier ein kurzer Exkurs in die biographische Vergangenheit erlaubt:

[56] So ist auch seine Ansicht zu verstehen, der Sejm dürfe nur vom ganzen, unteilbaren Polen ausgehen, siehe S. 117.

[57] Vgl. z. B. Kap. IV/2, S. 101 f. und 110 f.

Seit seiner Demission als russischer Außenminister 1806 hatte sich Czartoryski – mit Ausnahme einiger weniger Funktionen in der russischen Innenpolitik (Staatsratsmitglied und Kurator des Schulbezirks und der Universität Wilna) und des Aufstands von 1830/31 – nie mehr eines ordentlichen Staatsapparats bedienen können, um seine Politik zu verwirklichen. Er war gezwungen, diesen Mangel durch ›private‹ Institutionen zu ersetzen, d. h. durch geheime Organisationen und offene Vereine. Deren innere Struktur und die breit angelegten Einflußmöglichkeiten in möglichst viele Bereiche mußten über die Effizienz einer Politik entscheiden, der staatliche Institutionen kaum oder gar nicht zur Verfügung standen.

Eine gewisse praktische Erfahrung in einer solchen Art politischen Handelns hatte Czartoryski schon bei seiner Mitarbeit in Alexanders »Neglasnyj Komitet« (Geheimes Komitee) gemacht. Einige Momente der Arbeitstechnik dieses Komitees lassen sich in später von Czartoryski projektierten oder gebildeten Organisationen wiederfinden. Das Komitee sollte anonym, streng geheim und allumfassend handeln. Paul Stroganov, einer der Hauptinitiatoren, legte in einem Memorandum[58] das Hauptgewicht auf die Kenntnis der öffentlichen Meinung, der aber keinerlei Einfluß auf den Gang der Reformarbeit gestattet werden dürfe. Daraus folgte logischerweise die Geheimhaltung (»le secret doit être une des bases fondamentales de l'organisation de cette association«, d. i. des Komitees). Die Arbeit müsse regelmäßig vonstatten gehen, also in gewissem Maße institutionalisiert werden (ohne ihren geheimen Charakter zu verlieren), und schließlich sollen die Komiteemitglieder über alle Vorgänge, Mißstände, das Funktionieren und die inneren Mechanismen sowie die laufenden Geschäfte aller Zweige der staatlichen Verwaltung bis hinauf in die höchsten Regierungssstellen informiert werden.

Das Komitee, das ja seinem Anspruch, nämlich eine umfassende Reform des russischen Staatsapparats und der Gesellschaft in die Wege zu leiten, nie auch nur annähernd gerecht wurde, war eine bis Ende 1803 regelmäßig tagende Institution ohne öffentliche Legalisierung. Sein Funktionieren beruhte rein auf dem Einfluß seiner Mitglieder, der ›Jungen Freunde‹, auf den Zaren. Diese besetzten nach der Ministerialreform vom September 1802 wichtige Schaltstellen in der Regierung[59].

Verschiedene Momente finden sich in späteren Organisationsversuchen wieder: Beratung und Beschlußfassung in einem engen, verschworenen Gremium, wobei die letzte Entscheidung beim Zaren, später im Hôtel Lambert analog bei Czartoryski blieb; strengste Geheimhaltung und Abschirmung nach außen; Erforschung (und möglichst Lenkung) der öffentlichen Meinung, ohne sich von ihr beeinflussen zu lassen; umfassende Information und Erfassung möglichst aller Bereiche des politischen Lebens, und schließlich die Besetzung von Schaltstellen der Macht, um maßgebenden Einfluß auf die laufenden Geschäfte auszuüben. In anderer Form, aber mit den gleichen Grundgedanken tauchten diese Prinzipien immer wieder auf. Dahinter scheint

[58] Essai sur le système à suivre dans la réformation de l'administration de l'Empire, présenté le 9 mai 1801, in: Nicolas Mikhailovitch, Paul Stroganov, II, S. 6–11.

[59] Kočubej wurde Innenminister; Czartoryski, Novosil'cev und Stroganov wurden ›Gehilfen‹ des Außen-, Justiz- und Innenministers; zwei Sympathisanten, Alexander Voroncov als Kanzler und Paul Čičagov als ›Gehilfe‹ des Marineministers vervollständigten die Möglichkeit, auf die laufenden Geschäfte bestimmenden Einfluß auszuüben, besonders da der persönliche Kontakt zu Alexander keineswegs abriß, so daß die ›Gehilfen‹ dem Zaren oft näher standen als die Minister (J. Skowronek, Udział Czartoryskiego, S. 474f.).

eine – allerdings so nie verbalisierte – Auffassung von absoluten Steuerbarkeit der Politik und der Gesellschaft gestanden zu haben.

Als Ende 1806 das »Neglasnyj Komitet« kurzfristig wiederbelebt wurde (hauptsächlich auf die Initiative Czartoryskis hin), arbeiteten Czartoryski und Novosil'cev eine Konzeption aus, wie auf eine fast totalitär zu bezeichnende Weise alle Bereiche der staatlichen Verwaltung und des gesellschaftlichen Lebens auf den Krieg hin umorganisiert und ausgerichtet werden sollen[60]. Spätere, in der Emigration ausgearbeitete Konzeptionen eines gesamtpolnischen Aufstands sind in ihrer Totalität – bei notwendigerweise großen Unterschieden im Detail – den damaligen Plänen einer gesamtgesellschaftlichen Mobilisierung durchaus ähnlich.

Noch auf eine andere Initiative aus seiner Vergangenheit konnte Czartoryski zurückgreifen: im Juli 1813 hatte er mit einigen wenigen Vertrauten ein »Stowarzyszenie Prawdziwych Miłośników Oyczyzny« (Gesellschaft der wahren Vaterlandsfreunde) gegründet[61]. Dieser Geheimbund, dessen allgemeines Ziel Handeln im Interesse der polnischen Nationalität war in kultureller, politischer und ökonomischer Hinsicht, sollte von einem Zentralkomitee und einem Präsidenten geführt werden. Jedes Komitee-Mitglied bearbeitete eine polnische Provinz und suchte sich seine Mitarbeiter aus, für die es verantwortlich war. Nur das Komitee war über alle Absichten und Aktivitäten des Bundes orientiert. Die Mitglieder des Bundes gehörten verschiedenen Ebenen bzw. Einweihungsgraden an. Jeder durfte nur eine Person eines höheren Einweihungsgrads persönlich kennen, ohne aber über die geheimen Ziele des Bundes informiert zu sein. Auch sollte jeder so wenig wie möglich niedrigere Einweihungsgrade kennen, nur über die Resultate der Aktivitäten mußte er weiter nach oben berichten. Jeder hatte in dem ihm zugewiesenen Bereich Entscheidungsfreiheit über Detailfragen. Eine Reihe von Agenten im Ausland sollten direkt dem Präsidenten unterstehen.

Als wichtigste Aktivität sah man die Gründung oder Infiltration verschiedener offener Vereine und Organisationen an, die sich mit kulturellen, wissenschaftlichen oder politischen Problemen im nationalen Sinne beschäftigten. Die wichtigsten Stellen sollten mit Mitgliedern des Geheimbunds besetzt sein, wobei dessen Existenz natürlich geheim bleiben sollte; die meisten Mitglieder sollten gar nicht wissen, daß sie zu ihm gehörten. Wichtige Schaltstellen in Regierung, Verwaltung und gesellschaftlichen Institutionen (Militär, Kirche, Erziehungswesen, Zeitungen, Theater, politische Vereinigungen) sollten dem direkten Einfluß des Bundes unterworfen sein. Damit hoffte man, möglichst ›universal‹ aktiv sein zu können und in jedem Bereich des nationalen Lebens präsent zu sein.

60 J. Skowronek, Udział Czartoryskiego, S. 476–478. Skowronek vergleicht diese Vorschläge mit den Methoden des jakobinischen Wohlfahrtsausschusses 1793.

61 BPP 335/45: Niektóre myśli do ogólnych rysów planu Stowarzyszenia Prawdziwych Miłośników Oyczyzny (Einige Gedanken zu den allgemeinen Umrissen des Plans der Gesellschaft der wahren Vaterlandsfreunde), veröffentlicht und interpretiert in: L. Krawiec, L'Association des Vrais Polonais; diesen Geheimbund erwähnt, möglicherweise ohne Kenntnis dieser Quelle, M. Handelsman, Adam Czartoryski, I, S. 95f. Nach L. Krawiec stammt dieses Schriftstück von Józef Szaniawski, der zu dieser Zeit noch eng mit Czartoryski zusammenarbeitete. Welche Ausbreitung der Geheimbund hatte und in welchem Maße er tätig gewesen ist, läßt sich bis heute kaum feststellen – L. Krawiec führt eine Reihe von Gründungen kultureller Vereinigungen auf ihn zurück und nimmt (wohl zu Recht) eine enge Symbiose mit der polnischen Freimaurerei an.

Die hier entwickelten Organisationsprinzipien, die in vielem denen der Carboneria ähnlich waren[62], versuchte Czartoryski in der Emigration in eine konkrete Form zu bringen. Im September 1832 war Karol Sienkiewicz noch mit einem Projekt aufgetreten, eine Konföderation[63] zu bilden, die sofort und effektiv handeln könne[64]; in Anlehnung an diesen Vorschlag und in Wiederaufnahme des Projekts von 1813 wurde am 21. Januar 1833 der Związek Jedności Narodowej (Bund der nationalen Einheit) gegründet. Dieser Geheimbund sollte 5 Einweihungsstufen[65] haben: an der Spitze der Naczelnik (Führer, Chef) Czartoryski, mit der Rada Związkowa (Bundesrat), bei der alle Fäden zusammenliefen und die ihre Tätigkeit in 5 Kompetenzbereiche aufteilte: auswärtige Beziehungen, Beziehungen zur Heimat, Beziehungen zur Emigration, Finanzen und Buchhaltung; darunter ordneten sich die Rada Prowincji (Provinzialrat), Rada obwodu (Bezirksrat) und Rada Gminna (Gemeinderat). Die Basis-Einheit bildete die sogenannte Trójka, die Dreiergruppe. Die hierarchische Ordnung ging streng von oben nach unten; es wurden keinerlei Zugeständnisse an die Demokratisierungstendenzen in der Emigration gemacht. Mitglieder sollten nur nach strenger Prüfung aufgenommen werden, sie trugen eine Nummer und ein Kryptonym und durften keiner anderen Organisation angehören.

Die Ausbreitung des Związek Jedności Narodowej nahm nicht den erhofften Verlauf. Die genaue Mitgliederzahl ist nicht bekannt, sie dürfte aber über 100 nicht hinausgekommen sein[66]. Besonderes Gewicht sollte auf die Zusammenarbeit mit der Heimat gelegt werden; die intensiv vorbereitete Mission von Józef Świrski nach Galizien und der Aufenthalt von Karol Sienkiewicz in Lemberg brachten jedoch nicht den gewünschten Erfolg[67] – im Gegenteil, die Heimat blieb zunächst die kaum anfechtbare Domäne linker konspirativer Gruppen (d. h. der Carboneria, der Zemsta Ludu, ab 1834 der Młoda Polska und ihrer Unterorganisationen).

Dem Mißerfolg des im Grunde doch als Honoratiorenvereinigung funktionierenden Związek Jedności Narodowej trug Czartoryski im Laufe des Jahres 1834 zunächst durch eine Umstrukturierung an der Spitze Rechnung. Anstelle der bisherigen kollegialen Form (Naczelnik und Rada Związkowa) übernahm Czartoryski selbst die

[62] Sowohl durch die Anlehnung an eine schon existierende traditionsreiche Geheimverbindung (Freimaurerei) als auch mit der Bildung offener Expondituren, hinter denen sich der Geheimbund verbarg – bei der Carboneria jedoch fast ausschließlich in der Form politischer Klubs.

[63] Hiermit war das alte polnische Verfassungsinstitut der »Konfederacja« gemeint; deren Funktion war gewesen, die staatliche Exekutive und Legislative auszuüben, wenn die staatlichen Institutionen dazu nicht in der Lage waren (königslose Zeit, große Notzeiten); auch wurden sie oft gegen den König gebildet, wenn dieser nach Meinung der Konföderierten gegen die Verfassung oder die Interessen des Staates handelte. Diese Einrichtung stützte sich auf die Auffassung von der Souveränität der Schlachta; im gewählten Konföderiertenrat wurde nach dem Prinzip der Stimmenmehrheit abgestimmt, nicht mit der Pflicht zur Einstimmigkeit wie im alten polnischen Sejm; siehe S. Kutrzeba, Historya ustroju, I, S. 203f.

[64] Jen. Zam., III, S. 55f.; L. Gadon, Wielka Emigracja, S. 247; H. Lutzowa, Obóz 3go maja, S. 67f.

[65] B. Cz. 5281, S. 279–293: Ustawa Związkowa (Bundessatzung), Paris 21. 1. 1833.

[66] H. Lutzowa gelang es bisher, 60 Mitglieder zu identifizieren (H. Lutzowa, Obóz 3go maja, S. 544).

[67] L. Gadon, Wielka Emigracja, S. 410–417; M. Handelsman, Adam Czartoryski, I, S. 269f.; H. Lutzowa, Obóz 3go maja, S. 82f.; B. Cz. 5323, S. 1–58: Rapport Świrskis aus Galizien 1833.

Führung und berief ein 14köpfiges »Ministerium«[68] zu seiner Unterstützung. Während man in den Beziehungen zur Heimat sich zunächst darauf beschränkte, Propagandaaktionen durchzuführen und Geldmittel locker zu machen, konzentrierte sich die Hauptarbeit auf die Emigration.

D.

Gleichzeitig gingen im sog. aristokratischen Lager ideologische Veränderungen vor sich, oder, genauer ausgedrückt, ideologische Haltung und Ziele wurden vertieft, präzisiert und konkretisiert. Der nur kurz dauernden Zusammenarbeit mit Maurycy Mochnacki kommt in diesem Zusammenhang eine große Bedeutung zu[69]. Der linke Volkstribun während des Aufstands war in der Emigration politisch ziemlich isoliert, als gefürchtete Feder aber immer noch geachtet, obwohl er ideologisch fast zwischen allen Stühlen saß. Durch seine Arbeit an der Darstellung des Novemberaufstands kam er zu dem Schluß, nur die Schlachta sei die Gesellschaftsschicht, die einen nationalen Aufstand erfolgreich durchführen könne. Gesellschaftliche Veränderungen schloß er keineswegs aus, wollte sie aber auf später verschoben wissen[70]. Ein Junktim von sozialer und nationaler Revolution erschien ihm undurchführbar. Eine weitere Schlußfolgerung seiner Analyse des Aufstands war die Forderung nach einer diktatorischen Aufstandsführung. Dabei standen ihm die negative Rolle des Sejm, die Eigenmächtigkeiten der militärischen Führung und nicht zuletzt die labile Koalitionsregierung während des Aufstands vor Augen. Dies führte konsequenterweise zu dem Schluß, nur unter der Führung eines allseits geachteten und dabei zu energischem Handeln fähigen Mannes werde ein nationaler Aufstand Erfolgschancen haben. Als Person bot sich dabei Czartoryski an.

Trotz des vollkommen verschiedenen sozialen und intellektuellen Hintergrunds traf sich Mochnacki hier mit W. Zamoyski (Mochnacki war politischer Publizist, Zamoyski im Grunde ein politisierender Militär, der sich zum konservativen Parteiführer entwickelte). Die Kontakte Mochnackis zu Czartoryski gingen auch meist über Zamoyski. Er bot die Herausgabe einer Zeitschrift an, die Czartoryski finanzieren sollte, und die Organisierung eines Geheimbundes, offensichtlich ohne von der Existenz des Związek Jedności Narodowej zu wissen. Czartoryski sollte sich offiziell für einen möglichst baldigen Aufstand aussprechen, dessen Führung er autoritativ ohne irgendwelche Legalitätsrücksichten übernehme. Ein derart kompromißloses Auftreten würde ihm die Mehrheit der Nation und auch der Emigration sichern. Der Grundsatz der »silna władza«, der starken, möglichst in einer Hand vereinigten Macht, zunächst als insurrektionelle Exilregierung, dann als reguläre Aufstandsführung, stellte, konkretisiert in der Person des Aristokraten Czartoryski, eine Mischung von Konservatismus und Jakobinismus dar.

Czartoryski konnte dieses Programm nur partiell gutheißen. Eine Exilregierung würde von den Regierungen der Gastländer nicht geduldet werden, das wußte er.

[68] Auch oft Kancelaria (Kanzlei), Bióro (Büro) oder Rada Familijna (Vertraulicher Rat) genannt; siehe H. Lutzowa, Obóz 3go maja, S. 83f.

[69] T. Kozanecki, Mochnacki; B. Konarska, W kręgu Hotelu Lambert, S. 40f., 180f.; H. Lutzowa, Obóz 3go maja, S. 85–93.

[70] Siehe Kap. IV/2, S. 103.

Damit war für ihn, der den Primat der Außenpolitik nie anzweifelte, der Plan schon unannehmbar. Ein Aufstand konnte nur zu einem durch internationale Verwicklungen günstigen Zeitpunkt, möglichst mit auswärtiger Hilfe und nach langer und intensiver Vorbereitung Erfolg haben. Ein kompromißloses offenes Auftreten für einen baldigen Aufstand, den er als solchen für unwahrscheinlich hielt, ein Vorgehen, bei dem keine Hintertür offenblieb, wobei praktisch alles auf eine Karte gesetzt wurde – das alles widersprach dem politischen Habitus des immer vorsichtig taktierenden, nie sehr entscheidungsfreudigen und stets langfristig planenden Diplomaten Czartoryski[71].

Das zu erwartende Zerwürfnis zwischen Mochnacki und dem Hôtel Lambert, das den bekannten Publizisten vor allem für die Auseinandersetzungen mit den linken Gruppen benutzen wollte, verhinderte der frühe Tod Mochnackis im Dezember 1834. Zamoyski und seine Freunde versicherten sich schnell der Papiere Mochnackis. In den folgenden Jahren beriefen sie sich ständig darauf, die Erben und Fortsetzer des Werks Mochnackis zu sein. Sie machten dabei aus ihm einen Anhänger Czartoryskis und Monarchisten. Insofern spricht H. Lutzowa zu Recht von einer »großen Mystifikation«[72]. Die offensichtliche Verfälschung bzw. Umdeutung der Ansichten Mochnackis darf jedoch nicht darüber hinwegtäuschen, daß hier eine Wechselwirkung vorliegt. Der nur einige Monate dauernde Kontakt mit Mochnacki, vor allem dann die Ausbeutung von dessen Erbe setzte im Lager Czartoryskis einen Prozeß ideologischer Entwicklung in Gang, dessen Grundlagen zwar schon früher vorbereitet waren, die aber erst jetzt präzisiert, konkretisiert und damit politisch verwendbar gemacht wurden.

Die Formel »Pierwej być, a potem radzić jak być« – »Zuerst sein, und dann darüber beraten wie«, die zu Beginn gebraucht wurde, um allen Diskussionen über die zukünftige Verfassung Polens und soziale Reformen aus dem Wege zu gehen, erwies sich doch auf die Dauer als zu wenig zugkräftig. Der Richtung, welche die Niederlage des Aufstands auf die Nichtdurchführung gesellschaftlicher Reformen und den Verrat der führenden Aristokraten zurückführte, setzte man jetzt den Ruf nach dem »starken Mann« entgegen.

Mochnacki schrieb schon im Februar 1832, also lange vor seinen Kontakten mit Zamoyski:

> »Wenn es einen Kleister gäbe, um die polnischen Häupter zur Ganzheit einer Partei zu leimen, wären wir vielleicht nicht unterlegen; aber es gibt keinen derartigen Zement. In der Revolution hatten wir Cliquen, keine Parteien. Deshalb, um Polen vom Joch zu befreien, ist es nötig, daß ein ehrlicher Mensch, ein tugendhafter Cromwell, ein zweiter Kościuszko mit dem Kopf Cromwells die polnischen Geister mit einem festen Maulkorb bändigt, wenn wir aufs neue einst aufstehen werden«[73].

Zamoyski gab ähnlichen Gedanken in einer Notiz Ausdruck:

[71] Vgl. die Bemerkungen Czartoryskis über Mochnacki in seinen Briefen an Zamoyski am 25. 10. und 1. 11. 1834 (B. Cz. Ew. 1508).

[72] H. Lutzowa, Obóz 3go maja, S. 93; S. Kalembka, Wielka Emigracja, S. 245, spricht von einer »Karikatur« der Konzeption Mochnackis.

[73] M. Mochnacki an J. Lelewel, Metz 29. 2. 1832, in: L. Gadon, Emigracya polska, II, S. 22–24 (in der Neuauflage – L. Gadon, Wielka Emigracja, S. 193f. – mit sinnentstellendem Druckfehler).

»Eine zerschlagene Nation, ohne politische Existenz, die nach Unabhängigkeit strebt, benötigt zwei Bedingungen: eine allgemeine Opferwilligkeit aller unter Hintanstellung persönlicher Interessen und *einen* Mann, der mit seinem Verstand und seiner Seele diese allgemeine Opferwilligkeit zu benutzen in der Lage und willens ist. Solange dieser Mann nicht erscheint, wird sich die Nation nicht retten können. Keine Körperschaft [oder Gruppe] vermag ihn zu ersetzen«[74].

Die Auffassung eines Teils der polnischen Gesellschaft nach dem Aufstand gab die Schriftstellerin Klementyna Hoffmanowa in ihrem Tagebuch wieder:

»Wir brauchten in der Regierung einen Mann mit dem revolutionären Willen Lelewels, dem Kopf Lubeckis, dem Namen und Herz Czartoryskis. In der Armee brauchten wir einen Mann mit dem Unabhängigkeitsdrang Wysockis, dem Talent und Ruhm Chłopickis. Wir brauchten Abgeordnete mit dem Haß Niemojowskis, dem Verstand Świdzińskis. Aber zum Unglück fand unsere Revolution eines nicht, sie schuf keinen großen Mann«[75].

Die Hoffnung auf den »starken Mann«, den polnischen Cromwell, wurde immer bewußter und konsequenter auf Czartoryski gelenkt. In der Propaganda betonte man ständig, nur er sei in der Lage, mit starker Hand einen Aufstand zu organisieren und erfolgreich durchzuführen, dem Parteienstreit Einhalt zu gebieten und die Nation zu einen. Die Unvereinbarkeit von nationalem Aufstand und sozialer Revolution ergab sich daraus fast zwangsläufig.

Wenn Karol B. Hoffman schrieb:

». . . daß der Kampf um die Unabhängigkeit des Vaterlands und der Kampf um soziale Reformen, obwohl beide edel, redlich und ehrenwert, voneinander vollkommen verschieden sind, so daß sie im allgemeinen nicht zusammen stattfinden können, daß jeder von ihnen andere Notwendigkeiten, andere Bedingungen hat . . . Man kann mit einem Wort behaupten, daß der Krieg um die Unabhängigkeit von oben beginnen muß, der soziale Krieg von unten«[76],

so war das nur eine sich ›wissenschaftlich unparteiisch‹ gebende Version der Postulate Czartoryskis:

»Die Kraft kann nur echt und machtvoll sein – in der Einheit des Geistes, der Gefühle, der Bestrebungen und in der einheitlichen Richtung. Alles, was entzweit, auflöst und spaltet, ist für uns tödlich . . .

Doch von einer allgemeinen Bedingung darf nicht abgegangen werden, nämlich, daß überall die Organisation, die Aktivität, die Wahl der Mittel und der Personen, die Richtung usw. von oben nach unten gehen muß, nicht aber von unten nach oben«[77].

Die Historiker Karol Sienkiewicz[78] und vor allem Karol Boromeusz Hoffman versuchten, das Programm des Hôtel Lambert historiosophisch abzustützen. Besonders Hoffman, der erste polnische Verfassungshistoriker und Wegbereiter der »positivisti-

[74] Jen. Zam., III, S. 56: Notiz vom 11. 8. 1832 – wahrscheinlich für Czartoryski bestimmt.

[75] Zit. nach A. Kraushar, Gen. Sowińska, S. 488. Klementyna Hoffmanowa geb. Tańska war die Frau des Historikers und Mitarbeiters Czartoryskis Karol Boromeusz Hoffman.

[76] K. B. A. Hoffman, Cztery powstania, S. 68f.

[77] B. Cz. 5282, S. 69–79: Instruktionen für Dr. Marcinkowski, Mission nach Posen, Paris 14. 10. 1834, ebenfalls in: M. Handelsman, Francja – Polska, S. 277–283, hier S. 280f. (Vgl. Kap. IV/4, Anm. 4).

[78] Seine Schriften wurden gesammelt in: Pisma K. Sienkiewicza, Prace historyczne i polityczne.

schen« polnischen Historiographie[79], bemühte sich, der oben skizzierten Lelewel'schen Geschichtskonzeption[80] eine »objektivere« Deutung der polnischen Vergangenheit entgegenzusetzen – allerdings ohne vergleichbare Breitenwirkung. Hoffman leugnete die angeblich ursprüngliche Demokratie in Polen, ebenso die vorgebliche Sonderrolle Polens in der europäischen Geschichte; er betonte den segensreichen Einfluß aus Westeuropa und die Rolle eines wenn auch spezifisch polnisch modifizierten Feudalismus; die Adelsgleichheit (równość szlachecka) interpretierte er negativ, und er legte Wert auf die ursprünglich starke, dann mit der Zeit leider geminderte monarchische Zentralgewalt.

Die positive Sicht des monarchischen Elements und der Rolle des Katholizismus in der polnischen Geschichte hatte eindeutig aktuelle Implikationen. Das Gleiche gilt in noch stärkerem Maße für eine noch heute methodisch interessante Arbeit Hoffmans, in der er die Unabhängigkeitsbemühungen Griechenlands, Portugals, Hollands und Polens verglich[81]. Die Ähnlichkeit der Voraussetzungen und Bedingungen wurde hier besonders für Holland und Polen herausgearbeitet: die Funktion der Religion, die Rolle der Emigration und besonders ein ausführlicher Vergleich zwischen dem »Schweiger« Wilhelm von Oranien und Czartoryski[82]; dieser Vergleich mußte zur Erscheinungszeit (1836) als direktes Postulat aufgefaßt werden.

Die Parallele zu dem »Schweiger« macht deutlich, daß die Verbindung von Aufstandsprojekten und partiell doch recht konservativen Ansichten keineswegs als unnatürliche Diskrepanz empfunden wurde.

> »Wir können Gegner der einen oder der anderen Regierungsform sein, Gegner der Anarchie, aber niemals dürfen wir das *revolutionäre* Prinzip verdammen, jeder von uns ist Revolutionär, denn er gehörte zur Revolution, durch die Revolution wollte er die Heimat zurückgewinnen, für die Revolution verurteilte er sich zum Exil, nur durch die Revolution wird er zumindest nach Hause zurückkehren, um das Seine wiederzugewinnen. Die Regierungen vor Revolutionen zu warnen, heißt das eigene Anliegen zu verdammen, denn wenn wir das Recht haben, einen Aufstand zu machen, so hat jede andere Nation das gleiche Recht, sobald sie sich bedrückt sieht«[83].

[79] Siehe M. H. Serejski, K. B. Hoffman, passim, und M. Handelsman, Adam Czartoryski, I, S. 234–236.

[80] Vgl. Kap. IV/2, S. 104–106.

[81] K. B. A. Hoffman, Cztery powstania; verglichen wurden: wie die Unabhängigkeit verloren wurde, wie der Zustand der Unfreiheit aussah, welche Elemente und Gründe zum Aufstand drängten, wie der Aufstand und seine Folgen aussahen und welche Rolle auswärtige Interventionen spielten; als Schlußfolgerungen entwickelte Hoffman eine Theorie des nationalen Aufstands, die nochmals die Unvereinbarkeit von gleichzeitiger nationaler und sozialer Emanzipation betonte.

[82] Ebd., besonders S. 120f. und S. 182–185.

[83] K. B. A. Hoffman, Pamiętnik, S. 243f., ebenfalls in: M. H. Serejski, K. B. Hoffman, S. 24 und 99 (Hervorhebung im Orginal). Diese Kritik richtete sich gegen Czartoryski, der in seiner Broschüre »Le dernier mot sur le Statut Organique imposé à la Pologne« die Regierungen vor neuen Revolutionen warnte und forderte, zu deren Verhinderung und zur Besänftigung der Gemüter für Polen einzutreten und durch eine gerechte Lösung diesen Konfliktstoff aus der Welt zu schaffen. Hoffman machte hier in der Wortwahl keinen Unterschied zwischen Revolution und Aufstand, während Czartoryski offensichtlich mehr differenzierte. Daß Hoffman diese Differenzierung in dieser Notiz nicht vornahm – an anderer Stelle (z. B. in der schon zitierten Abhandlung »Cztery powstania«) hat er es sehr wohl getan –, mag man auch darauf zurückführen, daß er – zumindest unbewußt – nationale und soziale Revolution wohl doch nicht so streng auseinanderdividieren konnte und wollte.

Im Grunde waren Czartoryski und seine Mitarbeiter (und nicht nur diese) schon immer Anhänger einer konstitutionell-monarchischen Staatsform gewesen[84]. Während man sich zunächst darauf beschränkte, die Entscheidung über die Regierungsform im künftigen Polen zu verschieben bis zum erstrebten Sieg im Aufstand oder Krieg, wurde doch schon bald der monarchistische Akzent immer deutlicher hervorgehoben und, in angeblicher Fortentwicklung der Lehre Mochnackis, das Programm eines »insurrektionellen Monarchismus« verkündet. Der Schritt von einem »historiosophischen« Monarchismus zum politischen Monarchismus[85] war nicht groß – und doch vollzogen ihn nicht alle Anhänger Czartoryskis.

Im Frühjahr 1837, als das TDP seinen schwierigen Regenerationsprozeß fast durchgestanden hatte und die »akcja zjednoczeniowa« (Vereinigungsaktion) des ZEP gerade anlief, wurde auch im Hôtel Lambert die sog. »akcja elekcyjna« (Wahlaktion, Küraktion) in Szene gesetzt. In einer Sitzung des Towarzystwo Literackie (Literarische Gesellschaft) las Jan Woronicz in Abwesenheit Czartoryskis eine Abhandlung[86] vor, in der er die Notwendigkeit einer monarchischen Staatsform in Polen nicht nur nach dem Aufstand nachwies, sondern darlegte, daß schon im Aufstand und auch in der Emigration eine starke nationale Führungsspitze in Gestalt eines Königs notwendig sei. Dieser König müsse ein Pole sein, und als den Król de facto – König de facto erklärte er Czartoryski als Adam I.

Die Initiatoren dieser Aktion, J. Woronicz, L. Bystrzonowski, Narcyz Olizar, M. Czajkowski, F. Breański und der aus dem Hintergrund steuernde Zamoyski traten auf als die Vollstrecker des Testaments Mochnackis. Diese oftmals auch als »Elektoren« bezeichnete Gruppe wurde der Kern einer sich radikal-konservativ gebärdenden Richtung innerhalb des Hôtel Lambert, die langsam die Oberhand gewann. Sie waren der Ansicht, daß eine monarchistische Partei ohne Monarch oder zumindest Thronkandidat ein Unding sei. Der Führungsanspruch einer monarchistischen Richtung war nach ihrer Meinung nur dann durchzusetzen, wenn deren Führer auch der präsumptive König war. Für die Nominierung Czartoryskis gab es gute Gründe: die Rolle seiner Familie in der Reformzeit vor und während der Teilungen, die Tatsache, daß sein Vater einst als Kronkandidat galt, daß er selbst bei den Tilsiter Verhandlungen 1807 als Kandidat im Gespräch war[87], daß 1830 katholische Kreise in Belgien ihn als etwaigen belgischen König in Erwägung zogen[88], schließlich daß er als einziger polnischer Aristokrat über das notwendige internationale und nationale Renommé verfügte, um eine derartige Stellung einzunehmen.

Die Erklärung Czartoryskis zum »król de facto« blieb zunächst ein auf das Hôtel Lambert beschränkter Vorgang; erst 1839 trat man damit an die Emigrationsöffentlichkeit. Abgesehen davon, daß die ideologischen Gegner in der Emigration Schmä-

84 Schon am 10. 5. 1832 beschloß das Towarzystwo Literackie (Literarische Gesellschaft) in Paris nach einer Diskussion über einen Aufsatz zur Verfassung des 3. Mai: ». . . que la tendance de la Constitution du 3 mai n'est ni républicaine ni démocratique . . . que la tendance des Polonais en général n'est que celle manifestée par la dernière Diète, savoir, pour le Gouvernement monarchique constitutionel« (BPP 489/No 2: Sitzungsprotokoll vom 10. 5. 1832).

85 Diesen Unterschied macht zu Recht, wenn auch etwas zu stark akzentuiert, M. Król, Pośrednia droga, S. 646–648.

86 In beträchtlich erweiterter Form erschien sie 1839 udT. »Rzecz o monarchii i dynastii w Polsce«.

87 M. Handelsman, La »question Czartoryski« à Tilsit.

88 F. Perelman-Liver, La Belgique et la Révolution Polonaise, S. 24.

hung, Hohn und Spott über den »königlichen Anspruch« Czartoryskis ausluden – auch innerhalb des Hôtel Lambert blieb dieser Vorgang nicht ohne Kritik. Ein großer Teil auch der engeren Mitarbeiter Czartoryskis (Kniaziewicz, Ludwik Plater, Niemcewicz u. a.) hielten sich zurück – sie waren zwar auch Monarchisten, hielten aber eine derartige Aktion für wenig opportun. Karol Sienkiewicz, der selbst 1830 dafür plädiert hatte, Czartoryski durch den Sejm zum König ausrufen zu lassen, sprach sich dezidiert gegen ein Exilkönigtum Czartoryskis aus[89]. Wortführer einer ›Fronde‹ innerhalb des Hôtel Lambert wurde der junge Graf Władysław Plater und der Kreis um die von ihm gegründete Zeitung »Dziennik Narodowy« (Nationalzeitung)[90], wo Czartoryski zwar weiterhin als »Naczelnik« akzeptiert, als »Król de facto« jedoch abgelehnt wurde.

Die keineswegs im Stillen, sondern oftmals mit einigem publizistischen Aufwand geführte Auseinandersetzung, die manchmal den Charakter eines versteckten persönlichen Duells Zamoyski – W. Plater annahm, macht genügend deutlich, daß das Postulat der inneren Geschlossenheit noch nicht einmal im eigenen Lager durchgesetzt werden konnte. Jedoch darf diese innere Entzweiung nicht überschätzt werden. Sie berührte nicht den Führungsanspruch Czartoryskis; die Gegner der »akcja elekcyjna« waren ebensowenig Gegner der Ideologie des Lagers, sondern blieben weiterhin konstitutionelle Monarchisten[91].

Konkrete Grundlage der politischen Vorstellungen war die polnische Verfassung vom 3. Mai 1791, die man als letzte von der polnischen (Adels-)Nation sich selbst gegebene Verfassung und damit als letzte echte politische Willensmanifestation ansah. Damit überging man die von den Demokraten berufenen und nur in ihrer mangelnden Radikalität kritisierten Errungenschaften der Revolution von 1830 und knüpfte bewußt an die alte Rzeczpospolita an, d. h. genauer an deren Schlußpunkt, der ja in der Intention in konstruktiver Weise den anarchischen Auswüchsen des politischen Systems Polens vor 1790 steuern sollte. Die Rolle der Familie Czartoryski in den Reformbestrebungen konnte damit ständig hervorgehoben werden. Die Notwendigkeit einer schon in der Verfassung vom 3. Mai vorgesehenen Revision wurde keineswegs geleugnet[92]; die dort verfassungsmäßig verankerte erbliche konstitutionelle Monarchie mit der Garantie einer starken, handlungsfähigen Exekutive entsprach in den Augen des Hôtel Lambert am meisten den Bedürfnissen der polnischen Nation.

[89] Pisma Karola Sienkiewicza. Prace historyczne i polityczne, S. 266–268: »Króleskość na emigracji« (Königtum in der Emigration) – ein Memorandum Sienkiewicz' an Czartoryski vom 3. 10. 1839.

[90] Sie erschien in Paris 1841–1848; siehe S. Szostakowski, Z kart Wielkiej Emigracji, S. 133–138; A. Zieliński, Emigracyjny Dziennik Narodowy.
Als besonders gute Beispiele für die Ablehnung des »dynastischen Gedankens« durch diese Gruppe siehe die Artikel »Położenie emigracyi w sprawie narodowej« (Die Situation der Emigration in der nationalen Frage), Dziennik Narodowy Nr. 19 und 20 vom 7. und 14. 8. 1841, S. 73–74 und 77–79, und »Partya Dynastyczna« (Die dynastische Partei), Dziennik Narodowy, Nr. 70 und 72 vom 30. 7. und 13. 8. 1842, S. 279f. und 288–290.

[91] Vgl. H. Lutzowa, Obóz 3go maja, S. 127.

[92] Vgl. z. B. K. B. Hoffman, Pamiętnik, S. 276; M. H. Serejski, K. B. Hoffman, S. 104.
B. Cz. 5282, S. 45–50: Czartoryski, Informationen für Ludwik Małachowski 1834: »Ich erachte die Grundsätze der Verfassung vom 3. Mai als den letzten echten politischen Willensausdruck des gesamten ehemaligen Polens, tauglich dazu, jegliche Verbesserungen in sich aufzunehmen, deren Notwendigkeit die Erfahrung erwiesen hat«.

Die Haltung Czartoryskis selbst zu seinem ›Königtum‹ läßt sich kaum eindeutig klären. Sicher ist, daß die »akcja elekcyjna« ohne sein Wissen und ohne seine Zustimmung inszeniert wurde[93] und er die Königswürde offiziell nie angenommen hat. Andererseits hat er die Elektoren nie desavouiert und auch nicht verhindert, daß sie langsam immer mehr Gewicht erhielten. Es bieten sich mehrere Erklärungsmöglichkeiten an: M. Handelsmann spricht von einer übertriebenen Loyalität seinen eigenen Anhängern gegenüber, von Halbheit und Unentschlossenheit[94]; M. Kukiel meint, etwas allzu hagiographisch, Czartoryski habe die Krone aus Patriotismus als neue Dornenkrone auf sich genommen[95]; H. Lutzowa erklärt die offizielle Haltung als vernebelnde Taktik: nichts habe im »Lager des 3. Mai« geschehen können, ohne daß es von Czartoryski gebilligt und gesteuert worden wäre[96]. Die maßgebende Rolle Zamoyskis[97] bei der Entwicklung eines ›unbedingteren‹ Monarchismus kann schwerlich geleugnet werden. Es geht aber nicht an, die Frage darauf zu reduzieren, wie groß der Einfluß Zamoyskis auf seinen Onkel gewesen ist. Auch das Gerücht, die Fürstin Czartoryska sei der treibende Motor gewesen, läßt sich schwerlich verifizieren[98].

Czartoryski versuchte, sich selbst aus dem Streit um die dynastische Idee herauszuhalten und eine Art Pilatus-Position einzunehmen. In privaten Briefen betonte er ständig, er selbst strebe keineswegs nach der Königswürde, andererseits machte er keinen Hehl daraus, daß zum einen er sich Polen nur als konstitutionelle Monarchie vorstellen könne, und zum anderen:

> »Polen kann nur wiederaufleben durch einen Aufstand, kann sein Leben nur erhalten durch den *immer bewußten* Gedanken an den Aufstand, d. h. indem es sich schon jetzt darauf vorbereitet. Es kann in diesem und in jenem nur erfolgreich sein, wenn es einen Mittelpunkt gibt, eine Macht, um alles – soweit möglich – zu organisieren, vorzubereiten und zu führen; um unnütze Ausbrüche zu vermeiden und zum richtigen Zeitpunkt die Losung auszugeben. Ich, durch verschiedene Zufälle diesem Mittelpunkt näher, fühle die Verantwortung, diese Macht auszufüllen [und auszuüben], solange mir die Kräfte reichen«[99].

Aus der Überzeugung von der Notwendigkeit einer starken und energischen Aufstandsführung leitete Czartoryski ohne Skrupel seinen eigenen Führungsanspruch ab:

> »Es ist Ihnen und allen Landsleuten bekannt (denn ich habe es oft und laut genug gesagt), aus welchen Gründen ich zu der Gewissensüberzeugung gekommen bin, daß dieser Führungsmittelpunkt sich jetzt in mir befindet und daß es meine strikte Verpflichtung ist, dieser Verpflichtung nicht auszuweichen, ihn keiner Gefahr auszusetzen, sondern zu stärken, um ihn zum Wohle unseres Vaterlandes zu benutzen. Die Erfahrung und teilweise auch die mir gemachten Vorwürfe hinsicht-

[93] Er befand sich zu dieser Zeit in Florenz am Sterbebett seiner Schwester Zofia Zamoyska, der Mutter Władysław Zamoyskis.

[94] M. Handelsman, Adam Czartoryski, I, S. 290 – Handelsman ›psychologisiert‹ hier wohl etwas allzusehr.

[95] M. Kukiel, Książę Adam, S. 87–89.

[96] H. Lutzowa, Obóz 3go Maja, passim (z. B. S. 15).

[97] Ebd., S. 173; B. Konarska, W kręgu Hotelu Lambert, S. 41 f.; M. Pawlicowa, O niektórych pomysłach monarchicznych, S. 41 f.

[98] H. Lutzowa, Obóz 3go Maja, S. 145; ähnliches wird in einem französischen Polizeibericht vom 17. 12. 1847 behauptet (AMAE Mem + Doc Pologne 31, S. 472).

[99] Czartoryski an Leon Sapieha (in Galizien), Paris 7. 6. 1841, in: M. Handelsman, Książę Adam Czartoryski, II, S. 94–97 (Hervorhebung im Orginal).

lich meines früheren Verhaltens bestätigen mich in dieser Überzeugung. Wenn ich also von der Notwendigkeit der Macht [= einer starken Exekutive] sprach, so sprach ich von ihrer Notwendigkeit in meiner Hand, denn sonst wären meine Worte leeres Gerede. Behüte Gott! daß ich mich für einen Menschen hielte, von dessen Person das Schicksal Polens absolut abhinge. Ich habe das Vertrauen, daß in der edlen und zahlreichen Nation sich oftmals würdige Führer finden; aber ich spreche und fühle in der gegenwärtigen Situation und gemäß dem jetzigen Bedürfnis der Nation. Was danach geschieht? Wer wird es voraussehen«[100]?

Gleichzeitig betonte Czartoryski jedoch ständig, die »akcja elekcyjna« sei das Werk einiger vielleicht über das Ziel hinausschießender Anhänger, er selbst habe jedoch damit nichts zu tun[101]. Er sei nicht vorher davon unterrichtet worden (was wohl der Wahrheit entsprechen mag), noch frage man ihn jetzt um seine Zustimmung (was wohl bezweifelt werden muß). Er sehe nicht ein, warum er Anhänger desavouieren solle, die den wichtigsten Punkt seines Programms am besten begriffen hätten, wenn sie auch vielleicht »durch zu frühe oder unrichtige Anwendung« dieses Programms »in die Irre gehen«[102].

1845 formulierte er in einer Denkschrift über die Beziehung Heimat – Emigration und die Frage des Aufstands seine Ansicht zum Monarchismus folgendermaßen:

»... Eine monarchische Regierung, auf die Freiheit und Rechtsgleichheit aller [gestützt], ist meiner Meinung nach für das zerrissene Polen unbedingt notwendig, um es – befreit – zu retten, zu stärken und in Unabhängigkeit zu erhalten... Die monarchische Form, nicht aus Neigung, sondern aus Notwendigkeit, ist meiner Meinung nach die allein geeignete für Polen und kann als einzige ihre zerrissenen Teile zusammenleimen, es vor Unordnung und erneutem Untergang behüten. Gleichwohl sind alle Meinungen ehrenwert, solange sie in gutem Glauben und mit Rücksicht auf andere vertreten werden. Sie alle sollten bei den gemeinsamen Bemühungen und der Verteidigung [der Heimat] akzeptiert werden. Jetzt geht es nicht darum, welche Meinung jemand hat, sondern ob er ein ehrlicher Mensch und guter Pole ist, d. h. ehrlich und über alles die Befreiung des Vaterlands will... Was bisher gesagt wurde, beantwortet schon zur Genüge die Frage nach dem Königtum und der Dynastie. Die[se] Frage, von den einen für sehr wichtig gehalten, schon als Mittel zur Tat und Einheit, von anderen als der Heimat entgegengesetzt und antipathisch, erscheint mir im jetzigen Moment untergeordnet, ebenso wie andere uns trennende Theorien. Was mich persönlich und meine Familie betrifft, so sage ich nur, daß die königliche Würde nur dort erstrebenswert scheint, wenn man sie aus der Ferne betrachtet. Mir erscheint sie wie ein äußerst unangenehmer Stein im Nacken, den man nur aus Pflichtgefühl als Opfer annehmen kann, gewissermaßen unter Zwang. Ich kümmere mich um diese Frage nicht, über sie werden künftige Umstände, militärische und politische Ereignisse, die Meinung und der Willen der Nation entscheiden.

[100] BPP 54/23/ Nr. 45, S. 795, ebenfalls als Entwurf mit geringfügigen Unterschieden in: B. Cz. 5484, S. 255–260, auch in: B. Cz. 5652, S. 517–522: Czartoryski an M. Brzozowski, Paris 12. 5. 1840, veröffentlicht in: H. Lutzowa, Obóz 3go Maja, S. 140–143. Dieser Brief ist die Antwort auf ein verzweifeltes Schreiben Brzozowskis aus Wien vom 5. 3. 1840 (B. Cz. 5652, S. 509–516, Kopie mit Notizen Czartoryskis), wo sich Brzozowski, der als Emissär alle drei Teilungsgebiete bereist hatte, darüber beklagte, er habe weder Aufstandswillige noch Interesse für die »dynastische Idee« gefunden.

[101] Dies betonte er z. B. in den beiden oben (Anm. 99 und 100) zitierten Briefen, ebenso in einer 1846 gehaltenen Rede (A. J. Czartoryski, Reden, S. 157–159).

[102] Im Brief an Brzozowski (Anm. 100).

Anders sieht für mich alles das aus, was die Attribute der obersten Exekutive betrifft. Hier geht es nicht um einen Titel, sondern um die Sache; und um eine Sache, die bei den gegenwärtigen Umständen an erster Stelle stehen muß. Der Chef der Nation muß eine große, ihrem Wesen nach königliche Macht haben; er muß sie sich aneignen, und die Nation muß sie ihm zuerkennen, anders erfüllte er nicht seine Bestimmung. Von der Fülle dieser Macht hängt die erfolgreiche Durchführung unserer teuersten Wünsche ab. Unmöglich kann man davon abweichen oder sie verkleinern«[103].

Jedoch muß man hier Vorsicht walten lassen. Czartoryski schrieb seine Briefe meist ad hominem. Wenn er behauptet, die Initiatoren »wenig oder gar nicht zu kennen«[104], so ist das wohl reichlich übertrieben. Obendrein liegen die Gründe seiner Zurückhaltung auf der Hand.

Die »akcja elekcyjna« war möglicherweise zunächst nur ein Experiment[105]. Die partiell unwillige Reaktion im eigenen Lager und sogar in der eigenen Familie[106] mahnte zur Vorsicht. Es stand zu erwarten, daß weite Kreise der Emigration und der Heimat, wie auch tatsächlich geschehen, die »dynastische Idee« ablehnen würden. Durch eine Annahme des Königstitels hätte Czartoryski eine zumindest potentielle Anhängerschaft verloren, die – davon war er wohl überzeugt – im entscheidenden Moment eines Kriegs und eines Aufstands zu ihm stoßen würde. Czartoryski bemühte sich, außerhalb und über dem Parteienstreit zu bleiben. Er wollte im Ernstfall die große »Vereinigungsfigur« bleiben[107].

Wichtiger noch waren außenpolitische Gründe. Als Exilkönig konnte ihn kein Minister der Gastländer empfangen; er wäre damit zu außenpolitischer Untätigkeit verdammt gewesen. Deswegen betonten sowohl er als auch besonders Zamoyski, daß

[103] B. Cz. 5285, S. 1–18: 1845 – Stosunki z krajem podczas Emigracji (Beziehungen zur Heimat während der Emigration), handschriftlicher Entwurf Czartoryskis; die Schrift galt gleichzeitig als Instruktion für die beiden Emissäre W. und R. in die Heimat; vgl. B. Konarska, W kręgu Hotelu Lambert, S. 177.

[104] So im Brief an L. Saphieha (Anm. 99), dort eine ausführliche Schilderung der Vorgänge aus seiner Sicht.

[105] Dies meint auch H. Lutzowa, Obóz 3go Maja, S. 114, die zudem ständig betont, die Taktik Czartoryskis in der Emigrationsinnenpolitik sei es gewesen, Initiativen immer von seinen Anhängern vortragen zu lassen, um sie im Fall eines Mißerfolgs desavouieren zu können. Ob jedoch der umgekehrte Schluß erlaubt ist, daß damit alle Initiativen seiner Anhänger in Wirklichkeit von Czartoryski aus dem Hintergrund gesteuert worden seien, muß dahingestellt bleiben.

[106] In einer Tagebuchnotiz vom 18. 6. 1838 schildert Ludwik Bystrzonowski eine Unterhaltung, in der Anna Sapieha, die Schwiegermutter Czartoryskis, entschieden gegen die »akcja elekcyjna« Stellung nahm (B. Cz. Ew. 1221).

[107] Dies war seine, vor allem aber auch Zamoyskis Politik, der schon am 12. 11. 1834 an Mochnacki auf dessen Vorschlag, einen großen Geheimbund unter Czartoryskis Führung (siehe S. 130) zu schaffen, antwortete:
»Ich meine nicht, daß der Fürst an die Spitze dieser Aktion treten sollte. Der Namen des Fürsten muß als Palladium der Zukunft bewahrt werden, und man darf nicht diese Anziehungskraft [oder Charisma – »urok«] durch tägliches Amtieren abnutzen, vor allem wenn das Amt ohne Macht ist« (Jen. Zam., III, S. 247).
Die weitere Argumentation Zamoyskis ähnelte in manchem derjenigen Czartoryskis über die Inopportunität des Sejm: »Es scheint mir überaus wichtig, daß Dein Name, Onkel, unberührt bleibt von einer Verbindung mit irgendeiner Redaktion; daß Du Deinen Namen nicht zu frühzeitig einer unsicheren, labilen Sache leihst, die schließlich Deiner Würde schädlich ist; sondern, daß Dein Name für seltene, entscheidende Augenblicke bewahrt bleibt« – Zamoyski an Czartoryski, Genf 27. 10. 1833, in: Jen. Zam., III, S. 198.

Czartoryski keineswegs selbst Anspruch auf die polnische Königskrone erhebe, sondern daß dies nur die Absicht und das Ziel einiger seiner Anhänger sei[108]. Außerdem widersprach es ganz seiner außenpolitischen Taktik, in irgendeiner Form etwas zur künftigen Lösung der polnischen Frage zu präjudizieren – und ein offizielles Exilkönigtum seinerseits hätte z. B. den Weg dazu verbaut, mit Hilfe eines habsburgischen oder hohenzollernschen Thronkandidaten ein unabhängiges Polen zu schaffen.

»Wenn eine Wendung der Ereignisse und der europäischen Diplomatie zeigen sollte, daß durch die Einladung an einen ausländischen Fürsten, den polnischen Thron zu besteigen, die Unabhängigkeit des Vaterslands schneller, mit weniger Blutvergießen und mit weniger Opfern gelingen werde, so wird es meine Pflicht sein, eifrig und gern an einem solchen Übereinkommen mit Hand anzulegen«[109].

Czartoryski besaß zu viel Erfahrung und politischen Takt, um nicht zu wissen, daß ein Exilkönigtum die Gefahr der Lächerlichkeit in sich berge, der gleichen Lächerlichkeit, vor der er in Verbindung mit den Bemühungen um den Sejm warnte. Trotzdem ist er dieser Gefahr nicht ganz entronnen. In weiten Kreisen der Emigration und bei fast allen Nichtpolen stieß die »dynastische Idee« auf Unverständnis, Ablehnung, Entrüstung und beißenden Spott. Die Konstruktion, daß Czartoryski den Hauptprogrammpunkt seiner eigenen, ihn unterstützenden Partei nicht selbst vertrete, ohne sich andererseits offiziell dagegen auszusprechen, war wohl doch zu kompliziert und labil. Es half offensichtlich auch wenig, wenn er Emissären in die Heimat einschärfte, die Propagierung allgemeiner monarchistischer Prinzipien nicht mit der »dynastischen Idee« der Elektoren zu vermengen[110]. Er wurde von den meisten Gegnern mit seiner Partei identifiziert, und insofern erwies sich die »monarchistische Aktion« – unabhängig von der (wohl unlösbaren) Frage, ob er sie aus dem Hintergrund gesteuert oder nur zugelassen und geduldet hat – langfristig als Fehler und Mißerfolg.

E.

Eine zunächst durchaus positive Wirkung hatten diese Vorgänge indessen auf die Organisierungsgeschichte des Hôtel Lambert. In den Jahren 1834–1837 wurde der Geheimbund »Związek Jedności Narodowej« umgestaltet in den »Związek Insurekcyjno-Monarchiczny« (Monarchistischer Insurrektionsverband), der manchmal auch den Namen »Związek Wyjarzmicielski« (Bund der Jochabwerfer) trug[111]. Federführend wurden auch hier bald Zamoyski und die Gruppe der »Elektoren«.

[108] Z. B. in einem Memorandum Zamoyskis für den Jesuitengeneral Pater Roothan vom 10. 4. 1842, dessen Original sich im Archiv des Jesuitenordens in Rom befindet; veröffentlicht: L. Zamoyski, Mémoire sur le Prince Czartoryski; vgl. auch B. Konarska, W kręgu Hotelu Lambert, S. 43f.
Generell waren alle vorsichtig unternommenen Versuche, die »dynastische Idee« auch der nichtpolnischen Öffentlichkeit nahezubringen, erfolglos und wurden bald aufgegeben; vgl. eine kurze englische Darstellung der »dynastischen Idee« in: »Poland – Her National Dynasty«, in: British and Foreign Review, XI/22, Herbst 1840, S. 327–355.

[109] B. Cz. 5321, S. 359–367: Nota księcia Adama o powstaniu 1844 (Note Fürst Adams über den Aufstand), veröffentlicht in: M. Handelsman, Francja-Polska, S. 292–294.

[110] Z. B.: B.Cz. 5652, S. 507: Czartoryski an Brzozowski, Paris 8. 11. 1839.

[111] Auch als Towarzystwo Wyjarzmicieli (Gesellschaft der Jochabwerfer) bezeichnet, die Mitglieder hießen zeitweise Kosynierzy (Sensenmänner).

In diesem Geheimbund wurde das wichtigste Organisationsprinzip des oben erwähnten Programms von 1813 verwirklicht. Er oder zumindest seine Führungsspitze war faktisch das innere, geheime Kader des Hôtel Lambert, besonders in allem, was die Emigrationsinnenpolitik betraf. Nach außen handelte er über zahlreiche scheinbar autonome Institutionen und Vereine, die in Wirklichkeit von einem kleinen Personenkreis, eben der Führung des Geheimbunds, gesteuert wurden. Alle Vereine waren streng hierarchisch aufgebaut, so daß die Besetzung einiger Schaltstellen genügte, um die Folgen einer etwaigen Fronde innerhalb des eigenen Lagers möglichst gering zu halten[112].

Kennzeichen aller Organisationen des Hôtel Lambert waren Unterordnung, Gehorsam und strenge Hierarchie, wie es der oben skizzierten Vorstellung von der »silna władza« entsprach. Entscheidungen wurden in kleinen Vertrautengremien gefällt und hingen meist vom Willen Czartoryskis, oft auch Zamoyskis ab. Initiativen konnten von verschiedenen Seiten, also auch von den unteren Rängen kommen, sie mußten aber immer erst die (oft stillschweigende) Billigung der Spitze abwarten. Seine Vorstellungen über organisatorische Fragen formulierte Zamoyski 1839 folgendermaßen:

> »Pour faire quelque chose, il faut de l'ordre et de la hierarchie. Je vous le dis sans détour . . . pour marcher sous la direction du Prince [Czartoryski] vous aviez à ampler en tout premier lieu, ce qui est la condition de toute action, la discipline hierarchique. Notre situation a cela particulier que cette hierarchie au lieu de nous être imposée comme dans toute autre, est parmi nous l'effet du dévouement volontair le plus élévé. Elle n'en devient que plus nécessaire à observer soigneusement«[113].

Das Hôtel Lambert versuchte, durch die Gründung einer Reihe von Vereinen den Bedürfnissen und den Aufgaben der Emigration gerecht zu werden. Mit der breiten Fächerung in verschiedene Sachgebiete und der durch die personelle Besetzung und die Existenz des Geheimbundes im Hintergrund gewährleisteten Kooperation erhielt das Hôtel Lambert einen – offiziell nicht beanspruchten – Charakter einer Exilregierung. Die schon 1813 formulierten und im Exil modifizierten Organisationsgrundsätze liefen u. a. letztlich darauf hinaus, möglichst weite Bereiche des gesellschaftlichen Lebens zu erfassen und zu beeinflussen, sich als allein effektiv arbeitende nationale Exekutive zu erweisen und damit vorher der Nation in Unfreiheit, jetzt der Nation im Exil eine eigene ›Regierung‹ zu geben. Durch ein Konglomerat verschiedener privater Vereinigungen, die unter sich durch eine Geheimorganisation zu einem Verbund zusammengeschlossen waren, sollte die nationale Gesellschaft sich selbst verwalten bzw. auf alle durch das Noch-nicht-vorhanden-sein eines eigenen Nationalstaates unvermeidlichen ›Fremdbestimmungen‹ durch die Teilungsmächte (vor 1830) und Gastländer (in der Emigration) den größtmöglichen Einfluß ausüben.

Dabei übernahmen die verschiedenen Vereine die Funktion von Ministerien, während die Kanzlei Czartoryskis bzw. das Führungsgremium des Geheimbunds die Rolle des Kabinetts hatte. Das Handicap dieser Konzeption »organischer« nationaler Emanzipation durch eine Heranbildung eigener nationalstaatlicher Ersatzorgane

112 Dies ist weitgehend gelungen, mit Ausnahme des publizistischen Bereichs, wo der durch sein Vermögen unabhängige und ehrgeizige Graf Władysław Plater den oben erwähnten (S. 135) konkurrierenden »Dziennik Narodowy« herausgab.

113 BPP 545/ 251/ S. 2361: Zamoyski an Major A. Froelich, 6. 5. 1839.

durch die nationale Gesellschaft lag in dem Wegfall der üblichen materiellen Ressourcen einer normalen Regierung. Daß das Konzept nie vollends verwirklicht werden konnte, lag nicht zuletzt an dem Mangel der nötigen finanziellen Mittel. Die ständigen Appelle an die gesellschaftliche Führungsschicht der Nation, durch Spenden bzw. eine Art nationaler Steuer die Bedürfnisse der Emigration und ihre Politik zu finanzieren, waren deshalb weniger ein Betteln um Wohltätigkeit, sondern sie hatten ihren festen Platz in dieser Konzeption: die in ihrer politischen Bewegungsfreiheit weit mehr als die Emigration eingeschränkte Heimatbevölkerung sollte damit ihren wichtigsten Beitrag leisten in der Vorbereitungszeit bis zum Aufstand. Somit war auch hier – und trotz ständiger gegenteiliger Behauptungen muß daran festgehalten werden – der Heimat zunächst eine dienende Rolle zugedacht.

Die Bereiche Propaganda, Kultur, Erziehung und Sozialfürsorge waren für die Emigrationsinnenpolitik die wichtigsten Ressorts. Das 1832 gegründete Towarzystwo Literackie (Literarische Gesellschaft) befaßte sich vorwiegend mit Propaganda[114] und Kulturpolitik[115]. Für die letztere Aufgabe wurden bald Unter- bzw. Nebenorganisationen gegründet (Wydział Historyczny – Historische Abteilung, gegr. 1836; Wydział Statystyczny – Statistische Abteilung, ab 1838; Grono Historyczne – Historischer Zirkel in London ab 1839). Bedeutung erhielt das Towarzystwo Literackie vor allem noch dadurch, daß es das Forum aller offiziellen Auftritte Czartoryskis war. Die von Engländern 1832 gegründete, eng mit dem Hôtel Lambert zusammenarbeitende »Literary Association of the Friends of Poland« erfüllte propagandistische und kulturpolitische Aufgaben in England. Daneben wurden auch (meist allerdings nur kzrhlebige) Vereinigungen gegründet, die technisches Wissen, Ingenieurwesen und naturwissenschaftliche Kenntnisse fördern sollten[116].

Hand in Hand damit ging die Förderung des Erziehungswesens. Neben einigen schon erwähnten Vereinen beschäftigte sich damit hauptsächlich das im Dezember 1832 gegründete Towarzystwo Naukowej Pomocy (Gesellschaft wissenschaftlicher Hilfe). Das von diesem Verein ins Leben gerufene Instytut Polski Naukowej Pomocy (Polnisches Institut zu wissenschaftlicher Hilfe) unterstützte trotz beschränkter finanzieller Mittel kontinuierlich eine Anzahl polnischer Studenten an französischen Hoch- und Mittelschulen, vermittelte dank der guten Beziehungen des Hôtel Lambert zu den französischen Behörden Studienplätze und erwirkte für Studierwillige die

[114] Siehe darüber Kap. IV/6.

[115] Über die Kulturpolitik und die entsprechenden Institutionen in der Emigration, vor allem über das Towarzystwo Literackie, siehe L. Gadon, Z życia Polaków, passim; M. Straszewska, Życie literackie, passim; H. Lutzowa, Działalność oświatowa, hier vor allem über die Gesamtkonzeption des Hôtel Lambert; D. Rederowa, Ośrodek naukowy, passim.

[116] So das 1835 von Gen. J. Bem ins Leben gerufene Towarzystwo Politechniczne Polskie (Polnische Polytechnische Gesellschaft – siehe J. Frejlich, Tow. Politechniczne); 1838 das Towarzystwo Dawnych Uczniów Szkoły Centralnej Sztuk i Rzemiósł (Gesellschaft ehemaliger Schüler der Ecole Centrale des Arts et Métiers), 1841 erweitert als Towarzystwo Przyjaciół Przemysłu) (Gesellschaft der Industriefreunde) – siehe D. Rederowa, Ośrodek naukowy, S. 175–185, und H. Lutzowa, Działalność oświatowa, S. 322 – hier auch unter dem Namen Towarzystwo Wzajemnej Pomocy (Gesellschaft zur gegenseitigen Hilfe). Das 1835 in London gegründete Polskie Towarzystwo Pożytecznych Nauk (Polnische Gesellschaft nützlicher Wissenschaften) und das 1838 in Paris ins Leben gerufene Towarzystwo Filotechniczne Polskie (Polnische Philotechnische Gesellschaft) kamen wohl nicht über die Gründungssitzungen hinaus (H. Lutzowa, Działalność oświatowa, S. 322f.).

schwierig zu erhaltende Aufenthaltsgenehmigung in Paris, inszenierte Kurse und unterhielt zwei Grundschulen in Nancy und Orléans. Daneben eröffnete die Fürstin Czartoryska im Hôtel Lambert das Instytut Panien Polskich (Institut Polnischer Mädchen), das junge Polinnen zu Hauslehrerinnen ausbilden sollte.

Als dauerhafteste Leistung erwies sich die 1838/39 vom kulturellen »Viergestirn«[117] des Hôtel Lambert gegründete, langsam aufgebaute und noch heute existierende Biblioteka Polska in Paris, die bald die Rolle eines polnischen Kulturzentrums einnahm.

Im sozial-charitativen Bereich war ab März 1834 das von der Fürstin Czartoryska gegründete, finanzkräftige (gemessen an den Bedingungen der Emigration) Towarzystwo Dobroczynności Dam Polskich (Wohltätigkeitsverein Polnischer Damen) tätig. In einer Mischung alter Magnatentraditionen, kirchlicher Wohltätigkeitspraktiken und bürgerlicher Sammeltätigkeit konnten durch effektiv durchgeführte Aktionen (Spendensammlungen, Basare, Lotterien, Wohltätigkeitsbälle) gleichzeitig sozialfürsorgende und propagandistische Aufgaben erfüllt werden[118]. 1846 gründete dieser Verein mit Hilfe des Lazaristenordens den Zakład Św. Kazimierza (Haus St. Kasimir), der, von aus Polen vertriebenen Vinzentinerinnen geführt, gleichzeitig Waisenhaus und Altersheim war[119].

Die Bereiche Außenpolitik, Propaganda und Militär sollen in gesonderten Kapiteln behandelt werden.

Im Arbeitsplan des Związek Insurekcyjno-Monarchiczny war auch ein Towarzystwo Religijne (Religiöse Gesellschaft) vorgesehen[120]. Die Rolle des Katholizismus für das Nationalbewußtsein wurde gerade im Hôtel Lambert mehr als von irgendeiner anderen Gruppe in den Vordergrund gestellt. Es ist zwar übertrieben, zu behaupten, die Religion sei für die Politiker des Hôtel Lambert bloß ein politisches Instrument gewesen, aber andererseits hatte für Czartoryski die Religion wie auch alle anderen Bereiche stets einen wichtigen politischen Aspekt[121]. Die schon erwähnte[122], ursprünglich unabhängig von der Kirche sich vollziehende religiöse Renaissance versuchte das Hôtel Lambert in kirchliche Bahnen zu lenken. Die zunächst durch eine Initiative Mickiewicz', dann von Bohdan Jański ausgearbeitete »akcja katolicka« (Katholische Aktion) hatte das Ziel, »den Katholizismus in Polen durch die Emigration wiederzuerwecken«[123]. Dieses sehr breit angelegte katholische Aktionsprogramm versuchte das Hôtel Lambert seinem breiten Spektrum einzuverleiben. Durch gute

117 Towarzystwo Naukowej Pomocy, Towarzystwo Literackie, Wydział Statystyczny, Wydział Historyczny.

118 Sowohl in Paris als auch in London, wo diese Aufgabe von der Literary Association of the Friends of Poland übernommen wurde. Dort entstand 1843 auch auf Initiative Zamoyskis ein Towarzystwo Polskie Ubiorcze i Oszczędności (Polnische Kleidungs- und Sparsamkeitsgesellschaft) – es veröffentlichte seine Statuten unter dem Namen Polish Economical and Clothing Society, wurde auch Towarzystwo Wzajemnej Pomocy i Oszczędności (Gesellschaft für gegenseitige Hilfe und Sparsamkeit) genannt (H. Lutzowa, Obóz 3go Maja, S. 238; L. Zieliński, Emigracja w Anglii, S. 100; S. Szpotański, Emigracya w Anglii, S. 556).

119 A. Syski, Zakład Św. Kazimierza.

120 H. Lutzowa, Obóz 3go Maja, S. 96.

121 Über die nationale, einigende Rolle der Religion siehe Czartoryskis Rede vom 29. 11. 1840, in: A. J. Czartoryski, Reden, S. 50–70.

122 Siehe Kap. IV/2, S. 107.

123 P. Smolikowski, Początki odrodzenia religijnego, t. 101, S. 393ff.

Beziehungen zum französischen Klerus und in Rom sorgte man für die Unterbringung und Ausbildung in Priesterseminaren. Die Geförderten jedoch waren nicht bereit, sich dem Hôtel Lambert unterzuordnen, sondern entzogen sich nach der Gründung des Mönchsordens »Zgromadzenie Zmartwychwstania Pańskiego« (Resurrektionsorden) in Rom 1842 diesem Einfluß ganz entschieden. Die ihnen vom Hôtel Lambert zugedachte Rolle, Polen und die Politik Czartoryskis in Rom zu vertreten, erfüllten sie keineswegs, sondern standen auf einem orthodox kurialen, ultramontanen Standpunkt. In der Emigration und in Posen, wo die Ultramontanen bald einigen Einfluß gewannen, predigten sie zwar gegen die Demokraten, aber ansonsten lehnten sie die Politik des Hôtel Lambert ab[124].

Angesichts[125] der organisatorischen Entwicklung der übrigen Emigration konnten auf die Dauer der Geheimbund und die bei aller Effektivität letztlich doch als Honoratiorenvereine funktionierenden Organisationen nicht genügen. Um sich in der Arena der inneren Emigrationsauseinandersetzungen behaupten zu können, mußte doch eine ›Massenbasis‹ aufgebaut werden. Die Verspätung, mit der dies im Vergleich zu den konkurrierenden demokratischen Richtungen geschah, ist wohl teilweise auf einen Lernprozeß zurückzuführen, den die Protagonisten des monarchistischen Lagers durchmachen mußten, was zeitgemäße Mitgliederwerbung und Propaganda betraf. Zunächst wurde die gemäßigte Zeitschrift »Kronika Emigracji Polskiej«, deren Hauptredakteur überdies die »dynastische Idee« ablehnte, abgelöst von dem sehr aggressiv redigierten Wochenblatt »Trzeci Maj« (3. Mai, ab Dezember 1839). Dieser Wechsel markierte deutlich, daß die ›radikalen‹ Monarchisten das Heft in die Hand nahmen. Dies schien unbedingt notwendig angesichts der Tatsache, daß sich die Angriffe gegen Czartoryski in der gegnerischen Emigrationspresse häuften, daß zudem sowohl das TDP als auch die »akcja zjednoczeniowa« (Vereinigungsaktion) des ZEP auf dem Gipfel ihrer Entwicklung standen.

Die Notwendigkeit einer eigenen politischen Organisation, einer monarchistischen Partei, wurde alsbald erkannt. Nach einigen Vorbereitungen wurde am 30. März 1843 das »Towarzystwo Monarchiczne Fundatorów i Przyjaciół Trzeciego Maja« (Monarchistische Gesellschaft der Gründer und Förderer des 3. Mai – im folgenden kurz »Dritter Mai« genannt) gegründet, das die »dynastische Idee« vom »Król de facto Adam I.« und die insurrektionelle Monarchie auf seine Fahnen schrieb.

Offiziell hatte Czartoryski keinerlei Verbindung zum Dritten Mai. Man erklärte, Czartoryski als polnischen König de facto zu unterstützen, aber nicht von ihm geleitet zu werden. Sogar der eigentliche Gründer und bestimmende Mann der Partei, Graf Władysław Zamoyski, trat offiziell nur selten in Erscheinung. In Wahrheit aber dirigierte er alles, setzte ihm ergebene Leute in die führenden Positionen und ließ sich zu unabhängig gebärdende Rivalen absetzen[126]. Durch ihn hat offensichtlich Czarto-

[124] Daneben gab es starke persönliche Differenzen zwischen den Zmartwychwstańcy und Zamoyski, nicht aus religiösen Gründen – Zamoyski war persönlich sehr katholisch engagiert –, sondern wegen des sich gegenseitig ausschließenden Absolutheitsanspruchs der jeweiligen eigenen Position; siehe B. Konarska, W kręgu Hotelu Lambert, S. 151–153.

[125] Das Folgende hauptsächlich nach H. Lutzowa, Obóz 3go Maja, wo die politische Organisation und die Publizistik minutiös geschildert werden.

[126] So z. B. den ersten Direktor des Dritten Mai, Narcyz Olizar, den Zamoyski durch den ihm gefügigen Feliks Breański ersetzen ließ.

ryski die Aktion, in der Emigration eine breitere Basis für seine Politik zu finden, inszeniert.

Hinter dem Dritten Mai stand weiterhin der Geheimbund. Zunächst sollte auch beim Dritten Mai der Grundsatz gelten: Ziel und Existenz sind nach außen bekannt, Personenzusammensetzung und Organisation bleiben geheim. Jedoch scheint man sich mit der Zeit an diese Maxime immer weniger gehalten zu haben, wenn auch noch heute zahlreiche Vorgänge undurchsichtig bleiben. Innerhalb der Organisation wurde auch manchmal in den Filialen des Dritten Mai die Bezeichnung Związek Insurekcyjno-Monarchiczny benutzt – ein Hinweis auf die enge Symbiose des Geheimbunds mit der Partei.

Der Dritte Mai war streng hierarchisch aufgebaut. Er hatte seine Spitze in der Dyrekcja Główna (Hauptdirektion). Der Dyrektor Główny sollte selbst seinen Nachfolger bestimmen, ebenso ernannte er die Chefs der 3 Abteilungen (Wydział Osób, Pism, Funduszów – Abteilung für Personen, Schriften, Finanzen), dazu den Generalsekretär. Alle Mitglieder verpflichteten sich, Beiträge zu zahlen, an Versammlungen teilzunehmen, die »dynastische Idee« zu propagieren, Artikel zu schreiben oder bei Unfähigkeit dafür bestimmte Ablösesummen zu zahlen, und Mitglieder zu werben; zudem schworen sie unbedingten Gehorsam. Zum Eintritt in den Dritten Mai brauchte der Kandidat einen Bürgen aus der Organisation. In der Provinz entstanden Towarzystwa Afiliowane (Filialen), die sich unter einem von der Zentrale ernannten Direktor analog zur Dyrekcja Główna organisieren sollten. Der Direktor war verantwortlich für alles, was in seiner Filiale passierte; in ständigen Versammlungen sollten die Mitglieder ideologisch geschult und zu publizistischer Arbeit angeregt werden. Jegliches Auftreten nach außen wurde von der Zentrale detailliert vorgeschrieben. Ein Dezentralisierungsvorschlag scheiterte 1844, nur die Londoner Filiale genoß etwas Bewegungsfreiheit. Der Dyrektor Główny Narcyz Olizar teilte 1843 den Filialen mit, der Dritte Mai »dulde keinerlei Wahlen bei sich«[127]. In Wirklichkeit übte der Direktor der Zentrale nicht die absolute Macht aus, die ihm satzungsgemäß zustand. Entschieden wurde in einem kleinen Gremium von Leuten, die offensichtlich gleichzeitig die Führer des Geheimbundes waren und zum engsten Kreis um Czartoryski gehörten.

Der Dritte Mai hatte seine Filialen in Frankreich, Belgien, England und den Vereinigten Staaten. Wenn M. Handelsman (nach Zamoyski) von 1500 Mitgliedern spricht[128], so betrifft das wohl die Ergebenheitsadressen zahlreicher Emigranten an Czartoryski; die Zahl der tatsächlich im Dritten Mai Organisierten ist wohl nie höher als 658 Personen gewesen[129], davon gehörten 143 zur Dyrekcja Główna in Paris. Von den 38 Filialen hatten 10 »Direktionen« weniger als 10 Mitglieder, 8 Filialen scheinen nur aus dem Direktor bestanden zu haben. Die zahlreichsten Filialen existierten in London (66 Mitglieder), Agen (51), Lille (34) und Bordeaux (32).

Der Sprung vom kleinen konspirativen Zirkel zur großen Massenorganisation ist dem Dritten Mai nicht ganz gelungen. Das lag an zahlreichen äußeren Gründen –

[127] H. Lutzowa, Obóz 3go Maja, S. 259.

[128] M. Handelsman, Adam Czartoryski, I, S. 283.

[129] Das muß angenommen werden, obwohl in den Verlautbarungen des Dritten Mai meist höhere Zahlen angegeben werden; zumindest lassen sich bis heute namentlich nur so viele Mitglieder feststellen, siehe H. Lutzowa, Obóz 3go Maja, S. 301, 316, 333, 369, 411 und 544.

konsolidierte Situation und große Aktivität des TDP, die vorwiegend republikanische Einstellung der meisten Emigranten, Ablehnung der Aristokraten, Ausbleiben der vom Dritten Mai propagierten Insurrektion – aber auch an der inneren Struktur des Dritten Mai. Die Mischung aus Geheimbund und offener Partei war wohl als organisatorisches Korsett zu klein. Bei der keine Eigeninitiative zulassenden Unterordnung und Hierarchie konnte sich kein echtes inneres Leben in den Sektionen entwickeln. Trotzdem sind die Anfangsformen einer modernen konservativen Partei, die sich aus dem Dasein als bloßer Honoratiorenzirkel hinauszuentwickeln sucht, deutlich erkennbar.

F.

In der Heimat suchte das Hôtel Lambert seine Anhänger vor allem in der grundbesitzenden Schlachta und dem (noch kleinen) Wirtschafts- und Intelligenzbürgertum zu finden. Dies war auf die Dauer nur möglich, wenn man sich auch dem drängendsten sozialökonomischen Problem, der Bauernfrage, widmete. Die Auffassung, die Schlachta als durch Tradition, nationales Bewußtsein, soziale Stellung und die ökonomischen Möglichkeiten prädestinierte politische Führungsschicht müsse den künftigen Aufstand führen, ersparte nicht, sich mit dem Agrarproblem zu beschäftigen. Auch ging es auf die Dauer nicht an, alle Aussagen zu dieser Problematik auf später zu verschieben, vor allem, da die ideologischen Konkurrenten in der Emigration sehr intensiv darüber diskutierten. Die Schwierigkeit bestand darin, daß man, bei aller Einsicht in die Dringlichkeit des Problems, es mit der besitzenden Schicht nicht verderben wollte und konnte. So stand in den Statuten des Związek Jedności Narodowej 1833 der Programmpunkt:

»Den Bauern Eigentum geben bei Wahrung der erworbenen Rechte [des Adels]«[130]. Diese unklare Formulierung, an der sich zunächst wenig änderte, kennzeichnete das Dilemma des Hôtel Lambert in dieser Frage. Im Grunde setzte man – das wurde mit der Zeit deutlich – auf einen quasi »preußischen Weg«, was am Ende auf eine Kapitalisierung der Landwirtschaft hinauslief. Die Risiken einer solchen Lösung hat man offensichtlich aber erkannt oder zumindest ›erfühlt‹: einerseits, daß durch die Aufhebung der persönlichen Beziehungen Grundherr-Bauer bzw. der Reduzierung dieser Beziehung auf einen rein ökonomischen Tatbestand der moralisch-politische Führungsanspruch an Legitimierung verlor – eine Ansicht, die Ausfluß eines im Grunde noch immer patriarchalischen Gesellschaftsbildes war; andererseits sah man die Gefahren der Konkurrenz mit den Verwaltungen der Teilungsmächte[131]. Konsequent in

[130] B. Cz. 5281, S. 279–293: Ustawa Związkowa (Bundessatzung), Paris 21. 1. 1833; ebenfalls in: L. Gadon, Wielka Emigracja, S. 405. Über die Haltung des Hôtel Lambert zur Bauernfrage siehe auch E. Kostołowski, Kwestia włościańska, S. 105–124.

[131] So z. B. in einem »Schreiben in die Heimat Nr. 7, Juni 1836« in: B. Cz. 5320, S. 359–393, vor allem S. 370f. Dieses Problem erhielt besonders nach den galizischen Ereignissen von 1846 neue Aktualität: »Die Bauernfrage gehört zu den elementarsten und wichtigsten Fragen, die uns heute beschäftigen müssen. Sie geht freilich nicht nur die Freunde unseres Landes an, sondern enthält in sich die Frage von Leben und Tod. Es ist offensichtlich, daß, wenn es den feindlichen Regierungen gelingt, einen endgültigen Bruch zwischen Grundbesitzern und Bauern herbeizuführen und im Herzen des Volkes Haß und Abneigung gegen die

der Auffassung, daß die polnische Gesellschaft ihre Probleme mit möglichst minimaler Beteiligung der Teilungsmächte regeln sollte, war man im Hôtel Lambert der Ansicht, eine Reform solle von oben durchgeführt werden, und zwar weder auf Druck von unten noch durch Verordnung der jeweiligen Teilungsmacht, sondern auf Initiative der polnischen Grundbesitzer selbst.

Damit war – öffentlich nie zugegeben – das Junktim zwischen nationalem Aufstand und sozialer Veränderung stillschweigend als notwendiges Übel akzeptiert. 1844 präzisierte Czartoryski seine Vorstellungen folgendermaßen:

> »Die Monarchie soll konstitutionell sein und gestützt auf die Freiheit und Gleichheit aller.
> Es versteht sich daher von selbst, daß die Bauern von allen bisherigen persönlichen Bindungen befreit werden, zudem werden sie Grundeigentum erhalten. Der Regierung bleibt es vorbehalten, Modalitäten der Entschädigung der Grundbesitzer für den dadurch entstandenen Verlust zu finden.
> Grundsatz für den künftigen Aufstand ist, ihn so zu organisieren, daß die [Grund-]Eigentümer in ihm als Führer der Volksbewegung auftreten«[132].

Die Funktion und das Aussehen dieser »Reform« war damit deutlich – die dominierende politische Stellung der grundbesitzenden Schlachta sollte keineswegs angetastet werden.

In seiner Rede vom 29. November 1845[133] betonte Czartoryski, die Übereignung von Land an die Bauern sei unbedingt notwendig, einerseits zur Verhinderung sozialer Revolten, andererseits als

> »ein unentbehrliches Hauptmittel . . . zur Aufregung der Massen im entscheidenden Augenblick und zur Erweckung allgemeiner Begeisterung in Millionen von Menschen, deren gemeinschaftliches Wirken gegen den gemeinschaftlichen Feind gerichtet werden soll.«

Die Teilungsmächte seien an sozialer Zwietracht in Polen interessiert, weil dies die nationale Bewegung schwäche. Da es zur Zeit keine nationale polnische Regierung gebe, müsse der Adel selbst diese Reform durchführen – d. h. die polnische Gesellschaft solle sich selbst reformieren, ohne die dazu normalerweise notwendigen staatlichen Institutionen zu besitzen:

> »Damit aber diese für Polen so wichtige Angelegenheit gut beginne und in allen ihren Folgen vollkommen glücke, ist es notwendig, daß die Gutsbesitzer sie mit ihrem freiwilligen Beistand unterstützen, ihre Führung übernehmen und sich dadurch an die Spitze des sich emanzipierenden Volkes stellen. Wenn der Adel, dieses Haupt von Polen, der bisherige Wächter seiner Nationalität und aller seiner Lebenskräfte, freiwillig und einstimmig noch diesen letzten Schritt macht und durch eine edle und zeitgemäße Aufopferung seines Vermögens und seiner bisherigen Rechte den Bedürfnissen des Vaterlands entspricht, so bezeichnet er seine rühmliche Laufbahn durch eine Tat, welche alle übrigen an Wert übertrifft.«

Schlachta zu säen, wie sie sich jetzt zu tun bemühen, das zerrissene polnische Volk der Vernichtung anheimfallen muß und zumindest jegliche Möglichkeit für es schwinden kann, sich von den Eroberern zu befreien« (Czartoryski an S. Barzykowski, 26. 5. 1847, in: B. Cz. Ew. 1504, ebenso in: D. Fajnhauz, Klub Litewsko-Ruski, S. 106f., und in: A. Eisenbach, Hotel Lambert wobec sprawy żydowskiej, S. 377f.).

132 Note über den Aufstand 1844, siehe Anm. 109. Vgl. auch die Rede Czartoryskis vom 29. 11. 1844, in: A. J. Czartoryski, Reden, S. 108–134.

133 A. J. Czartoryski, Reden, S. 138–152, hier vor allem S. 146–149.

Der Adel sollte mithin seine Führungsrolle behalten – zumindest zunächst, denn er war unbedingt notwendig für den Aufstand und eine weitere »organische« Entwicklung Polens.

Ein Jahr vorher, in einer Rede zum Jahrestag des Ausbruchs der Novemberinsurrektion, am 29. Nov. 1844[134], skizzierte Czartoryski eingehend seine Vorstellungen, wie das künftige Polen aussehen solle. Eine starke, handlungsfähige Regierung müsse, so betonte er, eine schlagkräftige Armee aufbauen; vor allem müsse sie für wirtschaftlichen Aufbau sorgen und Handel und Industrie fördern; daher solle die Emanzipation des Bürgertums vorangetrieben werden –

> »Jedoch bleiben in meinen Träumen die Polen vor allem eine kriegerische und landwirtschaftliche Nation.«

Man wolle, bei allem Streben nach industrieller Entwicklung, die moralischen und sozialen ›Zivilisationskrankheiten‹ Westeuropas keineswegs wiederholen[135]. Zur Agrarfrage meinte er:

> »Persönliche, allen zugesicherte Freiheit und neben ihr der unbeschränkte Besitz des erworbenen Gutes wird unzweifelhaft der größeren Hälfte der Nation den Weg zum Grundeigentum öffnen – und Gott bewahre uns, daß diese für unser Land so wichtige Reform mit offener Gewalt durchgeführt werden müßte ... Wenn die freiwilligen Opfer des polnischen Edelmuts nicht ausreichen sollten, den Bauern den Besitz von Grundeigentum zu sichern, so wird es die Pflicht der Regierung werden, vermittelst besonderer finanzieller Bestimmungen einerseits die Verluste der Herren zu mildern und andererseits das Bestreben der Bauern zu unterstützen, damit die Gerechtigkeit, welche man einem Teil widerfahren läßt, nicht durch Ungerechtigkeit gegen den anderen Teil erkauft werden müßte.«

Der künftige polnische Staat habe für ein gerechtes Bildungssystem zu sorgen und zahlreiche soziale Verpflichtungen zu übernehmen. Die Gleichheit dürfe kein toter Buchstabe des Gesetzes bleiben, sondern

> »in der ausübenden Gewalt Schutz finden«.

Die Regierung,

> »gemäß alten Rechten und dem heutigen Empfinden des Volkes«,

werde katholisch sein, aber Bekenntnisfreiheit bei Wahrung aller politischen Rechte werde garantiert.

Außenpolitisch werde das wiedererstandene Polen eine echte Friedenspolitik verfolgen, und das hieß für Czartoryski:

> »... Es wäre zu wünschen, daß sie [die auswärtigen Beziehungen] in dem befreiten Polen nicht ausschließlich auf materiellem Interesse beruhten, wie dies heute in der europäischen Politik allgemein der Fall ist, sondern daß bei uns Dankbar-

[134] Ebd., S. 108–124.

[135] Vgl. auch Czartoryskis Rede vom 29. 11. 1843, in: ebd., S. 91–106. Dieser ›antikapitalistische‹ oder sogar ›antimodernistische‹ Affekt bzw. die Kritik an den sozialen und sog. »moralischen« Zuständen des Gastlandes findet sich mit unterschiedlicher Intensität und Konkretisierung bei vielen polnischen Emigrationsgruppen aller Schattierungen.
Eng mit der Frage des Bürgertums hing das Problem der Judenemanzipation zusammen. Hier verfolgte das Hôtel Lambert eine inkonsequente, mit zahlreichen Vorurteilen belastete und zeitweise (vor allem 1846/47) von opportunistischen Gesichtspunkten motivierte Politik. Siehe darüber: A. G. Duker, Leon Hollaenderski's Statement; Ders., Prince Czartoryski, the Emigré, on the Jewish Problem; A. Eisenbach, Hotel Lambert wobec sprawy żydowskiej; Ders., Wielka Emigracja wobec kwestii żydowskiej, passim, besonders S. 236ff., 260ff., 409ff.

> keit, Edelmut und das Pflichtgefühl, den Schwachen und Unterdrückten beizustehen, nicht weniger berücksichtigt würden. Nicht so bald werden wir vergessen, daß wir unglücklich waren, und daß der blind herrschende Egoismus der Mächtigen und Glücklichen so leicht alle edlen Beweggründe verdammt und die Klagen der Bedrückten verstößt. Die in dieser Hinsicht gemachte Erfahrung soll nur zu unserer Besserung dienen ...«

Den Westmächten wurde stete Dankbarkeit für ihre Hilfe, den slawischen Brudervölkern Unterstützung ihrer Emanzipationsbestrebungen zugesagt.

Eine Verbindung von liberal-konstitutionellem Monarchismus, Aufstandskonzeptionen einschließlich des Aufbaus von Partisaneneinheiten[136], gleichzeitig starker militärischer Komponenten (viele führende Protagonisten des Hôtel Lambert waren Berufsoffiziere), hocharistokratischem Hintergrund und dem für Polen eigentümlichen Selbstverständnis der nationalen Rolle des Adels (trotz aller Kritik an der alten Rzeczpospolita), mit der Anerkennung der Notwendigkeit ökonomischer und sozialer Modernisierung und der damit verbundenen Förderung des Mittelstands, der starken Betonung des Führungsanspruchs eines Einzigen, einer Hinwendung zum Katholizismus und der Förderung slawophilen Ideengutes, dazu die unleugbare Determinierung durch die Situation des Exils – dieses Konglomerat verschiedenster Vorstellungen und Faktoren gibt dem ideologischen Bild des Hôtel Lambert sein charakteristisches Gepräge.

Die »insurrektionellen Monarchisten« und ihre Ideologie auf einen kurzen prägnanten Begriff zu bringen, erscheint unmöglich. Die Vokabel ›reaktionär‹ ist – gemessen im zeitgenössischen nationalen und internationalen Vergleich – vollkommen fehl am Platze, und auch ›konservativ‹ trifft die Haltung des Hôtel Lambert höchstens partiell. Von Bonapartismus zu sprechen, verbietet sich schon angesichts des Fehlens des bürgerlichen Elements. Jedoch sind einige bonapartistische Elemente unschwer festzustellen – der Personenkult, die militärische Komponente, die Vorliebe für Akklamationen (als eine Art Ersatzplebiszit).

Ob das Programm des insurrektionellen Monarchismus ein Irrweg war oder nicht, soll hier nicht entschieden werden. Als Konzept erschien es zu seiner Zeit, gemessen an den Umständen und Bedürfnissen, angemessen und folgerichtig als radikale Antwort auf die nationale Situation und linksdemokratische bzw. frühsozialistische Lehren, war aber keine Reaktion auf deren politischen Romantismus, sondern gehört selbst in das farbige Bild der polnischen politischen Romantik ebenso wie die Widersacher.

Die Bedeutung des Hôtel Lambert in der inneren Geschichte der Emigration beschränkt sich nicht auf seinen monarchistischen Charakter. Angesichts der ansonsten sehr unruhig und stürmisch verlaufenden Organisierungsgeschichte der Großen Emigration stellte es allein durch die Tatsache, daß es fast 40 Jahre lang existierte, eine Art ruhenden Pol dar; es war die stabilste Station des politischen Polentums im Ausland.

Hier finden sich die Wurzeln des später so wichtig werdenden galizischen Konser-

136 Über die Konzeption des Partisanenkriegs in der polnischen Militärtheorie des 19. Jahrhunderts siehe zuletzt E. Halicz, Partisan Warfare, besonders über die Konzeptionen der dem Hôtel Lambert nahestehenden Offiziere Chrzanowski (S. 54–76), Bystrzonowski (S. 120–155) und Bem (S. 101–119).

vatismus[137]. Ebenso gab das Hôtel Lambert starke Impulse in die Richtung der »praca organiczna« (Organische Arbeit). Deren positivistische Programmatik entwickelte sich nach der Jahrhundertmitte zur ideologie des sich emanzipierenden Wirtschaftsbürgertums. Sie setzte auf wirtschaftliches Wachstum und Industrialisierung und versprach sich von daher Stärkung und Bewahrung der nationalen Existenz. Sie war prinzipiell anti-insurrektionell, ja entstand geradezu in der Auseinandersetzung mit der ›romantischen‹ Auffassung der Emigration, daß nämlich nationale Freiheit, Selbstbestimmung, nationaler und sozialer Fortschritt, ja Schutz der nationalen Existenz an sich letztlich nur durch Aufstände gegen die Teilungsmächte zu verwirklichen seien.

Das Hôtel Lambert förderte schon in den dreißiger und vierziger Jahren die ersten Ansätze einer »praca organiczna«[138], betrachtete sie als legitime nationale ›Politik‹ der Heimatbevölkerung bzw. der auf ökonomische Modernisierung setzenden Grundbesitzer und des kleinen polnischen Bürgertums, ordnete sie aber gleichzeitig in sein Gesamtkonzept ein als ein Teil der notwendigen Aufstandsvorbereitungen. Insofern bildeten die beiden im allgemeinen Verständnis bald unvereinbaren Konzeptionen für das Hôtel Lambert eine Einheit. Das Gesamtprogramm Czartoryskis blieb immer genügend elastisch, um sowohl Elemente der politischen Romantik als auch des neu entstehenden Positivismus[139] in sich aufzunehmen, zu vereinen und seinem Konzept dienstbar zu machen. In der Vielseitigkeit dieses Programms, die ihresgleichen zu dieser Zeit nicht hat, und in den Versuchen, ihm einen entsprechenden dauerhaften organisatorischen Rahmen zu geben, liegt die eigentliche Bedeutung des Hôtel Lambert.

Die folgenden Kapitel behandeln wieder die Außenpolitik, d. h. die Tätigkeitsbereiche des Hôtel Lambert, welche die Verwirklichung seines Programms im internationalen Rahmen betrafen. Da für Czartoryski die polnische Frage nur als europäische Lösung entschieden werden konnte, war alle Emigrationsinnenpolitik und Heimatpolitik einschließlich eines Aufstands nur eine – wenn auch möglicherweise ausschlaggebende – Vorbereitung einer internationalen Lösung des polnischen Problems. Diese Außenpolitik als Gesamtkomplex beinhaltet drei eng zusammenhängende Bereiche: die Propaganda, die Militärpolitik und die eigentliche Diplomatie.

137 Darauf legt besonderes Gewicht M. Król in seiner Skizze »Hôtel Lambert« in: Karpiński/Król, Sylwetki, S. 28–34. In der seit über zwei Jahrzehnten andauernden Diskussion in der polnischen Historiographie über den polnischen Liberalismus und Konservatismus – eine Diskussion, welche besonders in den letzten Jahren wieder auflebte – bereitet gerade die Einordnung Czartoryskis bzw. des Hôtel Lamberts große Schwierigkeiten. Dabei geht man jedoch häufig von dem Hôtel Lambert der fünfziger und sechziger Jahre aus. Es wird hier darauf verzichtet, auf diese Diskussion einzugehen, vor allem, da sie noch zu keiner endgültigen und zufriedenstellenden Definition, was die Begriffe ›polnischer Liberalismus‹ und ›polnischer Konservatismus‹ angeht, gekommen ist und wohl auch trotz vieler qualitätsvoller Beiträge angesichts starker apriorischer Begriffsschemata bei einem Teil der Diskutanten nicht so bald kommen wird. Ein Versuch, zu klären, inwieweit oder mit welchen Einschränkungen die Begriffe ›liberal‹ oder ›konservativ‹ für das Hôtel Lambert zutreffen, müßte daher ab ovo beginnen und kann im Rahmen dieser Arbeit nicht geleistet werden.

138 Diese griff allerdings ihrerseits zum Teil auf ältere Vorbilder zurück, z. B. auf die Finanz- und Wirtschaftspolitik Drucki-Lubeckis 1815–1830 im Königreich Polen.

139 Czartoryskis Denkschrift »O zajęciach, zachowaniu się i obowiązkach Polaków pod rządem obcym« (Über die Beschäftigungen, das Verhalten und die Pflichten der Polen unter fremder Regierung) – B. Cz. 5285, S. 141–157 – aus dem Jahr 1847 bietet ein gutes Beispiel dafür; da es kurz nach dem erfolglosen Aufstandsversuch von 1846 geschrieben wurde, fiel hier die ansonsten ständig hervorgehobene schließliche Notwendigkeit eines Aufstands gänzlich unter den Tisch.

Exkurs: Exil und Internationale Beziehungen

Als Subjekte der internationalen Beziehungen, und damit als Objekte einer Wissenschaft von den internationalen Beziehungen, gelten allgemein die Staaten bzw. deren außenpolitisches Verhalten in Aktion und Reaktion, und dies innerhalb eines als Gesamtsystem verstandenen und sich verstehenden internationalen Rahmens. Während sich einige Autoren darauf versteifen, nur den Staat als handelndes Subjekt der internationalen Beziehungen zu akzeptieren – nach der schon klassischen Definition von Renouvin/Durosselle handelt es sich um »les relations entre les communautés politiques organisées dans le cadre d'un territoire, c'est-à-dire entre les états«[1] – versucht man seit einiger Zeit, dieses Monopol der Staaten in Frage zu stellen oder gar aufzulösen, ja E. O. Czempiel erklärte provokativ: »Auf die Auflösung des Begriffs Staat kommt es ja entscheidend an«[2].

Bisher hat sich aber offensichtlich noch keine akzeptable Formel gefunden, den historisch, juristisch, soziologisch und auch philosophisch doch stark vorbelasteten Begriff des Staates durch eine elastischere, variabler zu handhabende Definition zu ersetzen. Ob Formulierungen wie »Beziehungen zwischen autonomen politischen Gruppen« oder »Kollektiven« oder »politischen Einheiten« auf die Dauer nicht zu blaß und unverbindlich bleiben, kann wohl erst die weitere Entwicklung der noch relativ jungen Wissenschaft von den internationalen Beziehungen erweisen. Daß man gemeinhin überall die Bezeichnung internationale Beziehungen im Sinne von zwischenstaatlichen Beziehungen antrifft, hat nicht zuletzt seinen Grund darin, daß man früher und sehr oft auch heute von der Völkerrechtsgemeinschaft als dem rechtlich gefaßten System der internationalen Beziehungen ausgeht, sei es als Tatsache oder als Postulat. Nach allgemeinem Verständnis wird bei einem Subjekt des Völkerrechts und damit auch der internationalen Beziehungen die Souveränität als wesentliches Attribut gefordert, wobei gleichzeitig dem territorialen Aspekt des neuzeitlichen Souveränitätsbegriffs weitgehende Priorität eingeräumt wird. Dies ist für die normativ arbeitende oder auf die Entwicklung von Normen hinarbeitende Völkerrechtswissenschaft verständlich, wenn auch die Problematik der Internationalen Organisationen, ihres rechtlichen und politischen Status' oft zu einiger Definitionsakrobatik zwingt.

Eine Wissenschaft der Internationalen Beziehungen, verstanden auch als historische und politische Wissenschaft, muß notgedrungen weniger normativ und mehr empirisch arbeiten und kann zwar (historisch oder von Nachbarwissenschaften) vorgegebene Definitions- und Begriffsschemata übernehmen, darf aber die Existenzberechtigung und Eigenständigkeit von Ausnahmen nicht leugnen oder verkleinern. Mit anderen Worten: die Dominanz der Staaten als politische Form der Gesellschaften und der obersten Staatsorgane als Repräsentanten der Gesellschaften nach außen, mit welcher Legitimierung auch immer, soll hier nicht in Zweifel gezogen werden. Indessen gibt es handelnde Subjekte in den internationalen Beziehungen, die offensichtlich nicht die von einem neuzeitlichen Staat geforderten Attribute aufweisen. Es geht hier ausdrücklich nicht um die Renouvin'schen »forces profondes«, welche die Entscheidungen der Politiker und die Entwicklung der internationalen Beziehungen beeinflus-

[1] P.Renouvin/J.-B.Duroselle, Introduction, S. 1.
[2] E.O.Czempiel, Entwicklung der Lehre von den internationalen Beziehungen, S. 283.

sen (geographische, demographische, ökonomische, ideologische und ideelle Einflüsse), sondern um politische und gesellschaftliche Kräfte, die tatsächlich oder ihrem Anspruch nach Partner der normale Außenpolitik führenden Staaten sind. Auf die Problematik der Internationalen Organisationen, die durch ihre Verselbständigung auf diesem Gebiet im 20. Jahrhundert eine neue Qualität erhalten haben, wurde schon hingewiesen. Für das 19. Jahrhundert wäre die Rolle der »haute finance« zu erwähnen, deren tatsächliche Teilnahme am internationalen Geschehen und deren Rolle in den das europäische System regulierenden Mechanismen wohl nicht nur so embryonal gewesen ist, daß man sie als bloße Vorform der heutigen sog. »Multi-Konzerne« (nicht im quantitativen, sondern im qualitativen Sinn) bezeichnen dürfte[3].

Zwei andere Phänomene sind zwar fast nie als Subjekte internationaler Beziehungen anerkannt worden, haben diese Rolle jedoch häufig angestrebt und beansprucht: international intendierte revolutionäre Bewegungen und Emigrationen.

Einige revolutionäre Bewegungen in der europäischen Geschichte sind nicht nur nicht auf ein staatliches Territorium begrenzt gewesen, sondern sie waren sowohl in ihrem ideologischen Anspruch als auch in den politisch-sozialen Aktionsintentionen international ausgerichtet. Die Feststellung, daß sie gegen den gesellschaftlichen und meist auch gegen den international-staatlichen Status quo gerichtet waren, also das bestehende Staatensystem ablehnten, rechtfertigt noch nicht, sie aus einer Betrachtung der internationalen Beziehungen auszuklammern. Sie versuchten, unabhängig von staatlichen Institutionen agierend, sehr wohl, eine Rolle innerhalb der internationalen Beziehungen zu spielen. Die Tatsache, daß einige Großmächte und zuweilen das gesamte sog. europäische Konzert in derartigen Bewegungen, sie zum Teil dämonisierend, ihren Hauptgegner gesehen haben, spricht für sich. Die notwendige Differenzierung zwischen kosmopolitisch angelegten Bewegungen und Organisationen wie der Carboneria und einem Teil der sozialistischen Bewegungen auf der einen Seite und zum anderen einer Föderation nationaler Bewegungen wie dem Jungen Europa oder auch bloßen Bündnissen zwischen einzelnen national begrenzten Bewegungen spricht nicht dagegen, sie in eine Betrachtung der internationalen Beziehungen einzubeziehen als handelnde Subjekte. Auch die Erfahrung, daß eine erfolgreiche revolutionäre Bewegung sich bisher nach einer manchmal schwierigen Übergangsphase immer in das bestehende oder sich modifizierende Staatensystem eingliedern ließ, spricht zwar für die Domainanz der Staaten in den internationalen Beziehungen, aber nicht gegen eine (zumindest) Berücksichtigung solcher Bewegungen vor ihrer staatlichen Institutionalisierung bzw. Legitimierung – sie sind als politische Einheit faßbar, umgrenzbar und in ihrer Wirkung partiell sogar kalkulierbar, ohne daß das ansonsten für so notwendig erachtete Attribut der Territorialstaatlichkeit vorhanden ist. Nähme man sie bloß als potentielle Regierungen bzw. Staaten in spe, so entspricht das zwar einer pragmatistischen, gemessen an den Ansprüchen solhcer Bewegungen sogar vielleicht zynisch-realistischen Erfahrungsweisheit, würde aber der Eigengesetzlichkeit solcher Bewegungen nicht gerecht. Eine nicht neue, aber modifizierte Qualität erhalten in diesem Bereich die Beziehungen zwischen einzelnen revolutionären Bewegungen – z. B. zwischen den Dekabristenund der Warschauer Patriotischen Gesellschaft, im Jungen Europa usw.; die zwar besondere, aber notwendigerweise einzuordnende Qualität solcher internationaler Beziehungen zeigt überdeutlich, daß

[3] Vgl. K.Polanyi, Der 100jährige Friede.

die Begrenzung auf rein zwischenstaatliche Beziehungen und auf ein funktionierendes Staatensystem zu eng ist, um alle wesentlichen Aspekte politischer internationaler Beziehungen zu erfassen und zu deuten.

Die Frage der politischen Emigrationen bzw. ihrer Rolle in den internationalen Beziehungen geht in vielem zusammen mit der der revolutionären Bewegungen. Phänomenologisch gesehen handelt es sich jedoch um etwas anderes: es geht um politisch aktive Menschen bzw. Gruppen, die gezwungenermaßen außerhalb ihres Landes leben und handeln, jedoch mit dem primären Ziel, die Verhältnisse in der verlassenen Heimat zu ändern.

Dieses erstrebte Ziel kann von zweierlei Charakter sein, der direkt mit dem Grund der Emigration zusammenhängt. Auf der einen Seite kann der Kampf der Emigration gegen ein bestimmtes, eigennationales Regime in der Heimat gerichtet sein. Auf den ersten Blick erscheint hier eine Relevanz für die internationalen Beziehungen nur in dem Faktum zu liegen, daß Emigranten ihre Aktivitäten im Ausland ins Werk setzen und sie immer »grenzüberschreitend« sind; aber schon das Beispiel der griechischen Emigration nach dem Obristenputsch vom Mai 1967 und ihrer Aktivität auf internationalem Parkett zeigt deutlich, ebenso wie die Aktivitäten der französischen Emigranten nach 1789/91 und der schottischen und englischen Jakobiten im 17./18. Jahrhundert, daß dies noch nicht einmal die Regel sein muß.

Auf der anderen Seite ist der Kampf der Emigration gegen den internationalen territorialstaatlichen Status quo gerichtet, in seiner Gesamtheit oder gegen regionale Teile. Die polnische Emigration im 19. Jahrhundert ist eines der besten Beispiele dafür. Solche Emigrationen können gleichzeitig eine besondere internationalistische Form revolutionärer Bewegungen sein (Carboneria, Junges Europa), müssen es aber nicht unbedingt.

Sehr zahlreich sind Mischformen – die Emigrationen aus Ost- und Südosteuropa nach dem 2. Weltkrieg sind primär gegen die jeweiligen Herrschaftssysteme in der Heimat gerichtet, benötigen aber zur Erreichung ihrer Ziele eine umwälzende Veränderung des internationalen Status quo. Für zahlreiche Emigranten aus um ihre Freiheit kämpfenden Kolonialgebieten traf – cum grano salis – das Gleiche zu.

Eine Emigration kann im Regelfall nicht auf ein Kontinuum staatlicher Institutionen und Verwaltungsstrukturen zurückgreifen – dazu fehlen fast immer schon die materiellen Mittel und die Möglichkeiten. Dieser Mangel macht gleichzeitig deutlich, warum bei jeglicher Emigrantenpolitik die personale Seite so ungeheuer wichtig ist. Nicht nur der Erfolg, sondern schon die Existenz und die Aufrechterhaltung einer nennenswerten Emigrationspolitik sind – besonders wenn es um Aktivitäten im internationalen Bereich geht – in besonderer Weise abhängig von den Fähigkeiten, Beziehungen und dem persönlichen Gewicht einzelner Politiker. Der Mißerfolg (z. B. der französische Emigration nach 1791) bzw. die zumindest zeitweilige Wirksamkeit von Emigrationspolitik hängt sehr oft von dem Mangel bzw. der Existenz hervorragender Einzelpersonen ab. Andererseits genügt die individuelle Leistung Einzelner nicht allein, organisatorische Faktoren spielen auch hier wie überall in der Politik eine wichtige Rolle. Alexander Herzen, eine der zweifellos beeindruckendsten Persönlichkeiten der europäischen Emigrationen im 19. Jahrhundert, konnte nie eine Rolle innerhalb der internationalen Beziehungen spielen wie Czartoryski oder auch nur, um Beispiele aus dem 20. Jahrhundert zu nehmen, Roman Dmowski während des 1. Weltkriegs oder Nahum Goldman. Es muß sich bei einer solchen Emigration schon um eine »politische Einheit«, um eine »communauté politique organisée« handeln, keineswegs jede Emigration verdient diese Bezeichnung; es geht nicht um die Einheit der gesamten Emigration, auch der Organisierungsgrad mag verschieden sein; die Effektivität politischen Handelns, organisatorischer Geschlossenheit und des angeblichen oder tatsächlichen Einflusses und Rückhalts in der Heimatgesellschaft dürften hier eine ausschlaggebende Rolle spielen. Der Faktor Macht ist auch hier das letztlich Gewichtigste, wobei sich die Macht eben nicht auf Kanonen stützt, sondern auf öffentliche Meinung, Propaganda, politische Aktionsfähigkeit (die sich manchmal in sog. ›Terror‹-unternehmungen beweist) oder, seltener, auf wirtschaftlichen Einfluß (Juden) – zugegebenermaßen wenig stabile Formen von Macht, die dementsprechend auch die labile und schwierige Lage einer Emigrationsaußenpolitik erklären. Die Versuche zahlreicher Emigrationen, militärische Verbände aufzustellen, dokumentieren deutlich das Bedürfnis, die Machtposition ohne Staat weiter auszubauen.

Eine politische Emigration muß naturgemäß bestrebt sein, sich möglichst viele Attribute eines normalen Staates anzueignen und das in möglichst allen Bereichen der Politik (Kultur, Gesellschaft, Wirtschaft, manchmal Militär, Außenpolitik).

Der Hauptmangel, das Fehlen des territorialen Aspekts, muß durch besonders starke Anstrengungen wettgemacht werden – der stellenweise messianische und manchmal auch totalitäre Charakter und Erscheinungsformen in dieser Richtung lassen sich nicht nur, aber auch als Kompensation für die fehlende Territorialstaatlichkeit deuten.

Bei einer politischen Emigration handelt es sich um ein eigenständiges und eigengesetzliches Phänomen, dem der Historiker dementsprechend auch eine Eigenverantwortlichkeit im politischen Handeln zubilligen muß. Wenn dieses Handeln von Relevanz für die internationalen Beziehungen sein soll, darf sich die Exilpolitik nicht auf die innere Organisierung sowie materielle und ideelle Versorgung der Emigration beschränken. Ihr Hauptziel ist auf die Heimat und auf Veränderungen von deren innerem und/oder äußerem politischem Status quo gerichtet. Die Frage der Mittel, wie dieses Ziel erreicht werden soll, ist dabei von ausschlaggebender Bedeutung.

Der essentielle Unterschied zwischen Exilpolitik und der normalen Außenpolitik von Staaten liegt darin, daß ein Staat immer auf die Perpetuierung seiner eigenen Existenz bedacht ist (das Phänomen von Staatenzusammenschlüssen wird hier außer Acht gelassen); das Grundprinzip der Politik jeglicher politischen Emigration aber muß die Beendigung des Zustands der Emigration sein, also gerade nicht die Perpetuierung des augenblicklichen politischen Zustands.

Die Frage nach dem Wesen und der Rolle einer politischen Emigration im internationalen Rahmen wäre eventuell zu beantworten mit der Formel, es handle sich, in der Intention und im Anspruch, um einen potentiellen Staat in spe. Soweit dies für Emigrationen aus nicht mehr oder noch nicht existierenden Staaten auch zutrifft, so muß man bei allen übrigen politischen Emigrationen die Formel schon einschränken auf Regierung in spe.

Indessen – beide Formeln sind unbefriedigend. Sie suggerieren die problemlose definitorische Einordnung in ein bestehendes System, ohne auch nur irgend etwas über die spezifischen Merkmale des Phänomens auszusagen. Bei jeglicher Exilpolitik sind die Mittel, mit denen Politik gemacht wird, und dadurch indirekt auch die Ziele, d. h. im Grunde die gesamte Politik schlechthin abhängig, bedingt, ja determiniert von dem Faktum, daß sie im Exil stattfindet, daß ihre Akteure Emigranten sind. Es sei deshalb noch einmal wiederholt: es ist nötig, politische Emigrationen als eigenständiges politisches Phänomen aufzufassen und zu werten, ja schon an ihre Untersuchung muß man mit diesem Axiom herantreten.

Da eine Emigration per definitionem ein grenzüberschreitendes und somit internationales Phänomen ist, muß ihr auch eine Rolle in den internationalen Beziehungen zukommen. Ihre Objektrolle und ihre partielle Zugehörigkeit zu den Renouvin'schen »forces profondes« ist evident. Damit kann man sich aber nicht begnügen. Politische Emigrationen sind häufig in der Lage gewesen, eine Subjektrolle als aktive Akteure innerhalb der internationalen Beziehungen zu spielen. Daß sie meistens mit ihren Bemühungen keinen endgültigen Erfolg hatten und ihr Ziel nicht erreicht haben, steht dem nicht entgegen. Schließlich ist das Scheitern ein wichtiges, ja vielleicht eines der wichtigsten Grunderlebnisse menschlichen Daseins und Ergebnis menschlichen Handelns, und weder Historikern noch Politikwissenschaftlern darf es erlaubt sein, an dieser Grundkategorie menschlicher Welterfahrung achselzuckend vorüberzugehen.

Eines der Grundprobleme einer politischen Emigration ist ihre Abhängigkeit von der Regierung des Gastlandes, d. h. inwieweit Vorstellungen, Konzeptionen und Aktionsradius einer Emigrantengruppe von den Gastgebern gesteuert, beeinflußt und in welchem Maße sie beaufsichtigt werden. Diese Frage ist von ausschlaggebender Bedeutung für die intendierte oder tatsächliche Subjektrolle in den internationalen Beziehungen, denn sie bestimmt den Grad der relativen Souveränität und erlaubt eine Aussage darüber, ob es sich um eine autonome politische Einheit handelt oder nicht. Die Antwort kann jeweils nur im Einzelfall unter Berücksichtigung zahlreicher Umstände gegeben werden.

Auf die Problematik von Exilregierungen braucht hier nicht weiter eingegangen werden. Die Tatsache, daß eine Exilregierung sich auf fremdem Territorium aufhalten oder sogar konstituieren darf und Regierungsgeschäfte führen kann, setzt die Erlaubnis der Gastgeberregierung voraus. »Diese Zustimmung ist konstitutiver Art und bedeutet eine besondere Form der völkerrechtlichen Anerkennung«[4]. Die Subjektrolle in den internationalen Beziehungen ist damit – unbeschadet der Frage nach der Effektivität – als gesichert anzunehmen. Am häufigsten ist dieses Phänomen im 20. Jahrhundert in Kriegszeiten aufgetreten[5]. Die Exilregierung kann als eine Art Zwischenstation zwischen Emigration und deren erhofftem Ziel, der vollgültigen Staatsmacht, bezeichnet werden – sie entbehrt zwar der faktischen territorialen Souveränität, ist aber als Völkerrechtssubjekt akzeptiert und damit auch ihr Anspruch.

Die rechtliche Nichtanerkennung einer ›normalen‹ politischen Emigration durch andere Staaten (einschließlich des Gastlandes) verhindert zwar eindeutig eine Völkerrechtssubjektivität, sagt aber noch nichts über den Charakter als Subjekt der internationalen Beziehungen aus.

Das Ziel einer politischen Emigration ist immer die Veränderung des augenblicklichen Status quo, manchmal eines innenpolitischen, sehr häufig aber auch eines äußeren Status quo. Zur Durchsetzung ihrer Ziele müssen fast alle Emigranten sich letzt-

[4] K.H.Mattern, Die Exilregierung, S. 60.

[5] Bei F.E.Oppenheimer, Governments and Authorities in Exile, werden daher Exilregierungen nur als Phänomene des Kriegs und Problem des Völkerrechts im Krieg behandelt, wenn auch darüber hinausgehende Folgerungen angedeutet werden.

lich gewaltsamer Mittel bedienen. Es lassen sich wahrscheinlich nur wenige Beispiele in der Weltgeschichte finden, wo eine politische Emigration direkt kriegsauslösend (für einen zwischenstaatlichen Krieg) gewesen ist, etwas häufiger dürfte der Fall sein, daß eine Emigration für den Ausbruch eines Aufstands oder eines Bürgerkriegs verantwortlich zeichnet. Die friedensstörende Rolle einer Emigration, die sich mit ihrem Schicksal nicht abfindet und ihre Ziele zu verwirklichen sucht, ist jedenfalls unbestreitbar – womit keineswegs etwas über die Berechtigung ihrer Existenz, ihrer Ziele und ihrer politischen Aktivität gesagt sein soll.

Die Mittel zur Durchsetzung der Ziele sind theoretisch unbeschränkt, faktisch hängen sie im Einzelfall von den materiellen und personellen Möglichkeiten und dem Rahmen ab, den die Asylgesetzgebung und die Fremdenpolitik der Behörden des Gastlandes bestimmen. Die häufigsten Formen sind Propaganda (in der Heimat und im Ausland) und konspirative Arbeit (meist nur in der Heimat). Aber auch andere Mittel, bis hin zur Diplomatie, sind möglich.

Man könnte meinen, daß die zunehmende ›Etatisierung‹ der Welt respective der Gesellschaften und die modernen, zunehmend omnipotenten Staaten das staatliche Monopol auf internationale Beziehungen endgültig durchgesetzt haben. Aber zahlreiche Phänomene der heutigen Welt widersprechen dem. Durch die wachsende internationale Interdependenz gibt es heute zahlreiche nichtstaatliche faktische oder z. T. sogar rechtlich anerkannte Subjekte der internationalen Beziehungen, die als autonome aktive Teilnehmer zu berücksichtigen sind. Ein Teil der heutigen internationalen Organisationen sind schon mehr als nur die Summe ihrer staatlichen Mitglieder, die Bedeutung internationaler Organisationen nichtstaatlicher Mitglieder (sympathisierende politische Parteien, Gewerkschaftsvereinigungen, kirchliche Zusammenschlüsse, Organisationen wie das Rote Kreuz und Amnesty International) wächst ständig, und das Gewicht internationaler Konzerne für die internationalen Beziehungen und deren faktisch autonome Rolle sind wohl unbestreitbar.

Die palästinensischen Emigranten haben in den letzten Jahren gezeigt, daß auch noch heute Emigranten eine wichtige Rolle zu spielen vermögen und durch eine Kombination verschiedener Mittel, deren wichtigstes zweifellos die militärische und terroristische Gewaltanwendung ist, eine beträchtliche Machtposition erobern können. Neuartig ist dabei der Versuch, gestützt auf einige sympathisierende Staaten über eine bzw. mit Hilfe einer großen internationalen Organisation in die Staatengesellschaft aufgenommen zu werden, ohne über eigene territorialstaatliche Souveränität zu verfügen – eine Möglichkeit, die früheren Emigrationen nicht gegeben war[6].

Diese Überlegungen zu dem Verhältnis politische Emigration – internationale Beziehungen und die These von der Subjektrolle einiger politischer Emigrationen sollen keine unzulässige Ausweitung des Begriffs »internationale Beziehungen« bedeuten. Wenn sich die Wissenschaft von den internationalen Beziehungen von der Diploma-

[6] Auch die international-europäische Aristokratie früherer Jahrhunderte mit den gesellschaftlichen und politischen Möglichkeiten auch ihrer exilierten Mitglieder kann hier noch nicht einmal zur vagen Analogie herhalten.
Wäre es Czartoryski gelungen, nach 1831 an einem europäischen Kongreß über die polnische Frage teilzunehmen, und das eventuell sogar als offizielle polnische Delegation, so wäre dies etwa mit dem Auftreten J. Arafats in der UNO und im Sicherheitsrat vergleichbar.

tiegeschichte alten Stils unterscheiden soll, so genügt es nicht, die außerdiplomatischen Einflüsse im Sinne der Renouvin'schen »forces profondes« zu berücksichtigen, sondern das Monopol der Staaten bzw. ihrer Organe als alleinige Subjekte der internationalen Beziehungen muß in Frage gestellt werden. Die Aufgabe dieser Überlegungen ist, darauf hinzuweisen, daß es politische Phänomene gibt, denen wichtige Attribute des neuzeitlichen Staates fehlen, die aber auf Grund von Organisation, persönlichem Einsatz und Zielvorstellungen reguläre Politik treiben und auf Grund ihrer Daseinsform internationale Phänomene sind, nämlich politische Emigrationen bzw. Emigrantenorganisationen. Wenn sie auch selbst versuchen, sich staatsähnlichen Charakter zu geben (bis hin zur Bildung einer Exilregierung), so darf aber nicht übersehen werden, daß es sich um in ihrem Wesen nichtstaatliche Formationen handelt. Sie weisen durch ihre Existenz und Wesensart eine phänomenologische Eigenständigkeit auf und sind durch die Konditionen ihres Daseins einer Eigengesetzlichkeit, was Mittel, Möglichkeiten und Wirkung angeht, unterworfen; sie sind jedoch dazu fähig, internationale Politik zu machen mit eigenen Zielvorstellungen, und sie sind damit Subjekte der internationalen Beziehungen und können aus ihnen nicht ausgeklammert werden.

4. Die diplomatische Präsenz: Aufbau einer Politik

A.

M. Handelsman hat die polnische Außenpolitik während der Zeit der Nichtexistenz des polnischen Staates folgendermaßen definiert:

> ». . . il faut donc comprendre par politique étrangère [de la Pologne] le système d'idées et les essais, dirigés par l'émigration, mais acceptés par l'opinion consciente de la nation polonaise, qui avait pour but le recouvrement de l'indépendance de l'ancien état par l'union combinée de ses propres efforts avec la dynamique des rapports internationaux du moment«[1].

Diese zunächst vielleicht etwas traditionalistisch anmutende Formel kann auch nach den Forschungen der letzten drei Jahrzehnte zur Geschichte des Hôtel Lambert als noch immer beste Umschreibung der Politik Czartoryskis gelten. Die Kombination von Eigenleistung und internationalen Beziehungen kann indessen nicht als konstant gleichgewichtig betrachtet werden. Die eigenen Anstrengungen, die letztlich in einem Aufstand gipfeln mußten, waren durch die Verknüpfung mit der internationalen Politik letztlich von deren Entwicklung abhängig und damit in ihren Möglichkeiten eingeschränkt. Diese Abhängigkeit aktiver polnischer Politik von der Entwicklung und den Konflikten des europäischen Staatensystems trug die Gefahr in sich, selbst nicht initiativ werden zu können, selbst auf die internationalen Beziehungen nicht einwirken zu können und damit eine unfruchtbare Wartehaltung einnehmen zu müssen. Eine sinnvolle polnische Außenpolitik mußte also versuchen, aus dieser gefährlichen Sackgasse herauszukommen und selbst aktiv zu werden, was durch die Niederlage des Novemberaufstands und vor allem durch die Situation des Exils mit allen ihren Beschränkungen beträchtlich erschwert wurde.

Die Erfahrungen im Novemberaufstand und die Repressionspolitik der Teilungsmächte ließen es kaum geraten sein, einen erneuten Aufstand als polnischen ›Alleingang‹ vorzubereiten. Die dahin zielenden Vorstellungen Mochnackis lehnte Czartoryski im Grunde ab, denn sie hatten in seinen Augen keine Erfolgschancen, da sie den gesamteuropäischen Aspekt nicht berücksichtigten. Die Versuche in den dreißiger Jahren, mit der Heimat Kontakt aufzunehmen, dort Unterstützung zu finden und einen Aufstand vorzubereiten, der bei günstiger internationaler Lage ausbrechen sollte, mißlangen zum größten Teil, einerseits wegen der Ängstlichkeit der angesprochenen Partner und des eigenen ideologischen Defizits (vor allem, was sozialpolitische Fragen anging), andererseits auf Grund der Konkurrenz der auf dem Gebiet der Heimatpolitik erfolgreicheren demokratischen Gruppen. Daraus ergab sich fast zwangsläufig ein Primat der Außenpolitik, der ohnehin ganz den Auffassungen und politischen Erfahrungen Czartoryskis entsprach. Im Rahmen der oben angesprochenen »union combinée« folgte daraus als Konsequenz eine Priorität der internationalen Beziehungen

[1] M.Handelsman, Les éléments d'une politique étrangère, S. 107f.; gleichlautend in: M.Handelsman, Czartoryski, Nicolas Ier et la Question, S. 7. Diese Definition soll zwar für die gesamte Zeit der Teilung Polens gelten, ist aber eigentlich auf die Tätigkeit Czartoryskis gemünzt. Das läßt sich auch daraus schließen, daß Handelsman diese Definition wörtlich in seiner Czartoryski-Biographie benutzt hat (M.Handelsman, Adam Czartoryski, II, S. 38).

vor den eigenen Aufstandsbemühungen, die aber die Gefahr einer zu großen Abhängigkeit von nur schwer beeinflußbaren Faktoren in sich trug. Diese Faktoren, d. h. die internationalen Beziehungen, zu beeinflussen und damit eine außenpolitische Präzenz Polens nicht nur aufrechtzuerhalten, sondern größtenteils neu zu schaffen, dies sah Czartoryski als eine seiner Hauptaufgaben an.

Der Beginn der Exildiplomatie Czartoryskis bestand in dem Versuch, den Faktor zu reaktivieren, der schon vor 1830 die Rolle Polens in den internationalen Beziehungen positivrechtlich determiniert hatte, nämlich die Wiener Bestimmungen und die sich daraus ergebenden Folgerungen. Das Ergebnis war, wie oben gezeigt wurde[2], ambivalent gewesen und als weitere Basis nur bedingt brauchbar. Die völkerrechtliche Argumentation wurde zwar auch in den folgenden Jahren immer wieder als taktisches Mittel angewandt, vor allem in der Propaganda oder wenn es darum ging, die Westmächte zu Protesten gegen Repressionsmaßnahmen der Teilungsmächte zu veranlassen (vor allem bei der Verteidigung des ständig bedrohten Status von Krakau), aber im Grunde war sich Czartoryski von Anfang an darüber im klaren, daß nur ein großer internationaler Konflikt eine wirkliche Veränderung des europäischen Status quo mit sich bringen konnte.

Die Hoffnung auf den großen Krieg, von Sehern wie Mickiewicz als notwendiges, reinigendes Purgatorium mit mystischen Attributen versehen, war für einen Teil der polnischen Emigranten die einzige Alternative, für andere ein Begleitumstand bzw. die Folge der erwarteten großen allgemeineuropäischen Revolution. Damit erhielt die Kriegshoffnung – im Grunde zu Beginn eine relativ realistische Einstellung – in der psychischen Konsequenz stark irrationale Züge.

Czartoryski ließ sich von diesem Wunschdenken kaum anstecken. Da eine Revolution in seinen Augen weder zu erwarten noch wünschenswert war, mußte er zwar notwendigerweise auf einen großen Krieg setzen, dies aber zunächst weniger als schicksalhaft eintretendes, zu erhoffendes Ereignis, sondern vielmehr als Ziel seiner Politik.

In den sogenannten Marcinkowski-Instruktionen[3] formulierte Czartoryski das Verhältnis zwischen Aufstand und internationalen Beziehungen, wobei jedoch bedacht werden muß, daß diese Sätze an die Heimat gerichtet waren und infolgedessen der Aufstand ein größeres Gewicht erhielt, als er in Wirklichkeit in den ersten Jahren der Emigration in den Konzeptionen Czartoryskis hatte:

> »Polen kann nur wiederaufleben durch einen starken, im ganzen Land allgemeinen und zu einem günstigen Zeitpunkt unternommenen Aufstand. Was heißt zu einem günstigen Zeitpunkt? Wenn Umstände eintreten werden, die einen günstigen Erfolg unserer Anstrengungen versprechen. Welche Umstände sind das? ein großer Krieg gegen Moskau selbst oder die Heilige Allianz und eine Revolution, sei es in Moskau, sei es in Österreich, Preußen oder Deutschland. In Frankreich und England ein Wechsel des Geistes der Regierungen, ein richtigeres und energischeres Auftreten sind für uns notwendig, aber keine Revolutionen. Neue Revolutionen in Frankreich oder England können für uns aller Wahrscheinlichkeit nach nicht

[2] Vgl. Kap. IV/1.

[3] Dr. Karol Marcinkowski, einer der prominentesten polnischen Ärzte seiner Zeit, ging Ende 1834 aus der Emigration nach Posen zurück, wo er durch die Gründung der Marcinkowski-Vereine einer der Wegbereiter der »praca organiczna« wurde.

nützlich sein, denn sie werden nur eine schwächende Erschütterung, Entzweiung, Bürgerkrieg bedeuten«[4].

B.

Bevor auf den Inhalt der Politik Czartoryskis nach 1831 und die Details ihrer Durchführung (bzw. der Versuche dazu) eingegangen wird, muß nach den praktischen und technischen Modalitäten dieser Politik gefragt werden, also danach, wie überhaupt eine Diplomatie in der Emigration geführt werden konnte. Wie schon oben (Kap. IV/1) geschildert wurde, konnten einige Voraussetzungen für die weitere diplomatische Tätigkeit schon während des ersten Englandaufenthalts geschaffen werden. Durch geschicktes Verhalten konnte dieser Spielraum bald weiter ausgebaut werden, so daß aus manchen zunächst als einmalig erscheinenden Möglichkeiten bald ein von kaum jemandem verwehrtes Gewohnheitsrecht wurde.

Diplomatie und Außenpolitik waren weitgehend, auch in den konstitutionellen Staaten, eine Domäne der Aristokratie (älteren oder eventuell jüngeren Datums). Daraus resultierte eine gewisse Symbiose von aristokratischen Salons und der Welt der Diplomatie, die im Einzelfall bei begünstigenden Voraussetzungen und für jemanden, der nicht kraft seines legalen Status' bzw. der Macht, die er vertrat, dazu gehörte, die Schwelle zur ›hohen Politik‹ nicht zu hoch werden ließ. Dies war eine der Grundvoraussetzungen, die es den ohne legalen Status agierenden Diplomaten einer Nation ohne Staat erleichterte, weiterhin eine Präsenz ihrer Nation in den internationalen Beziehungen zu verwirklichen oder zumindest es zu versuchen.

Die begünstigenden Voraussetzungen bestanden vor allem darin, daß Czartoryski zahlreiche englische Politiker von früher her kannte, aus der Zeit um den Wiener Kongreß (z. B. Talleyrand, Grey und Brougham) oder von seinen Reisen in seiner Jugend und in den 1820er Jahren her. Der Kontakt zu den französischen Politikern wurde zudem dadurch erleichtert, daß diese zum Teil hohe napoleonische Offiziere gewesen (Soult, Sébastiani, Maison) oder im Herzogtum Warschau tätig gewesen waren (wie Bignon und de Broglie) und daß die polnischen Generäle sich ihnen gegenüber auf die einstige Waffenbrüderschaft berufen konnten. Während letztere Verbindungen vor allem für eine Verbesserung des Loses der Emigranten benutzt wurden, schlug Czartoryski aus seinen Bekanntschaften Kapital besonders in der Richtung, eine kontinuierliche polnische Außenpolitik aufzubauen.

Nach damaliger Rechtsvorstellung konnte ein Ausländer dem Souverän nur durch den offiziellen diplomatischen Vertreter des Herkunftslandes vorgestellt werden – für die polnischen Emigranten wäre also der russische Botschafter zuständig gewesen. Deswegen war es unmöglich, direkt zum englischen und französischen König vorzudringen[5]. In der einzigen Audienz, die Czartoryski bei Louis Philippe erhielt, bedeu-

[4] B. Cz. 5282, S. 69–79: 1834. Informacje czytane Panu Marcinkowskiemu, przed jego wyjazdem do Pruss, który wyjechał dnia 14go Października (Informationen, Herrn Marcinkowski vor seiner Abreise nach Preußen am 14. Okt. vorgelesen), veröffentlicht in: M. Handelsman, Francja – Polska, S. 277–283.

[5] Als Czartoryski 1839 Palmerston fragte, ob er der jungen Königin Victoria vorgestellt werden könne, lehnte der Minister es mit dieser Begründung ab (B.Cz.5294, S. 141 ff.: Gespräch Czartoryski – Palmerston am 13. 2. 1839).

tete ihm der Bürgerkönig, er könne ihn als Emigranten bei Hof leider weiterhin nicht empfangen[6]. Nur König Leopold I. von Belgien glaubte offensichtlich, zumindest in den ersten Jahren seiner Regierungszeit, hier keine Rücksicht nehmen zu müssen, wohl vor allem wegen der zunächst konstant feindlichen Haltung und des Ausbleibens der Anerkennung durch Petersburg.

Mitglieder der Königsfamilien brauchten sich jedoch solchen Beschränkungen nicht zu unterwerfen. Zu erwähnen ist hier besonders Zamoyskis fast freundschaftliches Verhältnis zum französischen Thronfolger, dem Duc d'Orléans, der u. a. dem in Paris geborenen Zamoyski die Naturalisierungsformalitäten sehr erleichterte und auch sonst ständig mit ihm in Kontakt blieb[7]. Allerdings konnte aus dieser und ähnlichen[8] Beziehungen, trotz einiger Gunstbeweise in konkreten Hilfegesuchen, kein politisches Kapital geschlagen werden. In England nahm sich vor allem der Bruder des Königs, der Duke of Sussex, der Polen an und verhalf so vor allem den charitativen Aktivitäten des Hôtel Lambert zumindest zu einigem gesellschaftlichen Renommé.

Der persönliche Kontakt zu den jeweiligen Premiers und Außenministern in Paris und London war das wohl wichtigste Mittel, um selbst auf diplomatischem Parkett mitspielen zu können. Czartoryski und Zamoyski nützten die Möglichkeiten persönlicher Einflußnahme so weit wie möglich aus. Besonders wenn es darum ging, die wirkliche Haltung der Regierungen zu schwebenden internationalen Fragen zu erfahren (um nicht nur von der Presse und Gerüchten abzuhängen) und eigene Vorschläge, meist erst vorsichtig tastend, zu suggerieren, waren solche persönlichen Kontakte unerläßlich. Im Ganzen gesehen war das Verhältnis zu Palmerston, beruhend auf einem offensichtlich gegenseitigen Respekt, bei allen Meinungsverschiedenheiten doch ziemlich ausgeglichen, während die meist häufigeren Kontakte zu den französischen Ministern nicht problemlos waren (vor allem zu dem als »unsicher« eingestuften Thiers). Die Vorsprachen bei den Ministern, denen kaum je etwas in den Weg gelegt wurde, endeten meist damit, daß umfangreiche Denkschriften, sei es über die Rechte Polens, die Lage der Emigration oder Fragen der internationalen Politik, hinterlassen wurden. Um die Kontinuität dieser persönlichen Kontakte nicht abreißen zu lassen, stellte der jeweilige Vertreter des Hôtel Lambert dem Minister seinen Nachfolger vor, damit dieser dem Minister als autorisierter Vertreter Czartoryskis persönlich bekannt war.

Um trotz aller Wechsel an den Spitzen der Ministerien die Kontinuität der Beziehungen sicherzustellen, pflegte das Hôtel Lambert sorgsam die Beziehungen zu den höheren, ständigen Beamten der Außenministerien. Im Quai d'Orsay waren es vor allen die Direktoren Emile Desages[9] und Pierre Cintrat, im Foreign Office die Unterstaatssekretäre John Backhouse, W. Th. H. Fox Strangways und G.G. Leveson-Go-

[6] Jen.Zam., III, S. 70. Anfang 1832 hatte Louis Philippe Graf Alexander Walewski empfangen; dieser war in polnischer Uniform mit Nationalkokarde erschienen, was einen Protest des russischen Botschafters hervorrief. Offensichtlich wurde dadurch der auf einen Ausgleich mit Rußland bedachte Bürgerkönig vorsichtig (M.Sokolnicki, Les origines, S. 211–214).

[7] Jen.Zam., III, S. 70f., 118f.; 1834 lud der Duc d'Orléans Zamoyski zu einem Manöver in Compiègne ein (ebd., S. 250f.; K.B.Hoffman, Pamiętnik, S. 289).

[8] Z. B. der Frau Czartoryskis zu Adelaide, der einflußreichen Schwester des Bürgerkönigs (Jen.Zam., III, S. 293; K.B.Hoffman, Pamiętnik, S. 316).

[9] Desages hatte seine diplomatische Karriere 1811 mit einem Posten in Warschau begonnen (Jen.Zam., III, S. 120).

wer, die Czartoryski innerhalb der Grenzen ihrer Loyalität unterstützten. Auf diesem Weg fanden alle Memoranden, Noten, Beschwerden, Anregungen und Informationssammlungen des Hôtel Lambert den Weg zum Schreibtisch des jeweiligen Ministers[10]. Gleicherweise wurde man so über die meisten Vorkommnisse, Tendenzen und Schwankungen der internationalen Politik aus relativ sicherer Quelle informiert. Vor den Unsicherheiten der innenpolitischen Entwicklung und der manchmal nur kurzfristigen Lebensdauer der Kabinette, vor allem in Frankreich, schien man so gesichert.

Vor allem aber konnte man durch die Zusammenarbeit mit den außenpolitischen Beamten die ›technischen‹ Möglichkeiten der Außenministerien benutzen. Das betraf vor allem die Benutzung der diplomatischen Post. Diese zu Beginn nur als momentane Vergünstigung gewährte Möglichkeit bürgerte sich schnell als Gewohnheitsrecht ein. Nicht nur die Korrespondenz zwischen London und Paris war so gesichert und beschleunigt. Alle Agenten Czartoryskis, besonders die, welche sich auf dem Balkan befanden, konnten so relativ gefahrlos ihre Rapporte an die Zentrale schicken, indem sie die Briefe per diplomatische Post an den jeweiligen Unterstaatssekretär bzw. Direktor adressierten[11]. Auch um unzensierte Berichte aus der Heimat zu erhalten, wurde dieser Weg eingeschlagen[12]. Manchmal beförderte man sogar Propagandama-

[10] Aufschlußreich in dieser Beziehung ist ein Brief Zamoyskis an Czartoryski aus Marseille vom 20. 7. 1836 (B.Cz.Ew.3220):
»Es wäre gut, Briefe an Strangways von einer fremden, d. h. lesbareren Hand schreiben zu lassen; denn wenn er einen wichtigen und deutlich geschriebenen Brief erhält, so schickt er ihn gewöhnlich sofort seinem Prinzipal zur Lektüre. Einen noch wichtigeren Grund dafür sehe ich darin, daß Strangways dann nicht immer sagen müßte, daß dies der Fürst Czartoryski schreibt – sondern er könnte es jemand anderem zuschreiben, de moindre conséquence. De cette manière vous pourriez risquer plus de choses dans ces lettres«.

[11] An Bystrzonowski, der sich im Sommer 1839 in Hamburg mit Aristokraten aus Posen traf (Maciej Mielżyński), gab Zamoyski am 31. 7. 1839 aus London detaillierte Anweisungen (BPP 545/262/S. 2427f.): ». . . . alors remettez vos paquets au Consul Britan. sous enveloppe adressée comme suit:

Honble W.Fox Strangways, etc.etc.
Foreign Office
London,

puis sur le paquet inclus à mon adresse, ajoutez: › recommandée aux soins obligeans de M.Fox Strangways‹. Ce dernier moyen est le meilleur de tous, après la poste, si vous ne craignez pas le contact avec le Consul – et tant que vous êtes dans un port de mer d'où le Consul transmet des dépêches régulièrement. Tel est le cas à Hambg. où le Consul est intermédiaire entre Londres et Berlin et envoit et reçoit ce qu'on appelle un ›bag‹ c.a.d. un sac de dépêches par chaque bateau – sac qui est remis par le Capitaine *lui-même* sous responsabilité égale à celle d'un courrier – tous renseignemens que j'ai longtems ignorés et qui font de Hambourg et de places semblables des points très précieux de *rencontre.* Mais silence absolu sur ces moyens de correspondance!«

[12] So richtete Czartoryski an Fox Strangways 1836 die Bitte, der dieser offensichtlich nachgekommen ist, »de recommander aux missions anglaises à Berlin, Vienne et Dresde d'accepter les lettres qui leur seront remises à mon adresse ou bien à l'adresse de Mr.Charles Antoine Beaumont, et de vous les transmettre par Courrier« (B.Cz.5501, S. 131f.: Czartoryski an Fox Strangways, o.O. 19. 8. 1836 – Kopie). Als Beispiel: B.Cz.Ew.1521: Bystrzonowski an Henryk Dzieduszycki (Posen), Paris 14. 8. 1836 (Entwurf) – hier wurden genaue Instruktionen gegeben: Korrespondenz per München, dort an Baron d'Eichthal (franz.Gesandter), im Umschlag zweite Adresse »Mr.le Baron Louis d'Eichthal à Paris pour remettre à Mr.Gustave de Montebello«.

terial auf diesem Weg nach Polen, obwohl dies eindeutig einen Mißbrauch der gewährten Möglichkeiten darstellte[13].

Die Benutzung der diplomatischen Post zur Beförderung von Privatbriefen war zwar nicht allgemein üblich, aber zu dieser Zeit auch keine Seltenheit. Für Emigranten jedoch war der Zugang zu einer derartigen Korrespondenzmöglichkeit schwieriger als für einen herumreisenden Aristokraten, der die Dienste seines Konsuls oder Gesandten in Anspruch nahm. Als 1848 die Februarrevolution diese Errungenschaft zu bedrohen schien, wandte sich Zamoyski an Lamartine in dieser Frage[14]. Als Antwort erfolgte ein Rundschreiben Bastides an alle diplomatischen Vertreter Frankreichs: dem Mißbrauch, Privatbriefe durch den diplomatischen Kurier zu schicken, müsse endlich Einhalt geboten werden; die diplomatische Post sei ausschließlich der amtlichen Korrespondenz vorbehalten;

> »quelques agents s'étant encore écartés de ces préscriptions, je crois devoir les rappeler en général à tous les Agents de la République à l'Etranger, et je vous invite à veiller dorénavant, à ce qu'aucune expédition particulière ne soit placée sous mon couvert, si ce n'est toutefois celles qui sont destinées aux Lazaristes et au Prince Czartoryski, des raisons d'humanité et de sympathie nationale ayant toujours autorisé cette exception«[15].

Eine weiter Vergünstigung bestand darin, daß man durch die guten Beziehungen zu den Außenministerien Pässe erhalten konnte; schon bei seiner ersten Reise im Frühjahr 1832 von London nach Paris hatte Czartoryski gebeten, ihm den Grenzübergang zu erleichtern[16]. Wiederum wurde diese zunächst einmalige Maßnahme bald zur dauernden Vergünstigung. Zamoyski berichtet, daß er seit seiner Naturalisierung im August 1833 nicht wie normale Bürger seinen Paß bei den Polizeibehörden erhielt, sondern im Außenministerium, und zwar einen sog. ›Kabinettspaß‹. Die Vergünstigung ging sogar noch weiter:

> »Nicht nur erhielt ich selbst durch ihn [Desages im Außenministerium] immer die zu verschiedenen Reisen notwendigen Pässe, es kam auch vor, daß er auf mein Verlangen hin Kabinettspässe lieferte für Personen, deren Namen ihm zu nennen genügte. Das war eine große Erleichterung für die Agenten, die Fürst Adam bald in verschiedene Länder und Hauptstädte entsandte«[17].

Als Beispiel, wie ein solcher Paß erhalten werden konnte, mag folgender Bericht gelten, den Jan Woronicz vor einer größeren politischen Mission, die ihn bis nach Rumänien führte, Czartoryski gab:

> »Mit Hilfe von Herrn Bell und auf seine Bürgschaft hin gab mir der französische Konsul einen Paß auf den Namen Jean Werner, geboren in Colmar, D^{t} du Haut Rhin, démeurant à Londres et commis voyageur. Das entspricht unseren Wünschen und Bedürfnissen vollkommen und enthebt der Notwendigkeit schwieriger Erklärungen zur Identität der Person, Erklärungen, die ich unter jedem anderen

13 M.Handelsman, Adam Czartoryski, II, S. 41; B.Cz.5501, S. 11–15: Fox Strangways an Czartoryski, London 6. 6. o.J.

14 AMAE Mem + Doc Pologne 31, Bl.475: Zamoyski an Lamartine, Rom 8. 3. 1848.

15 B.Cz.Ew.1258: Circulaire des Außenministers (hektographiert), Paris 8. 6. 1848.

16 AMAE Mem + Doc Pologne 31, Bl.4: Czartoryski an Périer, London 3. 3. 1832; ebd., Bl. 29: Périer an Czartoryski, Paris 12. 3. 1832 (Kopie).

17 Jen. Zam., III, S. 120.

Namen unseren Freunden geben müßte. Der Paß ist daher sehr gut, ausgegeben auf mein eigenes Signalement und von mir unterschrieben«[18].

Die persönlichen Beziehungen zu Ministern, Parlamentariern, Publizisten und anderen Politikern waren so das wichtigste Fundament für eine Außenpolitik in der Emigration. Dabei bemühte man sich, möglichst zu allen Parteien Kontakt zu behalten und sich nicht auf eine Richtung festzulegen. Besonders Zamoyski legte Wert darauf, in England zu den häufig sich russenfreundlich zeigenden Tories Beziehungen anzuknüpfen und aufrechtzuerhalten. Eine andere Haltung, eine eindeutige Parteinahme, so lautete die offizielle Sprachregelung, bedeute eine ungebührliche Einmischung in die inneren Verhältnisse eines anderen Landes[19]. In Wahrheit wurde jede Richtung und jeder einzelne Politiker an seiner Meinung zur Polenfrage und an seiner Haltung zu Rußland gemessen. Besonders letzteres war für Czartoryski der Maßstab, an dem er, etwas einseitig, die Qualität der westeuropäischen Politiker maß.

Die gesellschaftlichen Kontakte der Politiker des Hôtel Lambert reichten in Frankreich von der karlistischen Aristokratie bis zur loyalen Opposition, vom hohen katholischen Klerus bis zu den Rothschilds, Odilon Barrot und Victor Hugo, wobei man geschickt je nach den Erfordernissen der konkreten Situation die einzelnen Beziehungen nutzte. Die unverbindlichen, aber wichtigen Kontakte in den Salons gaben immer wieder die Möglichkeit, konkrete Anliegen bei den richtigen Stellen vorzubringen. Später, in den vierziger Jahren, war das Hôtel Lambert selbst einer der wichtigen Salons, der als Treffpunkt der verschiedensten Parteien galt, wo alle möglichen zunächst zu nichts verpflichtenden Kontakte aufgenommen werden konnten: die hohe katholische Geistlichkeit, prominente Freimaurer, Parlamentarier der Regierungspartei und der Opposition, Emigranten aus Mittel-, Ost- und Südeuropa, Diplomaten und Intellektuelle aus allen Ländern waren hier zu finden. Damit entging diese Gruppe exilierter Aristokraten der Gefahr, wie ein Teil ihrer linken Landsleute in den Untergrund abgedrängt zu werden, ebenso aber, nur am Rande der Gesellschaft leben zu müssen. Ohne sich zu assimilieren und ihren politischen Charakter zu verlieren, integrierten sie sich in die tonangebende ›gute Gesellschaft‹ und in die politisch und intellektuell wichtige Gesellschaftsschicht. Das lag zum Teil daran, daß sie, im Gegensatz zu zahlreichen ›Durchschnittsemigranten‹, auf Grund ihrer Herkunft und Erziehung nur selten Akkulturationsschwierigkeiten hatten.

Ein wichtiger, für das Frankreich der Julimonarchie sogar bestimmender Bereich fiel aus, und das zeigt doch die objektive Beschränkung der Möglichkeiten: der Be-

[18] B.Cz.5470, S. 5: J.Woronicz an Czartoryski, London 28. 6. 1838. Zu dieser Paßaffaire auch: B.Cz.5451, S. 11–13, 15–17, 21–24: G.Bell an Czartoryski, London 26. 5. und 1. 6. 1838 sowie Czartoryski an G.Bell, Paris 28. 5. und 8. 6. 1838 (Kopien).

[19] So lehnte Czartoryski eine Einladung zu einem ›Reform Dinner‹ in Birmingham ab mit der Begründung:
». . . I am of opinion that the cause of Poland ought to be carefully separated from all questions which divide this country on her internal politics. Poland has friends in all parties and it is our wish to unite them all in favour of her destinies . . . Nothing seems more important to the cause of my country than to be kept distinct from any party question« (B.Cz.5450, S. 193–195: Czartoryski an Thomas Attwood, London 21. 1. 1836).

reich der Geschäfts- und Finanzwelt, der Wirtschaft und Industrie. Versuche in dieser Richtung blieben erfolglos[20].

In England stützte man sich vor allem auf die Whig-Aristokratie, pflegte aber auch die Kontakte zu den Tories und zu einigen »unabhängigen« Politikern wie Fergusson. Über die Breitenwirkung darf man sich keine übertriebenen Vorstellungen machen, außerdem muß man wohl unterscheiden zwischen den zeitweise recht beachtlichen Propagandaerfolgen und den Kontakten, die der diplomatischen Arbeit galten.

Sowohl in England als auch in Frankreich gab es einige Personen, die sich das Anliegen der Polen und speziell des Hôtel Lambert vollkommen zu eigen machten und Czartoryski unbedingt und immer unterstützten. In London war das neben Fergusson (in der Anfangszeit) vor allem Lord Dudley Coutts Stuart, der sich mit ungehemmter Begeisterung Czartoryski unterstellte, als sein Bundesgenosse im Parlament und in der Gesellschaft agierte und oft mit seinem beträchtlichen Vermögen die schwierige Finanzlage des Hôtel Lambert aufbesserte. In Frankreich nahm Graf Charles de Montalembert, Exponent eines liberalen Katholizismus, eine gewisse Schlüsselrolle ein. Durch ihn, der vor allem die polnische Frage ständig in der Pairs-Kammer vertrat, knüpfte das Hôtel Lambert ebenfalls Beziehungen zum Vatikan sowie zur klerikalen Partei Belgiens an[21].

Die Hauptpersonen der polnischen Exildiplomatie waren zweifellos Czartoryski und Zamoyski. Unter ihrer Leitung waren zahlreiche weitere fähige Mitarbeiter tätig, mit zum Teil sehr unterschiedlichem Hintergrund. General Kniaziewicz und Ludwik Plater vertraten Czartoryski zu Beginn in Paris und blieben dort weiterhin tätig, wegen ihres hohen Alters mit zunehmend geringerer Aktivität. Der junge und politisch hochbegabte Gustaw Małachowski nahm bis zu seinem frühen Tod 1835 eine Zamoyski ebenbürtige Stellung ein. Zu den weiteren Hauptpersonen gehörten vor allem Graf Ludwik Bystrzonowski, ein sehr aktiver, aber manchmal von seiner berufsspezifischen Denkungsart allzu sehr geprägter Offizier, dessen Ehrgeiz und Rechthaberei ihn nicht selten unbeliebt machten, – dann Graf Ludwik Orpiszewski, der sich zu einem umgänglichen und geschickten Diplomaten entwickelte. Daneben waren fast alle wichtigen oben genannten[22] Politiker des Hôtel Lambert auch oder vor allem mit außenpolitischen Fragen beschäftigt.

Der Spielraum zu eigenverantwortlicher Tätigkeit war bei den meisten Mitarbeitern Czartoryskis sehr klein – die Instruktionen waren meist sehr präzise, und die Entscheidungen behielt sich Czartoryski immer selbst vor. Eine Ausnahme machte hier später Michał Czajkowski, ein Dichter aus der Ukraine, die wohl schillerndste Gestalt

[20] Ludwik Jelski, der ehemalige Präsident der Bank Polski in Warschau, gründete Anfang 1834 eine polnische Bank in Paris, die allerdings nach knapp 2 Jahren bankrottierte und für zahlreiche Polen empfindliche finanzielle Verluste brachte – Czartoryski allein soll etwa 200 000 Fr. verloren haben (Jen.Zam.,III, S. 197, 254 – hier als Handelsunternehmen bezeichnet, über den Bankrott ebd. S. 302; weiter Informationen bei K.B.Hoffman, Pamiętnik, S. 267f. und 334).

[21] Montalembert war der Schwiegersohn des Ministers Félix de Mérode.

[22] Siehe Kap. IV/3, S.113. Vgl. J.Skowronek, Polityka bałkańska, S. 19f.

auf dem auch sonst schon recht farbenprächtigen Bild des Hôtel Lambert[23]. Der phantasievolle, ungemein agile und etwas eigensinnige Schriftsteller baute in den 1840er Jahren die Agentur in der Türkei aus und führte sie immer eigenständiger, Czartoryski immer ergeben, aber im wachsenden Konflikt mit Zamoyski, bis er 1850 zum Islam übertrat und so mit dem Hôtel Lambert brach.

Die Diplomatie des Hôtel Lambert bestand nicht nur in der Vertretung polnischer Interessen in London und Paris. In dem Maße, wie man von Anfang an versuchte, sich in die internationalen Beziehungen einzuschalten, wurde auch das lokale Betätigungsfeld erweitert. Einzelne Emissäre wurden zu geheimen Missionen nicht nur in die Heimat, sondern auch in andere Länder – Italien, Schweiz, Belgien, dann immer mehr in den Vordergrund tretend das Osmanische Reich – geschickt; manche Agenten reisten in mehr oder weniger offizieller Mission in verschiedene Länder bzw. deren Hauptstädte. Daneben berichteten Korrespondenten aus verschiedenen Gebieten über die dortige politische Lage.

Dieser beginnende Aufbau eines diplomatischen Netzes hatte im ersten Jahrzehnt der Emigration zunächst nur punktuellen Charakter. Nur die Tätigkeit in London und Paris verlief kontinuierlich; die Versuche, ständige Stützpunkte in anderen Ländern zu schaffen, vor allem in Rom und in Alexandria, dann auch in Istanbul, mißlangen vorerst. Es blieb bei einmaligen Unternehmungen bzw. bei sich mehrmals wiederholenden Agentenreisen zu verschiedenen entscheidenden Zentren der europäischen Politik. Das Mißtrauen der Teilungsmächte und ihr entschiedenes Auftreten gegen jede Form polnischer Präsenz auf internationalem Parkett erschwerten die Politik des Hôtel Lambert sehr. Das Mißlingen zahlreicher Unternehmungen – z. B. der ägyptischen Expedition General H. Dembińskis oder der Bemühungen um einen festen Stützpunkt in Belgien – und die Schwierigkeiten, in Rom und Istanbul Fuß zu fassen, zwei Orte, die immer mehr zu den wichtigsten Ansatzpunkten polnischer Politik (neben Paris und London) wurden, lagen zum größten Teil in den diplomatischen Gegenaktionen der Ostmächte begründet. Der punktuelle und dadurch auch fragmentarische Charakter der polnischen Diplomatie dieser Zeit entsprach auch der strategischen Konzeption einer Politik der ›faits accomplis‹, auf die weiter unten noch eingegangen wird. Infolgedessen gab es auch noch nicht einen diplomatischen Apparat als organisatorisches Gerüst einer breit angelegten und umfassenden Außenpolitik. Ansätze in dieser Richtung sind jedoch schon festzustellen: im Aufbau eines Korrespondentennetzes, in den Versuchen, die Kontinuität des Informationsflusses aus der Heimat und aus verschiedenen Teilen Europas zu sichern, und in den Bemühungen, einmal geschaffene Verbindungen nicht abreißen zu lassen und der polnischen Präsenz möglichste Dauerhaftigkeit zu verleihen.

Die durch Korrespondenten erhaltenen Nachrichten und eine sorgfältige Auswertung der europäischen Presse waren eine wichtige Voraussetzung für die Diplomatie Czartoryskis. Die Informationen, die er dadurch – private, publizistische und amtliche Quellen kombinierend – erhielt, waren in manchen Bereichen exakter und umfas-

[23] Michał Czajkowski, auch oft Czajka genannt, hatte sich vor allem durch seine vielfach übersetzten Kosakenromane einen Namen gemacht. Ein ausführliches Verzeichnis seiner Werke und der Übersetzungen sowie Bibliographie in: Nowy Korbut, 7, S. 238–245; biographische Werke über ihn: F.R.Gawroński, M.Czajkowski, und neuerdings, belletrisiert und leider etwas unbefriedigend – J.Chudzikowska, Dziwne życie Sadyka Paszy.

sender als die der französischen und britischen Diplomatie, besonders was die innenpolitische Lage in Rußland und im Habsburgerreich betraf, in allen Gebieten Polens und bald auch in Gegenden, denen die Aufmerksamkeit des Hôtel Lambert besonders galt, dem Balkan, den Donaufürstentümern und dem Kaukasus. Außerdem konnte er auf seine eigenen Sach- und Ortskenntnisse sowie die seiner Mitarbeiter zurückgreifen. Wie Czartoryski und andere Polen zu ihrem anfänglichen Erstaunen feststellten, fehlten in London und Paris manchmal einfache geographische Kenntnisse über Ost- und Südosteuropa, und die Vorstellungen über Wirtschaft, Bevölkerung, Stimmung in der Gesellschaft und Mentalität waren oft oberflächlich. Die polnischen Emigranten, vorzüglich solche, die vor 1830 wichtige politische Funktionen ausgeübt hatten, besaßen dagegen zum Teil sehr intime Kenntnisse über die Verhältnisse in Rußland und in der russischen Armee. Ein Teil der höheren polnischen Offiziere hatte am russisch-türkischen Krieg von 1828/29 teilgenommen.

Dieses Potential an Sachkenntnis wurde vom Hôtel Lambert vor allem zu Propagandazwecken benutzt – jedoch nicht nur: Czartoryski glaubte, damit selbst etwas den Ministerien in Paris und London bieten zu können, nämlich detaillierte Informationen, die der englischen und französischen Diplomatie sonst kaum zugänglich gewesen wären. Obendrein bot sich so eine Chance, selbst auf die Entscheidungsprozesse in den Außenministerien indirekt Einfluß zu nehmen. Diese Nachrichten betrafen vor allem die Lage in den drei polnischen Teilgebieten und in Krakau – zahlreiche Informationssammlungen mit authentischem Material gelangten so in die Archive der Außenministerien und ebenfalls in die Hände polenfreundlicher Parlamentarier, die mit diesen Quellen – wie oben im Falle der Motion Fergussons geschildert[24] – parlamentarische Anfragen begründen und untermauern konnten.

Die Angebote Czartoryskis gingen jedoch noch weiter: als eine Art Gegenleistung für die technische Unterstützung seiner Diplomatie durch die westeuropäischen Staaten bot er Informationen an, vor allem, was das russische Militärwesen betraf. Die Gelegenheit, ihre oft nur sehr lückenhaften Kenntnisse aufzubessern, ergriffen die Franzosen und Engländer sofort. Besonders die französische Regierung arbeitete bald eng mit Czartoryski auf diesem Gebiet zusammen und nutzte so die Kenntnisse der von ihr beherbergten Emigranten[25]. Manche Emissäre Czartoryskis wurden so gleichzeitig militärische Spione: als Ludwik Bystrzonowski im Herbst 1840 eine große Erkundungsreise durch Deutschland machte, reiste er gleichzeitig im Auftrag der französischen Militärbehörden und berichtete später detailliert über die Stimmung in Deutschland und die Einsatzbereitschaft der preußischen Armee[26].

[24] Siehe Kap. IV/1, S. 65–72.

[25] B.Cz.Ew.1508: Czartoryski an Zamoyski, Paris 21. 6. 1833 (ein Teil dieses Briefes in: Jen.Zam., III, S. 162) – Czartoryski bot de Broglie in einer Unterredung eine Zusammenarbeit im militärischen Nachrichtenwesen an; die Anregung wurde vom Außenminister »mit Feuer« aufgenommen.

[26] B.Cz.Ew.1523: Unterhaltung Bystrzonowskis mit General Trézel, 19. 8. 1840, und Brief Trézels an Bystrzonowski, Paris 29. 9. 1840; B.Cz.Ew.1252: Rapporte Bystrzonowskis an einen französischen General (wahrscheinlich Trézel) vom 3.11. und 11.11. (oder 9.) 1840 und o.D. (Entwürfe); B.Cz.Ew.1247/2: Notes d'un officier polonais durant son séjours en Allemagne pendant les mois de 7bre,8bre, 9bre, et X^bre^ 1840(Entwurf, später hinzugesetztes Datum 9. 12. 1840); BPP 440/3/128/ S. 501: Guizot an Bystrzonowski, Paris 29. 12. 1840 – Dank für »Notes sur l'Allemagne« Bystrzonowskis.

Die Rolle der Information und ihrer Quellen für die Außenpolitik bzw. in außenpolitischen Entscheidungen ist offensichtlich, so daß sie hier nicht weiter erläutert zu werden braucht. Für das Hôtel Lambert als Exilinstitution war, angesichts des Fehlens sonstiger staatlicher Machtmittel, die Information, die Kenntnis und Vermittlung von Nachrichten daher ein wesentliches Instrument der Politik, dem eine das normale Maß übersteigende Wichtigkeit zukam – dies weniger im Hinblick auf die eigenen außenpolitischen Entscheidungen, als vielmehr deswegen, weil hier die polnischen Emigranten ihren Verhandlungspartnern etwas Eigenes anzubieten hatten. Informationen wurden damit fast zum Handelsobjekt.

Zu Beginn handelte es sich meist nur um Nachrichten aus Polen bzw. um Berichte über die Lage der polnischen Nation – angesichts der Tatsache, daß das Interesse der europäischen Diplomatie für die polnische Frage immer geringer wurde, mußten diese Informationen ihren Empfängern manchmal buchstäblich aufgedrungen werden. In dem Maße, wie das Hôtel Lambert sein Betätigungsfeld verbreiterte und versuchte, das ganze Spektrum der internationalen Beziehungen in Europa in seine Politik einzubeziehen, wurden die Nachrichten, die Czartoryski in London und Paris anbieten konnte, interessanter für die dortigen Ministerien, vor allem, was die Orientfrage, die inneren Vorgänge auf dem Balkan und den Kaukasus anging.

In gewissem Sinn darf man von einer regulären nachrichtendienstlichen Tätigkeit des Hôtel Lambert sprechen, die von einer einfachen Presseauswertung bis zu gelegentlicher Spionage reichte. In den ersten Jahren noch fragmentarisch und zufällig, gewann diese Seite der Aktivitäten des Hôtel Lambert, auf privaten Kontakten beruhend, aber unter dem – nicht immer genügenden – Schutzmantel der britischen und französischen Diplomatie, ab 1840 an Kontinuität, vor allem durch die Einrichtung eines ständigen Agenten- und Korrespondentenapparats. Fragt man pragmatisch nach dem Stellenwert des Hôtel Lambert in der damaligen europäischen Tagespolitik, so war wohl die Rolle als Informationslieferant, d. h. die nachrichtendienstliche Tätigkeit eine der wichtigsten, die das Hôtel Lambert zwar nicht zu einem unentbehrlichen, aber doch erwünschten und deshalb auch mit Maßen unterstützten Partner für einige Großmächte machte.

Es wäre natürlich eine grobe Unterschätzung des Stellenwerts und des Gewichts, welche dem Hôtel Lambert zuzumessen sind, wenn man es zu einer bloßen Nachrichtenagentur degradierte. Allerdings hat Czartoryski selbst immer betont, wie wichtig es sei, sich nützlich zu machen; diese und andere zunächst unscheinbare tägliche Arbeiten und Dienste gehörten unbedingt zur Vorbereitung, im entscheidenden Augenblick aktionsfähig zu sein.

> »Unsere Angelegenheit macht hier im Ausland untrügliche und sichtbare Fortschritte. Allerdings sehe ich noch keine baldigen entscheidenden Ereignisse; ebensowenig dürfen wir davon schwärmen, daß wir in unserem kraftlosen Zustand eine europäische Großmachtspolitik führen könnten. Aber Nachrichten sammeln, Ereignisse ausnützen, wachsam sein, nützlich werden, das können wir . . . «[27].

Die Exilpolitik Czartoryskis war eine echte Geheimpolitik[28], und das nicht nur im

[27] B.Cz.5484: Czartoryski an L.Bystrzonowski, Edinburgh 13. 12. 1835 (auch bei: L.Widerszal, Sprawy kaukaskie, S. 46).

[28] Vgl. M.Handelsman, Adam Czartoryski, II, S. 38. Ders., Czartoryski, Nicolas Ier et la Question, S. 24–26.

Sinne der »politique secrète« des 18. Jahrhunderts. Im Falle des Hôtel Lambert wußte die europäische Öffentlichkeit kaum, daß überhaupt Außenpolitik betrieben wurde, sieht man von den durch Czartoryski angeregten parlamentarischen Auftritten einiger Polenfreunde ab. Die polnischen Emigranten erhielten nur ungenaue und nichtssagende Informationen über die Tätigkeit des Hôtel Lambert und konnten deren Ausmaß garnicht kennen[29]. Die Existenz der Diplomatie des Hôtel Lambert war eigentlich nur denen bekannt, auf die es in der Diplomatie auch primär ankam, nämlich den Regierungen als den notwendigen Partnern – leider aber auch den gegnerischen Regierungen und deren Polizei, welche die sich für sie daraus ergebenden Gefahren erkannten, zum Teil auch überschätzten und sich intensiv darum kümmerten.

Die polnische Außenpolitik des Hôtel Lambert basierte auf rein privaten Kontakten, hatte kein offizielles oder offiziöses Sprachrohr[30] – und obendrein war ihr organisatorischer Rahmen, wie oben gezeigt wurde[31], ein streng verschworener Geheimbund. Ein Teil der diplomatischen Instrumente bzw. Techniken waren nicht nur privater, sondern darüber hinaus auch ›konspirativer‹ Natur – wie geheime Agentenreisen, Spionage oder gelegentlicher Waffenschmuggel. Im Sinne eines ausschließlichen staatlichen Monopols für Außenpolitik ist jede private Außenpolitik konspirativ – im Sinne der angewandten Mittel jedoch muß man wohl noch unterscheiden zwischen privater und ›konspirativer‹ Diplomatie. Wenn je, so ist der Ausdruck ›Geheimpolitik‹ wohl selten mit mehr Berechtigung als für die außenpolitische Tätigkeit des Hôtel Lambert angewandt.

Die Außenpolitik des Hôtel Lambert bestand nicht nur aus reiner Geheimdiplomatie, sondern ging immer zusammen mit intensiver propagandistischer Arbeit. Ebenso gehörten dazu, besonders in den ersten 10 Jahren, die Bemühungen um die Bildung von Legionen. Diese beiden Komplexe sollen jedoch in dieser Arbeit getrennt in den beiden nächsten Kapiteln behandelt werden, nicht etwa, weil hier so etwas wie ›reine‹ Diplomatie geschildert werden soll, sondern weil sich Propaganda und Legionenpläne als Sonderformen der Außenpolitik darstellen, die ihre natürliche Voraussetzung in der Gesamtkonzeption hatten und in ihren Erscheinungsformen und Möglichkeiten von der jeweiligen Situation abhängig waren.

C.

Das hier zu beschreibende erste Jahrzehnt der Exildiplomatie Czartoryskis, vom Beginn der Emigration bis zur Orientkrise 1840, kann als die Aufbauphase des Hôtel Lambert bezeichnet werden. Dies heißt nicht unbedingt, daß die Grundlagen für die spätere Politik und vor allem für den Apparat des Hôtel Lambert, wie er sich von den vierziger Jahren bis zum Januaraufstand 1863 zeigte, bewußt und mit Vorbedacht ge-

[29] Die Angriffe der polnischen Demokraten auf die Diplomatie der Monarchisten gingen daher meist ins Leere, ja konnten gar nicht den Kern und die eigentlichen Schwächen der Czartoryski'schen Politik treffen, weil dazu die nötigen Informationen fehlten.

[30] Mit Ausnahme gelegentlicher Reden Czartoryskis, denen sich aber gerade zum Thema Außenpolitik außer Allgemeinplätzen wenig entnehmen läßt. Zu den Presseorganen siehe Kap. IV/6.

[31] Siehe Kap. IV/3, S. 129f. und 139f.

legt worden sind. Vielmehr ist in diesen Jahren ein Entwicklungsprozeß zu konstatieren, der zu der kontinuierlich geführten Außenpolitik des späteren Hôtel Lambert hinführt.

Subjektiv war man auf einen derartigen ›langen Marsch‹ fast gar nicht eingestellt, mit der möglichen Ausnahme von Czartoryski selbst. Die Notwendigkeit zum langen Atem und zu einer allseitig in diesem Sinne geführten Politik ergab sich fast zwangsläufig. Die wohl allen Emigranten eigene und auch verständliche Hoffnung auf eine baldige Rückkehr in die Heimat, auf eine unmittelbar bevorstehende Wendung der politischen Lage schwand allmählich. Einer sich bei einzelnen Emigranten bemerkbar machenden Resignation stand das sich z. T. als Reaktion darauf steigernde Sendungsbewußtsein entgegen. Hand in Hand damit gingen einerseits starke messianistische und religiöse Strömungen, andererseits die Ausbildung in sich konsequenter ideologischer Systeme bei den verschiedenen Richtungen. Vor allem für das TDP und das Hôtel Lambert hieß das, auf eine möglichst kontinuierliche Tätigkeit zu setzen und von einer Politik der Einzelaktionen abzugehen.

Auf dem Hintergrund der späteren kontinuierlichen diplomatischen Arbeit des Hôtel Lambert läßt sich erkennen, inwiefern in den hier als Aufbauphase apostrophierten ersten 10 Jahren zunächst eine andere Politik geführt wurde, die von einer anderen taktischen und strategischen Konzeption ausging.

Die Grundhaltung dieser Politik bestand, darauf wurde schon mehrmals hingewiesen, in dem Warten auf den großen Krieg. Die im Grunde realistische Konzeption, daß nur aus einem großen europäischen Konflikt sich Chancen für Polen ergeben könnten, barg jedoch die Gefahr des reinen Attentismus in sich, eine Haltung, die durchaus dem Charakter Czartoryskis in gewisser Weise entsprach[32]. Daß es nicht bei der rein abwartenden Haltung blieb, zeigt nochmals deutlich, daß der oft behauptete »Hamletismus« Czartoryskis kein konstanter Zug seiner Psyche war. Im Gegenteil, trotz mancher pessimistischer Einsichten und ständiger Enttäuschungen, besonders was die Politik der Westmächte betraf, nutzte er jede sich bietende Gelegenheit, um in die internationale Politik hineinwirken zu können.

D.

Von den Sachgebieten, mit denen sich die Exildiplomatie Czartoryskis befassen mußte, ergibt sich als erster, durch die Situation vorgeschriebener Bereich das Verhältnis Emigration – Gastland. Aufgabe einer jeden Emigrantengruppe, die einen Führungsanspruch erhebt, muß es sein, im Rahmen ihrer Möglichkeiten zu versuchen, die rechtlichen und materiellen Existenzbedingungen der Emigration zu verbessern. Dieser Komplex braucht hier nicht ausführlich behandelt zu werden, denn er betrifft nicht direkt die außenpolitische Präsenz Polens und die internationalen Beziehungen. Allerdings – in dem Sinne, wie in Kap. IV/2 von der Emigration als dem Repräsentanten der Nation gesprochen wurde – befaßte sich diese Politik ebenfalls wie alle anderen Bereiche mittelbar mit der nationalen Präsenz Polens in Europa.

Czartoryski war hier, im Vergleich zu anderen Emigrantengruppen, gleichzeitig im Vorteil und benachteiligt. Sein Handicap war, daß er nicht im Namen der Emigration

[32] Vgl. Kap. II, S. 20.

auftreten konnte, also auch nicht für etwaige Zugeständnisse politisches Wohlverhalten aller Emigranten versprechen konnte. Andererseits jedoch wurde er im Vergleich zu anderen Emigranten noch am ehesten als Gesprächspartner anerkannt; er hatte die meisten Möglichkeiten, günstige Bedingungen auszuhandeln.

Eine weitere Schwierigkeit bestand darin, daß es für das Hôtel Lambert aus außenpolitischen Gründen inopportun war, sich mit der französischen oder englischen Regierung anzulegen. Eine konsequente Vertretung der Interessen der Emigration erforderte hingegen, sich gegen die Repressionsmaßnahmen der französischen Regierung oder gegen die Gleichgültigkeit der britischen Politiker, was die soziale Lage der Emigranten betraf, zur Wehr zu setzen; wenn man versuchte, auf parlamentarischem Wege etwas zu erreichen, so bedeutete das, zumindest meistens, mit der Opposition zusammenzuarbeiten, was wiederum einen (unerwünschten) Gegensatz zur Regierung zur Folge hatte.

Die Repressionsmaßnahmen der französischen Regierung waren größtenteils Reaktionen auf politisch-revolutionäre Aktivitäten der Emigranten und deren Zusammenarbeit mit den französischen Radikalen. In den unruhigen polnischen Emigranten sah das sich noch unsicher fühlende Juli-Regime in den ersten Jahren eine zusätzliche Bedrohung. Im Grunde verurteilte Czartoryski die Aktionen seiner radikalen Landsleute ebenso wie die französische Regierung, jedoch entband ihn das nicht seiner Fürsorgepflicht. Die Behauptung, daß er die demokratischen ›Rädelsführer‹ den französischen Behörden angegeben habe, damit diese sie auswiesen, gehört wohl in den Bereich der politischen Denunziation[33]. Er versuchte ständig, die französischen Behörden zur Milde zu bewegen und verwahrte sich dagegen, die gesamte Emigration für die Aktionen einiger Radikaler verantwortlich zu machen und zu bestrafen. Zugleich forderte er Verständnis für die schwierige Lage der Emigranten. Seine Argumentation lautete dabei folgendermaßen:

Für die Niederlage des Aufstands, die Emigration und die hoffnungslose Lage der polnischen Frage zeichnen nicht die Polen verantwortlich, sondern die Regierungen der Großmächte. Die große Enttäuschung bei vielen Emigranten, gepaart mit einem weiterhin starken Patriotismus und einer bewunderungswürdigen Opferbereitschaft, lasse sie leicht zu Opfern radikaler »Demagogen« werden[34]. Eine Verschlechterung der materiellen und sozialen Situation werde nur zu weiterer Radikalisierung führen. Als Alternative schlug Czartoryski zunächst vor, die Emigration militärisch zu organisieren und ihr einen von der französischen Regierung anerkannten Kopf zu geben[35]. Wegen der französischen Subsidienpolitik warf er der Regierung vor:

[33] M.Sokolnicki, Les origines, S. 105, erwähnt ein Diner bei Talleyrand in London am 25. 12. 1831, wo eine Namensliste polnischer »Jakobiner« aufgestellt worden sein soll; Sokolnicki stützt sich auf einen Brief Niemcewicz' – der Vorgang wird sonst in keiner der Quellen, die dieses Diner erwähnen (J.U.Niemcewicz, Dziennik, I, S. 140; A. J.Czartoryski, Korrespondencye, S. 139–142) berichtet. Er ist wohl auch ohne Folgen und einmalig geblieben, falls er überhaupt so stattgefunden hat.

[34] Vgl. B.Cz.5324, S. 185–189: Note sur la sortie de 400 Polonais de la France (fälschlich auf 1834 datiert, wohl in Wirklichkeit 1833) – über die über 400 Emigranten, die 1833 Frankreich verließen, siehe Kap. IV/2 Anm. 10.

[35] Vgl. Kap. IV/3, S.120f.

»Le Ministère dépense quelques millions de francs pour les Emigrés; mais il n'a acquis aucun pouvoir moral sur eux«[36].

Die Regierung solle den Emigranten Studien- und Arbeitsmöglichkeiten geben. Diese Investition werde sich auszahlen, denn die Emigranten brauchten dann bald nicht mehr Subsidienempfänger zu bleiben und fielen somit der französischen Staatskasse in Zukunft nicht mehr zur Last. Als Belohnung für die Bemühungen des einzelnen Emigranten, sich selbst durch eigene Arbeit zu ernähren, solle er dann nicht mehr dem diskriminierenden Ausnahmegesetz vom 21. 4. 1832, der sog. »loi Orloff«[37], unterstehen. Diese Regelung solle individuell gehandhabt werden (da offensichtlich eine generelle Aufhebung der »loi Orloff« nicht zu erreichen sei). Dazu wurde die Einrichtung eines speziellen »fond d'encouragement« vorgeschlagen[38].

Alle Vorschläge, die auf eine gänzliche Umorientierung der französischen Fremdenpolitik abzielten, blieben erfolglos. Weder verstand sich die Regierung dazu, alle Emigranten in einer Legion zu für Polen akzeptablen Bedingungen unterzubringen[39], noch dazu, ein umfassendes Ausbildungs- und Arbeitsbeschaffungsprogramm, was schließlich in ein Integrationsprogramm für polnische Emigranten gemündet hätte, zu akzeptieren.

Anders stand es jedoch um die Bemühungen in Einzelfällen. Ob es sich um die Unterstützung einzelner Selbsthilfeorganisationen der Emigration (vor allem des Hôtel Lambert) handelte, um Zuschüsse für kulturelle Institutionen, um Studienplätze für einzelne Polen an französischen Hochschulen, um die sonst nur schwer zu erhaltende Aufenthaltserlaubnis in Paris, um die Aufnahme später emigrierter Polen in die Liste der Subsidienempfänger, um individuelle Arbeitsbeschaffung oder um Intervention zugunsten der Emigranten, die sich aus politischen Gründen bei den Behörden mißliebig gemacht hatten[40] – hier fand Czartoryski meist ein offenes Ohr und eine wohlwollende Erledigung seiner Bitten.

In England nahm die Beschäftigung mit dem Los der Emigranten zunächst keinen großen Raum ein, da einerseits vergleichsweise die Zahl der Emigranten sehr viel geringer war als in Frankreich, und andererseits hier die Arbeit zum größten Teil von englischen Polenfreunden aus der »Literary Association of the Friends of Poland«

[36] B. Cz. 5324, S. 3–47 (2fach): Observations sur le discours du Ministre de l'Intérieur, à la séance de la Chambre des Députés du 25 Janv. 1834, Paris, ce 14 Mars 1834 (Anmerkung: communiqué à M. Odilon Barrot).

[37] Vgl. Kap. IV/2, S. 96.

[38] Dazu in B.Cz.5324 außer der in Anm. 36 genannten Denkschrift weitere Memoranden: Notiz o.D., wahrscheinlich 1834 (S. 51 f.); Mesures d'encouragement tendant à l'extinction progressive du subside, 15. 3. 1834 (S. 53–55); Note sur les moyens d'améliorer le sort des Emigrés Polonais en France, 19. 3. 1834 (S. 57–61); Resumé des avis au Gouvernement Français concernant une organisation de l'Emigration polonaise, 15. 10. 1834 (S. 171–178); ähnlich B.Cz.5282, S. 19–23: Note sur les moyens d'ameillorer (!) le sort des Emigrés Polonais en France, Paris, ce 12 Mars 1834, presentée aux différents deputés, communiquée à Londres. Die Forderung nach Bildungs- und Arbeitsmöglichkeiten für Emigranten wurde ständig vom Hôtel Lambert an die französischen Ministerien herangetragen, siehe dazu die in Kap. IV/3, Anm. 42 genannten Denkschriften.

[39] Vgl. dazu Kap.IV/5, S. 220 und 225.

[40] Vgl. z. B. eine Bittschrift Czartoryskis an Louis Philippe vom 21. 4. 1834 zugunsten der Teilnehmer des mißlungenen savoyischen Unternehmens vom Febr. 1834, denen Frankreich zunächst die Rückkehr verweigerte, in: ANP 231 AP 3.

übernommen wurde. Besonders Lord Dudley C. Stuart war hier unermüdlich tätig. Der materiellen Not der Emigranten steuerte man zu Beginn mit privaten charitativen Aktionen. Versuche, ähnlich wie in Frankreich Regierungssubsidien zu erhalten, scheiterten bei den ersten Anläufen[41]. Nachdem noch am 25. März 1834 eine Motion des Abgeordneten Evans de Lacy abgelehnt worden war[42], gelang es Dudley Stuart in zwei Unterhausabstimmungen am 3. und 9. Juni 1834, für viele überraschend, der Regierung eine einmalige Untersützung von 10000 Pfund abzunötigen, die von der Literary Association nach bestimmten Vorschriften verteilt werden sollten[43].

Für die gerade 1834 zahlreicher nach England kommenden Emigranten reichte die Summe kaum aus. Jedes Jahr mußte von neuem um die Unterstützungsgelder gerungen werden – bei jeder Abstimmung betonte die Regierung die Einmaligkeit und Unwiederholbarkeit der Zahlung[44]. Erst 1838 erklärte sich die Regierung bereit, die Unterstützungssumme zu erhöhen, und übernahm selbst die Verteilung der Gelder. Gleichzeitig wurden die Subsidien zu einer Dauereinrichtung; ihre Höhe schwankte je nach dem vom Schatzkanzler geschätzten Bedarf. Da nie alle Emigranten in den Genuß dieser Hilfsgelder kamen, versuchte das Hôtel Lambert häufig, durch englische Polenfreunde die Regierung zu einer Erhöhung der jeweiligen Summe und zu einer Erweiterung der Liste der Unterstützungsempfänger zu bewegen – meist erfolglos, sodaß weiterhin die Literary Association mit privaten Spenden in Notfällen einsprang[45].

Während die britische Regierung in den Unterstützungsgeldern für die Emigranten lediglich und ausschließlich eine charitative, höchstenfalls sozialpolitisch gerechtfertigte Maßnahme sah, argumentierten das Hôtel Lambert und seine britischen Freunde ganz anders: England habe nichts gegen die Verletzung der Wiener Verträge getan, jetzt müsse es zumindest die Leidtragenden der britischen Passivität unterstützen. Die

[41] Z. B.: B.Cz.5322, S. 61ff.: Zamoyski: Note sur l'Emigration polonaise en Angleterre 1832; B.Cz.5324, S. 177–184: Note communiquée à Mr.Fergusson et à l'Association Littéraire à Londre, 21 Avril 1834. Question des subsides.

[42] Jen.Zam., III, S. 230f.; L.Zieliński, Emigracja w Anglii, S. 38f.; M.Copson-Niećko, Propolish Agitation, S. 59–62.

[43] Bericht darüber in Dudley Stuarts Brief an Czartoryski vom 4. 6. 1834 (B.Cz.5517, S. 13–16) und in den folgenden Briefen; B.Cz.5282, S. 33–43: Note communiquée à Lord Dudley Stuart avant la motion du 3 Juin. Paris ce 30 Mai 1834; B.Cz.Ew.745, S. 95–98: Apropos du subside de £ 10000 demandé au Gouvernement Anglais pour les Réfugiés Polonais; Jen.Zam., III, S. 231–234; L.Zieliński, Emigracja w Anglii, S. 40–42; K.B.Hoffman, Pamiętnik, S. 280f.; M.Copson-Niećko, Propolish Agitation, S. 63–66.

[44] Nach einem Teilerfolg in den Bemühungen um die Erweiterung der Empfängerliste und der Summe für die Emigranten kommentierte Palmerston in einem Brief an Dudley Stuart ironisch die voraussehbare Entwicklung, indem er zu einer Politik der kleinen Schritte riet: »I do not ask so long an interval as lapsed between the Treaty of Adrianople and Ankiar and Kelessi, but I would suggest a little breathing time, to allow Melbourne [= Premier] and Rice [= Schatzmin.] to enjoy undisturbed for a while the pleasure of reflecting on the good deed they have done before you despel their agreeable illusions by informing them, that what they have conceded is nothing worth mentionning, and only valuable as leading to something more«. (Palmerston an Dudley Stuart, 25. 9. 1836, zit. nach M.Copson-Niećko, Propolish Agitation, S. 84f.).

[45] B.Konarska, W kręgu Hotelu Lambert, S. 107f.; L.Zieliński, Emigracja w Anglii, S. 73f., 80, 85, 98, 101, 105; am ausführlichsten: M.Copson-Niećko, Propolish Agitation, S. 20–136; dazu auch Jen.Zam., IV, S. 9–13; vgl. auch M.Paszkiewicz, Lista emigrantów.

nationale Schuld und Verpflichtung Englands gegenüber Polen als dem Opfer der Heiligen Allianz – dieser Topos kehrte dabei ständig wieder[46].

E.

Das erste Ziel einer jeglichen Außenpolitik ist, auf eine kurze Formel gebracht, die Erhaltung und eventuelle Erweiterung der Souveränität und Machtstellung eines Staates[47]. In diesem Sinn bestand also die Hauptaufgabe des Hôtel Lambert in der Verteidigung Polens. Dies mußte zwar im Grunde heißen: Wiederherstellung der Unabhängigkeit eines Staates, der unter drei europäische Großmächte aufgeteilt war. Aber vor diesem – weitergehenden – Postulat stand zunächst, das von Polen zu verteidigen und nicht aufzugeben, was noch vorhanden war; denn Verteidigung heißt ja wohl die Bewahrung (im weitesten Sinne) dessen, was ist, und kann sich nicht decken mit dem Erkämpfen dessen, was man erwünscht.

Mit Recht läßt sich die Frage stellen, was denn überhaupt, nach der militärischen Niederlage des Aufstands, noch zu verteidigen war, im außenpolitischen Sinne und in der Emigration?

Ein Komplex ist schon ausführlich behandelt worden – die Verteidigung des rechtlichen Zustands Polens. Der positiv-völkerrechtliche, d. h. sich aus internationalen Vertragstexten herleitende Status Polens wurde zwar durch die sich verändernde politische Realität zur Fiktion; da aber neben der Durchsetzbarkeit auch die Anerkennung im Rechtsleben jeglicher Sparte eine unzweifelhaft wichtige, ja manchmal konstitutive Bedeutung hat, gehörte das Pochen auf die Wiener Verträge zur Verteidigung Polens – selbst wenn die eigentlichen politischen Wünsche und Ziele darüber hinaus gingen. Das Ergebnis dieser Bemühungen war recht ambivalent, wie oben gezeigt wurde, darf aber deswegen nicht gering geachtet werden. Auch in den nächsten Jahren achtete Czartoryski ständig darauf, daß zu der nicht zu verhindernden faktischen Anerkennung des Status quo nicht die rechtliche Anerkennung hinzutrat, d. h. er versuchte, die sog. normative Kraft des Faktischen aufzuheben oder zumindest ihre Wirksamkeit so lange hinauszuschieben, bis sich neue Möglichkeiten anderer Art böten, den faktischen Tatbestand zu verändern[48]. Der faktische Zustand sollte nicht zur

[46] B.Cz.5282, S. 33–43: Note... (siehe Anm. 43); über den politischen oder unpolitischen Charakter der Subsidien siehe M.Copson-Niećko, Propolish Agition, S. 102–108.

[47] Diese Formel kann wohl für das europäische 19. Jahrhundert ohne Einschränkung gelten. Für das 20. Jahrhundert mit seinen komplizierteren Problemen und den größeren Anforderungen, die an den modernen Staat gestellt werden, ist sie wohl kaum erschöpfend.

[48] Seinem Neffen Zamoyski schickte Czartoryski folgende Anweisung nach London: »Wichtig ist, daß ihr Euch aufs neue darum bemüht, das früher angenommene Prinzip aufrechtzuerhalten, daß nicht die Annexion entgegen dem Vertrag sanktioniert wird; und daß Nikolaus bei seiner falschen und betrügerischen Interpretation bleibt, um das Werk der Gewalt zu befestigen; also sollen England und Frankreich auch bei ihrer schon bekundeten entgegengesetzten Ansicht bleiben, und die Sache als in der Schwebe bleibend erachten, solange es nicht möglich ist, sie ehrenhaft und gemäß den eingegangenen Verpflichtungen zu entscheiden. Das Gleiche werden wir auch hier [in Paris] sagen, das Gleiche auch verlangen, solange nicht mehr möglich ist«. (B.Cz.Ew.1508: Czartoryski an Zamoyski, Paris 14. 10. 1832 – Kopie).

Norm werden, aus ursprünglich unleugbarem Unrecht sollte kein Recht durch Anerkennung werden[49]. Der Erfolg seiner ständigen Bemühungen bestand darin, daß die westeuropäischen Signatarmächte von Wien bei ihrem »papiernen« Standpunkt blieben. Das hatte zwar keine direkten Auswirkungen auf ihre Politik, sie hielten sich aber damit eine juristische Hintertür offen, die bei einem eventuellen Revirement der Verhältnisse in Europa benutzt werden konnte.

Zur Verteidigung Polens gehörte auch die Verteidigung der polnischen Nationalität ganz allgemein. Hier ging es um die Präsenz Polens im europäischen Bewußtsein, um die Präsenz Polens in der europäischen Völkerfamilie und um die zumindest verbale Anerkennung seines ursprünglichen Rechts, auch zur europäischen Staatengesellschaft zu gehören. Hierbei durfte und konnte er sich nicht auf die Wiener Verträge allein berufen, sondern das Recht Polens, eine Nation zu sein und als solche respektiert zu werden, lag auf einer höheren Ebene und war älteren Datums. Danach hatte die polnische Nation ein durch eine fast tausendjährige Geschichte begründetes Recht auf staatliche Eigenexistenz, die der Raubgier ihrer Nachbarn gerade im Augenblick einer inneren Erneuerung zum Opfer gefallen war. Die polnischen Teilungen waren ein himmelschreiendes Unrecht, das gegen jede Sittlichkeit und jedes Recht in den internationalen Beziehungen verstieß, allen Prinzipien des Christentums und der Moral Hohn sprach und somit das deutlichste Symptom einer moralischen Dekadenz in den internationalen Beziehungen war, in denen nur noch das Recht des Stärkeren galt. Auf einem solchen Unrechtszustand konnten sich keine friedlichen Verhältnisse in Europa entwickeln. Es ging Czartoryski um die Brandmarkung des Unrechts als Unrecht, und dies nicht nur in Beziehung auf das globale der polnischen Nation angetane Unrecht in den letzten 60 Jahren, sondern auch bei jeder einzelnen Repressionsmaßnahme der Teilungsmächte.

Hier war gar nicht oder zumindest kaum die Unterstützung der Regierungen zu gewinnen. Sie konnten sich nicht an für sie nur vage, potentiell postulierte Rechte halten, deren Legitimation sich nicht aus Verträgen herleitete, sondern aus einem naturrechtlich und historisch begriffenen allgemeinen Recht einer Nation auf Selbstbestimmung. Zwar zweifelten sie das Recht Polens auf staatliche Eigenexistenz offiziell keineswegs an. Aber andererseits mußten sie sich, auch und gerade in offiziellen Verlautbarungen, an den faktischen und/oder rechtlichen Status quo halten – darüber hinauszugehen hätte bedeutet, eine revolutionäre Außenpolitik zu führen, und das wollte außer einigen französischen Oppositionellen niemand und konnte auch, angesichts der offensichtlichen gesellschaftlichen Implikationen, die sich daraus ergeben mußten, niemand aus der politischen und gesellschaftlichen Führungsschicht Europas im Grunde wollen. Es ist in gewissem Sinne ein Paradox und einer der tieferen Gründe für das schließliche Scheitern der Czartoryski'schen Außenpolitik, daß er, der in innenpolitischen und sozialen Fragen jeglicher revolutionären Veränderung abhold war, gezwungen war, eine von den Zielen her revolutionäre Außenpolitik zu führen und sie auch von seinen potentiellen oder tatsächlichen Verbündeten zu fordern. Über diesen Widerspruch ist er sich – zumindest in Ansätzen – auch im Klaren gewesen. Dies erklärt auch die Schwierigkeit, die Außenpolitik des ansonsten als konservativer

[49] Vgl. den von Czartoryski inspirierten Passus in der Thronadresse der Deputiertenkammer in Paris vom 3. 12. 1832: »Les faits changent; la justice, le droit ne changent pas« – siehe dieses Kap. S. 176.

oder als liberaler Reformist eingestuften Czartoryski in ein Schema progressiv – reaktionär unterzubringen und zeigt gleichzeitig die Fragwürdigkeit einer solchen schematischen Einordnung.

Der Umstand, daß die Regierungen nicht die unverjährbaren Rechte der polnischen Nation verkünden konnten, wenn auch einzelne Minister ohne weiteres zu privaten Meinungsäußerungen in diesem Sinne bereit waren, bedeutete noch nicht, daß das Hôtel Lambert auf eine Propagierung dieser Rechte verzichten mußte. Hier ergab sich ein weites Betätigungsfeld für die publizistische Propaganda. Außerdem bot es sich an, damit in den Parlamenten zu arbeiten, die ja nach dem Selbstverständnis der konstitutionellen Monarchie gerade in außenpolitischen Angelegenheiten viel weiter in ihren Verlautbarungen gehen konnten als die Regierungen, da sie letztere in diesem Bereich nicht bindend verpflichten konnten.

In Paris boten sich solche Gelegenheiten bei den Diskussionen um die Thronadressen[50]. Schon im August 1831 hatte die Debatte um die Polen betreffenden Sätze zu Tumulten geführt – als Kompromißformel hieß es dann schließlich:

> »Dans les paroles touchantes de Votre Majesté sur les malheurs de la Pologne, la chambre des députés aime à trouver une assurance qui lui est bien chère: la nationalité polonaise ne périra pas«[51].

Diese oder ähnlich wohlklingenden, aber nicht verpflichtenden Formulierungen fanden Eingang in fast alle Thronadressen. Die Regierung versuchte, vor allem in den ersten Jahren, die Passage über Polen möglichst abzuschwächen. Demgegenüber unternahm das Hôtel Lambert alle Anstrengungen, um stärkere, eindeutigere Formulierungen zu erreichen. Die Schwierigkeit bestand darin, daß man unter allen Umständen einen Bruch mit der Regierung vermeiden mußte, also nie unbedingt und aggressiv auftreten durfte. Zu diesem Zweck erstellte man Denkschriften für einflußreiche Abgeordnete und Minister, stattete ihnen Besuche ab und legte Änderungsvorschläge vor. Das »Towarzystwo Literackie« arbeitete jedes Jahr eine Broschüre aus mit dem Titel »Quelques mots sur la question polonaise«, die an alle Abgeordnete verteilt wurde[52].

Als im Nov./Dez. 1832 die Adress-Kommission der Deputiertenkammer nur eine sehr schwache Formulierung zur Polenfrage vorschlug – der König hatte sie in seiner Thronrede gar nicht erwähnt – schlug Bignon auf Initiative Czartoryskis ein »amen-

[50] Bei der sog. Thronadresse handelt es sich um die Antwort der beiden Kammern auf die Thronrede des Königs jeweils zu Beginn eines Sitzungsjahrs. Diese Adressen enthielten einen außen- und innenpolitischen Wunschkatalog, der sich keineswegs an den engen Rahmen der Regierungspolitik halten mußte. Zur Redigierung der Adresse wurde jeweils in jeder Kammer eine Kommission berufen, deren Vorsitz der Kammerpräsident übernahm. In oft erregten Diskussionen, vor allem in der Deputiertenkammer, wurde dann um Änderungen oder Zusätze (amendements) gerungen.

[51] In dem Streit (Kammersitzungen vom 15./16. 8. 1831) ging es um die Worte »espérance« (Antrag Bodin und der Regierung), »certitude« (Antrag Bignon) und »assurance« (schließlicher Kompromißvorschlag der Regierung). Weitergehende Anträge von Lafayette (Anerkennung Polens) wurden verworfen; siehe M.Handelsman, Pod znakiem Napoleona, S. 262–267; A.Stern, Geschichte Europas, IV, S. 175 und 605f.; K.Hillebrand, Geschichte Frankreichs, I, S. 304f.; M.Fridieff, L'opinion publique française, S. 287–291.

[52] Manchmal auch unter dem Titel »La question polonaise devant les Chambres«; siehe L.Gadon, Z życia Polaków, S. 15; Jen.Zam., III, S. 206.

dement« vor, das am 3. Dez. 1832 in der Deputiertenkammer mit überwältigender Mehrheit angenommen wurde:

»L'intérêt que la France porte à un peuple héroique s'est accru avec les malheurs inouis qui l'accablent. La cause si chère de la nationalité polonaise, garantie par le droit des gens et par les traités, n'aura pas cessé d'occuper la pensée du gouvernement. Les faits changent; la justice, le droit ne changent pas. Si la voix de la politique européenne qui, nous en avons confiance, ne parlera pas toujours en vain, n'a pu jusqu'à présent être écoutée, que dès aujourd'hui du moins le cri de l'humanité soit entendu«[53].

Für die nächste Adress-Debatte im Dez. 1833/Jan. 1834 mußten alle Kräfte angespannt werden, um nicht diesen ›propagandistischen Besitzstand‹ wieder zu verlieren. Bignon[54] sorgte zwar dafür, daß in der Thronadresse von nicht eingehaltenen Verträgen die Rede war und daß Frankreich das nicht anerkenne, gleichzeitig aber suggerierte er Czartoryski, persönlich Einfluß zu nehmen. Czartoryski besuchte alle Miglieder der Adress-Komission; unterstützt wurde er in seinen Bemühungen von Zamoyski, Ludwik Plater sowie Franciszek und Ludwik Wołowski[55]. Kriegs- und Revolutionsfurcht – die Julimonarchie stand gerade mitten in der entscheidenden Auseinandersetzung mit den Radikalen – ließen keine starken propolnischen Gefühle aufkommen.

Bignon interpretierte in einer langen Kammerrede am 7. Jan. 1834 die Allusion an Polen in dem Adress-Projekt. Dabei ging er ausführlich auf Polen ein und erklärte, über den Inhalt der Adresse hinausgehend, für Polen sei noch nicht alles verloren, die moralische Unterstützung der Völker sei ihm sicher. Die Adresse sei ein Protest des Rechts gegen die Fakten; über die Ausführung müsse die Regierung entscheiden, die Kammer aber bekräftige, daß sie die Regierung, wenn sie in diesem Sinne handle, unterstützen werde.

Für viele unerwartet, bekräftigte daraufhin Außenminister de Broglie, er sei mit den Grundsätzen der Rede Bignons einverstanden und sie entsprächen der Regierungspolitik. Am nächsten Tag (8. 1. 1834) sah er sich gezwungen, seine friedlichen Absichten zu unterstreichen, seine Äußerungen vom Vortage abzuschwächen und sie mit seiner Krankheit zu entschuldigen. M. Handelsman meint, de Broglie habe nur die Äußerungen Bignons über den Rechtszustand gemeint, sei aber so verstanden worden, als ob er alle Ausführungen Bignons unterstützte[56]. Wahrscheinlicher ist, daß der König hinter dieser Zurücknahme stand, dem weitaus mehr als seinem Minister an einem Ausgleich mit den Ostmächten gelegen war[57]. Die Haltung de Broglies ist auch durchaus verständlich, wenn man bedenkt, daß er in den letzten Monaten mit den

[53] M.Handelsman, Pod znakiem Napoleona, S. 280–282; L.Gadon, Wielka Emigracja, S. 340f.; Jen.Zam., III, S. 99–101; B.Cz.Ew.1508: Czartoryski an Zamoyski, Paris 22.11.1832 (Kopie).

[54] Czartoryski richtete an ihn eine Denkschrift: B.Cz.5281, S. 227–234: Note donnée au rapporteur de la commission de la Chambre Mr. Bignon 1833.

[55] Vater und Sohn. Der Vater war Rechtsanwalt und Staatsrat in Warschau und besaß zahlreiche Beziehungen zu französischen Juristen; sein in Frankreich naturalisierter Sohn gewann als Ökonom, Jurist, wissenschaftlicher Publizist und später als Politiker (Abgeordneter 1848) Ansehen.

[56] M.Handelsman, Pod znakiem Napoleona, S. 285.

[57] Die freundschaftlichen Beziehungen zwischen de Broglie und Czartoryski sah Louis Philippe deshalb mit großem Mißvergnügen, siehe K.Hillebrand, Geschichte Frankreichs, I, S. 565.

Ostmächten eine harte diplomatische Auseinandersetzung über das Prinzip der Nichtintervention geführt hatte[58].

Nach diesen Aufregungen beantragte Odilon Barrot, der vorher für einen Polenzusatz keine Chance gesehen hatte, doch noch ein »Polenamendement« und brachte es ohne ausdrücklichen Widerstand der Regierung auch durch. Czartoryski blieb es überlassen, die obligaten Dank-Visiten abzustatten[59].

Während so oder ähnlich in alle Thronadressen der Deputiertenkammer das polnische Anliegen aufgenommen wurde, fand sich die Pairskammer erst 1838/39 dazu bereit, Polen in ihrer Adresse zu erwähnen[60]. Wenn auch der Text der »amendements« oft noch von Polen gemäß den Wiener Verträgen ausging, so war doch die Debatte eine Gelegenheit für zahlreiche propolnische Redner, auf die ursprünglicheren Rechte der polnischen Nation hinzuweisen, die über die Wiener Vertragsbestimmungen hinausgingen. Insofern hatten die Bemühungen Czartoryskis, Polen auf der parlamentarischen Ebene zur Sprache zu bringen, nicht nur den Erfolg, daß hier den Regierungen ständig ein verbales, zu nichts verpflichtendes, aber potentiell aufzugreifendes Postulat entgegengehalten wurde, sondern auch eine propagandistische Wirkung, deren materieller Inhalt über das bloße Ergebnis der Debatten hinausging.

Ähnlich ging es in England. Dort konnte man zwar nicht die Debatte um die Thronadresse benutzen – ein Zusatzantrag wäre nach englischem Brauch einem Mißtrauensvotum gegen die Regierung gleichgekommen[61]–, sondern man inszenierte besondere Polenmotionen, wie sie oben (Kap. IV/1) geschildert wurden. Auch hier war das Ziel, ausgehend von dem Bruch der Verträge Polen zur Sprache zu bringen und auf den eigentlichen Kern, die natürlichen Rechte der polnischen Nation, hinzuweisen und, wie Czartoryski an Fergusson schrieb:

> »La violation manifeste des traités existants a été nécessairement votre point de départ; mais à la suite de cette première question a surgé (!) celle des droits de la Pologne plus anciens et plus sacrés que tous les traités changés et rechangés par les passions des hommes«[62].

Als Czartoryski im Februar 1833 wieder mit Palmerston zusammentraf, erwies dieser sich als unzugänglich und »frostig«: er erklärte mehrmals, für Polen könne man nichts mehr tun[63]. Auch die übrigen, hauptsächlich mit der irischen Frage beschäftigten Politiker zeigten sich freundlich, aber desinteressiert.

[58] Siehe dazu K.Hillebrand, Geschichte Frankreichs, I, S. 550–562; d'Haussonville, Histoire de la politique extérieure, I, S. 47–57, 236–251.

[59] Über das Polen-Amendement in der Adressdebatte vom Jan.1834 siehe Jen.Zam., III, S. 204–209; K.B.Hoffman, Pamiętnik, S. 236–238; M.Handelsman, Pod znakiem Napoleona, S. 282–285; Ch.Almeras, Odilon Barrot, S. 109, auch S. 116 über die Adressdebatte im Januar 1836. Anmerkungen Czartoryskis zu dieser Debatte in: B.Cz.5282, S. 1–10; ebd., S. 81–101: weitere Notizen.

[60] In den Adressdebatten der Pairskammer wurde die polnische Frage schon früher besprochen, ohne jedoch in die Adresse selbst aufgenommen zu werden.

[61] Vgl. Czartoryski an Legation, 1. 2. 1833, in: A.J.Czartoryski, Korrespondencye, S. 189–191.

[62] B.Cz.5275, S. 77: Czartoryski an Fergusson, 24. 2. 1833.

[63] Czartoryski an Legation, London 1. 2. 1833, in: A.J.Czartoryski, Korrespondencye, S. 189–191 (französ. Übersetzung in: A.G.Benis, Une mission polonaise, I, S. 27–31); Czartoryski an Legation, London 26. 3. 1833, in: ebd., S. 210f.; J.U.Niemcewicz, Dziennik, II, S. 30, 34, 69; B.Cz.Ew.1508: Czartoryski an Zamoyski, London 8. 2. 1833 (Auszug in: Jen. Zam., III, S. 105f.).

Erst allmählich gelang es, nach vielen Unterredungen und Besuchen wieder einige Parlamentarier dazu zu bewegen, eine neuerliche Motion vorzubereiten[64]. Niemcewicz gewann Sir Francis Burdett dazu, die Leitung einer Parlamentariergruppe zu übernehmen, um gemeinsam zu beraten, wie man Polen im Unterhaus zur Sprache bringen könne[65]. Die Vorbereitungen liefen nur unter großen Schwierigkeiten und sehr zögernd an. Dem kränkelnden Czartoryski und dem greisen Niemcewicz reichten die Kräfte nicht aus, um allen gesellschaftlichen Verpflichtungen und Möglichkeiten nachzukommen. Im Mai 1833 arbeitete Czartoryski eine Reihe von Memoranden aus, die er alle Fergusson übergab, und reiste zurück nach Paris zu seinem schwerkranken Sohn Witold. In einem dieser Memoranden skizzierte er selbst die verschiedenen Argumentationsebenen, auf denen für die polnischen Anliegen agitiert werden konnte:

»La question polonaise peut se considérer:
1 ment, sous le rapport de la justice absolue et du droit des gens naturel, loi suprême entre les nations, méconnue et violée par *les trois partages;*
2 ment, sous le rapport des *dangers* que court l'Europe de la part de la Russie, *dangers* grandement augmentés par l'accroissement des forces de la Russie, depuis qu'elle a complètement et illégalement incorporé la Pologne; *dangers* qui commencent à devenir évidents même aux plus aveugles par l'apparition subite des forces de la Russie près de Constantinople; *dangers* enfin qui ne pourront cesser définitivement que par l'établissement de la Pologne selon les vues primitives de la politique anglaise, déclarées au début du Congrès de Vienne par Ld Castelreagh[!];
3 ment, en examinant les engagements particuliers qui existaient entre l'Emp[ereur] de Russie et les Polonais; en prenant connaissance des griefs de ces derniers *avant la révolution* et du *régime barbare*, sous lequel ils gémissent actuellement;
4 ment, en s'attachant uniquement au traité de Vienne en lui-même, dont la violation flagrante blesse l'honneur de la Grande Bretagne, et diminue de beaucoup son poid dans les destinées de l'Europe«[66].

Die weitere praktische Vorbereitungsarbeit übernahmen ab Anfang Juni Zamoyski und Gustaw Małachowski. Sie bestand darin, möglichst viele Abgeordnete zur Teilnahme zu bewegen, um ihre Stimme für die Motion zu bitten und genau die Rollen zu verteilen, welcher Redner sich welchem Aspekt widmen sollte. Darüber hinaus versuchte man, die Presse zu beeinflussen, propolnische Artikel unterzubringen (in der »Times« und im »Morning Chronicle«) und auf prorussische Artikel zu antworten[67].

Die Motion vom 9. Juli 1833[68], von Fergusson vorgetragen, ging darum, eine Adresse an den König zu verabschieden, daß der Status quo in Polen unrechtmäßig sei

[64] Nach einer mißglückten, im Alleingang – d. h. ohne vorherige Absprache weder mit Czartoryski noch mit anderen Abgeordneten – unternommenen Aktion des Abgeordneten Hill (aus Hull) am 2. 3. 1833 konnte Fergusson dazu gewonnen werden, erneut für Polen einzutreten (J.U.Niemcewicz, Dziennik, II, S. 49–51; B.Cz.Ew.1508: Czartoryski an Zamoyski, London 21. 2. 1833).

[65] J.U.Niemcewicz, Dziennik, II, S. 62. Burdett leitete auch ein öffentliches Meeting für Polen im Haus einer Freimaurerloge (ebd., II, S. 70–73).

[66] B.Cz.5281, S. 3f.: Cartoryski: Différentes manières de considérer la question polonaise, communiqué à Mr. Fergusson et aux autres Membres du Parlement, Londre le 2 Mai 1833 (Hervorhebungen im Original).

[67] Über die Vorbereitungen zur Motion vom 9. 7. 1833 siehe Jen.Zam., III, S. 142–151; B.Konarska, W kręgu Hotelu Lambert, S. 86–89.

[68] Hansard, Parl.Deb., 3rd Ser., XIX, S. 394–466.

und von England nicht anerkannt werde. Eine stattliche Anzahl von Rednern trat für Polen auf. In der Hauptsache ging es um die russischen Repressionen und die gebrochenen Verträge. Palmerston[69] sah sich etwas in die Enge getrieben und erklärte deutlicher noch als früher den offiziellen Standpunkt der Regierung:

»It was true, . . . that the kingdom of Poland was not an ancient part of the Russian empire – it was not held by old right, but bore the date of the Treaty of Vienna, and the possession of it was founded on the sanction of Europe. The British Government, therefore, felt, as one of the contracting parties to that treaty, that they had a right to entertain and express an opinion on any Act which tended to a violation of or a departure from those stipulations to which they were pledged in common with the other contracting parties«.

Über die rechtliche Basis der russisch-polnischen Union sagte er:

». . . that the constitution, whatever it might be, which should be given to Poland in pursuance of that article [1. Art. der Schlußakte] was the connecting link between that country and Russia. Therefore the constitution given by the Emperor Alexander, in pursuance and after the execution of that treaty, was and ought to be considered as resting upon the sanction of that treaty, and Russia was bound in good faith to its maintenance«.

Auch der Aufstand der Polen entbinde Rußland nicht von seinen Pflichten. Selbst wenn es sich nur um eine zwischen Polen und Rußland auszuhandelnde Angelegenheit handeln würde, dürfe Rußland nicht die Konstitution abschaffen,

»even though the Poles had taken the uncalled-for, and, in his opinion, unjustifiable step, of not merely asserting their rights and claiming the maintenance of the privileges guaranteed to them, but declaring the dethronement of the emperor. But in this case there were other parties concerned in the matter. By the treaty of Vienna the assignement of Poland to Russia was regarded as an European arrangement, to which the European powers were parties. That treaty defined the relation in which Poland should stand to Russia, and on that ground alone, he contended, the other powers had a right to require of Russia that the constitution should not be touched. This opinion was one which had not been concealed from the Russian Government«.

Ansonsten warnte der britische Außenminister eindringlich vor einem Krieg, erklärte die Motion für überflüssig und versuchte, die Nachrichten über die russische Repressionspolitik – reichlich ungeschickt – herunterzuspielen. Daß er dabei die polnischen Ostprovinzen aus der Wiener Regelung ausschloß, wurde ihm von Czartoryski übelgenommen[70] und schon während der Debatte von Dudley Stuart vorgeworfen. Dieser war es auch, der in seiner Rede über die Wiener Verträge hinausging und erklärte:

»Aber ich gehöre nicht zur Reihe derer, welche die Rechte Polens auf den Wiener Vertrag gründen. Ich ziele weitaus höher. Ich bestreite, daß der Anlaß zu einer Intervention Englands auf diesem Vertrag beruhe. Er ergibt sich aus dem allgemeinen Völkerrecht; es ist nämlich das Recht und die Pflicht jeder Nation, zu verhüten

[69] ebd., S. 432–440.

[70] Czartoryski an Zamoyski, 22. 7. 1833, in: Jen.Zam., III, S. 157f.; dennoch dankte Czartoryski Palmerston in einem Schreiben: »Vous avez constaté ses [Polen] droits, vous avez déclaré illegitime et contraire aux traités le joug que lui impose son oppresseur«. (B.Cz.5507, S. 73–75: Czartoryski an Palmerston, Paris 19. 7. 1833 – Entwurf).

und zu verhindern, daß ein Staat einen anderen zerstört und sich einverleibt. Wie anders kann eine schwache oder kleine Gemeinschaft eine Gewähr haben gegen einen stärkeren und verräterischen Nachbarn? Und welche andere vorsorgende Bestimmung würde die Welt vor der Unterjochung durch ein großes und übermächtiges Volk schützen? Ich wiederhole also, daß die Rechte Polens älter sind als dieser Vertrag, und daß die Pflichten Englands nicht auf ihm beruhen; wenn ich mich auf ihn berufe, so nur deswegen, weil Rußland in ihm feierlich sowohl das Recht Polens zu einer eigenen Nationalität als auch unseres, dies zu fordern und ihre Ganzheit zu schützen, bekräftigt hat«[71].

Offensichtlich über die Vorabsprachen hinausgehend, erklärte der Abgeordnete Thomas Attwood, wenn sich aus einer konsequenten Haltung in der polnischen Frage Krieg ergeben müsse, so sei er bereit, dafür sein Vermögen und seine 4 Söhne zu opfern. Diese in aggressivem Ton gehaltene Kriegsrede[72] hatte jedoch eine für die Motion negative Wirkung. Alle vier Minister, die in die Debatte eingriffen (Palmerston, Russell, Althorp, Stanley), sowie der Tory Peel erklärten zwar ihre Sympathien für Polen, warnten aber gleichzeitig, eine Annahme der Motion bedeute, daß an Rußland der Krieg erklärt werden müsse. Obwohl die Polenfreunde dies bestritten und dies ja auch garnicht in ihrer Absicht gelegen hatte, stellte somit die Regierung das Parlament vor die Entscheidung Krieg oder Frieden, und durch diesen geschickten Schachzug war das Schicksal der mit so viel Mühe inszenierten und erfolgversprechenden Motion besiegelt. Sie wurde mit 95 : 175 Stimmen abgelehnt[73].

Am Vortrag wurde in Unkiar-Iskelessi der russisch-türkische Vertrag unterschrieben, der eine schwere diplomatische Niederlage der britischen Nahostpolitik darstellte. Davon ahnte man in England noch nichts. Die Frage, was geschehen wäre, wenn die Motion angenommen worden wäre, wozu die Nachricht von dem Vertrag ja nur verstärkend wirken mußte, ist zwar hypothetisch, aber keineswegs unfruchtbar: sie zeigt zumindest deutlich, daß die Hoffnungen auf Krieg nicht so unrealistisch waren und der Mißerfolg der Bemühungen des Hôtel Lambert keineswegs vorprogrammiert war.

Das Ziel dieser und ähnlicher Bemühungen[74] auf parlamentarischer Ebene war nicht nur die propagandistische Wirkung und der Wunsch, »durch die englische und französische Regierung Druck auf die russische Regierung auszuüben,sondern auch, durch die Erregung der parlamentarischen Meinung beider Länder ihre Regierungen zu zwingen, öffentliche Erklärungen abzugeben, die den Charakter formaler Ver-

[71] Zitiert nach S. Koźmian, Anglia i Polska, I, S. 91 – danach, mit geringfügigen Abweichungen, auch bei L.Gadon, Wielka Emigracja, S. 401. Hansard, Parl.Deb., 3rd Ser., XIX, S. 457f., der ja alle Reden nur indirekt und umschreibend wiedergibt, hat die Rede Dudley Stuarts offensichtlich allzusehr gekürzt; von dem hier zitierten Passus befindet sich nichts bei ihm. S.Koźmians Bericht und Zitat sind insofern glaubwürdig, als er später der Privatsekretär Dudley Stuarts war und wahrscheinlich daher seine Kenntnis des Texts bezog.

[72] Hansard, Parl.Deb., 3rd Ser., XIX, S. 416–423.

[73] Zur Motion siehe S.Koźmian, Anglia i Polska, I, S. 85–93; Jen. Zam., III, S. 151–158; L.Gadon, Wielka Emigracja, S. 399–402; L.Zieliński, Emigracja polska w Anglii, S. 28–30; B.Cz.Ew.1508: Czartoryski an Zamoyski, Paris 15. und 22. 7. 1833.

[74] Auch in den späteren Jahren wurden häufig Polenmotionen im Parlament diskutiert. Die Hauptmatadoren waren Dudley Stuart, Stratford Canning und H. Gally Knight.

pflichtungen Englands und Frankreichs vor der Welt zugunsten Polens besaßen«[75].

Die Regierungen waren zu sehr auf der Hut, um sich hier aufs Glatteis führen zu lassen. Der Ton ihrer Äußerungen in solchen Polendebatten war immer ein Barometer des Verhältnisses zu Rußland. Bemerkenswert ist, daß, obwohl die meisten parlamentarischen Polendebatten gegen den Willen der Regierungen stattfanden – wenn auch immer mit ihrer stillschweigenden Duldung –, sich das Verhältnis des Hôtel Lambert zu den Ministern nicht verschlechterte. Die Geschicklichkeit und der diplomatische Takt, mit welchem von polnischer Seite vorgegangen wurde, bewirkten, daß die praktische Voraussetzung der polnischen Außenpolitik, das Bündnis mit den Westmächten und ihr Schutz, nie in ernsthafte Gefahr geriet.

Im Zusammenhang mit der Verteidigung Polens muß auch das Bemühen um eine diplomatische Präsenz in Polen erwähnt werden, d. h. darum, daß offizielle Vertreter der westeuropäischen Mächte in Polen residierten, und auf diese Einfluß zu nehmen. Schon während des Aufstands hatte die polnische Regierung alle Hebel in Bewegung gesetzt, um London zur Ernennung und Entsendung eines britischen Konsuls in Warschau zu veranlassen. Palmerston hatte es damals abgelehnt mit dem Hinweis, das könne den Eindruck erwecken, Großbritannien wolle die polnische Aufstandsregierung offiziell anerkennen[76]. Niemcewicz verstärkte daraufhin seine Bemühungen und verstand es nach einem mißglückten parlamentarischen Versuch durch den Abgeordneten Evans, die Londoner City dafür zu interessieren und sie zu Eingaben zu bewegen, einen Handelskonsul in Warschau zu ernennen. Gleichzeitig sprach er ständig in dieser Angelegenheit im Außenministerium vor und erreichte schließlich, daß der bisherige englische Konsul in Memel, Chatfield, zum Konsul in Warschau ernannt wurde.

Chatfield mußte bald auf russisches Verlangen wieder abberufen werden, da seine Nachrichten und Kontakte nicht gefielen[77]. Niemcewicz drängte die britische Regierung aufs neue, das Konsulat in Warschau wieder zu besetzen[78]. Am 10. Okt. 1832 erklärte Backhouse zwar, Palmerston habe sich grundsätzlich für die Entsendung eines neuen Konsuls entschieden, aber vorerst geschah nichts[79]. Auch eine Intervention Czartoryskis blieb fruchtlos[80]. Die Abreise des neu ernannten Konsuls, Colonel Barnett, wurde von Palmerston immer wieder hinausgeschoben. Zamoyski benutzte diesen Aufschub, um den britischen Diplomaten zu instruieren: er erhielt Informationen über die Warschauer Gesellschaft samt einzelnen Personenbeschreibungen (einschließlich der Russen), Material über die politische und ökonomische Lage und ihre

[75] M. Handelsman, Adam Czartoryski, II, S. 55f.

[76] J. U. Niemcewicz, Dziennik, I, S. 56; J. Dutkiewicz, Anglia a sprawa polska, S. 80f.

[77] Niemcewicz an Czartoryski, London 30. 9. 1832, in: A. J. Czartoryski, Żywot Niemcewicza, S. 385–387; J. U. Niemcewicz, Dziennik, I, S. 474; M. Handelsman, Adam Czartoryski, II, S. 41.

[78] J. U. Niemcewicz, Dziennik, I, S. 479, 512, 538.

[79] Ebd., I, S. 561, 580; ebd., II, S. 20, 53; Niemcewicz an Czartoryski, London 20. 1. 1833, in: A. J. Czartoryski, Żywot Niemcewicza, S. 400f.

[80] In einer Unterredung mit Palmerston am 26. 3. 1833, siehe: J. U. Niemcewicz, Dziennik, II, S. 69f.; Czartoryski an Legation, London 26. 3. 1833, in: A. J. Czartoryski, Korrespondencye, S. 210f.

Hintergründe und über die Situation Krakaus. Gleichzeitig versuchte Zamoyski, auf die Instruktionen, die Barnett erhielt, Einfluß zu nehmen, besonders auf den Passus, daß Barnett auch gelegentlich nach Krakau reisen solle[81]. Selbst definierte Zamoyski die Aufgabe Barnetts folgendermaßen:

»Die Stellung des englischen Konsuls in Warschau hat wenig Bedeutung, was den Handel betrifft. Ein Beamter, der sich dort nur auf die offizielle Tätigkeit beschränken würde, fiele bald in Vergessenheit, und der Posten würde bald wieder aufgegeben. Dagegen – jemand, der auf diesem Posten durch seine Tätigkeit politische Bedeutung zu erringen vermag, könnte seiner Regierung nützlich und bald unentbehrlich werden«[82].

Die Absicht des Hôtel Lambert war klar: eine politische Aufwertung des Warschauer Konsulats. Im Rahmen des Möglichen gelang dies auch. Barnett blieb auch in Zukunft ein Verbündeter des Hôtel Lambert, vermittelte dessen Korrespondenz mit der Heimat und berichtete ohne Beschönigung von der russischen Repressionspolitik in Polen.

Die britische Botschaft in Petersburg war, nachdem der Zar im Herbst 1832 die Nominierung Stratford Cannings abgelehnt hatte, verwaist und wurde nur von dem Botschaftssekretär Bligh geführt. Das kurzlebige Kabinett Peel nominierte Anfang 1835 den Tory Lord Londonderry; dieser hatte sich sehr häufig prorussisch geäußert, die Polen als Rebellen bezeichnet und die propolnische britische Interpretation der Wiener Verträge kritisiert. Die englischen Polenfreunde, vor allem Sheil, Fergusson und Dudley Stuart, inzenierten daraufhin am 13. März eine lautstarke Parlamentsdebatte, die zwar ohne formellen Beschluß endete, jedoch den Kandidaten zwang, selbst auf den ihm angebotenen Posten zu verzichten. Die Gefahr, daß in Petersburg ein dem polnischen Anliegen rundheraus ablehnend gegenüberstehender britischer Botschafter saß, war damit gebannt[83].

Bedeutungsvoller noch waren die Bemühungen um Krakau. Die Freie Stadt Krakau, theoretisch unabhängig, stand unter dem Kuratel der drei Teilungsmächte; die faktische Macht in der Stadt übten deren drei Residenten aus. Die kurzfristige russische Besetzung der Stadt im Herbst 1831 hatte die prekäre Lage der Stadt gezeigt. Schon im November 1832 veröffentlichte Czartoryski einen Artikel »On the Necessity of Appointing a British Diplomatic Agent to the Senate of the Free Town of Cracow«[84]. Analog zu seiner sonstigen Argumentation führte er aus, daß auch die Krakauer Verfassung zur Wiener Schlußakte gehöre und damit der Garantie der Signatarstaaten unterliege[85]. Er verglich Krakau mit den deutschen Hansestädten und Frank-

[81] Jen. Zam., III, S. 170–173; B. Konarska, W kręgu Hotelu Lambert, S. 89; W. Knapowska, Nawroty, S. 158f.; B. Cz. Ew. 1508: Czartoryski an Zamoyski, o.O. 5. 7. 1833.

[82] Jen. Zam., III, S. 172.

[83] Jen. Zam., III, S. 296–299; Notiz darüber: B. Cz. 5542, S. 43ff.; J. H. Gleason, Genesis of Russophobia, S. 164–166.

[84] In »Polonia«, IV, Nov. 1832, S. 259–280.

[85] Ebd.: »Consequently the Constitution [of Cracow] stands under the same sauve-garde of England, as any other article to which she suscribed in the Treaty of Vienna; it forms an integral part of a whole system settled at the Congress of Vienna, which no party dares to infringe or violate, but by common consent«.

furt und betonte, es müsse zumindest die gleichen Rechte haben wie diese, so auch »the right to international relations and international intercourse«. Schließlich faßte er seine Forderungen zusammen:

»Let Cracow perserve; she must be considered by the other European Powers who signed the Treaty of Vienna, as an independent Power to all interests and purposes. She acknowledges no supreme lord over her legislative and domestic affairs, nor does she pay any tribute or homage to any foreign Power. The three surrounding Powers have no right to protocol either for the internal or external relations of Cracow, since the affairs of Cracow were settled in the Congress of Vienna. France and England, with that treaty, and its appendices as integral parts of that treaty, before them, can take no cognizance of such usurpations: it is time these two great Powers should suffer no more infringements on the Constitution of Europe«.

Es ging darum, eine internationale Scheinpräsenz – denn anders kann die faktische »Freiheit« der Freien Stadt Krakau nicht bezeichnet werden – aufzuwerten und so die 1,1 qkm letzten nominell freien polnischen Bodens zu erhalten. Die Bemühungen, gleichzeitig mit dem britischen Konsulat in Warschau auch eins in Krakau eröffnen zu lassen[86], scheiterten jedoch – Czartoryski bzw. sein Neffe konnte zunächst nur erreichen, daß in den Instruktionen Barnetts auch der Auftrag stand, sich um Krakau zu kümmern.

Die publizistischen und diplomatischen Bemühungen gingen jedoch weiter. Im Sommer 1835, anläßlich einer Diskussion über den britischen diplomatischen Apparat und dessen Kosten im Parlament, brachte Zamoyski die Frage eines Krakauer Konsulats wieder vor. Die zu diesem Zweck gebildete Parlamentskommission und auch Palmerston selbst zeigten sich nicht abgeneigt[87]. Inzwischen hatten allerdings die drei Teilungsmächte ihre Absicht, die Republik Krakau zu liquidieren, in einem Geheimvertrag bekräftigt und nur die Ausführung auf einen späteren, gelegeneren Zeitpunkt verschoben[88]. Daraufhin endgültig abgesichert, ging der Zar noch weiter auf Konfrontationskurs und erklärte am 16. Okt. 1835 einer polnischen Delegation in Warschau mit recht brutaler Offenheit:

»Trotz allem, was ihr sagen mögt, weiß ich, daß ihr noch dieselben revolutionären Gedanken im Kopfe habt; aber denkt daran, daß es hier eine Zitadelle gibt, die ich nur gegen euch erbaut habe, und die in 24 Stunden eure Stadt zu Asche machen würde, und gewiß werde ich es nicht sein, der sie wieder aufbauen wird . . . Ich bin Gottlob nur noch Kaiser von Rußland und auf Grund dieses Titels gehört ihr mir«[89].

Die Entrüstung in der westeuropäischen Öffentlichkeit war beträchtlich, und wurde

[86] B. Cz. 5507, S. 73–75: Czartoryski an Palmerston, Paris 19. 7. 1833 (Entwurf).

[87] B. Cz. Ew. 3220: Zamoyski an Czartoryski, London 7. 7. und 4. 8. 1835; Jen. Zam., III, S. 306–308; Zamoyski publizierte zur Unterstützung den Artikel »Diplomatic Relations with the Free Town of Cracow« in: British and Foreign Review, I/2, Okt. – Dez. 1835, S. 411–425; französ. Übersetzung in: Le Polonais V/1835, 1. 12. 1835, S. 337–357 u. d. T. »Le consulat anglais à Cracovie«.

[88] F. Martens, Recueil des Traités, IV, 1, S. 472–474: Traité secret concernant l'incorporation de la république de Cracovie à l'Autriche, Berlin le 2/14 oct 1835.

[89] Zitiert nach T. Schiemann, Nikolaus I., III, S. 276–278. Der letzte Satz bedeutete eine klare Absage an die Wiener Polenbestimmungen.

vom Hôtel Lambert und seinen Freunden noch geschürt[90]. Obwohl Czartoryski sicherlich nichts von der geheimen Berliner Konvention wußte, verstärkte er doch jetzt seine Bemühungen um Krakau. Diesmal wurde auch Frankreich mit eingeschlossen. Mehrere Memoranden wurden vorgelegt[91]. Czartoryski war sehr an einem gemeinsamen Vorgehen beider Westmächte gelegen: an de Broglie schrieb er, Palmerston stehe, ebenso wie das Unterhauskomitee, der Frage einer diplomatischen Präsenz in Krakau positiv gegenüber und Lord Granville, der britische Botschafter in Paris, werde sich darüber mit der französischen Regierung verständigen.

Czartoryski und Zamoyski verbrachten den Winter 1835/36 auf einer propagandistisch sehr wirksamen Reise in Schottland. Kurz nach ihrer Rückkehr nach London erreichte sie die Nachricht von der Okkupation Krakaus durch die drei »Schutzmächte«[92]. Czartoryski blieb in London, schickte Thiers, der den polnischen Anliegen sehr viel zurückhaltender gegenüberstand als sein Vorgänger de Broglie, authentische Nachrichten aus der besetzten Stadt[93] und drängte erneut auf die Entsendung von Diplomaten[94]. Hatte er vorher »des Consuls Résidents« in Krakau gefordert, so glaubte er, jetzt »un agent diplomatique accredité auprès du Gouvernement de Cracovie« ver-

[90] Zamoyski meinte: »Die Warschauer Rede ist wie vom Himmel im besten Augenblick geschickt« (Jen. Zam., III, S. 364). Zur Reaktion der britischen Presse siehe J. H. Gleason, The Genesis of Russophobia, S. 178f.
Palmerston erwog, gegen die Rede offiziell Protest einzulegen. Lord Melbourne, der Premier, brachte ihn davon ab; gleichzeitig wies der britische Premier auf die Inkonsequenz der britischen Polenpolitik hin:
»Besides it appears to me that if the opinions laid down in this letter [= Entwurf eines Protestschreibens] are correct, we are doing too little. If the Articles of the Treaty of Vienna are still binding and we are guarantors of them, they have been so decidedly done away with, that we ought to be now at war with Russia, or at least we ought to have called upon those Powers, who are also parties to the treaty, to unite with us in enforcing the observation of it« (C. Webster, Foreign Policy of Palmerston, II, S. 568 und 849f.: Melbourne an Palmerston, South St. 14. 12. 1835).
Vgl. auch K. Hillebrand, Geschichte Frankreichs,I, S. 602–605, und C. Almeras, Odilon Barrot, S. 116, in Zusammenhang mit der Adressdebatte im Januar 1836. Vgl. K. L. Szyrmas Artikel »The Poles and the Czar« in: British and Foreign Review, II/3, Jan.–März 1836, S. 65–89.

[91] B. Cz. 5358, S. 73–80: Note sur la ville der Cracovie; ebenfalls in B. Cz. Ew. Memoriały i noty 1831–1840, und in AMAE Mem + Doc Pologne 29, S. 107 – hier datiert auf den 30. 9. 1835; übersandt wurde das Memorandum jedoch erst später: siehe ebd., S. 109 und (Kopie) AMAE Mem + Doc Pologne 31, S. 79: Czartoryski an de Broglie, Taymouths-Pertshire 25. 11. 1835. Hierzu auch B. Cz. 5360, S. 41–53: La République de Cracovie, ce 9 décembre 1835 (ebenfalls in: B. Cz. Ew. Memoriały i noty 1831–1840).

[92] Über die Hintergründe und fadenscheinigen Vorwände siehe E. Łuniński, Zajęcie Rzeczypospolitej Krakowskiej; ebenfalls zum Komplex Krakau vgl. S. Kieniewicz, The Free State of Cracow; Jen. Zam., III, S. 376–389; M. Handelsman, Adam Czartoryski, II, S. 21f., 61–64.

[93] AMAE Mem + Doc Pologne 31, S. 81–88: Mémoire. Cracovie 16 février 1836. Vgl. auch »The Occupation of Cracow« in: British and Foreign Review, II/4, Apr.–Juni 1836, S. 653–673.

[94] AMAE Mem + Doc Pologne 31, S. 88: Czartoryski an Thiers, London 4. 3. 1836 (mit einer Kopie des Schreibens an de Broglie vom 25. 11. 1835 – vgl. Anm. 91) und ebd., S. 89: Czartoryski an Thiers, London 5. 3. 1836, gefolgt (S. 90ff.) von »Mémoire sur la nécessité d'envoyer, sans délai, un agent diplomatique extraordinaire auprès du Gouvernement de la ville libre de Cracovie«; dieses Memorandum wurde auch Palmerston übergeben. Es befindet sich auch in B. Cz. 5358, S. 109–130. Im Auftrag Czartoryskis sprach in Paris Kniaziewicz bei Thiers vor – B. Cz. 5458, S. 331–334 und 339f.: Czartoryski an Kniaziewicz, London 3. und 8. 3. 1836 (Kopien).

langen zu können. Von Stratford Canning im Unterhaus mehrmals interpelliert, versprach Palmerston[95] am 20. April 1836 öffentlich die Entsendung eines britischen Konsuls nach Krakau. Er protestierte nachdrücklich bei den drei Teilungsmächten und warnte,

> »that many of the Powers of Europe possessed no better claim to their territories than Cracow did to immunity from atack«[96].

Dieses Argument stammte wahrscheinlich von Czartoryski, der zur gleichen Zeit an seinen in Berlin lebenden Neffen schrieb:

> »Die neue gegen Krakau verübte Gewalt sieht man hier mit Abscheu. Vergewaltigt wurden die ersten Gesetze der Menschlichkeit und Billigkeit, und vergewaltigt ist der Wiener Vertrag. Für uns ist verwunderlich, daß sich Österreich und Preußen in ein so unwürdiges und unpolitisches Vorgehen hineinziehen lassen. Sind doch ihre Rechte auf viele Gebiete nur auf dem Wiener Vertrag begründet. Wozu vergewaltigen sie ihn und untergraben ihre eigenen Rechte? Schade, daß das wegen seiner Gerechtigkeit gerühmte Preußen so zum Instrument Moskaus wird«[97].

Während Palmerston sich ernstlich mit den Ostmächten anlegte[98], war der mit Österreich kokettierende Thiers sehr viel behutsamer: er erklärte sich lediglich bereit, einen Teil der polnischen Flüchtlinge aus Krakau aufzunehmen, offiziell um Informationen zu bitten und die Räumung Krakaus, in sehr gemäßigtem Tone, zu verlangen[99]. Im Mai 1836 erklärte er, die Besetzung betrachte er als fait accompli und werde niemanden nach Krakau senden[100]; ja, als die Freunde Czartoryskis keine Ruhe gaben, ging er noch weiter, indem er rundheraus behauptete:

> ». . . le rétablissement de la nationalité polonaise n'est pas du tout dans les intérêts de la France«[101].

Die drei Ostmächte erklärten schon bald, daß sie der Entsendung eines britischen Konsuls nach Krakau unter keinen Umständen zustimmen würden. Der britische Außenminister ließ die Sache noch in der Schwebe[102]. Im Herbst 1836 unternahm der

[95] Der britische Geschäftsträger in Wien, Henry Fox, hatte schon vorher die Okkupation Krakaus vorausgesehen (Jen. Zam., III, S. 380). Palmerston beauftragte noch im Februar 1836 Barnett, von Warschau aus eine Erkundungsfahrt nach Krakau zu unternehmen. Zu den Parlamentsdebatten siehe J. H. Gleason, Genesis of Russophobia, S. 188f.

[96] H. C. F. Bell, Lord Palmerston, I, S. 268; B. Cz. 5358, S. 451f.

[97] B. Cz. Ew. 1132: A. J. Czartoryski an seinen Neffen Adam Konstanty Czartoryski, London 3. 3. 1836.

[98] C. Webster, Foreign Policy of Palmerston, II, S. 568–570; H. C. F. Bell, Lord Palmerston, S. 267–271.

[99] AMAE Mem + Doc Pologne 31, S. 96: Thiers an Bresson (Berlin) und Barante (Petersburg), Paris 12. 3. 1836 (Kopie); ANP 42 AP 3 dos. 3: Thiers an St. Aulaire (Wien), Paris 3. 3. und 14. 3. 1836; K. Hillebrand, Geschichte Frankreichs, I, S. 605–607.

[100] S. Kieniewicz, The Free State of Cracow, S. 78.

[101] B. Cz. 5358, S. 99–108: Une conversation entre le Président du Conseil et un membre du Parlement Français, Paris ce 26 mai 1836.

[102] Gegen den Widerstand des Premiers Melbourne und des Schatzministers setzte Palmerston im Sommer 1836 die Aufnahme der Krakauer Flüchtlinge in die Unterstützungsliste durch: »But these men were sent here by force . . . I do not know what good reason would be given next session for having excluded these Cracow people from the relief; and to do so would expose us to the imputation however unjust of fearing to offend Russia and Austria« (Palmerston an Melbourne, 23. 8. 1836, zit. nach M. Copson-Niećko, Propolish Agitation, S. 83). Lord Dudley Stuart charakterisierte die Lage Palmerstons wohl richtig: ». . . le fait est que les 3 Puissances n'en veulent pas, et que Palmerston qui convient qui [! – muß wohl qu'ils heißen] n'ont pas l'ombre de droit ne sait que faire« (B. Cz. 5517, S. 59–65: Dudley Stuart an Czartoryski, London 25. 7. 1836).

bekannte Journalist Henry Reeve, der für den Posten in Krakau in Frage kam, eine vom Hôtel Lambert vorbereitete Erkundungsreise in die besetzte Stadt. Nach seiner Rückkehr berichtete er Palmerston ausführlich[103]. In der britischen Presse blieb das Thema weiterhin aktuell. Von Dudley Stuart am 21. März 1837 im Unterhaus zur Rede gestellt, erklärte Palmerston schließlich, er werde keinen Konsul nach Krakau schicken[104]. Gleichzeitig schrieb er persönlich an Czartoryski:

> »Je suis fâché cependant de ne pas pouvoir vous dire que j'ai fait la chose dont il est question dans votre lettre – je l'ai trouvé plus difficile que je ne la croyais, et tout considéré j'ai cru que ce serait plus sage d'y renoncer, du moins pour l'apresent [!]. Les avantages que nous aurions pu retirer de cette démarche n'auraient pas été grands; ses inconveniens qui en resulteraint étaient certains. Ce n'est pas de notre intérêt de pousser des choses par rapport auxquelles les Trois sont d'accord et contre nous – vous ne pouvez pas douter de ma bonne volonté, et je vous prie de croire que si j'ai abandonné l'intention que j'avais formée ce n'est pas sans des raisons qui m'ont paru suffisants et valables«[105].

Jedoch protestierte er weiterhin gegen die Besetzung und erreichte, daß die preußischen und russischen Truppen abzogen.

Die Bemühungen des Hôtel Lambert, unterstützt durch zahlreiche Freunde, wurden noch fortgesetzt, scheiterten aber schließlich. Weder der Vorschlag, Krakau, das noch immer von österreichischen Truppen (bis 1840) besetzt war, gegen das von den Franzosen gehaltene Ancona auszutauschen[106], noch eine authentische Petition Krakauer Bürger an die Westmächte mit der Bitte um Schutz[107] halfen. Zwar zog Österreich, nachdem die Westmächte mehrmals auf Drängen des Hôtel Lambert vorstellig geworden waren, die Truppen zurück, aber der französische Botschafter in Wien, St. Aulaire, hatte vollkommen recht, wenn er bemerkte, ein Abzug der Truppen hieße keineswegs Unabhängigkeit für Krakau,

> »les institutions imposées par les cours protectrices ne lui laisseront assurément qu'une ombre de vie politique«[108].

[103] B. Cz. 1525 a: H. Reeve an Zamoyski, Paris 10. 12. 1835; Jen. Zam., III, S. 387–389; J. K. Laughton, Memoirs of Henry Reeve, S. 75–78 – hiernach schrieb Reeve nach der Rückkehr für das Außenministerium »a paper on the consulship at Cracow«.

[104] B. Cz. 5517, S. 83–86: Dudley Stuart an Czartoryski, London 11. 4. 1837; Dudley Stuart an Zamoyski, London 22. 3. 1837; Henry Reeve an Zamoyski, Hampstead 28. 3. 1837, und Zamoyski an Dudley Stuart, Florenz 13. 4. 1837, in: Jen. Zam., III, S. 424–426.

[105] B. Cz. 5507, S. 21–23: Palmerston an Czartoryski, London 26. 3. 1837; der Brief ist die Antwort auf ein Schreiben Czartoryskis an Palmerston, Florenz 20. 2. 1837 (B. Cz. 5507, S. 97f. – Kopie).

[106] B. Cz. 5507, S. 117–121, 125–132: Czartoryski an Palmerston, Paris 19. 11. 1838 (zwei Kopien); J. Wszołek, Prawica, S. 18.

[107] Geschrieben von dem Krakauer Journalisten Hilary Meciszewski. B. Cz. 5507, S. 159f. und 165: Czartoryski an Palmerston, 27. 5. 1840 (Entwurf). Text veröffentlicht in: British and Foreign Review, X/20, Apr. – Juni 1840, S. 605. Zu diesem Komplex gehört auch die wenig später von H. Meciszewski unter dem Pseudonym Louis Królikowski veröffentlichte Dokumentensammlung (mit einer ausführlichen Denkschrift) u. d. T. »Mémoire historique et politique sur l'état actuel de la ville de Cracovie . . .«. Zur Entstehung und Publizierung: B. Cz. 5358, S. 11f., 251–256, 271–342, 425–427 und 431; B. Cz. 5359 (poln. Text der Sammlung); B. Cz. 5361 (Korrespondenz Czartoryski – Meciszewski); B. Cz. 5450, S. 509–511.

[108] ANP 42 AP 3 dos. 3: St. Aulaire an Molé, Wien 28. 12. 1838 (Kopie), ebd. weitere Quellen zu der französischen Interzession.

Die um diese Zeit (1838/39) vom Hôtel Lambert inszenierte Aktion in London und Paris für Krakau basierte auf der Ansicht, man könne Österreich aus der Heiligen Allianz herausbrechen, ins Lager der Westmächte herüberziehen und dazu noch für eine propolnische Politik gewinnen[109]. Vor allem Zamoyski vertrat diese Richtung und reiste selbst 1839 nach Wien. Czartoryski war hier wohl skeptischer, ließ sich aber eine Zeitlang von seinem Neffen dazu bewegen, in diesem Sinn bei den Westmächten vorzusprechen. Von den Franzosen in Erwägung gezogen, von Palmerston sofort als illusionär abgetan, erwies sich diese Konzeption sehr schnell als Selbsttäuschung.

Die Orientkrise machte diese Bemühungen und eine zunächst einigen Erfolg versprechende Neuauflage der Krakau-Debatten im Unterhaus zunichte. Es gelang nicht, die internationale Scheinpräsenz Polens in Gestalt der Republik Krakau so aufzuwerten, daß sich hier eine wirksame Basis weiterer Politik ergeben hätte. 6 Jahre später benutzten die Teilungsmächte dann die Gelegenheit, anläßlich des im Feb. 1846 vom TDP inszenierten Aufstands in Krakau und Galizien die alte polnische Hauptstadt im Nov. 1846 endgültig zu annektieren und damit die Berliner Konvention vom 24. Okt. 1835 zu verwirklichen.

Zur Verteidigung Polens in der Politik des Hôtel Lambert gehörte auch der Bereich der Religion und die Vertretung der polnischen Interessen beim Vatikan[110].

Es verstand sich von selbst, daß man jede Art von religiöser Verfolgung in Polen publizistisch auszuschlachten versuchte. Das Vorgehen der russischen Behörden, besonders die gezielten Repressionen gegen die Katholiken in den polnischen Ostprovinzen gaben hier genügend Stoff.

Auf diplomatischem Gebiet erwies sich die Verteidigung des polnischen Katholizismus als sehr schwierig. 1832 hatte Papst Gregor XVI. auf Wunsch Metternichs und des Zaren hin in der Enzyklika »Cum primum« vom 9. 6.1832 den polnischen Aufstand verurteilt[111]. Die Bemühungen des Hôtel Lambert gingen dahin, die Wirkungen dieser Enzyklika abzuschwächen, und zwar sowohl in der polnischen Gesellschaft als auch vor der öffentlichen Meinung des europäischen Katholizismus. Darüber hinaus wollte man den Heiligen Stuhl zu einer aktiven Verteidigung des in polnischen Augen

[109] B. Cz. 5283, S. 205–265: Mémoire sur un point essentiel à discuter entre l'Angleterre et l'Autriche, Paris 5. 7. 1839 – dasselbe Memorandum in: AMAE Mem + Doc Pologne 29, S. 217ff.; es wurde in London im August 1839 überreicht, in Paris am 8. 12. 1839; B. Cz. 5507, S. 147–150: Begleitbrief Czartoryskis an Palmerston, Paris 5. 7. 1839 (Entwurf und Kopie); B. Cz. Ew. Memoriały i noty 1831–1840: Begleitbrief Czartoryskis an den französischen Premier (oder Außenminister), Dez. 1839 (Entwurf).
Ein Gespräch mit Palmerston über dieses Thema am 16. 7. 1839 beschrieb Zamoyski in einem Brief dieses Datums an Czartoryski (B. Cz. Ew. 1582, S. 249–264, hier S. 261–264). AMAE Mem + Doc Pologne 29, S. 231ff.: Czartoryski: Comment l'affaire de Cracovie peut amener une discussion plus générale dans l'état actuel de rapprochement de la France et de l'Angleterre avec l'Autriche. 8. 12. 1839; dasselbe in B. Cz. 5358, S. 131–154, 155–187 (Entwurf Czartoryskis und Kopie).
B. Cz. 5294, S. 17ff.: Gespräch Czartoryski – Soult, Paris 29. 12. 1839; erwähnt auch in: B. Cz. 5485, S. 473–479 und 481: Czartoryski an Chrzanowski, Paris Sept. und 30. 12. 1839; ausführlicher darüber auch B. Konarska, W kręgu Hotelu Lambert, S. 92–95; vgl. auch dieses Kap., S. 213f.

[110] Zum Folgenden siehe M. Żywczyński, Geneza i następstwa encykliki, und Ders., Watykan i Metternich; M. Handelsman, Adam Czartoryski, II, S. 128–142; B. Konarska, W kręgu Hotelu Lambert, S. 131–153.

[111] Text zuletzt in: O. Beiersdorf, Papiestwo, S. 107–113.

ernstlich bedrohten polnischen Katholizismus bewegen. Dabei waren mehrere Motive maßgebend: in einem künftigen Aufstand brauchte man unbedingt den katholischen Klerus in Anbetracht von dessen beträchtlichem Einfluß auf die Bevölkerung; sodann war die Folge der Enzyklika, daß die Rolle des Katholizismus in der polnischen Intelligenz erheblich schwächer wurde.

Das Hôtel Lambert erklärte die päpstliche Polenpolitik damit, daß sie auf Druck der Heiligen Allianz zustande kam und die Kurie in völliger Unkenntnis über den wahren Stand der Dinge war. Zwar haben einige Autoren seitdem nachgewiesen, daß die Haltung des Vatikans zur polnischen Nationalbewegung nur in der Konsequenz seiner sonstigen Politik stand, die gegen jede Art von liberaler oder gar revolutionärer Bestrebung gerichtet war[112]. Das ist gewiß richtig, entkräftet aber keineswegs das schon damals vom Hôtel Lambert vorgebrachte Argument, daß man in Rom nur ungenügend oder gar falsch über die Lage des Katholizismus und die sich häufenden russischen Repressionen informiert war. Das Hôtel Lambert sah es als seine Aufgabe an, sowohl die Haltung des Papstes der polnischen Gesellschaft zu erklären – wofür es von den Demokraten nur Hohn und Spott erntete – als auch umgekehrt dem Papsttum die Anliegen der Polen zu erklären und es von der Unrichtigkeit seiner bisherigen Politik zu überzeugen.

Diese Aufgabe war sehr schwierig, und die Bemühungen sind auch, im Ganzen gesehen, erfolglos geblieben. Rom war für politische Emigranten verbotenes Terrain, und deshalb war natürlich jede Aktion erschwert. Als Vermittler benutzte man die belgische klerikale Partei[113] und vor allem Charles de Montalembert. Neben diesen Beziehungen zu etwas liberalisierenden Katholiken knüpfte Zamoyski auch Kontakte zu dem Kreis um Görres in München an.

Rom war nicht nur wegen des Vatikans eine für das Hôtel Lambert wichtige Stadt; dort befand sich eine ständig fluktuierende polnische Kolonie, durch die man auf die Heimat einwirken konnte[114]. Zudem sah die außenpolitische Konzeption des Hôtel Lambert zunächst ein durch und um den Papst vereinigtes Italien vor[115].

Nach einigen weitgehend fruchtlosen Missionen[116] gelang es durch die Vermittlung Montalemberts, daß Zamoyski 1837 selbst in mehreren Audienzen von Gregor XVI. empfangen wurde. Zwar konnte dadurch keine Wendung der päpstlichen Politik erreicht werden, aber die Atmosphäre wurde entspannter: der Vatikan akzeptierte jetzt Nachrichten über die Lage der polnischen Kirche und erhielt sie vor allem vom Hôtel Lambert. Außerdem erlaubte er die Priesterausbildung polnischer Emigranten in Rom. Letzteres wurde sofort ausgenutzt und führte nach einigen Jahren zur Bildung des Resurrektionsordens, brachte aber nicht den erhofften politischen Erfolg[117]. In den nächsten Jahren wurde der Kurie eine Reihe von Memoranden und Informationssammlungen überreicht. Auch versuchte man, Einfluß auf die Besetzung der Bistümer in Polen zu nehmen[118].

[112] K. Piwarski, Wstęp (Einleitung), passim, in: O. Beiersdorf, Papiestwo, S. XIII–LXXVI; K. Piwarski, Kuria Rzymska, passim.
[113] Besonders zu Félix de Mérode hatte das Hôtel Lambert gute Beziehungen.
[114] Siehe darüber J. Wszołek, Działalność polityczna.
[115] J. Wszołek, Prawica, passim.
[116] 1834–1835 Adam Sołtan, ab 1837 Cezary Plater.
[117] Vgl. Kap. IV/3, S. 142f.
[118] Vgl. einen Brief Barzykowskis an Czartoryski, Paris 8. 3. 1839 (BPP 435, S. 13–15).

Als jedoch Nikolaus I. 1839 die griechisch-unierte Kirche auflöste und zwangsweise der griechisch-orthodoxen Kirche eingliederte, erhob die Kurie zur Enttäuschung des polnischen Katholizismus und des Hôtel Lambert nur sehr schwachen Protest. Immerhin gelang es, den deutschen Pater Augustin Theiner zur anonymen Veröffentlichung eines Buches über die Lage der unierten Kirche in Polen und Rußland zu bewegen, das sich weitgehend auf Material stützte, welches ihm das Hôtel Lambert lieferte[119]. Erst 1842 kritisierte Gregor XVI. in einer später veröffentlichten Ansprache[120] im Kardinalskonsistorium das russische Vorgehen in Polen.

Wenn in der Literatur stellenweise behauptet wird, die Bemühungen des Hôtel Lambert seien unnütz gewesen, denn der Vatikan habe seine negative Einstellung zu den polnischen Unabhängigkeitsaspirationen nicht geändert, so geht eine solche Interpretation an den politischen Realitäten vorbei. Der Papst konnte garnicht offiziell eine revolutionäre Bewegung, d. h. eine gegen den Status quo gerichtete Bewegung unterstützen – der Jesuitengeneral Roothan erklärte 1842 Zamoyski, die Kirche könne einen erfolgreichen Aufstand gutheißen und anerkennen, aber »das Kirchenrecht verdammt vor allem und besonders einen kraftlosen und fruchtlosen Aufstand«[121]. Das Hôtel Lambert verlangte deshalb auch nicht von der Kirche, sie solle offiziell für die Unabhängigkeit Polens auftreten, sondern vor allem die Verteidigung des polnischen Katholizismus. Diese rein religiös-seelsorgerische Aufgabe mußte nach Ansicht des Hôtel Lambert zwangsläufig sehr bald eine politische Dimension bekommen, auch wenn die Kurie ständig den unpolitischen Charakter ihrer Bemühungen betonte. Die Folge mußte ein gespanntes Verhältnis zu Rußland sein, und in der weiteren Konsequenz die Auflösung der Ehe Vatikan – Heilige Allianz, worauf nicht nur das dem liberalen französischen Katholizismus nahestehende Hôtel Lambert hinarbeitete.

Der Mißerfolg aller Bemühungen zur Verteidigung Polens insofern, als es um direkte Auswirkungen auf die Lage Polens ging, war voraussehbar. Die anfänglichen Hoffnungen, der Zar bzw. die Regierungen in Berlin und Wien würden sich von außen zu einer Änderung ihrer Polenpolitik bewegen lassen, erwiesen sich bald als Selbsttäuschung.

Es zeigt sich in diesen Anstrengungen aber eine Konstante des politischen Verhaltens Czartoryskis: die Wichtigkeit verbaler Äußerungen, die im Grunde eine Fiktion sind bzw. beinhalten, insofern, als sie einerseits nicht der Realität des Status quo entsprechen, andererseits hinter ihnen auch nicht die Realität einer konkreten politischen Absicht steht. Ob es sich um Parlamentsreden oder diplomatische Noten handelt, die das Hôtel Lambert mit seinen Bemühungen zustande brachte, ob um die nationalen Rechte Polens, um Krakau oder um die Interpretation des Wiener Vertrags – der fiktive Charakter aller dieser Äußerungen liegt auf der Hand. Die Bedeutung eines rein verbalen Eintretens charakterisierte Czartoryski in einer Note für britische Abgeordnete folgendermaßen:

[119] A. Theiner, Die neuesten Zustände der Katholischen Kirche beider Riten. Die 1843 erschienene französische Ausgabe wurde von Cezary Plater übersetzt, Montalembert schrieb ein Vorwort dazu und Zamoyski einen Anhang – vgl. Jen. Zam., IV, S. 179, 233–235; B. Konarska, W kręgu Hotelu Lambert, S. 144.

[120] O. Beiersdorf, Papiestwo, S. 129–136.

[121] Zit. nach B. Konarska, W kręgu Hotelu Lambert, S. 143 f.

»On ne demande ni guerre, ni dépenses, ni embar[r]as pour le Ministère.
On demande des mots.
Ces mots peuvent avec le temps devenir puissans, prendre corps et consistence dans notre avenir et faire naître des succès pour le bon droit des Polonais.
Ces mots les raffermiront à présent dans leur triste resignation et les empêcheront de se jetter entre de[s] bras qui pourraient salir leur cause, et de donner en désesperés contre des barrières maintenant insurmontables.
Ces mots serviront de frein à la cruauté systématique de la Russie et au progrès de ses plans ambitieux«[122].

Die Bedeutung, die Czartoryski den auf sein Betreiben entstandenen verbalen Auslassungen in London und Paris beimaß, lag, neben der propagandistischen Wirkung, in dem potentiellen Realitätsgehalt. Aus der Fiktion konnte eines Tages Realität werden, und deshalb mußte sie aufrechterhalten werden. Nicht durch die Fiktion selbst konnten die Verhältnisse geändert werden – deshalb konnte auch der hier als Verteidigung Polens charakterisierte Weg nicht direkt zur Unabhängigkeit führen –, aber die Fiktion, im Sinne einer potentiellen und postulierten Realität, mußte vorhanden sein, möglichst fest im politischen Bewußtsein der europäischen Öffentlichkeit (soweit sie erreichbar war), der Staatsmänner und Parlamentarier verankert sein, damit bei einer günstigen Gelegenheit, d. h. bei einer grundlegenden Veränderung der gegebenen Realität diese durch die postulierte Realität ersetzt werde. Die Veränderung der derzeitigen, gegebenen Realität konnte nicht direkt aus der projizierten, erhofften Realität entstehen, sondern nur auf Grund ihrer eigenen Widersprüche und ihrer Unhaltbarkeit, die schließlich zum Kriege führen mußten. Die Fiktion und damit die ganze Politik der ›Verteidigung Polens‹, war damit für das Hôtel Lambert ein wichtiger Eckstein der Politik, aber keineswegs der einzige. Sie war jedoch die nach außen einzig sichtbare und vorzeigbare Politik, also quasi die allein sichtbare Spitze des Eisberges; wie eine solche Spitze ohne den nicht sichtbaren, unter Wasser liegenden Teil des Eises nicht möglich ist, so war auch im konzeptionellen Bereich die im engeren Sinne polnische Politik des Hôtel Lambert nur sinnvoll durch die übrige Außenpolitik.

Die beiden Westmächte waren keineswegs bereit, wegen Polen eine kriegerische Auseinandersetzung zu führen oder auch nur zu riskieren. Ein französischer Diplomat faßte 1833 die Lage Polens und die Möglichkeiten französischer Polenpolitik folgendermaßen zusammen:

» . . . Les trois Puissances seront d'ici à longues années unanimement décidées à faire le sacrifice de la dernière goutte de leur sang pour empêcher la résurrection d'un peuple nombreux qui ne pourrait que donner plus de force aux principes qu'elles détestent; c'est assez dire que l'indépendance de la Pologne sera pour longtemps impossible, ou que du moins elle ne peut être que le prix incertain de cette conflagration universelle et sanglante, que les véritables intérêts de la France doivent nous empêcher à désirer. Tous ce que peuvent nous dire en opposition avec cette pénsible vérité nos affections en faveur de la malheureuse Pologne n'est que chimère et illusion.
. . .
Résumé de la question Russe-polonaise.
La Russie victorieuse de la Pologne a pris pour base de ses relations futures avec elle, méfiance absolue et tout l'immuable système de précautions qu'elle entraîne.

[122] B. Cz. 5281, S. 201–210: Czartoryski: Probabilités du succès de la motion sur la Pologne, communiqués aux différents Membres du Parlement, Londres ce 10 Mai 1833.

> Les conseils de l'Autriche et de la Prusse l'affermissent dans cette politique et le souvenir du partage est un lien d'iniquité qui resserre l'intimité des 3 Puissances. S'il n'existe pas de transaction spéciale et récente ayant pour objet d'agir parfaitement de concert dans ce système d'oppression plus appesantie, de l'engagement équivalent résultent au moins de la solidarité d'intérêts, des angoisses qui ont été mises en commun pendant la durée de la lutte, et de toutes les paroles et promesses échangées entre les trois cours depuis trois ans.
> Victimes d'un accord aussi intime les Polonais n'en conservent pas moins leur immortel esprit national; ces disponsitions seraient donc à jamais de puissans élémens de diversion dans le cas d'une lutte Européenne. Mais j'ai constamment envisagé dans le cours de ce Mémoire deux supposition distinctes, – celle d'une guerre qu'il n'est pas de l'intérêt de la France de provoquer, et celle du long avenir de paix qui peut développer dans notre Patrie tous les genres de prospérité. Or c'est vers les bienfaits de la Paix qu'est dirigée la calme et prévoyante politique du gouvernement de S.M. Bornant donc à ce qui précede l'analyse des ressources que nous laisserait au besoin l'esprit Polonais dans le cas improbable d'une lutte Européenne, je ne rappelerai dans ce résumé que les moyens d'adoucir éfficacement les malheurs d'une nation livrée à la merci de ses vainqueurs. L'empereur de Russie inaccessible sous ce rapport à toute intervention diplomatique, ne renoncera peu à peu au système de rigueur qu'il s'est préscrit que s'il est fait à propos un appel à ses sentimens de générosité soit du haut de la Tribune soit dans nos journaux moderés, qui, bien qu'il dise le contraire, ont la puissance de l'émouvoir profondément et sont, sous tous les rapports, les meilleurs voies pour arriver à sa conviction«[129].

F.

Das Wissen darum, daß nur ein großer europäischer Krieg die Veränderungen bringen konnte, als deren Resultat die Wiederherstellung Polens als unabhängiger Staat möglich war, trug für die polnische Außenpolitik die Verpflichtung in sich, alle Faktoren, die zu einem solchen Krieg führen konnten, aufmerksam zu beobachten und zu versuchen, auf sie Einfluß zu nehmen, d. h. mit anderen Worten: sich in die internationale Politik einzuschalten.

Gewissermaßen als Axiom dieser Außenpolitik galt nicht nur die Wünschbarkeit eines großen Kriegs, sondern auch der Glaube an seine Unvermeidbarkeit, ohne daß man allerdings voraussagen konnte, wann und wo. Czartoryski erklärte seine Ansicht seinem Neffen folgendermaßen:

> »Du schreibst mir, daß die Diplomaten nichts wissen und der Inselbotschafter [= britische Gesandte] in Angst gerät, ob nicht das Feuer ausbricht. Mir scheint, daß sie die Dinge in der jetzigen Lage in die Länge ziehen; sie schauen immer auf den Krieg, vermeiden ihn aber mit allen Kräften, wohingegen eine höhere Kraft notwendig zu ihm drängt; wir sind ihm schon jetzt näher, und werden immer näher sein; bis trotz des Willens und der Zurückhaltung der Regierungen die Dämme brechen und der Brand ausbrechen wird. Aber wann – das weiß Gott«[124].

[123] AMAE Mem + Doc Allemagne 162, S. 64–107: L'Allemagne et les Puissances du Nord. Mémoire sur la Politique des Etats que j'ai parcourus dans ces dernières années. Juillet 1833, par le Baron de Bourgoing.

[124] B. Cz. Ew. 1508: Czartoryski an Zamoyski (in Brüssel), Paris 11. 12. 1832.

Gleichzeitig warnte Czartoryski jedoch davor, den Kriegsausbruch schon für morgen zu erwarten; er war sich bewußt, daß die europäischen Regierungen zur Zeit einen Krieg um jeden Preis zu vermeiden suchten:

»Alle Umstände der politischen Welt sagen den Krieg voraus und führen zu ihm. Der Moskauer Kaiser will ihn; aber alle anderen Regierungen fürchten sich und wollen ihn nicht; in Frankreich, England wollen die Regierungen und die beiden Nationen keinen Krieg. Ich werde an den Krieg nicht glauben, bis ich ihn sehe; die Regierungen [werden] bis zuletzt vor ihm zurückschrecken und sich dagegen sträuben, bis der Kaiser Nikolaus oder irgendwelche unerwarteten Ereignisse sie dazu zwingen werden«[125].

Kriegstreibend und damit kriegsauslösend war für Czartoryski vor allem die Politik Rußlands, für dessen ständiges Expansionsstreben er innere Gründe anführte:

»La Russie ne peut s'arrêter dans ses empiétements. Il y a pour elle nécessité de marcher en avant, nécessité provenant de sa constitution toute militaire et des dangers dont la menace de la part de l'Europe, l'esprit progressif de civilisation. L'amour-propre national des Russes est tourné exclusivement vers l'esprit guerrier. Les Russes trouvent, dans la réputation de leur armée et dans les avantages personnels que chacun se promet du métier des armes, une compensation à tout ce qui leur manque en fait d'institutions et de prospérité intérieure. Le Gouvernement s'applique habilement à exploiter cette disposition. Aussi, pour lui fournir un aliment, est-il obligé à une action perpétuelle au dehors, à combiner projets sur projets, intrigues sur intrigues dans des vues insatiables de conquête, à conspirer, à travailler partout et sans relâche; n'employant la force des armes que pour conserver ce que ses machinations secrètes lui ont en quelque sorte déjà acquis, attendant avec une rare persévérance le moment opportun, et, après l'avoir saisi, se donnant toutes les apparences de la modération et de la magnanimité même«[126].

Ähnlich schrieb er am 14. Okt. 1832 an Zamoyski:

». . . . daß sie [die Russen] nie haltmachen, daß sie immer weitergehen werden; daß sie ohne Krieg nicht auskommen können; daß ihnen das im Blut steckt, in ihren Bedürfnissen, in ihrer Politik. Wenn man alle diese Gründe« (vorher wurden noch andere genannt) »zusammennimmt, so scheint es, daß man nicht im Zweifel sein kann über den Sturm, der langsam von Norden herankommt«[127].

In einer Rede in der Literary Association of the Friends of Poland in London formulierte es Czartoryski 1836 so:

». . . that Russia cannot stop in her career of aggressive encroachments. She must go on. The fifty millions who obey the nod of the autocrat, must be occupied by some general aim and tendency. They cannot be interested in the great object of internal social improvements. They must be recompensed, therefore, for the loss of their freedom, by the excitements of foreign conquest, the lust of spoil, and the hope of dominion. In Russia the Temple of Janus never shuts, she is always at war somewhere«[128].

[125] B. Cz. 5591, S. 476f., No. 127: Czartoryski an General Henryk Dembiński, Paris 9. 12. 1833 – eine französ. Übersetzung in: A. G. Benis, Une mission polonaise, I, S. 321.

[126] B. Cz. 5324, S. 233–239: Czartoryski: Empiétements de la Russie. Paris, 12. 4. 1834. Das Memorandum war für Fergusson bestimmt; veröffentlicht in: A. G. Benis, Une mission polonaise, II, S. 85–89. Vgl. auch B. Cz. Ew. 745, S. 245–264: De l'avenir de la Russie et de l'Europe, o. D. (1835?).

[127] B. Cz. Ew. 1508: Czartoryski an Zamoyski, Paris 14. 10. 1832.

Zunächst glaubte man, aus dem belgischen Konflikt werde sich ein großer Krieg entwickeln. Etwas übereifrig fragte Niemcewicz 1832 und 1833 den wohl ein wenig erstaunten Unterstaatssekretär Backhouse bei jeder Unterredung, wann der große Krieg ausbreche[129]. Auch mit Italien verband man einige Hoffnungen: hier rechnete das Hôtel Lambert mit einem französisch-österreichischen Konflikt, der sich dann ausweiten werde[130].

Weitaus größere Hoffnungen setzte man auf den britisch-russischen Gegensatz, der für Czartoryski durch die Einbeziehung der Orientfrage und die Differenzen in Persien ein globales Ausmaß annahm und unvermeidlich zu einem großen Konflikt führen mußte. Besonders nach dem Vertrag von Unkiar-Iskelessi schien ein solcher Krieg in der Luft zu liegen, und Czartoryski machte einige konkrete Vorschläge, wie ein solcher Krieg zu führen sei[131].

Es war die Grundüberzeugung Czartoryskis, daß angesichts der ungerechten Verhältnisse in Europa, des unbefriedigenden Zustands zahlreicher wichtiger europäischer Probleme und der ständig vorhandenen Konfliktstoffe, die keine alle Seiten zufriedenstellende Lösung gefunden hatten, die Dynamik der internationalen Verhältnisse unweigerlich zu einem Krieg führen müsse. Dieses Vertrauen in die Dynamik der Ereignisse gehörte zum offiziellen Programm der Politik des Hôtel Lambert; das für alle Aufstanspläne maßgebende Schlüsselwort »wporę« – »zu einem günstigen Zeitpunkt«[132] hing eng damit zusammen. Dabei mußten, je länger der Krieg auf sich warten ließ, die öffentlichen Verlautbarungen Czartoryskis, vor allem wenn sie an die Polen gerichtet waren, immer unbestimmter bleiben[133].

128 Speech of Prince Czartoryski at the Literary Association of the Friends of Poland, 26th April 1836, zitiert nach: »Russia – Constitution and Procedure«, in: British and Foreign Review, III/6, Okt.–Dez. 1836, S. 446–477, hier S. 447.

129 J. U. Niemcewicz, Dziennik, I + II, passim.

130 J. Wszołek, Prawica, S. 11f. und 28.

131 Vgl. B. Cz. 5323, S. 381–400: Quelques mots sur la Pologne et la Turquie – siehe Anhang II; ebenfalls das in Anm. 126 genannte Memorandum.
Für den mit einer Mission nach Polen beauftragten Bystrzonowski schrieb Czartoryski: »Was die Wendung der europäischen Verhältnisse angeht, insoweit sie unsere Nation interessieren, so kann man eine nahe Wahrscheinlichkeit des Krieges sehen, auf Grund der Orientinteressen – daß Polen in diesem Krieg der Mittelpunkt [oder *›ein Mittel‹ – beide Übersetzungen des Wortes ›środek‹ sind möglich*] und eines der Ziele sein kann; daß, je länger dieser Krieg sich verzögert, er um so unerwarteter ausbrechen kann. Soll er uns etwa unvorbereitet antreffen?« – B. Cz. 5282, S. 153: Information für Bystrzonowski, 15. 4. 1835.

132 Vgl. die Marcinkowski-Instruktionen – dieses Kap. S. 158.

133 Z.B. in der Rede vom 29. 11. 1838 (A. J. Czartoryski, Reden, S. 48–51):
»Die mächtigen Völker, befriedigt im ruhigen Genuß ihrer Freiheiten und Reichtümer, kümmern sich wenig um die Unglücklichen, die da verschmachten, und mögen nicht gern zu ihrer Hülfe ein kleines Opfer ihrer Bequemlichkeit bringen. Bei ihnen streitet der schwankende, kraftlose Wille mit jenen unsichtbar keimenden Ereignissen, welche meistens der Berechnung des Staatsmanns entgehen, und, von einer geheimnisvollen, unergründlichen Macht geleitet, plötzlich und unerwartet sich vor ihm entfalten. In dieser Macht liegt unsere ganze Hoffnung, in ihr und in uns selbst«;
ebenso ein Jahr später:
»Diese Überzeugung [= der Glaube in die eigene Kraft und den Aufstand] allein vermag die Hoffnung einer baldigen Erlösung zu heben und die Theilnahme und den Schutz der freundlich für uns gesinnten Mächte zu gewinnen, und das Volk selbst würde dann weit fähiger sein zur Benutzung günstiger Gelegenheiten, welche das Schicksal vielleicht früher sendet, als seine starken Beherrscher es vermuthen« (Rede vom 29. 11. 1839, in: A. J. Czartoryski, Reden, S. 52–57).

Die polnische Außenpolitik durfte sich aber nicht damit begnügen, bloß den Ausbruch des erhofften Krieges abzuwarten. Einerseits mußte sie sich auf diesen Moment vorbereiten – dies geschah durch zugegebenermaßen nur mangelhafte Aufstandsvorbereitungen und die oben beschriebene ›Verteidigung Polens‹; andererseits versuchte das Hôtel Lambert, selbst die internationalen Beziehungen in diesem Sinne – d. h. mit der Zielrichtung eines Krieges – zu beeinflussen. Die Aufgabe war also, gewisse einen Konflikt versprechende Entwicklungen zu beschleunigen, an der richtigen Stelle und im richtigen Moment den richtigen Anstoß zu geben, damit die Entwicklung in die richtige Richtung ging. Dahinter stand die Auffassung: wenn es erst einmal ins Rollen kommt, wird ein Krieg binnen kurzem unvermeidlich. Es genügt damit praktisch, einen Anstoß zu geben: die Struktur der internationalen Verhältnisse, die vorhandenen Antagonismen und die sich daraus ergebende Dynamik führen dann sicher zum Krieg[134].

Auf Grund dieser Überzeugungen, Auffassungen und Hoffnungen wurde in den dreißiger Jahren vom Hôtel Lambert eine Politik des ›fait accompli‹ geführt – d. h. gewisse Tatsachen wurden geschaffen, die durch ihr bloßes Vorhandensein direkt oder indirekt kriegsauslösend wirken mußten oder zumindest sollten. Durch solche ›faits accomplis‹ sollte die internationale Lage verändert, d. h. es sollten Situationen hervorgerufen werden, welche die westeuropäischen Kabinette moralisch und in Vorausschau ihrer Interessenlage zu einem antirussischen Vorgehen veranlassen und die Spannungen zwischen den Großmächten in stärkerem Maße verschärfen sollten, als es diesen lieb war und von ihnen beabsichtigt wurde. Als beste Beispiele dafür können der sog. Vixen-Zwischenfall und die Skrzynecki-Affaire angeführt werden.

G.

Das Interesse Czartoryskis für den Kaukasus war von mehreren Faktoren bestimmt. Der Kampf der Tscherkessen und anderer kaukasischer Bergvölker gegen die russische Armee fand das natürliche Interesse der polnischen Emigranten, die jeden aktiven Kampf gegen Rußland unterstützen wollten. Es bot sich dort die Chance einer zweiten Front gegen Rußland im Falle eines polnischen Aufstands. Außerdem befanden sich zahlreiche Polen zwangsweise in der russsichen Kaukasus-Armee[135]; man glaubte, daß sie leicht zur Desertion zu bewegen seien. Damit bekäme dieser Kampf ein neues militärisches und politisches Gesicht und gewänne an Bedeutung. Zu diesem originären Interesse kam noch ein mittelbares, aber sehr gewichtiges Moment: man hoffte, die britische Regierungspolitik für den Kampf der Tscherkessen zu interessieren, was eine Entsendung britischer Flottenkontingente ins Schwarze Meer mit sich bringen sollte und damit zu einem ernsthaften britisch-russischen Konflikt führen mußte. Das hieß mit anderen Worten: die Folgen des Vertrags von Unkiar-Iskelessi wettzumachen und die politischen Gewichte in dieser Region grundlegend umzuver-

[134] Vgl. Kap. III/1, Anm. 21.

[135] Nach Angaben des französischen Konsuls in Tiflis 1840 befanden sich 25000–30000 Polen im Kaukasus. Andere Angaben gehen von etwa 10000 Polen aus (L. Widerszal, Sprawy kaukaskie, S. 31; B. Konarska, W kręgu Hotelu Lambert, S. 157).

teilen. Die sog. Vixen-Affaire[136] war der deutlichste Ausdruck dieser Bestrebungen und bedeutete gleichzeitig das Scheitern der Konzeption, auf dem Umweg über den Kaukasus eine ernsthafte britisch-russische Konfrontation herbeizuführen.

Das wirkliche Ausmaß der Beteiligung des Hôtel Lambert an der Inszenierung der Vixen-Affaire ist nicht mehr festzustellen, da die entsprechenden Verhandlungen mit dem Hauptregisseur der Aktion, David Urquhart, nur mündlich geführt wurden und dieser, in einem partiell wohl gerechtfertigten Mißtrauen, jede schriftliche Erwähnung vermied, ja sogar Zamoyski verbot, seinen Namen in Briefen zu erwähnen, die irgendwelche Grenzen zu passieren hatten[137].

David Urquhart kehrte Anfang 1835 als engagierter Turkophiler von einer Mission ins Osmanische Reich im Auftrag des britischen Außenministeriums nach England zurück; im Einverständnis mit dem britischen Botschafter in Stambul, Lord Ponsonby, und vorerst gedeckt durch die einflußreiche Protektion des Königs und seines Privatsekretärs, Sir Herbert Taylor, sollte er die britische Öffentlichkeit und die Regierung im antirussischen Sinn beeinflussen, für eine aktivere Orientpolitik plädieren und zu diesem Zweck auch das tscherkessische Problem in England populär machen. Ein Besuch Urquharts bei den Tscherkessen im Sommer 1834 hatte seine russophobe Einstellung verstärkt und ihn zum Vorstreiter der tscherkessischen Freiheit in Westeuropa werden lassen[138].

Enge Kontakte zwischen Urquhart und Zamoyski ergaben sich 1835 durch die gemeinsame publizistische Arbeit, besonders am »British and Foreign Review« und »Portfolio«[139]. Im Juli und August 1835 konferierten Zamoyski und Urquhart mehrmals zusammen. Zamoyski berichtete leider an Czartoryski keine Details der Unterredungen, da Czartoryski einige Wochen später selbst nach London kam, deutete aber bedeutende Entwicklungen und Möglichkeiten an:

> »Die Beziehungen zu dem Schriftsteller über den Orient [= Urquhart] bilden den Hauptgrund und -punkt meiner Zufriedenheit. Bei ihm und durch ihn bereiten sich heute die allerwichtigsten Ereignisse vor – unabhängig von der Regierung, aber schon heute zuweilen die hiesige Regierung zu wichtigen und wünschenswerten Schritten zwingend. Meine Beziehungen zu ihm sind bestens, überaus wichtig. Als ich ankam, hatte ich ihn uns gegenüber sehr kühl eingestellt angetroffen. Heute hat er sich in dieser Beziehung so verändert, daß er, als ich vor einigen Tagen zu ihm ging und ihn entzückt wegen eines wichtigen Ereignisses fand, mich mit

[136] Die Vixen-Affaire wird in allen einschlägigen Darstellungen kurz erwähnt oder behandelt. Siehe vor allem: C. Webster, Urquhart, Ponsonby and Palmerston, S. 341–348; Ders., Foreign Policy of Palmerston, S. 570–576; G. H. Bolsover, Urquhart and the Eastern Question, S. 464–466; L. Widerszal, British Policy in the Western Caucasus, S. 211–214; Ders., Sprawy kaukaskie, S. 48–61 (am ausführlichsten); V. J. Puryear, International Economics and Diplomacy, S. 49–53; H. C. F. Bell, Lord Palmerston, I, S. 282.

[137] B. Cz. Ew. 1525a: Urquhart an Zamoyski, o. O. o. D. (Nov./Dez. 1835): ». . . ne me nommez pas même dans vos lettres qui ont à passer des frontières«.
L. Widerszal, Sprawy kaukaskie, S. 55 f., nimmt die aktive Beteiligung Zamoyskis für sicher an, ohne jedoch entsprechende Quellen, die das eindeutig nachweisen, anzugeben.

[138] Von dieser Reise hatte Urquhart eine an Wilhelm IV. gerichtete Unabhängigkeitserklärung der Tscherkessen mitgebracht (G. H. Bolsover, Urquhart and the Eastern Question, S. 451 f.; G. Robinson, David Urquhart, S. 54–57; L. Widerszal, Sprawy kaukaskie, S. 42–44).

[139] Siehe darüber Kap. IV/6, S. 235–241.

den Worten begrüßte: ›Eh bien, mon cher, tout va bien – et d'ici à deux ans vous aurez un Dictateur à Varsovie . . . ‹, er sagte sogar: ›vous serez un Dictateur à Varsovie‹.

Die Antwort [auf die Frage], was ihm das Recht gebe, in solchem quasi prophetischen Geist zu sprechen, [kann] hier unmöglich [geschrieben werden], aber es ist sicher, daß er kein Dichter ist – obwohl das, was er sagt, oft so aussieht, als ob etwas durch ihn spricht und eindeutig aus einer ungewöhnlichen Kraft stammt . . . C'est vous mettre à la torture de ne pas vous en dire davantage. Mais vous me saurez gré de vous n'écrire autant en attendant q[ue] je V[ou]s dise le reste. C'est au reste de quoi remplir agréablement q[uel]q[ues] rêveries dans vos montagnes [= Kaukasus]. Dabei ist meine Situation in all dem ungewöhnlich seltsam, aber davon kann ich noch weniger als von anderem schreiben«[140].

Offensichtlich handelt es sich hier um die geplante Aktion im Kaukasus. Einige Tage später umschrieb Zamoyski aufs neue die Motivation für ein polnisches Engagement in dieser Region:

»Eine überaus wichtige Nachricht, die man nicht ausposaunen sollte, teilte mir [Jan] Tyszki[ewicz] mit: daß unsere ehrlichen Soldaten im Kaukasus sich verbissen und verzweifelt schlagen, – und so weit haben sie die Aufmerksamkeit des Zaren auf sich gelenkt, daß er ihnen von neuem vertraute und sie in Bataillonen mit polnischen Offizieren organisierte – usw., es heißt, daß sie sich musterhaft schlagen . . . ! die armen Opfer wissen nicht, was sie tun – Aber es ist überaus wichtig, daß wir beginnen, auf sie vom Kaukasus aus einzuwirken – dort ihnen einen Wallenrod[141] schicken . . . Das läßt eine schnelle Lösung der Frage wünschen – bevor unsere Tapferkeit dem eigenen Anliegen allzu schwere Schläge versetzt. Urquhart werde ich damit schrecken. Möge er sich beeilen. Es sollen sich nur unter den Tscherkessen Spuren englischer Hilfe zeigen – werden da unsere armen Kerle nicht sofort durchschauen, zu welchem Werk sie benutzt werden«[142]?

Anfang Oktober 1835 wurden wahrscheinlich zwischen Urquhart, den Brüdern George und James S. Bell, deren Handelsunternehmen im Orienthandel engagiert war, Zamoyski und Czartoryski die Einzelheiten einer Aktion bzw. Expedition zum Kaukasus besprochen und entschieden. Quellen darüber existieren offensichtlich nicht, da die Angelegenheit mit größter Geheimhaltung betrieben wurde. In der Korrespondenz finden sich später nur Andeutungen über ein geplantes Unternehmen im Kaukasus[143]. Eine Mission Bystrzonowskis nach Stambul, die ihre Fortsetzung in ei-

[140] B. Cz. Ew. 3220: Zamoyski an Czartoryski, London 18. 7. 1835 – über die erste Konferenz mit Urquhart; ebd.: Zamoyski an Czartoryski, London 21. 8. 1835.

[141] Konrad Wallenrod, Gestalt aus Mickiewicz' gleichnamiger Versdichtung, der aus Patriotismus in das Lager der Feinde geht, deren Vertrauen erwirbt und zu ihrem Führer aufsteigt, um sie zu verderben.

[142] B. Cz. Ew. 3220: Zamoyski an Czartoryski, London 1. 9. 1835.

[143] Z. B.: B. Cz. Ew. 1525a: Urquhart an Zamoyski, o. O. o. D. (Nov./Dez. 1835); B. Cz. 5468, S. 315f.: Czartoryski an Urquhart, o. O. o. D. (Florenz, Sommer 1836, Kopie). In zwei undatierten Briefen George Bells an Zamoyski (B. Cz. Ew. 1525) ist die Rede davon, daß ein energischer Mann für eine wichtige Aktion gesucht wird: ob es sich dabei um die Suche nach einem Kapitän der ›Vixen‹ handelt, ist möglich, kann aber nicht endgültig entschieden werden.

ner Reise zum Kaukasus finden sollte, kam nicht zustande[144]. Auch innerhalb des Hôtel Lambert wurde die Angelegenheit geheimgehalten; in einer Aufstellung aller laufenden Aktionen vom August 1836, von der Hand Sienkiewicz', findet sich keine Andeutung einer Beteiligung an der Vixen-Aktion[145]. Die Mitwisserschaft des Hôtel Lambert jedoch steht außer Frage, und die Mittäterschaft ist sehr wahrscheinlich. Czartoryski nannte später die Vixen-Affaire »une affaire si intimement liée à la cause de ma patrie«[146].

Während die ›Vixen‹ noch im Hafen von Stambul lag, hatte Czartoryski ein Gespräch mit James Hudson, einem Freund Urquharts, der – Angestellter des königlichen Sekretariats – von Urquhart 1835 in den Orient geschickt worden war und in Stambul mit tscherkessischen Abgesandten verhandelt hatte[147]. Er entwickelte in diesem Gespräch, möglicherweise auf gezielte Suggestionen Czartoryskis oder Urquharts hin, einen umfassenden Plan, wie man nach Rußland verschleppte Polen im Kaukasus sammeln und von dort aus den Kampf von neuem beginnen könne. Jetzt gehe es vor allem darum, einen Platz an der tscherkessischen Küste zu finden, wo man englische Waren, wohl vor allem Pulver und Waffen, den Tscherkessen übergeben könne. Mit den Worten:

> »Schon haben englische Schiffe, auf Initiative Urquharts hin, diese Operation begonnen; dieses Jahr erwarten wir das Ergebnis«,

wurde deutlich das geplante Vixen-Unternehmen angedeutet[148].

George Bell reiste im September 1836 nach Stambul[149]. In London hatte er bei Palmerston angefragt, und jetzt forderte er in Stambul von Ponsonby eine gültige Stellungnahme Großbritanniens zum russischen Herrschaftsanspruch an der tscherkessischen Schwarzmeerküste. Ab 1831 richtete die russische Marine eine sich ständig verschärfende Blockade der Küste ein, um vor allem den Waffenhandel zu unterbinden. Dies wurde der britischen Regierung offiziell mitgeteilt. Die Bestimmungen des rus-

144 B. Cz. Ew. 3220: Zamoyski an Czartoryski, London 28. 8. 1835; B. Cz. Ew. 2573, S. 861: Sienkiewicz an Błotnicki, Paris 4. 9. 1835; B. Cz. Ew. 1525a: Urquhart an Zamoyski, o. O. o. D. (29./30. 10. 1835) und 16. 12. 1835. Anstelle von Bystrzonowski reiste dann M. Brzozowski, der sich allerdings in Stambul mit Urquhart nicht verstand und keine weitere Rolle in der Vixen-Affaire spielte.

145 B. Cz. 5320, S. 341–343: Missie (Missionen) 5. 8. 1836 – offensichtlich anläßlich der Abreise Czartoryskis nach Florenz, wo seine Schwester Zofia Zamoyska im Sterben lag, niedergeschrieben.

146 B. Cz. 5451, S. 19: Czartoryski an G. Bell, Paris 2. 7. 1837 (Kopie).

147 L. Widerszal, Sprawy kaukaskie, S. 65f. Inwieweit Sir H. Taylor und der König selbst in die Affaire verwickelt waren, ist unbekannt. Einige Faktoren sprechen dafür, daß sie als Hintergrundfiguren oder eventuell sogar als Drahtzieher eine wichtige Rolle spielten. C. W. New, Lord Durham, S. 292, zitiert einen Brief von Edward Ellice an Lord Durham (1835–1837 Botschafter in Petersburg) vom 16. 5. 1836: »Everybody here is more than satisfied with all you [Durham] have done, except your great master [= William IV], who is quite mad on all that relates to Russia. If he had his own way he would go to war tomorrow, and he is encouraged in his absurdities by our friend at Constantinople, who carries on a correspondence with Taylor and through Hudson, the Queen's secretary, sent last year on a mission to the East«.

148 B. Cz. 5294, S. 185–190: Unterhaltung Czartoryskis mit J. Hudson, Juli 1836.

149 B. Cz. 5523, S. 367–369: K. L. Szyrma an Sienkiewicz, London 2. 9. 1836; B. Cz. Ew. 2573, S. 885f.: Sienkiewicz an Błotnicki, Paris 5. 9. 1836 – Czartoryski schickte ihm aus Florenz offensichtlich letzte Instruktionen über die britische Botschaft in Brüssel, wo Bell kurz Station machte.

sisch-türkischen Friedens von Adrianopel 1829, die die rechtliche Grundlage der russischen Herrschaftsansprüche über die Tscherkessen begründeten, wurden von Großbritannien nicht anerkannt. Während Palmerston eine präzise Antwort vermied[150], stellte Ponsonby die britische Haltung ziemlich eindeutig dar:

> »he denied, that Russia had any right to make any restrictions for British trade with that coast«[151].

Inwieweit die britische Regierung selbst für die Vixen-Affaire verantwortlich war, wie die Initiatoren Urquhart und Bell später behaupteten, läßt sich kaum entscheiden. Sicher ist, daß sowohl Palmerston als auch Ponsonby über die Absichten der Gebrüder Bell unterrichtet waren und von Juli bis November 1836 – so lange lag die ›Vixen‹ im Hafen von Stambul – Zeit gehabt hätten, die Expedition zu unterbinden[152].

Ende Oktober/Anfang November 1836[153] wurde das Schiff ›Vixen‹ mit Pulver und Salz beladen[154] und zu den Tscherkessen geschickt. Wie eigentlich zu erwarten war, wurde das Schiff von der russischen Marine aufgebracht. Das Echo in England war beträchtlich und wurde publizistisch von Urquharts Freunden geschürt. Man forderte die Entsendung britischer Flottenkontingente ins Schwarze Meer, um den britischen Handel zu schützen. Parlamentarische Interpellationen brachten zum Ausdruck, daß eine entschiedenere britische Orientpoltik gefordert wurde[155]. Erregtere Gemüter sprachen gar von Krieg, und Palmerston schrieb besorgt an seinen Botschafter in Petersburg, Lord Durham:

> »The question is a serious one and goes to nothing less than peace and war between the two countries«[156].

Aus dem erhofften kriegerischen Konflikt wurde nichts. Palmerston und Nesselrode

[150] L. Widerszal, Sprawy kaukaskie, S. 56f.

[151] B. Cz. 5451, S. 3–9: G. Bell an Czartoryski, London 19. 6. 1837; nach V. J. Puryear, International Economics and Diplomacy, S. 50, erklärte Ponsonby: »Great Britain ought to have the right to intercourse with the free people, free de facto and de jure, of Circassia.«

[152] B. Cz. 5451, S. 3–9: G. Bell an Czartoryski, London 19. 6. 1837; M. Kukiel, Czartoryski and European Unity, S. 237, hat wahrscheinlich recht, wenn er von Palmerstons und Ponsonbys Haltung meint: »The avoided commitment, but did not insist upon cancelling the expedition«. Vgl. auch H. C. F. Bell, Lord Palmerston, I, S. 282f.
G. H. Bolsover, Urquhart and the Eastern Question, S. 464–466, behauptet, Ponsonby habe nicht nur die Anfrage Bells so beantwortet, wie der offizielle Standpunkt der britischen Regierung in der Tat war, sondern die Bells ermuntert und das ganze Unternehmen mitorganisiert. C. Webster, Urquhart, Ponsonby and Palmerston, S. 342 und 346, bestreitet dies entschieden.

[153] T. Schiemann, Nikolaus I., III, S. 289–293, verlegt die ganze Vixen-Affaire irrtümlich auf den Winter 1835/36.

[154] Nach M. Kukiel, Czartoryski and European Unity, S. 237, bestand die Ladung offiziell aus Salz, in Wirklichkeit aus Munition und Waffen. L. Widerszal, Sprawy kaukaskie, S. 55, hält ebenfalls die russische Behauptung, es habe sich um Kriegsmaterial gehandelt, für exakter. C. Webster, Foreign Policy of Palmerston, II, S.573, vermerkt: »The British claimed that the cargo was salt and the Russians gunpowder. The matter was never made clear, since it made no difference to the argument«. Nicht die Tatsache des Waffenhandels war der springende Punkt, sondern des Handels überhaupt mit den Tscherkessen, die nach russischer Interpretation rebellierende Untertanen waren, während Palmerston »was anxious not to recognize Russia's claims on the whole of Circassia, where he hoped some independence might remain, nor in any way to allow her to claim special rights over the navigation of the Black Sea« (ebd., S. 572).

[155] Über das parlamentarische Nachspiel der Vixen-Affaire siehe L. Widerszal, Sprawy kaukaskie, S. 84–86.

[156] C. Webster, Foreign Policy of Palmerston, II, S. 572.

einigten sich über eine Entschädigung, und die Angelegenheit wurde beigelegt, ohne daß beide Seiten von ihren unterschiedlichen Rechtsstandpunkten abgingen[157]. In einem Brief an den mit diesem Ausgang der Affaire offensichtlich unzufriedenen König erklärte Palmerston, die tscherkessische Frage bleibe weiterhin offen, für eine kompromißlos offensive Orientpolitik sei Metternich zu unzuverlässig; wenn die britische Flotte im Schwarzen Meer erscheine, dann müsse das unweigerlich Krieg bedeuten, und dazu sei Großbritannien nicht gerüstet[158].

Neben den Anhängern Urquharts versuchten auch die britischen Freunde des Hôtel Lambert, die Vixen-Affaire zu nutzen – vor allem Dudley Stuart[159] und R. Sheil. Czartoryski und Zamoyski befanden sich während dieser Zeit am Sterbebett der Mutter Zamoyskis in Florenz[160] – Urquhart nahm ihnen später übel, daß Czartoryski in diesem wichtigen Moment nicht nach London und Zamoyski, wie offensichtlich vorher geplant, nach Stambul fuhren,

> »quelle position vous – la Pologne aurait pu prendre! les circonstances paraissaient fait exprès! quel moment de perdre des deux côtés! C'est triste, c'est je crains irréparable«[161].

Für Czartoryski und Zamoyski war die Vixen-Affaire ein Parallelfall zur immer noch nicht endgültig entschiedenen Frage des Konsulats in Krakau: ein Versuchsballon der britischen Regierung, ein Experiment mit Billigung der Regierung, aus dem sie sich – leider – wieder zurückziehen konnte. Zamoyski schrieb in diesem Sinn an Fox Strangways:

> ». . . nous ne sommes guère moins inquiets de savoir juqu'à quel point Vous êtes content de votre secrétaire là-bas [= Urquhart in Stambul]; et s'il réussit à réaliser une partie au moins, ce serait déjà beaucoup des espérances qu'il proclamait. Vous devinez avec quel intérêt nous attendons de connaître la détermination prise à l'égard du Vixen, et la communication qui en sera faite à la chambre. Cette saisie n'a-t-elle pas en effet été provoquée à dessein – Elle me semble avoir placé le Gouvernement dans une position qui ressemble, quoique imparfaitement, à celle qui est résultée de l'information donnée à la Chambre en Avril dernier sur la résolution relative à [un] certain Consulat. Hélas! l'effet de cette résolution (proclamée aussi à dessein il semblait) quand arrivera-t-il«[162]?

An Parlamentsabgeordnete, von denen er sich angesichts der schwankenden Haltung

157 Siehe hierüber die in Anm. 136 zitierte Literatur, vor allem C. Webster und L. Widerszal. Es ist bezeichnend, daß für den Hagiographen Lord Durhams, dessen Vermittlungsrolle dabei vom Autor weit überschätzt wird, die ganze Vixen-Affaire sich auf einen Streit um Zollbestimmungen beschränkte – siehe S. J. Reid, Durham, II, S. 66–68. Nach C. W. New, Lord Durham, S. 295, war Durhams Rolle bei der Beilegung der Vixen-Affaire recht klein.

158 Palmerston an König Wilhelm IV., Stanhope St. 2. 6. 1837, in: C. Webster, Foreign Policy of Palmerston, II, S. 813–815.

159 Siehe Jen. Zam., III, S. 421–424; vgl. auch die Briefe des Sekretärs Dudley Stuarts, Stanisław E. Koźmian, an seinen Bruder Jan vom 24. 2., 4. 4. und 9. 6. 1837, in: S. E. Koźmian, Z listów emigracyjnych, S. 201, 203f., 207.

160 Während die ›Vixen‹ zur Kaukasusküste segelte, schickte Czartoryski ein Memorandum zur Kaukasusfrage nach London (ohne allerdings darin das Vixen-Unternehmen zu erwähnen): B. Cz. Ew. 745, S. 101–126: Mémoire communiqué au Gouvernement Britanique sur la prise de Soudjouk-Kale; dasselbe Memorandum auch in: B. Cz. Ew. Memoriały i Noty 1831–1840 – hier datiert mit »Florence, le 19 novembre 1836«.

161 B. Cz. 5468, S. 333–335: Urquhart an Czartoryski, Stambul 15. 3. 1837.

162 B.Cz. Ew. 1526: Zamoyski an Fox Strangways, Florenz 20. 2. 1837 (Kopie).

der Regierung (in seiner Interpretation) Unterstützung erhoffte, schrieb er im Grunde noch deutlicher:

> »I am looking with some anxiety to the determination of the Government with regard to the ›Vixen‹; as far as this was an experiment done under the approbation if not instigation of [the] Gover[nmen]t it may be considered as alike to the case of the anounced and not appointed Consulate. There have been precedents which could make one fear lest one offense should be accepted as washing off the other, according to the christian rule of the slap on the face. Will not Stratford too find it right to follow up the matter which he so perfectly introduced before the House last year. I hope he will«[163].

Ein großer Teil der Literatur ist heute der Meinung, daß die Vixen-Affäre eine reine Provokation Urquharts und seiner Freunde war. Die provokative Intention, durch einen aufsehenerregenden ›fait accompli‹ eine ernsthafte britisch-russische Konfrontation herbeizuführen, ist unverkennbar, war aber für die Initiatoren nicht allein maßgebend. Eine tatsächliche und wirksame Unterstützung der Tscherkessen war durchaus beabsichtigt; die Sympathien für die ihre Freiheit verteidigenden Kaukasier waren echt. James Stanislas Bell weilte 1837/38 längere Zeit bei den Tscherkessen[164]. Während man im Hôtel Lambert zeitweilig etwas skeptisch über den Nutzen kaukasischer Unternehmungen wurde[165], schlug G. Bell bald weitere Aktionen vor, durch die die Tscherkessen mit Pulver und Waffen versorgt werden sollten[166]. Dies wurde zunächst nicht weiterverfolgt, wohl vor allem, weil es die Möglichkeiten des Hôtel Lambert überstieg, das Handelshaus Bell bankrottierte und auch die finanziellen Mittel Urquharts erschöpft waren.

Zwei Momente charakterisieren die Vixen-Affäre und auch die im folgenden Abschnitt beschriebene Skrzynecki-Affaire, und damit sowohl die Kaukasus- als auch die Belgienpolitik des Hôtel Lambert: einerseits bestand ein originäres Interesse in diesen Regionen, im Kaukasus durch die Anwesenheit vieler Polen in der russischen Armee, in Belgien durch die wenigen polnischen Offiziere, aber mit der Aussicht auf die Bildung einer Legion. In beiden Fällen sah man andererseits die Chance, durch einen ›fait accompli‹ nicht nur bedeutendes politisches Terrain zu gewinnen, sondern auch unmittelbar dadurch den erstrebten großen Konflikt herbeizuführen oder zu-

[163] Ebd.: Zamoyski an Patrick M. Stewart, Florenz 19. 2. 1837 (Kopie).

[164] B.Cz. 5437, S. 17–28: Berichte James S. Bells aus dem Kaukasus 1837, in der Abschrift seines Bruders George; ebd., S. 37–46: J. S. Bell an K. L. Szyrma, Stambul 16. 3. 1837. Über seine und anderer Engländer Tätigkeit im Kauskasus siehe L. Widerszal, Sprawy kaukaskie, S. 72–83.

[165] Chrzanowski z. B. (vgl. S. 211 f.) äußerte sich aus Stambul sehr skeptisch über die Möglichkeit, polnische Formationen im Kaukasus aufzustellen – dies sei erst dann nützlich, wenn ein offener Krieg zwischen England und Rußland ausbreche; im übrigen sei vieles bei der kaukasischen Angelegenheit reine »Mystifikation« – B. Cz. 5485, S. 55–57: Chrzanowski an Czartoryski, Pera 21. 11. 1836.
Als sich General Józef Bem im Frühjahr 1836 an Czartoryski wandte mit dem Plan, zu den Tscherkessen zu gehen, riet Czartoryski entschieden ab (BPP 436/1/12, S. 25: Bem an Czartoryski, Paris 7. 3. 1836; BPP 54/22/25, S. 7–13: Czartoryski an Bem, London 18. 3. 1836).

[166] B. Cz. 5437, S. 29–36: Private and confidential: Outline of the arrangements requisite for the conveyance of a cargo of munitions of war to the coast of Circassia. Handschrift George Bells, o. D., wahrscheinlich 1837; L. Widerszal, Sprawy kaukaskie, S. 87, datiert es auf 1839/40.

mindest dazu beizutragen. In beiden Fällen scheiterten die Bemühungen an den Möglichkeiten der internationalen Diplomatie, solche von den Zeitgenossen keineswegs als Bagatellen erachteten Vorfälle beizulegen.

H.

Der zweite ›fait accompli‹, die sog. Skrzynecki-Affaire in Belgien, gehört zur Vorgeschichte des 2. Londoner Protokolls vom 19. April 1839. Obwohl 1832 das Projekt einer polnischen Legion in belgischen Diensten nicht zustande gekommen war[167], waren die Kontakte des Hôtel Lambert zu Leopold I. nicht abgerissen. Vor allem Montalembert und Félix de Mérode sowie Oberst Prot Prószyński, der das Vertrauen des Königs besaß, fungierten als Mittelsmänner. Schon 1832 hatte Leopold I. den ehemaligen Oberbefehlshaber der polnischen Aufstandsarmee, General Jan Skrzynecki, der in Österreich interniert war, in seiner noch unerfahrenen und mangelhaft ausgebildeten Armee haben wollen und ihm sogar den Oberbefehl anbieten lassen[168]. Über Montalembert, mit dem Skrzynecki in ständiger Verbindung stand[169], ließ der polnische General im Frühjahr 1838 nach Brüssel und an das Hôtel Lambert seinen Wunsch übermitteln, Prag zu verlassen und belgische Dienste anzunehmen[170].

Inzwischen schien es, als ob die ›Zeitbombe‹ Belgien doch noch zur Expolsion käme. Im März 1838 erklärte sich der holländische König plötzlich bereit, den 24-Punkte-Vertrag anzunehmen. Während nun die Londoner Konferenz – quasi als ›Entschärfungskommando‹ der ›Bombe‹ – die Arbeit wieder aufnahm, war Belgien seinerseits nicht mehr dazu bereit, die Vertragsbestimmungen Wirklichkeit werden zu lassen, denn das bedeutete eine Abtretung der Provinzen Limburg und Luxemburg, die seit 1831 faktisch – wenn auch unter gewissen Einschränkungen – zu Belgien gehörten. Die öffentliche Meinung in Belgien empörte sich, es liefen zahlreiche Proteste aus den abzutretenden Bezirken ein und das ganze Land schien bereit, für deren Beibehaltung in den Krieg zu gehen.

167 Siehe Kap. IV/5, S. 221 f.

168 B PAN Kr, 2408/1, S. 129: Kniaziewicz und L. Plater an Skrzynecki, Paris 6. 6. 1832; ebd., S. 160ff.: Kruszewski an Skrzynecki, 10., 11. und 12. 5. 1832: »par ordre de notre Ministre de la Guerre [= Mérode] et de notre Ministre de Justice [= Gendebien] j'ouvre encore cette lettre pour vous expliquer plus clairement, mon Général, l'intention du Roi: Sa Majesté désire, si vous acceptez sa proposition, que vous vous mettiez sur le champ en poste pour venir au plus vite à Bruxelles – la guerre paraît s'approcher, le commandement de l'armée vous attend«.
Siehe auch J. R. Leconte, La formation historique de l'armée belge, S. 191 und 195.

169 Das Verbindende zwischen diesen beiden recht unterschiedlichen Männern war vor allem das religiöse Moment. Auf den Einfluß Skrzyneckis hin soll Montalembert sowohl sich mit der Kirche versöhnt (er unterstützte zeitweise Lamennais) als auch sich der Politik zugewandt haben. Zum religiösen Einfluß Skzyneckis auf Montalembert siehe: Montalembert et son confesseur laïque, und T. Meeus, Le général Jean Skrzynecki.

170 B. Cz. 5461, S. 283: Montalembert an Czartoryski, o. O. 31. 3. 1838; B. Cz. 5514, S. 345–349: Skrzynecki an Montalembert, Prag 24. 7. 1838 (Kopie): ». . . je me voue par là à la défense d'une cause juste et d'une nationalité catholique«; Czartoryski riet dem General erst ab, widerrief aber dann seine Ansicht, als die ersten Kontakte Montalemberts in Brüssel erfolgversprechend waren – B. Cz. 5514, S. 307 und 309: Czartoryski an Skrzynecki, o. O. 14. 4. und 8. 7. 1838 (Kopien).

Czartoryski blieb dem Kriegsgeschrei gegenüber mißtrauisch. Nichtsdestoweniger ließ er dem belgischen König über Montalembert ein konkretes Bündnisangebot übermitteln:

»Je désirerais aussi beaucoup que les Belges sachent qu'en cas de besoin, ils peuvent compter sur les Polonais; notre cause est la même, et nous serons toujours prêts à leur offrir des officiers expérimentés et même des soldats«[171].

Czartoryski schickte seinen Agenten Ludwik Bystrzonowski zu einer Rekognoszierungsreise in die zur Disposition stehenden Gebiete[172]. Bystrzonowski überschritt bei weitem seine Kompetenzen, verhandelte mit Montalembert und Mérode und wollte in Brüssel als offizieller Agent Czartoryskis auftreten. Von Czartoryski scharf zurechtgewiesen, reiste er weiter nach Arlon, unternahm von dort aus Erkundungsreisen nach Aachen, Luxemburg und Trier und arbeitete in Arlon eng mit einem patriotischen Komitee zusammen, dem er weitgehende Versprechungen machte[173]. Czartoryski rief seinen allzu energischen Agenten ab und konstatierte, trotz des Kriegseifers Montalemberts und Bystrzonowskis:

»1. daß die Bevölkerung nicht von selbst übermäßig zur Verteidigung begeistert ist,
2. daß die Regierungsmitglieder auch nicht sehr energisch sind,
3. daß also die Hoffnung auf Widerstand hauptsächlich, und vielleicht allein, auf dem König selbst beruht«[174].

Die Skepsis Czartoryskis beruhte vor allem auf seinem Wissen darum, daß die beiden Westmächte gegen den Krieg und für den Londoner Vertrag waren. Die Berichte Zamoyskis aus London, wo dieser die diplomatischen Verhandlungen aufmerksam verfolgte, bestärkten ihn in dieser Haltung[175].

Im September 1838 erklärte der belgische General Goblet, der seinen Souverän nach England begleitete, Zamoyski bei einer Begegnung in Windsor:

»La Belgique est l'enfant de la Paix. Elle est née de la crainte universelle de compromettre la Paix. Elle est donc forte de cette crainte qu'elle peut réveiller à volonté. Mais en même temps elle est intempé (!) *elle même* à la Paix. Non seulement l'esprit industriel et les grands intérêts pécuniers engagés font de *chaque* Belge un ennemi de la Guerre, mais l'existence politique de la Belgique elle même a un be-

[171] BPP 54/22/37, S. 737: Czartoryski an Montalembert, Paris 14. 7. 1838, veröffentlicht in: M. Handelsman, Les idées françaises, S. 192. Montalembert hatte gerade einige Tage vorher (am 6. 7.) in einer Rede vor der Pairs-Kammer in Paris den belgischen Standpunkt vertreten.

[172] Ebd.; B. Cz. Ew. 1508: Czartoryski an Zamoyski, Paris 14. 7. 1838.

[173] Über die Mission Bystrzonowskis – B. Cz. Ew. 1521: Bystrzonowski an Woronicz, 30. 6. 1838; B. Cz. 5484, S. 37–40, 41–48: Bystrzonowski an Czartoryski, Maubeuge 24. 7. 1838 und Paris 3. 9. 1838; ebd., S. 239–241: Czartoryski an Bystrzonowski, Paris 26. 7. 1838; B. Cz. 5652, S. 581–591: Bystrzonowski an Czartoryski, Arlon, 12. 8. 1838; B. Cz. Ew. 1525: Bystrzonowski an Zamoyski, Paris 7. und 14. 9. 1938; B. Cz. Ew. 1523/IV/M: Montalembert an Bystrzonowski, Bruxelles 22. 8. (davon Kopie in B. Cz. 5484, S. 205–208) und Trélon 15. 9. 1838.

[174] B. Cz. 5484, S. 239–241: Czartoryski an Bystrzonowski, Paris 26. 7. 1838; M. Handelsman, Adam Czartoryski, II, S. 80.

[175] B. Cz. Ew. 3220: Zamoyski an Czartoryski, London 3. 8., 21. 8., 28. 8., 11. 9., 30. 10., 13. 11. und 20. 11. 1838.

soin absolu de paix. La guerre amenera inévitablement chez elle ses puissans voisins et peut en un seul jour faire disparaître son indépendance«[176],

– eine Auffassung, die sich zwar nicht ganz mit der augenblicklichen Politik des Königs deckte, jedoch die Haltung eines ausschlaggebenden Teils der belgischen Gesellschaft wiedergab und zudem die internationale Lage Belgiens ziemlich präzis sah. Leopold I. war im Grunde von Anfang an isoliert; er befand sich in einer Sackgasse – zwischen der schwankenden, durch eine Wirtschaftskrise obendrein unberechenbar gewordenen öffentlichen Meinung im eigenen Land und der immer festeren Haltung der Großmächte[177]. Kurz vor dem endgültigen Beschluß der Londoner Konferenz gab er dem Drängen Montalemberts und Mérodes nach und ließ Skrzynecki rufen[178]. Montalembert, der schon an dem mangelnden Widerstandswillen Belgiens verzweifelte, schöpfte neue Hoffnung auf einen Krieg:

»Si nous obtenons le Général Skrzynecki en Belgique, il est plus que probable que la guerre éclatera, et si la guerre éclate, il est plus que certain que tout le reste viendra de lui-même. Nous tenons entre nos mains les fils d'un événement Européen«[179].

Nach Zamoyskis Ansicht war

»diese Flucht [Skrzyneckis] ein politischer Schritt, wenn im Einverständnis mit dem belgischen König – abenteuerlich, wenn ohne das«[180].

Bystrzonowski reiste von neuem nach Brüssel, von dort über London nach Prag, und es gelang ihm, den von der österreichischen Polizei streng überwachten General durch alle Grenzen über Hamburg nach London zu bringen, wo sich Zamoyski ihnen zur Weiterreise nach Brüssel anschloß[181].

Die Folge war ein diplomatischer Eklat. Österreich und Preußen riefen ihre Diplomaten aus Brüssel ab. Der preußische Außenminister Werther sprach von einer

[176] B. Cz. Ew. 3220: Zamoyski an Czartoryski, London 11. 9. 1838.

[177] In einem Memorandum Czartoryskis, dessen Bestimmung unklar ist (möglicherweise für Montalembert oder Mérode geschrieben), wird die schwierige, aber aussichtsreiche Lage Leopolds analysiert, auf die preußischen inneren Schwierigkeiten (katholische Rheinlande, Posen) Gewicht gelegt und das Interesse der Westmächte an der Existenz Belgiens betont. Leopold dürfe deshalb ruhig fest bleiben – B. Cz. 5284, S. 57–69: Note sur les affaires de Belgique, hier fälschlich auf 1840 datiert, entstanden wahrscheinlich im Sommer oder Herbst 1838.

[178] B. Cz. 5484, S. 203f.: Montalembert an Bystrzonowski, Trélon 22. 11. 1838.

[179] Ebd.

[180] B. Cz. Ew. 3220: Zamoyski an Czartoryski, Holkham 3. 12. 1838. Zamoyski schärfte Bystrzonowski ein, daß die Verantwortung für diese Aktion der belgischen Regierung überlassen werden müsse und daher betont polnische Akzente fehl am Platze seien (ebd.: Zamoyski an Czartoryski, London 11. 12. 1838).

[181] Über diese Aktion: B. Cz. 5484, S. 49–63: Bystrzonowski an Czartoryski, Brüssel 29. 11. (2mal) und 1. 12. 1838 und London 11. 12. 1838; B. Cz. 5461, S. 295–297: Montalembert an Czartoryski, Paris 25. 1. 1839; B. Cz. Ew. 3220: Zamoyski an Czartoryski, London 11. und 14. 12. 1838; B PAN Kr 2409, S. 36f.: Notizen Skrzyneckis; siehe auch: T. Meeus, Le général Skrzynecki, S. 69–71.

Allianz des Jesuitismus mit dem Jakobinismus[182]. In Belgien selbst, wo ein Teil der Regierung, vor allem der Außenminister Theux, nicht von der ›Aktion Skrzynecki‹ unterrichtet worden war[183], war man ratlos. Skrzynecki wurde als »Général en disponibilité« eingestellt. Zamoyski hoffte während des Januars 1839 noch immer, die belgische Kammer werde den Vertrag ablehnen – von seinen Gesprächen in London her glaubte er mit Bestimmtheit zu wissen, daß sich die Mächte über etwaige Zwangsmaßnahmen gegen Belgien nicht einig waren[184].

Czartoryski blieb, wie während der ganzen Angelegenheit, skeptisch; einen Tag vor der Annahme des Vertrags durch die belgische Kammer (16. Febr. 1839) schrieb er nach Paris:

»... Si les chambres reculent et ne rejettent pas les 24 articles, le Roi que je crois a plus de courage que ses sujets ne peut pourtant pas combattre et leur poltronnerie et toute la conférence«[185].

Andererseits fand die risikoreiche, aber doch sehr geschickte Politik Leopolds wenn nicht seine Zustimmung, so doch seine Anerkennung:

»Das bestätigt meine Ansicht, daß, wie Senfft behauptet, Leopold nach beiden Seiten jongliert; gleichwohl rückt er immer weiter vor. ..«[186]
»Sicherlich gibt der König Beweise einer großen Gewandtheit und Geschicklichkeit in dieser ganzen Angelegenheit; er schwimmt zwischen zwei Strömen, einmal taucht er unter, ein anderes Mal steckt er den Kopf heraus; und niemand, noch nicht einmal die, welche ihn ständig beobachten, können ihn durchschauen und erraten, wohin er sich am Ende wendet. Man muß gerecht sein, man kann ihm das nicht übelnehmen, denn er muß gerade so handeln, und man muß ihn bewundern, daß beide Seiten, auch wenn sie Verdacht schöpfen, ihm dennoch bis zu einem gewissen Punkt auch glauben«[187].

Mit der Annahme des Vertrags war die Chance zum Krieg vorbei; jetzt verlagerte sich das Problem auf die bloße Verteidigung der Stellung und Person Skrzyneckis, dessen Entfernung die beiden deutschen Höfe weiterhin forderten. Während Zamoyski sich

182 F. de Lannoy, L'affaire Skrzynecki, S. 332, nach AMAE Corr. Pol. Légation de Prusse 291, Bl. 40.

183 J. R. Leconte, La formation historique de l'armée belge, S. 207.

184 W. Zamoyski an seinen Bruder Zdzisław, Brüssel 30. 1. 1839, in: Jen. Zam., IV, S. 53–55; B. Cz. Ew. 3220: Zamoyski an Czartoryski, London 21. 8., 30. 10. und 17. 12. 1838 – aus dem letzten Brief: »La solution de la question belge n'est pas prochaine encore ... Toutes les puissances semblent ou feignent de tomber d'accord sur le principe. Mais toutes sentent que son exécution – c. a. d. l'emploi du contingens de la Confédération Germanique rencontrera encore de sérieuses difficultés et causera du délais«.

185 BPP 54/22/35, S. 753: Czartoryski an L. Plater, London 15. 2. 1839.

186 B. Cz. Ew. 1508: Czartoryski an Zamoyski, London 8. 2. 1839; mit »jongliert« wurde hier das Wort »filutuje« übersetzt; in diesem kaum adäquat übersetzbaren, vom französischen ›filou‹ abgeleiteten Wort schwingt ein deutlich anerkennender Ton mit – es entspricht wohl in etwa dem bayrischen ›schlitzohrig‹.
Senfft war zusammen mit Wessenberg österreichischer Unterhändler in London; Czartoryski pflegte offenbar sehr freundschaftliche Kontakte mit ihm.
Zamoyski bestätigte aus Brüssel die Meinung seines Onkels fast mit den gleichen Worten – B. Cz. 1582, S. 27–34: Zamoyski an Czartoryski, Brüssel 12. 2. 1839, auch in Jen. Zam., IV, S. 62f.

187 B. Cz. Ew. 1508: Czartoryski an Zamoyski, (London) 11. 2. 1839.

bemühte, der zum Nachgeben bereiten belgischen Regierung den Nacken zu stärken, intervenierte Czartoryski, in Zusammenarbeit mit dem belgischen Chefdiplomaten Van der Weyer, in London: in zahlreichen Gesprächen[188] betonte er, daß erstens die ehrenrührigen Vorwürfe Österreichs gegen Skrzynecki gegenstandslos seien[189], und daß zweitens das österreichische Verlangen an Belgien einen schwerwiegenden Angriff auf dessen Unabhängigkeit und Neutralität darstelle[190]. Auf Anraten Czartoryskis und Zamoyskis hin machte Van der Weyer, nach der grundsätzlichen Zustimmung der belgischen Kammern zum Vertrag, seine Unterschrift von der Wiederaufnahme der diplomatischen Beziehungen abhängig. Es gelang, die volle Unterstützung Palmerstons[191] und die Billigung Frankreichs zu gewinnen. Als Wien nach der Unterzeichnung am 19. April 1839 weiterhin Schwierigkeiten machte, drohte man mit dem Ausbleiben der Ratifizierung. Erst als sich Palmerston energisch für Belgien einsetzte, gab Metternich nach. Er erhielt die inoffizielle Zusicherung, daß Skrzynecki nie ein effektives Kommando übernehmen werde, und Skrzynecki blieb belgischer »Général en disponibilité«.

Bezeichnend ist, daß während dieser Affaire das Hôtel Lambert ständig um seine Reputation besorgt war. Während man in Privatbriefen bedauerte, daß der Krieg nicht ausgebrochen sei, war man im Auftreten nach außen darauf bedacht, nur ja nicht als Unruhestifter zu gelten. In London stellte Czartoryski die Angelegenheit folgendermaßen dar:

> »Ich denke, die Frage der Ankunft des Generals muß so weit wie möglich vereinfacht und simplifiziert werden, indem man überhaupt nicht auf das eingeht, was die Zukunft entwickeln kann, sondern es als Unterbringung in der Armee behandelt, was für den General wünschenswert war, um die Freiheit wiederzugewinnen

188 B. Cz. 5294, S. 141ff. und 93ff.: Unterhaltungen Czartoryskis mit Palmerston am 13. 2. und 16. 3. 1839; B. Cz. 5507, S. 135–142: Czartoryski an Palmerston, London 8. 3. 1839 (Kopie und Entwurf); ebd., S. 33f.: Palmerston an Czartoryski, London 12. 3. 1839; B. Cz. Ew. 1508: Czartoryski an Zamoyski, London 1. 2. 1839 (über Gespräche mit Sébastiani und Senfft), 5. 2. 1839 (Gespräche mit Senfft und Fox Strangways), 8. 2. 1839 (Gespräche mit Stratford Canning und Senfft, Auszug in: Jen. Zam., IV, S. 61), 12. 2. 1839 (Gespräche mit Sébastiani, Fox Strangways und Palmerston, Auszug in: Jen. Zam., IV, S. 61f.), 15. 2. 1839 (Gespräch mit Senfft), 19. 2. 1839 (Gespräch Dudley Stuart – Fox Strangways), 12. 3. 1839 (Gespräch mit Van der Weyer, Auszug in: Jen. Zam., IV, S. 68), 19. 3. 1839 (Gespräche mit Palmerston und Senfft, Auszug in: Jen. Zam., IV, S. 68f.).

189 Wien behauptete, Skrzynecki sei auf Ehrenwort, daß er nicht abreisen werde, interniert gewesen; Skrzynecki widersprach dem entschieden – B. Cz. 5514, S. 367–369: Skrzynecki an Außenmin. Theux, Brüssel 3. 2. 1839 (Kopie). Die Frage wurde sowohl Gegenstand des diplomatischen Streits als auch der Publizistik.

190 Vgl. neben den in Anm. 188 genannten Quellen: B. Cz. 5325, S. 1–10: Zamoyski, Notes pour une lettre à adresser à Lord Melbourne et au Comte Molé 21. 2. 1839 (Entwurf); ebd., S. 11–20: Zamoyski – Material zum Gespräch mit Van der Weyer, o. D. (Entwurf – Bestimmung unklar, da in Form eines Artikels für eine belgische Zeitung); B. Cz. 5514, S. 379–382: De la rupture diplomatique occasionée par l'admission dans l'armée belge du Général Skrzynecki (Entwurf – wahrscheinlich von Zamoyski); B. Cz. 5283, S. 287–290: Quelques mots sur le Gal Skrzynecki, 1839; B. Cz. Ew. 1582, S. 59–121: Korrespondenz Zamoyskis (Brüssel) an Czartoryski (London) Febr. und März 1839, besonders S. 75–78: Brief vom 21. 2. 1839, und S. 79–94: Brief vom 5. 3. 1839 – davon Auszug in: Jen. Zam., IV, S. 65–67.

191 Siehe eine Note Palmerstons an Van der Weyer vom 15. 4. 1839, in: T. Schiemann, Nikolaus I., III, S. 488f.

> und sich eine angemessene und echte Existenz zu sichern. Ich werde es in dieser Farbe halten, und daran kann niemand etwas aussetzen. . . mir scheint, man darf nicht in die große Trompete blasen, bevor es nicht zur Rauferei kommt. Wir dürfen nicht gekennzeichnet sein als Anstifter von Sturm und Unruhe, wenn das Ergebnis bisher ganz ungewiß ist; sie werden von selbst kommen, wenn sie kommen sollen, und dann ändert sich auch die Farbe«[192]!

Auch Zamoyski war der Ansicht:

> »Für uns geziemt es sich nicht, die Kalten anzufeuern und als Aufhetzer eines europäischen Krieges aufzutreten«[193],

und mahnte deshalb zur Vorsicht vor jeglicher allzu offenherzigen Meinungsäußerung. Dem übereifrigen Bystrzonowski gegenüber meinte er deutlich:

> »Das gegen uns zum Ausdruck gebrachte Mißtrauen wundert mich nicht, wegen des offensichtlichen Interesses, das wir an einer Störung des Friedens Europas haben können. Das müssen wir auch ständig beachten, wenn wir von uns reden – und von der inneren Ordnung bei uns, der Disziplin und der Aktivität«[194].

Die Halsstarrigkeit, mit der Metternich auf seiner Forderung nach Entfernung des polnischen Generals beharrte, zeigt deutlich die Animosität, mit der die drei Ostmächte auf jede sichtbare polnische Präsenz auf internationalem Parkett reagierten. Sie wird besonders in den folgenden Worten Metternichs zu dem belgischen Unterhändler Baron O'Sullivan deutlich:

> »Ne croyez pas, que si nous persistons sur ce point« (die Forderung, daß Skrzynecki hinfort keine belgische Uniform tragen solle), »ce soit par animosité contre la Belgique ou même contre un individu. C'est un intérêt de conservation qui nous fait agir. Les Polonais attachent une haute signification, à tort ou à raison, à la personne de Skrzynecki et les trois Cours ne peuvent pas consentir à ce que le gouvernement occulte polonais ait pu faire malgré elles un général qu'elles ne puissent pas défaire; céder sur ce point ce serait s'avouer vaincu«[195].

Mit dem »gouvernement occulte polonais« war eindeutig das Hôtel Lambert gemeint. Zwar war der erhoffte Krieg nicht ausgebrochen und der General Skrzynecki faktisch sehr bald neutralisiert; die Ostmächte waren jedoch, durch einen ›fait accompli‹ und den Einsatz aller vorhandenen Einflußmöglichkeiten, zum Nachgeben gezwungen worden, und insofern kann man von einem diplomatischen Sieg der jetzt sogar von seinen Gegnern als solche bezeichneten und anerkannten polnischen Außenpolitik sprechen[196].

[192] B. Cz. Ew. 1508: Czartoryski an Zamoyski, London 1. 2. 1839.

[193] B. Cz. Ew. 1582, S. 27–34: Zamoyski an Czartoryski, Brüssel 12. 2. 1839 – Auszug in: Jen. Zam., IV, S. 62f.; ähnlich in seinem Brief vom 19. 2. 1839 (B. Cz. Ew. 1582, S. 43–58).

[194] BPP 545/256, S. 2379: Zamoyski an Bystrzonowski, o. O. 19. 5. 1839.

[195] F. de Lannoy, L'affaire Skrzynecki, S. 335, nach Archives du Ministère des Affaires Etrangères de Bruxelles, Légation d'Autriche, VI.

[196] Zur Skrzynecki-Affaire und der Vorgeschichte des 2. Londoner Protokolls siehe außer den schon zitierten Arbeiten noch: J. R. Leconte, La formation historique de l'armée belge, S. 203–210; A. de Ridder, Histoire diplomatique du Traité de 1839; T. Juste, Léopold I., II, S. 80–87, 308–322; C. Webster, Foreign Policy of Palmerston, I, S. 514–521 (ohne Erwähnung Skrzyneckis); T. Schiemann, Nikolaus I., III, S. 370f., 484–489, 506; B. Konarska, W kręgu Hotelu Lambert, S. 66 f.; M. Handelsman, Nicolas Ier et Czartoryski, S. 244–246; Ders., Czartoryski, Nicolas Ier et la Question, S. 131–133.

I.

Das Bestreben des Hôtel Lambert war es von Anfang an, außer in England und in Frankreich, wo seine Position relativ sicher, wenn auch in den Einflußmöglichkeiten schwankend war, auch in anderen Staaten Fuß zu fassen. Natürlicherweise mußten das Staaten sein, die nicht dem Einflußbereich der Teilungsmächte unterlagen. Das Hauptanliegen bei allen Kontaktaufnahmen war in den 1830er Jahren immer die Bildung einer Legion. Die in diesem Zusammenhang stehenden Bemühungen sollen weiter unten behandelt werden[197].

Die erste Hälfte der dreißiger Jahre stand für Czartoryski unter dem Zeichen einer erfolgreichen russischen Expansion: die Niederwerfung des polnischen Aufstands, der Vertrag von Unkiar-Iskelessi, das russische Vorgehen im Kaukasus, in Turkestan, Persien, Afghanistan und Chiva, die Unterstützung der konservativen Parteien in den Bürgerkriegen der Iberischen Halbinsel, schließlich die Konferenz von Münchengrätz waren deren sichtbare Zeichen. So wurde die Quadrupelallianz vom April 1834 (Großbritannien, Frankreich, Spanien, Portugal) erfreut als erstes Zeichen einer westlichen Gegenbewegung begrüßt[198].

Nach Czartoryskis Ansicht, und er stand damit sicherlich nicht allein, war nach Polen das Osmanische Reich das nächste Opfer der russischen Aggression. Der britisch-russische Gegensatz, den er als eine Konstante der internationalen Beziehungen und damit auch seiner eigenen Kalkulationen betrachtete – ein gelegentliches Abweichen davon durch das britische Kabinett legte er meist als Schwäche aus –, werde sich, so meinte er, am ehesten am Bosporus auswirken[199]; das Osmanische Reich mit seinen zahlreichen inneren und äußeren Schwierigkeiten war eines der Schlüsselprobleme der internationalen Politik.

Während Czartoryski in der 2. Hälfte des Jahres 1832 in Paris weilte, glaubte in London J.U. Niemcewicz, der zwar sehr eifrig, aber nicht unbedingt mit großen Kenntnissen über die internationalen Verhältnisse belastet war, Polen könne aus dem für nahe bevorstehend vorausgesagten Zusammenbruch des Osmanischen Reiches gewinnen[200]. Er meinte, man könne den Westmächten suggerieren, daß Rußland und Österreich zu einer Wiederherstellung Polens zu bewegen seien, wenn sie dafür mit türkischen Gebieten entschädigt würden[201]. Als er jedoch seine diesbezüglichen Vor-

[197] Siehe Kap. IV/5.

[198] Im Czartoryski nahestehenden »British and Foreign Review« wurde dementsprechend die antirussische Zielrichtung der Quadrupelallianz hervorgehoben – »The Quadrupel Treaty«, in: British and Foreign Review, I/1, Juli–Sept. 1835, S. 217–237.

[199] B. Cz. 5282, S. 207–216: Powód i cel Missii Wschodnich (Grund und Ziel von Missionen in den Orient), Aug. 1836. Im »British and Foreign Review« schrieb Krystyn Lach Szyrma über den russisch-britischen Gegensatz: »The question, therefore, which might have been disposed of before the walls of Warsaw, remains to be decided, under circumstances much less favourable, on the shores of the Bosporus« (State and Prospects of Poland, in: British and Foreign Review, I/1, Juli–Sept. 1835, S. 34–59, hier S. 48 – die Autorenschaft Szyrmas: W. Chojnacki/J. Dąbrowski, K. L. Szyrma, S. 209).

[200] Niemcewicz an Czartoryski, Highdear 11. 8. 1832, in: A. J. Czartoryski, Żywot Niemcewicza, S. 383–385 (franz. Auszug in: A. G. Benis, Une mission polonaise, I, S. 2f.).

[201] Niemcewicz an Czartoryski, London 10. 10. 1832, in: A. J. Czartoryski, Żywot Niemcewicza, S. 388f., franz. Auszug in: A. G. Benis, Une mission polonaise, I, S. 6f.; auch: Niemcewicz an Czartoryski, London 15. 10. und 25. 10. 1832, in: A. J. Czartoryski, Żywot Niemcewicza, S. 389–392.

stellungen Talleyrand und dem britischen Unterstaatssekretär Seymour unterbreitete, stieß er auf Ablehnung – Talleyrand qualifizierte sie als »des rêves«[202].

Im Hintergrund dieses Gedankens stand die Hoffnung, aus dem türkisch-ägyptischen Konflikt würde sich durch die Intervention der europäischen Großmächte ein großer Krieg entwickeln. Als Czartoryski Anfang 1833 nach London kam, stellte er schnell fest, daß mit einem Krieg nicht zu rechnen war[203]. Daher suchte er Kontakt mit dem türkischen Sonderbotschafter Namik Pascha[204]. In mehreren Gesprächen[205] waren sich der polnische Emigrant und der türkische Reformpolitiker einig, daß Polen und die Türkei manche gemeinsame Interessen und vor allem einen gemeinsamen Gegner hätten. Czartoryski, dem es von Anfang an um eine möglichst breite antirussische Allianz ging, fragte nach den Möglichkeiten einer türkisch-ägyptischen Einigung und eines Bündnisses mit Persien und den Kaukasiern. Namik Pascha wies auf die vordringliche Reformbedürftigkeit des Osmanischen Reiches hin. Als Czartoryski das militärische Potential der polnischen Emigration zur Sprache brachte, meinte der Türke zunächst, zu einem aktiven Kommando sei der Glaubenswechsel unerläßlich, befreundete sich aber dann zusehends mit dem Gedanken polnischer Ausbildungsoffiziere oder sogar einer geschlossenen polnischen Militärkolonie. Offensichtlich von der Persönlichkeit Czartoryskis stark beeindruckt, schloß er mit den Worten:

> »Es ist nötig, daß Eure Hoheit im Rat des Diwans (sic!) säße, und polnische Offiziere unsere militärischen Organisatoren und Instruktoren wären; ich habe das schon nach Stambul geschrieben. Andere Europäer haben ihre Regierungen und Länder, aber die Polen, all dessen beraubt, können die Türkei am aufrichtigsten beraten«[206].

Aus der hier in Aussicht gestellten Zusammenarbeit wurde zunächst nichts. Da England seine Unterstützung verweigerte, mußte Namik Pascha nach Petersburg reisen; die Türkei nahm, da in auswegloser Lage, die russische Hilfe an und geriet damit, be-

[202] Niemcewicz an Czartoryski, London 1. 1. 1833, in: ebd., S. 398–400, franz. Auszug in: A. G. Benis, Une mission polonaise, I, S. 15f.; Niemcewicz an Plater und Kniaziewicz, London 8. 1. 1833, in: ebd., I, S. 16–18; J. U. Niemcewicz, Dziennik, I, S. 580.
General Wojciech Chrzanowski arbeitete um die gleiche Zeit, unabhängig von Niemcewicz, ein ähnliches Projekt aus, siehe Chrzanowski an Czartoryski, Chalons-sur-Marne 1. 9. 1832, Auszug in: A. G. Benis, Une mission polonaise, I, S. 3f.; vgl. H. Graniewski, Mission of Chrzanowski, S. 121f.
Ausführlich plädierte auch der bekannte polnische Publizist Ksawery Bronikowski für eine solche Lösung in einer anonymen Broschüre (K. Bronikowski, Projet de démembrement).

[203] Czartoryski an die Legation, London 3. 2. 1833, in: A. J. Czartoryski, Korrespondencye, S. 191–193, franz. Übersetzung in: A. G. Benis, Une mission polonaise, I, S. 31–34; siehe auch dort S. 38–40: Czartoryski an Kniaziewicz, London 9. 2. 1833.

[204] Namik Pascha versuchte, schnelle britische Unterstützung gegen Mehmed Ali zu erhalten; als das britische Kabinett – gegen den Willen Palmerstons – ablehnte, nahm die Pforte die Unterstützung Rußlands an, was schließlich zum Vertrag von Unkiar-Iskelessi führte.

[205] Am 7., 15. und 18. 2. 1833 – siehe Czartoryski an die Legation, London 8. und 15./18. 2. 1833, in: A. J. Czartoryski, Korrespondencye, S. 193–198, franz. Übersetzung in: A. G. Benis, Une mission polonaise, I, S. 36–38, 48–52; B. Cz. Ew. 1508: Czartoryski an Zamoyski, London 21. 2. 1833 – ein Auszug in: Jen. Zam., III, S. 106f.
Siehe darüber M. Handelsman, Adam Czartoryski, II, S. 69f.; A. Lewak, Emigracja w Turcji, S. 27f.; J. Skowronek, Polityka bałkańska, S. 21.

[206] Czartoryski an die Legation, 15./18. 2. 1833, in: A. J. Czartoryski, Korrespondencye, S. 195–198.

kräftigt im Vertrag von Unkiar-Iskelessi, für einige Zeit unter den Einfluß Petersburgs.

Währenddessen versuchte man im Hôtel Lambert, auf den Gegenspieler des Sultans, den Vice-König von Ägypten, zu setzen. Obwohl Czartoryski nur wenig Vertrauen in ihn setzte, ging General Henryk Dembiński im Sommer 1833 mit einigen Offizieren nach Ägypten und Syrien, um das Terrain für eine größere polnische Legion vorzubereiten und an der erwarteten Auseinandersetzung mit der russischen Armee, die den Sultan schützte, teilzunehmen. Die Mission war ein vollkommener Fehlschlag – der Frieden von Kütahya war bei der Ankunft schon geschlossen, und der Vice-König benutzte die Anwesenheit polnischer Offiziere geschickt, um Verbindungen mit Rußland anzuknüpfen: die Abreise Dembińskis im April 1834 traf zusammen mit der Ankunft eines russischen Konsuls[207].

> »Unsere Aktivität im Osten ist insoweit erfolgreich, wie sie mit dem Gedanken der englischen Politik zusammengeht«[208].

In diesem Sinne konnte das Hôtel Lambert in Stambul erst wieder Boden gewinnen, als die englische Diplomatie den russichen Einfluß im Osmanischen Reich zurückdrängen oder zumindest mit ihm gleichziehen konnte. Zunächst beschränkte man sich nach 1833 daher in der Hauptsache darauf, in England und Frankreich Propaganda-Arbeit zu leisten. In Zusammenarbeit mit Urquhart, Wentworth Beaumont, Henry Reeve und John MacNeill, in dieser Sache des Wohlwollens Palmerstons sicher, prangerte man die russische Aggressionspolitik gegen das Osmanische Reich, im Kaukasus und im Mittleren Osten an. In zahlreichen Memoranden an englische Minister und Abgeordnete wurde auf die ›russische Gefahr‹ hingewiesen und auf die Notwendigkeit, die Türkei zu unterstützen. Nach Czartoryskis Ansicht mußte nicht nur der russische Einfluß in Stambul zurückgedrängt werden[209]; die britische Politik sollte offensiv gegen Rußland auftreten, die um ihre Unabhängigkeit kämpfenden Kaukasier untersützen und Persien wieder in das antirussische Lager zurückbringen[210]. Ein Bündnis zwischen dem Sultan und dem Schah und die zunächst geheime, später offene Unterstützung der Kaukasier sollten die antirussische Front stärken. Auf die zwangsrekrutierten Polen in der russichen Armee wurde hingewiesen – aus landeskundigen polnischen Deserteuren gedachte man erste polnische Truppen gegen Rußland aufzustellen[211].

[207] Über die ägyptische Mission siehe die umfangreiche und erschöpfende Quellensammlung von A. G. Benis, Une mission polonaise; ebenfalls M. Handelsman, Adam Czartoryski, II, S. 72–74.

[208] B. Cz. 5282, S. 237–256: Instruktionen für Marian Brzozowski, 18. 8. 1836.

[209] In einem Artikel, der für einen besseren diplomatischen Schutz des britischen Levantehandels plädierte, schrieb der »British and Foreign Review«:
»No war with Russia at present; but let England be prepared for it when it comes, as come it will. Let a diplomatic warfare, conducted by well-selected agents and with a wellorganised unity of system, precede the warfare of arms. The Levant should be the chief seat of that diplomatic war of outposts«, in: »Trade and Consular Establishments on the Levant«, in: British and Foreign Review, III/6, Okt.–Dez. 1836, S. 305–334, hier S. 334.

[210] Zur Persienpolitik des Hôtel Lambert siehe J. Dutkiewicz, Wojna persko-afgańska; B. Cz. 5282, S. 51–68: Note sur le Colonel Borowski (auch udT. Note sur un officier à employer en Perse) 1834 (wahrscheinlich eher 1835).

[211] In den Instruktionen für den britischen Gesandten in Persien, John MacNeill, 1836 hieß es ausdrücklich: »Protect Poles, who make their escape into Persia« – ein Passus, der sicherlich auf den Einfluß Czartoryskis zurückzuführen ist (J. Dutkiewicz, Wojna persko-afgańska, S. 77f.).

Besonderes Gewicht wurde – als Angelpunkt der Argumentation und zur Begründung des eigenen Engagements – auf die Gemeinsamkeiten zwischen der Türkei und Polen gelegt: beide sind Opfer der russischen Expansion und Aggression, durch das Verschwinden Polens und die Schwäche der Türkei ist das europäische Gleichgewicht empfindlich gestört und die Ausbreitung der russischen Macht erst möglich; beide sind traditionelle Bündnispartner und schließlich, als nicht anders zu erwartende Schlußfolgerung: erst mit der Wiederherstellung Polens wird ein neues, besseres Gleichgewicht durch ein wirksames Zurückdrängen Rußlands ebenfalls die Sicherheit des Osmanischen Reiches auf eine stabile Grundlage stellen. Nicht eine Invasion im Stile Karls XII. oder Napoleons soll wiederholt werden, sondern die in den letzten 100 Jahren eroberten Gebiete sollen herausgelöst und die unterworfenen Völker befreit werden[212].

Als Motive für ein intensives Engagement der polnischen Politik im Orient nannte Czartoryski in einem wohl nur für den inneren Gebrauch bestimmten Memorandum:

> »Die Beziehungen zwischen Rußland und dem Orient haben einen solchen Grad der Reizbarkeit erreicht – seine [Rußlands] Eroberungen, Intrigen und seine Übermacht sind so verhaßt, gerade in der Türkei, – daß, wenn es [Rußland] nicht selbst den Krieg beginnen wird, – dann wird ihn die Türkei bei der ersten günstigen Gelegenheit beginnen – und England und den Rest Europas mit hineinziehen. In Europa bleibt der Frieden – und der Ruf nach Frieden; – im Orient ist heute Waffenstillstand, – und morgen Krieg.
>
> Wo der Gedanke an den Frieden [vorherrscht], da [wirken] wir aufdringlich, – wo man an den Krieg denkt, da sind wir Freunde, natürliche Verbündete«[213].

Das Anknüpfen direkter Kontakte zum Osmanischen Reich war schwierig. Angesichts des großen Einflusses der russischen Diplomatie und der undurchsichtigen französischen Politik[214] mußte sich das Hôtel Lambert an die britische Diplomatie anhängen. Palmerston und sein Botschafter Ponsonby jedoch wollten vermeiden, die polnische Frage mit der Orientpolitik zu vermengen – das hätte bei der russischen Empfindlichkeit gegen jedes Auftreten Polens auf internationaler Bühne einen deutlichen antirussischen Affront bedeutet. Bei der unsicheren Situation Ponsonbys in Stambul, der zwar den russischen Einfluß zurückdrängen, dafür aber keine ernsthafte Auseinandersetzung, die letztlich zu einem Krieg geführt hätte, riskieren sollte, meinte die britische Diplomatie, nur vorsichtig operieren zu können.

Angesichts der prekären Lage des Osmanischen Reiches, das gleichzeitig einen ägyptischen Angriff und eine militärische Intervention Rußlands fürchtete, war die Reform der türkischen Armee eines der Hauptanliegen, für das Ponsonby bei den türkischen Würdenträgern meist ein offenes Ohr fand. Während ein Vorschlag Zamoyskis, einen polnischen Offizier nach Persien zu schicken, abgelehnt wurde[215], war Czartoryski im Herbst 1835 erfolgreicher, als er die Entsendung des Generals Wojciech Chrzanowski anbot, eines der fähigsten polnischen Generalstabsoffiziere. Schon im November 1835 war Palmerston grundsätzlich dafür, und nachdem er im

212 Siehe als Beispiel für diese Argumentation das Memorandum in Anhang II.

213 B. Cz. 5282, S. 207–216: Grund und Ziel . . . (siehe Anm. 199).

214 Czartoryski warnte sogar in London davor, daß Frankreich in Orientfragen insgeheim zu großen Zugeständnissen an Rußland bereit sei (J. Dutkiewicz, Wojna persko-afgańska, S. 81).

215 Im Juli 1835 – siehe Jen. Zam., III, S. 333f.

Januar 1836 den General in London kennengelernt hatte, fiel die endgültige Entscheidung sehr schnell[216]. Im Gegensatz zu den britischen Offizieren, die bei ähnlichen Aufgaben fast gänzlich erfolglos waren[217], gewann Chrzanowski schnell das Vertrauen des Seraskiers Chosrew Pascha und durch ihn das des Sultans. Seine Memoranden[218] über politische und militärische Fragen und erstaunliche Anfangserfolge in der Ausbildung einiger Truppenteile beeindruckten offensichtlich. Der zunächst skeptische Ponsonby hielt ihn bald für unersetzlich. Chrzanowski hatte eine dreifache Aufgabe: einmal gegenüber den Türken und für die Reorganisation der türkischen Armee, sodann gegenüber der britischen Regierung, die vor allem detaillierte Informationen verlangte[219], und schließlich war er, ohne das Wissen der beiden Regierungen, der Agent des Hôtel Lambert. Czartoryski hatte ihm aufgetragen, sich auch um Persien und den Kaukasus zu kümmern und obendrein die Möglichkeiten eines zahlenmäßig größeren militärischen Engagements der Polen im Osmanischen Reich zu sondieren. De facto konnte Chrzanowski für die polnische Politik nicht mehr tun, als nach Paris sehr ins Einzelne gehende Berichte zu schicken, die türkische Regierung ständig auf die russische Gefahr hinzuweisen, indem er sie gleichzeitig von der einseitigen Fixierung auf die ägyptische Gefahr abzubringen suchte[220], und den Boden für die spätere Politik des Hôtel Lambert in Stambul vorzubereiten, indem er die Stimmung der Pforte für Polen durch seine Tätigkeit günstig beeinflußte. Ganz im Sinne Czartoryskis und verstärkt durch seinen von niemandem bezweifelten Sachverstand, plädierte er gegenüber Ponsonby für eine Entsendung britischer Flottenkontingente in das Schwarze Meer, da nur so die Türkei aus ihrer oft einem Vasallenverhältnis ähnelnden Abhängigkeit von Rußland gelöst werden konnte.

Die Stellung Chrzanowskis in Stambul war sehr problematisch. Zunächst lebte er als privater Gast des Seraskiers. Als dieser im Herbst 1836 gestürzt und die russische Diplomatie auf den polnischen General aufmerksam wurde, lebte er in der britischen Botschaft. Aus Angst davor, von den Türken an Rußland ausgeliefert zu werden, verließ er, gegen den Willen Czartoryskis und Palmerstons, im Mai 1837 überstürzt Stambul und kehrte nach Westeuropa zurück. Jedoch sowohl Ponsonby als auch die Türken wollten ihn zurückhaben. Chrzanowski unterbreitete der britischen Regierung eine Reihe von Memoranden, verlangte aber gleichzeitig, er werde nur als britischer Staatsbürger wieder nach Stambul gehen, um genügend geschützt zu sein. Palmerston ging darauf ein.

Als er im Mai 1838 zurückkehrte, hatte sich die Situation zugespitzt durch die persisch-britischen Auseinandersetzungen, die Unruhen unter den Kurden und den sich abzeichnenden Krieg mit Ägypten. Chrzanowski gehörte jetzt offiziell zur britischen

[216] Zur Mission Chrzanowskis siehe die sehr detaillierte, jedoch nicht genügend quellenkritische Arbeit von H. Graniewski, Mission of Chrzanowski; vgl. auch P. E. Mosely, Russian Diplomacy, S. 113–115 – auf russischen Quellen basierend.

[217] Siehe F. S. Rodkey, Palmerston and Rejuvenation, passim.

[218] Eine Sammlung einiger Memoranden für die türkische und andere Regierungen veröffentlichte sein Neffe Leon Chrzanowski udT. Pisma wojskowo-polityczne.

[219] Er wurde hier praktisch eine Ergänzung und später der Nachfolger Urquharts, vor allem auf militärischem Gebiet.

[220] Dies war ganz im Sinne Londons und des Hôtel Lambert, denen sehr an einem friedlichen türkisch-ägyptischen Ausgleich und damit an einem Wegfall eines Interventionsvorwands für Rußland (quasi als Wiederholung der Situation von 1833) gelegen war.

Botschaft und genoß auch diplomatische Immunität. Trotzdem wollten Palmerston und Ponsonby ihn nicht in Stambul haben, um unnötige Schwierigkeiten mit den Russen zu vermeiden. Ponsonby schlug dem Sultan Chrzanowski als Oberbefehlshaber vor, dann, als dazu ein Glaubenswechsel gefordert wurde, als Generalstabschef. Schließlich reiste Chrzanowski im August 1838 – ohne Amt, aber mit umfangreichen Vollmachten – zur Armee des Hafis Pascha nach Kleinasien, nachdem er vorher noch versucht hatte, im Auftrag des Chosrew Pascha um Stambul eine Reservearmee aufzustellen. Bei der Armee, die er nach seiner Beschreibung in einem sehr schlechten und desorganisierten Zustand fand, traf er auf den Widerstand der preußischen Beratungsoffiziere (u. a. Moltke). Eine kombinierte russisch-preußische Intrige in Stambul zwang ihn, im November 1838 nach Bagdad auszuweichen. Dort beschäftigte er sich u. a. mit kaukasischen, persischen und afghanischen Problemen[221]. Im Juni 1839 war er zurück in Stambul. In den folgenden 12 Monaten war er als regulärer britischer Diplomat tätig: er übernahm es, die Kollektivnote der Großmächte an die Türkei vom 27. Juli 1839 dem türkischen Großwesir Chosrew Pascha zu erklären[222]; er reorganisierte nach der türkischen Niederlage bei Nisib die Armee und arbeitete Verteidigungspläne aus; schließlich entwarf er den später 1841 von den Alliierten durchgeführten Interventionskrieg in Syrien. Gleichzeitig fungierte er als Vermittler zwischen dem britischen und französischen Botschafter; die sich anbahnende russisch-britische Verständigung betrachtete er mit großem Mißtrauen.

Während die Kontakte zwischen dem Osmanischen Reich und dem Hôtel Lambert bisher nur indirekt gewesen waren – auch Chrzanowski galt im Grunde als britischer Diplomat –, wurde um diese Zeit die direkte, seit den Gesprächen mit Namik Pascha abgebrochene Verbindung zur türkischen Regierung wieder aufgenommen. 1838 wurde der türkische Reformpolitiker und Befürworter eines engen Bündnisses mit England, Reschid Pascha, als türkischer Botschafter nach London gesandt, um ein Defensivbündnis auszuhandeln[223]. Zamoyski, der schon 1836 mit Reschids französischem Sekretär Cor zusammengetroffen war[224], versuchte, in London die Atmosphäre für den türkischen Chefdiplomaten vorzubereiten[225]. Als dieser in London ankam, stellte ihm Zamoyski seine nicht unbeträchtlichen gesellschaftlichen und politischen Beziehungen zur Verfügung[226].

221 Die von einigen Autoren vermuteten Reisen Chrzanowskis in diese Länder sind unwahrscheinlich, siehe darüber H. Graniewski, Mission of Chrzanowski, S. 211–214.

222 C. Webster, Foreign Policy of Palmerston, II, S. 636.

223 Die Verhandlungen Reschids hat aus russischen Quellen nachgezeichnet P. E. Mosely, Russian Diplomacy, S. 120–134; siehe auch C. Webster, Foreign Policy of Palmerston, II, S. 614–617, und V. J. Puryear, International Economics, S. 100–103.

224 B. Cz. Ew. 3220: Zamoyski an Czartoryski, Wortley Hall 11. 10. 1838, Auszug in: Jen. Zam., IV, S. 25.

225 Zamoyski versuchte auch, die nach dem gerade vollzogenen Abschluß des türkisch-britischen Handelsvertrags interessierten englischen Kaufleute zu mobilisieren (B. Cz. Ew. 3220: Zamoyski an Czartoryski, London 9. und 20. 11. 1838 – letzterer Brief auch in: Jen. Zam., IV, S. 37–39). Ein geplantes Bankett kam nicht zustande, da die Anhänger Urquharts es zu einer Veranstaltung gegen Palmerston ›umfunktionieren‹ wollten (B. Cz. Ew. 3220: Zamoyski an Czartoryski, London 11. 12. 1838).

226 Schon in den ersten Unterredungen überzeugte Zamoyski den türkischen Pascha, wie wichtig es sei, sich in den Salons zu zeigen und auf diesem Weg Beziehungen anzuknüpfen und die öffentliche Meinung für sich zu gewinnen (B. Cz. Ew. 3220: Zamoyski an Czartoryski, 17. und 20. 12. 1838, Auszüge in: Jen. Zam., IV, S. 45f.).

Die Mission Reschid Paschas in London war erfolglos, was den angestrebten Bündnisvertrag betraf[227], aber folgenreich für das polnisch-türkische Verhältnis. In den Unterhaltungen mit Zamoyski und 1839 auch mit Czartoryski schälten sich eine Reihe gemeinsamer Interessen heraus. Czartoryski machte dem türkischen Politiker ein weitgehendes Bündnisangebot; das betraf nicht nur die Absprache, gleichzeitig mit einer türkischen Kriegserklärung werde er die Losung für einen allgemeinpolnischen Aufstand ausgeben. Polnische Offiziere sollten die türkische Armee ausbilden. Auch bis zu einem solchen ›Ernstfall‹ sollte es eine enge polnisch-türkische Kooperation geben. Czartoryski entwickelte dem türkischen Diplomaten zum ersten Mal seine Vorstellungen von der Rolle der Balkanvölker, der Donaufürstentümer und Serbiens im Kampf gegen Rußland. Seine Forderung, durch eine geschicktere Behandlung der christlichen Untertanen des Sultans der russischen Poltitik wichtige Verbündete wegzunehmen, traf genau den schwachen Punkt des Osmanischen Reiches gegenüber dem übermächtigen Nachbarn im Norden.

Der augenblickliche Gewinn dieser Absprachen mit Reschid Pascha war zwar gering; die Orientkrise verschüttete zunächst diese Ansätze. Jedoch wurden hier die Grundlagen der späteren langfristigen Balkanpolitik des Hôtel Lambert gelegt[228]. Man begann, noch zögernd und etwas unsicher, – die Skrzynecki-Affäire ging gerade zu Ende – die Politik der ›faits accomplis‹ aufzugeben und sich einer politischen Konzeption mit großzügigeren Perspektiven zu verschreiben.

Während seines Aufenthalts in London 1839 versuchte auch Czartoryski, Reschid zu unterstützen und Palmerston zu einer aktiveren antirussischen Poltik zu bewegen. Er wies zudem auf die Nachrichten von dem nahe bevorstehenden Zusammenbruch des tscherkessischen Widerstands gegen die Russen hin, erhielt aber nur die lakonische Antwort:

»John Bull will not go to war to save Circassia«[229].

Palmerston lehnte es kategorisch ab, die britische Flotte ins Schwarze Meer zu schikken. Auch auf Czartoryskis Vorschlag, Österreich von dem Bündnis mit Rußland zu lösen und in eine antirussische britisch-französisch-österreichische Allianz einzu-

[227] C. Webster, Foreign Policy of Palmerston, II, S. 615f. Zamoyski versuchte, schon vor Reschids Ankunft die britischen Politiker zu einer energischeren protürkischen Politik zu bewegen. In einem Brief an Lord Sandon beschrieb er die immensen Vorteile des türkisch-britischen Handelsvertrags und meinte dann:
»Si je suis bien informé, . . . Reschid Pascha qui vient demander cette ratification, vient en même temps déclarer que désormais la Turquie s'étant attirée la colère de la Russie, rien ne peut mettre en sureté Constantinople si ce n'est la présence de la Flotte Anglaise à l'entrée du Bosphore (et non des Dardanelles). L'on m'assure même que le Porte le demande comme une sine qua non de la conclusion définitive du traité«. (B. Cz. Ew. 3220: Zamoyski an Lord Sandon, Wortley Hall 13. 10. 1838 – Kopie).

[228] Deswegen wird das zusammenfassende Schlußdokument dieser Gespräche, eine Denkschrift Czartoryskis für Reschid Pascha, in Anhang III aufgeführt. Über die Gespräche siehe auch: B. Cz. 5485, S. 473–479: Czartoryski an Chrzanowski, o. O. o. D. (1839); ebenso M. Handelsman, Adam Czartoryski, II, S. 89.

[229] A. Czartoryski, Memoirs, II, S. 339–344 – hier zusammengefaßt und gekürzt zwei Unterhaltungen Czartoryskis mit Palmerston am 13. 2. und 16. 3. 1839; Originalprotokolle in: B. Cz. 5294, S. 93–110 und 141–153.

bringen[230], was wiederum Österreich zu einer propolnischen Politik bewegen sollte, antwortete Palmerston mit dem Hinweis, daß Metternich wegen seiner Furcht vor Liberalismus und Revolution nie für eine Wiederherstellung Polens, das dann zumindest ein konstitutioneller Staat wäre, zu gewinnen sei – und er hatte wohl recht damit[231]. Wahrscheinlich meinte der britische Minister sogar, mit der polnischen Frage könne man Österreich nur verschrecken und so die auch von ihm gewünschte Annäherung Wiens an London und Paris verhindern[232].

Auch die Versuche des Hôtel Lambert, Palmerston für die Donaufürstentümer zu interessieren, schlugen fehl. 1838 war Janusz Woronicz (alias Charles oder Jean Werner) nach Rumänien gereist[233]; er wirkte dort in enger Zusammenarbeit mit der französischen und englischen Diplomatie[234]. In der Moldau drang er bis zum Hospodar Michael Sturdza vor, der ihm seine Absichten enthüllte, sich von der russischen Vormundschaft zu befreien. In der Walachei traf der polnische Agent auf Jan Campineano, den Wortführer antirussischer Kreise in diesem Fürstentum. Letzterer kam im April 1839 nach Westeuropa. Czartoryski hatte ihn inzwischen dem Foreign Office

[230] Die ab Mai 1839 beginnenden Kontakte und die Kooperation Englands und Österreichs in der Orientfrage wurden hier quasi schon skizziert. Über den Wunsch Wiens, von Rußland abzurücken bzw. über die Befürchtungen Wiens, was die russische Politik betraf, war Czartoryski wahrscheinlich durch den österreichischen Diplomaten Senfft unterrichtet, mit dem er während seines London-Aufenthalts Jan.–April 1839 intensive Kontakte hatte (vgl. Anm. 186).

[231] Man vergleiche die österreichische Haltung in der Skrzynecki-Affaire.
Schon im Nov./Dez. 1838 unterhandelte Zamoyski darüber mit Palmerston, wie Österreich zu gewinnen sei; als Zamoyski behauptete, Wien müsse eigentlich an einer Wiederherstellung Polens interessiert sein und sei wohl leicht davon zu überzeugen, war Palmerston äußerst erstaunt und skeptisch (B. Cz. Ew. 3220: Zamoyski an Czartoryski, London 25. 11. 1838).
Als wichtiger Initiator und Hauptvertreter der pro-österreichischen Richtung im Hôtel Lambert muß wohl Zamoyski gelten. Czartoryski war hier eher skeptisch und ließ sich nur 1839 zu ernstlichen, wenn auch erfolglosen Schritten in diese Richtung bewegen. Die (im Grunde illusionären) Hoffnungen auf eine Änderung der österreichischen Politik rührten nicht nur von der hinhaltend-dubiosen Taktik Metternichs während des Aufstands 1830/31 her, sondern hatten ihren Ursprung in den latenten, von manchen Polen überbewerteten politischen Interessengegensätzen zwischen Petersburg und Wien. Vgl. S. 187.

[232] Czartoryski meinte zu diesem Ergebnis niedergeschlagen: »... Palmerston ... glaubt nicht, daß Österreich ein unabhängiges Polen wünschen kann; aber das hindert nicht, daß England sich mit der österreichischen Politik verbindet – das arme Polen bleibt um so mehr in the background in einiger Entfernung und mit sehr verschwommenen Aussichten« (B. Cz. Ew. 1508: Czartoryski an Zamoyski, London 15. 2. 1839).
Zamoyski kommentierte dies erregt:
»Sich mit Österreich gegen Moskau verbinden und nicht von Polen reden, dieser Frage nicht zumindest *im Grundsatz* [einen Platz] reservieren als eine, die nach dem Prinzip der Gerechtigkeit eine Änderung erfordert – das heißt nochmals seine Ermordung ratifizieren« (B. Cz. Ew. 1582, S. 43–58: Zamoyski an Czartoryski, Brüssel 19. 2. 1839, Hervorhebung im Original).

[233] Zu den Beziehungen zu Rumänien und der Mission Woronicz' dorthin siehe S. Łukasik, Rumunja a Polska, S. 24–26 (Łukasik nimmt irrtümlich für 1838 noch eine Mission Bystrzonowskis nach Rumänien an); am ausführlichsten: M. Handelsman, Czartoryski, Nicolas Ier et la Question, S. 74–81. Vgl. auch J. Skowronek, Polityka bałkańska, S. 27–30.

[234] Möglicherweise, ja sogar sehr wahrscheinlich diesmal ohne das Wissen der Minister – die Konsuln wurden meist von den Direktoren (Desages) bzw. Unterstaatssekretären (Fox Strangways) instruiert.

empfohlen[235]. Zamoyski unternahm es, ihn in die Londoner Gesellschaft einzuführen und bei Palmerston zu unterstützen. Während es offensichtlich gelang, ein Einverständnis zwischen Reschid Pascha und Campineano herbeizuführen[236], benahm sich der Walache in der Gesellschaft ungeschickt[237] und fand bei Palmerston trotz mehrerer Gespräche kein Interesse[238].

K.

Die Orientkrise, ihre Begleitumstände und Folgen bedeuteten für das Hôtel Lambert ein In-Frage-Stellen seiner bisherigen Politik und den Mißerfolg aller noch laufenden Aktionen. Chrzanowski demissionierte in Stambul, als er die Nachricht vom Vertrag vom 15. Juli 1840 erhielt[239]. Eine neue Mission Woronicz' in die Donaufürstentümer im Mai 1840 war erfolglos[240]: Campineano war auf dem Rückweg von den Österreichern verhaftet worden, und Michael Sturdza gebärdete sich, wohl unter

[235] Jen. Zam., IV, S. 75; B. Cz. 5501, S. 157: Czartoryski an Fox Strangways, 3. 5. 1839 (Kopie); B. Cz. 5507, S. 143–146: Czartoryski an Palmerston, Paris 20. 5. 1839 (Entwurf).

[236] B. Cz. Ew. 1582, S. 131–138: Zamoyski an Czartoryski, London 4. 6. 1839, auch in: Jen. Zam., IV, S. 80.

[237] B. Cz. Ew. 1582, S. 139–143, 163–166, 175–181: Zamoyski an Czartoryski, London 7., 21. und 28. 6. 1839 (die Briefe vom 7. und 28. 6. auch in: Jen. Zam., IV, S. 80–82 und 87–89); Jen. Zam., IV, S. 89: Czartoryski an Zamoyski, Paris 30. 6. 1839.

[238] Ende Juli 1839 meldete Zamoyski nach Paris, Campineano habe von Palmerston nur leere Worte erhalten (B. Cz. Ew. 1582, S. 273–280: Zamoyski an Czartoryski, London 26. 7. 1839, auch in: Jen. Zam., IV, S. 93f.).
Kurz vorher hatte Czartoryski die Bedeutung, die er der rumänischen Angelegenheit beimaß, in einem Brief an Zamoyski unterstrichen (B. Cz. Ew. 1508: Czartoryski an Zamoyski, Paris 8. 7. 1839):
»Je m'afflige de voir que Mr. Campiniano avance peu dans son affaire. Rien ne serait plus fâcheux que s'il était obligé de revenir chez lui, sans avoir rien obtenu. Il faut se rappeler que Campiniano est le Chef du parti national anti-russe; qu'il a entrepris ce voyage contre vents et marée, en se mettant au plus mal avec le Prince et l'influence russe; que les membres les plus marquans du parti national l'ont envoyé comme *leur représentant.*
Quel déplorable effet produirait son retour après avoir échoué dans sa mission. D'abord il perdrait sa position et tout crédit personnel dans son pays. Ensuite l'influence russe à bas aujourd'hui se releverait triomphante, plus dominante que jamais; car les Valaques et les Moldaves diraient qu'il n'y a rien à faire avec l'Angleterre et avec la France, rien à obtenir de ces gouvernemens; que ceux qui s'adressent à eux sont sacrifiés, qu'il faut donc de force subir le joug russe qui est le seul agissant. – Ce serait un bien déplorable resultat du pélerinage du pauvre Campiniano dans ces pays-cy, où l'on croit de loin trouver son salut, et où il ne serait venu que pour se perdre et pour empirer le sort de son pays. – J'espère que cela n'arrivera pas; mais je crains l'indifférence que l'on mette beaucoup d'affaires parce que l'on en a de plus importantes. Mais en vérité celle-cy n'est pas sans importance, elle en a même beaucoup quand on considère le moment présent . . .«.
Czartoryski schrieb oft an Zamoyski dann auf französisch, wenn der Brief einem Dritten vorgelesen werden sollte – dieser war möglicherweise auch für Campineano oder einen anderen (vielleicht auch Palmerston) bestimmt – vgl. einen Brief unter dem gleichen Datum auf polnisch (ebd.).

[239] Schon vorher hatte Chrzanowski ein Angebot ausgeschlagen, den Oberbefehl über die türkische Kleinasienarmee zu übernehmen, da er dabei auch russische Hilfstruppen befehligen sollte (H. Graniewski, Mission of Chrzanowski, S. 246–249).

[240] M. Handelsman, Czartoryski, Nicolas Ier et la Question, S. 81–84.

dem Zwang der internationalen Konjunktur, gänzlich prorussisch. Eine von Zamoyski inszenierte Wiederauflage der Krakau-Debatten im britischen Unterhaus mußte, trotz der Unterstützung Stratford Cannings, abgebrochen werden.

Eine der Grundvoraussetzungen polnischer Außenpolitik war die britisch-französische Allianz. Die Orientkrise und die Isolierung Frankreichs fanden das Hôtel Lambert unvorbereitet und zunächst desorientiert. Czartoryski wurde schon ab Ende 1839 etwas mißtrauisch gegenüber der britischen Politik. Zuerst schienen ihm die Verwicklungen willkommen. Wenn er an Chrzanowski schrieb:

> »Das Chaos dort [im Orient] ist außerordentlich, aber aus diesem Chaos kann ein unerwartetes Produkt herauskommen«[241],

so lag das noch ganz im Sinne seiner bisherigen Politik: Erwartung und/oder Erzeugung internationaler Krisen, die sich nur positiv für die polnische Frage auswirken konnten. Die neue Krise nahm wirklich einen »unerwarteten« Verlauf, jedoch anders, als es Czartoryski sich vorgestellt hatte: eine britisch-russische Verständigung, ein Einverständnis der beiden Hauptantagonisten in der Orientfrage hatte er nie in seine Kalkulationen mit einbezogen. Noch im Juli 1840 schrieb er an Zamoyski, der Neigungen zeigte, sich mit den Gegnern Palmerstons in England zu verbinden:

> »Es liegt in unserem Interesse, daß Palmerston an seinem Platz bleibt; wenn er gestürzt würde, träte eine tiefere Stille als vorher ein. Denn nach dem Schreck vor einem schon nahen Sturm würden alle starr am Frieden halten. Bewaffnete Konflikte sind das Ziel unserer Wünsche. Der Stein [= Palmerston] führt dazu, also soll er noch bleiben; die Bewegung, die durch seine Hand begann, soll dauerhaft werden, bevor ihm das Steuer aus der Hand genommen wird«[242].

Inzwischen hatte Thiers versucht, Zamoyski als Vermittler in letzter Minute zu Palmerston zu schicken, jedoch ohne Erfolg[243]. Die Unpopularität des Palmerston'schen Kurses in England ließ die schwache Hoffnung entstehen, man könne in London selbst noch der Entwicklung eine andere Richtung geben. Zamoyski versuchte, mit Kritikern Palmerstons zusammenzuarbeiten und publizistisch gegen diesen zu arbeiten; die Erfolglosigkeit zeigt sich sofort: ein offener Brief Czartoryskis an Stratford Canning konnte in der ›Times‹ nur untergebracht werden, nachdem ein kritischer Passus über Palmerston gestrichen worden war[244]. Die Zusammenarbeit mit Urquhart, die in den letzten Jahren wegen dessen maßloser Angriffe auf Palmerston eingeschlafen war, wurde wieder erneuert, zunächst in England, dann im Herbst in Paris, wo – ohne eigene Kompromittierung – die Urquhart'schen Bemühungen einer großen Manifestation der angeblich profranzösischen Gefühle des englischen Volkes unterstützt wurden[245].

241 B. Cz. 5485: Czartoryski an Chrzanowski, 17. 9. 1839; M. Handelsman, Adam Czartoryski, II, S. 85; H. Graniewski, Mission of Chrzanowski, S. 222.

242 B. Cz. Ew. 1508: Czartoryski an Zamoyski, Paris 30. 7. 1840; teilweise auch in: M. Handelsman, Adam Czartoryski, II, S. 86f.

243 Siehe Jen. Zam., IV, S. 128–132; B. Cz. Ew. 1582, S. 447–454: Zamoyski an Czartoryski, London 11. 7. (1840).

244 Ebd., S. 495f.: Zamoyski an Czartoryski, London 1. 8. 1840, auch in: Jen. Zam., IV, S. 139f.

245 Jen. Zam., IV, S. 136, 138, 144f., 151; M. Handelsman, Adam Czartoryski, II, S. 87; über die Bemühungen Urquharts und der »Associations for Investigating Foreign Affairs« in England und vor allem Frankreich siehe, allerdings völlig unzureichend, G. Robinson, David Urquhart, S. 104–119.

Czartoryski war zu keinem Moment während der Krise von 1840 bereit, seine Verbindungen nach England aufzugeben. Die Kriegsstimmung in Frankreich stellte ihn jedoch vor die Frage, ob das Hôtel Lambert im Falle eines bewaffneten Konflikts neutral bleiben oder Partei ergreifen sollte. Bei letzterem hieß das natürlich auf der Seite Frankreichs, denn zum einen sah man dann nicht England, sondern die Teilungsmächte als Hauptgegner an, und zum anderen war der überwiegende Teil der polnischen Emigration profranzösisch eingestellt, und eine Politik gegen Frankreich hieß jeglichen Einfluß in der Emigration zu verlieren. Letzterer Gesichtspunkt sprach auch gegen eine Neutralität. Obendrein trat der schon in die Enge getriebene Thiers im September 1840 an das Hôtel Lambert mit dem Vorschlag heran, polnische Legionen aufzustellen[246]. Zwar nahm Czartoryski das sofort auf, aber man blieb doch im Hôtel Lambert skeptisch – die Chancen waren zu ungleich, und die schon früher geäußerte Kritik an der französischen Politik, die sich durch eigenes Verschulden isoliert hätte[247], wurde wieder laut. Noch vor dem Sturz des Kabinetts Thiers schrieb Zamoyski nach England:

> »Wir wünschen zweifellos den Krieg nicht; er würde nur eine Niederlage Frankreichs werden und könnte nur Moskau dienen. Die Hoffnung Thiers', daß er eine Nichtdurchführung des Vertrags erreicht, ohne daß es zum Krieg kommt, zeugt von einem Mangel an Urteil und Sinn für Diplomatie, einem Mangel, der ihn jetzt teuer zu stehen kommt«[248].

Der Sturz Thiers' im Oktober 1840 machte alle weiteren Spekulationen über die Krise gegenstandslos: Frankreich mußte seinen Canossa-Gang antreten. Für das Hôtel Lambert ergab sich die Notwendigkeit einer Neuorientierung seiner Politik. Die hier als ›Politik der faits accomplis‹ charakterisierte Konzeption, basierend auf dem Glauben an die Unvermeidbarkeit eines bald ausbrechenden Krieges, konnte so nicht weitergeführt werden. Der Fehler dieser Konzeption, die von einer ganz bestimmten, die Konfliktstoffe betonenden Einschätzung der internationalen Lage und der gegensätzlichen Interessen der Großmächte ausging, lag in der offensichtlichen Unterschätzung der Möglichkeiten eines – modern ausgedrückt – ›crisis management‹.

246 Jen. Zam., IV, S. 148f.

247 Das war vor allem die Ansicht Chrzanowskis, der nicht zu Unrecht meinte, wegen der Unterstützung Mehmed Alis durch Frankreich sei Palmerston gezwungen worden, sich mit Rußland zu verständigen.

248 Zamoyski an Dudley Stuart, o. O. (Paris) 29. 9. 1840, in: Jen. Zam., IV, S. 149f.

5. Versuche militärischer Präsenz: die Legionen

A.

Am 15. Februar 1833, in einer für seine politische Zukunft sehr kritischen Situation[1], schrieb Czartoryski aus London an Ludwik Plater:

»Je mehr ich über unsere Situation nachdenke, desto mehr bin ich davon überzeugt, daß wir unbedingt irgenwelche eigenen Kräfte und Reserven brauchen; nicht, daß wir vorzeitig und sinnlos selbst etwas beginnen sollten; aber damit wir leichter die Beachtung unserer gleichgültigen Freunde auf uns ziehen, damit wir selbst ein Gewicht auf die Waagschale werfen können, auf der zukünftige Umstände gewogen werden; schließlich, damit wir imstande sind, aus ihnen Nutzen zu ziehen, wenn sich diese günstigen Umstände ergeben. Schwerlich reicht man in der Politik dem eine hilfreiche Hand, der sich selbst überhaupt nicht erheben kann.

Wenn ein Krieg mit Moskau ausbrechen wird, können sich verschiedene Möglichkeiten ergeben: er kann mehr oder weniger allgemein sein, mit unterschiedlichem Verlauf; er kann unerwartet durch Niederlagen verloren werden; wir müssen beizeiten in ihm unsere Rolle und Verwendbarkeit bestimmen. Je größer unsere Wünsche sind, umso mehr müssen wir mit eigenen Anstrengungen zu ihrer Erfüllung beitragen.

Wenn innere Unruhen in Moskau ausbrechen sollten, wie wird sich dann erst das Erfordernis eigener Kräfte, eigener Aktivität spürbar machen! Wer kann dann die Haltung der anderen Mächte voraussehen? Vielleicht werden sie nur Zuschauer sein, wie jetzt gegenüber anderen Ländern. Wir wissen aus Erfahrung, wie schwer es ist, von ihnen irgendwelche Hilfe zu erhalten. Ich kann deshalb nicht genug betonen, für wie notwendig ich es halte, mit der Heimat Verbindung aufzunehmen, sich über ihre Einstellung in allen Teilgebieten zu vergewissern, über die dortigen Meinungen und wirklichen Wünsche, und sie nach einem einmal gefaßten Plan zu organisieren, auf eine Art und Weise, die uns für die Zukunft einige Geldmittel garantiert und die Möglichkeit einer allgemeinen bewaffneten Aktion. Das ist weitaus wichtiger als all unser jetziges Bemühen um die hiesigen Regierungen«[2].

Damit waren einerseits die Beziehungen zur Heimat angesprochen. Die Versuche des gerade einige Wochen vorher gegründeten Związek Jedności Narodowej in dieser Richtung blieben weitgehend erfolglos[3]. Auf der anderen Seite ging es aber um den Aufbau eines direkt zur Verfügung stehenden militärischen Instruments, der Legionen.

[1] Im Januar 1833 waren gerade die Bemühungen um den Sejm im Exil erfolgreich vereitelt worden (siehe Kap. IV/3, S. 116–120), jedoch machte sich die Isolierung in der Emigration spürbar; die Ambivalenz der Argumentation mit den Wiener Verträgen war mit der in Czartoryskis Augen zu wenig harten Haltung der Westmächte deutlich geworden; nach vergeblichen Bemühungen, die französische Regierung für eine militärische Organisierung der Emigration zu gewinnen (siehe Kap. IV/3, S. 120–122), wurde er auch in England sehr kühl und desinteressiert empfangen, schließlich war mit dem Fall Antwerpens im Dezember 1832 die Chance eines baldigen großen Krieges in Europa geschwunden.

[2] B.Cz. 5511, S. 665 f.: Czartoryski an L. Plater, London 15. 2. 1833, französ. Übersetzung in: A.G.Benis, Une mission polonaise, I, S. 52–55.

[3] Vgl. Kap. IV/3, S. 129.

Die Idee der Legion[4] war im politischen Denken der Polen während der gesamten Zeit der Nichtexistenz ihres Staates lebendig. Von den napoleonischen Legionen Dąbrowskis bis zu Piłsudski und General Haller war ihr Sinn,

a) den Kern einer polnischen Freiheitsarmee zu bilden, die einst auf polnischem Boden kämpfen sollte, und

b) ein Symbol zu sein für die Idee polnischer Aktivität im Rahmen der europäischen Ereignisse der Zeit.

Eine Außenpolitik im Exil, die ohne die gewohnten staatlichen Hilfsmittel auskommen muß, versucht natürlicherweise, Ersatzinstitutionen zu bilden. Eine Armee war in einer Zeit, in welcher der Krieg als ein legitimes Mittel außenpolitischen Handelns galt, eines der wichtigsten Einsatzmittel außenpolitischer Gewalt. Für das Hôtel Lambert, dessen ganze Politik darauf ausgerichtet sein mußte, eine kriegerische Auseinandersetzung hervorzurufen, an ihr teilzunehmen und sie auszunutzen, galt das in ganz besonderem Maße. Um an dem erstrebten Krieg auch teilnehmen zu können, mußte man eine einsatzfähige Truppe besitzen; da der Krieg zunächst wahrscheinlich nicht in Polen selbst ausbrechen würde, und da das Ausbruchsdatum nicht vorhergesagt werden konnte, mußte diese Truppe schon vorher aufgestellt und ausgerüstet sein.

Die Voraussetzungen dafür schienen günstig insofern, als das militärische Element in der Emigration überwog und gerade die fähigsten polnischen Offiziere sich in der Emigration befanden. Außerdem konnte man auf die Tradition der napoleonischen Legionen zurückgreifen. Das Problem, wie ein Teil der Emigration zu beschäftigen sei, schien sich dadurch lösen zu lassen.

Die Existenz einer nationalen polnischen Militärformation und ihre Teilnahme an Kämpfen an der Seite augenblicklicher bzw. späterer Verbündeter bedeutete eine sichtbare und aktive Präsenz in Europa im internationalen Geschehen und konnte dadurch die Möglichkeit einer Verpflichtung gerade dieser Verbündeten für Polen bzw. für die Bestrebungen der polnischen Nation, sobald es zum Ernstfall kommen sollte, mit sich bringen. Das Schicksal der napoleonischen Legionen zeigte allerdings, daß das Ergebnis, gelinde gesagt, ambivalent sein konnte.

Versucht man, das Konglomerat von Absichten, Überlegungen, offen proklamierten und als Folgewirkung erhofften Zielen bei den Bemühungen um die Aufstellung von Legionen zu ordnen, so ergeben sich folgende Punkte:

1. polnische Legionen stellten eine Art ›Materialisierung‹ der Idee polnischer Präsenz in Europa dar;

2. die – gelungene – Aufstellung einer polnischen Legion hätte für die internationale Politik einen ›fait accompli‹ dargestellt, da der Staat, in dem sie aufgestellt worden wäre und in dessen Dienst sie gestanden hätte, sich eindeutig für die polnischen nationalen Ansprüche und damit gegen die Teilungsmächte (zumindest gegen Rußland) ausgesprochen hätte;

3. die Emigration bestand zu einem großen Teil aus Offizieren und Soldaten; diese

[4] Siehe auch den faktographisch zwar nicht erschöpfenden, aber anregenden Artikel von M. Kukiel, Przedstuletnie poglądy, der sich allerdings in der Hauptsache mit den polnischen Formationen im Krimkrieg beschäftigt.

sollten für den kommenden Krieg in Übung bleiben, besonders die Offiziere sollten sich militärtechnisch und -wissenschaftlich weiterbilden[5];

4. aus der Überlegung heraus, daß beschäftigungslose Soldaten und Offiziere sehr leicht politisiert werden können, und daß das nur in einem für Czartoryski ungünstigen Sinn geschehen werde, sollten die Legionen unter den Befehl konservativer Offiziere gestellt werden[6] – die antidemokratische Spitze wurde von den Gegnern sofort erkannt und spielte bei den inneren Auseinandersetzungen der Emigration eine große Rolle;

5. nach Czartoryski mußte der Einfluß der Teilungsmächte überall in Europa bekämpft werden; polnische Legionen sollten daher die liberalen und konstitutionellen Bewegungen unterstützen, die ein potentieller Verbündeter gegen die Heilige Allianz sein würden;

6. die Legionen sollten Keim, Kern und Kader der späteren nationalen Befreiungsarmee sein.

Die Hauptvoraussetzung und damit gleichzeitig die Legitimierung der Existenz einer Legion mußte deren deutlich erkennbarer nationaler Charakter sein. Das hieß konkret: möglichst polnische Uniformen, Kokarden und Fahnen, ein rein polnisches Offizierskorps, polnische Kommandosprache, möglichst alle Waffengattungen, um dem Charakter als Embryo der späteren nationalen Armee zu entsprechen, möglichst schon im Namen eine Betonung des Charakters als selbständige polnische Formation und schließlich der Vorbehalt, daß man im Ernstfall sofort für Polen einsatzfähig sein müsse, d. h., daß man nur innerhalb Europas stationiert werden dürfe[7].

Eines der Hauptmotive für den Entschluß zur Emigration war bei vielen Emigranten, wie schon erwähnt[8], der Glaube an den baldigen Ausbruch eine revolutionären Krieges, an dem man in Gestalt einer Legion in französischen Diensten teilnehmen wollte. In den ersten Monaten der Emigration vertraten alle Richtungen dieses Konzept: das Komitet Narodowy Polski Lelewels richtete eine entsprechende Petition am 29. Jan. 1832 an die Kammern, Lafayette und seine politischen Freunde unterstützten das Begehren der Polen, General Bem bewegte gerade mit dieser Aussicht einen Teil der in Preußen Internierten zur Emigration, und auch Czartoryski beschäftigte sich schon, bevor er nach Westeuropa kam, mit derartigen Plänen[9]. Die französische Regierung lehnte jedoch nach einigem taktischen Zögern ein solches Ansinnen der polni-

[5] Zu diesem Zweck versuchte man ständig, Offiziere auf französischen (u. a.) Militärakademien unterzubringen; außerdem richtete man Kurse in Militärwissenschaft ein und gründete schließlich sogar eine eigene polnische Militärschule.

[6] Parallel zu diesem Gedanken wurde, wie oben beschrieben (Kap. IV/3, S. 120–122), die Konzeption einer Aufrechterhaltung militärischer Organisationsformen für die Gesamtemigration verfochten.

[7] Hier stand allen Emigranten die Verschickung der napoleonischen Legionen nach Santo Domingo vor Augen.

[8] Siehe Kap. IV/2, S. 94.

[9] M.Sokolnicki, Les origines, passim, besonders S. 96–100 und Kap. 5; A.Lewak, La Fayette o Polsce, S. 74–77; E.Kozłowski, Gen.J.Bem, S. 149f.; H.Lutzowa, Obóz 3go Maja, S. 21 und 48 – danach sammelte Czartoryski zu diesem Zweck schon 1831 in der Heimat Geld; Czartoryski an die Legation, Leipzig 23. 10. 1831, in: A.J.Czartoryski, Korrespondencye, S. 130f.

schen Gäste und der eigenen Opposition ab[10]. Sie war lediglich bereit, die polnischen Armeeangehörigen in die gerade für Algerien sich im Aufbau befindliche Fremdenlegion als Freiwillige aufzunehmen[11]. Das jedoch traf auf den erregten und fast einhelligen Widerstand der Emigration: man wollte sich nicht als Söldner in einem obendrein noch als ungerecht empfundenen Krieg verkaufen; außerdem ging mit der Radikalisierung ein steigendes Mißtrauen gegen die französische Regierung einher, und man erwartete jetzt (1832) den baldigen Ausbruch der europäischen Revolution, von der man sich alles erhoffte[12].

B.

Nach 1832 war das Hôtel Lambert das einzige Lager in der Emigration, daß weiterhin die Legionenidee vertrat und konkrete Anstrengungen unternahm, eine europäische Regierung dafür zu gewinnen. Da die beiden westeuropäischen Großmächte[13], auf die man sich in der Hauptsache stützte, nicht bereit waren, die polnischen Aspirationen auf militärischem Gebiet zu unterstützen, zog man die kleineren Mächte in Betracht. Hier schien insofern mehr Aussicht auf Erfolg zu bestehen, als bei diesen, wie z. B. in Belgien, ein spürbarer Bedarf an erfahrenen Offizieren und eventuell auch an kampferprobten Hilfstruppen sich bemerkbar machte.

So ist es auch nicht zu verwundern, daß die Initiative zur Bildung einer polnischen Legion in Belgien von Leopold I. ausging. Er ließ Anfang 1832 in London und Paris durch seine Gesandten vorfühlen, inwieweit auf polnischer Seite dafür Interesse bestand, und nahm auch selbst in Brüssel mit dort lebenden Polen Kontakt auf[14]. Die französische Regierung, mit der sich Leopold darüber verständigen wollte, zeigte sich unwillig; Zamoyski traf wohl das richtige, wenn er später die Haltung Louis Philippes folgendermaßen erklärte:

> »Schließlich blieb das Vorhaben, eine polnische Legion in Belgien zu bilden, erfolglos; es zerschlug sich an dem Widerstand der französischen Minister du juste milieu. Die Regierung Louis Philippes befürchtete sowohl, Moskau zu verärgern, als auch, Belgien von der Abhängigkeit zu befreien, in der sie dieses von sich selbst zu erhalten sich bemühte«[15].

10 Ob und in welcher Form wirklich ein Versprechen von der französischen Regierung an die Teilungsmächte gegeben wurde, daß keine Legion aufgestellt werde, wie es M. Sokolnicki (M.S., Les origines, S. 99, 151 f., 154) behauptet, ist quellenmäßig nicht nachgewiesen.

11 A. H. Kasznik, Między Francją a Algerią, S. 87 ff.

12 Ebd., und Dies., Wielka to infamia ten Algier.

13 Nicht nur in Paris, auch in London versuchte das Hôtel Lambert, quasi stichprobenartig, die Aufstellung militärischer Formationen zu erreichen – z. B. durch britische Vermittlung in hannover'schen Diensten (L. Gadon, Wielka Emigracja, S. 388) oder 1834 in englischen Diensten auf Korfu (A.H. Kasznik, Między Francją a Algerią, S. 121 nach B.Cz.5507).

14 J.R. Leconte, La formation historique de l'armée belge, S. 183 f.; L. Gadon, Wielka Emigracja, S. 388; B.Cz.5274, S. 31 f. und 46 f.: Czartoryski an L. Plater, London 27. 1. und 21. 2. 1832; J.U. Niemcewicz, Dziennik, I, S. 171; BPP 361, S. 173 f. (davon Kopie in: B.Cz. 5468, S. 181 f.): Tyszkiewicz an Niemcewicz, Brüssel 1. 2. 1832; ebd., S. 279: Legation an Czartoryski, Paris 25. 2. 1832. Über Achilles Murat versuchte Leopold offenbar schon im Oktober 1831, Kontakt mit polnischen Emigranten aufzunehmen, um Offiziere zu erhalten – BPP 360, S. 5: Niemcewicz an Kniaziewicz, London Okt. 1831.

15 Jen. Zam., III, S. 92.

Leopold gab sein Vorhaben jedoch nicht so schnell auf. Anfang April 1832 schrieb er seinem Gesandten in Paris: der französische Widerstand werde ihn nicht daran hindern, trotzdem polnische Offiziere zu beschäftigen. Allerdings war jetzt nicht mehr von einer gesonderten Legion die Rede, sondern von einer Inkorporation in die belgische Armee[16]. Leopold schickte Prot Prószyński, der schon zur belgischen Armee gehörte, nach Paris; in London nahm Van der Weyer Kontakt mit Czartoryski auf, ohne ihm allerdings zu sagen, daß es nicht mehr um die Aufstellung einer gesonderten Legion gehe. Da es sich nach belgischen Vorstellungen um mehrere Tausend Soldaten (Kavallerie, Artillerie und Infantrie) handeln sollte, setzte Czartoryski sofort alles in Bewegung, um die geforderte Anzahl aus Preußen, wo noch über 16000 Polen in der Gegend von Danzig interniert saßen, herauszuholen. Er nahm mit General Bem Verbindung auf, der (noch) die größte Popularität in der Armee genoß, informierte Talleyrand und Palmerston, die zunächst beide nichts einzuwenden hatten, und schlug vor, mit Hilfe amerikanischer Schiffe, unterstützt vom »American Polish Committee« in Paris[17] und finanziert mit englischen und belgischen Mitteln eine entsprechende Anzahl unter größter Geheimhaltung und unter dem Vorwand, sie nach Amerika zu verschiffen, aus Preußen nach Belgien zu bringen[18]. Das Projekt kam nicht zur Ausführung – offensichtlich wegen des französischen Widerstands und der russischen Ratifikation des 24-Punkte-Vertrags nahm die belgische Regierung davon Abstand. Zwar wurde in den folgenden Monaten eine Reihe polnischer Offiziere in die belgische Armee aufgenommen[19], aber von der Aufstellung eines gesonderten polnischen Korps war nicht mehr die Rede. Entsprechende Bemühungen General Bems[20] und Zamoyskis, der an der Belagerung Antwerpens im Herbst/Winter 1832 als Freiwilliger teilnahm[21], blieben fruchtlos.

[16] Leopold an Le Hon, Brüssel 9. 4. 1832, in: T.Juste, Léopold I., I, S. 252–255: » . . . Au lieu de former donc un régiment étranger, je formerai des bataillons polonais, ce qui les mêlera à l'armée comme remplaçants . . . Je suis de l'avis du gouvernement français, qu'il sera plus sage de ne pas former un corps à part des Polonais . . . Je crois que le gouvernement français serait fâché de nous voir former une légion polonaise et peut-être la Russie en prendrait-elle un prétexte de plus pour nous chicaner. En prenant donc les Polonais comme remplaçants de mes jeunes réserves, j'en suis parfaitement maître et ne risque point de voir ce corps prendre une direction qui ne me conviendrait pas«.
Diesen Brief zitieren ebenfalls C.Merzbach, Les Officiers Polonais, S. 415f. und Jen.Zam., III, S. 88f. (auf polnisch). Siehe auch J.R.Leconte, La formation historique de l'armée belge, S. 186f., über ein ähnliches Schreiben Mérodes.

[17] Über dieses auf Initiative Lafayettes von James Fenimore Cooper und S.Howe gegründete amerikanische Hilfskomitee für Polen (in Paris) siehe R.E.Spiller, F.Cooper and Lafayette, und F.Stasik, Polska emigracja w Stanach, 1. und 2.Kapitel, wo allerdings dieser Plan nicht erwähnt wird.

[18] B.Cz. 5274, S. 81–83: Czartoryski an die Legation und an General Bem, 17. 4. und 20. 4. 1832, auch in: A.J.Czartoryski, Korrespondencye, S. 167–171 (ein Brief mit falschem Datum 8. 5.); BPP 54/22, S. 655: Czartoryski an Bem, London 12. 7. 1832; J.R.Leconte, La formation historique de l'armée belge, S. 186–190.

[19] Ebd., S. 191–203 (mit Liste aller polnischen Offiziere in der belgischen Armee); C.Merzbach, Les Officiers Polonais, S. 417–420.

[20] E.Kozłowski, Gen.J.Bem, S. 159–162; einzelne Quellen darüber in BPP 436 und BPP 54/22.

[21] Jen.Zam., III, S. 67–98; B.Konarska, W kręgu Hotelu Lambert, S. 63–66.

Schlimmer verlief die Affaire der sog. ›Portugiesischen Legion‹. In Portugal setzte gerade der brasilianische Ex-Kaiser Don Pedro mit englischer und französischer Hilfe an, für seine minderjährige Tochter Maria II. da Gloria den Thron gegen seinen von der Heiligen Allianz unterstützten Bruder und Kronprätendenten Miguel zurückzuerobern. Über den mangelhaften Zustand der portugiesischen Armee wohl unterrichtet, bot Palmerston Czartoryski schon im Januar 1832 die Möglichkeit eines polnischen Engagements auf der Seite der portugiesischen Konstitutionellen an[22]. Im August 1832 kam es zu Verhandlungen zwischen Czartoryski, Zamoyski und dem portugiesischen Botschafter Palmela. Während die Portugiesen gleichzeitig vergeblich versuchten, über Lafayette mit Lelewel und dem Komitet Narodowy Polski ins Gespräch zu kommen, verhandelte Czartoryski in Paris mit Almeida, dem dortigen portugiesischen Bevollmächtigten, weiter. Am 28. September 1832 wurde eine Konvention abgeschlossen zwischen Czartoryski und Almeida; deren genauer Text ist zwar unbekannt, sie entsprach aber offensichtlich den Vorstellungen Czartoryskis[23].

Schon vorher hatte Czartoryski für das Projekt den General Józef Bem gewonnen. Die Ratifikation der Konvention durch Don Pedro ließ allerdings auf sich warten. Als sie im Frühjahr 1833 noch immer nicht eingetroffen war, ging Bem mit einer Vollmacht Czartoryskis nach Oporto. Dort ließ er sich regelrecht ›überfahren‹: die am 19. Mai 1833 unterzeichnete (am 24. 5. ratifizierte) Konvention zwischen Bem und dem Außenminister Loulé ging zwar auf einige polnische Forderungen (polnische Uniform, aber portugiesische Kokarde, polnisches Offizierskorps und Führung, polnische Kommandosprache, aber portugiesisches Reglement, zwar gesonderte Formation, aber mit dem Titel »Légion de la Reine, composé des Polonais«, keine polnische Fahne), blieb aber in der finanziellen Regelung undeutlich und legte vor allem der polnischen Seite die Verpflichtung auf, bis zum 31. Juli 1833, also innerhalb von 10 Wochen, die Legion aufzustellen. Dies war praktisch ein Ding der Unmöglichkeit, vor allem wegen des erheblichen Widerstands in der Emigration (seine Werbereise durch die Dépôts mußte Bem nach einem Attentat auf ihn abbrechen), wegen des versteckten Desinteresses der französischen Regierung, die sich zwar auf eine billige Art so ihrer kostspieligen Gäste entledigen wollte, aber nicht bereit war, dafür etwas zu tun, und nicht zuletzt wegen des Ausbleibens der versprochenen Gelder aus Portugal, ohne die der Aufbau der Legion nicht durchgeführt werden konnte.

Bem jedoch stürzte sich mit der Monomanie eines ehrgeizigen, aber beschäftigungslosen ›Kommißkopfs‹ in die Angelegenheit. Czartoryski war zwar unzufrieden

[22] B.Cz.5274, S. 32–35: Unterredung mit Palmerston 28. 1. 1832.

[23] B.Cz.Ew.1508: Czartoryski an Zamoyski, (Paris) 14. und 23. 10. 1832; hiernach hieß Palmerston das Unternehmen gut und hatte gegen die polnischen Forderungen wie polnische Kokarden, Farben und Fahnen nichts einzuwenden. In einem früheren Brief an Zamoyski nannte Czartoryski als polnische Bedingungen:
»1. völlige Gleichstellung mit den englischen und französischen Legionen, in der Bezahlung, der Ausrüstung und der Verpflegung,
2. polnische Benennung, Farben, Fahne und Kommando,
3. Sicherheit der Rückkehr.«
(B.Cz.Ew.3208, S. 11f.: Czartoryski an Zamoyski, Hastings 11. 8. 1832).

mit der neuen Konvention, zog aber nicht die Konsequenz[24]; als sich die Wolken des Unwillens der Emigration über Bem sammelten, griff er, wohl vor allem auf den Einfluß Zamoyskis hin, ein: während er bisher im Hintergrund geblieben war, unterstützte er jetzt die Bemühungen Bems offiziell, was zwar die Legion nicht populärer, ihn selbst aber umso unpopulärer werden ließ. Die Empörung der Emigration ließ die Chancen der Legion weiter dahinschwinden. Aber trotz des Ausbleibens der Gelder aus Portugal und verschiedener Erschwerungen durch die französischen Behörden sammelte man einige Freiwillige bei La Rochelle und steckte bedeutende Summen in das Unternehmen. Inzwischen war Lissabon von den Streitkräften Don Pedros eingenommen worden, eine polnische Legion wurde nicht mehr benötigt, also teilte der portugiesische Außenminister mit dürren Worten mit, die polnische Seite habe den Termin nicht eingehalten und somit sei der Vertrag gegenstandslos. Als Bem daraufhin nach Lissabon reiste, um nochmals persönlich zu intervenieren, hatte er keinen Erfolg. Seine Bemühungen um die Wiedererstattung der bisherigen Kosten, die sich immerhin auf 64000 Francs beliefen, brachten ihn, da sie sehr impulsiv und undiplomatisch vorgetragen wurden, ins Gefängnis, aus dem er durch englische Vermittlung bald wieder entlassen wurde. Auch spätere Versuche Czartoryskis und Bems, durch französische Vermittlung ihren Verlust aus Lissabon ersetzt zu bekommen, blieben erfolglos[25].

D.

Inzwischen schwelte noch immer die Frage einer polnischen Beteiligung an der französischen Fremdenlegion in Algerien[26]. 1832 war Czartoryski noch dagegen gewesen, daß sich Polen in Algerien engagierten – die Legion sollte ja in seinen Plänen an den europäischen Verwicklungen teilnehmen, außerdem befürchtete er, daß dies seinen Beziehungen zu den Türken schaden könnte[27]. Bis Ende 1833 zerschlugen sich jedoch alle Hoffnungen, anderswo eine Legion aufstellen zu können – neben den Mißerfolgen in Belgien und Portugal scheiterten auch die Versuche in Ägypten und im Osmanischen Reich schon im Anfangsstadium[28].

[24] An Zamoyski schrieb Czartoryski, er werde versuchen, die Konvention nochmals zu ändern, aber sich davon lossagen könne man nicht, »da sie doch ungleich mehr Nutzen bringen kann, als an Schaden vorauszusehen ist« – ein verhängnisvoller Irrtum (B.Cz.Ew.1508: Czartoryski an Zamoyski, Paris 21. 6. 1833).

[25] Die Affaire der sog. ›portugiesischen Legion‹ wurde hier dargestellt nach: J.Frejlich, Legion Bema; E.Kozłowski, Gen.J.Bem, S. 162–188; B.Konarska, W kręgu Hotelu Lambert, S. 67–72; Jen.Zam., III, S. 60–64, 186–192. Quellen dazu in B.Cz.5365 und 5366.

[26] Die polnische Beteiligung an der französischen Fremdenlegion behandelt ausführlich und erschöpfend A.H.Kasznik Między Francją a Algerią, passim; dadurch weitgehend überholt: M.Pawlicowa, Sto lat lemu; A.Grobicki, Emigracja polska i francuska Legia cudzoziemska 1832–1836, und am Rande S.Kieniewicz, Les émigrés polonais en Algérie 1832–1856.

[27] Im Juli 1832 warnte David Urquhart in einem langen Schreiben Czartoryski vor einem polnischen Engagement in Algerien, da dies die Polen im gesamten Orient nur unbeliebt machen könne (B.Cz.5468, S. 325–332: Urquhart an Czartoryski, London 17. 7. 1832).

[28] Siehe die oben (Kap. IV/4, S. 208f.) erwähnten Kontakte mit Namik Pascha und die Mission Gen.Dembińskis zu Mehmed Ali.

Die Aufstellung einer gesonderten polnischen Formation blieb jedoch weiterhin ein wichtiges Postulat der politischen Gesamtkonzeption Czartoryskis. Als einziger Ausweg blieb Algerien; die erste französische Fremdenlegion war noch national aufgegliedert.

1834 ergab sich als zusätzliches Problem, daß die letzten in Preußen und Österreich internierten polnischen Soldaten zwar freigelassen wurden, aber zwangsweise nach Amerika verschickt werden sollten. Als sie vor der westeuropäischen Küste meuterten, weigerten sich die westeuropäischen Regierungen, sie aufzunehmen. Während es einem Teil gelang, trotzdem teils in England, teils in Frankreich unterzukommen, bot die französische Regierung als einzigen Ausweg Algerien an. Das Hôtel Lambert machte sich zum ›Fürsprecher‹ dieses Angebots, trieb einige Propaganda für die Fremdenlegion in der Emigration und vor allem unter den Neuankömmlingen und wurde so noch unbeliebter.

Schließlich gelang es, einen Teil der neuen Emigranten zur Reise nach Algerien zu bewegen, wo sie mit anderen polnischen Freiwilligen Anfang 1834 ein aus 6 Kompanien bestehendes Bataillon von 683 Mann, davon 21 Offiziere, bildeten. Der spezifisch polnische Charakter ließ jedoch sehr zu wünschen übrig: es befanden sich zahlreiche französische Offiziere und Unteroffiziere in dem polnischen Bataillon, es bestand kein besonderer Unterschied zu den sonstigen Bataillonen der Fremdenlegion, von eigenen Uniformen, Kokarden oder Fahnen ganz zu schweigen.

Die Prinzipien, nach denen die französische Regierung die Fremdenlegion aufgestellt hatte, standen den polnischen Vorstellungen von einer Legion als Keim der künftigen polnischen Nationalarmee diametral entgegen. 1834 trat das Hôtel Lambert mit einer Reihe von Denkschriften an die französische Regierung heran, in denen es neben den materiellen Interessen der polnischen Legionäre (besonders spätere Hilfsgelder und Einbürgerung) vor allem um den nationalen polnischen Charakter der polnischen Formation ging; Wert wurde besonders auf ein rein polnisches Offizierskorps gelegt und darauf, daß möglichst alle Waffengattungen vertreten seien – die Fremdenlegion war reine Infantrie, was natürlich nicht der Vorstellung vom Kader einer ganzen Armee entsprach. Auch weitere kleinere Forderungen, die alle in die Richtung zielten, das polnische Bataillon von der übrigen Fremdenlegion abzuheben und seiner Existenz einen nationalpolnischen politischen Sinn zu geben, wurden von den französischen Behörden abgelehnt. Zamoyski unternahm im Winter 1834/35 eine Inspektionsreise nach Algerien und kam mit wenig erfreulichen Nachrichten zurück.

Das Hôtel Lambert mußte einsehen, daß auch das Algerienprojekt ein Fehlschlag war. Obendrein wurde Ende 1835 die Fremdenlegion umorganisiert und die nationale Gliederung aufgelöst. Das Hôtel Lambert versuchte zwar auch später immer, die Interessen der polnischen Legionäre gegenüber der französischen Regierung zu vertreten, das Projekt jedoch, auf dem Umweg über die Fremdenlegion ein nationales militärisches Korps zu bilden, wurde ab 1835 nicht mehr weiterverfolgt.

Inzwischen hatte sich 1835 eine neue Möglichkeit in Spanien gezeigt. An dem Bürgerkrieg zwischen den Karlisten und den Konstitutionellen beteiligten sich militärisch auch England mit der Freiwilligenlegion unter Evans de Lacy und Frankreich, das seine Fremdenlegion an die spanische Königin verkaufte. Die Vorstellungen des Hôtel Lambert schwankten zwischen einer vergrößerten polnischen Beteiligung an der Fremdenlegion und der Aufstellung eines eigenen Korps. Als Kommandeur war General Henryk Dembiński ausersehen, der intensive Unterhandlungen mit der französischen Regierung und Vertretern Spaniens aufnahm. Wie schon früher, hieß die französische Regierung das Projekt zunächst gut, zog sich aber dann zurück und behinderte schließlich alle Bemühungen[29]. Auf offensichtlichen Druck der Ostmächte hin[30] zog Madrid jedoch seine ursprünglichen Angebote zurück, so daß aus dem Projekt nichts wurde. Zwar bildete sich, zunächst im Rahmen des französischen Hilfskorps', dann ab Sommer 1837 als direkt der spanischen Regierung unterstehende Formation eine polnische Kavallerieschwadron[31], aber deren Existenz hatte nichts mehr mit den Absichten und Bemühungen des Hôtel Lambert zu tun[32].

Auch in den folgenden Jahren gab das Hôtel Lambert grundsätzlich seine Absicht, eine eigenständige polnische Truppe in fremdem Dienst und/oder Schutz aufzustellen, nicht auf. Belehrt allerdings durch die bisherigen Mißerfolge, engagierte man sich nicht mehr so leichtsinnig und vorbehaltlos wie bisher. Angebote einer militärischen Zusammenarbeit und Unterstützung, in deren Hintergrund immer die Idee der Legion stand, wurden auch in Zukunft häufig gemacht: so an Belgien und die Türkei, an die Donaufürstentümer, sowie Pläne einer militärischen Expedition nach Persien und (mehrmals) in den Kaukasus. Erst 1848 konnten reguläre Legionen aufgestellt werden, in Rom, Piemont und Ungarn, sowie 1854/55 während des Krimkriegs im Osmanischen Reich.

E.

Für den Mißerfolg der Bemühungen des Hôtel Lambert um eine militärische Präsenz in Europa lassen sich vier Gründe anführen:

1. Während die Diplomatie noch im Halbdunkel des Geheimen und Halbprivaten vonstatten gehen konnte, hätte die Aufstellung einer Legion einen offiziellen Akt dargestellt, der – wie auch beabsichtigt – weitreichende internationale Konsequenzen gehabt hätte. Die Teilungsmächte setzten daher alle Hebel in Bewegung, um das Zustandekommen einer polnischen Legion zu verhindern. Da die für eine Zusammenarbeit mit dem Hôtel Lambert in Frage kommenden Länder vor allem an der Erhaltung des Friedens interessiert waren, waren damit auch die polnischen Bedingungen unannehmbar.

Die Bemühungen um eine Legion gehören somit in den Zusammenhang der oben charakterisierten ›Politik der faits accomplis‹; die Legionen waren nicht nur als künftiges militärisches Instrument gedacht, sondern schon die Tatsache ihrer Entstehung

[29] Durch die portugiesische Erfahrung belehrt, drängte allerdings das Hôtel Lambert, besonders Zamoyski, darauf, daß alles durch Vermittlung Frankreichs zu geschehen habe, welches genau die Verpflichtungen beider Seiten festlegen sollte.

[30] Dies behauptet zumindest die bisherige Literatur, allerdings ohne Quellennachweis. Möglich ist auch, daß Madrid einfach befürchtete, bei einer offiziellen polnischen Beteiligung würden die Ostmächte ihr Engagement für die Karlisten intensivieren.

[31] Zu Beginn ihrer Existenz besaß diese Ulanenschwadron eine Fahne mit polnischen Abzeichen (Adler und Reiter), allerdings ohne offizielle Genehmigung (J.Grobicki, Pułk Ułanów Polskich, S. 101 f.).

[32] Zur ›Spanischen Legion‹ bzw. den Bemühungen dazu siehe Jen.Zam., III, S. 315–326; B.Konarska, W kręgu Hotelu Lambert, S. 76–80; K.B.Hoffman, Pamiętnik, S. 319–322, 326; J.Grobicki, Pułk Ułanów Polskich; M.Pawlicowa, Sto lat temu.

und Existenz selbst sollte die Spannungen in Europa vergrößern und schließlich zum Krieg führen.

2. Die polnische Emigration stellte, angesichts ihrer Zusammensetzung, ein beschäftigungsloses militärisches Potential dar. Dies sahen nicht nur die französischen und italienischen Revolutionsplaner, sondern auch die Regierungen. Während jedoch Czartoryski mit den Legionen nationalpolitische Ziele und Vorstellungen verband, betrachteten die interessierten oder angesprochenen Regierungen die exilierten polnischen Offiziere und Soldaten nur als militärisches Material, als arbeitslose Söldner, die nach Beschäftigung suchten. Es gelang nicht, diese unterschiedliche Erwartungshaltung und die sich einander ausschließenden Vorstellungen auszugleichen.

3. Der überwiegende Teil der Emigration lehnte ab etwa Mitte 1832 die Legionen ab. Zwar war auch in den demokratischen Teilen der Emigration der Gedanke internationaler Solidarität durchaus lebendig, aber man erkannte hier – offensichtlich schneller als im Hôtel Lambert –, daß es den Regierungen nur um Söldner ging. Die Parole »Polnisches Blut gehört nur Polen« fand überall Zustimmung. Zwar gab es unter den Offizieren eine Reihe Kondottiere-Typen, aber ihre Zahl war relativ klein. Gerade dadurch, daß das Hôtel Lambert mit solchen Kondottieres zusammenarbeitete und sie benutzte, kompromittierte es sich selbst und seine nationalen Vorstellungen, die es ursprünglich mit den Legionen verband, und ließ sich zu Zugeständnissen bewegen, welche die Legionen ihres nationalen Sinns beraubten.

4. Europa befand sich nach 1831 nicht in einer Zeit des Umbruchs und der internationalen Unruhe, die mit dem Zeitalter der Französischen Revolution und Napoleons zu vergleichen wäre. Daher gelang es auch nicht, das Modell der napoleonischen Legionen zu wiederholen. Als Indiz dafür, daß nur im Rahmen einer gesamteuropäischen Krise Legionenprojekte zu verwirklichen waren, mag gelten, daß es erst 1848 zur Bildung polnischer Legionen kam.

6. Die publizistische Präsenz: die Propaganda

A.

Es wurde bisher schon mehrfach ausgeführt, daß es das Hauptanliegen der Politik Czartoryskis war, angesichts der Nichtexistenz eines polnischen Staates Polen im europäischen Bewußtsein präsent zu erhalten. Die Adressaten seiner Politik konnten daher nicht nur die Regierungen sein. Eine propolnische Einstellung der öffentlichen Meinung war unbedingt notwendig, und zwar aus mehreren Gründen: einerseits war die finanzielle Unterstützung, welche die Emigration erhielt, von Parlamentsbeschlüssen und damit – indirekt – von der öffentlichen Meinung der Gastländer abhängig. In Einsicht in die politischen Mechanismen konstitutioneller Staaten meinte Czartoryki andererseits, über die öffentliche Meinung die Regierungspolitik beeinflussen zu können. Die Propaganda hatte also mehrere Funktionen: einmal war sie ein notwendiges Korrelat zu den diplomatischen Bemühungen, die Regierungen der Gastländer bzw. ihre Außenpolitik und ihre Fremdenpolitik zu beeinflussen; zum anderen war es schon ein Gewinn an sich, wenn Polen bzw. die Berechtigung des polnischen Anspruchs auf nationale Existenz bzw. einen Nationalstaat möglichst breit und fest im Bewußtsein der europäischen öffentlichen Meinung verwurzelt war. Außerdem konnte man so Sympathisanten und Befürworter, ja sogar nichtpolnische Mitarbeiter der eigenen Politik finden[1].

Sieht man, wie hier getan, eine Emigration im Rahmen der internationalen Beziehungen und als (zumindest potentielles) Subjekt derselben, so entspricht die Propagandapolitik einer Emigration der normalen ›Auswärtigen Kulturpolitik‹ eines Staates[2]. So seltsam es zunächst klingen mag – die ›Auswärtige Kulturpolitik‹ einer Emigration hat in einiger Hinsicht günstigere Voraussetzungen als diejenige eines Staates.

[1] Eine theoretische Begründung für die Funktion von öffentlicher Meinung und Propaganda in der Politik findet sich in einem anonymen Artikel, der von Czartoryski selbst oder von einem seiner Mitarbeiter stammte:
»The great revolution, by which opinion has in a considerable degree superseded ambition in the affairs of man, and the sympathy of people at large have become the prime movers in those important concerns which were formerly subject to the caprice of individuals, has been attended by a corresponding change in the weight and rank of all elements which enter into the composition of States. Throughout all the European countries, the views of individual rulers, the numeric strength of armies – all those parts of the social system, in short, which have only a technical existence, which are in some sort extrinsic, and may be viewed rather as the organs of the body politic than the body politic itself, have declined in importance; while, in each, the moral and physical circumstances of the body of the people, and every element which supplies the subject-matter or modifies their opinions, feelings, and temperament, have acquired a proportionable ascendancy. These, therefore, are the capital objects of attention to the practical politician, no less than to the speculatist, to calculate moral forces, to gauge opinions, and to fathom the mighty changes which the concentration of new materials, and the development of new principles, are continually working in the internal structure of every European State«. (»The Influence of Poland on the Destinies of the Slavonic Nations«, in: Polonia, II, Sept. 1832, S. 80–87, hier S. 82).

[2] Die folgenden Überlegungen sind in beträchtlichem Maße beeinflußt von der Arbeit R.M.Emges über »Auswärtige Kulturpolitik«, der allerdings nur von staatlicher ›Auswärtiger Kulturpolitik‹ ausgeht.

Zwar fehlen meist die für eine kontinuierliche Politik unerläßlichen Finanzen. Jedoch zählt eine politische Emigration in der Regel eine Vielzahl von Intellektuellen zu ihren Mitgliedern – das ›Material‹ für eine Auswärtige Kulturpolitik ist also schon vorhanden und braucht nicht erst aus der Heimat herangeholt zu werden. Dadurch, daß diese Intellektuellen im Adressatenland wohnen, sind sie viel besser über die Bedürfnisse, Rezeptionsmöglichkeiten und über die Rezeptionsbereitschaft informiert; sie kennen genauer die Schwierigkeiten und die Erfordernisse effektiver Wirksamkeit. Sie verfügen, nach einer gewissen Anlaufzeit, über Beziehungen, die nicht mehr administrativ vermittelt zu werden brauchen. Darüber hinaus – die besonders für das moderne Europa kennzeichnende Barriere zwischen Kultur und gouvernementalem Bereich bzw. Politik, eine Schranke, die vor allem aus einem Mißtrauen gegen die Bürokratie, auch gegen ›verwaltete Kultur‹ resultiert, ist in der Emigration kaum vorhanden: einerseits, weil es in der Emigration keine ›Kulturbürokratie‹ gibt, und andererseits, weil bei einem aus politischen Gründen emigrierten Intellektuellen ein direktes, d. h. konkretes politisches Engagement meist vorausgesetzt werden kann, das jene Barriere gegenstandslos macht. Das ständige Mißtrauen des Intellektuellen vor einer Prostituierung der Kultur bzw. des Geistes durch die Politik ist in der Emigration wenn nicht vollständig, so doch meistens weitgehend ausgeräumt. Wenn J. Radkau von der »Relativierung des Unterschieds von Politiker und Publizist« in der Emigration spricht, so zielt das in etwa in die gleiche Richtung[3].

Es läßt sich natürlich fragen, und das besonders im Zusammenhang mit dem Hôtel Lambert, ob der Begriff ›Auswärtige Kulturpolitik‹ sich wirklich mit der Propaganda deckt. Solange sich letztere im Bereich der Vertretung der gesamten polnischen Nation bewegte – nach Emge muß Auswärtige Kulturpolitik »die Interessen der jeweiligen Nation im Ausland langfristig fördern«[4] – läßt sich die Frage positiv beantworten: die politischen Ansprüche der polnischen Nation wurden meist historisch begründet, und die Vermittlung historischen Wissens, auch wenn es mit einer eindeutig politischen Intention geschieht, gehört zweifellos noch zur Kulturpolitik. Wie aber steht es mit anderen Bereichen: der Argumentation mit den Wiener Verträgen, charitativ-propagandistischen Unternehmungen zugunsten der materiellen Bedürfnisse der Emigration, der antirussischen Propaganda, der Propaganda für die Tscherkessen, für die Erhaltung des Osmanischen Reiches, für den polnischen Katholizismus? Wie steht es mit dem Teil der Propaganda, die den Bedürfnissen der Tagespolitik diente?

Zugegebenermaßen wird hier der Begriff ›Auswärtige Kulturpolitik‹ etwas eng, und er ist hier ja auch nur als erklärendes Hilfsmittel, nicht als Definition eingeführt worden. Wenn man den Begriff jedoch nicht von den damit verknüpften Postulaten, sondern empirisch, von den konkreten Erscheinungsformen, wie sie bisher festzustellen sind, her betrachtet, so kann man nicht umhin, ihn zu erweitern. Die Darstellung der politischen und sozialen Verhältnisse im eigenen Land – gehört das schon nicht mehr zur ›Auswärtigen Kulturpolitik‹? Wenn die polnische Propaganda die Repressionen der Teilungsmächte in Polen anprangerte, so tat sie nichts anderes.

Außerdem ist zu berücksichtigen, daß fast alle politischen Begriffe, denen ja meist zumindest partiell etwas Postulatorisches anhaftet, in allen Spannungszeiten, in extremen Situationen wie Krieg oder ernste Bedrohung in der Praxis eine Ausweitung

[3] J.Radkau, Die deutsche Emigration, S. 119.
[4] R.M.Emge, Auswärtige Kulturpolitik, S. 15.

erfahren. Man vergleiche etwa, was alles während des sog. ›Kalten Krieges‹ von beiden Seiten als ›Auswärtige Kulturpolitik‹ getrieben wurde! Und das Exil ist zweifellos eine Extremsituation; die dreigeteilte polnische Nation und ihre Repräsentanten in der Emigration empfanden ihre Situation unstreitig als fundamentale Bedrohung ihrer Existenz.

Der Begriff ›Auswärtige Kulturpolitik‹ für die vom Hôtel Lambert geführte propolnische Propaganda in Westeuropa wurde eingeführt, um die Analogie dieses Bereichs der polnischen Außenpolitik zu der Außenpolitik normaler Staaten deutlich zu machen. Das muß nicht unbedingt heißen, daß alle Erscheinungsformen der Propaganda sich mühelos auch unter den analogen Begriff subsummieren lassen. Das ist auch gar nicht nötig. Es ist schon mehrfach betont worden, daß die Situation des politischen Exils eine Eigengesetzlichkeit politischen Handelns erfordert und hervorbringt. Bei für die wissenschaftliche Beschreibung sehr dienlichen Analogiebegriffen ist daher eine gewisse begriffliche Toleranz wohl angebracht.

B.

Der Adressat für die propolnische Propaganda des Hôtel Lambert[5] war im Prinzip die gesamte europäische Öffentlichkeit. In der Praxis allerdings beschränkte sich der Wirkungsbereich weitgehend auf England und Frankreich. Das lag zum einen darin begründet, daß sich nur in diesen beiden Ländern die praktischen Möglichkeiten effektiver Propagandaarbeit boten. Zum anderen aber bestand nur in den konstitutionellen Staaten Westeuropas eine Chance, auf dem Umweg über die öffentliche Meinung Einfluß auf die Regierungspolitik zu nehmen, da jene nur hier in den Mechanismen politischer Meinungs- und Entscheidungsbildung eine wesentliche, wenn auch vom Hôtel Lambert oft überschätzte Rolle spielte. Gelegentlich versuchte man, auch in Belgien[6] und in Deutschland[7] Fuß zu fassen – allerdings nur sporadisch und zunächst ohne Erfolg.

Der Vorrang von London und Paris für die Propaganda wurde noch dadurch bestimmt, daß sich hier die beiden Organisationen befanden, die sich mit der Koordinierung und effektiven Verwirklichung aller derartigen Bemühungen befaßten: in Paris das Towarzystwo Literackie und in London die Literary Association of the Friends of Poland.

Das Towarzystwo Literackie Polskie (Polnische Literarische Gesellschaft) bestimmte in seiner Gründungssitzung am 29. April 1832 im ersten Artikel seiner Satzung als Ziel:

[5] Es versteht sich, daß neben der propolnischen Propaganda auch Propaganda unter den Polen, d. h. sowohl in der Heimat als auch in der Emigration, getrieben wurde. Diese gehört jedoch nicht in den Bereich der außenpolitischen Tätigkeit des Hôtel Lambert.

[6] Besonders während der Skrzynecki-Affaire.

[7] Z. B. versuchte man 1836/37, über den in Stuttgart lebenden und dort naturalisierten polnischen Emigranten Ludwig Woelffel aus Warschau Kontakt zur deutschen Presse (vor allem zur Augsburger Allgemeinen) aufzunehmen, jedoch offensichtlich erfolglos (BPP 484/2/24, S. 89, und 25, S. 93: Ludwig Woelffel an Nemezy Kożuchowski, Stuttgart 9. 5. und 17. 6. 1837).
Auch Zamoyski bemühte sich während seiner Reisen durch Deutschland um Kontakt zu Münchner und Würzburger Zeitungen.

»La Société Littéraire Polonaise est établie pour recueillir et publier des matériaux concernant l'ancien royaume de Pologne, et tout ce qui est relatif à sa situation présente, à son bien-être futur, dans la vue de conserver et d'alimenter dans l'opinion des nations civilisées l'intérêt qu'elles ont témoigné pour la Pologne«[8].

Damit stellte das Towarzystwo Literackie, mit anderen Worten, »das erste polnische Dokumentations-, Informations- und Propagandabüro« dar.[9]

Vier Sektionen wurden gebildet, die je einen Teil der Presse als ihr Arbeitsgebiet übernahmen:

1. Sektion: Presse der konstitutionellen Opposition (Frankreichs);
2. Sektion: republikanische und karlistische Presse;
3. Sektion: ministerielle Presse;
4. Sektion: polnische (in Emigration und Heimat), deutsche und englische Presse[10].

In den wöchentlichen Sitzungen berichteten die einzelnen Sektionen über ihr Arbeitsgebiet und machten Vorschläge, was man wie schreiben könnte. Nach z. T. sehr detaillierten Diskussionen wurde bestimmt, wer der Autor des geplanten Artikels sein solle. Dieser legte seinen Text in der nächsten Sitzung vor; das Komitet Redakcyjny (Redaktionsausschuß) übernahm dann die endgültige Redigierung und bestimmte, in welcher Zeitung er publiziert werden sollte. Manche Artikel wurden gleichzeitig an mehrere Zeitungen geschickt, erschienen aber nicht immer. Ähnlich ging man mit Broschüren und Flugblättern um. Da im Towarzystwo Literackie auch Nichtpolen Mitglieder waren (Alphonse d'Herbelot war zu Beginn sogar einer der Redakteure), debattierte man auf französisch. Erst am 19. März 1835 wurde das Polnische als Sitzungs- und Protokollsprache eingeführt[11]. Am 28. Oktober 1832 richtete man noch ein Bióro Korespondencyjne (Korrespondenzbüro) ein, das in embryonaler Form die Rolle einer polnischen Presseagentur übernehmen sollte.

Mit einer derartigen Zentralisierung aller Propagandabemühungen auf französischem Boden wurde eine ideologische Einheitlichkeit gewährleistet, wie sie in der polnischen Emigration wesentlich später nur noch die Centralizacja des TDP zustan-

[8] BPP 489/No 2/t.1: Sitzungsprotokoll vom 29. 4. 1832, auf polnisch in: L.Gadon, Z życia Polaków, S. 10.
Der Ausdruck »l'ancien royaume de Pologne«, womit offensichtlich das 1815 gegründete Königreich gemeint war, wurde später geändert in: »des alten Polen« (»dawnej Polski«) – siehe Towarzystwo Historyczno-Literackie w Paryżu, S. II.

[9] M.Straszewska, Życie literackie, S. 105.

[10] So bei L.Gadon, Z życia Polaków, S. 14, danach auch A.Barszczewska, Prasa francuska, S. 64 f. Die Einteilung ist jedoch schon während des Jahres 1832 mehrfach geändert und wohl nie ganz strikt eingehalten worden (BPP 489/No 1).

[11] Ein früherer dahingehender Vorschlag Umińskis wurde vom Vice-Präsidenten Ludwik Plater abgelehnt mit der Begründung:
» . . . . que la Société a un double but: le principal est d'influer sur la rédaction des journaux français, dans leurs articles relatifs à la Pologne et sur l'opinion en général par ses propres écrits. Il est évident que dans cette action tout extérieure, elle ne saurait se servir de la langue polonaise. Des étrangers peuvent devenir membres de la Société et prendre part à ses séances; ils doivent comprendre les débats. En outre, pour pouvoir écrire en français, comme c'est indispensable dans le cercle d'action déterminé, il faut que les membres s'initient de plus en plus à cette langue par son usage continuel« (BPP 489/No 2: Sitzungsprotokoll vom 4. 10. 1832).

debrachte. Die Arbeitsintensität des Towarzystwo Literackie[12] war nicht immer gleichmäßig – ab Anfang 1833 begann man sich stärker mit innerpolnischer Kulturpolitik zu befassen; die Protokolle werden, was die Propaganda betrifft, immer magerer. Wahrscheinlich übernahm einen Teil der Arbeit der im Januar 1833 gegründete und sich langsam entwickelnde Geheimbund. Jedoch blieb die Propaganda nach außen weiterhin eine der Hauptaufgaben des Towarzystwo Literackie – Artikel wurden vermittelt[13], Bücher und Broschüren publiziert, Materialsammlungen für französische Politiker und Abgeordnete[14] hergestellt und gelegentlich feierliche Bankette gegeben.

In London wurde nach intensiven Vorarbeiten am 25. Febr. 1832 die Literary Association of the Friends of Poland gegründet[15], vor allem auf die Initiative J. U. Niemcewicz', des Dichters Thomas Campbell und des Deutschen Adolf Bach hin. Auch hier war die Hauptaufgabe die Propaganda[16], daneben ebenfalls die materielle Unterstützung der Emigranten[17]. Im Unterschied zu Paris bestand die Literary Association nur aus Engländern (maximal 500 Mitglieder). Ihr erster Präsident war Thomas Campbell[18]; als erster Sekretär arbeitete Adolf Bach. Von polnischer Seite waren ständig einige bezahlte Angestellte tätig, vor allem als Sekretär Krystyn Lach Szyrma, der einer der wichtigsten Mitarbeiter des Hôtel Lambert auf englischem Boden war[19]. Nach einer erfolgversprechenden Anfangsphase drohte die Literary Association zu zerfallen, vor allem wegen Auseinandersetzungen zwischen Campbell und Bach.

[12] Papiere des Towarzystwo Literackie in BPP 489ff. Darüber: L.Gadon, Z życia Polaków; H.Lutzowa, Obóz 3go Maja, S. 35–42; M.Straszewska, Życie literackie, S. 101–108; vgl. auch Kap. IV/3, S.141.

[13] H.Lutzowa schätzt, daß die Mitglieder des Towarzystwo Literackie und des Grono Historyczne (Historischer Zirkel, die Filiale in London, siehe Kap. IV/3, S. 141 innerhalb von 15 Jahren mindestens 4000 Artikel, Broschüren oder Bücher schrieben. Davon muß allerdings etwa die Hälfte der polnisch-sprachigen Presse zugerechnet werden (H.Lutzowa, Prasa emigracyjna Obozu 3go Maja, S. 642).

[14] Vgl.Kap.IV/4, S.175.

[15] Über die Entstehung und die erste Zeit der Literary Association siehe vor allem J.U.Niemcewicz, Dziennik, I, passim.

[16] Der erste Artikel der Satzung war praktisch identisch mit dem oben zitierten Artikel des Towarzystwo Literackie:
»The Literary Association of the Friends of Poland, is instituted for the diffusion of general knowledge of the history and the events of the ancient Kingdom of Poland, and for collecting all such information as may tend to preserve in the public of Great Britain a lively interest in the condition of that country« (in: Polonia, I, Aug.1832, S. 1).

[17] 1834–39 übertrug die englische Regierung der Literary Association die Verteilung der Unterstützungsgelder. Über diese und die übrige charitative Tätigkeit siehe ausführlich M.Copson-Niećko, Propolish Agitation, Kap.1.

[18] Thomas Campbell hatte sowohl 1797 wie 1830–32 einige bekannte Polengedichte geschrieben. Seine Verse

»Hope, for a season, bade the world farewell
and freedom shriek'd – as Kosciuszko fell«,

(aus »The Downfall of Poland« in: »The Pleasures of Hope«, entstanden 1797), wurden zum geflügelten Wort und Topos propolnischer Dichtung. Über Campbell siehe J.A.Teslar, Poland in the Poetry and Life of T.Campbell – in der Behandlung der Zeit 1831–33 z. T. fehlerhaft.

[19] Über seine Tätigkeit in England informiert W. Chojnacki/J.Dąbrowski, Krystyn Lach Szyrma, S. 89–134 und 191–216 (Zusammenstellung seines wissenschaftlichen und publizistischen Schaffens in dieser Zeit).

Während seines zweiten Englandaufenthalts im Frühjahr 1833 reorganisierte Czartoryski die Gesellschaft. Im Mai 1833 wurde für längere Zeit Thomas Wentworth Beaumont, ein reicher Parlamentsabgeordneter, Präsident. Das aktivste Mitglied, Lord Dudley Coutts Stuart, verband eine starke persönliche Freundschaft mit Czartoryski und Zamoyski. War die Literary Association zu Beginn von der erregten politischen Atmosphäre der Reform-Bill-Ära beeinflußt und zählte unter ihren Mitgliedern eine Reihe radikaler Parlamentsabgeordneter, so wurde sie ab 1833 »increasingly aristocratic and upper middle class in composition with a strong emphasis on wealth and social prestige«[20].

Die Bedeutung der Literary Association lag weniger in einer kontinuierlichen organisierten Tätigkeit als vielmehr darin, daß sich in ihr eine Reihe Parlamentsmitglieder (etwa 40), viele einflußreiche Aristokraten und eine Reihe namhafter Journalisten (u. a. Henry Reeve, Gilbert Ainslee Young, Frederick Cortazzi) als Mitglieder befanden. Die propagandistische Tätigkeit läßt sich daher nur sehr schwer im Detail dechiffrieren[21]. Die treibenden und ständig aktivierenden Leute waren Zamoyski, Dudley Stuart, K. L. Szyrma und in der Anfangszeit J. U. Niemcewicz[22]. Die Einflußmöglichkeiten waren durch die soziale Stellung der Mitglieder, den Aktivismus einzelner Polenfreunde und ihre Rolle in der Politik ziemlich groß.

C.

Als wirksamstes Mittel zur Unterrichtung der westeuropäischen Öffentlichkeit über Polen bot es sich an, eine eigene Zeitschrift zu gründen, die sich diesem Thema widmen sollte. Die Hauptschwierigkeit lag hier auf der finanziellen Seite, und deshalb war auch solchen Unternehmungen meist nur ein sehr kurzes Dasein beschieden. Den Anfang machte hier die von der Literary Association herausgegebene »Polonia, or Monthly Report of Polish Affairs«[23]. Nach einigen Monaten mußte sie ihr Erscheinen wieder einstellen. Ähnlich erging es Parallelunternehmungen in der britischen Provinz[24].

[20] M.Copson-Niećko, Propolish Agitation, S. 20.

[21] Vgl. H.Lutzowa, Obóz 3go maja, S. 27.

[22] Dessen Tagebuch (J.U.Niemcewicz, Dziennik) beinhaltet zu etwa 70 % propagandistisch-publizistische Tätigkeit: Einfluß auf Zeitungen, Vermittlung von Artikeln, Versuche, bekannte Autoren zum Schreiben eines populären Romans über Polen zu bewegen u. a. bis hin zu der Sorge, daß in Encyklopädien der Artikel »Polen« gut geschrieben ist.

[23] Erschienen Aug.-Dez.1832; siehe darüber: L.Zieliński, Polonia, und S.Szostakowski, Z kart Wielkiej Emigracji, S. 67–70.

[24] 1832/33 waren in einer Reihe englischer und schottischer Provinzstädte (Hull, Birmingham, Sheffield, Newcastle, Edinburgh, Glasgow u. a.) Polenvereine tätig, die meist mit der Londoner Literary Association zusammenarbeiteten. Sie waren z. T. während der Propagandareisen Niemcewicz' und W.Platers durch die englische Provinz im Frühjahr und Sommer 1832 entstanden, waren allerdings alle nicht sehr langlebig. Die Gesellschaft in Hull gab »The Hull Polish Record« (Aug. 1832–Jan. 1834) heraus; in Edinburgh erschien »The Polish Exile« (Jan.–Okt. 1833) – S.Szostakowski, Z kart Wielkiej Emigracji, S. 72f., behauptet ohne Quellennachweis eine enge Verbindung zum Hôtel Lambert; nach I.Homolka, The Polish Exile, passim, bestanden keine Beziehungen zwischen den Herausgebern des »Polish Exile« und der Londoner Literary Association; der Kontakt zu Czartoryski sei trotz einer ideologischen Nähe nur kurzfristig gewesen (Mai 1833), in den letzten Monaten seiner Existenz unterstützte der »Polish Exile« den General Dwernicki.

Die publizistische Arbeit in Frankreich wurde erschwert durch die Auflage der Behörden, für politische Periodica eine relativ hohe Kaution zu zahlen[25]. Während die Behörden sich später bei den polnisch-sprachigen Zeitschriften recht tolerant zeigten[26], gab es zu Beginn hier größere Schwierigkeiten; die polnische Emigrationspresse der Anfangszeit hatte deshalb zum Teil konspirativen Charakter[27]. Ein Ausweg war – besonders bei den strenger überwachten französisch-sprachigen Periodica –, der Zeitschrift einen literarischen Charakter zu geben. Dies geschah mit den »Souvenirs de la Pologne, historiques, statistiques et littéraires«[28], und ebenso mit dem immerhin 3 Jahre lang erscheinenden »Le Polonais. Journal des Intérêts de la Pologne«[29]. Letztere Zeitschrift, nach längeren Diskussionen im Towarzystwo Literackie von Montalembert und Władysław Plater herausgegeben, konnte sich durch die Mitarbeit einiger bekannter französischer Autoren (St. Beuve, Ballanche) eine Zeitlang über Wasser halten.

Der Hauptgrund für die Kurzlebigkeit der Zeitschriften, die sich direkt mit Polen befaßten, war, daß die sogenannte ›Polenbegeisterung‹ in Westeuropa bald abklang. Keine Zeitschrift fand auf die Dauer genügend Abonnenten. Die einseitige Spezialisierung auf ausschließlich polnische Problematik war zu einschränkend[30]. 1835 versuchte der »Polonais«, dieser Entwicklung entgegenzuarbeiten, indem die Zeitschrift zur Plattform eines europäischen liberalen Katholizismus als polnisch-franzö-

[25] Geregelt durch die Gesetze vom 18. 7. 1828 und 9. 9. 1835 – letzteres war eines der berüchtigten Septembergesetze der Julimonarchie gegen die republikanische Opposition.

[26] 1846 zeigte sich anläßlich eines Prozesses gegen die drei größten und langlebigsten polnischen Zeitungen »Demokrata Polski« (Der polnische Demokrat), »Dziennik Narodowy« (Nationalzeitung) und »Trzeci Maj« (Dritter Mai), daß diese nie eine Kaution bezahlt hatten – siehe meinen Aufsatz »Guizot, Kisielew i polska emigracja«, passim.

[27] Siehe darüber L.Gocel, Początki prasy Wielkiej Emigracji.

[28] Erschienen in Paris März 1833–1834; Redakteure waren u. a. Józef Straszewicz und K. B. Hoffman – siehe S. Szostakowski, Z kart Wielkiej Emigracji, S. 74–78.
Hoffman befaßte sich, offensichtlich im Auftrag des Towarzystwo Literackie, schon 1832 mit dem Projekt einer französisch-sprachigen Zeitung: B.Cz.5322, S. 127–143: Projekt gazety francuskiej (Projekt einer französischen Zeitung) 1832. In diesem Entwurf nahm er manches der späteren ideologischen Entwicklung schon vorweg – so die Konzentrierung auf die Person Czartoryskis als des einzig möglichen Befreiers Polens und die Forderung nach einer eindeutigen Parteilichkeit:
»Man kann sich unmöglich eine gute Zeitung vorstellen, die nicht ein bestimmtes politisches System hätte. Wer etwas anderes behauptet, indem er eine tote Unparteilichkeit vorgibt, betrügt oder weiß selbst nicht, was er tut. Wo es kein System gibt, gibt's keine Meinung, kein Streben, keinen Erfolg. Aber in unserer Lage, wo alles [noch] im Entstehen ist, heißt System Partei, und eine Zeitung, die der Sache des Vaterlands dienen soll, muß ein System annehmen, muß heute eine Parteizeitung sein«.
Diese unverblümte Propagierung der Parteilichkeit war möglicherweise für das Jahr 1832 noch zu doktrinär; jedenfalls kam Hoffman mit seinen Vorstellungen innerhalb des Lagers zunächst nicht durch. Erst später entsprach der »Trzeci Maj« in etwa dieser Forderung; dieser wurde allerdings ohne die Beteiligung Hoffmans herausgegeben.

[29] Erschienen in Paris Juli 1833 – Juni 1836; über ihn siehe: S.Szostakowski, Z kart Wielkiej Emigracji, S. 78–82; M.Straszewska, Życie literackie, S. 276–282; J.K.Sell, Le Polonais; B.Cz.5322, S. 343–348: Notizen zum Polonais, und ebd., S. 357–369: Projet d'organisation d'un journal traitant spécialement de la cause polonaise.

[30] W.Plater sprach davon, daß eine »Erholung für den Leser, der unserer Martyriologie müde ist«, notwendig sei (zit. nach J.K.Sell, Le Polonais, S. 175).

sisch-italienische Zusammenarbeit gemacht werden sollte[31]. Während dieser Versuch einer europäischen publizistischen Zusammenarbeit der gemäßigten Liberalen[32] bald scheiterte, war ein anderes Unternehmen um so erfolgreicher: am 28. März 1835 beschloß die Literary Association in London die Gründung des »British and Foreign Review, or European Quaterly Journal«[33]. Herausgegeben und finanziert vom Präsidenten der Literary Association, T. W. Beaumont, redigiert von Henry Reeve[34], erklärte die Zeitschrift, sie wolle vor allem gegen das britische Desinteresse an nicht-britischen Angelegenheiten ankämpfen:

»Indifference to the condition of every nation but their own, has been the peculiar reproach of Englishmen. . . . We should be glad to see England take a more generous view of the contest, which is shaking the throne of the despot, and encouraging the hopes of every sincere lover of freedom«[35].

Die Redaktion machte aus ihrer Polenfreundschaft kein Hehl, befaßte sich aber mit allen für die britische Öffentlichkeit interessanten Fragen Europas. Sie trat für eine Unterstützung der polnischen Ansprüche auf, weil dies ihrer Ansicht nach dem vitalen Interesse Großbritanniens und eines liberalen Europas entsprach[36].

»The conductors of the British and Foreign Review do not disguise their anxiety to see the restoration of Poland to an independent place among the nations of Europe. Nor is this desire founded solely on motives of humanity and justice. They consider, that upon her reinstallment may depend the issue of the question, whether England and the Western States of Europe shall remain in undisturbed possession of their free institutions, and be able to improve them in tranquillity; or, shall be continually exposed to degrading and jealous interruptions from powers less civilized than themselves, who fear that the example of reform, if successful, may not be lost upon their own subjects. Russia seems to be the last hold of conservatism in Europe, to which all anti-reformers turn their eyes for succour in their distress. Against her encroachments, Poland would be an impassable barrier. It is as friends of freedom, no less than of humanity, that the conductors of this Review desire to see the spoliation of Poland avenged, and the example of justice, though tardive, substituted for that of unpunished crime«[37].

[31] Der Titel wurde umgeändert in »Le Polonais. Journal des Intérêts de l'Europe«. Von italienischer Seite trug Cristina Belgioioso zur Finanzierung bei, Tommaseo, Orioli und andere italienische Liberale arbeiteten in der Redaktion mit. Siehe darüber vor allem J. Wszołek, Prawica, S. 47–49; J.K.Sell, Le Polonais, S. 175f.

[32] Über die Notwendigkeit einer gemeinsamen Propaganda der Liberalen Europas, der »ehrlichen Leute« (ludzie uczciwi), die sich gegen die Angriffe und die Bedrohung sowohl der »satanischen Tyrannei, welche die Menschheit unterjochen will« (d. h. Rußland und seine ›Satelliten‹), als auch des Radikalismus wehren müssen, schrieb Czartoryski ausführlich in einem Brief an Zamoyski vom 5. 7. 1833 (B.Cz.Ew.1508).

[33] Jen.Zam., III, S. 300f.

[34] Henry Reeve, einer der bedeutendsten und einflußreichsten britischen Journalisten des 19. Jahrh., schrieb schon seit 1831/32 polenfreundliche Artikel. (Vgl. Anhang I, S. 266) Über seine Freundschaft zu Z. Krasiński und Beziehungen zu anderen Polen siehe M. Danilewiczowa, Zmienne koleje przyjaźni.

[35] Prospectus, in: The British and Foreign Review, I/1, Juli-Sept. 1835, S. 1–4, hier S. 1f.

[36] Schon nach einigen Monaten stellte die Redaktion klar, man sei zwar polenfreundlich, werde aber nicht von der Literary Association kontrolliert (British and Foreign Review, I/2, Okt.–Dez. 1835, S. 425).

[37] Prospectus . . . , S. 3 (Siehe Anm. 35).

Die Effektivität dieser Art publizistischen Werbens für die Sache Polens war viel größer als die einseitige Propaganda: hier wurde dem Leser zwanglos die Berechtigung der polnischen Bestrebungen nahegebracht, und daß dies im eigentlichen Interesse Englands, ja des gesamten europäischen Liberalismus liege, während man über die Meerengenfrage, Persien, den Kaukasus und andere Themen schrieb. Die Artikel gingen mit den außenpolitischen Vorstellungen des Hôtel Lambert konform. Czartoryski fand hier eine relativ unverdächtige Plattform, um seine außenpolitischen Vorstellungen und Absichten in der britischen Öffentlichkeit zu propagieren und so nicht nur diese, sondern indirekt auch die Regierung zu beeinflussen, ohne daß dabei von ihm bzw. von der polnischen Außenpolitik die Rede war[38]. Neben einigen bekannten Journalisten arbeitete der »British and Foreign Review« auch mit politischen Schriftstellern wie David Urquhart und John MacNeill zusammen und war bis 1844 eine der wichtigsten politischen Zeitschriften Englands.

Daß mit eigenen publizistischen Organen nur eine relativ schwache Propagandawirkung erzielt werden konnte, lag im Grunde von vornherein auf der Hand. Infolgedessen wurde das Hauptgewicht auf die Zusammenarbeit mit der politischen Tagespresse und den politischen Zeitschriften gelegt.

In England stützte man sich dabei auf die Kontakte, die J. U. Niemcewicz in mühevoller und unermüdlicher Kleinarbeit in den Jahren 1831–33 aufbaute. In der Praxis bedeutete das ständige Besuche in den Redaktionen, Vermittlung von Nachrichten, Verfassen von Artikeln, von denen nur ein Teil erschien, fortwährende Gespräche und rein gesellschaftliche Kontakte – die Möglichkeiten waren vielfältig, aber mit ständigem Bemühen verbunden. Die ausschlaggebende Rolle der Mitglieder der Literary Association dabei ist schon erwähnt worden. Im Grunde waren die meisten Londoner Zeitungen zugänglich – zu Beginn besaß man einen guten Draht zur »Times«[39], offene Türen, Ohren und Spalten fand man auch beim »Morning Chronicle«, »Globe«, »Morning Herald« und anderen Zeitungen.

Besser und stabiler ausgebaut war die Kooperation mit der Pariser Presse[40]. Die grundlegende Tätigkeit des Towarzystwo Literackie auf diesem Gebiet wurde schon beschrieben. Mit Ausnahme der radikalen »La Tribune« versuchte man grundsätzlich mit allen Zeitungen zusammenzuarbeiten. Der ministerielle »Journal des Débats« druckte fast alle offiziellen Verlautbarungen Czartoryskis und nahm auch sonstige Artikel auf. Da sich in Paris unter den polnischen Emigranten zahlreiche Journalisten befanden, nutzten diese bald ihre kollegialen Beziehungen aus. Auch wurde versucht, möglichst häufig Polen als Mitarbeiter oder Redakteure in Zeitungen einzuschleusen[41]. Die Kooperation mit dem »Courrier Francais« z. B. ging so weit, daß Czartoryski in Instruktionen für einen Agenten, der 1847 in Berlin Kontakte mit preußischen

[38] M.Handelsman, Adam Czartoryski, II, S. 45f., spricht deshalb zu Recht von »versteckter Propaganda«.

[39] Die »Times« änderte in den 1840er Jahren ihre Haltung und wurde 1848 sogar ausgesprochen polenfeindlich – siehe T.Grzebieniowski, Dziennik angielski The Times, S. 17–19.

[40] Einen erschöpfenden Überblick gibt A.Barszczewska, Prasa francuska.

[41] So Józef Tański im »Journal des Débats« und anderen Zeitungen; Henryk Choński im »Constitutionel«; im »Temps« und »Journal de Commerce« war das Hôtel Lambert durch Michał Podczaszyński vertreten; weiterhin besaß man gute Kontakte zum »Impartial«, »Courrier Français« (vor allem in den 1840er Jahren), »Moniteur Universel« (durch Odilon Barrot), zum »Journal des Economistes« (Ludwik Wołowski), »Siècle«, »L'Univers« u. a.

Liberalen anknüpfen sollte, schreiben konnte, der Agent solle seine deutschen Gesprächspartner und besonders Zeitungsredakteure darauf hinweisen, daß der außenpolitische Teil des »Courrier Francais« unter Czartoryskis Einfluß stehe und verhältnismäßig exakt seine außenpolitischen Vorstellungen wiederspiegele[42].

Eine weitere Form, die Aufmerksamkeit der Öffentlichkeit in den Gastländern auf sich zu ziehen, waren Feiern, Versammlungen und Bankette. Derartige Veranstaltungen wurden vom Towarzystwo Literackie bzw. der Literary Association organisiert und fanden meist ein weites publizistisches Echo. Verdienten Polenfreunden wie Dudley Stuart und Robert C. Fergusson wurden bei solchen Gelegenheiten Ehrenmedaillen überreicht.

Eine für England spezifische Form der Propaganda waren die Meetings, große Massenveranstaltungen, deren Verlauf meist vorher genau geplant wurde und die oft in einer Resolution oder einer Petition an das Unterhaus gipfelten. Besonders 1832, im Zusammenhang mit der Reform-Bill-Diskussion, waren Meetings nicht nur in London, sondern auch in der Provinz (Birmingham, Leeds u. a.) ein oft benutztes propagandistisches Mittel. Die Petitionen erreichten oft eine fünfstellige Zahl von Unterschriften.

Eine Mischung von charitativer und propagandistischer Veranstaltung waren die Polenbälle. In Paris inszenierte sie das Towarzystwo Dobroczynności Dam Polskich in Verbindung mit dem Towarzystwo Literackie. In London veranstaltete die Literary Association, unterstützt durch die Protektion und Mitwirkung des Duke of Sussex (Bruder des Königs), ähnliche lukrative und publizistisch äußerst wirksame Bälle.

D.

Den wohl nachhaltigsten Erfolg auf propagandistischem Gebiet erzielte das Hôtel Lambert mit dem sogenannten »Portfolio«[43], das Treitschke als »eine der wirksamsten politischen Schriften des Jahrhunderts« bezeichnete[44].

1830 war den Polen das Archiv des Großfürsten Konstantin in Warschau in die Hände gefallen[45]; einige der für die russische Diplomatie sehr kompromittierenden Papiere wurden 1831/32 nach Westeuropa gebracht. 1833 übergab Gustaw Małachowski sie Palmerston. Im Sommer 1835 forderte Czartoryski sie von dem briti-

[42] B.Cz.5452, S. 247–256: Instruktionen für Bolmin Czaplicki, Paris 16. 4. 1847; darüber auch B.Cz.5652, S. 375: F.Breański an Zamoyski, 27. 5. 1847; B.Cz.5285, S. 121–140: Note comment le Courrier Français pourrait servir la cause de la Pologne, 1846.

[43] Über das »Portfolio« siehe: G.H.Bolsover, Urquhart and the Eastern Question, S. 457–459; C.Webster, Urquhart, Ponsonby and Palmerston, S. 332–337; L.Widerszal, Sprawy kaukaskie, S. 47f.; B. Konarska, W kręgu Hotelu Lambert, S. 155f.; W.Weintraub, Marx, Palmerston i sprawa polska, weist nach, daß Marx in seinem Urteil über Palmerston und über Rußland in der direkten Nachfolge Urquharts stand, wobei das »Portfolio« (ebd., S. 59f.) eine wichtige Rolle spielte.

[44] H.v.Treitschke, Deutsche Geschichte, IV, S. 527.

[45] Darüber sehr detailliert J.Iwaszkiewicz, Losy archiwum – S. 38 und 56 kurze Erwähnung der nach Westen gebrachten Papiere.

schen Außenminister zurück[46]. Palmerston schickte sie an Zamoyski[47], der sich gerade in London aufhielt.

Zur gleichen Zeit intensivierte sich in Verbindung mit dem »British and Foreign Review« die Zusammenarbeit Zamoyskis mit Urquhart[48]. Urquhart, der zu dieser Zeit in Absprache oder sogar im Auftrag Ponsonbys[49] in London weilte, um die antirussische Werbetrommel zu rühren, genoß die Protektion des Königs und dessen Sekretärs, Sir Herbert Taylor. Nach einigen Konferenzen mit Zamoyski war dieser von dem neuen Verbündeten begeistert und schrieb enthusiastische Briefe an Czartoryski[50]. Aus Paris ließ er sich noch weitere Dokumente[51] schicken und übergab alle Papiere Urquhart. Dieser erfaßte sofort, welche Möglichkeiten dieses Material bot, und entschloß sich zu einer gesonderten Publikation[52].

[46] B.Cz.5507, S. 91f.: Czartoryski an Palmerston, Paris 7. 6. 1835.

[47] B.Cz.Ew.3220: Zamoyski an Czartoryski, London 12. 6. 1835 – die Papiere befanden sich hiernach eindeutig bei Palmerston zu Hause; seine spätere Behauptung, er habe sie nur kurz gesehen und nur flüchtig überflogen, kann damit als widerlegt gelten: nicht nur die späteren Behauptungen Urquharts, sondern auch das unverdächtige, weil zu dieser Zeit noch interessenlose Zeugnis Zamoyskis beweisen, daß die Papiere sich 2 Jahre bei Palmerston befanden.

[48] Verbindungen D.Urquharts zum Hôtel Lambert bestanden schon früher. Vgl. Kap. IV/5, Anm.27. Niemcewicz lernte Urquhart in London im Nov. 1832 kennen (J.U.Niemcewicz, Dziennik, I, S. 518 – Notiz vom 7. 11. 1832).

[49] Das meint zumindest G.H.Bolsover, Urquhart and the Eastern Question, S. 453 und passim.

[50] B.Cz.Ew.3220: Zamoyski an Czartoryski, London 30. 6., 9., 10. und 18. 7., 21. 8. 1835: »Il y a du génie dans cet homme, et la puissance que déjà il exerce et qu'il a créée *seul*, qu'il a imposée *seul* à des pouvoirs qui se croyent très forts et bien plus forts que lui est quelque chose de remarquable et d'extraordinaire. Vous savez que je ne suis pas poète ni prompt à prendre feu pour des espérances prochaines. Eh bien, cet homme m'a inspiré une grande confiance – presque de la foi dans sa force«.
Vgl. auch Kap. IV/4 S.195f.
K.Sienkiewicz kommentierte dies etwas erstaunt:
»Er [Urquhart] ist Herrn Władysław [Zamoyski] sehr in den Kopf gefahren; ich fürchte, doch etwas allzusehr« (B.Cz.Ew.2573, S. 861: Sienkiewicz an Błotnicki, Paris 4. 9. 1835).

[51] Unter anderen ein Dokument über den Zollverein, das später im »Portfolio« erschien. Nach C.Webster, Urquhart, Ponsonby and Palmerston, S. 332, wurden dieses und andere Schriftstücke aus einem sächsischen Archiv gestohlen. Wie sie dann in polnische Hände gerieten, ist unbekannt, jedenfalls erhielt Urquhart sie ebenfalls wie die anderen Dokumente durch die Vermittlung des Hôtel Lambert – B.Cz.5522, S. 1021–1028: K.L.Szyrma an H. Błotnicki, London 8. 9., Margate 12. 9. und London 27. 9. 1835; B.Cz.Ew.3220: K.L.Szyrma an NN (in Paris), London 28. 8. 1835.

[52] B.Cz.Ew.1525a (Kopie in: B.Cz.5468, S. 367–370): Urquhart an Zamoyski, Windsor 13. 9. 1835:
»Je n'ai lu le ›Mémoire‹ qu'après avoir terminé mon article sur la Prusse qui peut-être vous parviendra en même temps que cette lettre. Veuillez communiquer ce fait à ceux qui me l'ont envoyé. – Après l'avoir parcouru je me suis dit: ceci doit être publié en Anglais, Français et Allemand; je me suis dit: il y faut une introduction sans quoi la masse risquerait bien d'y voir un sens tout contraire du veritable. Il faut un commentaire pour faire ressortir les différens points obscurs et importans, ceux qui sont faux en eux-mêmes, qui sont faux par rapport aux inductions qu'on en tire, qui sont importans en dévoilant et les projets de la Russie et les moyens dont elle se sert.
Toutes choses comprises (le moment, les renseignemens, les faits, le progrès de l'opinion ici, l'intérêt éveillé, l'autorité acquise) – la publication de ce document me parait un des coups le plus important. Vous verrez le petit commentaire que j'inserre dans le British and Foreign Review.

Einige Tage später, am 23. Sept. 1835, erfolgte die Ernennung Urquharts zum Botschaftssekretär in Stambul. Daud Bey, wie er von den Türken genannt wurde, glaubte – wohl aus Loyalitätsrücksichten –, vor einer Veröffentlichung das Foreign Office konsultieren zu müssen. Fox Strangways[53] erkannte wohl sogleich die Sprengkraft der Dokumente; einerseits lag ihm an einer Veröffentlichung, zumindest eines Teils des Materials, und er suggerierte Urquhart sogar den Titel »Portfolio«; andererseits drängte er darauf, die Papiere nicht in England zu publizieren.

Die Haltung des Foreign Office bleibt im ganzen etwas unklar; inwieweit Palmerston wirklich mit der ganzen Aktion nichts zu tun hatte, wie z. B. Webster meint, läßt sich kaum endgültig entscheiden; seine späteren Dementis können kaum als letztlich beweiskräftig gelten. Urquhart jedenfalls war, und mit ihm waren es wohl auch Czartoryski und Zamoyski, die während dieser Monate in Schottland weilten, davon überzeugt, daß die Unterstaatssekretäre im Einverständnis mit ihrem Vorgesetzten handelten. Fox Strangways wollte einerseits, daß dem Foreign Office der maßgebende Einfluß über Auswahl und Modalitäten der Publikation vorbehalten blieb, andererseits sollte es aber keineswegs kompromittiert werden und deshalb offiziell nichts damit zu tun haben. Im November 1835 schrieb er noch an Zamoyski:

> »On m'a apporté des papiers, des copies de dépêches etc. dont je crois que vous devez avoir connaissance – avez vous jamais pensé à la possibilité de les rendre publiques? quoique au reste je ne suis pas sûr que ce serait une bonne chose à faire dans ce moment, il pourrait arriver un jour des circonstances plus opportunes pour une telle démarche«[54];

einen Monat später, unter dem Eindruck des lauten Echos, das die ersten Nummern des Portfolio erfuhren, bestürmte er Zamoyski, allerdings ohne Erfolg:

> »Ces papiers, dont je vous ai parlé une fois m'embarrassent beaucoup. S'il arrivait que vous en aviez d'autres, je vous engage à me les confier directement ou si vous voulez, à les garder jusqu'à ce que nous puissions en parler en plein liberté.

D'abord j'avais pensé à le mettre en avant simultanement dans plusieurs Review, mais la consideration suivante m'a fait abandonner cette idée. – Je regarde les documens que vous m'avez confie [!] comme une possession nationale qui m'a été confié [!] pour les faire valoir dans l'intérêt national; – et comme cette revue a été établie dans l'intérêt speciale de la Pologne je croyais qu'en reservant specialement pour cette revue l'autorité que doit donner la publication des pareils documens, je vous evite [?] peut-être en partie des questions et des raisonnements sur la prudence de la décision que vous avez adopté [hier Fragezeichen am Rand] Je crois que ni vous ni moi, nous ne nous laisserons détourner du but principal pour une considération quelconque speciale, mais ceci me parait du à la reserve que vous vous imposerez.
Si vous approuvez mon idée, je me chargerai de la publication en Angleterre, et je tacherai de mon mieux à remplir les conditions nécessaires pour que cela soit avec plus d'effet possible. Je ferai parvenir au plutôt ce que je pourrais jetter sur le papier à Mr. S[ienkiewicz] de qui je viens de recevoir l'original allemand«.

53 Nach C. Webster, Urquhart, Ponsonby and Palmerston, S. 333–335, sprach Urquhart in dieser Angelegenheit hauptsächlich mit Fox Strangways. Urquhart selbst behauptete später, Backhouse habe ihm bei der Auswahl der Akten und ihrer Interpretation zur Seite gestanden (B.Cz.Ew.3220: Zamoyski an Czartoryski, London 11. 9. 1838).

54 B.Cz.Ew.1525 a: Fox Strangways am Zamoyski, London 19. 11. 1835.

Avant tout il faut prendre bien garde d'aller trop vite. Vous pouvez compter que j'en ferai ce que vous voudrez puisque nous n'avons qu'un objet commun«[55].

Die erste Nummer des »Portfolio«[56] erschien am 23. Nov. 1835. Obwohl niemand als direkter Herausgeber annonciert wurde, war die Urheberschaft Urquharts überall ein offenes Geheimnis. Die Tatsache, daß die Ernennung zum Botschaftssekretär nicht rückgängig gemacht wurde, ließ für die Öffentlichkeit das Einverständnis des Foreign Office offensichtlich erscheinen.

Die Wirkung auf die öffentliche Meinung war größer, als wohl ursprünglich erwartet. Die gesamte englische und bald auch die kontinentale Presse beschäftigte sich mit den hier veröffentlichten Dokumenten. Die Wirkung auf die internationale Diplomatie jedoch war, entgegen den Erwartungen der Initiatoren der Aktion, sehr viel geringer, und hier muß wohl den Bedenken Fox Strangways' Recht gegeben werden. Da einige Dokumente vor allem die Politik Rußlands gegenüber Österreich sehr kompromittierten, hätte eine vorsichtigere Verwendung der Papiere der britischen Politik wahrscheinlich mehr Nutzen gebracht – allerdings wäre der Einfluß sowohl Urquharts als auch des Hôtel Lamberts auf das Unternehmen beträchtlich gemindert worden; ein Nutzen für die britische Politik mußte nicht unbedingt einen Nutzen für die polnische Politik bedeuten. Angesichts des kompromißlosen Vorgehens Urquharts und Zamoyskis, nämlich alles an die Öffentlichkeit zu tragen, konnte die europäische Diplomatie und vor allem Wien gar nicht in dem gewünschten Sinne reagieren, wenn sie nicht in das für ihr Selbstverständnis bedenkliche Licht geraten wollte, unter dem Druck der öffentlichen Meinung zu handeln.

Durch die Vermittlung des Hôtel Lambert und auf Kosten Urquharts erschien das »Portfolio« auch auf französisch in Paris[57]. Als Urquhart im Sommer 1836 nach Stambul ging, erschien das »Portfolio« weiterhin in London und Paris, getragen von Freunden Urquharts Westmacott, Parrish, Edmund Burton – und dem Hôtel Lambert[58]. Während sich jedoch die englische Ausgabe selbst trug und sogar noch etwas Gewinn abwarf[59], war die Pariser Ausgabe ein Zuschußgeschäft. Das lag vor allem daran, daß in Deutschland nicht autorisierte Nachdrucke erschienen, welche die Absatzmöglichkeiten erheblich einschränkten[60]. Das Erscheinen der französischen Aus-

55 Ebd.: Fox Strangways an Zamoyski, o.O. 17. 12. 1835; ebenfalls dort in einem Brief vom 14. 1. 1836:
»Tout ce que vous voudriez bien confier dans ce genre de documens soit à Mr. Backhouse soit à moi, serait scrupuleusement gardé, et remis à vous quand vous le voudriez – je crains horriblement que des confidences aussi importantes ne soient faites en public mal à propos tant pour vous que pour nous«.
Die Versuche Fox Strangways, die Papiere zurückzubekommen, allerdings um »to keep and not return«, wird von C. Webster, Urquhart, Ponsonby and Palmerston, S. 333, mit englischen Quellen bestätigt.

56 »The Portfolio, or, a Collection of State Papers, etc. illustrative of the History of our Times«, t. 1–6, oder No. 1–45, London 1835–1837.

57 B.Cz.Ew.1525a: Urquhart an Zamoyski, o.O.o.D. (Nov./Dez. 1835).

58 Die diesbezügliche Korrespondenz in: B.Cz.5451, S. 531–607.

59 B.Cz.5523, S. 73–76: K.L.Szyrma an K. Sienkiewicz, London 8. 1. 1836; B.Cz.5451, S. 561: B(urton) an Niemcewicz, London 28. 9. 1836.

60 In einem Brief (B.Cz.5451, S. 605: NN – wahrscheinlich Sienkiewicz – an Burton [?], [Paris] 14. 10. 1836) ist von 3 Ausgaben in Deutschland die Rede. Die Bibliographien verzeichnen nur die bei Campe in Hamburg.

gabe mußte deshalb vorübergehend eingestellt werden; jedoch war man über die deutschen ›Raubdrucke‹ gar nicht so ungehalten:

> »Les contrefaçons qu'on en fait en Allemagne... qui nuisent à la vente de l'édition parisienne, me font cependant regretter d'autant plus d'avoir été empêché dans la continuation de l'ouvrage. Notre but en commençant l'entreprise a été de faire repandre en Europe dans la traduction française la publication qui plus qu'aucune autre milite en notre faveur. Et bien les contrefaçons allemandes font preuve que ce but vient d'être atteint«[61].

Die ›Radikalisierung‹ Urquharts und seiner Jünger – in dem Sinne, daß sie immer mehr in offenen Gegensatz zur britischen Regierung gerieten, bis hin zu der Behauptung, Palmerston sei von Rußland gekauft – machte das Hôtel Lambert nicht mit. Als die Polen Material für Angriffe auf Lord Durham, der als britischer Botschafter in Petersburg relativ gute Beziehungen zum Zaren unterhielt, liefern sollten[62], winkten sie ab, und als die ersten Angriffe auf Palmerston erfolgten, fragte K. Sienkiewicz erstaunt, ob man denn einen ernstzunehmenden Ersatz für ihn habe[63] – eine Frage, die zwar von der politischen Nüchternheit des Fragenden zeugt, aber ganz an der Mentalität der Urquhart-Jünger vorbeiging. Als Urquhart Ende 1837 aus Stambul nach England zurückkehrte, taktierte Zamoyski vorsichtig – die guten Beziehungen zur britischen Regierung hatten Vorrang.

Das »Portfolio«, seine Herausgabe und seine Wirkung gehören zu den vom Hôtel Lambert inszenierten ›faits accomplis‹ und sind sachlich und personell eng mit der Vixen-Affaire verbunden. Der Propagandaeffekt brachte zwar nicht die erhofften direkten politischen Gewinne, langfristig aber war es eine der folgenreichsten Unternehmungen der polnischen Propagandapolitik im Exil.

E.

Aus dem bisher Gesagten ergibt sich klar, daß die eigentliche soziale ›Zielgruppe‹ der Propaganda des Hôtel Lambert die politisch ausschlaggebende und einflußreiche Gesellschaftsschicht war. Wenn sich Czartoryski und gelegentlich auch Niemcewicz und Zamoyski darüber beklagten, in den höheren Schichten fände man keine Unterstützung, wohl aber in den Mittel- und Unterschichten[64], so sind derartige Aussagen nur sehr vorsichtig zu behandeln. Vor allem in England wollte man in erster Linie das Parlament, die Regierung, die Geschäftswelt der City[65] und die politisch tonange-

[61] B.Cz.5451, S. 607: NN (Sienkiewicz) an Burton, o.O. 14. 11. 1836.

[62] Ebd., S. 539–542: NN (Burton oder Parrish) an Zamoyski, London 4. 7. 1836; ebd., S. 557f.: B(urton) an Niemcewicz, London 8. 9. 1836.

[63] Ebd., S. 571f.: Burton an Sienkiewicz, London 13. 1. 1837; ebd., S. 591: Sienkiewicz an Burton, Paris 27. 1. 1837 (Kopie).

[64] Z. B.: B.Cz.Ew.1508: Czartoryski an Zamoyski, Paris 28. 10. 1832.

[65] Interessant ist der allerdings erfolglose Versuch, sich 1846/47 an die Bemühungen des westeuropäischen Judentums anzuhängen, die Judendiskriminierung in Osteuropa anzuprangern und dagegen vorzugehen. Ein dazu gebildetes Komitee innerhalb des Hôtel Lambert sollte sich mit einflußreichen Juden (man dachte hauptsächlich an Bankiers) in Verbindung setzen und auch publizistisch arbeiten. Außerdem hoffte man, auf diesem Weg auch die jüdischen Einwohner Polens für die polnische Nationalbewegung gewinnen zu können. Dahinter stan-

bende ›gute‹ Gesellschaft beeinflussen – die soziale Zusammensetzung der ›Zielgruppe‹ deckte sich weitgehend mit der der Literary Association. In Paris war es im Grunde nicht anders – auch hier ging es nicht darum, möglichst breit zu wirken, sondern vor allem da zu arbeiten, wo man sich eine direkte politische Wirkung versprach. Allerdings wollte man auch nicht den Anschluß an sozial breiter angelegte Bewegungen verlieren, aber dabei war man in den dreißiger Jahren noch sehr unsicher. Bezeichnend ist das unverhohlene Unbehagen an einer breiten Propaganda, deren Notwendigkeit man einsah, deren potentielle Sprengkraft, da (auch) gegen den sozialen Status quo gerichtet, man angesichts der labilen, von vielen als revolutionär beurteilten Situation der Jahre 1830–34 aber gleichzeitig fürchtete, wenn Czartoryski am 8. April 1833 schrieb:

> »Überlegt Euch, meine Herren, welche Linie wir einhalten sollen bei den herannahenden Ereignissen in Deutschland, in Frankreich, im Orient. Propaganda schickt sich für uns sicherlich nicht, denn sie ist schmutzig; aber daß sie sich veredelt, das hängt von uns ab. Nur die Völker sind unsere Verbündeten; man darf sie nicht abschrecken, sie nicht anhören, ihnen nicht Erfolg wünschen. Unglücklicherweise sammeln sich da nur Dummköpfe und Schurken; das macht unser Programm schwierig, was das Gefühl angeht, und gefährlich, was die Folgen betrifft«[66].

Der Inhalt der Propaganda war weitgehend identisch mit dem, was über Inhalt und Ziele der Diplomatie gesagt wurde. Sowohl die Rechte Polens, die sich aus der Wiener Schlußakte herleiteten, wie auch das natürliche und historische Recht der polnischen Nation auf einen eigenen Nationalstaat wurden betont[67]. Hinzu kamen Nachrichten über das russische Terrorregime in Polen, und auch die preußische und österreichische Polenpolitik wurde bei einzelnen Vorfällen angegriffen[68]. Fast noch wichtiger als der propolnische Aspekt der Propaganda war die dezidiert antirussische Ausrichtung. Deren Doppelgleisigkeit diskutierte Czartoryski brieflich schon Ende 1831 mit der Legation in Paris:

> »Sie haben es gut gemacht, General [Kniaziewicz], daß Sie den jetzigen Zustand Rußlands als weniger furchterregend dargestellt haben. Aber hier kommt ein Zweifel auf, ob man sie beruhigen oder erschrecken soll? Es scheint mir, daß wir abwechselnd die eine und die andere Art anwenden müssen. Und was die Sache selbst betrifft: Moskau war, solange wir mit ihm kämpften, weniger schreckenerregend als jetzt, und wenn sie ihm jetzt seinen Willen lassen, dann wird es in einiger

den auch handfeste materielle Interessen: nach 1846 befand sich das Hôtel Lambert in einer sehr schwierigen materiellen Lage (vor allem durch die Sequestrierung der der Familie gehörenden Güter in Galizien) und versuchte, bei Pariser und Londoner Bankiers eine sog. »Polnische Anleihe« aufzunehmen. Siehe dazu A.Eisenbach, Hotel Lambert wobec sprawy żydowskiej. S. 379–396.

66 B.Cz.5511, S. 701: Czartoryski an L.Plater, London 8. 4. 1833 (französ. Übersetzung in: A.G.Benis, Une mission polonaise, I, S. 91).

67 In dem schon erwähnten Zeitungsprojekt Hoffmans (siehe Anm.28) wurde als einer der wichtigsten Punkte genannt: » . . . die Rechte auf Unabhängigkeit, die ewigen und die vom Kongreß bestimmten« (»prawa do niepodległości, odwieczne i kongresowe«) – B.Cz.5322, S. 127–143, hier S. 129.

68 So etwa anläßlich der Prozesse in Posen gegen die Teilnehmer am Novemberaufstand oder anläßlich des Posener Kirchenstreits 1838–40. Mit Österreich ging man eine Zeitlang etwas glimpflicher um, da man, wie schon mehrfach erwähnt, gelegentlich hoffte, seine Unterstützung gewinnen zu können. Krakau spielte natürlich eine große Rolle.

Zeit noch weitaus drohender sein. Wehe den Politikern, die nicht die Gunst des Augenblicks zu nutzen wissen«[69].

Die Haupttendenzen der antirussischen Propaganda lassen sich in drei Punkten zusammenfassen:

1. Rußland sei ein halbasiatischer, unzivilisierter Staat, seit dem Wegfall der »polnischen Mauer« sei er eine Gefahr für die europäische Kultur;

2. seit Peter dem Großen sei Rußland ein »länderfressendes Ungeheuer« geworden; seine Expansion, früher durch Polen, Schweden und das Osmanische Reich gebremst, könne seit der Teilung Polens durch keinen Nachbarn gehemmt werden. Der Deutsche Bund sei ein Marionettentheater, dessen Fäden in Petersburg gezogen würden. Das nächste Opfer nach Polen werde die Türkei sein – die russische Propaganda unter den Balkanslawen, der Anspruch des Zaren, das Haupt der griechisch-orthodoxen Kirche zu sein, sowie der Wunsch, die Dardanellen zu kontrollieren, zeigten die Richtung der russischen Expansion an. Zudem wurde der Zar als der Hauptgegner alles Liberalen und Freiheitlichen zu einem Archetypus des Reaktionärs hinaufgesteigert;

3. die Ursache dieses Expansionsstrebens der russischen Führung sei innere Schwäche, besonders was die Armee und die sozialen Verhältnisse angehe. Dieser Hinweis auf die angebliche innere Schwäche Rußlands war nötig, um dem Publikum, dem man erst Rußland als die Quelle allen Übels hingestellt hatte, klarzumachen, daß der böse Gigant zu besiegen sei und daß das die Aufgabe der Westmächte und besonders Englands sei. Als logische conclusio wurde gefolgert, daß die Wiederherstellung des polnischen Staates eine europäische Notwendigkeit sei; nur so könne dem russischen Vordringen Einhalt geboten werden; nur ein konstitutionelles Polen könne die abendländische Kultur und damit auch den Katholizismus in Osteuropa schützen; nur ein starkes Polen könne den Westmächten die Aufgabe abnehmen, dauernd den Polizisten in Ost- und vor allem Südeuropa zu spielen.

Hinzu kamen, besonders bei der Propaganda-Arbeit in England, handelspolitische Argumente. So wurde behauptet,

> ». . . that the political independence of Poland is closely and intimately connected with the commercial and manufacturing interests of England«[70].

Wahrscheinlich wurden britische Kaufleute von solchen Thesen wenig beeindruckt. Erfolgversprechender war da die Zusammenarbeit mit Engländern, die am Levante-Handel interessiert waren (u. a. Bell, Urquhart). Wenn im »British and Foreign Review« zu lesen stand:

> »Russia is daily aiming at the assassination of British commerce from beneath the cloak of her Turkish vassal«[71],

so entsprach das schon eher den Erfahrungen britischer Kaufleute. In dieser Zeitschrift erschienen daher eine Reihe von Artikeln, die gegen die russische Schutzzollpolitik polemisierten und für eine Ausweitung des Warenaustausches mit der Türkei

[69] Czartoryski an die Legation in Paris, London 25. 12. 1831, in: A. J. Czartoryski, Korrespondencje, S. 139.

[70] Dies ist die Hauptthese des Artikels »Commercial Relations between England and Poland«, in: British and Foreign Review, VI/12, Apr.–Juni 1838, S. 505–539, hier S. 526.

[71] »Trade and Consular Establishments on the Levant«, in: ebd., III/6, Okt.–Dez. 1836, S. 305–334 – der Aufsatz erschien, während die Vixen-Affaire inszeniert wurde.

und den Donaufürstentümern sowie für einen besseren Schutz durch die Regierung eintraten[72]; in der Konsequenz hieß das, zum Schutz des britischen Handels sei die Präsenz britischer Flottenkontingente im Schwarzen Meer notwendig – eines der wichtigen strategischen Ziele des Hôtel Lambert.

Die Haltung der Regierungen der Gastländer zur polnischen Propaganda ist kaum eindeutig zu definieren. Von Palmerston ist bekannt, daß er manchmal die publizistischen Bemühungen der Polen insgeheim unterstützte; andererseits hat er sie, etwa bei der Vixen-Affaire, als sehr störend empfunden.

Für die Propaganda der Emigration gilt wohl das gleiche, was R. M. Emge für die ›Auswärtige Kulturpolitik‹ formulierte:

> »Als allgemeine Regel kann gelten, daß das, was die Regierung eines Gastlandes offiziell an auswärtiger Kulturpolitik eines anderen Staates auf ihrem Terrain begrüßt, häufig über das hinausgeht, was sie wirklich will«[73].

Sieht man einmal von der Rolle der Emigration in der polnischen Nationalgeschichte ab, so liegt – neben einer nachhaltigen Verwurzelung des Begriffs ›Polen‹ im europäischen Bewußtsein – in der antirussischen bzw. antizaristischen Richtung der polnischen Propaganda der wohl folgenreichste Beitrag zur europäischen Geschichte des 19. Jahrhunderts, den die Emigration – sowohl ihr demokratischer Teil als auch das Hôtel Lambert – geleistet hat. Das Ausmaß an Russophobie im europäischen Liberalismus und später in der sozialistischen Bewegung ist nicht verständlich, wenn man nicht die effektive propagandistische Arbeit der polnischen Emigration und ihrer Sympathisanten in Rechnung stellt.

[72] Neben dem in Anm.71 zitierten Aufsatz auch: »Trade with Russia, and Trade with Turkey«, in: ebd., V/10, Okt.–Dez. 1837, S. 468–506; Petition aus Glasgow für einen besseren Schutz des britischen Handels, in: ebd., VII/13, Juli–Sept. 1838, S. 412–416 (in Verbindung mit der Vixen-Affaire). »The Transcaucasian Provinces of Russia«, in: ebd., VII/14, Okt.–Dez. 1838, S. 417–456; »The Turkish Treaty«, in: ebd., IX/17, Juli–Sept. 1839, S. 247–272; »Russia. Her Commercial Position and Prospects«, in: ebd., XII/23, Frühjahr 1841, S. 1–46; »The present State and Prospects of Wallachia and Moldavia«, in: ebd., VIII/15, Jan.–März 1839, S. 391–413.

[73] R.M.Emge, Auswärtige Kulturpolitik, S. 52.

V. Ausblick und Zusammenfassung

A.

Eine genauere Periodisierung der hier behandelten ersten Phase der Politik des Hôtel Lambert läßt sich angesichts der Vielfalt der Anstrengungen und der zahlreichen parallelen Bemühungen nur im Sinne einer Akzentuierung durchführen, welche Probleme und Absichten zu gewissen Zeiten den Vorrang hatten.

Zu Beginn, bis etwa Mitte 1833, hatte die direkte Propagierung Polens, seiner Rechte und Interessen die Priorität. 1833–35 stand die Legionenproblematik im Vordergrund – die Bemühung um die Aufstellung bewaffneter polnischer Verbände begann zwar schon früher und wurde auch später nie ganz aufgegeben, war aber gerade in diesen Jahren von vorrangigem Interesse (Legionen in Portugal, Ägypten, Algerien, Spanien). Gleichzeitig fanden gerade zu dieser Zeit starke innere Auseinandersetzungen in der Emigration statt. Die Grundlagen für die weitere ideologische (insurrektioneller Monarchismus, Mochnacki) und organisatorische Entwicklung des Hôtel Lambert wurden ebenfalls in diesen Jahren gelegt.

Die Jahre 1835–37 waren gekennzeichnet von einer energischen publizistischen Offensive (British and Foreign Review, Portfolio, Le Polonais, Zusammenarbeit mit Urquhart), von der Verteidigung Krakaus, den ersten nennenswerten Kontakten zum Vatikan und von einem sich langsam verstärkenden Engagement in der Orientpolitik (Kaukasus, Entsendung General Chrzanowskis nach Stambul). Das Hôtel Lambert stieg damit voll in die internationalen Beziehungen ein, ohne sich jedoch selbst allzusehr zu exponieren. Während Zamoyski in Rom noch am ehesten als (Für-)Sprecher Polens selbst auftreten konnte, hängte man sich bei den übrigen Aktionen an die britische Regierung, an britische Polenfreunde und an Urquhart an. Zweifellos stellen diese anderthalb Jahre – von etwa Mitte 1835 bis Anfang 1837 – den Höhepunkt der Zusammenarbeit mit Palmerston dar. Gleichzeitig war der Kontakt zu Urquhart – später der erbittertste Gegner Palmerstons – relativ eng. Der ›Einstieg‹ erfolgte also auf verschiedenen Wegen und in gewissem Sinn auch auf verschiedenen Ebenen.

Ab 1836/37 begannen die vor allem von Zamoyski vorgetragenen vergeblichen Versuche, Österreich zu gewinnen bzw. an die Westmächte anzunähern und damit die Heilige Allianz aufzubrechen. In den folgenden Jahren wurde, neben dem kurzen, aber wichtigen Intermezzo der belgischen Krise 1838/39 vor allem die Orientpolitik weitergeführt: der erneute, diesmal längere Aufenthalt Chrzanowskis in Stambul, die ersten Kontakte mit den Donaufürstentümern und die Betreuung Campineanos in Paris und London, schließlich die Unterhandlungen mit Reschid Pascha als wichtige direkte Kontaktaufnahme mit der türkischen Regierung kennzeichneten diese politischen Bemühungen. Das Jahr 1840 brachte den ersten, kurzfristigen Zusammenbruch dieser Politik.

B.

Aus der Niederlage von 1840 ergaben sich als logische Konsequenz drei Postulate, die in den folgenden Jahren im Rahmen des Möglichen verwirklicht wurden, nämlich:

1. man mußte versuchen, sich von der allzugroßen Abhängigkeit von der Politik der Westmächte, d. h. vor allem von der britischen Außenpolitik zu lösen. Diese Notwendigkeit war durch die Orientkrise eindeutig gegeben;

2. man brauchte eine eigene, langfristige außenpolitische Konzeption, bzw. – um in der Sprache Czartoryskis zu bleiben – ein eigenes »politisches System«. Die nur kurzfristig planende ›Politik der faits accomplis‹ war zu kurzsichtig, der Glaube an den zwangsläufig bald ausbrechenden großen Krieg war trügerisch gewesen. Die Wiederherstellung Polens konnte nicht als bloße Korrektur des bestehenden Mächtesystems erfolgen. Deshalb mußte man jetzt eigene Vorstellungen über die zu erwartenden, zu wünschenden und zu erstrebenden Veränderungen des internationalen Gefüges entwickeln;

3. für die praktische politische Arbeit bedeutete das den Aufbau eines eigenen im Rahmen der Möglichkeiten unabhängigen diplomatischen Apparats. Zwar wurden weiterhin kürzere oder längere Missionen einzelner Agenten organisiert, die bestimmte Gebiete durchreisten, genau umgrenzte Aufträge ausführten und dann wieder zurückkehrten; gleichzeitig aber wurden ständige Agenturen eingerichtet. Die ständigen Agenten hatten die Aufgaben eines normalen Botschafters: sie vertraten Czartoryski und die polnischen Interessen, informierten die Zentrale genauestens und detailliert über alle außen- und innenpolitischen Vorkommnisse und führten einzelne Spezialaufträge aus.

Eine enge Zusammenarbeit mit den Westmächten war natürlich weiterhin notwendig. Die Position der polnischen Außenpolitik im Exil war zu schwach, als daß man ohne feste Bundesgenossen ausgekommen wäre, an die man sich ständig anlehnen und in deren Schatten man eigene Konzeptionen verfolgen konnte. Daher blieben – in Inhalt und Ausführung – einige Faktoren der bisherigen Politik die gleichen: so z. B. die Verteidigung Krakaus (bis 1846), die Betonung des natürlichen und historischen Rechts der polnischen Nation auf einen eigenen Nationalstaat und die Versuche, die römische Kurie zu einer energischen Verteidigung des polnischen Katholizismus und der griechisch-unierten Kirche zu bewegen.

Den Regierungswechseln in London und Paris begegnete man mit bemerkenswerter Elastizität. Zamoyski gelang es schnell, relativ gute Beziehungen zum Tory-Kabinett in London anzuknüpfen[1]. Mit Guizot war – in einem Verhältnis gegenseitiger distanzierter Hochschätzung – die Zusammenarbeit relativ problemlos. Außerdem konnte man in Frankreich auf den Einfluß der traditionell polenfreundlichen öffentlichen Meinung zählen.

Allerdings – sowohl die britische als auch die französische Außenpolitik waren darauf ausgerichtet, eine Konfrontation mit den drei Ostmächten zu vermeiden. Die Interessengegensätze, vor allem im Orient und auf dem Balkan, waren zwar keineswegs geringer als früher, wurden aber in dem der Orientkrise folgenden diplomatischen ›Waffenstillstand‹ gemildert und nicht mehr so (verhältnismäßig) offen wie vorher ausgetragen. Angesichts dieser, für die Ziele der Politik des Hôtel Lambert ungünsti-

[1] Zamoyski hatte schon früher ständig darauf Wert gelegt, Kontakte zu den Tories aufrechtzuerhalten.

gen Lage einer scheinbaren Ruhe in Europa war eine selbständigere Neuorientierung ebenfalls unerläßlich.

C.

Die neue politische Linie des Hôtel Lambert bedeutete vor allem eine neue, eigene Konzeption in der Balkanpolitik[2]. Gedanklich wurde diese Konzeption schon früher vorbereitet. Czartoryski hatte sich schon als russischer Außenminister intensiv mit Balkanfragen beschäftigt und zahlreiche Verbindungen angeknüpft[3]. Von daher und von seiner Orientpolitik der dreißiger Jahre rührten seine Kenntnisse, was die russische Balkanpolitik, die innere Schwäche des Osmanischen Reiches und die vielschichtigen nationalen und religiösen Probleme in diesem Teil Europas anging.

Die Gespräche mit Reschid Pascha 1839[4], welche – sieht man von der Episode mit Namik Pascha 1833 einmal ab – den ersten echten türkisch-polnischen Kontakt auf quasi amtlicher diplomatischer Ebene darstellten, brachten als Schlußdokument ein schon erwähntes Memorandum Czartoryskis hervor, in dem sich bereits wichtige Elemente der Balkanpolitik der nächsten Jahrzehnte befanden. Zwar wurde noch immer der Hauptakzent auf militärische Fragen gelegt, aber die Zielrichtung der hier vorgestellten Konzeption war viel umfassender: um der russischen Expansion wirksam begegnen zu können, war eine innere Stabilisierung des Osmanischen Reiches nötig. Den russischen Einfluß auf die europäischen Untertanen des Sultans konnte nach Czartoryskis Ansicht die Pforte nur durch eine Liberalisierung ihrer Innenpolitik und durch eine konsequente Begünstigung nationaler antirussischer Bewegungen ausschalten. Auch in den folgenden Jahren versuchte man folgerichtig, nicht nur die Pforte ständig zu einer solchen Politik zu ermuntern, sondern auch die verschiedenen Nationalbewegungen in dieser Region von ihren revolutionären Absichten abzubringen und für ein evolutionäres Programm ihrer nationalen und politischen Entwicklung zu erwärmen[5].

Vier Grundelemente waren praktisch der ideologische Leitfaden für die künftige Politik des Hôtel Lambert: der Katholizismus, das Nationalitätenprinzip, der Proslawismus bzw. das slawophile Element und schließlich das Föderationsprinzip.

Katholizismus in der Balkanpolitik hieß vor allem Abwehr des Beschützeranspruchs des Zaren über die Christen des Osmanischen Reichs. Hier arbeitete man eng mit der französischen Diplomatie und mit dem französischen Missionsorden der Lazaristen zusammen. Auch die Kurie versuchte man für dieses Programm zu gewinnen. Die Grundidee war, wie Czartoryski es in einem Memorandum an die Kurie 1845 ausdrückte:

2 Zur Balkanpolitik des Hôtel Lambert siehe jetzt zusammenfassend die Habilitationsschrift von J.Skowronek, Polityka bałkańska; daneben auch die Aufsätze desselben Autors »L'attitude de l'émigation polonaise envers la Turquie« und »Obóz Czartoryskiego a Słowianie bałkańscy«.

3 Detailliert darüber J.Skowronek, Antynapoleońskie koncepcje Czartoryskiego, vor allem im 2. und 4. Kapitel; siehe auch: H.Batowski, Un précurseur de l'union balkanique, und T.Świętochowski, Czartoryski and Russia's Turkish Policy 1804–1806.

4 Vgl. Kap. IV/4, S. 213 und Anm. 228 sowie Anhang III.

5 J.Skowronek, O biografii wybitnego bułgarskiego działacza politycznego, S. 829, weist deshalb zu Recht auf die Parallelität zu den Postulaten der beginnenden »praca organiczna« in Polen hin.

»... il faut unir au zèle réligieux le zèle pour la patrie, pour la commune, pour la nationalité«[6].

Neben der Unterstützung katholischer Missionsarbeit ging es vor allem darum, die Nationalisierungsbestrebungen im orthodoxen Klerus zu unterstützen und, nach dem Beispiel der Ukraine, nach Rom orientierte griechisch-unierte Kirchen zu schaffen. In diesem Sinn war man besonders in Bulgarien tätig. In anderen Gebieten, z. B. in Bosnien, versuchte man, den Einfluß Österreichs auf den dortigen katholischen Klerus auszuschalten und die einheimischen Franziskaner (im bosnischen Fall) zu unterstützen.

Die polnische, keineswegs einheitliche Spielart der Slawophilie fand ihren Niederschlag in der Literatur und in der Philosophie der Emigration; ihr Grundcharakter war das messianische Sendungsbewußtsein, daß die Welt durch die Slawen erlöst und zu Freiheit, Demokratie oder auch wahrem Christentum geführt werde. Der Proslawismus des Hôtel Lambert ließ diese messianische Komponente ganz vermissen; er war eine ganz von politischen Kategorien bestimmte Haltung[7]. Zu Propagandazwekken bediente man sich zeitweise auch der modischen slawophilen Terminologie. In den dreißiger Jahren nur selten direkt propagiert[8], wurden in den vierziger Jahren die Bemühungen verstärkt, die westeuropäische und besonders die französische Öffentlichkeit für Fragen des Slawentums zu interessieren. Bedeutend und erfolgreich waren hier die Bemühungen Czartoryskis, am Collège de France den ersten Lehrstuhl für slawische Literaturen in Frankreich einzurichten und ihn 1840 mit Adam Mickiewicz als erstem Professor zu besetzen. Dessen Vorlesungen wurden zunächst als kulturelles Ereignis gefeiert, und die intellektuelle Öffentlichkeit von Paris strömte in Scharen zu ihnen; als Mickiewicz jedoch bald dem mystischen Messianismus Towiańskis verfiel und auch in diesem Sinn vom Katheder predigte, zeigten sich die meisten seiner Zuhörer reichlich befremdet, und 1844 entließen ihn die französischen Behörden, gleichermaßen enttäuscht und beunruhigt durch seinen Napoleon-Kult. Auch für Czartoryski waren die messianistischen Phantasien des polnischen Romantikers nicht akzeptabel. Mit dem Nachfolger, Cyprien Robert, sowie mit einer Reihe französischer slawophiler Journalisten (Adolphe Blanqui, Félix Colson, Félix Desprez) arbeitete das Hôtel Lambert eng zusammen.

Die politische slawophile Doktrin des Hôtel Lambert beinhaltete ein Zusammengehen aller außerhalb des russischen Reiches lebenden oder von diesem unterdrückten slawischen Völker, um den gleichzeitigen Druck der Deutschen und des reaktionären Zaren abzuwehren. Polen sollte dabei als der politisch am weitesten entwickelten slawischen Nation – im Sinne des konstitutionellen Liberalismus – die Führungsrolle zukommen.

In der Konsequenz bildeten Proslawismus, Nationalitäten- und Förderationsprinzip eine Einheit. Czartoryskis Konzeption und seine Politik in den 1840er Jahren waren somit in gewissem Sinne die praktische Anwendung der in seinem oben kurz besprochenen Buch »Essai sur la diplomatie« entwickelten theoretischen Grundlagen.

[6] Zitiert nach M. Handelsman, Les éléments d'une politique étrangère, S. 131, aus einer grundlegenden, für die französische Regierung und den Vatikan bestimmten Note über die Rolle des Katholizismus in den Balkanländern aus dem Jahr 1845 (ebd., S. 126–134 vollständig).

[7] Vgl. ausführlicher M. Handelsmann, Adam Czartoryski, II, Kap. X; Ders., La politique slave; Ders., A. Czartoryski i Słowianofilstwo.

[8] Z. B. »The Influence of Poland on the Destiny of the Slavonic Nations«, in: Polonia, II, Sept. 1832, S. 80f., wo vor allem die kulturelle, politische und moralische Vorreiterrolle Polens betont wurde.

Wie er dort ausgeführt hatte, waren zu kleine und zu schwache Staaten, auch Nationalstaaten, gefährlich für ein dauerhaftes Gleichgewicht. Also sollten in der ersten Etappe ihrer Emanzipation die Balkanvölker noch unter türkischer Oberherrschaft bleiben. »Diese übermäßige Zurückhaltung bei der Postulierung der Unabhängigkeit ergab sich vor allem aus der Furcht, daß in zu schnell sich verselbständigenden, aber schwachen Kleinstaaten, die keine moderne gesellschaftliche und politische Basis hätten, das zaristische Rußland bald dominieren werde. Zu einer solchen Konzeption bewog auch die Einsicht in die Notwendigkeit, für die Politik des Hôtel Lambert die Unterstützung der Türkei und der Westmächte zu gewinnen«[9].

Die zweite Etappe sollte dann zur vollständigen Unabhängigkeit der einzelnen Nationen führen, begleitet aber von der Bildung verschiedener Staatenbünde; das Charakteristikum eines föderativen Systems war nach dem »Essai sur la diplomatie« – es sei daran erinnert – Stabilität, Friedfertigkeit und eine starke Defensivkraft, während aggressive und offensive Tendenzen abgeschwächt würden[10]. Damit kehrte Czartoryski jetzt in der praktischen Politik wieder zu seinen theoretischen Grundsätzen von vor 1830 zurück, zu einer Haltung, die in den ersten 10 Jahren der Emigration von den Bedürfnissen der Tagespolitik und der Notwendigkeit, eine neue Außenpolitik in der schwierigen Exilsituation aufzubauen, verdeckt oder gar verschüttet gewesen war.

Die Voraussetzung für eine Emanzipation der Völker (nicht nur auf dem Balkan) mußte die Auflösung der Großreiche sein; das galt nicht nur für das Osmanische Reich, sondern auch für Österreich – hier vor allem nach der bitteren Erfahrung von 1846 – und Rußland, wo man an die Unabhängigkeit der Kaukasier, gelegentlich sogar an einen unabhängigen Kosakenstaat in Südrußland und an eine föderative polnisch-ukrainisch-litauische Monarchie dachte. Eine ungarisch-slawische Föderation, ein von Serbien ausgehendes und bis Bulgarien reichendes Südslawisches Großreich, ein Rumänien samt Siebenbürgen sollten die Kette unabhängiger, föderativ aufgebauter Nationalstaaten fortsetzen.

Auch die Konzeption, die Heilige Allianz aufzubrechen, blieb in den 1840er Jahren bestehen; diesmal war der ›Kandidat‹ nicht Österreich, sondern Preußen. Die Politik Friedrich Wilhelms IV. schien Anlaß zu derartigen Hoffnungen zu geben[11]. Das Hôtel Lambert knüpfte Kontakte zur liberalen preußischen Opposition an (Hansemann, Camphausen, Beckerath) und schloß mit Gervinus 1847 einen Vertrag über eine publizistische Zusammenarbeit. Besonders intensiv kümmerte man sich um den Vereinigten Landtag 1847 in Berlin, und ihren Höhepunkt fanden diese Bemühungen in der Reise Czartoryskis im April 1848 nach Berlin, wo er – allerdings erfolglos – die preußische Regierung zu einem aktiven antirussischen Vorgehen, im Bündnis mit Polen, zu bewegen suchte.

Die Verbindung von Nationalitäten- und Gleichgewichtsprinzip[12] – zweifellos eine der Grundfragen der internationalen Beziehungen im neuzeitlichen Europa – war

[9] J.Skowronek, Obóz Czartoryskiego i Słowianie bałkańscy, S. 274. Eine ausführliche, in manchem von der hier gebotenen Skizze wesentlich abweichende Darstellung der sog. »Balkanideologie« des Hôtel Lambert findet sich bei J.Skowronek, Polityka bałkańska, S. 211–230.

[10] Vgl. Kap. III/1, S. 31 f.

[11] Z. B. die Nichtverlängerung des russisch-preußischen Auslieferungsvertrags 1842.

[12] Hier liegt auch der grundsätzliche Unterschied zwischen der Konzeption Czartoryskis und manchen parallelen Vorstellungen Mazzinis.

nach Czartoryskis Ansicht der einzig richtige Weg, um einen dauerhaften und stabilen Frieden in Europa herzustellen und zu sichern. Die Erfüllung berechtigter nationaler Aspirationen war unbedingte Voraussetzung dazu. Er sah es als legitim an, dabei die polnische Frage an die erste Stelle zu setzen, verstand aber auch, daß eine Wiederherstellung Polens nur möglich war in einem Europa der Nationalstaaten, d. h. wenn die für Polen erhobene Forderung auch für andere Nationen gelten werde. Den sich daraus möglichweise ergebenden Konflikten, daß sich nämlich der Antagonismus Großreich – Nationalbewegung in einen Antagonismus zwischen den Nationen verwandelte, glaubte er mit dem Föderationsprinzip begegnen zu können. Die gedankliche Kontinuität von seinen Konzeptionen als russischer Außenminister über das »Essai« bis zur zweiten Phase seiner Exilpolitik liegt auf der Hand. Indem er seine früheren Vorstellungen wieder aufnahm und sie, modifiziert und durch mangelnde Realisierungschancen manchmal auch verstümmelt, in der zweiten Phase seiner Exilpolitik der politischen Wirklichkeit seiner Zeit entgegenstellte, erreichte seine Politik im Vergleich zur ersten Phase eine neue qualitative Ebene[13].

[13] Dieses ›neue‹ politische Konzept des Hôtel Lambert hat Czartoryski – leider – nirgends geschlossen formuliert. Einzelheiten wurden in der politischen Korrespondenz (vor allem mit Czajkowski) diskutiert, und andere Details lassen sich aus vielen Notizen und Denkschriften zu Einzelfragen entnehmen.
Die Literatur zur Politik des Hôtel Lambert in den vierziger Jahren ist umfangreich, aber keineswegs erschöpfend. Neben der in Anm. 2 erwähnten Arbeit von J.Skowronek bleiben die entsprechenden Kapitel in den Czartoryski-Biographien von Handelsmann und Kukiel weiterhin lesenswert; als Quelle ebenfalls die Bände 4–6 der Zamoyski-Erinnerungen. Zu wenig und z. T. fehlerhafte Informationen gibt A.Lewak, Emigracja w Turcji, S. 44–54, und Ders., Działalność polska na Wschodzie 1830–1870.
Zu Czajkowskis Tätigkeit in Stambul siehe auch: F.R.Gawroński, Materiały do historii polskiej XIX w., und Ders., Kozaczyzna za Dunajem (über die Beziehungen zu den Resten der Zaporoger Kosaken, die in der Dobrudscha lebten); siehe natürlich auch die Czajkowski-Biographie desselben Autors.
Mit Balkanfragen befaßt sich J.Brzozwoska, Z polityki wschodniej ks.A.Czartoryskiego; ebenso, ausführlicher, M.Handelsman, Czartoryski, Nicolas Ier et la Question du Proche Orient – hier handelt es sich um eine Zusammenfassung zahlreicher früherer Aufsätze des Autors. Zur Ukraine-Politik des Hôtel Lambert siehe ebenfalls M.Handelsman, Ukraińska polityka Czartoryskiego.
Zur Serbienpolitik siehe auch: H.Batowski, Un précurseur de l'union balkanique; A.Sokołowski, Ze stosunków polsko-serbskich; L.Durkowicz-Jakszicz, Naczertanie lub kilka słów; Ders., Pierwszy polski agent dyplomatyczny w Białogrodzie; P.N.Hehn, Prince A.Czartoryski and the South Slavs.
Zu Beziehungen zu Montenegro siehe: L.Durkowicz-Jakszicz, Petar II.Petrović Njegoš, S. 148–167;
zu den Kroaten: J.Šidak, L'Hôtel Lambert et les Croates. Weitere Literatur zur Balkanpolitik in den schon genannten (Anm. 2 und 5) Arbeiten von J.Skowronek.
Zur Kaukasuspolitik des Hôtel Lambert in den vierziger Jahren siehe L.Widerszal, Sprawy kaukaskie, S. 91–115.
Die Beziehungen zur italienischen Nationalbewegung behandelt J.Wszołek, Prawica, passim.
Über die Beziehungen zum Vatikan und die sich intensivierende Deutschlandpolitik in den vierziger Jahren fehlen noch Arbeiten, ebenso noch zu zahlreichen Detailfragen. Auf die Literatur zur Folgezeit kann hier nicht mehr eingegangen werden; obwohl sich die Forschung dieser Zeit – mit Schwergewicht auf dem Krimkrieg und 1863ff., relativ wenig über 1848 – schon ausführlich gewidmet hat, stehen noch zahlreiche Fragen offen.

D.

Auch im organisatorischen Bereich paßte sich das Hôtel Lambert den neuen Gegebenheiten und Erfordernissen an. Hatte Zamoyski 1839 noch bezweifelt, daß man ständige Agenten an einem Ort unterbringen könne[14], so sah er 1840 schon die Notwendigkeit einer größeren Eigeninitiative ein, und daß man dazu häufigere Missionen und ständige Agenturen brauche[15]. 1841 ging Michał Czajkowski zunächst als zeitweiliger, ab 1843 als ständiger Agent nach Stambul; neben seiner Hauptagentur wurde 1844 eine zweite Hauptagentur in Rom eingerichtet. Ein Rechenschaftsbericht[16], den die Kanzlei Czartoryskis 1847 ausarbeitete, um galizische Aristokraten zu größeren Geldspenden zu veranlassen, ergibt etwa folgende (wahrscheinlich nicht vollständige) Übersicht über den sogenannten ›diplomatischen Apparat‹ des Hôtel Lambert:

Wichtigster diplomatischer Posten war nach wie vor London, wo Zamoyski das Hôtel Lambert vertrat; war er auf Reisen, dann ersetzte ihn meist einer der führenden Politiker des Hôtel Lambert. Es gab zwei Hauptagenten, Ludwik Orpiszewski in Rom und Michał Czajkowski in Stambul. In Italien wirkte noch ein zweiter, unbezahlter Agent ab 1846 im Königreich Piemont-Sardinien, das man als das Zentrum der gemäßigt-liberalen italienischen Nationalbewegung ansah. M. Czajkowski, dem Stambuler Hauptagenten, der bald eine relativ eigenverantwortliche Stellung mit relativ großer Entscheidungsfreiheit gewann und der damit fast zu einem Konkurrenten Zamoyskis wurde, unterstanden die ständige Agentur in Belgrad sowie temporäre Agenten in der Moldau, in der Walachei, in Bulgarien und im Kaukasus. Daneben unterhielt er ein gut funktionierendes Korrespondentensystem, das die gesamte Schwarzmeerküste und das Osmanische Reich umfaßte und bis in die Ukraine und zu den Kosaken am Kuban reichte. Dem Agenten in Belgrad unterstand zeitweilig einer in Bosnien. Es war geplant, alle diese temporären Agenten in ständige umzuwandeln, was jedoch wegen Geldmangels nie verwirklicht werden konnte. Im Habsburgerreich gab es keinen ständigen Agenten; als Korrespondent diente zeitweilig Czartoryskis Bruder in Wien. Geplant waren auch hier Agenturen in Pest, Wien, Kroatien, Siebenbürgen und Böhmen. In den Jahren 1848/49 wurde diese Absicht auch für kurze Zeit verwirklicht, ohne daß es jedoch zu einer kontinuierlichen Tätigkeit gekommen wäre.

In Deutschland saß kein ständiger Agent; in den vierziger Jahren reisten mehrere Agenten durch die Länder des Deutschen Bundes; ab 1846 stieg das Interesse merklich – 1847 hielten sich allein vier Agenten auf dem Gebiet des Deutschen Bundes auf, davon zwei beim Vereinigten Landtag in Berlin. Geplant war auch eine Agentur in Schweden, die 1848 für kurze Zeit amtierte. Wichtige Korrespondenzposten befanden sich in den verschiedenen Teilen des früheren polnischen Staates sowie im russischen Reich.

Der 1847 geplante Ausbau des Apparats konnte angesichts der Ereignisse von 1848 und 1849 nicht mehr verwirklicht werden. Von den Revolutionen dieser Jahre, deren Ausbruch man für so früh nicht vorausgesehen hatte, wurde das Hôtel Lambert überrascht zu einem Zeitpunkt, als es gerade ein großes kaukasisches Unternehmen und

[14] B.Cz.Ew.1582, S. 123–129: Zamoyski an Czartoryski, London o.D. (Juli 1839).
[15] B.Cz.5325, S. 133–140: Zamoyski: Traktat Lipcowy. Siepień 1840 (Der Julivertrag. August 1840).
[16] B.Cz.Ew.1231: Compte rendu 1847.

die Intensivierung der Beziehungen zur deutschen und zur italienischen Opposition vorbereitete. Die diplomatischen Bemühungen in Berlin, Paris, Frankfurt und Stambul sowie die militärischen Anstrengungen in Italien und in Ungarn mußten angesichts der Niederlage aller liberalen Bewegungen in Europa ohne Erfolg bleiben.

E.

Die Frage nach dem Stellenwert des Hôtel Lambert in den internationalen Beziehungen seiner Zeit ist gleichbedeutend mit der Frage, ob das Hôtel Lambert und damit – gemäß dem Anspruch – Polen im Rahmen der Möglichkeiten ein Subjekt der internationalen Beziehungen war, d. h. mit anderen Worten, von welcher Qualität die Präsenz Polens im europäischen Mächtesystem dieser Zeit gewesen ist. Wie schon einmal gesagt – die Erfolglosigkeit, was das Endziel, die Wiedererrichtung eines polnischen Nationalstaats, angeht, und die nur partiellen Erfolge bei Teilzielen können nicht als Kriterium gelten; denn zum einen kann eine gescheiterte politische Konzeption nur dann als unrichtige, als falsche Politik gewertet werden, wenn sich realistische Alternativmöglichkeiten aufzeigen lassen; und zum anderen sagt das Scheitern einer Außenpolitik noch nichts über die Qualität der Außenpolitik als Außenpolitik überhaupt aus.

Als springender Punkt für die Frage nach dem Charakter als Subjekt in den internationalen Beziehungen schält sich das Problem der Abhängigkeit heraus. Es geht hier nicht um die Abhängigkeit außenpolitischer Entscheidungen von innenpolitischen, ökonomischen und sozialen Faktoren, sondern um die direkte Abhängigkeit von einer oder zwei Großmächten, d. h. unzweifelhaft führenden Subjekten der internationalen Beziehungen. Ein Vergleich mit den europäischen Mittel- und Kleinmächten, deren Abhängigkeit von den Großmächten (einzeln oder/ und als ›europäisches Konzert‹) meist offensichtlich war, führt allerdings nicht weiter: denn deren Eigenständigkeit bzw. Subjektcharakter wurde von den Großmächten anerkannt, meist respektiert und manchmal sogar, wie im Fall Belgiens oder der Schweiz, garantiert. Das Kriterium der Anerkennung fällt für das Hôtel Lambert aus; eine offizielle Anerkennung hätte – das wurde mehrfach gezeigt – konstitutiven Charakter gehabt und war daher bei Lage der Dinge nicht zu erreichen. Die Bemühungen des Hôtel Lambert um mittelbare Anerkennung wurden nie aufgegeben und führten zu kleinen Erfolgen, ohne daß jemals ein ›großer Durchbruch‹ erzielt wurde[17].

Das Hôtel Lambert war also nicht und wurde auch nie ein vollgültiger Partner in den internationalen Beziehungen. Was war es dann? Seine Rolle und Tätigkeit sowie die politischen Konzeptionen gehen weit über die einer kleinen politischen Privatagentur hinaus. Czartoryski und seine Mitarbeiter waren auch nicht nur bloße Gehilfen der britischen oder französischen Diplomatie; schon die unterschiedliche Zielsetzung, abgesehen von dem Selbstverständnis und zahlreichen Einzelerscheinungen, verbietet eine solche Annahme.

Im Laufe dieser Studie wurde ständig versucht, auf die Schwierigkeiten in der praktischen Durchführung einer Außenpolitik im Exil hinzuweisen und damit die Mög-

[17] Ein Vergleich mit den Bemühungen und Erfolgen der Palästinenser in den letzten Jahren gibt Auskunft über die Qualität, die ein solcher ›Durchbruch‹ gehabt haben müßte.

lichkeiten einer Außenpolitik im Exil überhaupt abzutasten. Durch die Beschränkung auf das erste Jahrzehnt der Existenz des Hôtel Lambert konnte dieses Vorhaben nur fragmentarisch bleiben. Die objektiven Beschränkungen, die durch die Exilsituation gegeben waren, sind wohl während dieser Untersuchung deutlich geworden. Die Leistungen der Politik des Hôtel Lambert stehen im Licht dieser Beschränkungen, anders da, als wenn man sie an den Endzielen der Politik messen würde.

Die Anlehnung an die Westmächte bzw. die diesbezügliche ›Option‹ war zwar nur bedingt, aber nichtsdestoweniger notwendig. Die oben[18] gestellte Frage nach eventuell daraus resultierenden Zwängen läßt sich schon für die 1830er Jahre dahingehend beantworten, daß der Handlungsspielraum in erstaunlich geringem Maße eingeengt worden ist.

Die enge Verbindung mit London und Paris war conditio sine qua non der polnischen Außenpolitik im Exil. In diesem Fall von einem ›Bündnis‹ zu reden, erscheint zwar zunächst als nicht zutreffend, denn die Gewichte waren wohl zu ungleich verteilt; andererseits läßt sich aber doch aufrechterhalten, daß es sich um ein reguläres Zweckbündnis mit begrenzter Gemeinsamkeit, d. h. nur begrenzten gemeinsamen Zielen handelte.

Über die eigentlichen Ziele der polnischen Emigranten, nämlich eine staatliche Wiederherstellung Polens, war man sich im Londoner und Pariser Außenministerium im klaren. Man war nicht bereit, den Weg dazu, der notwendigerweise über einen großen Krieg führen mußte, mitzugehen. Aber in Detailfragen war man ohne weiteres zur Unterstützung bereit bzw. wurde dazu von den polnischen Politikern überredet, solange dies nicht im Widerspruch zu den eigenen außenpolitischen Interessen stand. Auf der anderen Seite war sich Czartoryski der Tatsache bewußt, daß die Regierungen der Westmächte einen Krieg unter allen Umständen zu vermeiden suchten, daß für sie eine Wiederherstellung Polens zwar theoretisch wünschbar, aber keineswegs ein zu erstrebendes Ziel ihrer Außenpolitik war – daß er infolgedessen nur so lange Unterstützung fände, wie er von seinen ›Verbündeten‹ nicht Schritte verlangte, die diese als im Gegensatz zu ihren Interessen stehend empfinden mußten.

Es gelang nicht – dies war der Hauptgrund für die Erfolglosigkeit –, die Westmächte davon zu überzeugen, daß eine Wiederherstellung Polens in ihrem elementaren Interesse läge. Eventuelle Lippenbekenntnisse in dieser Richtung hatten kaum Einfluß auf die praktische Politik, da die Schwierigkeiten einer Verwirklichung auf der Hand lagen: die Tatsache, daß solche Bekenntnisse meist mit der gleichzeitigen Versicherung verknüpft waren, man wolle beileibe keinen Krieg darum führen, spricht für sich.

In diesem ›Bündnis-Verhältnis‹ war man sich also der gegenseitigen Absichten und der zumindest teilweise nicht zu vereinbarenden Gegensätze bewußt. Es ist insofern legitim, von einem Zweckbündnis zu reden, in dem – in bedingtem Maße – die Eigenständigkeit des Partners anerkannt wurde[19]. Natürlich mußte das Hôtel Lambert ständig aufpassen, nicht in einen zu großen Gegensatz zu seinen ›Verbündeten‹ zu ge-

[18] Vgl. Kap. IV/1, S. 80.

[19] Hätte das Hôtel Lambert nur eine ›Gehilfenrolle‹ für die britische und französische Diplomatie gespielt, dann hätten London und Paris wohl kaum soviel polnische Eigeninitiative zugelassen.

raten, um nicht die für es lebenswichtige Unterstützung zu verlieren; andererseits aber wurde der eigene Handlungsspielraum bewahrt und sogar langsam erweitert.

In den dreißiger Jahren ist deutlich ein doppelter ›Emanzipationsprozeß‹ der polnischen Außenpolitik festzustellen: einerseits zu einer immer unabhängigeren Politik, die sich zwar immer noch, aber ständig weniger an der Außenpolitik der westlichen Großmächte orientierte, und andererseits von einer Politik der ›faits accomplis‹, die in höchstem Maß von der internationalen Konjunktur abhängig war, zu einer eigenständigen, langfristigen außenpolitischen Konzeption. Daß diese Emanzipation gelang, ohne die Bindung an die westeuropäischen Mächte und deren ›technische‹ Unterstützung zu verlieren, zeugt von großem diplomatischem Geschick und von einer im inhaltlichen wie organisatorischen Bereich erstaunlichen Anpassungsfähigkeit Czartoryskis und seiner Mitarbeiter. Das Hôtel Lambert führte eine phantasievolle Politik, die nur selten Gefahr lief, den Boden der politischen Realität zu verlieren. Insofern stellt diese polnische Emigrantengruppe ein hervorragendes Beispiel dar, um die Möglichkeiten (und die Grenzen dieser Möglichkeiten) einer Außenpolitik im Exil zu untersuchen.

Anhang I.

(zu Kap. IV/1, S. 55f. und Kap. IV/1, Anm.176).
B. Cz. Ew. Memorały i noty 1831–1840; ebenfalls 2 französische Fassungen (mit Korrekturen) in: B. Cz. 5322, S.147–179 bzw.183–198, eine englische Fassung ebd., S. 199–220.

Adam Jerzy Czartoryski:

Mémoire sur les affaires de la Pologne, le 16 janvier 1832.

La Pologne est tombée. Sa chute semble plus déplorable à ceux, qui savent, à combien peu il a tenu qu'elle ne se soutienne, combien il était dans les possibilités, que ses sacrifices ne fussent pas perdus, et qu'elle continuât jusqu'à présent, à tenir tête à son formidable adversaire. Un examen scrupuleux de ce qui s'est passé, confirme jusqu'à l'évidence que les Polonais auraient pu resister, et qu'ils tombèrent non pas par l'impossibilité de se soutenir, mais par la cruelle insouciance des Puissances (Cabinets) à leur égard, et que malgré les fautes qu'ils ont commises, c'est à l'abandon complet où on les a laissé qu'il faut principalement attribuer la malheureuse issue de leurs nobles efforts.

La justice de la cause polonaise n'a jamais été mise en doute et les Polonais montrèrent assez de courage, de force, de perséverance, pour meriter l'estime et l'appui de l'Europe. Ils avaient resisté seuls aux forces reunies de l'Empire de Russie, ils avaient decouvert à l'Europe étonnée qu'il était possible de le contenir dans de justes limites. Mais, lorsque les preuves du devoûment le plus heroique, jointes à une modération exemplaire, ne réussirent pas à faire obtenir, à une nation injustement opprimée, le moindre appui, la moindre marque d'interêt réel, faut-il s'étonner, que des éxagerations odieuses et coupables trouvèrent accès auprès de quelques ésprits poussés au désépoir, et que des traces de decouragement se soient enfin manifestées à la suite d'un denuement complet de tout moyen matériel dans une armée, qui voyait d'ailleurs que son héroisme ne parvenait pas à toucher les gouvernemens les plus interessés à soutenir l'existence de la Pologne.

Pas un agent d'aucune part n'est venu depuis le commencement de la révolution, s'assurer de la position du pays et de son gouvernement, leur porter des paroles d'espoir, de consolation, leur intimer, s'il le fallait les conditions, aux quelles l'Europe voulait qu'ils se soummettent. Cette démarche si simple, et que le Gouvernement polonais avait invoquée, faite de concert par les grandes puissances, eût sauvé bien de victimes, empeché l'effusion d'un sang precieux. Aucune espece de secours, de quelque genre que ce soit, n'a été offerte aux Polonais, durant ces dix mois; et même aucune facilité ne leur a été donnée, pour developper leurs propres ressources; c'était pourtant tout ce qu'ils demandaient pour tenir tête à un si puissant ennemi. Pour se soutenir, les Polonais n'avaient besoin que d'une veritable neutralité de la part de l'Autriche et de la Prusse; cependant aucun courrier, aucun agent, aucune lettre ne pouvaient être expediés de Varsovie, et ne pouvaient y parvenir qu'avec la plus grande difficulté, et avec une perte de tems, qui rendait chaque envoi sans effet. Leurs fonds ont été interceptés et tous les objets de commerce, qui pouvaient servir à leur défense, furent prohibés et arretés. Pouvait-on exiger que la Pologne, entourée de tant d'inimitiés, d'obstacles et de contrarietés resistat plus long tems à la Russie? Toutes ses communications, entravées dès le commencement, furent entièrement coupées au passage des armées russes sur la rive gauche de la Vistule. Les Polonais pouvaient dès-lors se regarder comme des victimes, sacrifiées par l'oubli à la vengeance.

Si les Cabinets de l'Europe avaient daigné sortir de leur impassibilité, pour faire sentir à cette malheureuse nation un commencement de bienveillance et d'interêt, le Gouvernement polonais aurait pris de la constistance et une forme plus convenable; il aurait été capable d'agir avec energie, il aurait conservé l'aplomb et le credit, que le peu de succes de ses efforts à l'étranger lui a fait perdre. La seule scène que la revolution ait à deplorer n'aurait pas eu lieu.

Les Polonais, dira-t-on, ne devaient s'attendre à aucun secours de la part des puissances; car ils savaient bien, que les secourir, c'était violer le principe de Non-intervention, adopté par les cabinets comme fondamental à la Politique européenne.

Ce principe, très équitable en lui-même, fut appliqué cette fois d'une manière fausse et injuste. La Pologne n'était pas une province de l'Empire de Russie. Les Polonais sont une nation dont la legitimité est constatée par X siecles d'existence separée; elle a été reconnue par le congres de Vienne, et il n'y a pas de peuple, qui ouvertement, il n'y a pas de gouvernement qui tacitement, n'aient souhaité du succes à leur cause.

Le principe de Non-intervention deffend de se meler des affaires interieures d'une nation; il veut que chaque état soit libre de s'organiser comme bon lui semble; mais il n'empêche pas d'intervenir dans la querelle de deux nations; son but au contraire est de ne pas permettre qu'aucune d'elles prétende imposer son régime à une autre. C'était precisement le cas. Que l'empereur Nicolas, comme roi de Pologne, eut cherché à maintenir son gouvernement au moyen des Polonais eux-mêmes, soit du Royaume, soit des Provinces, les puissances n'avaient pas le droit de l'empecher; mais du moment qu'il employait toutes les forces de la Russie, pour imposer son joug à la nation polonaise, les puissances avaient le droit, et même le devoir, de s'y opposer, si elles voulaient être consequentes et fideles au principe de Non-intervention.

D'ailleurs, n'oublions pas, que la Pologne a été victime de l'intervention la plus barbare, parcequ'elle eut pour motif d'empêcher une sage reforme de son gouvernement, – et la plus criminelle, parcequ'elle fut exercée par les puissances qui etaient les alliés de leur victime, et les garants de l'integrité de son territoire. Une nouvelle intervention était par consequent de droit, pour faire cesser les affreuses iniquités de la première.

Remarquons aussi, que pendant la dernière revolution, une intervention indirecte, mais réelle et funeste a existé de la part de l'Autriche et de la Prusse. Les Polonais ne manquaient ni d'hommes valereux, ni d'argent, mais ils le dépensaient en vain pour les armer. Tous leurs transports de fusils et de munitions furent confisqués par leurs impitoyables voisins; et l'un d'eux donna sa frontière pour entrepot et ligne d'operation à l'ennemi. Ainsi donc, cette intervention dissimulée, pour assurer les coups redoublés d'un puissant opresseur etait licite, et l'intervention noble et genereuse, en faveur de l'opprimé, et pour arreter l'effusion du sang, aurait été contraire au droit de gens! – Nous ne le croyons pas. Et nous supposons que c'est moins le principe de l'intervention [*in B. Cz. S. 5322:* non-intervention], qui dans cette occurence dirigea la conduite des cabinets, que la crainte de la Russie, et celle de provoquer une guerre générale. Mais ces deux derniers motifs, etaient dans le fait tout aussi peu fondés que le premier. La Russie ne devait pas paraître aussi effrayante, lorsque la Pologne seule lui resistait; et il y avait mille moyens d'aider les Polonais, sans qu'il en resultat une déclaration de guerre.

D'ailleurs, laisser écraser la Pologne ce n'est pas consolider la paix de l'Europe. L'ancien adage de quelques hommes d'état, que l'injustice une fois commise, il fallait la soutenir, qu'il fallait se resoudre à sacrifier la Pologne au repos général, est, nous osons le dire, un paradoxe; et les evenemens ont prouvé sa fausseté. La Pologne depuis son aneantissement, a troublé la paix de l'Europe tous les 10 ou 15 ans; et pour reconquerir son existence on la verra toujours courir aux armes, à chaque occasion favorable, à chaque encouragement, à chaque secours qui lui sera offert. L'accroissement démesuré de la Russie ne saurait être non plus consideré comme un Palladium de paix, comme un moyen assuré de la preserver en Europe. Bien au contraire, la Russie qui a conservé ses acquisitions sur la Pologne, sur la Suede, et la Turquie, sur la Perse, et dont les moyens interieurs à peine developpés, sont encore dans une progression ascendante, la Russie actuelle est deja menaçante au repos general. Que serait-ce, si par un étrange oubli de sa propre sureté, l'Europe permettait de detruire la nationalité polonaise, qui la sépare encore de ce colosse, et se prêtait à russifier toutes les contrées limitrophes de l'Allemagne. Ce serait bien alors que la puissance offensive de la Russie deviendrait effrayante. Ainsi donc, l'aneantissement de la Pologne, bien loin de consolider la tranquillité de l'Europe, restera à jamais un élement de troubles et d'inquietude, tandis que sa régéneration pourrait devenir un element de paix et de surté generale.

C'est assurement un devoir européen que d'approfondir ce sujet. Les causes qui ont produit dernièrement un developpement aussi extraordinaire de forces materielles et morales, n'ont pas plus cessé à present, qu'après les malheurs des gu[e]rres passées; et elles ne cesseront pas d'exister. Si l'on ne sait les comprendre et les juger, ce sera une partie remise. La contrainte augmentera leur ressort, qui tendra à se faire jour à chaque circonstance. Les cabinets doivent chercher à pénétrer jusqu'au fond, les raisons, qui rendent une nation, douée d'ailleurs des qualités sociales les plus essentielles, toujours portée aux révolutions, ne soupirant qu'après les hasards de la guerre, et toujours prête à la recommencer.

L'on a porté sur le compte des Polonais des jugemens erronés. On leur attribue des principes et une tendance qu'ils n'ont nullement. Les apparences jacobiniques, qui se sont manifestées pendant la révolution et la funeste victoire qu'un certain parti a remporté, par surprise, pendant une seule nuit, et qu'um gouvernement, malheureusement trop faible par sa forme, et par ses attributions, ne fut pas en etat d'empecher, ne tenaient qu'à des circonstances passagères et momantanées. Ce parti peu nombreux, n'a pas de force intrinseque dans le pays; les malheurs qui ont été la suite d'une seule nuit de troubles et d'atrocités, ont augmenté l'horreur que toute la nation en a ressenti, et suffiront à detourner pour toujours les plus exaltés d'une semblable tendance.

La turbulance, qu'on reproche aux Polonais, l'audacieuse promptitude, avec la quelle ils recommencent les entreprises les plus hasardeuses, proviennent d'une source, pure et elevée, qu'aucun homme vertueux ne saurait desaprouver. Tout Polonais a le sentiment inextinguible, la conviction profonde et indubitable de la justice des droits de sa nation. Il considere l'amour de la patrie comme le premier de ses devoirs. Il suivra tout appel fait au nom de cette cause sacrée. Il la servira selon sa position et ses possibilités, mais avec zèle et sincerité. Il s'y croit obligé par honneur et par conscience. Les soumissions et les sermens forcés, que la violence d'un pouvoir arbitraire extorque, ne le retiendront pas, quand il s'agira de sa Patrie, envers laquelle sont ses premières obligations et tous ses voeux. Telle est la doctrine et la foi que les Polonais sucent avec le lait de leurs mères. C'est une religion, aussi bien d'instinct que de raisonnement, que toutes les classes partagent et dont aucun Polonais n'osera se departir sous peine de passer pour renegat. Ce sentiment de devoir envers la Patrie est si imperieux, si aveugle, que dans toutes les guerres d'independance, l'espoir d'un succès certain n'entrait pour rien dans leurs determinations. Lorsque la derniere revolution eclata, tous les gens sensés, qui s'y reunirent par dévouement, ne furent d'abord nullement persuadés de pouvoir éviter les malheurs d'une lutte si inégale; et cependant, au premier cri proferé au nom de la patrie, l'armée et la nation toute entiere, se sont levées spontanement, l'on pourrait dire, avec le sentiment des Spartiates marchant aux Thermopyles. Pour se convaincre que la profession de conscience qui vient d'être enoncée n'appartient pas à tel ou tel individu, mais qu'elle est à la nation entière, l'on n'a qu'à repasser les événemens de l'histoire de Pologne depuis soixante ans, et même les rapports que le Grand Duc Constantin recevait de sa police secrète.

Ce sentiment et cette conviction, que la politique russe veut étouffer depuis un siecle, et qu'elle n'a fait que renforcer, ont produit, à commencer par la confederation de Bar, les efforts des Polonais pour se liberer de son joug: efforts qui ont fait couler tant de sang, qui ont amené tant de guerres et de désastres: efforts redoublés et croissants, qui ne forment qu'une suite, qu'une seule contin[u]ité d'evenemens, et que les mêmes causes reproduiront toujours.

Il est de l'interêt de tous les souverains, et de l'empereur de Russie surtout, de parvenir en Pologne à un état de choses qui porte en lui même des elemens de stabilité et de durée, et qui n'ait pas besoin, pour se soutenir, de l'emploi trop couteux, de la force et de la violence.

Sans toucher ici à la question, si le traité de Vienne doit être consideré, selon les regles du droit de gens, comme la seule base de l'existence de la nation polonaise, question qui n'en est pas une pour les Polonais dont les droits à une existence indépendante sont anterieurs aux plus anciens traités de la Diplomatie européenne; nous appuyerons notre argument sur la supposition, que c'est là le point de départ que les gouvernements de l'Europe ont decidé d'admettre, et nous en deduirons qu'il est de l'interet de tous les souverains de tirer le meilleur parti possible de ce traité, et de regler sur cette base admise, l'existence de la nation polonaise de manière à lui procurer une situation supportable, et qui ne la pousse pas à risquer de nouvelles commotions.

L'on a fait l'objection que les Polonais n'avaient pas le droit d'en appeler au traité de

Vienne, puisqu'ils l'ont violé. Mais aussi, ce n'est pas la Pologne qui reclame le traité de Vienne; ce sont les parties contractantes; elle n'etait pas de leur nombre, l'on y a decidé de son sort sans l'appeler, sans l'entendre. – Or, les parties contractantes peuvent à bon droit reclamer le traité de Vienne, en faveur du tiers, dont elles ont reglé le sort à leur gré; car ce n'est pas lui qui l'a violé le premier, c'est son adversaire, par les breches manifestes et criantes, qu'il s'est permises dans la constitution du Royaume, et en ne donnant pas aux autres provinces des institutions nationales, en leur otant même celles qu'elles possedaient. L'independance constitutionelle du Royaume et la nationalité dans les provinces etaient les conditions obligées sous les quelles l'Empereur de Russie avait obtenu, au Congrès de Vienne, la possession du Duché de Varsovie. L'Europe rassemblée n'a pas voulu obtemperer alors aux voeux de la Pologne, tandis qu'elle a cedé presque à tous les desirs de la Russie. La Russie est donc doublement obligée à maintenir les dispositions du traité de Vienne, comme co-signataire de ce traité, et comme partie avantagée. Cette puissance ne saurait en toute justice conserver les avantages accordés en rejettant ses obligations qui y étaient attachées. D'ailleurs si l'on cessait de fonder l'arrangement des affaires de Pologne, sur le congrès de Vienne, on le rejetterait sur la base moins honorable et moins certaine, des traités de partage, qui dans l'avenir, et à la marche que prend la Diplomatie, pourraient bien un jour, ne pas être regardés comme une source suffisemment legale et sure. Desorte, que ceux, qui en privant la Pologne des benefices du traité de Vienne, voudraient lui faire tort, se tromperaient, et à la longue, peut-être lui rendraient service.

Quoiqu'il en soit, pour que les Polonais soient interessés et sentent l'obligation de se tenir tranquils, il faudrait que leur situation devienne d'une manière quelconque meilleure de ce qu'elle etait avant la revolution. Le traité de Vienne en fournit les moyens; il faut seulement qu'il soit strictement executé, ce qu'il n'a pas été par la Russie. Ce traité en concedant à l'Empereur de Russie le Royaume de Pologne, a voulu que ce pays soit consideré comme un état distinct et independant de la Russie. Cependant le Cabinet russe a cherché d'éluder cette disposition fondamentale, et il a voulu établir en fait que le Royaume de Pologne n'est qu'une appartenance de l'empire à l'egal des Royaumes de Casan et de Sibérie qui ne sont nommés parmi les titres imperiaux que pour en augmenter le nombre. Pour que le traité de Vienne reçoive sa pleine execution, ce doute doit être levé et l'independance du Royaume de Pologne reconnue. Les provinces polonaises enclavées dans l'empire, selon la lettre du traité de Vienne, doivent obtenir des institutions et une representation nationales; ainsi la langue polonaise, leurs instituts d'Education, des tribunaux nationaux, une administration provinciale et des etats, leur sont dus.

Voila ce que le traité de Vienne dans son acceptation la plus litterale et la plus étroite prescrit rigoureusement, et ce que les puissances ont droit d'exiger de l'Empereur de Russie. Ne faudrait-il rien de plus pour assurer au plus haut degré la tranquillité de ce pays, et pour que l'Empereur Nicolas puisse avoir l'intime conviction qu'il ne regne pas sur les Polonais uniquement par la force et la contrainte. C'est une question qu'il importe d'examiner.

S.M.L'Empereur Nicolas n'a que deux routes à suivre dans les affaires de Pologne: c'est de tacher d'exterminer la nation, – ou d'agir avec la plus grande justice et générosité envers elle. Une route moyenne ne menera à aucun bon resultat; car la nation continuera d'exister, et sera toujours mecontente et rebelle.

Le choix de l'Empereur doit être en quelque sorte resolu par le traité de Vienne, qui ne permet pas (:si d'ailleurs c'etait possible :) de detruire la nation polonaise. Mais c'est les termes moyens qui seront à craindre pour la Pologne, aussi bien que pour la Russie. Des amnesties avec exceptions, des assurances avec restrictions, des demi-concessions, une marche qui manquera de franchise et de magnanimité: voila malheureusement ce qui trouvera le plus d'avocats dans les conseils de l'Empereur.

Le traité de Vienne a prevu la convenance de la reunion des provinces au royaume, et il a accordé à l'Empereur de Russie la faculté d'etendre les limites de cet état. Si en vertu de cette faculté l'Empereur Nicolas, se decidait à reunir les Provinces au Royaume, il ferait à coup sur, ce qui pourrait le mieux lui assurer la possession paisible de la Pologne; car ce serait, dans la position où ils se trouvent, ne plus laisser rien d'essentiel à desirer aux Polonais; ce serait prouver à la nation, qu'il ne porte pas un titre vain, qu'il est en realité roi de Pologne, qu'il en a veritablement les sentiments.

Au fond, les Polonais desirent, pardessus-tout, d'être reunis. Faut-il s'en etonner? Le royaume et les provinces sont un seul et même pays; une seule et même nation, animés de memes sentiments, unis par des liens noninterrompus de parenté, d'affaires, de souvenirs, de malheurs. Comment faire comprendre à ce même pays, à cette même nation, que quoique sous le sceptre du même souverain, ils doivent être considerés et gouvernés autrement; et que, quoique ce souverain soit roi des Polonais, il ne veut pas reunir ses sujets pour les rendre heureux, il veut ne voir dans une certaine partie des Polonais, qui lui sont soumis, que des Russes. Cette manière d'agir ôtera à jamais à tout Empereur de Russie la possibilité de se faire reconnaître pour veritable et legitime roi de Pologne. Telle n'a pas été l'intention de l'Empereur Alexandre. Il a été convaincu de la necessité de reunir tous ses sujets polonais dans un seul état; il en avait formé le plan avant le Congrès, et en avait mainte-fois repeté la promesse. En effet, il eut été de la politique la plus cruelle, je dirai même, la plus insensée, de creer une existence plus heureuse dans le royaume seulement, pour donner le supplice de Tantale aux Polonais enclavés dans l'empire, pour rendre leur situation plus insupportable par comparaison, et pour les mettre au deséspoir, en leur defendant même d'esperer que leurs justes voeux puissent jamais être realisés. Aussi les paroles de l'Empereur Nicolas: qu'il ne reunirait jamais les Provinces au royaume, et que les Polonais doivent renoncer pour toujours à cet éspoir, ont-elles preparé les esprits à la revolution, dont le voeu principal a été la reunion des provinces. Cette declaration de l'Empereur, repetée souvent et avec affectation, qui aneantissait les paroles de feu l'Empereur Alexandre, a fait croire aux Polonais qu'ils n'avaient plus rien à attendre d'un Prince, qui ne voulait pas meme leur accorder de consolation dans l'avenir le plus eloigné.

Tant que les Provinces ne seront pas reunis au Royaume il sera plus difficile de calmer des mecontentemens renaissans sans cesse, qui couveront sous la cendre, dans ces deux pays; tant qu'ils seront separés la Russie aura plus d'ambarras à combattre leur tendance continuelle à se joindre et à proportioner pour chacun d'eux ses concessions, afin de ne pas avoir un ennemi interieur, source d'inquiètude et d'epuisement qui à la premiere guerre affaiblira la défense, et renforcera l'agression de l'Empire.

Si l'on pouvait donc compter sur l'acquiescement sincere des Polonais, l'interet de la Russie serait évidemment d'acceder de son coté à cet arrangement. Mais après s'être reunis, les Polonais seront plus forts, qu'ils n'ont été dans le Royaume, et ils feront une guerre deux fois plus menaçante à la Russie. – A cela nous repondrons, que les Polonais feront precisement cette guerre à la première occasion, s'ils ne sont pas heureux, et parcequ'ils ne le seront pas. Que par-contre, ayant une fois obtenu la reunion tant desirée, ayant leur nationalité et leur constitution completement garanties, et leur independance reconnue sous la dynastie russe, ayant à ces signes, à ces effets ajouté pleine croyance aux sentimens polonais de leur roi, et reconnu sa legitimité par l'amour qu'il aura temoigné à son peuple, ils auront acquis tout ce qui est essentiel à une nation qui ne peut pas jouir d'une indépendance entière. Ils auront chez eux une carriere ouverte à tous les perfectionnemens sociaux; ils pourront s'y livrer avec plus de securité que, peut-être, dans toute autre situation pour eux possible. Ils seront attirés par les arts et les sciences, par le commerce et l'industrie. Une fois dans cette voie, leur activité inquiete se tournera de preference vers des occupations profitables, qui rattachent au regime existant et font aimer la tranquilité.

Et qu'on ne nous dise pas, que les Polonais ont deja joui d'un bonheur de ce genre, et qu'ils n'ont pas su ni voulu le conserver. Les Polonais de Lithuanie, de Wohlynie[!], de Podolie et d'Ukraine, avaient-ils le moindre semblant de l'existence que nous demandons? et le Royaume n'etait-il pas livré, sans défense à la tyrannie la plus capricieuse, qui avait rendu impossible la poursuite d'une quantité de perfectionnemens sociaux, qui avait transformé sa constitution en une farce meprisable, qui avait soumis ce pays au regime odieux d'une tourbe de delateurs. Les Polonais du Royaume vivaient sous la menace, que s'ils ne se conduisaient pas d'après les ordres donnés d'en haut, ils seront reduits en province russe. Aussi ne mettaient-ils aucune confiance dans la durée de leurs institutions, et dans les intentions et les sentiments de leur souverain. Maintenir le principe de l'independance du Royaume, etait consideré comme crime de haute trahison. Non, ce n'est pas d'une telle existence que nous avons voulu parler, et elle ne pourrait pas assurer à l'empereur Nicolas la noble recompense de regner avec bonheur et tranquilité en Pologne.

Les prevoyances et les raissonnemens politiques les plus rafinés ne pretendent s'occuper que d'un avenir prochain; il n'y a pas de sagesse qui puisse embrasser des siecles. Cependant, il est probable que la Pologne resterait long tems attachée à la dynastie qui l'aurait rendue satisfaite et heureuse; qu'elle deviendrait une soeur fidele de l'empire; car ses rois n'auraient pas de motif d'être indifferens à l'amour de leurs sujets du Royaume, et ils le conserveraient par leurs qualités personnelles. Ces resultats sont immancables dans le tems qui suivra le nôtre, et très vraisemblables dans un avenir plus reculé. Ils ne changeraient, que si les Empereurs et Rois, et la Russie, cessaient d'être justes et reprenaient leurs premiers erremens envers la Pologne.

Le grand argument contre la reunion a été que la nation russe ne le souffrirait pas. Mais de quelle nation veut-on parler? La masse moins eclairée prend peu d'interêt à ces questions. L'agriculteur et le marchand russes ne tirent aucun avantage de l'asservissement et du malheur de la Pologne. Pour ce qui est de la partie eclairée de la nation, il est impossible qu'elle ne soit enfin sensible à la voix de la justice et de la verité. La Hongrie et le Hanovre ont une existence honorable et heureuse, quoique gouvernés par des princes qui regnent sur d'autres grands états, aux quels ces royaumes ne sont pas dangereux ni à charge, aux quels même ils ont rendu des services signalés. Il en serait de même de la Pologne envers la Russie. Mais pour qu'elle lui devienne utile il faut que cette Pologne soit traitée avec une entière justice, il faut qu'elle soit satisfaite. Les Russes y trouveront leur profit, ils seront bien aises de n'avoir plus en perspective des troubles et des guerres sanglantes à soutenir; de ne plus être les eternels geoliers et les persecuteurs d'une nation à la quelle ils ne refusent pas leur estime.

Ce raisonnement ne s'adresse pas à cette partie des ennemis du nom polonais, qui ne pensent qu'à conserver leur domination pour s'enrichir en Pologne par leur concussions, ou qui conseilleront une rigueur implacable, dans l'attente d'être gratifiés des terres confisquées. Leur avidité ne se laissera surement pas convaincre.

Mais que ceux des russes, qui sont mus par des motifs plus nobles, par un attachement pur à leur patrie, reflechissent à tout ce que la Russie sacrifie d'hommes et de tresors, depuis que l'un des points de sa politique est de faire absolument le malheur de la Pologne. Est-ce que la véritable Russie y a beaucoup gagné en commerce, en aisance, en civilisation, en moralité? Tout bien compté, nous penserions plutôt qu'elle a perdu. Ce qu'elle a gagné lui est venu d'une autre source. Il n'est pas douteux que l'empire acquerera bien plus de securité et de calme, qu'il conservera tous les avantages acquis, et qu'il écartera tous les inconveniens éprouvés et faciles encore à prevoir, si des provinces desaffectionnées, mal acquises, injustement dominées, se changent en un co-état heureux, attaché et fidele.

Comment d'ailleurs se persuader que le monarque le plus absolu de l'univers, dont toutes les volontés deviennent loi, soit privé uniquement du pouvoir d'être grand et magnanime, et que ce genre de contrôle, soit le seul qu'une nation puissante se plaise à exercer sur l'autorité sans limites de son souverain.

Nous observerons en outre, qu'une conduite comme celle que nous proposons envers la nation polonaise ajouterait un lustre infini au caractere de l'Empereur Nicolas, et raccommoderait tous les peuples de l'Europe avec la nation russe. Car l'on ne saurait le nier, autant les gouvernemens se sont montrés attachés à la politique russe, autant les nations lui ont temoigné de l'eloignement. Les Russes leur paraissent les suppots obligés de toute tyrannie, les ennemis nés de la liberté et de la civilisation. Leur domination, et leur guerre en Pologne, ont renforcé cette opinion injurieuse, ont augmenté les sentimens de haine et de crainte qu'elle a du inspirer. Mais une conduite genereuse envers ces memes Polonais, qu'on considère avec raison comme des victimes d'une injuste tyrannie, changerait bientôt les sentimens odieux d'aversion, de soupçon, d'animosité, – en sympathie, en admiration, en confiance dans les principes et la moderation du gouvernement et de la nation russe, ce qui dans la disposition actuelle de l'Europe, servirait mieux la Russie, que ses victoires, que ses acquisitions, et le spectacle de ses immenses forces.

Mais il y a encore des motifs speciaux, à faire valoir auprès de l'Empereur Nicolas, pour le convaincre que sa reputation, sa gloire, exigent qu'il se montre magnanime. Les puissance devraient le faire ressouvenir, que le grand Duc Constantin, forcé d'abandonner la Capitale, au milieu d'un peuple exasperé, au moment de se voir cerné par les detachemens polonais marchant vers Varsovie, et sur le point d'être pris sans coup ferir, lui et son armée, a su eviter tous les dangers qui le menaçaient, en se mettant sous la sauve-garde (: ce sont les propres termes de sa lettre au gouvernement provisoire :) DE LA LOYAUTÉ DE LA NATION POLONAISE. Les Polonais auraient eu des canons, des armes, des chevaux, tout cela leur manquait; ils prevoyaient que cette meme artillerie, ces mêmes regimens, reviendront grossir l'armée qui devait les ecraser, – et cependant ils se deciderent de ne pas encore agir en ennemi contre le frere de l'Empereur, dont ils avaient tant à se plaindre, et contre des troupes dont la presence avait été long tems vexatoire, et souvent contraire à la liberté et à la sureté des citoyens. Ce trait de loyauté excessive n'a pas été apprecié; on n'en a tenu aucun compte; il meritait cependant de ne pas être oublié, comme indiquant le caractère animant de la Revolution polonaise, et d'obtenir un équivalent de la part du vainqueur. L'appel du fort à la loyauté du faible n'a pas été fait en vain: en sera-t-il autrement losque le faible, à son tour, est forcé de reclamer la justice et la generosité du puissant? En outre, les Polonais ont deux fois temoigné leur desir de finir la lutte par un arrangement; toutes les deux fois leurs demandes ont été rejettées avec dédain et rigueur. Des manifestes remplis des menaces les plus severes, des ordonnances, qui ne laissaient de jour à aucun autre rapprochement que celui d'une soumission immediate à discretion, ont été les seules reponses, qu'ils ont reçues. Ces reponses aussi cruelles pour le fond qu'outrageantes par leurs formes, firent croire à la nation, qu'il n'y avait plus de salut que dans uns défense à toute extremité.

Nous ne doutons pas que les puissances ne desirent la reunion des Provinces au Royaume, et qu'elles ne soient disposées à la demander à l'Empereur de Russie, parceque ce serait le moyen le plus sur de garantir les stipulations du traité de Vienne. L'Autriche et la Prusse devraient être surtout interessées à faire acceder la Russie à un arrangement semblable; à lui prouver qu'il serait tout aussi utile à leur tranquillité qu'à la sienne. Celle de la Galicie et du Grand Duché de Posen dependra sans aucun doute du calme, et du degré de bonheur des habitans du Royaume et du pays polonais enclavé jusqu'à present dans l'Empire russe. Les provinces de domination allemandes, quoique jouissant d'un regime plus doux et d'un plus haut degré de prospérité, sont aussi toutes les deux, de coeur et d'ame, polonaises. Elles n'ont été retenue de se réunir ouvertement à la revolution, que sur les prieres repetées et la défense formelle du gouvernement polonais. Un seul mot les aurait mises en feu. L'interet actif que l'Autriche et la Prusse montrerai[en]t à ameliorer le sort du reste de la Pologne, deviendrait avantageux pour elles-même, et leur procurerait de la part de leurs sujets polonais des preuves sincères de reconnaissance.

Nous nous resumons. One ne saurait regler les affaires de la Pologne qu'en restituant une Patrie à cette nation. C'est un élément indispensable à la tranquillité de ce pays, à celle de la Russie, à celle de l'Europe elle-même. Le traité de Vienne en a reconnu le principe, et en a tracé les premieres bases. Selon ce traité

a. LE PAYS DESIGNÉ SOUS LE NOM DE ROYAUME [DE POLOGNE] DOIT FORMER UN ÉTAT DISTINCT SOUS LA DYNASTIE RUSSE, ET JOUIR D'UNE CONSTITUTION OCTROYÉE PAR L'EMPEREUR ALEXANDRE, AU NOM DE TOUS SES DESCENDANS.

b. LES PROVINCES ENCLAVÉES DANS L'EMPIRE DE RUSSIE DOIVENT RECEVOIR DES INSTITUTIONS NATIONALES.

Jusque là, notre cause est une affaire purement Européenne, qui semble ne preter à aucun doute, ne pas presenter deux manières d'être terminée. Annuler ces disposition[s] du Congrès de Vienne, ce serait fouler aux pieds les principes du droit de gens, constatées par des traités solennels, ce serait blesser la dignité de toutes les puissances, menacer ouvertement le repos de l'Europe, en detruisant une transaction qu'elle a declarée être indispensable à sa sureté.

Cependant, les dispositions du Congrès de Vienne, qui d'un côté ne repondaient pas entierement aux voeux de[s] Polonais, n'avaient pas donné, de l'autre, des garanties suffisantes à ses stipulations. La constitution du Royaume fut bientôt reduite à une pure formalité, et quant à la nationalité des provinces, on n'a pas seulement daigné leur annoncer que l'Europe l'avait stipulée garantie. La revolution éclata. La Pologne vient de succomber encore une fois, et la Russie triomphe.

L'Europe est en droit de reclamer le maintient des stipulations du Congrès de Vienne, mais la magnanimité de l'Empereur peut seule leur donner une base plus solide et regler définitivement les destinées de la Pologne; et pour cet effet:

C. REUNIR LES PROVINCES DE L'ANCIENNE POLOGNE AU ROYAUME.

Cette concession, dans ce moment, ne peut être obtenue, nous le repetons, que de la grandeur d'ame de Nicolas. Cependant de fortes raisons politiques militent trop en faveur de cet arrangement, pour que les puissances n'usent de tous leurs moyens pour déterminer l'Empereur Nicolas, à ce grand acte de justice et de generosité.

Nous n'avons pas encore prononcé le mot d'amnistie, parceque cette mesure de justice, de generosité, de politique, nous semble s'entendre de soi-Même. La reputation de l'Empereur Nicolas y est interessée; ses promesses repetées en sont des garants. Les gouvernements, aussi bien que les peuples de l'Europe seraient bien désapointés, si l'equité et la clemence de ce souverain ne pouvaient produire qu'une amnistie de nom, rendue nulle par des exceptions presque generales et par un silence complet sur les provinces enclavées dans l'Empire.

Nous ignorons jusqu'à quel point les destinées des Polonais dependeront de la propre volonté de l'Empereur Nicolas. Mais plus les puissances de l'Europe en apelleront uniquement à la generoisité et à l'equité de ce souverain, plus il importe qu'elles l'engagent à se mettre à la place de ceux, qu'il doit seul juger; il importe de lui rappeler la suite des maux, des traitemens cruels et injustes, des humiliations de toute espèce, qu'ils ont subi, depuis le partage de leurs pays. – Les Polonais ont été taxés d'ingratitude envers la Russie! on leur a reproché de n'avoir pas reconnu les bienfaits dont les souverains de Russie les ont comblés, d'avoir reçu le bien pour le mal qu'ils n'ont cessé de faire ou de projetter. C'est une assertion qui ne sera comprise par le sentiment d'aucun peuple. Quel mal plus sensible, plus immense, peut-on faire à une nation, que de lui ravir son independance et de la déchirer en lambeaux? Quels bienfaits peuvent donc compenser et faire oublier de telles pertes!

Cette reflexion est doublement frappante à l'egard des polonais de Lithuanie, de Wolhynie, de Podolie et d'Ukraine. Aucun des maux qui ont accablé leur patrie ne leur a été épargné. Il est connu à tout le monde, que c'est la partie de l'empire la plus mal administrée, où il y a le plus d'abus, d'injustice et de corruption. – Les soins pris par les habitans dans le but de conserver leur nationalité, et les voeux qu'ils formaient d'être reunis au Royaume ont été considerés comme criminels, ont été punis et persecutés par le gouvernement russe, qui en cassant et desorganisant les ecoles du pays, en s'acharnant contre le rite uni, et par diverses autres demarches et reglemens, a hautement declaré son intention d'étouffer d'aneantir la nationalité polonaise, dans ces provinces, et d'y employer des moyens les plus acerbes. Est-il donc etonnant, que cette partie de la nation, si mal traitée, si malheureuse, en voyant malgré la lettre du traité de Vienne, ses privileges detruits, ses voeux les plus chers rejettés, est-il etonnant que les Polonais des provinces ayent voulu se joindre à leur compatriotes pour emanciper une patrie commune d'un joug qui pesait d'avantage sur eux, et dont ils eprouvaient toute la rigueur sans aucune compensation. L'empereur Nicolas lui-même, dans le fort [!] de sa conscience, s'il pese toutes ces circonstances, ne pourra s'empecher de trouver, que de tous les polonais, ceux la [!] doivent lui paraitre les plus excusés, et qu'il ne saurait excepter de l'Amnistie ceux qui ont le plus souffert, qui avaient le plus de griefs à faire valoir contre le gouvernement russe, et des motifs plus forts pour se croire libre de ses liens.

(der folgende letzte Abschnitt wurde in B.Cz. Ew. Memoriały i noty gestrichen; in der englischen Fassung B.Cz. 5322 blieb dieser Passus erhalten):

Avant de finir il nous resterait à demander de quel mode l'on se servira pour regler finalement les affaires de Pologne? Est-ce qu'on les abandonnera aux negations deconsues et separées de chaque cabinet; ou bien les discutera-t-on dans une place designée et dans des conférences reunies, où toutes les parties interessées prandraient [!] part. Un congrès, ou une conference est, sans doute, le seul mode, qui puisse conduire à quelques resultats satisfaisants. Les plénipotentiaires rassemblés doivent surtout craindre, de ne pas se tromper dans leurs decisions par defaut d'information suffisante, et pour ne pas avoir consideré le sujet sous toutes les faces. S'ils élevent un échafaudage qui ne pourra se soutenir que par la violence et la contrainte, il ne sera pas de long durée. Pour que l'oeuvre soit plus solide et promette plus de securité et de repos que par le passé, il faut que la justice, il faut que les voeux et les droits de la nation que sela concerne, entrent comme parties principales dans sa structure.

In der französischen Fassung von B.Cz. 5322 ist dieser letzte Absatz über einen Kongreß ausführlicher und konkreter, besonders was das Postulat einer polnischen Beteiligung betrifft. Dieser ganze Passus wurde, wohl auf Anraten Talleyrands, herausgestrichen (vgl. Kap. IV/1, Anm. 176):

Avant de finir, il nous resterait à demander de quel mode l'on se servira pour regler finalement les affaires de Pologne? Est-ce qu'on les abandonnera aux négotiations deconsues [!] et separées de chaque cabinet, ou bien, les discutera-t-on dans une place designée et dans des conferences reunies, où toutes les parties interessées prendraient part? La plus interessée de toutes, celle dont tout l'avoir va être donné, si l'équité seule était écouté, devrait y être admise.

Un congrès, ou une conference, est sans doute le seul mode qui puisse conduire à quelques resultats satisfaisants. Cependant, il se presentera dans les discussions beaucoup de details, qui exigeraient des repliques. S'il ne se trouvent pas des Polonais, dans le lieu des Conférences qui sachent les donner, qui, non pas officiellement, si c'est impossible, mais d'une manière privée, plaident aussi la cause de leur patrie, cette cause risque d'être decidée d'une maniere incomplette ou même deffectueuse. Par défaut d'information, et pour ne pas connaitre le sujet à fond, les Plenipotentiaires rassemblés peuvent facilement, comme des gens qui n'y voient pas clair, marcher en sens invers du but qu'ils voudraient atteindre. Pour que l'oeuvre soit plus solide et promette plus de sécurité et de repos que par le passé, il faut que la justice, il faut que les voeux et les droits de la nation, qui cela concerne, entrent comme parties principales dans sa structure.

Dieses erste Memorandum in der Emigration ist mit hoher Wahrscheinlichkeit dasjenige, welches Czartoryski während seiner Reise nach Westeuropa in Leipzig schrieb (vgl. S. 46). Er schickte es nach London zu Niemcewicz. Nach seiner Ankunft überarbeitete er es anscheinend noch einmal. Am 16. Jan. 1832 wurde es Palmerston übergeben. Die englische Übersetzung wurde von dem später sehr einflußreichen Journalisten Henry Reeve erstellt. Der 1831 noch vollkommen unbekannte Reeve beschrieb die Arbeit an der Übersetzung und sein erstes Zusammentreffen mit Czartoryski in zwei begeisterten Breifen an seinen Freund, den polnischen Dichter Zygmunt Krasiński (J. Kallenbach, Correspondance de S. Krasiński et de H. Reeve, I, S. 391–395: Brief vom 19.12.1831, und S. 402–406: Brief vom 27.12.1831).

I. aus dem Brief vom 19. 12. 1831:

. . .il [Niemcewicz] ouvrit un tiroir et me remit un manuscrit en français: »Voici, me dit-il, le peu qu'il nous reste à faire pour le moment; je vous remets cet opuscule, et vous prie de le traduire et de le publier«. C'était un Mémoire sur les affaires de la Pologne, écrit dans un style mâle et énergique, avec une logique profonde, mais pas d'ornements de rhétorique. Je m'en occupe dans ce moment, et je vous l'enverrai aussitôt que possible; le secret de l'auteur doit être soigneusement gardé: j'ai donné ma parole d'honneur de ne pas le révéler. Il vous suffira de savoir qu'il est écrit par le seul homme en Europe qui puisse écrire une pareille chose avec la chance d'être écouté . . .

J'ai fini la traduction du Mémoire sur la Pologne, Claims of the vanquished. C'est superbe; vous verrez, cela va étonner toutes les têtes diplomatiques et poudreuses de l'Europe.

II. aus dem Brief vom 27. 12. 1831:

Depuis ma dernière lettre, j'ai été présenté à un homme qui occupe dans la société un rang bien supérieur à celui de Jelski, je veux dire le prince Adam Czartoryski. C'aurait été un grand roi, un Henri IV, un homme qui aurait terassé la Ligue et radouci les huguenots; mais, comme simple gentilhomme de Pologne, il s'est trouvé à la tête d'un gouvernement qui, par sa forme même, ne suffisait pas aux périls du moment. Niemcewicz m'a présenté à lui. Il m'a reçu d'un air bienveillant et doux, sans cour, sans cortège, alone with his glory, et je l'ai trouvé, le maître et le suzerain de Pulawy, dans une mauvaise chambre garnie, quelques livres sur la table, des pièces diplomatiques, un plan de bataille et une Bible devant lui. Nous travaillâmes ensemble près de deux heures sur le Mémoire dont je vous ai parlé dans ma dernière lettre: et, à mesure que nous discutions la position de la Pologne envers l'Europe et celle de l'Europe envers la Pologne, son oeil brilla d'un éclat surnaturel, quand il parla de la puissance de la Russie, puissance corrompue, plante forcée dans les serres chaudes de Cathérine et de ses successeurs. Puis, nous avons parlé de l'Angleterre, de ces hommes à tête froide qui croient calculer bien parce qu'ils calculent lentement, et qui croient étancher les plaies de la vieille Europe en lui appliquant des protocoles: mieux voudrait brûler la blessure par le feu ou la traiter par le fer!

Anhang II.

(zu Kap. IV/4, S. 209f.)
B.Cz. 5410, S. 43–60 und 63–85 (doppelt, mit Kommentar) sowie B.Cz. 5323, S.381–400 (ohne Kommentar).

Die Bestimmung dieser Denkschrift ist nicht eindeutig; sicherlich wurde sie Ende 1835 oder 1836 über Urquhart der türkischen Regierung zugeleitet; das Ende des Memorandums dagegen ist so formuliert, als ob es für die britische Regierung oder die britische Öffentlichkeit (eventuell Parlamentarier) bestimmt gewesen wäre. Die Datierung in B.Cz. 5323 (3. Okt. 1833) ist später hinzugesetzt und offensichtlich falsch. Die Denkschrift paßt nicht in die politische Landschaft der zweiten Jahreshälfte von 1833 – zu dieser Zeit lief gerade die Mission General Dembińskis nach Ägypten, und das Hôtel Lambert hatte noch keine direkten Kontaktpersonen in Stambul. Die Datierung 1836 in B.Cz. 5410 ist wohl etwas verspätet, wahrscheinlich wurde das Memorandum im Sommer/Herbst 1835 verfaßt. Die hier benutzte Fassung in B.Cz. 5410 ist eine stilistische Überarbeitung der Fassung in B.Cz. 5323.
Der Autor ist höchstwahrscheinlich Zamoyski, der 1835 stark unter Urquharts Einfluß stand. Die Kommentare stammen von Urquhart – in einem Brief vom Okt. 1835 (B.Cz.Ew. 1525 a) schrieb Urquhart an Zamoyski: »Le mémoire que vous m'avez donné est déjà en turc et en route. C'est excellent«. In Verbindung damit übermittelte Czartoryski 1836 als Geste der türkischen Regierung die Schlüssel von Adrianopel, die 1829 von den Russen mitgenommen und dann 1830 in Warschau erbeutet worden waren (B.Cz. 5468, S.395: Czartoryski an Urquhart, Paris 7.6.1836).

Quelques mots sur la Pologne et la Turquie.

Observations faites par la personne à l'opinion de laquelle ce mémoire a été soumis.

Quelque évidente qu'ait été la communauté d'intérêts, entre la Pologne et la Turquie, vis-à-vis [de] la Russie, depuis le commencement et dans le courant du XVIII siècle, jamais dans cet espace de tems, ces deux nations ne sont parvenues à former un plan vaste et homogène d'action combinée et d'efforts simultanés contre leur commun ennemi.

Ce mémoire si remarquable sous tous les rapports a été traduit en turque et envoyé à Constantinople.

Et cependant nous osons affirmer, qu'un pareil plan, conçu par connivence directe entre ces deux peuples et mis en execution à quelque époque que ce fût, aurait suffi et sans secours étrangers, pour refouler à tout jamais la Russie au de là du Borysthène.
Il serait peut-être d'une grande utilité pratique de mettre au jour, en suivant le cours des événemens dans les deux

pays, les causes qui ont empêché la communauté des desseins et la fusion des efforts, que commandait impérieusement l'urgence du danger.
On les trouverait dans la nature même et dans les vues de l'organisation politique de[s] deux Etats, dans leurs embarras intérieurs survenus à cette époque; dans les entraves extérieures, dans les fautes et les faiblesses des puissances dirigeantes, qui dans le siècle dernier furent intéressées à contenir et à faire agir la Turquie et la Pologne.
Mais la cause principale qui empêchait les deux nations de se concerter dans un commun plan et accord contre la Russie, c'était l'ignorance, c'était l'insouciance complète, où se trouvait chacune d'elles, sur tout ce qui constituait reciproquement leur politique, leurs forces et leurs dangers. Longtems ennemis mortels, sortant d'une lutte qui datait depuis deux siècles, la Pologne et la Turquie menacées par l'attitude formidable que la Russie commençait à prendre, ont bien posé les armes, dont elles se servaient jadis avec acharnement l'une contre l'autre. Mais ce revirement politique ne fut pas suivi d'aucun système clair et constant, qui dorénavant dût lier les deux Etats par une amitié que commandait le danger commun. La race des vainqueurs de Chotzim et de Vienne, se sentait mal à son aise, lorsque la force des choses la perissait (*hier in B. Cz. 5323:* poussait) à chercher assistance et protection de l'Empire du Croissant. Et malgré tout ce que lui chuchotaient à l'oreille les Am bassadeurs de l'ouest la Turquie ne voyait dans le Lehistan que des Giarures et des Chiens d'infidèles. La Porte a bien fait la guerre et à plusieurs reprises dans l'intérêt de la Pologne, qu'on lui représentait comme une barrière nécessaire à sa propre sûreté, mais c'était toujours par inspiration[s] étrangères; c'était la Suède, la France et l'Angleterre, ce n'était jamais la conviction spontanée et l'enthousiasme national qui la fesaient agir.

Entièrement injuste et faut; sentant comme européen et comme chrétien, l'auteur impute ses propres sentimens aux Turcs. Au premier partage ces TURCS ONT CHERCHÉ À ÉVEILLER L'EUROPE. Ils n'ont pas un système diplomatique, pour cette fois ils sont sortis de leur réserve et patience d'habitude.

Le retour vers le passé, ce regret historique, peuvent-ils être de quelque utilité aujourd'hui? Cette lumière d'une triste vérité, pourrait-elle jeter quelque rayon lucide sur le présent et l'avenir?
Aujourd'hui qu'est-ce que la Pologne? qu'est-ce que la Turquie? Si vous faites ces questions à l'opinion européenne, à celle qu'adoptent les Gouvernemens, la réponse vous fait abandonner le sujet de vos rêves et vous reduit au silence.
La Pologne pour la Diplomatie n'est qu'un DÉSERT POLITIQUE. Les malheureux Polonais sont des braves gens; mais ils ont fait leur vie. vixere. –
La Turquie dans ce même langage ne vaut pas grand'chose

Ce mot n'est pas de moi; c'est du traducteur, qui de plus n'a pas saisi l'argument ni l'objet.

non plus. C'est un cadavre qui ne se meut qu'à force du Galvanisme que lui administre l'intérêt commercial et la jalousie de la puissance russe.
Mais la réponse sera toute contraire, si vous faites ces questions à un Turc qui frémit à l'aspect d'un Russe, si vous le faites aux habitans de la Vistule, du Niemen et du Boh.
A qui soit le temoignage de la vérité? aux masses des peuples? ou aux formules diplomatiques?
Une voix forte de science, sûre et de conviction, s'est élevée pour rendre justice à la Turquie, pour dissiper les fausses notions qu'on débite sur son compte, pour rendre toute importance qu'elle mérite à la question de l'Orient. Cette voix retentit encore dans toute l'Europe. Les journaux de tous les pays se sont emparés de ce sujet, et les attaques des antagonistes n'ont fait qu'ajouter du poids à la vérité. Et lorsqu'on voit enfin que l'Oconnell des Ottomans, obtient du Gouvernement Anglais une charge, où il sera plus à même de donner à sa théorie un essor pratique, on est à juste titre porté à croire que le Ministère de la Grande Bretagne adopte ses opinions et que sérieusement il prend à coeur la restauration de la Turquie.

[*Damit is ist eindeutig Urquhart gemeint*]

Dans cette supposition la Pologne y entre-t-elle pour quelque chose? Elle, qui n'a pas l'attrait des Dardanelles, commence-t-elle à vivre quelque autre part, outre les croyances des Polonais?
Quoiqu'il en soit, nous nous hâtons d'affirmer, sur la foi du passé, d'après la connaissance des faits et sans crainte d'être démenti par l'avenir, que tout plan de restauration formé par l'Angleterre et adopté par la Turquie, ne pourra porter des fruit désirables [*in B. Cz. 5323:* durables], qu'autant qu'il sera combiné avec la restauration de la Pologne.

Ces considérations sont capables d'effrayer bien des personnes et ne sont d'aucune utilité.

Nous allons plus loin. Nous sommes persuadés, que tout plan de restauration de la Turquie, non seulement doit comprendre celle de la Pologne, mais il doit être basé sur l'union directe et intime de deux nations, sur leur intelligence commune, sur leur action commune et simultanée. Mais la Turquie et ses protecteurs pourraient demander, comme de raison, connaître les motifs de cette présomption de la Pologne, ils voudraient sans doute qu'on leur fît passer en revue les forces et les ressources qu'on pourrait tirer de la Pologne, démembrée, anéantie qu'elle est, sans armées, sans gouvernement, qui prétend assister, dans une lutte combinée, un empire qui a un gourvernement, un trésor, une armée, une flotte, en un mot une existence politique.

Essayons de former quelques ébauches d'éclaircissemens sur cette question capitale.

1. D'abord et en premier lieu, la Pologne est un pays intermédiaire entre la Russie et la Turquie. Il serait hors de propos de donner ici un apperçu géographique sur la Pologne, quoique ce ne fût pas de trop pour plusieurs hommes d'Etats, qui prétendent regenter l'Europe. La Turquie autrefois connaissait bien l'étendue de la Pologne et elle en a donné une preuve dans la déclaration de la guerre qu'elle fit contre la Russie en 1710. La restauration de la Pologne dans ses anciennes limites serait non seulement d'un grand secours pour revendiquer l'indépendance de la Turquie, mais elle en serait le seul, sûr et efficace garant à l'avenir, et c'est par le seul fait de son existence.

2. La Pologne, il est vrai, n'a pas la forme d'existence politique, mais sa vie morale, sa vie de revolte, si vous voulez, se conserve dans toute sa vigueur et dans toute l'étendue de ses anciennes possessions; et comme les événemens l'ont prouvé jusqu'à l'évidence, cette énergie de vie posthume, ce désir de l'indépendance, ces diverses sacrifices pour reconquerir la patrie, se sont manifestés, à chaque nouvelle explosion avec une intensité toujours croissante. Kosciuszko au moment du dernier partage n'a pu rallier sous son étendard que 30,000 combattans. Dans les guerres de Napoléon le petit Duché de Varsovie en fournissait 60,000. Dans la guerre de 1831, le royaume de Pologne a pu mettre sur pied une armée de 100,00 hommes, outre les insurgés dans les provinces éloignées.

3. Le fait de non-existence politique de la Pologne, n'ôte rien à ses forces réelles; si elle entre en lutte comme auxiliaire de la Turquie, dans la nouvelle guerre d'indépendance. Il paraîtrait problématique, mais il n'en est pas moins vrai, que la Pologne, comme alliée dans un combat à outrance, se trouverait plus forte aujourd'hui qu'elle ne l'était dans aucune époque du siècle passé. Etant même aujourd'hui un Etat tout constitué, comme l'était le petit royaume né par le congrès de Vienne, elle aurait, il est vrai, une armée toute prête pour agir, mais elle aurait aussi quantité d'entraves diplomatiques, capables d'amortir cette action, et le danger de risquer ce qu'elle avait, lui ôterait le courage du désespoir, qui voit clair et suit l'unique voie de salut.

4. L'émigration polonaise qui, au nombre de quelques milliers d'individus s'est dispersée dans presque tous les pays du monde, peut être regardée comme une fraction de la Pologne en activité. Par sa présence même elle contribue beaucoup à éveiller l'attention des peuples contre la Rus-

sie; elle entretient la sympathie pour la Pologne; elle nourrit de loin au sein de sa patrie l'espoir d'un meilleur avenir et le devoûment aux nouveaux efforts pour la cause sacrée, que d'ailleurs la Russie, à force d'oppression, ne cesse d'augmenter.

L'émigration en étudiant, en s'éclairant sur les intérêts de la Pologne, éclaire toute la nation.

5. D'un autre côté, outre l'influence morale exercée par l'Emigration, elle présente une force toute pratique pour le moment d'action. Elle se compose pour la plupart d'officiers d'ancien service et d'un grand mérite. C'est un noyau tout prêt pour donner de la consistence à la première armée de l'insurrection.

Ceci me paraît intempestive.

6. Mais ce n'est pas le seul moyen d'en profiter. Parmi les reformes que la Turquie continue à introduire, celle de l'armée est pour elle de la plus grande conséquence. C'est le point vital pour cet empire. Or l'émigration polonaise, est en état de lui rendre, dans cette affaire, le plus utile service. C'est surtout l'infanterie qui attire toute la sollicitude du Gouvernement. Entre l'armée des Janissaires et une forte organisation européenne, il est impossible de concevoir un juste milieu. Il est donc indispensable pour la Turquie, de pousser sur cette voie les reformes militaires d'une manière franche et complète. Il est rare de trouver parmi les officiers de fortune des individus auxquels on puisse abandonner cette tâche avec confiance et certitude de succès. Il est rare qu'un talent remarquable, qu'un caractère à toute épreuve, qui a une patrie à servir, se devoue à une cause étrangère. Il serait surtout dangéreux pour la Turquie de tirer ses instructeurs du sein de la Russie. L'émigration polonaise compte deux ou trois cens officiers de toute arme très distingués et pour lesquels la carrière des armes n'est pas une spéculation. Elle compte surtout beaucoup d'officier d'artillerie, arme par excellence chez les Polonais, et dans laquelle, pendant la dernière guerre, ils surpassaient de beaucoup les Russes. Cette circonstance serait d'autant plus de grande conséquence pour la Turquie, qu'elle manque surtout d'artilleurs instruits et expérimentés, et que l'artillerie à cheval, autant que nous sachions, lui est complètement inconnue. Tout cela ne serait sans doute à employer, qu'à la veille de sa rupture avec la Russie. Mais il se trouve, parmi les émigrés Polonais en France un Officier-général du plus grand mérite, qui pourrait être employé de suite d'une manière ou d'autre, comme l'Inspecteur en chef de l'armée turque, en ce qui concerne son organisation. Ce qui le rend éminement capable pour cet emploi, c'est qu'il connaît à fond l'organisation de l'armée russe, et qu'attaché à l'Etat-major du Marechal Dybitsch, il a fait les dernières campagnes de la Tur-

Le grand objet à mettre est: qu'aussitôt que la Pologne sent l'identité des ses intérêts avec la Turquie, qu'aucune attaque de la Russie contre la Turquie devient impossible, lui admettrait d'intéressans développemens. C'est la grande, l'ardente vérité, et la Russie a triomphé sur le Danube et se montra sur l'Aruxe, seulement parce qu'elle est méconnue.

[*Hier ist gemeint Chrzanowski*]

quie. D'ailleurs c'est un des officiers le plus instruits de l'armée polonaise. Il a été chef de l'Etat-major pendant la guerre de 1831 et à sa plus belle époque. Caractère fort et décidé, il serait même capable au besoin de se faite circoncir et s'affubler d'un turban, pour servir mieux la cause de sa patrie.

Ce serait le moyen d'être méprisé.

7. On sait que plusieurs milliers de Polonais, dont beaucoup ont fait la campagne de 1831, prisonniers de guerre, ou prisonniers d'amnistie, ont été trainés par les Russes à l'armée du Caucase, qu'ils composent en grande partie en ce moment. Il serait bien possible, au moyen des émissaires resolus, de les mettre en contact et en intelligence avec les races du Caucase et y préparer une diversion formidable au moment de l'action générale.

Voilà les principaux élémens de vitalité, de force et d'action que présente la Pologne à la Turquie.

La Turquie existe; c'est elle qui doit parler la première et prendre l'initiative.

Si la Turquie parvient à comprendre une bonne fois l'importance des ressources que lui peut fournir l'assistance de la Pologne dans la nouvelle lutte contre la Russie, si elle se décide à les mettre en pratique et à offrir à la Pologne, de sa part, une coopération sincère et paternelle contre l'ennemi commun, son in[ten]tion communiquée à la nation polonaise par des émissaires secrets, serait suivi d'un effet prompt et indubitable. La Pologne trompée tant de fois, et d'une manière si cruelle, dans les espérances qu' elle plaçait dans la Diplomatie européenne, et surtout dans celle de France, se jeterait avec le plus grand enthousiasme dans cette nouvelle voie de salut. Malgré l'indifférence qui existait jusqu'à présent entre ces deux nations, il se préserve pourtant parmi les Polonais une prophétie traditionnelle, que la Pologne ne saurait être rétablie, que lorsque le cheval Turc aura bu dans la Vistule.

La Turquie l'a bien comprise, c'est la Pologne qui a été si merveilleusement aveugle.

Les Turcs, comme tous les Orientaux, agissent non par organisation, mais par impulsion.

très remarquable

D'ailleurs pour la Turquie il ne pourrait y avoir d'allié plus propre, plus naturel, plus constant que la Pologne. La Turquie, qui se vante, et à juste titre, de la fidèle exécution des traités, devrait être portée, pour ces sortes d'alliance, par le souvenir même d'un pacte conclu dans les derniers momens de l'existence de la Pologne, et dont l'ennemi [*in B. Cz. 5323:* l'enomé] semble l'étendre à tout cas et à toute forme d'existence. Outre la formule d'amitié perpétuelle du traité conclu en décembre 1770 entre la Porte et la République de Pologne, l'article XI porte – »Dans ce traité on aura toujours plus d'égards à L'ESSENTIEL qu'à la forme, pour ce qui concerne l'intégrité ou la défense de l'un ou l'autre des Etats«. Le 2^{d} des articles additionels, ajoute

Développez

»Les deux parties contractantes . . . continueront la guerre sans interruption jusqu'à ce qu'elles obtiennent enfin une satisfaction complète tant pour la Porte Ottoman, que pour la Pologne... à ce défaut les deux puissances ne cesseront pas de faire la guerre«.

La chûte de Varsovie à fait renvoyer une fête religieuse par une espèce de deuil du coeur et de la foi.

Cette idée a été suggérée par moi-même, avant la rupture avec Mehemet Aly. Le Pacha d'Albanie auquel je l'ai le premier proposée, après un moment de reflexion repondit: Pourquoi est-ce que les Polonais ne sont pas venus ici. Nous leur aurions donné des terres et des femmes. Alors j'ai vu qu'ils étaient bien plus avancés que moi. Les jeunes officiers turcs j'ai menés en Angleterre venaient me le dire, s'ils avaient vu un compatriote, c'est-à-dire un Polonais.

Nous ne pouvons affirmer au juste jusqu'à quel point de vérité, la cause polonaise est connue et jugée dans ces derniers tems en Turquie. Ce qu'il y a de sûr, c'est que pendant la guerre de Pologne en 1831, la Turquie s'est montrée toute décidée à commencer la lutte de sa part. On sait quel rôle a joué le Gouvernement français dans cette deplorable affaire. Il ne sera pas hors de propos de mentionner ici le fait curieux qu'en 1833 Numin Pashah [*!, in B.Cz. 5323:* Namik Pascha] a fait des ouvertures au ci-devant Président du Gouvernement national de Pologne, où il ne s'agissait de rien moins que de transporter l'émigration polonaise en Turquie. Cette idée qui indiquerait clairement la valeur que la Porte attribuerait à la coopération de la Pologne, une fois communiquée avec confiance fut abandonnée d'une manière étrange et équivoque par l'envoyé turc, grâce, sans doute, à la sagesse politique de la Diplomatie européenne.
Ces idées que nous venons de jeter à la hâte et d'une manière bien incomplète, mises en exécution offriraient peut-être une nouvelle tournure aux affaires de l'Orient. En agissant en conséquence, une des premières choses à tenter serait de travailler dans le sens de ces idées, l'esprit public en Turquie et en Pologne. Mais pour y reussir et se faire comprendre, il faudrait avant tout commencer par former et faire apercevoir un plan tout nouveau d'aggression contre la Russie.
Dans ce plan il ne s'agirait nullement des campagnes dispendieuses et aventureuses de Charles XII et de Napoléon, campagnes de triste exemple et qui dans les bouches diplomatiques du jour ne servent qu'à tromper la raison publique et à demontrer l'impossibilité de toute tentative contre l'empire de[s] Czars.
Les acquisitions immenses dont la Russie s'est entourée tout le long de ses positions européennes et asiatiques, qui jusqu'ici servent à augmenter ses forces, à lui assurer des conquètes ultérieures et à étendre son influence que rien n'arrête; ses acquisitions immenses, voilà la véritable source et l'instrument de sa perte. Cette ceinture des nations conquises, dont l'ambition démesurée de la Russie aime à se parer aux yeux du monde, une fois ébranlée par une action forte et electrique [*in B. Cz. 5323:* éclairée], par une puissance capable de le faire deviendra, sans nul doute

la tunique empoisonnée de Déjanire qui fera étouffer cet état Herculéen. La Suède et la Finlande, la Pologne et la Courlande, la Turquie et les principautés, la Perse, la Crimée et enfin les races du Caucase, voilà les plus naturels et les plus immanquables dompteurs de la Russie, si une main forte et hardie, si l'Angleterre s'avise d'attiser le feu de la revolte qui se nourrit en silence parmi ces diverses nations. Elle peut, elle doit le faire, quand il en est tems encore, elle y reussirait complètement sans autre dépense que les frais d'amorce de cette vaste incendie et quelques coups de ses men of war.

L'opposition intérieure n'a jamais été liée avec l'opposition extérieure.

Voilà le plan le plus naturel, le plus simple, le plus certain, pour arrêter radicalement la puissance Russe, pour rétablir la Turquie et restaurer la Pologne. Il n'est rien de plus facile que de le faire comprendre aux habitans du Caucase, aux Turcs et aux plus simples paysans de la Pologne. Et c'est là que git un mérite principal et [*Lücke in B. Cz. 5410, in B. Cz. 5323:* et sa force].

Que l'Angleterre ose en prendre la direction; qu'elle entraîne la Turquie à recommencer la lutte sous ses auspices, la Pologne sera la première à la joindre dans cette entreprise, dont l'heureux issu doit fonder une nouvelle ère pour les libertés européennes, pour son commerce, pour sa tranquillité.

Mais qu'on se garde bien de spéculer sur les circonstances favorables, pour n'en tirer que des concessions momentanées et se contenter des palliatifs.

Cela veut dire que la Russie ne peut pas soutenir une guerre contre l'Angleterre; que celle-ci aujourd'hui n'a qu'à annoncer sa volonté. J'aurais cru que se fût impossible de se servir de plus fortes expressions pour caractériser l'absurdité de nous laisser imposer les conditions d'une désastreuse défaite, tandis que toute la force était entre nos mains, excepté la conviction.

Comment se fait-il qu'un ami de la Turquie et un ami de la Pologne, affirme de sangfroid: »War is at present impossible between Russia and England. A war in the east at this moment would [break] Russia to pieces [*in B. Cz. 5323 wird das Zitat weitergeführt:* Russia must submit to any terms, that England may dictate, whenever she places Russia between the alternatives: her terms or war]«.

Il est bien possible que nous méprenons le sens ou plutôt la tendance de ces mots significatifs. Mais quoiqu'il en soit, c'est toujours de la Diplomatie des cabinets incompréhensible aux masses et malheureusement incompatible avec le plan qui seul nous paraît salutaire. Certes ce n'est pas là un bon système, d'aller dire aux nations opprimées par la Russie, du milieu desquelles peut surgir un jour une ligue des insurrections formidables et irresistibles: »Tenez-vous tranquilles, tandis que la Russie est mal dans ses affaires. L'Angleterre se contentera pour le moment de son embarras, et des concessions probables. Mais patien[tez seulement – *Ergänzung nach B. Cz. 5323 – Lücke in B.Cz. 5410*]. La Grande Bretagne mise aux abois par l'affermissement de la puissance russe, par l'extirpateur [!] des nationalités ennemies de ses peuples, par l'occupation des Dardanelles, par la fortification de Sebattopol [!], sera bien forcée de recourir à votre assistance, ce sera le moment de votre salut«.

Pour placer l'espoir d'un salut dans un plan si raffiné, il faut bien désespérer de la cause dont il s'agit.

Oui, sans doute, la Russie pourra bien faire des concessions, des concessions enormes, si les circonstances l'exigent. Elle pourra abandonner Silistrie; laisser libres les bouches du Danube; annuler même le traité d'Unkiar Skelessi, cette honte de la Grande Bretagne. Mais quant à la garantie de la durée de ces concessions, il n'y en aura aucune.

La politique de l'Angleterre peut changer à tout moment, à chaque nouveau ministère. La lutte des parties peut souvent amortir sa force extérieure. Mais le système de la Russie est toujours le même. Elle s'arrête souvent, elle recule quelquefois; mais ce n'est que pour avancer dans le moment opportun, bien au de là de la première position.

La Russie s'est bien vue forcée au commencement du [XVIII.] siècle d'abondonner le littoral de la mer noire et démolir les fortifications d'Azov. Elle l'a fait de bonne grâce, mais dans un demi-siècle de là, elle s'établit dans la Crimée; dans un autre demi-siècle elle a poussé ses frontières au delà du Dniester et à deux reprises planté ses tentes aux environs de Constantinople.

Le système compliqué de patience et de jeu sûr sur les concessions que vous recommandez, fera vivre quelques tems la Turquie, mais aussi il fera mourir un à un ces nobles peuples dont la vie est à présent la véritable source de faiblesse pour la Russie. Leur mort établira à jamais sa puissance, et peut-être seront-ils vengés de cette coupable insouciance que vous montrez à leur égard.

Anhang III

(zu Kap. IV/4, S. 213, und Kap. V, S. 247).
B.Cz. 5283, S. 267–286 (Entwurf) und B.Cz. 5410, S. 11–42 (Duplikat der Reinschrift).

Adam J. Czartoryski. Note für Reschid Pascha 1839.

Nota dla Reszyda Paszy dotycząca interessu Państwa Ottomańskiego, podana w Miesiącu Sierpnia 1839 Roku, przez Xięcia Adama Czartoryskiego Wojewodę (Note für Reschid Pascha betreffend die Interessen des Osmanischen Reiches, übergeben im Monat August des Jahres 1839, von Fürst Adam Czartoryski, Wojewod.).

J'ai promis à Votre Excellence et Elle m'a permis de lui rappeler par écrit notre dernière conversation; je me propose de le faire en supléant au défaut de ma mémoire par quelques reflections qui naîtront des matières dont nous nous sommes entretenus. Il est à prévoir qu'à votre arrivée à Constantinople, Vous trouverez le gouvernement turc peu préparé à s'occuper d'objets qui ne regarderaient pas directement les exigences du moment. Je comprends combien ces exigences sont pressantes, combien elles ôtent presque la faculté de deliberer avec quelque calme surtout ce qui ne decoule pas d'un besoin immédiat. – Cependant c'est précisement dans des pareilles extremités, que les hommes, qui se trouvent à la tête d'un empire, sont appelés à ne pas désesperer de son salut, et sans se dissimuler la grandeur de ses dangers, à chercher dans leur courage, leur sagesse, des remèdes aux maux du présent et de l'avenir.

Ces vérités Votre Excellence les sent comme moi, et je n'ai pas la vanité de croire que mes conseils vous soyent nécessaires. Eloignés de la scène, où Vous allez Vous trouver, ne connaissant qu'imparfaitement l'état de votre pays, ne pouvant être informé à tems des événemens au milieu des quels Vous aurez à Vous débattre, je vois mon insuffisance, et si je ne recule pas à remplir la promesse que je vous ai fait, c'est que je suis conduit par l'amitié personelle que je vous ai vouée, par la confiance entière que vous m'inspirez, et par mon zèle pour l'empire ottoman dont la conservation est si intimement liée avec les espérances de ma patrie. – D'ailleurs ce que je vous ai dit et ce que je vais vous écrire étant soumis à votre jugement éclairé, ne saurait dans aucun cas être nuisible, et peut faire du bien en vous suggerant des combinaisons utiles.

La Porte Ottomane se trouve aujourd'hui sous la tutelle des puissances européennes. Cet état des choses est pour le moment inévitable; il est même peut-être nécessaire, vu la faiblesse et le delabrement de votre gouvernement. Mais il faut qu'il en tire le meilleur parti possible. – La présence des flottes française et anglaise à l'entrée des

Dardanèlles paralise l'influence russe et doit diminuer la crainte qu'elle inspire chez vous. Il faudrait tâcher de prolonger le sejour de ces flottes dans les parages de Tenedos, les engager même, s'il est possible, à entrer dans la mer de Marmara; et si cela n'était pas faisable obtenir du moins qu'elles hivernent où elles sont aujourd'hui à portée de Vous secourir d'un moment à l'autre, et de continuer l'effet moral si salutaire que produit leur présence. – Ne pourraient-elles pas au moins faire entrer quelques vaisseaux dans le canal de Constantinople qui se meleraient à la flotte qui vous sera rendue, et sur la quelle il serait à propos de distribuer des officiers anglais ou français, pour perfectionner ses armements et ses manoeuvres et les rendre plus redoutables. Car il faut toujours rappeler, que les Russes ne peuvent rien entreprendre contre la Turquie s'ils ne sont maîtres de la mer noire. Quoiqu'il en soit l'on doit prévoir que les puissances malgré les instances qu'on leur fera à ce sujet, retireront leurs flottes de leur station présente, beaucoup plustôt que votre sureté et leurs intérêts ne l'exigerait; et c'est une raison de plus de profiter de leur présence tant qu'elle dure pour aviser sur le champ, sous leur protection, aux moyens de remettre sur pied, dans le plus bréf delai, vos forces de terre détruites.

Pour cet objet de première importance Vous avez sous la main le Général Chrzanowski, je vous le reccommande particulièrement, c'est un organisateur et homme de guerre habile et honnête plein de zèle et de dévouement, auquel l'on peut se fier entièrement. Donnez lui les moyens d'agir, je vous reponds qu'il vous rendra des services éminents. –

Le motif apparent de l'intervention européenne est aujord'hui le désir de terminer le différend de la Porte avec Mehemed Aly.

N'est-il pas possible de ranimer en réalité dans cet homme remarquable les sentiments musulmans dont il fait parade? Ne comprendrait-il pas qu'il acquererait une gloire immortelle si à la fin de sa carière il retablissait la puissance de l'empire qu'il a contribué à détruire pendant sa vie. L'on ne saurait ne pas recconnaître que s'il consentait à devenir l'appui et le bras droit du jeune Sultan, il pourrait rendre à la Turquie son ancienne puissance, qu'il a jusqu'à présent contribué à diminuer.

Mais si cette métarmorphose dans les sentiments de Mehemed Aly n'était pas à obtenir, ne pourrait-on pas du moins, après l'arrangement conclu avec lui par l'intervention étrangère, faire secrètement avec l'Egypte une espèce d'alliance offensive et défensive contre tout ennemi qui voudrait attaquer l'une des parties de l'empire?-

En tout cas ce n'est pas l'Egypte, ainsi que les cabinets européens affectent de le dire, qui constitue le grand danger de la Turquie. Mehemed Aly, en cavant au pire satisfait de gouverner les contrées qu'il a conquises restera tout au plus neutre dans les conflits qui menacent le reste de l'empire; il n'osera jamais joindre ses armées à celles de l'ennemi qui l'attaqueront, et sa mort fera probablement crouler l'échafaudage qu'il a elevé. Sa querelle devient donc aujourd'hui une circonstance secondaire. Votre véritable et premier ennemi, votre imminent danger, c'est toujours la Russie; c'est contre elle bien plus que contre Mehemed Aly que les puissances européennes devraient chercher à vous garantir pour toujours. Mais sous ce rapport le gouvernement turc a pu se convaincre que les cabinets qui semblent lui être les plus favorables et dont les intérêts les plus évidents devraient lui assurer l'assistance, ne lui ont jamais offert jusqu'à présent tant d'appui effectif; ils ne sauraient par consequent lui inspirer une grande confiance. – Il en sera probablement de même aussitôt que les flottes combinées auront être rappelées du voisinage de Constantinople. Faut-il malgré cela s'obstiner toujours à ne voir de ressources que dans l'appui étranger, ou bien parcequ'il peut manquer, désesperer de son salut et se livrer sans résistance à une perte certaine? Le gouvernement turc doit au contraire précisement, parcequ'il prévoit son isolement, chercher d'autant plus de ressources en lui-même, ne rien negliger pour les trouver, redoubler de sagesse, d'activité, de prévoyance, d'energie, pour conjurer les maux qui le menacent et être bien persuadé, que son véritable salut est dans ses propres moyens et que s'il parvient à les créer, l'appui douteux à présent des puissances étrangères lui deviendra alors assuré.

Il est des personnes parmi les Turcs qui attendent le salut de l'empire de progrès de la civilisation. Ils oublient que pour rendre leurs resultats capables de garantir la Turquie des dangers dont elle est entourée, il faudrait qu'elle pût jouir au moins pendant quelques années d'une tranquillité véritable. Tout en ne negligeant pas les remedes lents, propres à animer les progrès de la civilisation, (les quels pour le dire en passant devraient, je crois, porter sur le fond de choses sans toucher inutilement à leur forme) il conviendrait avant tout d'avoir recours à des moyens plus prompts et de nature à parer immédiatement aux dangers qui peuvent survenir. Ce n'est, à dire vrai, qu'après une victoire, ou bien à l'abri d'une attitude imposante que de reformes solides seront possibles en Turquie; autrement l'ennemi s'y opposera ou bien les dénaturera, les gatera comme il l'a fait jusqu'à présent.

Pour parer à ses pièges et à ses coups, une politique guerrière dans le fond de l'ame, une politique ayant pour but l'accroissement immediat des forces de l'état doit avant tout préoccuper le Divan.

J'ai déjà mentionné la nécessité de proceder au plutôt à la réorganisation des armées de terre et de mer, et de profiter pour le faire de la présence de flottes amies. Ce serait aussi le moment de penser à un emprunt en Angleterre ou en France, qui procurerait au gouvernement turc plus d'indépendance, de facilité et des moyens d'action. Ce serait en même tems un des progrès les plus notables dans la partie importante des finances de l'état, et peut-être dans diverses branches du revenu public, telles que les mines, les forêts etc. ce qui attacherait au bien être de la Turquie des capitalistes européens et un grand nombre d'actionnaires intéressés dès lors à son existence.

Il est une circonstance d'une grande importance sur la quelle le gouvernement turc ne parait pas s'être assez arrêté, c'est l'immense avantage que le Russie a toujours tiré dans ses guerres du concours des états chretiens vassaux de la Porte, et les avantages plus grands encore que celle-ci pourrait obtenir de leur coopération.

Les Principautés de Valachie et de Moldavie, éclairées par les maux dont elles ont eu l'expérience, sont parfaitement gueries de leur prévention en faveur du gouvernement russe. Loin d'avoir à présent de l'éloignement pour la suzeraineté de la Porte, elles y tiennent et la regardent comme leur sauve-garde contre l'envahissement russe et autrichien.

Il dépend aujourd'hui du gouvernement turc de profiter des ces bonnes dispositions d'ôter à la Russie des moyens qu'elle seule a exploités jusqu'à présent et de se les approprier à l'avenir. Et ce résultat sera beaucoup plus important aujourd'hui qu'il ne l'aurait été il y a dix ans; car la Russie croyant pouvoir dorénavant disposer de ces principautés leur a créé une force militaire, déjà assez bien organisée, et qui facillement augmentée en peu de tems et mise sur pied respectable [!].

Quoique la Servie soit en ce moment travaillée par les intrigues russes, cependant ce qui vient d'être dit des principautés est applicable à la Servie. Elle aussi était un embarras, une diminution de forces pour la Porte et serait susceptible aujourd'hui de les accroitre.

Pour arriver à ces résultats importans, la Porte n'a besoin que de traiter les états en question de manière à se les attacher de plus en plus. Le cabinet russe, préssentant ce résultat contraire à ses voeux, a voulu s'en garantir par deux moyens, en s'efforçant de placer à la tête de ces états des individus qui lui soyent devoués; en induisant la Porte à des mesures qui sans lui être d'aucun avantage étaient de nature à paraliser les dispositions favorables des populations chrétiennes envers Elle. Pour déjouer cette politique russe le Gouvernement Turc n'aurait qu'à prendre pour règle constante de se refuser à toute intervention dans les affaires intérieures des principautés. Cela seul suffira déjà pour écarter le seul grief juste qu'elles aient envers la Turquie et augmenter le nombre de ceux qui leur font détester l'influence que veut s'arroger la Russie. – Celle-ci ne réussira plus à engager la Porte à des mesures sans profit pour Elle, nuisibles à ses intérêts puisqu'elles lui aliènent des esprits qu'elle désire s'attacher, et même contraires aux capitulations originaires qui lui ont soumis les principautés. La Turquie en revanche pourra alors compter sur tous les secours qu'elles sont capables de lui offrir. – De cette manière la Porte Ottomane ressaisirait en partie au nord ce qu'elle se voit obligée de céder au midi. La perte peut être momentanée, de[s] possessions lointaines, serait jusqu'à un certain point compensée par un accroissement de forces en Europe et dans le voisinage même de Constantinople.

Dans ce but le gouvernement Turc prendrait pour règle, ainsi que nous l'avons dit, d'éviter toute intervention dans les affaires administratives des principautés, et se ferait représenter les capitulations originaires de leur soumission pour leur en assurer la stricte observence. D'un autre coté les principautés dont les forces actives peuvent s'elévet pour le moins de 60 à 80 mille hommes s'engageront à les mettre à la disposition de la Porte et d'appeler au besoin une levée en masse à l'éffet de combattre conjointement avec les troupes turques les ennemis de l'empire et de couvrir ses frontières, le tout selon un plan qui serait convenu avec une inspection préalable des lieux, afin qu'un arrangement pareil puisse recevoir son execution, il importe de s'assurer d'abord des Princes regnants dans ces pays.

Le Prince Stourza de Moldavie a temoigné son désir de se soustraire à la prépondérance russe; il serait par consequent encouragé et soutenu dans ces bonnes dispositions.

Mais comme le Prince Ghika Hospodar de Walachie professe des sentiments tout différents et qu'il est en opposition directe avec les voeux de son pays, la Sublime Porte profitera des premières circonstances favorables, cherchera même à les faire naître pour laisser jouir à la Valachie du droit qu'elle désire exercer en deposant le Prince Ghika, qui viole les lois et se déclare satellite de la Russie, et en choisissant à sa place le . . . appelé par les suffrages unanimes du pays qui repondrait parfaitement aux vues de l'arrangement projeté et donnerait à la Sublime Porte la securité la plus complète.

Comme les principautés ne possèdent pas à beaucoup près la quantité d'armes nécessaire au nombre de troupes qu'elles devront mettre sur pied, et qu'elles manquent aussi d'officiers supérieurs appartenants aux armes savantes et capables de donner la dernière main à leurs troupes, le gouvernement turc s'occuperait d'aviser à ces nécessités. Les frais qui en résulteraient pour le trésor turc seront remboursés par chacune des principautés pour leur part, ou bien ils pourront aussi être couverts par un emprunt qu'on les aiderait à contracter.

Pour ce qui est de la Servie comme après l'abdication forcée du Prince Milosch les intentions du gouvernement de ce pays ne sont pas encore bien connues; l'on cherchera les moyens les plus propres pour les pénétrer pour éclairer l'opinion de la nation servienne sur ses véritables intérêts et faire entrer son gouvernement dans [l']arrangement projeté. Personnes qui sont à la tête du parti national valache sont à même d'aider à ce résultat.

En passant en revue les ressources qui restent à l'empire ottoman pour se défendre avec vigueur et succès contre ses ennemis l'on ne saurait oublier les populations belliqueu[u]ses du Caucase, qui quoique abandonnées, se fiant à leurs propres forces ne cessent de resister à la Russie. – Quoique moins importants par leur position que les pays qui couvrent immédiatement Constantinople, les montagnards asiatiques pourraient doubler d'influence, augmenter le nombre des peuples desireux de secouer le joug de la Russie et effectuer contre elle une puissante diversion. Il s'agirait seulement de leur envoyer des secours en munition et quelques officiers intelligents. La protection de la Porte exercerait surtout un ascendant vivifiant sur les populations musulmanes de ces contrées.

Le plan de conduite que le gouvernement turc adopterait relativement aux états chretiens ses vassaux et aux Circassiens, pourrait en partie s'executer sur le champ, et en partie d'après la possibilité.

Les puissances de l'Occident amies de la Porte ne pourront, à ce qu'il semble, qu'aplaudir à ces vues et seront probablement disposées à concourir ou du moins à aider à son exécution et ce sera au cabinet de l'Europe [!] à s'en assurer.

La Porte possède encore un allié qui peut lui rendre d'immenses services en tems de guerre, et faciliter dès aprésent ses armements et ceux des principautés, c'est la Pologne. J'ai remis d'en parler jusqu'à la fin de cette lettre déjà trop longue pour attirer sur ce sujet attention de Votre Excellence, sur un sujet qui me tient le plus à coeur.

La Pologne est disposée et preparée en grande partie à une nouvelle lutte contre les ennemis de l'empire ottoman. Ils ont partagé ma patrie par les mêmes moyens qu'ils employent aujourd'hui contre cet empire; elle est son allié naturelle et pour ainsi dire obligée.

L'histoire nous apprend que jadis l'époque la plus prospère des deux puissances eut lieu pendant qu'elles étaient étroitement liées; qu'elles ont, commencé à pericliter dès qu'elles se sont desunies; que plus tard des efforts mal combinés ont été la cause de plus grandes catastrophes et qu'enfin le declin precipité de l'empire ottoman a daté de la chute finale de la Pologne, et lorsque celle-ci fut relevée de son anéantissement politique, grace aux Polonais qui utilisèrent tour à tour les guerres des empires français et russe. La Turquie profita aussi de leur rivalité pour entamer chez elle les reformes dont elle avait besoin.

Les deux pays enseignés par l'expérience de tant d'événements n'auraient du entreprendre aucune guèrre que de concert. – Il en fut autrement. La dernière guèrre contre les Russes longtems si opiniatre, mais enfin si desastreuse à la Turquie, et la campagne de 1831 brillante mais calamiteuse pour la Pologne, auraient eu un bien autre dénouement et n'auraient pas produit de si grands désastres, si toutes les deux eussent reuni leurs efforts au lieu de les laisser briser isolement.

Ainsi les désastres comme la prospérité, les jours de la gloire comme ceux de la décadence, les efforts de régéneration ou de nouvelles et continuelles defaites, toutes les époques, en un mot sans distinction enseignent invariablement aux deux nations la même politique d'union et d'intimité et cette communauté si remarquable de destinée peut facilement s'expliquer par la situation géographique et les intérêts parfaitement analogues des deux états. Ils sont voisins, ils ont les mêmes ennemis à combattre, les mêmes injures à venger. Liés par l'usurpation de leurs ennemis ils présentent sur une vaste étendue dans leur jonction un admirable ensemble pour une guerre défensive contre la Russie et même contre l'Autriche si celle-là ne fesait pas cause commune contre les Russes; car aux Balkans et au Danube barrières naturelles de la Turquie, la Pologne ajoute son action entres les Balkans, le Danube, les Carpathes et la Mer Noire, pays presque toujours perdu pour la Turquie si elle combat isolée de la Pologne. L'insurrection polonaise au contraire a pour effet immédiat de separer l'Autriche de la Russie, de gener tous les mouvemens, d'intercepter toutes les communications de cette dernière, de couvrir les principautés, de leur donner la main, de laisser infiniment plus de liberté à l'action intérieure de la Porte.

La Russie qui parait si formidable et qui est inaccessible aux autres puissances du continent n'est vulnerable sur toute l'étendue qui separe la Baltique de la Mer Noire, que par la Pologne. – Il suffit de regarder la carte pour se convaincre que la Pologne est favorablement configurée si elle agit toute entière pour porter des coups vigoureux à l'empire russe. La dernière revolution quoique nullement preparée et par consequent privée gratuitement de ses meilleurs ressources au midi, a su cependant contenir et battre les armées russes et aurait definitivement triomphé, si des circonstances accidentelles tout-à-fait étrangères à la nature de ses ressources ne les eussent rendu inutiles, et j'ajouterai si la Turquie ne s'était pas arrêté tout court dans la resolution qu'elle avait prise de nous secourir.

Convaincu pour ma part que le salut de la Turquie est en même tems celui de la Pologne et de toute l'Europe je me tiendrai prêt de donner le signal d'une insurrection générale dans toute la Pologne pourvu que je sois assuré à tems que la Sublime Porte est decidée à se défendre par une guerre energique et qu'elle désire la coopération de la Pologne. Celle-ci demanderait alors qu'on l'aidât à se procurer des armes, et elle garantirait le remboursement des frais. Outre la grande et puissante diversion d'une insurrection générale, la Pologne dans la combinaison projetée peut donner dès aprésent son contingent en employant des officiers superieurs à préparer le plan de défense commun mentionné plus haut en fournissant egalement des officiers aux principautés et à la Ciracssie d'après leur besoin et le genre d'armement qui peut être necessaire à chacun de ces pays.

Les Polonais épars en grand nombre en Asie pourront former des bataillons et des escadrons aux quels les déserteurs de chaque corps russe viendront se joindre en foule.

Pour s'entendre sur l'exécution et les détails de ces différentes mesures et sur d'autres qui pourraient être jugées nécessaires, je me propose d'envoyer à Constantinople une personne parfaitement instruite de tout ce qui regarderait la coopération de la Pologne et qui serait prête de se concerter avec Votre Excellence ou avec ceux que la Porte désignerait à cet effet.

Il est inutile d'observer à Votre Hautesse combien il faut de mesures, de tact, de prudence et de secret pour murir et amener à bonne fin ces différentes combinaisons et d'ajouter que surtout relativement à la Pologne la circonspection ne saurait jamais être poussée trop loin.

Pour ce qui est des deux puissances maritimes de l'Occident, je repeterai que leur timidité n'est jamais l'effet d'un mauvais vouloir pour l'empire ottoman, dont elles désirent sincèrement la conservation, mais qu'elle est en grande partie produite par le peu de confiance qu'elles ont dans les éfforts spontannés du gouvernement turc. – Qu'elles soient une fois convaincues de son energie de la ferme determination d'employer avec suite et perseverance des mesures les mieux appropriées à une déffense vigoureuse, et il est plus que probable qu'elles changeraient aussi de conduite. Car elles desirent de mettre un frein à l'ascendant de la Russie et verront à coup sûr de bon sens le système que la Porte embrasserait pour arrêter et anéantir le plan ambitieux d'un ennemi commun.

Il ne me reste en finissant qu'à demander excuse à Votre Excellence de la longueur de cette lettre, dont je suis presque honteux. Je sens qu'en l'écrivant j'ai embrassé trop de sujets pour les bien traiter. C'est ce qui arrive souvent aux gens qui se laissent entrainer par leur zèle. Quoi qu'il en soit, je vous prie de lire avec confiance ce que ma plume a tracé avec abondance et devouement.

Je n'ai pas besoin après cela d'assurer Votre Excellence de mes sentimens sincères et de ma haute estime et considération.

Verzeichnis der zitierten Quellen und Literatur

Ungedruckte Quellen:

Biblioteka Czartoryskich (Czartoryski-Bibliothek), Krakau (abgekürzt: B.Cz): Sign. 3945, 5239, 5274, 5275, 5280, 5281, 5282, 5283, 5284, 5285, 5294, 5320, 5321, 5322, 5323, 5324, 5325, 5330, 5358, 5359, 5360, 5361, 5365, 5366, 5410, 5437, 5450, 5451, 5452, 5458, 5460, 5461, 5468, 5470, 5484, 5485, 5501, 5507, 5514, 5517, 5522, 5523, 5542, 5591, 5652, 5655.

Biblioteka Czartoryski, Ewidencja (Czartoryski-Bibliothek, Ewidenz = vorläufige Signaturen des sog. »Hausarchivs« – Archiwum domowe), Krakau (abgekürzt: B.Cz.Ew.): Sign. 745, 1132, 1221, 1231, 1247, 1252, 1258, 1504, 1508, 1521, 1523, 1525, 1525a, 1526, 1582, 2573, 3208, 3220, Memoriały i noty 1831–1840.

Biblioteka Polskiej Akademii Nauk w Krakowie (Bibliothek der Polnischen Akademie der Wissenschaften in Krakau), Krakau (abgekürzt: B PAN Kr): Sign. 2408 und 2409.

Biblioteka Polska w Paryżu – Bibliothèque Polonaise, Paris (abgekürzt: BPP): Sign. 54, 335, 360, 361, 435, 436, 440, 484, 489, 545, 551, 554, 555.

Archives du Ministère des Affaires Etrangères, Paris, Série Mémoires et Documents (Abgekürzt: AMAE Mem + Doc): Sign. Allemagne 162, Pologne 29 und 31.

Archives Nationales, Paris (abgekürzt: ANP): Sign. F^7 6862, 42 AP 3 (Papiers Guizot), 231 AP 3 (Papiers Agathon et Fain).

Gedruckte Quellen und Literatur:

Almeras, Charles, Odilon Barrot, avocat et homme politique (19 juillet 1791 – 6 août 1873), Paris 1951.

d'Angeberg Comte (alias Leonard Chodźko), Recueil des traités, conventions et actes diplomatiques concernant la Pologne 1762 – 1862, Paris 1852 (Recueil).

d'Angeberg Comte (alias Leonard Chodźko), Le Congrès de Vienne et les traités de 1815 précédé et suivi des actes diplomatiques qui s'y rattachent. Avec une introduction historique par M.Capefigue. Paris 1863–64 (Congrès de Vienne).

Ashley, Evelyn, The Life and Correspondence of Henry John Temple Viscount Palmerston, 2 Bde, London 1879 (Palmerston).

Askenazy, Szymon, Zabiegi dyplomatyczne polskie 1830–1831 (Die polnischen diplomatischen Bemühungen 1830–31), in Biblioteka Warszawska R.62/1902, t.3, S. 417–461, und R.63/1903, t.2, S. 244–273 (unvollständig).

Askenazy, Szymon (ed.), Polska a Europa 1813–1815 podług dziennika Adama ks. Czartoryskiego (Polen und Europa 1813–1815 nach dem Tagebuch des Fürsten Adam Czartoryski), in: Biblioteka Warszawska R.69/1909, t.2, S. 1–30, 209–237, 417–445, und t.3, S. 42–75 (Polska a Europa).

Askenazy, Szymon, Nauka wielkoksiążęca (Großfürstliche Wissenschaft), in: Askenazy, Szymon, Uwagi (Anmerkungen), Warszawa 1924, S. 357–383.

Barszczewska, Alina, Prasa francuska o Polsce i Polakach 1830–1848. Z badań nad funkcją francuskiej prasy w popularyzowaniu wiedzy o Polsce (Die französische Presse über Polen und die Polen. Aus Forschungen zur Funktion der französischen Presse in der Popularisierung

von Kenntnissen über Polen), in: Zeszyty Naukowe Uniwersytetu Łódzkiego, Seria I: Nauki Humanistyczno-Społeczne, z.58, Łódź 1968, S. 61–76 (Prasa francuska).
Batowski, Henryk, Un précurseur de l'union balcanique – le prince Adam Czartoryski, in: Revue des Etudes Balcaniques 2/1936, S. 149–156.
Beauvois, Daniel, Adam Jerzy Czartoryski jako kurator wileńskiego okręgu naukowego (A.J.Czartoryski als Kurator des Wilnaer Schulbezirks), in: Przegląd Historyczny 65/1974, S. 61–85 (Czartoryski jako kurator).
Beiersdorf, Otton, Papiestwo wobec sprawy polskiej w latach 1772–1864. Wybór źródeł (Das Papsttum und die polnische Frage in den Jahren 1772–1864. Quellenauswahl), Wrocław 1960 (Papiestwo).
Bell, Herbert C.F., Lord Palmerston, 2 Bde, 2.Aufl. London 1966 (1.Aufl. 1936).
Benis, Adam Georges, Une mission militaire polonaise en Egypte, 2 Bde, Le Caire 1938 (Une mission polonaise).
Betley, Jan Andrzej, Belgium and Poland in International Relations 1830–1831, St.-Gravenhage 1960 (Belgium and Poland).
Bieliński, Józef, Zywot ks. Adama Jerzego Czartoryskiego (Das Leben Fürst A.J.Czartoryskis), 2 Bde, Warszawa 1905 (Zywot Czartoryskiego).
Bolsover, G.H., David Urquhart and the Eastern Question, 1833–37: A Study in Publicity and Diplomacy, in: Journal of Modern History 8/1936, S. 444–467 (Urquhart and the Eastern Question).
Bortnowski, Władysław, Walka o cele powstania listopadowego (od 29 listopada 1830 r. do lutego 1831 r.) (Der Kampf um die Ziele des Novemberaufstands vom 29. Nov. 1830 bis zum Februar 1831), Łódź 1960.
The British and Foreign Review, or, European Quarterly Journal, t. I–XVIII, No. 1–35, London 1835–1844.
(Bronikowski, Ksawery), Projet du démembrement de la Turquie européenne et du rétablissement de l'indépendance de la Pologne, Paris 1833 (anonym).
Bronowski, Franciszek, Lelewel a idea narodu w I połowie XIX wieku (Lelewel und die Idee der Nation in der ersten Hälfte des 19. Jahrhunderts), in: Zeszyty Naukowe Uniwersytetu Łódzkiego, Seria I: Nauki Humanistyczno-Społeczne, z.4 – Historia, Łódź 1962, S. 91–97 (Lelewel a idea narodu).
(Brougham, Henry), The Life and Times of Henry Lord Brougham, written by himself, Bd.3, Edinburgh-London 1871 (Life and Times).
Brzozowska, Janina, Z polityki wschodniej księcia Adama Czartoryskiego (Aus der Orientpolitik Fürst Adam Czartoryskis), in: Przegląd Powszechny 34/1917/ t.135, S. 167–178.
Sir Bulwer, Henry Lytton, The Life of Henry John Temple, Viscount Palmerston. With Selections from his Diaries and Correspondence, 3 Bde, Leipzig 1871–1874 (Palmerston).
Campbell, Thomas), Life and Letters of Th. Campbell, ed. by W. Beattie, Bd. 3, London 1849.
Chojnacki, Władysław/Dąbrowski, Jan, Krystyn Lach Szyrma. Syn Ziemi Mazurskiej (K.L.S. Ein Sohn des Masurenlandes), Olsztyn 1971 (K.L.Szyrma).
Chowaniec, Czesław, Druga banicja księcia Adama. Do genezy aktu poitierskiego z 1834 r. (Die zweite Ächtung Fürst Adams. Zur Genese des Akts von Poitiers aus dem Jahr 1834), in: Teki Historyczne (London) XV/1966–68, S. 143–176 (Druga banicja).
(Chrzanowski, Leon, ed.), Pisma wojskowo-polityczne podawane rządom polskiemu, angielskiemu, francuskiemu, tureckiemu i piemonckiemu przez Jenerała Wojciecha Chrzanowskiego w okresie czasu od 1830 do 1856 r., wydał i objaśnił zarysami współczesnych zdarzeń dziejowych Leon Chrzanowski (Die militärischen und politischen Schriften, den polnischen, englischen, französischen, türkischen und piemontesischen Regierungen unterbreitet von General Wojciech Chrzanowski in der Zeit von 1830 bis 1856, herausgegeben und versehen mit einem Abriß der zeitgenössischen historischen Ereignisse von Leon Chrzanowski), Bd. 1, Kraków 1871.
Chudzikowska, Jadwiga, Dziwne życie Sadyka Paszy. O Michale Czajkowskim (Das seltsame Leben Sadyk Paschas. Über Michał Czajkowski), Warszawa 1971.
Copson-Niećko, Maria Jane Fithne, Propolish Agitation in Great Britain 1832–1867, Ph.D.Thesis London 1968 (Maschinenschrift).
Crawley, C.W., Anglo-Russian Relations 1815–1840, in: The Cambridge Historical Journal 3/1929, S. 47–73.

Cygler, Bogusław, Zjednoczenie Emigracji Polskiej 1837–1846 (Vereinigung der Polnischen Emigration), Diss.Gdańsk 1963 (ZEP).

Cygler, Bogusław, Działalność polityczno-społeczna Joachima Lelewela na emigracji w latach 1831–1861 (Die politische und gesellschaftliche Aktivität Joachim Lelewels in der Emigration in den Jahren 1831–1861), Gdańsk 1969 (Joachim Lelewel).

Cygler, Bogusław, Joachim Lelewel a problem sejmu na emigracji w latach 1832–1848 (J. Lelewel und das Problem des Sejm in der Emigration in den Jahren 1832–1848), in: Przegląd Humanistyczny 13/1969, S. 109–123 (Lelewel a problem Sejmu).

(Czartoryski, Adam Jerzy), Essai sur la diplomatie, manuscrit d'un philhellène, publié par M.Toulouzan, Marseille-Paris 1830 (diese Ausgabe anonym; die 2., posthume Ausgabe: Prince Adam Czartoryski, Essai sur la diplomatie, Paris 1864).

(Czartoryski, Adam Jerzy), Le dernier mot sur le statut organique imposé à la Pologne, Paris 1833 (anonym).

(Czartoryski, Adam Jerzy), Fürst A.G.Czartoryski und seine Stellung zur Sache Polens, Leipzig 1848 (A.J.Czartoryski, Reden).

Czartoryski, Adam Jerzy, Zywot J.U.Niemcewicza (Das Leben des J.U.Niemcewicz), Berlin-Poznań 1860.

(Czartoryski, Adam Jerzy), Korrespondencye księcia Adama Czartoryskiego (Die Korrespondenz des Fürsten A.Cz.), ed. Władysław Plater, in: Album Muzeum Narodowego w Rapperswyl, Poznań 1872, S. 127–231 (Korrespondencye).

(Czartoryski, Adam Jerzy), Mémoires du Prince Adam Czartoryski et correspondance avec l'Empereur Alexandre Ier, ed.Charles de Mazade, 2 Bde, Paris 1887 (Mémoires).

(Czartoryski, Adam Jerzy), Memoirs of Prince Adam Jerzy Czartoryski and his Correspondence with Alexander I. With documents relative to the Prince's negotations with Pitt, Fox and Brougham and an account of his conversations with Lord Palmerston and other english statesmen in London in 1832, ed. Adam Gielgud, 2 Bde, London 1888 (Reprint New York 1971) (Memoirs).

(Zwischen der französischen und der englischen Ausgabe der Memoiren bestehen zahlreiche Unterschiede. In der Arbeit wurde meist die französische Ausgabe als die ursprünglichere benutzt; die englische Ausgabe wurde nur zitiert, wenn die entsprechende Passage in der französischen Ausgabe nicht vorhanden ist).

Czempiel, Ernst Otto, Die Entwicklung der Lehre von den internationalen Beziehungen, in: Politische Vierteljahresschrift 6/1965, S. 270–290.

Danilewiczowa, Maria, Zmienne koleje przyjaźni (Zygmunt Krasiński i Henry Reeve) (Die wechselvollen Schicksale einer Freundschaft), in: Krasiński żywy. Książka zbiorowa wyd. staraniem Związku Pisarzy Polskich na Obczyźnie, Londyn 1959, S. 115–133.

Duker, Abraham G., Leon Hollaenderski's Statement of Resignation. A Document of the Polish Great Emigration, in: Jewish Social Studies 15/1953, S. 293–302.

Duker, Abraham G., Prince Czartoryski, the Emigré, on the Jewish Problem, in: The Joshua-Bloch-Memorial-Volume. Studies in booklore and history, New York 1960, S. 165–179.

Dupuis, Charles, Les antécédants de la Société des Nations. Le Plan d'Adam Czartoryski et d'Alexandre, in: Compte-rendus des Séances et Travaux de l'Académie des Sciences morales et politiques, Paris 1929, Séance du 7 juillet 1928, S. 25–51 (Les antécédants).

Durkowicz-Jakszicz, Lubomir, Petar II Petrović Njegoš (1813–1851), Warszawa 1928.

Durkowicz-Jakszicz, Lubomir, Naczertanie lub kilka słów (Abriß oder Einige Worte), in: Wschód.Orient 9/1938/nr.1, S. 26–41.

Durkowicz-Jakszicz, Lubomir, Pierwszy polski agent dyplomatyczny w Białogrodzie w XIX w. – dr. Adam Łyszczyński. Jugosłowiańska polityka ks. Czartoryskiego w 1841 r. (Der erste polnische diplomatische Agent in Belgrad im 19. Jahrh. – Dr.Adam Łyszczyński. Die jugoslawische Politik Fürst Czartoryskis im Jahr 1841), in: Problemy Europy Wschodniej 1/1939, S. 152–172.

Dutkiewicz, Józef, Austrja wobec powstania listopadowego (Österreich angesichts des Novemberaufstands), Kraków 1933.

Dutkiewicz, Józef, Wojna persko-afgańska 1837–8 r. a sprawa polska (Der persisch-afghanische Krieg 1837/8 und die polnische Frage), in: Przegląd Historyczny 34/1937, S. 73–133.

Dutkiewicz, Józef, Francja a Polska w 1831 r. (Frankreich und Polen im Jahre 1831), Łódź 1950.

Dutkiewicz, Józef, Charakterystyka dyplomacji powstania listopadowego (Charakteristik der

Diplomatie des Novemberaufstands), in: Zeszyty Naukowe Uniwersytetu Łódzkiego, Seria I: Nauki Humanistyczno-Społeczne, z.30: Historia, Łódź 1963, S. 89–101.

Dutkiewicz, Józef, Anglia a sprawa polska w latach 1830–31 (England und die polnische Frage in den Jahren 1830–31, Łódź 1967 (Anglia a sprawa polska).

Dylągowa, Hanna, Towarzystwo Patriotyczne i Sąd Sejmowy 1821–1829 (Die Patriotische Gesellschaft und das Sejmgericht), Warszawa 1970.

Dziennik Narodowy (Nationalzeitung), Bd. 1–7, Paryz (Paris) 1841–1848.

Dziewanowski, M.K., »La Vertu de la Politique«, in: Journal of Central European Affairs 5/1945, S. 281–287.

Dziewanowski, M.K., Czartoryski: European Federalist, in: Current History, July 1950, S. 21–28.

Dziewanowski, M.K., Czartoryski and His Essai sur la diplomatie, in: Slavic Review 30/1971, S. 589–605.

Eisenbach, Artur, Wielka Emigracja wobec kwestii zydowskiej 1832–1849 (Die Große Emigration und die Judenfrage), Warszawa 1976.

Eisenbach, Artur, Hotel Lambert wobec sprawy zydowskiej w przededniu Wiosny Ludów (Das Hotel Lambert und die Judenfrage vor dem Völkerfrühling 1848), in: Przegląd Historyczny, 67/1976, S. 369–398.

Emgę, Richard Martinus, Auswärtige Kulturpolitik. Eine soziologische Analyse einiger ihrer Funktionen, Bedingungen und Formen, Berlin 1967.

Fajnhauz, Dawid, Klub Litewsko-Ruski – nieznane stowarzyszenie emigracyjne w okresie Wiosny Ludów w Paryzu (Der Litauisch-Ruthenische Klub – eine unbekannte Emigrantenvereinigung in Paris zur Zeit des Völkerfrühlings), in: Acta Baltico-Slavica 2/1965, S. 103–113.

Feldman, Józef, U podstaw stosunków polsko-angielskich 1788–1863 (Die Grundlagen der polnisch-englischen Beziehungen 1788–1863), in: Polityka Narodów I/1933, z.3, S. 7–47 (I), und z.4, S. 19–51 (II) (U podstaw I und II).

Feldman, Wilhelm, Geschichte der politischen Ideen in Polen seit dessen Teilungen (1795–1914), Osnabrück 1964 (Neudruck der Ausgabe von 1917).

Frejlich, Józef, Legion jenerała Józefa Bema w walce o sukcesyę portugalską (Die Legion des General J.Bem im Kampf um die portugiesische Sukzession), in: Przegląd Historyczny 14/1912, S. 93–124, 237–259 und 338–364 (Legion Bema)

Frejlich, Józef, Towarzystwo Politechniczne Polskie w Paryzu 1835/36 (Polnische Polytechnische Gesellschaft in Paris), in: Przewodnik Naukowy i Literacki 40/1912, S. 740–768, 823–834 und 914–926 (Tow.Politechniczne).

Fridieff, Michel, L'opinion publique française devant l'insurrection polonaise de 1830–31, in: Revue internationale d'histoire politique et constitutionelle 2/1952, S. 111–121, 205–214 und 280–304.

Gadon, Lubomir, Z zycia Polaków we Francyi. Rzut oka na 50-letnie koleje Towarzystwa Historyczno-Literackiego w Paryzu 1832–1882 (Aus dem Leben der Polen in Frankreich. Ein Blick auf das 50jährige Leben der Historisch-Literarischen Gesellschaft in Paris 1832–1882), Paryż (Paris) 1883 (Z zycia Polaków).

Gadon, Lubomir, Książę, Adam Czartoryski podczas powstania listopadowego. Przyczynek do charakterystyki oparty na własnych jego pismach (Fürst Adam Czartoryski während des Novemberaufstands. Beitrag zur Charakteristik, gestützt auf seine eigenen Schriften), Kraków 1892 (Czartoryski podczas powstania).

Gadon, Lubomir, Emigracya polska. Pierwsze lata po upadku powstania listopadowego (Die polnische Emigration. Die ersten Jahre nach der Niederlage des Novemberaufstands), 3 Bde, Kraków 1901/02 (Emigracya polska).

Gadon, Lubomir, Wielka Emigracja w pierwszych latach po powstaniu listopadowym (Die große Emigration in den ersten Jahren nach dem Novemberaufstand), ed.Marian Kukiel, 2. Auflage (des vorhergehenden Titels, ohne den dortigen Anhang, mit Illustrationen), Paryz (Paris) 1960 (Wielka Emigracja).

Gawroński, Franciszek Rawita, Michał Czajkowski (Sadyk Pasza). Jego zycie, działalność wojskowa i literacka. Zarys biograficzny (M.C.Sein Leben, seine literarische und militärische Tätigkeit. Biographischer Abriß), Petersburg 1900.

Gawroński, Franciszek Rawita, Materiały do historii polskiej XIX wieku. Działalność Emigracji z roku 1831 na terenie Turcji do pokoju Paryskiego (Materialien zur polnischen Geschichte des 19. Jahrhunderts. Die Aktivität der Emigration von 1831 auf türkischem Gebiet bis zum Pariser Frieden), Kraków 1911.

Gawroński, Franciszek Rawita, Kozaczyzna za Dunajem. Kartka z działalności księcia Adama Czartoryskiego na emigracji (Kosakentum jenseits der Donau. Ein Blatt aus der Aktivität Fürst A.Czartoryskis in der Emigration), in: Ateneum Wileńskie 9/ 1933–34, S. 159–198.

(Gisquet, Henri), Mémoires de Gisquet, ancien préfet de police, écrits par lui-même, t.IV, Bruxelles 1841.

Gleason, John Howes, The Genesis of Russophobia in Great Britain. A Study of the Interaction of Policy and Opinion, Cambridge (Mass.) 1950.

Gocel, Ludwik, Początki prasy Wielkiej Emigracji i jej kryptograficzny charakter (1832–33), in: Kwartalnik prasoznawczy 1/1957/Nr. 2 (poln.Ausgabe), S. 9–30
(dasselbe französisch udT.: Les débuts de la presse de la Grande Emigration polonaise en France et son caractère clandestin, in: Revue d'histoire moderne et contemporaine 15/1968, S. 304–320).

Gołba, Zdzisław, Rozwój władz Królestwa Polskiego w okresie powstania listopadowego (Die Entwicklung der Behörden des Königreichs Polen in der Zeit des Novemberaufstands), Warszawa-Wrocław-Kraków-Gdańsk 1971.

Graniewski, Henryk, The Mission of General Chrzanowski to Turkey (1836–1840), in: Antemurale (Rom-London) 12/1968, S. 115–264 (Mission of Chrzanowski).

Grimsted, Patricia Kennedy, The Foreign Ministers of Alexander I. Political Attitudes and the Conduct of Russian Diplomacy 1801–1825, Berkeley – Los Angelos 1969 (The Foreign Ministers).

Grimsted, Patricia Kennedy, Czartoryski's System for Russian Foreign Policy, 1803: A Memorandum, Edited with Introduction and Analysis, in: California Slavic Studies V/1970, S. 19–91 (Czartoryski's System).

Grobicki, Aleksander, Emigracja polska i francuska Legia Cudzoziemska 1832–1836 (Die polnische Emigration und die französische Fremdenlegion 1832–36), in: Kultura 11/37 (Paris 1950), S. 12–36.

Grobicki, Jerzy, Pułk Ułanów Polskich legji cudzoziemskiej w czasie walk karlistowskich w Hiszpanji 1836–1838 (Die polnische Ulanenschwadron der Fremdenlegion in der Zeit der Karlistenkämpfe in Spanien 1836–38), in: Przegląd Historyczno-Wojskowy 3/1930, S. 91–125 (Pułk Ułanów Polskich).

Grzebieniowski, Tadeusz, Polska misja Lorda Durhama (1832, 1835–1837) (Die polnische Mission Lord Durhams), in: Droga 12/1933, S. 815–826 und 863–878 (Lord Durham) (auf englisch, gekürzt,udT.: Lord Durham at St.Petersburg and the Polish Question 1832, in: The Slavonic and East European Review 13/1934–35, S. 627–632).

Grzebieniowski, Tadeusz, Dziennik angielski The Times oraz jego stanowisko w sprawach polskich (Die englische Zeitung The Times und ihre Haltung zu polnischen Fragen), Warszawa 1935 (= Bibljoteka Prasowa Polska Zeszyt 11) (Dziennik angielski The Times).

Hahn, Hans Henning, Guizot, Kisielew i polska emigracja. Zakusy dyplomacji carskiej na polską prasę emigracyjną w 1846 r. (Guizot, Kisselev und die polnische Emigration. Ein Anschlag der zaristischen Diplomatie auf die polnische Emigrationspresse im Jahre 1846), in: Przegląd Historyczny 65/1974, S. 697–724.

Halicz, Emanuel, Partisan Warfare in 19th Century Poland: The Development of a Concept, Odense 1975.

Handelsman, Marceli, Pod znakiem Napoleona (Unter dem Zeichen Napoleons), Warszawa 1913.

Handelsman, Marceli, Anglia-Polska 1814–1864 (England-Polen), Warszawa-Lwów 1917.

Handelsman, Marceli, Pomiędzy Prusami i Rosją (Zwischen Preußen und Rußland), Warszawa 1922.

Handelsman, Marceli, La »question Czartoryski« à Tilsit (1807), in: Revue des Etudes Napoléoniennes 21/1923, S. 142–145.

Handelsman, Marceli, Emigracja i kraj. Poszukiwanie nowej formuły demokratycznej (Emigration und Heimat. Die Suche nach einer neuen demokratischen Formel), in: Przegląd Współczesny 44/1925, S. 331–344 (I), und 45/1926, S. 39–58 (II) (Emigracja i kraj I und II).

Handelsman, Marceli (ed.), Konstytucje Polskie 1791–1921, 4.Aufl. Warszawa 1926.

Handelsman, Marceli, Les idées françaises et la mentalité politique en Pologne au XIX siècle, Paris 1927 (Les idées francaises)
Handelsman, Marceli, Rozwój narodowości nowoczesnej, t.2: Francja – Polska 1795–1845. Studia nad dziejami myśli politycznej (Die Entwicklung der modernen Nationalität, Bd.2: Frankreich – Polen 1795–1845. Studien zur Geschichte des politischen Denkens), Warszawa 1926 (Francja – Polska).
Handelsman, Marceli, Les éléments d'une politique étrangère de la Pologne (1831–1856), in: Comptes-rendus des Séances et Travaux de l'Académie des Sciences morales et politiques, Paris 1930, 2ième sémestre, S. 107–138.
Handelsman, Marceli, Nicolas Ier et Czartoryski, in: Le Monde Slave, N.S.9/1932, t.3, S. 237–258.
Handelsman, Marceli, Czartoryski, Nicolas Ier et la Question du Proche Orient, Paris 1934 (Czartoryski, Nicolas Ier et la Question).
Handelsman, Marceli, Adam Czartoryski – i słowianofilstwo (A.Cz. und die Slawophilie), in: Księga referatów II Międzynarodowego Zjazdu Slawistów, Sekcja 3/4, Warszawa 1934, S. 33f.
Handelsman, Marceli, La politique slave de la Pologne aux XVIII et XIX siècles, in: Le Monde Slave 13/1936, t.4, S. 427–455 (La politique slave).
Handelsman, Marceli, Rozwój narodowości nowoczesnej, t.3: Ukraińska polityka ks.Adama Czartoryskiego przed wojną krymską (Die Entwicklung der modernen Nationalität, Bd.3: Die ukrainische Politik Fürst Adam Czartoryskis vor dem Krimkrieg), Warszawa 1937 (Ukraińska polityka Czartoryskiego).
Handelsman, Marceli, Książę Adam. Próba charakterystyki psychologicznej (Fürst Adam. Versuch einer psychologischen Charakteristik), in: Wiadomości Literackie 1937, Nr. 52–53, S. 6–8 (Książę Adam).
Handelsman, Marceli, Książę Adam Czartoryski. Próbazyciorysu (Fürst Adam Czartoryski. Versuch einer Lebensbeschreibung), in: Przegląd Współczesny 17/1938, nr.6, S. 48–69 (I), und Nr.7, S. 77–102 (II) (Książę Adam Czartoryski I und II).
Handelsman, Marceli, Adam Czartoryski, ed. Stefan Kieniewicz, 3 Bde, Warszawa 1948–50 (Adam Czartoryski).
Hansard, Thomas Curson, Parliamentary Debates, 3rd Series, Bd. XII, XIII, XIV, XIX, LXXXVIII (1832, 1833, 1846) (Hansard, Parl.Deb.).
d' Haussonville, M.O., Histoire de la politique extérieure du gouvernement français 1830–1848 avec notes, pièces justificatives et documents diplomatiques entièrement inédits, 2 Bde, Paris 1850.
Hehn, Paul N., Prince Adam Czartoryski and the South Slavs, in: The Polish Review 8/1962, S. 76–86.
Heltman, Wiktor/Janowski, Jan Nepomucen, Demokracja polska na emigracji (Die polnische Demokratie in der Emigration), ed. H. Rzadkowska, Warszawa 1965 (Demokracja polska).
Hillebrand, Karl, Geschichte Frankreichs von der Thronbesteigung Louis Philipp's bis zum Fall Napoleon's III., 2 Bde, Gotha, 1877 (Geschichte Frankreichs).
(Hoffman, Karol Boromeusz Aleksander) K.A.H., Cztery powstania czyli wykład sposobów jakiemi dobijały się o niepodległość Grecja, Holandya, Portugalja i Polska (Vier Aufstände oder Darlegung der Mittel, mit welchen Griechenland, Holland, Portugal und Polen nach Unabhängigkeit strebten), in: Kraj i Emigracja, Heft 7/Paris 1836, S. 65–216 (Cztery powstania).
Hoffman, Karol Boromeusz, Pamiętnik z emigracji (Memoiren aus der Emigration), ed. Elzbieta Helena Nieciowa, in: Rocznik Biblioteki PAN w Krakowie 12/ 1966, S. 231–350 (Pamiętnik).
Homolka, Irena, »The Polish Exile«. Przyczynek do historii prasy polskiej w Anglii (»The Polish Exile«. Beitrag zur Geschichte der polnischen Presse in England), in: Studia Historyczne 13/1970, S. 57–79.
(Humboldt, Wilhelm von), Wilhelm und Caroline von Humboldt in ihren Briefen, hg. von Anna v.Sydow, Bd.4, Berlin 1910.
Iwaszkiewicz, Janusz, Losy archiwum kancelaryj W.Ks.Konstantego i Nowosilcowa (Das Schicksal des Archivs der Kanzlei des Großfürsten Konstantin und Novosil'cevs), in: Archeion 6–7/1930, S. 22–56 (Losy archiwum).

Jełowicki, Aleksander, Moje wspomnienia (Meine Erinnerungen), 6. (kritische) Ausgabe, Warszawa 1970.

Jungfer, Thaddäus, Die Beziehungen der Julimonarchie zum Königreich Polen in den Jahren 1830/31, Diss.Berlin 1909.

Juste, Théodore, Les fondateurs de la monarchie belge: Léopold Ier, Roi des Belges. D'après des documents inédits, 2 Bde, Bruxelles 1868 (Léopold I.).

Kalembka, Sławomir, Towarzystwo Demokratyczne Polskie w latach 1832–1846 (Die Demokratische Polnische Gesellschaft in den Jahren 1832–1846), Toruń 1966 (TDP).

Kalembka, Sławomir, Wielka Emigracja. Polskie Wychodźstwo polityczne w latach 1831–1862 (Die Große Emigration. Die politische polnische Emigration in den Jahren 1831–1862), Warszawa 1971 (Wielka Emigracja).

Kalembka, Sławomir, Czasopiśmiennictwo emigracji popowstaniowych XIX wieku (Das Zeitschriftenwesen der Emigrationen nach den Aufständen im 19. Jahrh.), in: Jerzy Łojek (ed.), Prasa polska w latach 1661–1864 (Die polnische Presse 1661–1864), Warszawa 1976, S. 272–355.

Kallenbach, Joseph (ed.), Correspondance de Sigismond Krasiński et de Henry Reeve, 2 Bde, Paris 1902.

Karpiński, Wojciech/Król, Marcin, Sylwetki polityczne XIX wieku (Politische Silhouetten des 19. Jahrhunderts), Kraków 1974 (Sylwetki).

Kasznik, Aleksandra, »Wielka to infamia ten Algier«. Emigracja wobec francuskiego projektu wysłania zołnierzy polskich do Algieru (1832) (»Dieses Algerien ist eine große Infamie«. Die Emigration angesichts des französischen Projekts, polnische Soldaten nach Algerien zu schikken), in: Zeszyty Naukowe Uniwersytetu Jagiellońskiego. Prace Historyczne 30/1970, S. 97–121. (Wielka to infamia ten Algier).

Kasznik, Aleksandra Helena, Między Francja i Algerią. Z dziejów emigracji poskiej 1832–1856 (Zwischen Frankreich und Algerien. Aus der Geschichte der polnischen Emigration 1832–1856), Wrocław – Warszawa – Kraków – Gdańsk 1977 (Der Verfasserin sei an dieser Stelle für die bereitwillige Überlassung des Manuskripts schon vor der Drucklegung gedankt).

Kieniewicz, Stefan, The Free State of Cracow 1815–1846, in: The Slavonic and East European Review 26/1947–48, S. 69–89.

Kieniewicz, Stefan, Les émigrés polonais en Algérie (1832–1856), in: Acta Poloniae Historica 11/1965, S. 45–70.

Klüber, Johann Ludwig, Acten des Wiener Kongresses in den Jahren 1814 und 1815, 9 Bde, Erlangen 1815–19, 1835.

Knapowska, Wisława, Nawroty polskich ruchów zbrojnych 1830–34. Z dziejów dyplomatycznych i rewolucyjnych Wolnego Miasta Krakowa (Die Wendungen der bewaffneten polnischen Bewegungen 1830–34. Aus der diplomatischen und revolutionären Geschichte der Freien Stadt Krakau), in: Poznańskie Towarzystwo PrzyjaciółNauk. Komisja Historyczna, t.14 z.2, S. 41–187, Poznań 1948 (Nawroty).

Knorr, Emil, Die polnischen Aufstände seit 1830 in ihrem Zusammenhange mit den internationalen Umsturzbestrebungen. Unter Benutzung archivalischer Quellen, Berlin 1880 (Die polnischen Aufstände).

Konarska, Barbara, W kręgu Hotelu Lambert. Władysław Zamoyski w latach 1832–1847 (Im Kreis des Hôtel Lambert. W.Zamoyski in den Jahren 1832–1847), Wrocław-Warszawa-Kraków-Gdańsk 1971 (W kręgu Hotelu Lambert).

Korbut Nowy. Bibliografia Literatury Polskiej (Der neue Korbut. Bibliographie zur polnischen Literatur), Bd. 4 und 7, Warszawa 1966 und 1968.

Kostołowski, Erazm, Studia nad kwestią włościańską w latach 1846–1864 ze szczególnym uwzględnieniem literatury politycznej (Studien zur Bauernfrage in den Jahren 1846–64 mit besonderer Berücksichtigugn der politischen Literatur), Lwów 1938 (Kwestia włościańska).

Kozanecki, Tadeusz, Maurycy Mochnacki i obóz Czartoryskiego. Inedita z września – listopada 1834 r. (M.Mochnacki und das Lager Czartoryskis. Unveröffentlichtes aus der Zeit Sept.–Nov. 1834), in: Przegląd Historyczny 47/1956, S. 721–764 (Mochnacki).

Kozłowski Eligiusz, Generał Józef Bem, Warszawa 1958.

Kozłowski Władysław Mieczysław, Autonomia Królestwa Polskiego (1815–1831) (Die Autonomie des Königreichs Polen), Warszawa 1907 (Autonomia).

(Koźmian, Stanisław), Anglia i Polska (England und Polen), Bd.1, Poznań 1862 (anonym).

Koźmian, Stanisław Egbert, Z listów emigracyjnych.Cz.1: Listy z lat 1832–1840 (Aus den Emigrationsbriefen.Teil 1: Briefe aus den Jahren 1832–1840), ed.Zbigniew Jabłoński, in: Rocznik Biblioteki PAN w Krakowie 9/1963, S. 171–224.

Kraushar, Aleksander, Generałowa Sowińska i Klementyna Hoffmanowa w czasach powstania listopadowego i po kapitulacyi Warszawy. Kartka z dziejów »Związku patryotycznego dobroczynności pań polskich« w latach 1831–1833 (Ze źródeł archiwalnych i rękopiśmiennych) (Gen.Sowińska und K. Hoffmanowa in der Zeit des Novemberaufstands und nach der Kapitulation Warschaus. Aus der Geschichte des »Patrotischen Wohltätigkeitsvereins polnischer Damen« in den Jahren 1831–1833. Aus handschriftlichen Archivquellen), in: Przewodnik Naukowy i Literacki 42/1914, S. 481–494, 577–589, 689–699, 785–796 und 887–893 (Gen.Sowińska).

Krawiec, Lucien, L'Association des Vrais Polonais. Une page inconnu de l'histoire de Pologne 1813–1821 (Communication présentée à l'Assemblée Générale le 5 juillet 1966), in: Société Historique et Littéraire Polonaise. Compte rendu de l'activité pour les années 1957/58 – 1965/66, Paris 1968, S. 139–158.

Kronika Emigracyi Polskiej (Chronik der polnischen Emigration), Bd. 1–8, Paryz (Paris) 1834–1839.

Król Marcin, Pośrednia droga. Myśl polityczna Adama Czartoryskiego i Hotelu Lambert (Der mittlere Weg. Das politische Denken Adam Czartoryskis und des Hôtel Lambert), in: Znak 31/1974 (nr.239), S. 639–666 (Pośrednia droga).

Kukiel, Marian, Książę, Adam (Fürst Adam), Paryz (Paris) 1950.

Kukiel, Marian, Ligue de Nations, Union Européenne et la Troisième Coalition, in: Teki Historyczne IV/1950 (London), S. 127–133 (Ligue de Nations).

Kukiel, Marian, Plan polityczny Czartoryskiego z roku 1803 (Der politische Plan Czartoryskis aus dem Jahr 1803), in: Rocznik Polskiego Towarzystwa Naukowego na Obczyźnie R.1950/51 (London), S. 32–37 (Plan polityczny).

Kukiel, Marian, Przedstuletnie poglądy na odbudowę polskich sił zbrojnych na obczyźnie i na zadania kraju (Ansichten über den Aufbau polnischer Streitkräfte im Exil und über die Aufgaben der Heimat), in: Bellona 2/1953 (London), S. 3–11 (Przedstuletnie poglądy).

Kukiel, Marian, Czartoryski and European Unity 1770–1861, Princeton, N.J. 1955.

Kutrzeba, Stanisław, Historya ustroju Polski w zarysie (Verfassungsgeschichte Polens im Abriß), 4 Bde, 4.Auflage Lwów 1917.

Lannoy, Fl.de, Une rupture diplomatique Germano-Belge au XIX siècle. L'affaire Skrzynecki, in: Revue Générale, Bruxelles 1920, S. 194–208 und 330–345 (L'affaire Skrzynecki).

Laughton, John Knox, Memoirs of the Life and Correspondence of Henry Reeve, 2 Bde, 2.Aufl., London 1898 (Memoirs of Henry Reeve).

Leconte, Jacques Robert, La formation historique de l'armée belge. Les officiers étrangers au service de la Belgique (1830–1853), Paris-Bruxelles o.J. (1949).

(Lelewel, Joachim), Listy emigracyjne Joachima Lelewela (Emigrationsbriefe J.Lelewels), ed.Helena Więckowska, 5 Bde, Kraków-Wrocław 1948–56 (Listy emigracyjne).

Lewak, Adam, Od związków węglarskich do Młodej Polski. Dzieje emigracji i legionu polskiego w Szwajcarii w r. 1833–34 (Von Carbonari-Verbänden zum Jungen Polen. Geschichte der Emigration und der polnischen Legion in der Schweiz 1833–34), Warszawa o.J. (1923) (Od związków węglarskich).

Lewak, Adam, Przemiany ideowe Wielkiej Emigracji (1831–1846) (Ideologische Wandlungen der Großen Emigration), in: Pamiętnik V Powszechnego Zjazdu Historyków Polskich w Warszawie 28 list. do 4 grudnia 1930 r., t.1: Referaty, Lwów 1930, S. 520–538 (Przemiany ideowe).

Lewak, Adam, Czasy Wielkiej Emigracji (Die Zeiten der Großen Emigration), in: Polska, jej dzieje i kultura od czasów najdawniejszych do chwili obecnej, Bd.3, Warszawa o.J. (1932), S. 193–233.

Lewak, Adam, Działalność polska na Wschodzie 1830–1870 (Polnische Aktivität im Orient), in: Polityka Narodów I/1933, nr.6, S. 12–34.

Lewak, Adam, GenerałM.R.La Fayette o Polsce. Listy – mowy – dokumenty (General Lafayette über Polen. Briefe – Reden – Dokumente), Warszawa 1934 (La Fayette o Polsce).

Lewak, Adam, Dzieje emigracji polskiej w Turcji (1831–1878) (Geschichte der polnischen Emigration in der Türkei), Warszawa 1935 (Emigracja w Turcji).

(Lieven, Dorothea), Correspondence of Princess Lieven and Earl Grey, ed.and translated by Guy Le Strange, Bd.2: 1830–1834, London 1890 (Lieven – Grey Correspondence).

Lutzowa, Hanna, Obóz 3go Maja (Das Lager des 3. Mai), Diss. Warszawa 1971 (für die Erlaubnis, das maschinenschriftliche Manuskript zu benutzen, sei der Verfasserin gedankt).

Lutzowa, Hanna, Działalność oświatowa Polaków za granicą w okresie Wielkiej Emigracji w latach 1831–1846 (Die Bildungstätigkeit der Polen im Ausland in der Zeit der Großen Emigration 1831–46), in: Przegląd Historyczno-Oświatowy 1973, Nr.3, S. 313–336 (Działalność oświatowa).

Lutzowa, Hanna, Prasa emigracyjna obozu 3go Maja (Die Emigrationpresse des Lagers des 3. Mai) (Rezension zum Buch S.Szostakowskis, Z kart Wielkiej Emigracji), in: Przegląd Historyczny 66/1975, S. 641–651.

Łojek, Jerzy, Szanse powstania listopadowego. Rozwazania historyczne (Die Chancen des Novemberaufstands. Historische Erwägungen), Warszawa 1966.

Łopaciński, Wincenty, Strategiczne pomysły ks. Ad. Czartoryskiego (Przycznek do charakterystyki) (Strategische Gedanken Fürst A.Czartoryskis. Ein Beitrag zur Charakteristik), in: Biblioteka Warszawska R.74/1914, t.2, S. 209–226.

Łukasik, Stanisław, Rumunja a Polska w XIX wieku (Rumänien und Polen im 19. Jahrh.), Kraków 1929 (Rumunja a Polska).

Łukaszewicz, Witold, Wpływ masonerii, karbonaryzmu i Józefa Mazziniego na polska myśl rewolucyjną w latach poprzedzających Wiosnę Ludów (Der Einfluß der Freimaurerei, der Carboneria und J.Mazzinis auf das polnische revolutionäre Denken in den Jahren vor 1848), in: W stulecie Wiosny Ludów 1848–1948, Bd.3, Warszawa 1951, S. 167–384 (Wpływ masonerii).

Łukaszewicz, Witold/Lewandowski, Władysław (ed.), Postępowa Publicystyka Emigracyjna 1831–1846. Wybór źródeł (Fortschrittliche Publizistik der Emigration 1831–1846. Quellenauswahl), Wrocław – Warszawa – Kraków 1961 (W. Łukaszewicz, Post. Publ. Em.).

Łuniński,Ernest, Zajęcie Rzeczypospolitej Krakowskiej w r.1836 (Die Einnahme der Republik Krakau 1836), in: Przegląd Polski R.44, t.173/ 1909, S. 310–334.

(de Maistre, Joseph), Mémoires politiques et correspondance diplomatique de J.de Maistre, avec explications et commentaires historiques par Albert Blanc, Paris 1858.

de Martens, Fjedor, Recueil des Traités et Conventions conclus par la Russie avec les Puissances étrangères, publié d'ordre du Ministère des Affaires Etrangères, t.II: Traités avec l'Autriche 1772–1808, St. Petersbourg 1875; t.III: Traités avec l'Autriche 1808–1815, St.Petersbourg 1876; T.IV, partie 1: Traités avec l'Autriche 1815–1849, St.Petersbourg 1878; t.XI: Traités avec l'Angleterre 1801–1831, St.Petersbourg 1895 (Recueil des Traités).

Mattern, Karl Heinz, Die Exilregierung. Eine historische Betrachtung der internationalen Praxis seit dem Beginn des Ersten Weltkriegs und deren völkerrechliche Wertung, Tübingen 1953.

(Meciszewski, Hilary alias) Louis Królikowski, Mémoire historique et politique sur l'état actuel de la ville libre de Cracovie à l'appui de l'adresse présenté en octobre 1839, par ses habitans aux gouvernements de France et de l'Angleterre suivi d'une collection de pièces justificatives. Paris 1840 (das gleiche erschien auch auf polnisch: Memoriał historyczny i polityczny o stanie obecnym Wolnego Miasta Krakowa i jego okręgu na poparcie Adresu obywateli krakowskich podanego Rządowi francuskiemu i angielskiemu w Październiku 1839 roku z dołączeniem Zbioru dokumentów, Paryz 1840).

Meeus, Thérèse, Le général Jean Skrzynecki, conseiller politique et spirituel de Montalembert, in: Carnet de la Fourragères, 9ième Série, 1/1950, S. 61–72.

Mendelsohn, Stefania, Die Polenfrage im Zeitalter Napoleons I. und Alexanders I. mit besonderer Berücksichtigung der zeitgenössischen Quellen 1785–1815, Diss.Berlin 1929/30.

Merzbach, Charles, Les officiers Polonais dans l'Armée Belge après 1830, in: Le Flambeau 14/1931, S. 413–424.

Milovanowitch, Milovan, Des traités de garantie en droit international, Thèse Paris 1888.

Mirkine-Guetzévitch, B., Un projet de fédération européenne en 1804, in: Mélanges offerts à M.Nicolas Iorga, Paris 1933, S. 677–694.

Mochnacki, Maurycy (Moritz Mochnatzki), Über die Revolution in Deutschland, Leipzig 1833 (deutsche Übersetzung einer Artikelserie aus der Zeitschrift ›Pamiętnik Emigracji Polskiej‹ in Paris: »O rewolucji w Niemczech« (Über die Revolution in Deutschland), Heft: Zygmunt I. Jagiellończyk, 6. 6. 1833, S. 1–8. »Królowie i rewolucja« (Die Könige und die Revolution),

Heft: Zygmunt August Jagiellończyk, 16. 6. 1833, S. 1–4; »Zakończenie uwag o rewolucji w Niemczech« (Abschließende Bemerkungen über die Revolution in Deutschland), Heft: Henryk Walezy Kapet, 25. 7. 1833, S. 16).

Mochnacki, Maurycy, Pisma rozmaite. Oddział porewolucyjny (Vermischte Schriften. Nachrevolutionärer Teil), t. 1–2, 2. Aufl. Berlin 1860 (Pisma rozmaite).

Montalembert, et son confesseur laïque. La Chapelle-Montligeon o. J.

Morley, Charles, Alexander I. and Czartoryski. The Polish Question from 1801 to 1813, in: The Slavonic and East European Review 25/1946–47, S. 405–426.

Morley, Charles, Czartoryski's Attempt at a New Foreign Policy under Alexander I., in: The American Slavic and East European Review 12/1953, S. 475–485 (Czartoryski's Attempt).

Mosely, Philip E., Russian Diplomacy and the Opening of the Eastern Question in 1838 and 1839, Cambridge (Mass.) 1934 (Russian Diplomacy).

Nadzieja, Jadwiga, Generał Józef Zajaczek, Warszawa 1975.

Nagórska-Rudzka, Walentyna, Ks. Adam Czartoryski w dobie powstania listopadowego (Fürst Adam Czartoryski in der Zeit des Novemberaufstands), in: Przegląd Historyczny 29/1930, S. 210–308.

New, Chester W., Lord Durham. A Biography of John George Lambton, first Earl of Durham, London 1968 (Reprint von 1928) (Lord Durham).

Nicolas Mikhailovitch, Grand Duc de Russie, Le Comte Paul Stroganov, trad. franç. de F. Billecocq, 3 Bde, Paris 1905 (P. Stroganov).

(Niemcewicz, Juljan Ursyn), Pamiętniki Juljana Ursyna Niemcewicza. Dziennik pobytu za granicą od dnia 21 lipca 1831 do 20 maja 1841 r. Według autografu w Bibliotece Towarzystwa Historyczno-Literackiego w Paryżu (Die Memoiren des J. U. Niemcewicz. Tagebuch des Aufenthalts im Ausland vom 21. Juli 1831 bis zum 20. Mai 1841. Nach dem Autograph in der Bibliothek der Historisch-Literarischen Gesellschaft in Paris), Bd. 1: 1831–32, Bd. 2: 1833–34, Poznań 1876/77 (Dziennik).

Noworocznik, Demokratyczny (Demokratisches Jahrbuch), ed. Teofil Wiśniowski, R. 1–2, Paryz (Paris) 1842–43.

Oppenheimer, F. E., Governments and Authorities in Exile, in: American Journal of International Law, 36/1942, S. 568–595.

Paszkiewicz, Mieczysław, Lista emigrantów polskich w Wielkiej Brytanii otrzymujących zasiłki od rządu brytyjskiego w latach 1834–1899 (Liste der polnischen Emigranten in Großbritannien, die von der britischen Regierung in den Jahren 1834–1899 Unterstützung erhielten), in: Materiały do Biografii, Genealogii i Heraldyki, Bd. 2, Buenos Aires – Paris 1964, S. 59–109 (Lista emigrantów).

Pawlicowa, Maria, O niektórych pomysłach monarchicznych na emigracji (1831–1856), (Über einige monarchistische Ideen in der Emigration), in: Kwartalnik Historyczny 41/1927, S. 40–50.

Pawlicowa, Maria, Sto lat temu. O Polakach w Legji francuskiej i hiszpańskiej 1834–39 (Vor 100 Jahren. Über die Polen in der französischen und spanischen Legion 1834–39), in: Przegląd Historyczny 33/1935, S. 176–183.

Pawłowski, Bronisław, Przyczynki do polityki austryackiej w czasie powstania polskiego w r. 1831. 1. Przeprawa ks. Adama Czartoryskiego przez ziemie austryackie w r. 1831 (Beiträge zur österreichischen Politik in der Zeit des polnischen Aufstands im Jahre 1831. 1. Die Reise Fürst Adam Czartoryskis durch österreichisches Gebiet 1831), in: Kwartalnik Historyczny 23/1909, S. 161–169 (Przeprawa Czartoryskiego).

Perelman-Liwer, F., La Belgique et la Révolution polonaise de 1831, Bruxelles 1948.

Pigoń, Stanisław, Problem ludu – narodu w publicystyce Wielkiej Emigracji (Das Problem Volk – Nation in der Publizistik der Großen Emigration), Kraków 1966 (Problem ludu – narodu).

Piotrowski, Thadée, Documents pour l'étude de l'immigration polonaise en France, in: Documents sur l'immigration, Paris 1947, nr. 2, S. 43–75 (Documents).

Piwarski, Kazimierz, Kuria Rzymska a polski ruch narodowowyzwoleńczy 1794–1863 (Die römische Kurie und die nationale polnische Befreiungsbewegung), Warszawa 1955 (Kuria Rzymska).

Polanyi, Karl, Der hundertjährige Frieden, in: Internationale Beziehungen, ed. Ekkehardt Krippendorf, Köln 1973, S. 38–55.

Le Polonais. Journal des Intérêts de la Pologne, Bd. 1–6, Paris 1833–36.

Polonia, or, Monthly Reports of Polish Affairs. Published by the Literary Association of the Friends of Poland, Nr. 1–5, London 1832 (August-Dezember).

The Portfolio, or, a Collection of State Papers, etc. illustrative of the History of our Times, Bd. 1–6 oder Nr. 1–45, London 1835–1837.

Potrykowski, Józef Alfons, Tułactwo Polaków we Francji. Dziennik emigranta (Das Exil der Polen in Frankreich. Tagebuch eines Emigranten), ed. Anna Owsińska, 2 Bde, Kraków 1974 (Tułactwo Polaków).

Prechner, Wilhelm, Der Savoyer-Zug 1834, in: Blätter für bernische Geschichte und Altertumskunde 15/1919, S. 277–318.

Przewalski, Stefan, Generał Maciej Rybiński. Ostatni Wódz Naczelny powstania listopadowego (1784–1874) (General M. Rybiński. Der letzte Oberbefehlshaber des Novemberaufstands), Wrocław 1949.

Puryear, Vernon John, International Economics and Diplomacy in the Near East. A Study of British Commercial Policy in the Levant 1834–1853, o.O. (Hamden, Conn.) 1969 (Reprint von 1935).

Rac, Leonard, Konfederacja Narodu Polskiego. Z dziejów Wielkiej Emigracji (Die Konföderation der Polnischen Nation. Aus der Geschichte der Großen Emigration), in: Przegląd Historyczny 33/1935, S. 155–211, und 34/1936, S. 89–175 (Konfederacja).

Radkau, Joachim, Die deutsche Emigration in den USA, Düsseldorf 1971.

Rederowa, Danuta, Polski emigracyjny ośrodek naukowy we Francji w latach 1831–1872 (Das wissenschaftliche Leben der polnischen Emigration in Frankreich in den Jahren 1831–1872), Wrocław-Warszawa-Kraków-Gdańsk 1972 (Ośrodek naukowy).

Reid, Stuart J., Life and Letters of the first Earl of Durham 1792–1840, 2 Bde, London 1906 (Durham).

Renouvin, Pierre/Duroselle, Jean-Baptiste, Introduction à l'histoire des relations internationales, 3. Aufl., Paris 1970 (Introduction).

de Ridder, Alfred, Histoire diplomatique du Traité de 1839 (19 avril 1839), Bruxelles-Paris 1920.

Ridley, Jasper, Lord Palmerston, London 1970.

Robinson, Gertrude, David Urquhart. Some Chapters in the Life of a Victorian Knight Errant of Justice and Liberty, Oxford 1920 (Reprint New York 1970).

Robinson, Lionel G. (ed.), Letters of Dorothea, Princess Lieven, during her Residence in London 1812–1834, London 1902 (Letters of Princess Lieven).

Rodkey, Frederick Stanley, Lord Palmerston and the Rejuvenation of Turkey, 1830–41. Part 1: 1830–39, in: Journal of Modern History 1/1929, S. 570–593 (Palmerston and Rejuvenation).

Rostocki, Władysław, Władza wodzów naczelnych w powstaniu listopadowym. Studium historyczno-prawne (Die Macht der Oberbefehlshaber im Novemberaufstand. Rechtshistorische Untersuchung), Wrocław 1955.

Rostworowski, Michał, Dyaryusz Sejmu z r. 1830–31 (Tagebuch des Sejm aus dem Jahr 1830/31), 6 Bde, Kraków 1907–12 (Dyaryusz Sejmu).

Schaeder, Hildegard, Autokratie und Heilige Allianz. Nach neuen Quellen, 2. Aufl., Darmstadt 1963.

Schiemann, Theodor, Geschichte Rußlands unter Kaiser Nikolaus I. Bd. 3: Kaiser Nikolaus im Kampf mit Polen und im Gegensatz zu Frankreich und England 1830–1840, Berlin 1913 (Nikolaus I.).

Sell, Jolanta Krystyna, Le Polonais. Journal des Intérêts de la Pologne, in: Przegląd Humanistyczny 1958/ nr. 5, S. 171–176.

Serejski, Marian Henryk, Studia nad historiografią Polski, cz. I: K. B. Hoffman (Studien zur Historiographie Polens, Teil I: K. B. Hoffman), Łódź 1953 (K. B. Hoffman).

Serejski, Marian Henryk, Joachim Lelewel. Z dziejów postępowej myśli historycznej w Polsce (J.L. Aus der Geschichte des fortschrittlichen Denkens in Polen), Warszawa 1953 (J. Lelewel).

Serejski, Marian Henryk, Koncepcja historii powszechnej Joachima Lelewela (J. Lelewels Konzeption der Universalgeschichte), Warszawa 1958 (Koncepcja Lelewela).

(Sienkiewicz, Karol), Pisma Karola Sienkiewicza. Prace historyczne i polityczne (Die Schriften von K. Sienkiewicz. Historische und politische Arbeiten), Paryz (Paris) 1862.

Skowronek, Jerzy, Uwagi nad kształtowaniem programu obozu antynapoleońskiego (Anmerkungen zur Ausbildung des Programms des antinapoleonischen Lagers), in: Wiek XIX, Prace

ofiarowane Stefanowi Kieniewiczowi w 60. rocznicę urodzin, Warszawa 1967, S. 85–96 (Uwagi).
Skowronek, Jerzy, UdziałAdama Jerzego Czartoryskiego w pracach nad reformami wewnętrznymi w Rosji (1801–1807) (Der Anteil A.J. Czartoryskis an den Arbeiten zu inneren Reformen in Rußland 1801–1807), in: Przegląd Historyczny 58/1967, S. 464–480 (UdziałCzartoryskiego).
Skowronek, Jerzy, Le programme européen du Prince Adam Jerzy Czartoryski en 1803–1805, in: Acta Poloniae Historica 17/1968, S. 137–159 (Le programme européen).
Skowronek, Jerzy, Antynapoleońskie koncepcje Czartoryskiego (Die antinapoleonischen Konzeptionen Czartoryskis), Warszawa 1969.
Skowronek, Jerzy, L'attitude de l'émigration polonaise de la première moitié du XIX siècle envers la Turquie, Sonderdruck für: Colloque de la Commission International des Etudes Slaves (Cracovie, 29–31 août 1973), Kraków 1973 (L'attitude de l'émigration polonaise envers la Turquie).
Skowronek, Jerzy, Obóz Czartoryskiego a Słowianie bałkańscy w czterdziestych-pięćdziesiątych latach XIX w. (Das Lager Czartoryskis in den 1840er und 50er Jahren des 19. Jahrh.), in: Kwartalnik Historyczny 82/1975, S. 267–285.
Skowronek, Jerzy, O biografii wybitnego bułgarskiego działacza narodowego (Über die Biographie eines hervorragenden nationalen bulgarischen Politikers), in: Kwartalnik Historyczny 82/1975, S. 828–835.
Skowronek, Jerzy, Polityka bałkańska Hotelu Lambert (1833–1856) (Die Balkanpolitik des Hotel Lambert), Warszawa 1976.
Smolikowski, Paweł, Początki odrodzenia religijnego na wychodźstwie (Podług źródeł rękopiśmiennych) (Anfänge der religiösen Renaissance in der Emigration. Nach handschriftlichen Quellen), in: Przegląd Polski 25/1891, t.100, S. 497–536, und 26/1892, t.101, S. 370–410, 622–665, sowie t.102, S. 37–96 und 308–356 (Początki odrodzenia religijnego).
Smolka, Stanisław, Z zycia ministra Lubeckiego (Aus dem Leben des Ministers Lubecki), in: Biblioteka Warszawska R.66/1906, t.1, S. 5–42, 350–383, 448–474, und t.2, S. 307–337.
Smolka, Stanisław, W drodze do Petersburga (z zycia Lubeckiego) (Auf dem Weg nach Petersburg – aus dem Leben Lubeckis), in: Przegląd Historyczny 2/1906, S. 77–107, 222–246 und 362–385.
Sokolnicki, Michel, Les origines de l'émigration polonaise en France 1831–1832, Paris 1910 (Les origines).
Sokołowska, Stefania, Młoda Polska, Z dziejów ugrupowań demokratycznych Wielkiej Emigracji (Das Junge Polen. Aus der Geschichte der demokratischen Gruppierungen der Großen Emigration), Wrocław-Warszawa-Kraków-Gdańsk 1972 (Młoda Polska).
Sokołowski, August, Ze stosunków polsko-serbskich w pierwszej połowie XIX wieku (Aus den polnisch-serbischen Beziehungen in der ersten Hälfte des 19. Jahrhunderts), in: Świat Słowiański R.10/1914, t.1, S. 321–333.
Spiel, Hilde, Psychologie des Exils. Ein Vortrag, gehalten auf der Tagung der Exilforscher in Wien im Juni 1975, in: Neue Rundschau 86/1975, S. 424–439.
Spiller, Robert E., Fenimore Cooper and Lafayette: Friends of Polish Freedom 1830–1832, in: American Literature 7/1935–36, S. 56–75.
Stasik, Florian, Działalność emigracyjna Adama Gurowskiego w latach 1831–1834 (Die Emigrationstätigkeit A. Gurowkis in den Jahren 1831–1834), in: Gdańskie Zeszyty Humanistyczne R.8/1965, Historia Z.5, S. 99–129 (A.Gurowski).
Stasik, Florian, Polska emigracja polityczna w Stanach Zjednoczonych Ameryki 1831–1864 (Die politische polnische Emigration in den Vereinigten Staaten von Amerika 1831–1864), Warszawa 1973.
Stern, Alfred, Geschichte Europas von den Verträgen von 1815 bis zum Frankfurter Frieden von 1871, Bd.IV: Geschichte Europas von 1830 bis 1848, Bd.1, Stuttgart-Berlin 1905 (Geschichte Europas).
Straszewska, Maria, Zycie literackie Wielkiej Emigracji we Francji 1831–1840 (Das literarische Leben der Großen Emigration in Frankreich 1831–40), Warszawa 1970 (Zycie literackie).
Syski, Aleksander, Zakład Św. Kazimierza w Paryzu. Szkic Historyczny (Haus St. Kasimir in Paris. Historischer Abriß), Warszawa 1936.
Szostakowski, Stanisław, Z kart WielkiejEmigracji. Prasa obozu arystokratyczno-konserwa-

tywnego w latach 1832–1848 (Aus den Blättern der Großen Emigration. Die Presse des aristokratisch-konservativen Lagers in den Jahren 1832–1848), Olsztyn 1974.
Szpotański, Stanisław, Sejm w emigracyi (Der Sejm in der Emigration), in: Biblioteka Warszawska 68/1908, t.2, S. 97–116.
Szpotański, Stanisław, Emigracya polska w Anglii (1831–1848) (Die polnische Emigration in England) in: Biblioteka Warszawska 69/1909, t.2, S. 259–287 und 541–562 (Emigracya w Anglii).
Šidak, J., L'Hôtel Lambert et les Croates, in: Annales de l'Institut Français de Zagreb 6–7/1942–43 (Zagreb 1947), S. 5–19.
Świętochowski, Tadeusz, Czartoryski and Russia's Turkish Policy, 1804–1806, in: The Polish Review XII/1967, No.4, S. 30–36.
Taborski, Roman, Wśród wiedeńskich Poloników (Unter Wiener Polonica), Kraków 1974.
Teslar J.O., Poland in the Poetry and Life of Thomas Campbell, in: Antemurale (Rom-London) 12/1968, S. 267–310.
(Theiner, Augustin), Die neuesten Zustände der Katholischen Kirche beider Riten in Polen und Rußland seit Katharina II. bis auf unsere Tage. Mit einem Rückblick auf die Russische Kirche und ihre Stellung zum Heiligen Stuhl seit ihrem Entstehen bis auf Katharina. Von einem Priester aus der Kongregation des Oratoriums des heil. Philippus Neri. Mit einem Band Dokumente, Augsburg 1841 (anonym).
(Titel der französischen Ausgabe: Vicissitudes le l'église catholique des deux rites en Pologne et en Russie; ouvrage écrit en allemand, par un prêtre de la Congrégation de l'Oratoire, suivi d'une collection de pièces justificatives et historiques, avec l'allocution de notre Saint Père le Pape et le recueil des documents publiés par ordre de Sa Sainteté sur cet objet, précédé d'un avant-propos par le Comte de Montalembert, pair de France, Paris 1843).
Tokarz, Wacław, Dwie karty z historyi ustroju Królestwa Polskiego (1815–1855) (2 Blätter aus der Verfassungsgeschichte des Königreichs Polen), in: Przegląd Wszechpolski 11/1905, S. 505–548 (Dwie karty).
Towarzystwo Historyczno-Literackie w Paryzu (Hist.-Lit. Gesellschaft in Paris), in: Rocznik Towarzystwa Historyczno-Literackiego w Paryzu 1866, Paryz 1867, S. I–XXVII.
Treitschke, Heinrich von, Deutsche Geschichte im 19. Jahrhundert, Bd.4, Leipzig 1927.
Wandycz, Piotr S., The Polish Precursors of Federalism, in: Journal of Central European Affairs, 12/1952–53, S. 346–355.
Wawrzkowicz, Eugeniusz, Anglia a sprawa polska 1813–1815 (England und in polnische Frage), Warszawa-Kraków 1919.
Webster, Charles, British Diplomacy 1813–1815. Select Documents dealing with the reconstruction of Europe, London 1921.
Webster, Charles, Urquhart, Ponsonby, and Palmerston, in: The English Historical Review 62/1947, S. 327–351 (dasselbe in: Webster, Charles, The Art and Practice of Diplomacy, London 1961, S. 197–225).
Sir Webster, Charles, The Foreign Policy of Palmerston 1830–1841. Britain, the Liberal Movement and the Eastern Question, 2 Bde, 2. Aufl., London 1969 (1951).
Weintraub, Wiktor, Marx, Palmerston i sprawa polska (Marx, Palmerston und die polnische Frage), in: Kultura 12/38, Paris 1950, S. 51–69.
(Wellington, Arthur Duke of), Supplementary Despatches, Correspondence and Memoranda of Field Marshal Arthur Duke of Wellington, ed. by his Son The Duke of Wellington, vol. IX, London 1862 (Supplementary Despatches).
Wereszycki, Henryk, Polish Insurrections as a Controversial Problem in Polish Historiography, in: Canadian Slavonic Papers 9/1967, S. 107–121.
Widerszal, Ludwik, The British Policy in the Western Causasus 1833–1842. Palmerston, Ponsonby, Urquhart, in: La Pologne au VII Congrès International des Sciences Historiques à Varsovie 1933, Bd.1, S. 205–220.
Widerszal, Ludwik, Sprawy kaukaskie w polityce europejskiej w latach 1831–1864 (Der Kaukasus in der europäischen Politik in den Jahren 1831–1864), Warszawa 1934 (Sprawy kaukaskie). (Eine Kurzform unter dem gleichen Titel in: Sprawozdania z posiedzeń Towarzystwa Naukowego Warszawskiego XXVI/1933, Wydział 2, S. 1–17).
Williams, Robert C., European Political Emigrations: A Lost Subject, in: Comparative Studies in Society and History 12/1970, S. 140–148.

Wirpsza, Witold, Pole, wer bist du?, Luzern-Frankfurt 1971.
Woronicz, Janusz, Rzecz o monarchii i dynastii w Polsce (Abhandlung über die Monarchie und die Dynastie in Polen), in: Kraj i Emigracja, Heft 9/Paris 1839, S. 281–366 (auch als gesonderte Broschüre erschienen).
Wszołek, Jan, Działalność polityczna obozu Czartoryskiego wśród Polaków w Rzymie w latach 1832–1843 (Die politische Aktivität des Czartoryski'schen Lagers unter den Polen in Rom in den Jahren 1832–43), in: Przegląd Historyczny 58/1967, S. 624–644 (Działalność polityczna).
Wszołek, Jan, Prawica Wielkiej Emigracji wobec narodowego ruchu włoskiego (Przed rewolucją 1848 roku) (Die ›Rechte‹ der Großen Emigration und die italienische Nationalbewegung vor der Revolution von 1848), Wrocław-Warszawa-Kraków 1970 (Prawica).
Zajewski, Władysław, Zabiegi »Nowej Polski« o detronizację Romanowów w styczniu 1831 r. (Die Bemühungen der Zeitschrift »Neues Polen« um die Entthronung der Romanows im Januar 1831), in: Zeszyty Naukowe Uniwersytetu Łódzkiego, Seria I: Nauki Humanistyczno Społeczne, z.8/1958, S. 79–112 (Zabiegi »Nowej Polski«).
Zajewski, Władysław, Uwagi o celach powstania listopadowego. Na marginesie W.Bortnowskiego: Walka o cele powstania listopadowego (Anmerkungen über die Ziele des Novemberaufstands. Randbemerkungen zu W.Bortnowskis: Der Kampf um die Ziele des Novemberaufstands), in: Przegląd Historyczny 52/1961, S. 338–359 (Uwagi o celach).
Zajewski, Władysław, »Polski margines« londyńskiej konferencji pięciu mocarstw w 1830–31 (»Die polnische Nebensache« auf der Londoner Fünfmächtekonferenz 1830/31), in: Przegląd Historyczny 53/1962, S. 547–567.
Zaleski, Bronisław, Żywot księcia Adama Jerzego Czartoryskiego (Das Leben Fürst A. J. Czartoryskis), Bd.1 (mehr nicht erschienen), Poznań 1881.
Zamoyska, Hedwig L., Prince Adam Czartoryski and Lord Dudley Coutts Stuart, in: The Polish Review II/1918, no.1, S. 12–28, und no.2, S. 139–155 (Czartoryski and Dudley).
(Zamoyski, Władysław), Jenerał Zamoyski 1803–1868, Bd. 1–6, Poznań 1910–1930 (Jen.Zam.).
Zamoyski, Ladislas, Mémoire sur le Prince Czartoryski, ed.X.E., in: Sacrum Poloniae Millenium II/1955 (Roma), S. 193–203.
Zawadzki, Wacław Hubert, Prince Adam Czartoryski and Napoleonic France, 1801–1805: A Study in Political Attitudes, in: The Historical Journal 18/1975, S. 245–277 (Czartoryski and Napoleonic France).
Zdrada, Jerzy, Zmierzch Czartoryskich (Untergang [eigentlich Abenddämmerung] der Czartoryskis), Warszawa 1969.
Ziątek, Zygmunt, »Za Wolność Waszą i Naszą« (Literacka historia idei) (»Für eure und unsere Freiheit« – Literaturgeschichte einer Idee), in: Maria Janion (ed.), Literatura polska wobec rewolucji (Die polnische Literatur und die Revolution), Warszawa 1971, S. 41–109.
Zieliński, Andrzej, Emigracyjny »Dziennik Narodowy« wobec zagadnień literatury polskiej (Die »Nationalzeitung« in der Emigration zu Fragen der polnischen Literatur), in: Prace Polonistyczne 18/1962, S. 123–140.
Zieliński, Ludwik, Emigracja polska w Anglii w latach 1831–1846 (Die polnische Emigration in England in den Jahren 1831–1846), Gdańsk 1964 (Emigracja w Anglii).
Zieliński, Ludwik, »Polonia or Monthly Reports of Polish Affairs«, in: Rocznik Historii Czasopiśmiennictwa Polskiego IV/2/1965, S. 43–58 (Polonia).
Zwierkowski, Walenty, O Sejmie w Emigracyi (Über den Sejm in der Emigration), Poitiers 1839.
Żywczyński, Mieczysław, Geneza i następstwa encykliki Cum primum z 9. VI. 1832 r. Watykan a sprawa polska w latach 1830–1837 (Genese und Folgen der Enzyklika Cum primum vom 9. 6. 1832. Der Vatikan und die polnische Frage in den Jahren 1830–1837), Warszawa 1935 (Geneza i następstwa encykliki).
Żywczyński, Mieczysław, Watykan i Metternich a sprawa polska w latach 1836–1848 (Der Vatikan und Metternich und die polnische Frage in den Jahren 1836–1848), in: Sprawozdania z posiedzeń Towarzystwa Naukowego Warszawskiego. Wydział II nauk historycznych, społecznych i filozoficznych 32/1939, z. 1–3, S. 27–37 (Watykan i Metternich).

SUMMARY

Foreign Policy in Exile. The Diplomacy of Adam Jerzy Czartoryski, 1830–1840.

The purpose of this study is to have a look at the possibilities of activity as regards foreign affairs in exile and to show terms and limitations as conceived by A. J. Czartoryski, or as seen in the first decade of his emigration policy. (Chap. I).

Prince Adam Jerzy Czartoryski, coming from one of the most influential aristocratic families of Poland, came to Petersburg in 1795; after a transition phase which was of conclusive value for his psychic development, he began to play a significant political role during the first years of the reign of Czar Alexander I, due to his personal relations with the latter. From 1804 to 1806 he led Russian foreign policy, and until 1815 he remained Alexander's main adviser in Polish problems. (Chap. II).

Although with only partial success he endeavoured to effect his plans for a Polish presence in Europe as an autonomic kingdom at the Congress of Vienna, whereby he stressed the importance of the rights of the whole Polish nation and the new kingdom of Poland being strengthened through the texts of international treaties, and in his view being thereby guaranteed. He hereafter repeatedly emphasised Europe's responsibility and especially that of the great West European powers for the whole of Poland.

From 1815 to 1830 Czartoryski was out of office. During this period he wrote his theoretical treatise "Essai sur la diplomatie". Here he tried to show ways towards a reform of international relations and thereby towards a more just state-system. He further suggested according to the axiom, that a state should only be made legitimate as a nation-state. On order to reconsile the principle of nationality with the principle of balance he developed the plan of states being constructed in a federative way: either several states of the same nation should form a federation, or a state in which there were several nationalities should be re-organized to form a federative state. Through this he emphasised the defensive character of such federations and therewith their peace-sustaining role in the international power-system. (Chap. III/1).

During the November Uprising of 1830 to 1831 Czartoryski was in a leading position as president of the rebel government, and above all he directed its foreign policy. He strove for the support of the Western Powers and the neutrality of Prussia and Austria. According to his concept the Polish Question should have been settled at the negotiating-table for the whole of Europe, following the military success of the insurgents. This policy did not succeed because on the one hand the Western Powers merely used Poland as a means of pressure at the London conference on Belgium but did not speak up on Polish behalf, and the two German states really remained passive in the military sense, though by no means neutral. On the other hand the military failures and the competition between different institutions (Government, Sejm, commander-in-chief) for executive power all contributed towards the final failure of the November Rebellion. (Chap. III/2).

After the November Uprising the political, military and intellectual élite of the nation emigrated from Poland. This so-called "Great Emigration" (about10,000 people, approximately 75% of them belonging to the nobility-'Szlachta') looked upon itself as representative of the Polish nation and as such having the right to speak out and negotiate in the name of Poland and to make political decisions for the oppressed homeland. The fact that the emigration was in itself to a great extent dissipated and criticized and that as regards organization and ideology gave a very discriminating and manifold impression in no way contradicted this general self-discernment. Alongside the many cultural institutions and organizations 3 types of political organization were of primary importance: to begin with, the so-called Dépôts, that is, self-governing and slowly democratizing military groups; then come the secret organizations such as the "Carboneria" and the "Młoda Polska" (Young Poland); finally there are the party-like groups such as the TDP, the ZEP and the 3rd May. At the same time numerous unsuccessful attempts at forming alliances through various committees (e.g. Lelewels and Dwernickis) also played a siginificant role. The ideological disputes were mainly to do with the questions as to how the independence of Poland could be reached (an agreement with the people, an agreement with the governments, and confidence in its own strength) and also to do with the question of agrarian reform: the democratic section of the Emigration supported the Lelewels representation of an original Slavonic agrarian democracy (gminowładztwo).

All the emigrant groups together were for a concept of a national mission of the Poles (antemurale christianitatis, antemurale libertatis respectively). There resulted from this the far-reaching demand for the Emigration to take on a culturally and above all an ideologically and politically leading role, and likewise for its organizations. (Chap. IV/2).

The Hotel Lambert (this name will be used here, although strictly speaking Czartoryski resided at the Hotel Lambert only from 1843 onwards) consisted of a group of emigrants who were close to Czartoryski and supported his policies. For the most part the discussions about the forming of a Parliament (Sejm) in the Emigration (turned down by Czartoryski), about the organization of mass-emigration (Czartoryski followed up the plan for military organization) and about the mandate question were important for the development of the Hotel Lambert – stages in a process of emancipation, as it were. Concerning the mandate question, Czartoryski rejected the possibility that any exiled institution could give a mandate for political action. In this way he reached a stage where he could implement his policies without being kept in check by anybody and without having to pay regard to the democratic majority of the emigrants which opposed him. The organizational development of the Hotel Lambert began with the formation of various secret societies following one after the other. These constituted the secret, inside staff of the Hotel Lambert. Outwardly, a series of apparently autonomic institutions and associations were taken care of; by greatly departmentalizing the specialist areas (e.g. propaganda, culture, education, charitable welfare work and religion) an attempt was made to seize control of and influence the widest possible areas of social life. The attempt at constructing a "mass-basis" according to the pattern of democratic thought has to be designated as a failure, despite its being quite considerable ("Trzeci Maj"). The mark of all the organizations of the Hotel Lambert was the principle of the hierarchy.

Alongside this we can also determine a strengthening of ideology: while at the beginning a still unrefined monarchic directrix and a retention of the social status quo was considered, the call for the "strongman" soon resounded, and W. Zamoyski, in cooperation with M. Mochnacki and the group of the so-called "Electors" developed the "insurrectional royalism". They proclaimed Czartoryski "king de facto". Czartoryski's attitude to the kingship offered him is not clear; this does not however detract from his claim to leadership.

The basis for the political representations was the constitution of the 3rd May 1791 and the constitutional monarchy. Concerning the problems of the rural population, a clear statement of position was avoided. But with time the need for agrarian reform was generally accepted, whereby the aristocracy would retain its directive role. (Chap. IV/3).

The politics of an emigration can also play a role as an autonomic factor in international relations. Consequently, political emigration can be a subject of international relations (but not of international law). The essential difference between the exile-politics and state foreign policy lies in the fact that a state is always concerned with the perpetuation of its existence, whereas an emigration strives for the cessation of the present state of emigration. (Excursus).

Czartoryski began his exile-politics by having numerous sets of talks with British politicians (Palmerston, Grey, Brougham, Durham) and French politicians (Talleyrand) in which he felt out his own freedom of manoeuvre and ascertained which position the Western European governments wanted to take up as regard to the Polish Question; he noted that London and Paris were not ready to make a change in the existing international status quo. He therefore suggested to his interlocutors that they refer themselves to the specifications for Poland in the Vienna Treaty of 1815 which had not been observed by the powers concerned in the country's division, particularly Russia. He succeeded in getting Palmerston to reject the Russian interpretation of the Vienna Treaty and London to officially take the stand that the stipulations concerning Poland in the Vienna Treaty had not been fulfilled and that the Western Powers should also be granted the right to express an opinion.

He however did not succeed in pushing London any further than getting her to offer unequivocal but very courteous reports on the Polish Question and to call for a running-down of the repression in Poland. In this way Czartoryski only succeeded in leaving the Polish Question legally in the balance – for this reason we can talk about a legal presence of Poland in Europe. In April and June of 1832 Czartoryski drew up two motions in the Lower House (with the help of British friends), which caused quite a stir, in order to strengthen his own position. Efforts at attaining total independence for Poland which went much further than the specifications of the Vienna Treaty had no effect and were unsuccessful; the same happened to the attempt at directing the British right to express a decided opinion to a guarantee-commitment. Czartoryski also tried to influence Lord Durham's mission to Petersburg and the discussion about the so-called "Russian-Dutch Loan", although with minimal success.

Czartoryski began to receive strong criticism from the Polish Emigration of his policy of going against the Vienna Treaties. He was unjustly suspected of striving for a return to the "status quo ante revolutionem" of 1830. An evaluation of Czartoryski's policy should not be made from the measure of success, but from the individual accomplishments and should take into account the difficult circumstances. (Chap. IV/1).

The hope of a big international war was determinative for the politics of the Hotel Lambert from 1832 to 1840; only then would a national Polish uprising have any chance of success. The reason for it being at all possible to pursue a foreign policy of nominal value was to be found in the numerous personal contacts of Czartoryski and his aids, and with politicians and diplomats. With time the Polish emigrants got to know how to establish a continuity of such contacts, to make themselves useful in various ways (provision of information) and to attain numerous privileges (e.g. the use of the diplomatic post). In its content the exile-diplomacy of Czartoryski can be divided into the following areas:

1. attempts at improving the conditions of existence of the Emigration; this concerned the moderation of legislation regarding foreigners (mainly of the notorious "Loi Orloff" in France) and the financial support of the Emigration (especially in England);

2. the policy of the so-called "Defence of Poland": included in this alongside the argumentation over international law there was the defence of the Polish nationality and in general its imprescriptible right to exist. In this area, there was activity in the parliaments, in Paris at the debates about the address of the Throne, and in London by special Polish motions. Just as important here were the efforts at getting pro-Polish diplomats to reside in Petersburg and Warsaw. The efforts at getting a British consulate opened in Krakow failed despite early success. The defence of catholicism in Poland led to unofficial relations with the Roman curia, indeed without bringing massive success;

3. the policy foreseen as changing the status quo in Europe and thereby indirectly having a favourable effect on Poland; the starting point was the postulate of the great war. Here, the Hotel Lambert pursued a policy of "faits accomplis", that is, facts were created which, by their mere presence, were to change the international situation and directly or indirectly stir up war. As examples the so-called "Vixen Incident" (in 1835 a British ship provided the Caucasian rebels with weapons against the Russians) and the "Skrzynecki Affair" (in 1838 the Polish General J. Skrzynecki was supposed to receive prime command over the Belgian army) are depicted in detail.

Czartoryski tried very early on to make use of the so-called "Orient Question" in his political affairs. In 1833 he met with Namik Pascha for discussion. After 1833 a lot of literary work was produced, strongly alluding to the "Russian Danger" (in cooperation with D. Urquhart). In 1836 the Polish General W. Chrzanowski was sent to Stambul as military adviser on the instructions of the British. In 1838 new direct contacts with the Turkish Government were drawn up through the reform-politician Reschid Pascha, who met for talks in London with Czartoryski and Zamoyski. At the same time the Hotel Lambert began to get interested in the people of the Danube Principality (Woronicz Mission 1838). We can see here the beginnings of the later Balkan-Plan.

The Orient Crisis of 1840 meant defeat for Czartoryski's policy, the prior condition of which had been up till now the Anglo-French Alliance. The plan of the "faits accomplis" policy proved to be too short-sighted. (Chap. IV/4).

The efforts towards a military presence being in the form of legions also belonged to the idea of Poland's presence in Europe. Attempts in this direction (in Belgium, Portugal, France/Algeria and Spain) did not come to anything, above all because of the insincerity of the respective governments at that time which were only looking for mercenaries while as regards the Hotel Lambert it was a matter of real national corps and because of resistance within the Polish Emigration. (Chap. IV/5).

The Poles' propaganda was very significant for the anti-Russian attitude of European liberalism. The propagandist efforts of the Hotel Lambert can be compared with the so-called "external culture policy" of normal countries. The propaganda was mainly implemented by two organizations: in Paris by the "Towarzystwo Literackie Polskie" and in London by the "Literary Association of the Friends of Poland". It was implemented through private magazines (mostly short-lived), the most influential being the "British and Foreign Review" in London, and also through contacts with other newspapers, through pamphlets and occasional events (e.g. dinners, meetings). The most successful piece of propaganda was the publication of "Portfolio" in conjunction with D. Urquhart. (Chap. IV/6).

Three postulates resulted from the defeat of 1840: a) a greater independence; b) a long-term plan for foreign policy; c) a personal diplomatic tool. In the 1840's the cooperation with the Western Powers was continued accordingly, but without any interdependence. In the Balkan Policy a personal plan came into being, which in the future became the main field of activity in the Hotel Lambert. In regard to ideology as well as the organizational field the politics of the Hotel Lambert obtained a new and different quality. In the attempt at propagating a pro-Slavonic principle of nationality, accomplished in Federations, Czartoryski in a certain sense returned to his political origins.

In an evaluation of the policies of the Hotel Lambert it must be clearly borne in mind that they were implemented under the difficult circumstances of exile. Despite the close relationships with Paris or London we can talk of a double process of emancipation in the 1830's, on the one hand from the guardianship of the Western Powers and on the other hand from a short-sighted policy of "faits accomplis" towards a long-term plan. In this way the Hotel Lambert became an independent factor in international relations. (Chap. V).

(Übersetzung Howard Broadbridge)

Streszczenie

Polityka zagraniczna w emigracji. Dyplomacja emigracyjna Adama Jerzego Czartoryskiego w latach 1830–1840.

Zamiarem tego studium jest zbadanie możliwości prowadzenia polityki zagranicznej na emigracji, wykazanie jej osobliwych warunków i ograniczeń na przykładzie sylwetki politycznej Adama J. Czartoryskiego, lub, ściślej, pierwszych dziesięciu lat jego polityki emigracyjnej. (Rozdz. I).

Książę Adam Jerzy Czartoryski, potomek jednej z najbardziej wpływowych polskich rodzin arystokratycznych, przybył do Petersburga w roku 1795. Po okresie początkowym, ważnym dla jego psychicznego rozwoju, zaczął odgrywać znaczącą rolę w pierwszych latach panowania Aleksandra I, dzięki swym osobistym stosunkom z carem. W latach 1804–1806 kierowałCzartoryski rosyjską polityką zagraniczną, a do 1815 r. pozostawał głównym doradcą Aleksandra I w sprawach polskich. (Rozdz. II).

Na Kongresie Wiedeńskim usiłował on, z częściowym powodzeniem, przeforsować swoją koncepcję utworzenia państwa polskiego jako autonomicznego królestwa, przy czym szczególnie zależało mu na tym, aby prawa całego polskiego narodu i nowopowstałego Królestwa Polskiego były przyjęte i zagwarantowane na przyszłość przez międzynarodowe układy. Później podkreślał on zawsze odpowiedzialność Europy, a szczególnie zachodnioeuropejskich mocarstw za całość Polski.

W latach 1815–1830 Czartoryski nie zajmował żadnego oficjalnego stanowiska. W tym czasie napisał on swoją teoretyczną rozprawę »Essai sur la diplomatie«, gdzie próbowałwskazać drogi prowadzące do reformy stosunków międzynarodowych, a następnie – do utworzenia sprawiedliwszego systemu międzypaństwowego. Punktem wyjścia dla tych rozważań było założenie, że właściwie tylko państwo narodowe jest prawowitym państwem. Aby móc pogodzić zasadę narodową z zasadą równowagi sił, opracował on koncepcję państw federacyjnych: różne państwa zamieszkałe przez ten sam naród powinny utworzyć federację, albo też jedno państwo zamieszkiwane przez kilka narodów ma zostać przekształcone w państwo federacyjne. Autor kładł nacisk na defensywny charakter takiej federacji i, co za tym idzie, jej pokojową rolę w międzynarodowym układzie sił. (Rozdz. III/1).

Podczas powstania listopadowego, 1830/31, zajmował się Czartoryski, prezes Rządu Narodowego, przede wszystkim polityką zagraniczną. Zabiegał on o poparcie mocarstw zachodnich i o neutralność Prus i Austrii. Zgodnie z jego zamierzeniami sprawa polska miała być, po sukcesach militarnych powstańców, uregulowana przy stole konferencyjnym przez całą Europę. Lecz polityka ta nie powiodła się i to z kilku powodów. Mocarstwa zachodnie na Konferencji Londyńskiej dotyczącej Belgii użyły sprawy polskiej jedynie jako środka nacisku w pertraktacjach, nie broniąc bynajmniej interesów tego kraju, zaś oba państwa niemieckie, wprawdzie militarnie biernie, nie pozostały jednak całkowicie neutralne. Do ostatecznego upadku powstania przyczyniły się klęski militarne i spory różnych instytucji (Rządu Narodowego, Sejmu, Wodza Naczelnego) o władzę wykonawczą. (Rozdz. III/2).

Po powstaniu listopadowym polityczna, militarna i intelektualna elita narodu wyemigrowała z Polski. Owa tzw. »Wielka Emigracja« (ok. 10 tys. osób, z tego 75% – to szlachta) uważała siebie za reprezentację narodu polskiego, uprawnioną do wypowiadania się i działania w imieniu kraju oraz do podejmowania politycznych decyzji za swą uciśnioną ojczyznę. Temu ogólnemu przeświadczeniu wcale nie przeczył fakt, że emigracja była wewnętrznie rozbita i skłócona, przedstawiając zarówno organizacyjnie, jak i ideologicznie bardzo zróżnicowany obraz. Oprócz licznych kulturalnych instytucji i ugrupowań najważniejsze były przede wszystkim trzy typy politycznej organizacji: na początku tzw. »depots«, tj. gminy militarne posiadające własną administrację i powoli samodzielnie demokratyzujące się; następnie tajne organizacje, jak Carboneria i »Młoda Polska«; w końcu zaś zrzeszenia o charakterze partii, jak TDP, ZEP i 3. Maj. Również liczne komitety (np. Lelewela i Dwernickiego), powoływane w celu zjednoczenia całej emigracji, odgrywały poważną rolę (choć były to próby nieudane). Spory ideologiczne obracały się głównie wokół sposobów odzyskania niepodległości (sojusz z innymi narodami, sojusz z rządami czy też poleganie na własnych siłach) oraz sprawy agrarnej: demokratyczne skrzydło emigracji przyjmowało tutaj za punkt wyjścia koncepcję Lelewela o pierwotnym słowiańskim gminowładztwie.

Wspólne dla wszystkich grup emigrantów było ujmowanie narodowej misji Polski (antemurale christianitatis, względnie antemurale libertatis). Stąd zrodziła się daleko idąca ambicja kulturalnego a przede wszystkim ideologicznego i politycznego przewodnictwa emigracji, względnie jej poszczególnych ugrupowań. (Rozdz. IV/2).

»Hotel Lambert« stanowiła grupa emigrantów, którzy skupiali się wokół Czartoryskiego i popierali jego politykę (ta nazwa siedziby Czartoryskiego będzie tutaj używana, chociaż, dokładnie biorąc, Czartoryski rezydował w Hotelu Lambert dopiero od 1843 r.). Dla rozwoju Hotelu Lambert były ważne, jako pewnego rodzaju etapy procesu emancypacji, dyskusje o utworzenie sejmu na emigracji (propozycja odrzucona przez Czartoryskiego), o zorganizowanie całej emigracji (Czartoryski rozważał plan powołania militarnej organizacji) i o problematyce mandatu politycznego. W tej ostatnej sprawie Czartoryski sprzeciwił się, aby jakakolwiek instytucja emigracyjna miała udzielać pełnomocnictwa do działalności politycznej. Tym samym osiągnął on możliwość przeprowadzania swojej polityki bez niczyjej kontroli i bez konieczności liczenia się z wrogo do niego usposobioną demokratyczną większością emigracji. Organizacyjny rozwój Hotelu Lambert rozpoczął się od różnych następujących po sobie tajnych związków. Były one nieoficjalną, ukrytą kadrą Hotelu Lambert. Na zewnątrz działano poprzez szereg pozornie autonomicznych instytucji i stowarzyszeń. Przy pomocy szerokiego wachlarza dziedzin specjalnych (propaganda, kultura, wychowanie, opieka społeczna, religia) usiłowano ogarnąć i poddać swoim wpływom możliwie jak najszerszy zakres życia społecznego. Próbę zaś utworzenia ›bazy masowej‹ według wzoru zaczerpniętego z ugrupowań demokratycznych należy uznać za nieudaną, pomimo jej znacznego zasięgu (tzw. »Trzeci

Maj«). Charakterystyczna dla wszystkich organizacji Hotelu Lambert była zasada hierarchiczności.

Oprócz tego można też mówić o stopniowej ideologicznej konkretyzacji: jeżeli jeszcze na początku ideą przewodnią był bliżej nieokreślony monarchizm oraz zachowanie społecznego status quo, to wkrótce już zaczęły rozlegać się wołania o »silnego człowieka«. W wyniku tego W. Zamoyski wraz z grupą tzw. »elektorów« opracował przy współpracy M. Mochnackiego »insurekcyjny monarchizm«. Czartoryskiego proklamowano »królem de facto«. Jego stosunek do oferowanego mu stanowiska nie był jasny; nie dotyczyło to jednakże jego roszczeń kierowniczych. Podstawą koncepcji politycznych była Konstytucja 3. Maja (1791) i monarchia konstytucyjna. W sprawie chłopskiej wzbraniano się raczej przed wydawaniem jednoznacznych oświadczeń. Z czasem uznano konieczność reformy agrarnej, przy zachowaniu oczywiście przewodniej roli szlachty. (Rozdz. IV/3).

W stosunkach międzynarodowych również polityka ugrupowania emigracyjnego jest w stanie odgrywać pewną rolę jako niezależny czynnik. Polityczna emigracja może zatem być podmiotem stosunków międzynarodowych (ale nie prawa międzynarodowego). Zasadnicza różnica między polityką emigracji a polityką zagraniczną państwa polega na tym, że państwo stale ma na względzie utrwalanie własnej egzystencji, zaś emigracja dąży do zakończenia swego przejściowego statusu emigracji. (Ekskurs).

Czartoryski rozpoczął politykę emigracyjną od zbadania poprzez liczne rozmowy z brytyjskimi (Palmerston, Grey, Brougham, Durham) i francuskimi (Talleyrand) politykami zakresu swoich możliwości działania oraz stanowiska, jakie chcą zająć zachodnioeuropejskie rządy wobec sprawy polskiej. Zauważył on, że ani Londyn, ani Paryż nie zamierzały zmieniać istniejącego międzynarodowego status quo. Dlatego sugerował swym rozmówcom powoływanie się na nie dotrzymywane przez państwa rozbiorowe a szczególnie przez Rosję zarządzenia Kongresu Wiedeńskiego dotyczące Polski. Udało mu się osiągnąć tyle, że Palmerston nie zaakceptował rosyjskiej interpretacji Wiedeńskiego Traktatu, Londyn oficjalnie stanął na stanowisku, że postanowienia Wiedeńskiego Układu w stosunku do Polski nie zostały wypełnione, zaś mocarstwa zachodnie mają prawo współdecydowania w jej sprawie. Nie zdołał jednak nakłonić Londynu do czegoś więcej niż przekazanie kilku jednoznacznie ale uprzejmie sformułowanych not w sprawie polskiej oraz wystąpienie z prośbą o złagodzenie represji w Polsce z pobudek humanitarnych. W ten sposób uzyskał Czartoryski jedynie to, że problem polski pozostał prawnie otwarty – z tego względu można mówić o prawnej obecności Polski w Europie.

Dla umocnienia własnej pozycji spowodował on w kwietniu i w czerwcu 1832 r. złożenie przez brytyjskich przyjaciół dwóch wniosków w Izbie Gmin (tzw. mocje polskie), które wzbudziły pewną sensację. Wysiłki, dążące do przekroczenia postanowień wiedeńskich i stawiające sobie za cel osiągnięcie całkowitej niezależności Polski, nie odniosły sukcesu; tak samo jak próba uczynienia z brytyjskiego prawa współdecydowania zobowiązania o gwarancji. Czartoryski wywarł również pewien, choć nieznaczny, wpływ na misję lorda Durhama do Petersburga i na dyskusję o tzw. »Russian-Dutch-Loan«.

Przeciwko owej polityce argumentowania postanowieniami Układu Wiedeńskiego przez Czartoryskiego podniosła się wśród polskiej emigracji ostra krytyka. Niesłusznie podejrzewano go, jakoby dążył on tylko do powrotu do status quo ante revolutionem z 1830 r. Ale polityka Czartoryskiego nie powinna być oceniana jedynie miarą odniesionego sukcesu, bez uwzględnienia poszczególnych osiągnięć i trudnych warunków działalności. (Rozdz. IV/1).

Podstawą polityki Hotelu Lambert w latach 1832–1840 była nadzieja na wielką międzynarodową wojnę; tylko wtedy narodowe powstanie polskie miałoby szanse powodzenia. Prowadzenie na emigracji polityki zagranicznej o pewnej randze dyplomatycznej było w ogóle możliwe dzięki licznym osobistym kontaktom Czartoryskiego i jego współpracowników z politykami i dyplomatami. Z czasem nauczyli się polscy emigranci podtrzymywać ciągłość takich kontaktów, na różny sposób dokumentować swoją użyteczność (dostarczanie informacji), uzyskujac wiele udogodnień (np. korzystanie z poczty dyplomatycznej). Ze względu na treść można wydzielić w emigracyjnej dyplomacji Czartoryskiego następujące obszary działalności:

1. Próby poprawienia warunków życia emigracji; chodziło tu o złagodzenie ustawodawstwa dotyczącego emigrantów (przede wszystkim osławionego »loi Orloff« we Francji) i o finansowe wsparcie dla emigrantów (szczególnie w Anglii).

2. Polityka tzw. »obrony Polski«: tutaj, oprócz argumentacji z dziedziny prawa międzynarodowego, dochodziła jeszcze obrona polskości, jej nie podlegających przedawnieniu praw egzystencji narodowej. Pracowano nad tym głównie w parlamentach: w Paryżu – na debatach wokół odpowiedzi na orędzie królewskie, w Londynie – poprzez organizowanie specjalnych wniosków lub interpelacji w sprawie polskiej. Wymienić należy również wysiłki o to, aby w Warszawie i w Petersburgu rezydowali dyplomaci przyjaźnie nastawieni wobec Polski. Starania o otwarcie w Krakowie brytyjskiego konsulatu nie powiodły się, mimo początkowych sukcesów przedsięwzięcia. Obrona katolicyzmu w Polsce doprowadziła do nawiązania nieoficjalnych stosunków z kurią rzymską, nie stanowiących oczywiście jakiegoś przełomowego osiągnięcia.

3. Polityka mająca zmienić istniejące status quo w Europie i w ten sposób pośrednio korzystnie wpłynąć na sytuację Polski. Punktem wyjścia był postulat wielkiej wojny. Hotel Lambert prowadził tu politykę »faits accomplis« – tj. stwarzania faktów, które przez samo istnienie swoje zmieniały międzynarodowe położenie, przyczyniając się w ten sposób pośrednio lub bezpośrednio do wywołania wojny. Jako przykłady przytoczono obszernie tzw. »incydent Vixena« (brytyjski okręt dostarczył w 1835 r. broń dla kaukaskich powstańców wbrew rosyjskim zarządzeniom) oraz »aferę Skrzyneckiego« (generał J. Skrzynecki miał zostać w 1838 r. głównodowodzącym armii belgijskiej).

Czartoryski usiłował już bardzo wcześnie wykorzystać tzw. »sprawę bliskowschodnią« dla swojej polityki. W 1833 r. konferował on z Namikiem Paszą. Po roku 1833 pracowano najpierw na polu publicystyki (współpraca z D. Urquhartem), wskazując stale na »niebezpieczeństwo rosyjskie«. W roku 1836 przybył do Stambułu z upoważnienia brytyjskiego jako wojskowy doradca generał W. Chrzanowski. W 1838 r. doszło do nowych bezpośrednich kontaktów z tureckim rządem poprzez polityka reform, Reszyda Paszę, który konferował w Londynie i w Paryżu z Czartoryskim i Zamoyskim. Jednocześnie Hotel Lambert począł interesować się księstwami naddunajskimi (misja Woronicza 1838 r.). Można tu już zauważyć zarodki późniejszej koncepcji bałkańskiej.

Kryzys bliskowschodni, 1840, oznaczał klęskę dotychczasowej polityki Czartoryskiego, która opierała się na brytyjsko-francuskim przymierzu. Koncepcja polityki

»faits accomplis« okazała się być zbyt krótkowzroczną. (Rozdz. IV/4).

Idea obecności Polski w Europie wyrażała się też w wysiłkach o obecność wojskową w postaci legionów. Próby w tym kierunku (w Belgii, Portugalii, Francji i Algerii, Hiszpanii) zawiodły, przede wszystkim z powodu nieszczerości poszczególnych rządów, które szukały jedynie najemników (a Hotelowi Lambert chodziło o regularne narodowe formacje); jak również z przyczyny sprzeciwów wewnątrz polskiej emigracji. (Rozdz. IV/5).

Polska propaganda miała liczne następstwa dla antyrosyjskiego nastawienia europejskiego liberalizmu. Propagandowe wysiłki Hotelu Lambert można porównać z tzw. »zewnętrzną polityką kulturalną« normalnych państw. Propaganda ta była prowadzona głównie przez dwie organizacje: w Paryżu przez Towarzystwo Literackie Polskie, w Londynie przez »Literary Association of the Friends of Poland«. Wydawano własne (najczęściej o krótkim żywocie) czasopisma (najbardziej wpływowe było »British and Foreign Review« w Londynie) i broszury, nawiązywano kontakty z innymi gazetami, organizowano okazyjne imprezy (wiece, bankiety). Najpomyślniejszą akcją propagandową była publikacja (przy współpracy z D. Urquhartem) »Portfolio«. (Rozdz. IV/6).

Po klęsce 1840 roku wyłoniły się trzy postulaty: a. większa samodzielność; b. dalekosiężna koncepcja polityki zagranicznej; c. własny aparat dyplomatyczny. W latach 1840tych współpraca z mocarstwami zachodnimi była wprawdzie kontynuowana, ale już bez popadania w stosunki zależności. W polityce bałkańskiej powstał odrębny plan, który w przyszłości miał być głównym polem działania Hotelu Lambert. A więc zarówno ideologicznie, jak i organizacyjnie polityka Hotelu Lambert nabrała nowej treści. Próba propagowania słowianofilskiej zasady narodowej, urzeczywistnianej w federacjach, była w pewnym sensie powrotem Czartoryskiego do jego politycznych początków.

Przy ocenie polityki Hotelu Lambert należy ciągle brać pod uwagę, że była ona prowadzona w trudnych warunkach emigracji. Pomimo bliskich stosunków z Paryżem i Londynem można mówić o podwójnym procesie emancypacji w latach 1830tych: z jednej strony uwolnienie się od szukania opieki u państw zachodnich, z drugiej strony przejście od krótkowzrocznej polityki »faits accomplis« do koncepcji dalekosiężnych. W ten sposób Hotel Lambert stał się samodzielnym czynnikiem w międzynarodowych stosunkach (Rozdz. V).

(Übersetzung Waleria Radziejowska-Hahn)

Personenverzeichnis